plurall

Parabéns!
Agora você faz parte do **Plurall**, a plataforma digital do seu livro didático! Acesse e conheça todos os recursos e funcionalidades disponíveis para as suas aulas digitais.

Baixe o aplicativo do **Plurall** para Android e IOS ou acesse **www.plurall.net** e cadastre-se utilizando o seu código de acesso exclusivo:

AASZMU45Z

Este é o seu código de acesso Plurall.
Cadastre-se e ative-o para ter acesso aos conteúdos relacionados a esta obra.

@plurallnet

@plurallnetoficial

CB026608

SOMOS EDUCAÇÃO

10700

WILLIAM ROBERTO CEREJA

Professor graduado em Português e Linguística e licenciado em Português pela Universidade de São Paulo (USP)

Mestre em Teoria Literária pela Universidade de São Paulo (USP)

Doutor em Linguística Aplicada e Análise do Discurso pela PUC-SP

Professor da rede particular de ensino em São Paulo, capital

CAROLINA DIAS VIANNA

Professora graduada e licenciada em Português pela Universidade Estadual de Campinas (Unicamp)

Mestra em Linguística Aplicada pela Universidade Estadual de Campinas (Unicamp)

Doutora em Linguística Aplicada pela Universidade Estadual de Campinas (Unicamp)

Professora das redes pública e particular de ensino nos Estados de São Paulo e Minas Gerais

Gramática

TEXTO, REFLEXÃO E USO

Atual Editora

Atual Editora

Presidência: Guilherme Alves Melega

Vice-presidência de educação digital: Camila Montero Vaz Cardoso

Direção editorial: Lidiane Vivaldini Olo

Gerência de conteúdo e design educacional: Julio Cesar Augustus de Paula Santos

Gestão e coordenação de área: Renato Luiz Tresolavy

Edição: Paula Junqueira e Ingrid Favoretto Falcão

Aprendizagem digital: Renata Galdino (ger.), Beatriz de Almeida Pinto Rodrigues da Costa (coord. Experiência de Aprendizagem), Carla Isabel Ferreira Reis (coord. Produção Multimídia), Daniella dos Santos Di Nubila (coord. Produção Digital), Rogerio Fabio Alves (coord. Publicação)

Planejamento e controle de produção: Flávio Matuguma (ger.), Juliana Batista (coord.) e Renata Caroline de Oliveira Mendes (analista)

Revisão: Letícia Pieroni (coord.), Aline Cristina Vieira, Anna Clara Razvickas, Carla Bertinato, Carolina Guarilha, Daniela Lima, Danielle Modesto, Diego Carbone, Elane Vicente, Gisele Valente, Helena Settecerze, Kátia S. Lopes Godoi, Lilian M. Kumai, Luana Marques, Luíza Thomaz, Malvina Tomáz, Marília H. Lima, Paula Freire, Paula Rubia Baltazar, Paula Teixeira, Rafael Simeão, Raquel A. Taveira, Ricardo Miyake, Shirley Figueiredo Ayres, Tayra Alfonso, Thaise Rodrigues e Thayane Vieira

Arte: Fernanda Costa da Silva (ger.), Kleber de Messas (líder de projeto) e Carlos Roberto de Oliveira (edição de arte)

Diagramação: Arte4 Produção Editorial

Iconografia e tratamento de imagem: Roberta Bento (ger.), Iron Mantovanello Oliveira (coord.), Mariana Valeiro, Thaisi Albarracin Lima e Cristina Akisino (pesquisa iconográfica), Fernanda Crevin (tratamento de imagens)

Licenciamento de conteúdos de terceiros: Roberta Bento (ger.), Iron Mantovanello Oliveira (coord.), Liliane Rodrigues, Raísa Maris Reina, Sueli Ferreira e Cristina Akisino (analistas de licenciamento)

Ilustrações: Biry Sarkis, Filipe Rocha e Jean Galvão

Design: Erik Taketa (coord.) e Gustavo Vanini (proj. gráfico e capa)

Fotos de capa: Freepik

Avenida Paulista, 901, 6º andar – Bela Vista
São Paulo – SP – CEP 01310-200
http://www.somoseducacao.com.br

Dados Internacionais de Catalogação na Publicação (CIP)

Cereja, William
Gramática : texto, reflexão e uso : volume único / William Cereja, Carolina Dias Vianna. -- 7. ed. -- São Paulo : Atual Editora, 2024.

Bibliografia
ISBN 978-65-5945-135-7 -(aluno)
ISBN 978-65-5945-136-4 - (professor)

1. Língua portuguesa - Gramática (Ensino fundamental) I. Título II. Vianna, Carolina Dias

23-4632 CDD 372.61

Angélica Ilacqua – Bibliotecária – CRB-8/7057

2024
7ª edição
1ª impressão
CAE: 821590 (aluno)
CAE: 821591 (professor)
ISBN: 978-65-5945-135-7 (aluno)
ISBN: 978-65-5945-136-4 (professor)
De acordo com a BNCC.

Impressão e acabamento

Oceano Indústria Gráfica e Editora Ltda
Rua Osasco, 644 - Rod. Anhanguera, Km 33
CEP 07753-040 - Cajamar - SP
CNPJ: 67.795.906/0001-10

Uma publicação SOMOS EDUCAÇÃO

Dados Internacionais de Catalogação na Publicação (CIP)

Cereja, William
Gramática [livro eletrônico] : texto, reflexão e uso : volume único / William Cereja, Carolina Dias Vianna. -- 7. ed. -- São Paulo : Atual Editora, 2024.
PDF

Bibliografia
ISBN 978-65-5945-154-8 - (aluno) (e-book)
ISBN 978-65-5945-155-5 - (professor) (e-book)

1. Língua portuguesa - Gramática (Ensino fundamental) I. Título II. Vianna, Carolina Dias

23-4633 CDD 372.61

Angélica Ilacqua – Bibliotecária – CRB-8/7057

2024

APRESENTAÇÃO

Caro estudante:

Esta gramática foi escrita para você, falante da língua portuguesa. Para você que interage com outras pessoas, expressando suas opiniões, seus desejos, seus sentimentos e suas ideias.

Para você que se surpreende com os inúmeros significados de uma palavra ou expressão.

Para você que, mesmo diante de um texto difícil, não desiste de tentar compreendê-lo.

Para você que se diverte com palavras, expressões e frases de duplo sentido.

Para você que tem sempre, na ponta da língua, estas perguntas: "O que isso significa?", "Por quê?".

Para você que gosta de ler e de escrever.

Para você que gosta de falar e de ouvir, trocando ideias.

Para você que se liga num anúncio publicitário, num meme e em textos criativos no geral, que "jogam" com a linguagem.

Para você que, dependendo da situação, sabe usar tanto uma linguagem descontraída e informal quanto uma linguagem formal, de acordo com a norma-padrão da língua.

Para você que transita entre textos de variados gêneros: didáticos, instrucionais, publicitários, jornalísticos, literários, científicos, etc.

Para você que sabe que o sentido de um texto não é construído apenas pelo que é dito, mas também pelo que não é dito e pelo contexto em que se diz.

Enfim, esta gramática foi escrita para ajudar você a aprimorar sua capacidade de uso da língua portuguesa e, assim, tornar-se mais hábil em suas interações com o mundo, seja lendo, seja produzindo textos, orais ou escritos.

Um abraço,
Os Autores.

A um amigo.

Agradecimentos

Agradecemos o empenho e o cuidado de toda a equipe editorial — Renato Luiz Tresolavy, Paula Carolina C. Junqueira e Ingrid Favoretto Falcão — e a primorosa pesquisa iconográfica de Cristina Akisino.

Os Autores.

SUMÁRIO

UNIDADE 1 Língua e Linguagem

UNIDADE 2 Fonologia e questões notacionais

SUMÁRIO

SUMÁRIO

SUMÁRIO

UNIDADE 5 Estudos de linguagem e estilística

APÊNDICE

Língua e linguagem

• UNIDADE • 1

Convite

Vem comigo para dentro
da palavra multidão:
de mãos dadas somos vento,
somos chuva de trovão.

Se uma andorinha sozinha
não pode fazer verão,
vem comigo mais ainda
para dentro da expressão.

Cada letra tem seu ninho
de palavras no porão:
vem tirá-las de seu limbo,
vem fazer tua oração.

Dentro de cada palavra,
no seu timbre e elocução,
saberás de peixe, cabra,
de liberdade e quinhão.

E até na palavra nova,
como *ilhaval* e *zirlão*
alguma coisa se dobra,
tem sentido a sedução.

Pega portanto uma letra,
pega a palavra invenção
e transforma em borboleta
um risco arisco no chão.

É no centro da linguagem,
no seu silêncio e pressão,
que se dedilha uma casa,
que se desenha a canção.

(Gilberto Mendonça Teles. *Falavra*. Lisboa: Dinalivro, 1989. p. 125-126.)

Biry Sarkis/Acervo da editora

CAPÍTULO 1

Linguagem: ação e interação

Construindo o conceito

Leia estes quadrinhos do cartunista argentino Nik:

(*Gaturro 32*. Buenos Aires: Ediciones de la Flor, 2019. p. 38. Tradução livre dos autores.)

1. Para que Gateen usa o celular? Responda de forma resumida.
2. Por que Gaturro ficou intrigado com a resposta dada por Gateen à primeira pergunta que fez a ela?
3. O que Gateen acha de usar o celular para falar?
4. E você, também pensa como ela?

5. Gaturro e Gateen estão se comunicando por meio da linguagem verbal, isto é, por meio de palavras. Quando Gateen acessa as redes sociais e as plataformas da internet, ela se comunica com outras pessoas apenas utilizando a linguagem verbal? Se não, que outros recursos existem na internet?

6. Quais foram os recursos que Nik, o autor dos quadrinhos, utilizou para se comunicar com os leitores?

Conceituando

Os quadrinhos de Nik retratam uma situação de comunicação em que dois personagens interagem por meio da linguagem.

Linguagem é um processo comunicativo pelo qual as pessoas interagem entre si.

Existem diferentes tipos de linguagem. A fala, o gesto, o desenho, a pintura, a música, a dança, o código de trânsito, tudo isso é linguagem. Na **linguagem verbal**, a unidade básica é a palavra, falada ou escrita. Em **linguagens não verbais** — como a pintura, a música, a dança, o código Morse e os sinais de trânsito —, as unidades são de outro tipo, como o gesto, a nota musical, o movimento e a imagem. Há textos que combinam diferentes linguagens e são denominados **textos multimodais**, como a tira lida, que apresenta imagens e palavras.

Com o desenvolvimento de novas tecnologias, surgiu a **linguagem digital**, que, valendo-se da combinação de números, permite armazenar e transmitir informações em meios eletrônicos.

Interlocutores: parceiros na interação

Além de permitir a interação, a linguagem é uma forma de ação sobre o nosso interlocutor, isto é, a pessoa com quem nos comunicamos, pois sempre esperamos dele uma resposta, seja quando efetivamente lhe pedimos que nos responda a uma pergunta, seja quando lhe pedimos que faça algo, que reflita sobre algum problema, etc.

Para que haja sucesso na comunicação, é necessário que ambos os interlocutores dominem a linguagem em uso e participem solidariamente da construção do texto ou enunciado.

Interlocutores são as pessoas que participam do processo de interação por meio da linguagem.

Aquele que produz a linguagem — isto é, que fala, que pinta, que compõe uma música, que dança, que escreve um texto — é chamado **enunciador** ou **locutor**, e aquele a quem a linguagem se dirige é chamado **enunciatário** ou **locutário** ou, ainda, **destinatário**. O conjunto das frases trocadas entre os interlocutores é chamado **enunciado**. Ele pode ser um diálogo, uma carta, um anúncio publicitário, uma exposição oral, etc.

Se considerarmos apenas o plano ficcional dos dois personagens da tira, o diálogo que eles travam forma o enunciado verbal. Porém, se considerarmos que Nik é o enunciador dos quadrinhos (o texto) e que os leitores são os enunciatários, então a tira como um todo é o enunciado.

Exercícios

Leia o texto de campanha a seguir:

Reprodução/Prefeitura Municipal Bom Jesus dos Perdões, SP.

(Disponível em: https://www.bjperdoes.sp.gov.br/noticia/741/campanha-de-arrecadacao-doar-e-um-ato-de-amor/. Acesso em: 5/12/2022.)

1. Considere os interlocutores do texto.

a) Quem é o locutor, isto é, quem produziu o texto?

b) A quem ele se dirige?

c) Qual é a finalidade do texto?

d) Que linguagens foram utilizadas para constituir o texto?

2. Em textos de campanha e anúncios publicitários, é comum haver um logotipo que identifica os responsáveis por eles. Observe, no canto inferior esquerdo do cartaz, o logotipo da entidade responsável pelo texto.

a) Como é o desenho desse logotipo?

b) Que relação há entre esse desenho e o conteúdo da linguagem verbal?

3. O texto também utiliza a cor das letras como recurso para construir sentido. Que efeito de sentido é criado pelo emprego da cor vermelha na expressão "de amor" e na palavra **diferença**?

4. Os desenhos também colaboram para a construção de sentido? Qual é a função deles no cartaz em estudo?

5. Leia os textos a seguir e identifique a linguagem que cada um utiliza: verbal, não verbal ou as duas simultaneamente.

a)

Duke/Acervo do cartunista

(Disponível em: https://cartunistasolda.com.br/duke-18/. Acesso em: 5/12/2022.)

b) — Pai, se eu apagar a luz, você consegue assinar o seu nome?

— Claro que sim, meu filho.

Depois de apagar a luz:

— Então assina aqui o meu boletim da escola, pai.

(*In*: Paulo Tadeu. *Proibido para maiores — As melhores piadas para crianças*. 6. ed. São Paulo: Matrix, 2007. p. 31.)

c)

Reprodução/Pinacoteca do Estado de São Paulo, São Paulo, SP.

› *Caipira picando fumo*, de Almeida Jr. (1893).

As linguagens verbal e não verbal NA CONSTRUÇÃO DO TEXTO

Observe este cartum, de Quino:

(*Humanos nascemos*. São Paulo: Martins Fontes, 2010. p. 54.)

1. Cartum é uma espécie de anedota visual, que pode fazer uso apenas da linguagem não verbal ou da linguagem multimodal. Considerando o cartum um enunciado, responda no caderno:

a) Quem são os interlocutores desse enunciado?

b) Que linguagem é utilizada no cartum?

2. O cartum é dividido em duas partes.

a) O que se vê no lado esquerdo?

b) E o que se vê no lado direito?

3. Levante hipóteses: Que tipo de evento o cartum parece retratar? Justifique sua resposta.

4. No lado direito do cartum, uma voz diz: "— Essa não! Demagogia pra cima da gente, não!". Leia os sentidos da palavra **demagogia** no dicionário.

> *s.f.* **1** POL hegemonia política das facções populares **2** POL *pej.* poder de natureza tirânica ou imoral exercido em nome das multidões **3** POL *pej.* ação que se utiliza do apoio popular para conquista ambiciosa ou corrupta de poder **3.1** POL *pej.* o discurso us. para esta finalidade **4** *p.ext. pej.* ação ou discurso que simula virtude com objetivos escusos
>
> (*Dicionário eletrônico Houaiss da língua portuguesa 1.0.*)

a) Com qual dos sentidos indicados pelo verbete do dicionário a palavra foi empregada?

b) Por que os cães acham que o pássaro está sendo demagógico? Que palavra ou expressão do texto comprova sua resposta?

c) Que outra palavra ou expressão deveria ter sido usada pelo pássaro para que seu discurso parecesse mais autêntico?

5. Observe, no verbete, que os sentidos da palavra **demagogia** estão, na maioria, relacionados com determinado setor das atividades humanas. Qual é ele?

6. Muitos cartuns, mesmo quando não retratam seres humanos, podem se referir a eles indiretamente para ironizá-los ou criticá-los. Supondo que o cartum retrate a vida social dos seres humanos, responda no caderno:
   a) Quem o pássaro representa?
   b) E quem os cães representam?
   c) O que seria um discurso demagógico, no contexto dos seres humanos?

SEMÂNTICA E DISCURSO

Leia o texto de campanha a seguir:

Reprodução/www.greenpeace.com.br

(Disponível em: https://www.kawek.net/agapito-230601. Acesso em: 29/8/2022.)

1. Agora, responda no caderno:
   a) Como se caracteriza a linguagem do texto?
   b) Quem é o locutor ou o responsável por essa publicação?
   c) A quem o texto se dirige?
   d) Qual é o tema central do texto?
   e) Qual é a finalidade do texto?
2. Observe agora a parte visual do texto.
   a) O que a imagem central retrata?
   b) Por que essa imagem é predominantemente preta e branca?
3. No alto do texto, lê-se a frase a seguir, que apresenta oposição de ideias:

Reprodução/www.greenpeace.com.br

   a) Identifique as oposições de ideias presentes nessa frase.
   b) Explique a relação de causa e efeito que há nessa frase.
4. Observe que, na parte de baixo da fotografia, há uma flor, que é o único elemento colorido da imagem.
   a) Descreva essa flor.
   b) O que essa flor pode representar nesse contexto?
5. No enunciado verbal, as letras da palavra **ilegal** têm um tom avermelhado. Explique a relação dessa cor com a foto e o conteúdo do texto de campanha.
6. O texto sugere "agir agora", mas não deixa claro de que modo isso pode ser feito. Troque ideias com os colegas e responda: Que ações estão implícitas no texto?

DIVIRTA-SE

© Armandinho, de Alexandre Beck/Acervo do cartunista

(Disponível em: https://tirasarmandinho.tumblr.com/post/140291192434/tirinha-original. Acesso em: 14/12/2022.)

Da língua ao texto, do texto ao discurso

CAPÍTULO 2

Construindo o conceito

Leia esta tira do cartunista argentino Nik:

(*Gaturro 32*. Buenos Aires: Ediciones de la Flor, 2019. p. 77. Tradução livre dos autores.)

1. Gaturro, personagem de Nik, é um gato apaixonado por Ágata, que não se importa muito com ele. Observe, na tira, que Ágata está com o celular na mão.

a) Com quem ela está falando?

b) Qual é a intenção dela ao fazer essa ligação?

2. Pelos comentários de Ágata, é possível deduzir algumas informações a respeito de Gaturro. Como ele parece ser no plano amoroso? Justifique sua resposta.

3. Observe o último quadrinho:

a) O que você acha da estratégia de Gaturro para ser notado? Dessa forma, você acha que ele vai atingir o objetivo dele?

b) Que efeito a reprodução do grafite no último quadrinho constrói no texto?

4. Nik é um cartunista argentino, por isso a tira foi originalmente escrita em espanhol. No entanto, no último balão, a personagem Ágata emprega a expressão "too much".

a) Quais são a origem e o sentido dessa expressão?

b) Levante hipóteses: Por que a personagem empregou uma expressão proveniente de outra língua?

c) Às vezes, no Brasil, algumas pessoas também usam expressões estrangeiras no dia a dia. Cite algumas de que você se lembre.

d) A que você atribui o uso dessas expressões no dia a dia dos brasileiros?

5. Para se comunicar com Gaturro, Ágata faz uso da língua. Embora Gaturro não a esteja vendo, ela gesticula e faz expressões que também contêm alguns sentidos. Que sentido têm os gestos e as expressões de Ágata no 2º e no 3º quadrinhos?

Conceituando

Nos quadrinhos de Nik, Ágata faz uso das linguagens verbal e não verbal para se comunicar. A comunicação pode se estabelecer entre dois ou mais interlocutores por meio das linguagens verbal, não verbal ou multimodal e pode se dar de forma menos ou mais eficiente.

Quando utilizamos qualquer uma das linguagens, fazemos uso de conhecimentos construídos ao longo do tempo por pessoas que viveram em sociedade. Aprendemos os significados que a nossa sociedade atribuiu a gestos, símbolos, cores e sons, além da língua falada pelos indivíduos com quem convivemos.

As línguas variam de acordo com cada povo e cultura. Uma língua também pode ser entendida como idioma, isto é, a língua oficial de um país. Nos quadrinhos de Nik, por exemplo, os personagens falam espanhol, mas, quando publicados no Brasil, eles foram traduzidos para a língua usada aqui, o português.

O português foi trazido para o Brasil pelos colonizadores portugueses, no século XVI. Ao longo do tempo, vieram para cá indivíduos de diferentes regiões de Portugal, que trouxeram vários dialetos, os quais passaram a conviver com as mais de mil línguas indígenas então faladas em nosso território. Além disso, no decorrer dos anos, houve forte influência africana na língua portuguesa falada no Brasil.

Estima-se que, atualmente, além do português brasileiro (que se divide em inúmeras variedades linguísticas), são faladas no Brasil cerca de 190 línguas indígenas e línguas trazidas por imigrantes, entre elas o italiano, o espanhol, o alemão e o japonês. Embora se falem muitas línguas no Brasil, o português é considerado a língua oficial do país, como forma de impor uma suposta unidade linguística.

Outros países colonizados por Portugal, como Moçambique, São Tomé e Príncipe, Cabo Verde e Guiné-Bissau, na África, passaram por processos semelhantes e, atualmente, têm o português como língua oficial.

Você provavelmente já teve contato com o inglês ou o espanhol na escola. O que é necessário saber para falar uma língua? Será que basta conhecer um conjunto de palavras e seus significados? E as regras de combinação dessas palavras, elas também são importantes?

O português na África

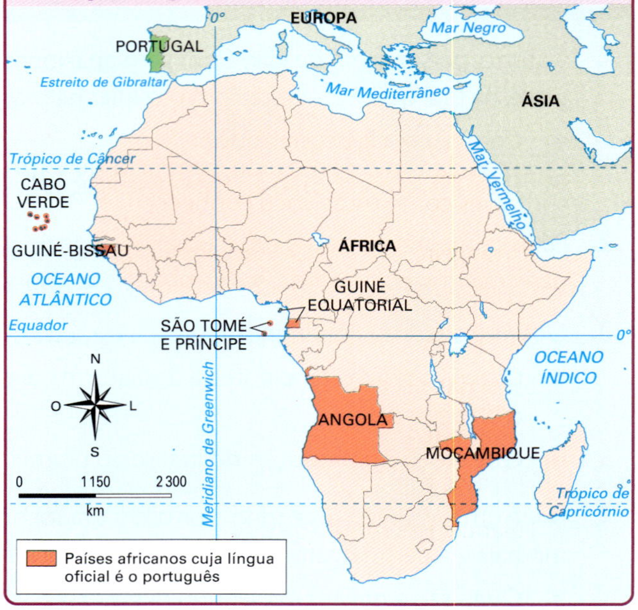

Acervo da editora

A língua nos dá a liberdade de falar e escrever o que quisermos, mas ela é uma convenção social. Por isso, se não respeitarmos algumas regras, poderemos ter problemas de comunicação, mesmo que o interlocutor também fale o nosso idioma. Compare estas duas frases:

- "Gaturro, tudo bem que você me ligue a cada 10 minutos para que eu me lembre de você..."
- Gaturro, tudo que eu me lembre de você para bem que você a ligue me 10 minutos cada.

Note que, apesar de ambas as frases apresentarem as mesmas palavras, todas escritas em português, a segunda frase não é compreensível nem mesmo para um falante nativo. Isso ocorre porque ela não obedece à convenção de organização das palavras em português. Portanto, uma língua não é constituída apenas de palavras; ela também tem regras ou leis combinatórias.

A língua é um produto da cultura e da vida em sociedade e está em constante transformação. Há muitas teorias sobre língua e diversas formas de conceituá-la. Os conceitos variam de uma época para outra, mas, de forma introdutória, é possível defini-la assim:

Língua é um fenômeno social que resulta da interação verbal entre interlocutores e se manifesta em enunciados concretos.

Exercícios

Leia esta tira de Alexandre Beck:

(*Armandinho Oito*. Florianópolis: A. C. Beck, 2016. p. 48.)

1. Armandinho está lendo a lista da feira.

a) Imagine: Como estão escritas as palavras nessa lista?

b) O que ele estranha nessa lista?

2. O humor da tira é construído por meio de **expressões idiomáticas** da língua portuguesa. Que outras expressões como essas você conhece?

3. Um estrangeiro que estivesse aprendendo nossa língua conseguiria compreender o sentido dessas expressões se ele apenas consultasse cada uma dessas palavras no dicionário?

4. A palavra **mão** deu origem a várias expressões em nossa língua. Dê o sentido destas expressões:

a) Estar **nas mãos** de alguém.

b) Pôr **a mão no fogo**.

c) Fulano é **mão de vaca**.

d) Fulano é **mão-leve**.

e) **Pedir a mão** de alguém.

f) **Lavar as mãos**.

g) **Dar uma mão**.

h) **Abrir mão** de algo.

i) Estar em **boas mãos**.

j) Estar de **mãos atadas**.

k) Pôr **a mão na massa**.

O enunciado, a situação de comunicação e o discurso

Leia este texto, que é parte de uma campanha desenvolvida pela prefeitura da cidade de Florianópolis.

Reprodução/Prefeitura de Florianópolis

(Disponível em: https://ndmais.com.br/blogs-e-colunas/fabio-gadotti/campanha-desestimula-uso-de-plastico-em-praias-de-florianopolis/. Acesso em: 10/3/2023.)

1. A frase central "O maior predador dos oceanos tem uma boca de 1 centímetro" causa estranhamento no leitor.

a) Qual parece ser o sentido dessa frase, se lida isoladamente, fora do cartaz? Justifique sua resposta com termos e expressões utilizados na construção da frase.

b) Explique por que ela causa estranhamento no cartaz.

2. Agora, considere a mesma frase no contexto da campanha.

a) A quem ela faz referência? Qual elemento do texto permitiu que você chegasse a essa conclusão?

b) Que novos sentidos ganham os termos e as expressões indicados por você no item **a** da questão 1?

c) A quem a campanha se dirige e qual é o seu objetivo específico? Justifique sua resposta com base no texto.

3. Troque ideias com os colegas e o professor: As estratégias de causar estranhamento no leitor e explorar diferentes sentidos de termos e expressões geram quais efeitos para a campanha?

No estudo anterior, você viu que a frase utilizada na peça publicitária tem um sentido bastante específico quando considerada no contexto da campanha que a veiculou. Essa frase, assim como as demais que compõem a peça publicitária lida, pode ser considerada um **enunciado**.

> **Enunciado** é tudo o que o locutor enuncia, isto é, tudo o que ele diz ao locutário em determinada situação.

Você já viu que o conjunto de enunciados produzidos em uma situação comunicativa constitui o **texto**. Assim, a peça publicitária, como um todo, pode ser considerada um texto.

> **Texto** é um enunciado ou um conjunto de enunciados, verbais ou não verbais, que apresenta unidade de sentido.

É possível considerar, ainda, que na produção da peça publicitária foi levado em conta um conjunto de elementos da situação de comunicação na qual ela foi veiculada: quem fala, o que fala, com quem fala, com que finalidade, em que momento, que imagem o locutor tem do locutário e vice-versa, as intenções implícitas, etc.

Nesse caso, quando consideramos não apenas o que é dito, mas também a situação ou o contexto de produção, temos o **discurso**.

> **Discurso** é o processo comunicativo capaz de construir sentido. Além dos enunciados, envolve os elementos da situação (quem são os interlocutores, que imagem um tem do outro, em que momento e lugar ocorre a interação, com que finalidade, etc.).

Exercícios

Leia esta tira de Fernando Gonsales:

(*Folha de S.Paulo*, 21/3/2017.)

1. A tira apresenta três situações diferentes, nas quais é produzido o mesmo enunciado.

a) Qual é o sentido do enunciado no 1º quadrinho?

b) E no 2º quadrinho?

c) E no 3º quadrinho?

2. As situações mostradas pela tira ilustram a importância da situação de produção na construção dos sentidos de um enunciado ou de um texto. Sem os desenhos da tira, os enunciados teriam os mesmos sentidos que têm associados às imagens? Por quê?

3. O humor da tira lida se concentra no último quadrinho, como é comum nas tiras. Por que o 3º quadrinho é o ponto alto do humor dessa tira?

A intencionalidade discursiva

Leia esta anedota:

> Bernardo e sua mãe passavam em frente a um mercadinho.
> Quando viu uma placa que estava colocada em uma vitrine, o menino disse:
> — Olha lá, mãe! "Perigo! Cuidado com o cachorro!"

Com muita cautela, os dois entraram no mercadinho, só para encontrar um velho e inofensivo cão, que dormia tranquilamente no chão.

— É desse cachorro que deveríamos ter medo? — Bernardo perguntou ao dono do lugar.

— É desse mesmo — o homem respondeu.

— Mas a placa dizia que ele era perigoso! — falou a mãe do garoto.

— Ele é perigoso! Ele já feriu mais de trinta pessoas!

— Como?! — perguntou Bernardo surpreso.

— Antes de eu colocar a placa, todo mundo que entrava no mercadinho tropeçava nele e se esborrachava no chão.

(*Piadas para rachar o bico*. São Paulo: Fundamento, 2010. v. 1, p. 13.)

1. O humor da anedota é criado pela exploração da diferença de intenções na interação verbal. Qual foi a intenção do dono do mercadinho ao colocar a placa?

2. Segundo a suposição do menino e da mãe dele, qual era a intenção de quem colocou a placa?

3. Assim como as tiras, as anedotas também criam humor a partir da quebra de expectativas. Considerando o papel dos interlocutores na anedota lida — comerciante e fregueses —, por que a iniciativa do comerciante causa surpresa?

4. Como o comerciante deveria ter redigido os dizeres da placa, para que ela fosse compreendida de acordo com o alerta que ele pretendia dar à freguesia?

A anedota lida é um exemplo de como os interlocutores, quando interagem pela linguagem, têm intenções comunicativas próprias. O menino, ao ler o aviso, compreende-o como um alerta para evitar o perigo que ele e a mãe podiam correr ao entrar no estabelecimento; quebrando a expectativa, o comerciante explica que pôs a placa com a intenção de que os fregueses não se ferissem ao tropeçar no cachorro.

Assim, o enunciado da placa continha uma intencionalidade que, não tendo sido percebida pelo menino, deu a ele a impressão de um alerta que afastaria os fregueses do mercadinho. É desse desencontro de intenções que nasce o humor da anedota, gênero textual cujo papel é divertir os leitores ou ouvintes.

Intencionalidade discursiva é a intenção, implícita ou explícita, existente no discurso.

Para falar/escrever ou ouvir/ler bem os textos produzidos numa língua, é necessário não apenas entender o que é dito, mas também perceber a intenção de quem fala, notando o que está implícito na situação de comunicação. Observar, por exemplo, o momento, o lugar e o papel dos interlocutores (mãe e filho, patrão e empregado, professor e aluno, político e eleitores, etc.) é essencial para depreender a intencionalidade de um discurso.

Exercícios

Leia agora esta tira de Laerte:

Laerte/Acervo da cartunista

(*Folha de S.Paulo*, 2/7/2016.)

1. O que o homem pretende dizer ao falar "Formigas na minha sopa"?

2. Como o tamanduá entendeu a fala do homem? A fala do animal é coerente com a situação? Por quê?

3. Imagine a seguinte situação: Um casal vai receber alguns convidados para um almoço no domingo, por isso compra frutas e doces para servir de sobremesa. Depois do almoço, a mulher diz ao marido:

— Carlos, tem frutas e doces na geladeira.

Considerando os interlocutores e a situação em que esse enunciado é produzido, responda:

a) Qual é a intenção da mulher ao dizer essa frase ao marido?

b) De que outro modo ela poderia fazer o pedido ao marido, tornando explícita sua intenção?

c) Troque ideias com os colegas e o professor e imagine outros contextos nos quais essa mesma frase possa expressar outras intenções.

4. Às vezes, as pessoas deixam de explicitar o que querem por educação. Por exemplo: Suponha que um adolescente chegue em casa com o tênis sujo de barro e, ao entrar, o pai dele diz:

— Filho, seu tênis está sujo.

a) O que o pai realmente pretende dizer ao filho?

b) De que forma ele poderia dizer a mesma coisa ao filho sem ser agressivo ou autoritário?

A coerência textual

Leia as tiras a seguir:

(Alexandre Beck. *Armandinho seis*. São Paulo: A. C. Beck, 2015. p. 78.)

(Disponível em: https://bichinhosdejardim.com/questoes-classicas/. Acesso em: 6/9/2022.)

1. Na 1ª tira, Armandinho conversa com o pai. Observe a pergunta do menino e a resposta do pai no 1º quadrinho. Em seguida, observe o comentário de Armandinho no 2º quadrinho.

a) O comentário de Armandinho, no 2º quadrinho, é coerente com a resposta dada pelo pai no quadrinho anterior? Por quê?

b) Levante hipóteses: Por que Armandinho deu essa resposta ao pai?

c) Qual é o sentido da expressão "Ah..." do último quadrinho?

2. Agora, observe a 2ª tira. A flor levanta algumas "questões clássicas" a respeito dos contos de fadas.

a) O que a flor questiona sobre os contos de fadas?

b) Os questionamentos da flor são coerentes? Por quê?

c) E, no mundo fantasioso dos contos de fadas, os fatos que a flor questiona fazem sentido? Por quê?

Armandinho dá uma resposta sem nexo à pergunta do pai provavelmente porque não ouviu direito o que ele estava dizendo ou porque possivelmente estava acostumado a ouvir desculpas. Na 2ª tira, a flor vê incoerências nos acontecimentos de alguns contos maravilhosos e questiona-os à luz da realidade em que vivemos.

As duas tiras lidas criam humor explorando as noções de coerência e incoerência, seja no diálogo entre pai e filho, seja no enredo dos contos de fadas. Contudo, as tiras por si sós, como textos que são, têm em si coerência, uma vez que em geral alguma coerência é esperada dos textos que produzimos no dia a dia.

Coerência textual são as conexões de ideias que conferem sentido a um texto.

A coesão textual

Leia este texto:

Manual do Mundo: tutoriais e experiências científicas

Criado em 2008, o canal do YouTube Manual do Mundo tem mais de 16 milhões de inscritos e uma série de prêmios — até mesmo dois registros no Guinness World Records Book, o livro dos recordes. O canal é um dos grandes nomes brasileiros na criação de conteúdo voltado para ciências e tecnologia e foi concebido por Iberê Thenório e Mari Fulfaro [...]. A seguir, confira um bate-papo que a repórter mirim Gabriela B., 10 anos, [...] teve com o Iberê.

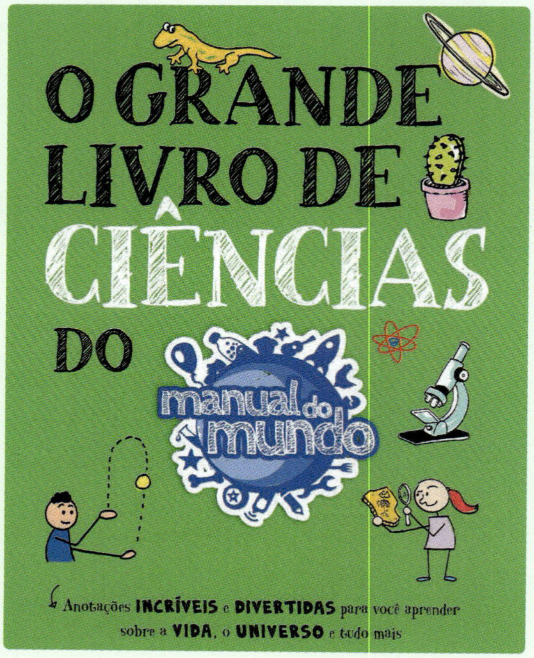

Reprodução/Editora Sextante

Quando surgiu a ideia de criar o canal Manual do Mundo?

Surgiu em 2008. Eu e a Mari viemos do interior, de Piedade (SP), uma cidade que fica aqui perto de Sorocaba. A gente, quando morava no interior, fazia tudo em casa: tudo que precisava arrumar, consertar, fazíamos em casa. E aí, quando chegamos a São Paulo, percebemos que as pessoas não sabiam fazer nada na cidade grande; elas sempre contratam alguém para ajudar. Não sabiam trocar pneu, não sabiam pintar uma parede. Então a gente resolveu criar o Manual do Mundo, para ensiná-las a fazer coisas em casa. Depois de um tempo, começamos a fazer algumas experiências e percebemos que as pessoas gostavam delas. Era uma coisa que fazia falta na vida das pessoas: entender um pouco de ciência.

[...]

(*Jornal Joca*. Disponível em: https://www.jornaljoca.com.br/manual-do-mundo-tutoriais-e-experiencias-cientificas/. Acesso em: 14/12/2022.)

1. O texto apresenta uma entrevista com Iberê Thenório, um dos criadores do canal Manual do Mundo.

a) Qual é a área de interesse a que o canal se dedica?

b) Qual é o objetivo do canal?

2. Para que o texto produza um sentido coerente, é necessário que ele apresente não apenas conexão entre as ideias, mas também entre as palavras e as partes que o compõem. Releia este trecho:

> "A gente, quando morava no interior, fazia tudo em casa: tudo que precisava arrumar, consertar, fazíamos em casa."

a) A expressão "a gente" retoma um termo citado anteriormente. Que termo é esse?

b) A palavra **tudo**, em sua primeira ocorrência, é explicada no texto posteriormente. Que trecho explica o que o autor queria dizer com essa palavra?

3. Releia este trecho do texto:

> "E aí, quando chegamos a São Paulo, percebemos que as pessoas não sabiam fazer nada na cidade grande; elas sempre contratam alguém para ajudar. Não sabiam trocar pneu, não sabiam pintar uma parede. Então a gente resolveu criar o Manual do Mundo, para ensiná-las a fazer coisas em casa."

a) A palavra **nada** também é explicada posteriormente. Qual é a frase que explica o sentido dessa palavra no contexto?

b) A palavra **elas** retoma um termo citado anteriormente. Que termo é esse?

c) A palavra **las** em **ensiná-las** evita a repetição de um termo anteriormente expresso. Que termo é esse?

4. Agora, releia este outro trecho:

> "Depois de um tempo, começamos a fazer algumas experiências e percebemos que as pessoas gostavam delas. Era uma coisa que fazia falta na vida das pessoas: entender um pouco de ciência."

a) Que termo é retomado pela palavra **delas**?

b) O trecho "entender um pouco de ciência", empregado depois de dois-pontos, explica uma palavra de sentido vago e genérico empregada anteriormente. Que palavra é essa?

c) Nesse trecho, há uma palavra que é repetida. Identifique-a e sugira uma reescrita que elimine essa repetição.

5. Há, no texto, algumas palavras e expressões que indicam uma sequência temporal, ou seja, marcam momentos da história dos criadores do canal. E há também palavras e expressões que indicam espaço ou mudança espacial.

a) Identifique as palavras e expressões que indicam tempo.

b) Destaque as palavras e expressões que indicam espaço ou deslocamento espacial.

Você notou que, no texto, há palavras que estabelecem relações com outras palavras e expressões, retomando-as para explicá-las ou desenvolvê-las ou para evitar repetições. E há palavras que indicam mudança de tempo e de espaço em que os fatos aconteceram, criando uma noção de sequência temporal.

Palavras e expressões como essas são responsáveis pela "costura" do texto, isto é, pelas conexões gramaticais e semânticas que fazem com que palavras reunidas se tornem um texto de fato. Essas conexões são chamadas de **coesão**.

Coesão textual é a conexão gramatical estabelecida entre palavras, frases, parágrafos e partes maiores de um texto.

Para que um texto seja um todo significativo, e não um amontoado de frases soltas sem conexão, é necessário que ele tenha textualidade. A coerência e a coesão textuais são elementos fundamentais para conferir textualidade a um texto.

Exercícios

Leia a tira a seguir, de Alexandre Beck:

© Armandinho, de Alexandre Beck/ Acervo do cartunista

(*Armandinho três*. Florianópolis: A. C. Beck, 2014. p. 55.)

1. O 1º quadrinho mostra uma situação de violência vivida por Armandinho.

a) O que ocorre nesse quadrinho?

b) Que tipo de coisa a pessoa mais alta espera receber de Armandinho?

c) A resposta dada por Armandinho no 2º quadrinho era a esperada pelo estranho?

2. De modo bem-humorado, a tira coloca em destaque duas ordens diferentes de valores: a ordem dos valores materiais e a ordem dos valores imateriais (valores morais, culturais, afetivos, etc.).

a) Para o estranho, o que é "valioso"?

b) E para Armandinho, o que tem verdadeiro valor?

3. O gibi da Mônica é um bem material. Para Armandinho, em que ordem de valores esse gibi se situa: na ordem dos valores materiais ou na ordem dos valores imateriais? Justifique sua resposta.

4. Agora, observe as conexões gramaticais presentes no texto. O balão do 2º quadrinho procura explicar ou desenvolver uma expressão empregada no balão do 1º quadrinho. Que expressão é essa?

5. No 3º quadrinho, Armandinho fala duas frases cujas ideias estão correlacionadas pela palavra **mas**. Indique o sentido dessa palavra no contexto:

a) adição

b) oposição

c) conclusão

d) explicação

6. No 2º quadrinho, a palavra **deles** substitui uma expressão citada anteriormente, evitando repetição. Que expressão é essa?

O texto, o parágrafo, a frase

Leia um trecho de uma crônica de Carlos Drummond de Andrade:

Caso de secretária

Foi trombudo para o escritório. Era dia de seu aniversário, e a esposa nem sequer o abraçara, não fizera a mínima alusão à data. As crianças também tinham se esquecido. Então era assim que a família o tratava? Ele que vivia para os seus, que se arrebentava de trabalhar, não merecer um beijo, uma palavra ao menos!

Mas, no escritório, havia flores à sua espera, sobre a mesa. Havia o sorriso e o abraço da secretária, que poderia muito bem ter ignorado o aniversário, e entretanto o lembrara. Era mais do que uma auxiliar, atenta, experimentada e eficiente, pé de boi da firma, como até então a considerara; era um coração amigo.

Biry Sarkis/Acervo da editora

Passada a surpresa, sentiu-se ainda mais borocoxô: o carinho da secretária não curava, abria mais a ferida. Pois então uma estranha se lembrava dele com tais requintes, e a mulher e os filhos, nada? Baixou a cabeça, ficou rodando o lápis entre os dedos, sem gosto para viver.

Durante o dia, a secretária redobrou de atenções. Parecia querer consolá-lo, como se medisse toda a sua solidão moral, o seu abandono. Sorria, tinha palavras amáveis, e o ditado da correspondência foi entremeado de suaves brincadeiras da parte dela.

— O senhor vai comemorar em casa ou numa boate?

Engasgado, confessou-lhe que em parte nenhuma. Fazer anos é uma droga, ninguém gostava dele neste mundo, iria rodar por aí à noite, solitário, como o lobo da estepe.

[...]

(*Cadeira de balanço*. 18. ed. Rio de Janeiro: Record, 1993. p. 27-28.)

1. A crônica narra um dia diferente na vida de um personagem.

a) Por que esse dia era diferente?

b) Por que ele foi "trombudo" para o escritório?

2. O texto está organizado em partes menores, chamadas **parágrafos**.

a) Quantos parágrafos há no trecho transcrito do texto?

b) Como se indica formalmente o parágrafo no texto?

3. O segundo parágrafo do texto estabelece oposição em relação às ideias desenvolvidas no primeiro parágrafo.

a) Que palavra introduz, explicitamente, a ideia de oposição?

b) Por que as ideias do segundo parágrafo se contrapõem às do primeiro?

4. Em textos narrativos, como a crônica em estudo, é comum haver mudança de parágrafo quando acontece um deslocamento (mudança) no tempo ou no espaço, ou quando se inicia um conjunto de ações diferentes, ou quando se introduz a fala de um personagem. Releia os parágrafos da crônica e associe as colunas a seguir, indicando os motivos das mudanças de parágrafos.

a) deslocamento espacial

b) deslocamento temporal

c) conjunto de ações diferentes

d) introdução da fala de personagem

e) retomada da narrativa após a fala de personagem

I. do 1º para o 2º parágrafo

II. do 2º para o 3º parágrafo

III. do 3º para o 4º parágrafo

IV. do 4º para o 5º parágrafo

V. do 5º para o 6º parágrafo

5. Releia estes trechos do texto:

> "Foi **trombudo** para o escritório."
>
> "Era mais do que uma auxiliar, atenta, experimentada e eficiente, **pé de boi** da firma [...]."
>
> "Passada a surpresa, sentiu-se ainda mais **borocoxô**: o carinho da secretária não curava, abria mais a ferida."

a) Qual é o sentido das palavras destacadas em seus respectivos contextos?

b) O emprego dessas palavras revela o uso de uma linguagem mais formal e sofisticada ou uma linguagem informal e cotidiana?

c) Por que, segundo o texto, a atenção da secretária "abria mais a ferida"?

6. A crônica de Carlos Drummond de Andrade apresenta unidade de sentido e, por isso, pode ser considerada um texto. Levante hipóteses: Como você acha que vai terminar essa história? Conte aos colegas.

A narrativa lida é um longo enunciado verbal, resultante de um processo comunicativo a que chamamos texto.

Texto é o produto de um processo comunicativo que apresenta unidade de sentido.

Como você observou, um texto pode ser dividido em partes menores, os **parágrafos**. Cada parágrafo contém um conjunto de ideias e pode ser dividido em unidades ainda menores, as **frases**. Enquanto o parágrafo é um conjunto de ideias, a frase é a expressão de cada uma dessas ideias.

Parágrafo é uma parte do texto que reúne um conjunto de ideias.

Frase é uma expressão verbal de sentido completo delimitada pelo ponto.

Na escrita, a frase começa com letra maiúscula e termina com ponto. Na fala, a frase é demarcada pela entonação, isto é, por um tom de voz que expressa a intenção de quem fala. Veja os exemplos:

"As crianças também tinham se esquecido."

" — O senhor vai comemorar em casa ou numa boate?"

Exercícios

Leia o conto maravilhoso a seguir. Observe que o texto foi transcrito sem a divisão de parágrafos propositalmente.

Um fazendeiro tinha um cavalo que lhe havia servido muito fielmente, mas que agora estava velho demais para trabalhar. Por isso o fazendeiro não queria mais lhe dar de comer e disse, "Não quero mais saber de você, caia fora do meu estábulo; não o receberei de volta até que esteja mais forte que um leão". E assim dizendo, abriu a porta e mandou-o embora. O pobre cavalo ficou muito triste e errou para um lado e para o outro pela floresta à procura de um pequeno abrigo contra o vento frio e a chuva. Foi então que uma raposa o encontrou, "Qual é o problema, meu amigo?", disse ela. "Por que está de cabeça

Biry Sarkis/Acervo da editora

baixa e parece tão solitário e triste?" "Ah!", replicou o cavalo, "justiça e avareza nunca convivem numa casa. Meu amo esqueceu-se de tudo que fiz por ele durante tantos anos, e como não posso mais trabalhar, mandou-me embora dizendo que a menos que eu fique mais forte do que um leão, ele não me receberá de volta. Que chance posso ter de que isso aconteça? Ele sabe que nenhuma, senão, não teria falado assim." A raposa, porém, o encorajou dizendo: "Eu vou ajudá-lo; deite-se ali e fique esticado como se estivesse morto". O cavalo fez como lhe dizia e a raposa foi diretamente até o leão, que vivia numa caverna perto dali, e lhe disse, "Perto daqui tem um cavalo morto; venha comigo e poderá fazer uma ótima refeição de sua carcaça". O leão ficou muito contente e partiu imediatamente, mas quando chegou junto do cavalo, a raposa disse, "Você não poderá comê-lo confortavelmente aqui; vou lhe dizer o que fazer — eu o amarrarei a sua cauda e então poderá arrastá-lo até a sua cova e comê-lo mais à vontade". O conselho agradou o leão, que se deitou calmamente para a raposa amarrá-lo ao cavalo. Mas a raposa deu um jeito de amarrar as pernas do leão uma nas outras e prendê-lo com tanta firmeza que nem usando toda sua força ele conseguiu se libertar. Feito o serviço, a raposa deu um tapa no lombo do cavalo dizendo, "Eia! Pangaré! Eia!" Este então se levantou e saiu arrastando o leão atrás de si. A fera começou a rugir e bufar até todos os pássaros do bosque fugirem de medo, mas o cavalo deixou-o berrar e seguiu seu caminho pelos campos para a casa de seu amo. "Ei-lo aqui, amo", disse ele, "peguei o melhor deles." E quando o fazendeiro viu seu velho servo, seu coração amoleceu e ele disse, "Você vai ficar no estábulo e será bem cuidado". E assim o pobre cavalo velho teve fartura de comida e viveu — até morrer.

(Irmãos Grimm. *Contos de fadas*. São Paulo: Iluminuras, 2001. p. 137-138.)

1. O texto apresenta, originalmente, cinco parágrafos.

a) Junte-se a um colega e analisem a sequência narrativa, buscando identificar as partes do texto que constituem parágrafos. Em seguida, escrevam no caderno o trecho inicial de cada parágrafo.

b) Quando concluírem, troquem ideias com os colegas de outras duplas a respeito dos critérios que vocês utilizaram para indicar os inícios de parágrafos no texto e ouçam as indicações que eles fizeram. Juntos, decidam quais foram as melhores escolhas.

2. Com base na discussão do item **b** da questão anterior, responda:

a) O que justifica a divisão entre o primeiro e o segundo parágrafos?

b) E entre o segundo e o terceiro parágrafos?

c) E entre o terceiro e o quarto?

d) E entre o quarto e o quinto?

3. Pense em outra forma coerente de organizar o texto em parágrafos. Compartilhe sua ideia com a turma.

Tipos de frase

O texto é formado por parágrafos, e cada parágrafo é formado por frases delimitadas por ponto final ou por outros sinais, como o ponto de exclamação, o ponto de interrogação e as reticências.

Tradicionalmente, a gramática classifica as frases em quatro tipos:

- **interrogativa**: empregada para fazer uma pergunta:

  Choveu ontem à noite?

  Na escrita, é indicada por **ponto de interrogação**.

- **declarativa**: empregada para dar uma resposta, uma informação ou contar alguma coisa:

  Choveu durante toda a noite.

  Na escrita, é indicada por **ponto final**.

- **exclamativa**: empregada para expressar espanto, surpresa, emoção, admiração, alegria, etc.:

  Está chovendo! Vamos correr!

  Na escrita, é indicada por **ponto de exclamação**.

- **imperativa**: empregada para expressar uma ordem, um desejo, um pedido, uma orientação:

  Leve um guarda-chuva.

  Na escrita, é indicada por **ponto final** ou **ponto de exclamação**.

Embora haja esse tipo de classificação, para afirmar com segurança que uma frase é interrogativa, exclamativa, declarativa ou imperativa, é preciso considerar, além do sinal de pontuação, a situação em que ela foi produzida: **quem** fala, **com quem** fala, em que **momento** e **lugar**, com que **intenção**, etc.

A frase "A janela está aberta", por exemplo, é declarativa, mas, dependendo da situação em que for empregada, pode ter outro sentido e classificação. Suponha que mãe e filha estejam assistindo à TV. De repente, entra um vento gelado e a mãe faz essa afirmação. A filha se levanta e fecha a janela. Ela entendeu a frase como imperativa, ou seja, com o sentido de "Feche a janela! Está frio!".

Reforço na fala

Na fala, muitas frases interrogativas contêm expressões de reforço, como **né**, **não é**, **tá**, **está bem**, **certo**, **hein, viu**, e palavras ou expressões repetidas. Na escrita, essas expressões se apresentam antecedidas por vírgula ou entre vírgulas.

Observe como exemplo o emprego da palavra **né** no 3º quadrinho da tira:

© Ziraldo Alves Pinto/Acervo do cartunista

(Ziraldo. *O Menino Maluquinho 1 — As melhores tiras*. Porto Alegre: L&PM, 1995. p. 3.)

Exercícios

Leia a tira a seguir, com o personagem Armandinho, e responda às questões 1 a 3.

(Disponível em: https://tirasarmandinho.tumblr.com/. Acesso em: 7/6/2019.)

1. A palavra **procurador** foi empregada na tira de modo ambíguo, ou seja, com mais de um sentido.

a) Consulte no dicionário a palavra **procurador**. Que sentidos essa palavra apresenta?

b) Qual é o sentido da palavra para Fê, a amiga de Armandinho?

c) Fê parece acreditar em Armandinho?

d) Qual é o sentido de **procurador** para Armandinho?

2. Qual estratégia é usada no último quadrinho para revelar o sentido atribuído à palavra **procurador** pelo garoto?

3. Ao final de cada frase, na tira, falta um sinal de pontuação. Leia as falas dos personagens, considerando cada situação.

a) Reescreva as frases no caderno, empregando o sinal de pontuação adequado.

b) Classifique as frases que você pontuou.

4. Há, a seguir, alguns diálogos soltos, isto é, não inseridos em situações de comunicação. Imaginando a situação de cada um dos diálogos, leia-os em voz alta, usando a entonação adequada.

Diálogo 1

Mãe — Que bagunça! Vá já limpar as paredes!

Filho — Mãe, você não entende minha arte.

Diálogo 2

Amigo — Vamos jogar bola?

Amiga — Ai! Que preguiça!

Diálogo 3

Chefe — O relatório não está na minha mesa.

Empregado — Estou levando agora mesmo para a senhora, chefe!

Jean Galvão/Acervo da editora

A intencionalidade discursiva NA CONSTRUÇÃO DO TEXTO

Leia as tiras a seguir.

(Alexandre Beck. *Armandinho dois*. Florianópolis: A. C. Beck, 2014. p. 71-72.)

1. Lidas em conjunto, as tiras compõem uma sequência de uma mesma conversa entre Armandinho e o pai dele. Identifique elementos verbais e não verbais nas três tiras que permitem fazer tal afirmação.

2. No primeiro quadrinho de cada tira, o pai se dirige ao filho.

a) Deduza: Qual é a intenção do pai ao fazer suas perguntas?

b) Como Armandinho aparentemente entende cada uma delas?

3. Troque ideias com os colegas e o professor e levante hipóteses:

a) Por que o pai de Armandinho opta por formular perguntas em vez de fazer uma fala mais direta?

b) Armandinho entendeu as perguntas do pai?

4. Observe o segundo quadrinho de cada uma das tiras.

a) Qual é a ação de cada um dos personagens nesse quadrinho?

b) Quais seriam as ações esperadas, caso Armandinho tivesse percebido a verdadeira intenção de seu pai?

5. A forma de falar utilizada pelo pai de Armandinho nas tiras em estudo é muito comum no dia a dia, quando uma pessoa tem a intenção de atenuar a própria fala. Cite alguns exemplos de falas e situações nas quais isso pode ocorrer.

6. Conclua: Que relação existe entre a intencionalidade discursiva e a construção do humor nas tiras lidas?

SEMÂNTICA E DISCURSO

O anúncio a seguir foi exposto em *outdoors* de estradas brasileiras. Leia-o e responda às questões 1 a 3.

Reprodução/Agência CMC

(Disponível em: https://www.portaldodog.com.br/cachorros/noticias/outdoor-busca-conscientizar-populacao-sobre-abandono/. Acesso em: 5/9/2022.)

1. Releia o texto verbal do anúncio:

> "Nessas férias, lembre que nem todo pet é descartável."

a) Em que época do ano o anúncio foi veiculado?

b) Com que sentido a palavra **pet** é lida nesse enunciado, inicialmente?

2. Quando observamos a parte não verbal do anúncio, notamos que há uma ambiguidade (duplo sentido) no enunciado verbal.

a) Que figura aparece em destaque no anúncio?

b) De que material é formada essa figura?

c) Relacionando-se o enunciado verbal com a figura, que novo sentido a palavra **pet** ganha?

d) Qual foi o motivo da divulgação do anúncio na época do ano em que ele foi veiculado?

3. A ambiguidade existente na relação entre enunciado verbal e imagem também se verifica na intencionalidade do anúncio.

a) Inicialmente, qual parece ser a intencionalidade do anúncio?

b) Qual é a verdadeira intencionalidade dele?

4. Leia esta anedota:

> — Mamãe, o que você quer de presente de aniversário?
>
> — Eu queria... uma menina muito bem-comportada.
>
> — Xi, vou ganhar uma irmãzinha...
>
> (Fabrice Lelarge. *365 piadas — Para crianças a partir dos 7 anos*. Tradução de Mô Cunha. Barueri-SP: Girassol, 2006. p. 4.)

Jean Galvão/Acervo da editora

Quando duas pessoas interagem por meio da linguagem, elas levam em conta não apenas o que é dito, mas também outros elementos da situação, como quem são os interlocutores, o papel social que eles exercem, o que um pensa do outro, o lugar, o momento, a intenção.

a) O que a menina esperava ouvir da mãe ao fazer a pergunta a ela?

b) Qual é a intenção da mãe ao dar a resposta à filha?

c) Deduza: Qual deve ser a opinião da mãe a respeito do comportamento da filha?

d) Qual é a opinião da menina sobre o próprio comportamento? Ela pretende mudar esse comportamento?

DIVIRTA-SE

DICIONÁRIO DOS NOVOS TEMPOS

Alopatia	Dar um telefonema para a tia.
Abreviatura	Ato de se abrir um carro de polícia.
Catálogo	Ato de se apanhar coisas rapidamente.
Destilado	Aquele que não está do lado de lá.
Detergente	Ato de prender indivíduos suspeitos.
Determina	Prender uma moça.
Esfera	Animal feroz amansado.
Evento	Constatação de que realmente é vento, e não furacão.
Novamente	Diz-se de indivíduos que renovam a sua maneira de pensar.
Quartzo	Partze ou aposentzo de um apartamentzo.
Razão	Lago muito extenso, porém, pouco profundo.
Rodapé	Aquele que tinha carro, agora, roda a pé.
Simpatia	Concordância com a irmã da mãe.
Talento	Característica de alguma coisa devagar.
Típica	O que o mosquito nos faz.
Unção	Erro de concordância muito frequente (o correto seria: um é).
Vidente	Dentista falando sobre seu trabalho.
Volátil	Sobrinho avisando aonde vai.
Zoológico	Reunião de animais racionais.

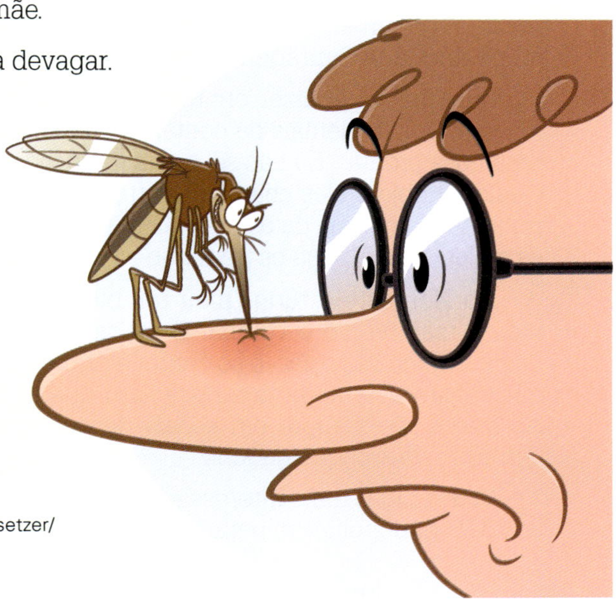

Refluo/Shutterstock

(Disponível em: https://www.ime.usp.br/~vwsetzer/jokes/dicion.html. Acesso em: 14/12/2022.)

CAPÍTULO 3

As variedades de uma língua plural

Construindo o conceito

Leia esta crônica do cronista e compositor Kledir Ramil:

Língua brasileira

Outro dia eu vinha pela rua e encontrei um mandinho comendo bergamota, um guri desses que andam sem carpim, de bragueta aberta, soltando pandorga. Eu vinha de bici, descendo a lomba pra ir na lancheria...

Se você não é gaúcho, provavelmente não entendeu nada do que eu estava contando. No Rio Grande do Sul a gente chama tangerina de bergamota e carne moída de guisado. Bidê, que a maioria usa no banheiro, é o nome que nós demos pra mesinha de cabeceira, que em alguns lugares chamam de criado-mudo. E por aí vai. A privada nós chamamos de patente. Dizem que começou com a chegada dos primeiros vasos sanitários de louça, vindos da Inglaterra, que traziam impresso "Patent" número tal. E pegou.

Ir aos pés, no Rio Grande do Sul, é fazer cocô. Eu acho tri elegante, poético. "Com licença, vou aos pés e já volto."

O Brasil tem dessas coisas, é um país maravilhoso, com o português como língua oficial, mas cheio de dialetos diferentes.

No Rio de Janeiro é "e aí, merrmão! CB, sangue bom!" Até eu entender que merrmão era "meu irmão" levou um tempo. Pra conseguir se comunicar, além de arranhar a garganta com o erre, você precisa aprender a chiar que nem chaleira velha: "Vai rolá umasch paradasch ischperrtasch."

Em São Paulo, capital, eles botam um "i" a mais na frente do "n": "Ôrra meu! Tô por deintro, mas não tô inteindeindo o que eu tô veindo." E no interiorrr falam um erre todo enrolado: "A Ferrrnanda marrrcô a porrrteira." Dá um nó na língua. A vantagem é que a pronúncia deles no inglês é ótima.

Em Mins, quer dizer, em Minas, eles engolem letras e falam Belzonte, Nossenhora, doidemais da conta, sô! O mineiro, quando se perde, já tem uma frase pronta: "Eu não sei quemcossô, oncotô, doncovim e proncovô." Qualquer objeto eles chamam de trem, como naquela história do mineirinho na plataforma da estação. Quando ouviu um apito, falou apontando as malas: "Muié, pega os trem que o bicho tá vindo."

No Nordeste é tudo "meu rei, bichinho, oxente". Pai é painho, mãe é mainha, vó é vóinha. E pra você conseguir falar com o acento típico da região, é só cantar a primeira sílaba de qualquer palavra numa nota mais aguda que as seguintes. As frases são sempre em escala descendente, ao contrário do sotaque gaúcho.

Mas o lugar mais interessante de todos é Florianópolis, um paraíso sobre

Biry Sarkis/Acervo da editora

a terra, abençoado por Nossa Senhora do Desterro. Os nativos tradicionais, conhecidos como manezinhos da Ilha, têm o linguajar mais simpático da nossa língua brasileira. Lagartixa, eles chamam de crocodilinho de parede. Helicóptero é avião de rosca (que deve ser lido rôschca). Carne moída é boi ralado. Se você quiser um pastel de carne precisa pedir um envelope de boi ralado. Telefone público, o popular orelhão, é conhecido como poste de prosa. Ovo eles chamam de semente de galinha [...].

Dizem que isso tudo vem da colonização açoriana, inclusive a pronúncia deliciosa de algumas expressões como "si quéisch quéisch, si não quéisch, disch".

Se você estiver por lá viajando de carro e precisar de alguma informação sobre a estrada pra voltar pra casa, deve perguntar pela Briói, como é conhecida a BR-101.

Tudo isso é muito engraçado, mas às vezes dá problema sério. A primeira vez que minha mãe, gaúcha do interior, foi ao Rio de Janeiro, entrou numa padaria e pediu: "Tchê, me dá um cacete!!!" Cacete pra nós é pão francês. O padeiro caiu na risada, chamou-a num canto e tentou contornar a situação. Ela ingenuamente emendou: "Mas o senhor não tem pelo menos um cacetinho?"

N. do T. — mandinho é garoto, carpim é meia, bragueta é braguilha, pandorga é pipa, bici é bicicleta, lomba é ladeira, lancheria é lanchonete.

(*Crônicas para ler na escola*. Objetiva. Edição do Kindle.)

Quem é Kledir Ramil?

O cronista Kledir, autor do texto lido, é também compositor e, com seu irmão, forma a dupla Kleiton e Kledir, que fez grande sucesso na música popular brasileira na década de 1980. Originários de Pelotas (RS), a dupla incorporou às canções que criaram vários termos e expressões próprios da variedade gaúcha, como a expressão "tri legal".

Rodrigo Lopes/Acervo do artista

Kleiton e Kledir.

1. O tema central do texto é:

a) A enorme variedade de idiomas falados no Brasil, além do português oficial.

b) As brincadeiras de um menino encontrado na rua pelo narrador.

c) As variações da língua portuguesa falada no Brasil.

d) A falta de compreensão entre falantes do português em alguns lugares do Brasil por causa da diversidade de nosso povo.

2. Releia esta frase do texto:

> "O Brasil tem dessas coisas, é um país maravilhoso, com o português como língua oficial, mas cheio de dialetos diferentes."

Na visão do autor, a língua portuguesa oficial e os diferentes dialetos formam uma só língua ou são línguas diferentes? Justifique sua resposta.

3. O narrador reconhece que algumas palavras e expressões empregadas no Estado em que ele nasceu são exclusivas.

a) De que Estado é o narrador?

b) No 3º parágrafo, o narrador faz uso de uma palavra que é própria do português falado no Estado onde ele nasceu: "Eu acho **tri** elegante, poético". Qual é o sentido da palavra **tri** nesse contexto?

c) Você se identifica com alguma das formas de falar citadas pelo narrador? Por quê? E, para você, há outra forma de falar no Brasil que merece destaque e não foi mencionada no texto? Em caso afirmativo, qual?

4. Para o narrador, os falantes de outros Estados falam diferente o português.

a) Qual é a impressão que ele tem a respeito do português falado no Rio de Janeiro?

b) E do português falado em São Paulo?

c) E em Minas Gerais?

d) E no Nordeste?

e) Você acha que o português é falado da mesma forma em todos os Estados do Nordeste? Levante hipóteses: Por que o autor da crônica descreveu falares nordestinos de forma genérica?

5. O narrador dá destaque ao português falado em Florianópolis.

a) Que trecho do texto confirma a simpatia do narrador pela língua falada nessa cidade?

b) O narrador cita algumas expressões faladas em Florianópolis, como "crocodilinho de parede" e "avião de rosca". Você já ouviu ou usa algumas dessas expressões? Em que contexto? Troque ideias com os colegas e o professor e levante hipóteses: Com base em que princípio elas são construídas?

6. Compare a forma como o narrador se refere à língua falada no Brasil nestes dois trechos do texto:

> "O Brasil [...] é um país maravilhoso, com o português como língua oficial, mas cheio de dialetos diferentes."
>
> "Os nativos tradicionais, conhecidos como manezinhos da Ilha, têm o linguajar mais simpático da nossa língua brasileira."

Que diferença é possível notar entre os trechos?

7. O texto finaliza com mais um exemplo de variação da língua portuguesa: o autor cita o modo como os gaúchos do interior se referem a **pão** e **pãozinho**. Que efeito esse exemplo cria no texto? Justifique sua resposta.

Conceituando

No texto lido e estudado, o autor constrói humor com base no fato de a língua portuguesa falada no Brasil não ser homogênea. Ela apresenta muitas variações que dependem de fatores regionais, sociais, etários, estilísticos e culturais e das diferentes situações de comunicação em que ela é utilizada.

Especialmente em uma sociedade tão heterogênea como a brasileira, em que convivem realidades e perfis muito distintos, às vezes, em uma mesma cidade e até em um mesmo bairro, é natural que haja diferenças nas formas de utilização da língua.

Variedades linguísticas são os diferentes modos de usar uma língua, relacionados a fatores como a situação de comunicação ou o lugar de origem, a idade, o sexo, a classe social e o grau de escolaridade dos interlocutores.

Variedades de prestígio e norma-padrão

A língua está sempre em mudança, em renovação. Palavras novas surgem a todo instante, e formas antes valorizadas caem em desuso com o tempo. Com a internet, as redes sociais e os novos suportes de escrita cotidiana, como celulares e *tablets*, até mesmo a forma de escrever as palavras tem se modificado em algumas situações.

Na tentativa de controlar a inevitável mudança pela qual toda língua passa ao longo do tempo, as sociedades, a fim de se fortalecerem politicamente por meio de uma suposta unidade linguística, instituem um ideal de língua única e centralizada — conhecida como **norma-padrão** —, visando ditar regras de como se deve falar e escrever, como se houvesse uma única alternativa aceitável.

Em todas as culturas, a norma-padrão tem por base uma das variedades da língua, cuja escolha é, em geral, guiada pelos usos linguísticos dos grupos de maior poder e prestígio socioeconômico. A escolha da norma-padrão também se baseia em fontes historicamente muito distantes da nossa fala cotidiana, o que a leva a se distanciar até mesmo da forma como pessoas altamente escolarizadas e de classes socioeconômicas de prestígio usam a língua. Assim, a norma-padrão, tal como é construída, não corresponde efetivamente a nenhuma das variedades de uma língua e, por não existir como uma variedade linguística real, pode ser considerada fruto de uma abstração.

Variedades urbanas de prestígio, também conhecidas como **norma culta**, são as variedades utilizadas por falantes com maior nível de escolaridade e, em geral, com maior poder socioeconômico.

Norma-padrão é um modelo abstrato da língua, instituído na tentativa de normatizar com leis ou regras os usos de uma língua, falada ou escrita.

Embora a norma-padrão se distancie dos usos efetivos da língua em nosso cotidiano, é preciso reconhecer que ela existe e é direito de todos os falantes ter acesso a ela e a suas regras. Da mesma forma, o acesso às variedades urbanas de prestígio, que são socialmente mais valorizadas, também é um direito de todos os falantes, pois pode contribuir para que eles participem com mais autonomia de diversas situações de uso da língua e, com isso, tenham mais segurança ao produzir seus textos, orais ou escritos.

Olly Kava/Shutterstock

Preconceito linguístico

O que não se pode admitir é que uma variedade linguística seja considerada melhor ou mais correta que outra. Você provavelmente já ouviu alguém dizer que o português de uma cidade ou de um Estado é melhor do que o de outro lugar ou já viu uma pessoa ser ridicularizada por falar de um jeito diferente do usado pela maioria das pessoas com quem ela convive. Esses comportamentos têm por base crenças do senso comum sem nenhum fundamento científico, contra as quais devemos nos posicionar, a fim de construir uma sociedade mais justa e menos preconceituosa também no aspecto linguístico.

Banco de imagens/ Arquivo da editora

Exercícios

Ao digitar, na barra de endereços do seu navegador de internet, um endereço que não existe ou não está mais disponível na rede, aparece em geral uma mensagem padrão: "erro — página não encontrada". É comum, entretanto, que alguns *sites* personalizem essa mensagem. Observe, a seguir, alguns exemplos.

I.

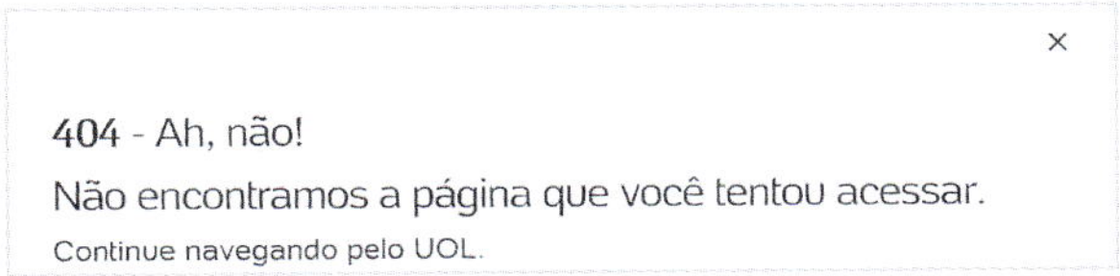

×
404 - Ah, não!
Não encontramos a página que você tentou acessar.
Continue navegando pelo UOL.

(UOL)

II.

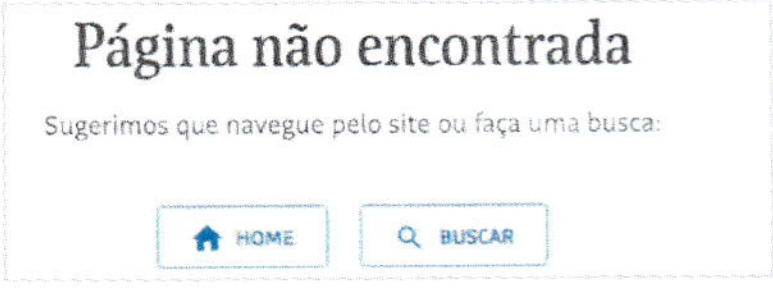

Sugerimos que navegue pelo site ou faça uma busca:

(*Folha de S.Paulo*)

Fotos: Reprodução/ www.uol.com.br

III.

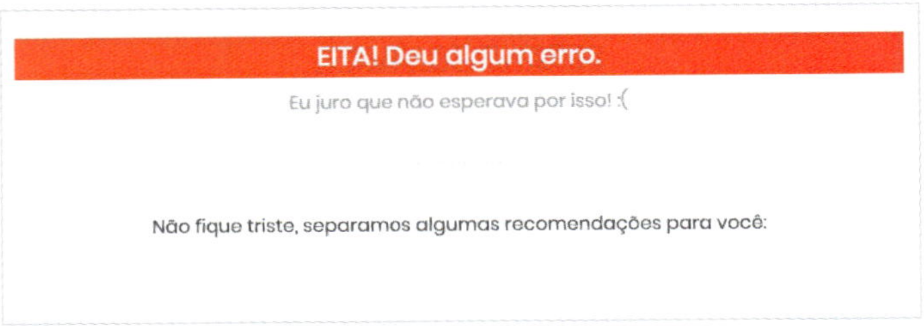

EITA! Deu algum erro.
Eu juro que não esperava por isso! :(
Não fique triste, separamos algumas recomendações para você:

(Webmotors)

IV.

(Gloob)

Fotos: Reprodução/ www.uol.com.br

V.

Página não encontrada
Home > 404 Not Found
Oxi, pode ser que essa página tenha sido movida ou apagada dos nossos servidores.
Use o nosso chat para conversar com um atendente e esclarecer sua dúvida.
404

(*Blog* Forró com turista)

1. Como falante da língua portuguesa, você certamente reconhece que há diferenças na linguagem utilizada nessas mensagens, embora todas tenham o mesmo conteúdo.

a) Qual delas tem uma linguagem mais objetiva e direta, fazendo um uso mais formal da língua? Justifique sua resposta com base no texto.

b) Quais delas fazem uso de gírias, interjeições ou expressões regionais? Justifique sua resposta com base no texto.

2. Troque ideias com os colegas e o professor e levante hipóteses: Com quais objetivos os responsáveis por essas páginas fazem esse tipo de alteração no texto padrão da página de erro?

Leia o cartaz a seguir para responder às questões 3 e 4.

Reprodução/https://confiramais.com.br/programacao-sao-joao-recife/

3. Relacione as partes verbal e não verbal do cartaz.

a) Qual é o objetivo desse texto?

b) Deduza: Quem o produziu e a quem ele se destina?

4. Há, no texto do cartaz, um termo escrito de forma diferente da norma-padrão.

a) Qual é esse termo?

b) Levante hipóteses: Por que ele foi escrito dessa forma?

c) Troque ideias com os colegas e o professor: A forma de falar essa palavra é específica de uma região do Brasil ou de determinado grupo de pessoas? Justifique sua resposta.

Tipos de variação linguística

As variações de uma língua podem ocorrer por diferentes motivos. Conheça, a seguir, alguns deles.

- **Diferenças de lugar ou região** — Há, nos modos de falar das pessoas, diferenças relacionadas ao lugar de onde elas vêm ou onde vivem: Estados diferentes, zona rural, zona urbana, áreas das grandes cidades.
- **Diferenças de classe social** — Pessoas de diferentes classes sociais podem ter modos distintos de falar.
- **Diferenças entre a fala e a escrita** — A mesma pessoa pode fazer uso de variedades distintas ao empregar as modalidades oral e escrita da língua.
- **Diferenças no grau de monitoramento** — Uma pessoa pode monitorar menos ou mais sua fala, conforme julgar necessário. Dependendo da situação de comunicação em que se encontra, ela pode usar a linguagem de modo menos ou mais formal. Por exemplo, ao contar o mesmo fato em casa, para membros da família, e em uma reunião profissional, para pessoas com quem se tem pouca intimidade, é natural o emprego de uma **linguagem informal** na primeira situação e de uma **linguagem formal** na segunda situação.
- **Diferenças históricas** — Pessoas de diferentes gerações podem ter modos de falar diferentes, uma vez que a língua muda com o passar do tempo.

Português brasileiro chega a Portugal e Angola pelas telenovelas e pelos *youtubers*

As telenovelas brasileiras são muito apreciadas em Portugal e em Angola, país africano que tem como língua oficial o português. Só a Rede Globo chega a exportar para Portugal cerca de 3 700 horas de programação por ano. Transmitidas diretamente, sem dublagem, nossas telenovelas vêm influenciando os costumes e a língua desses países. Várias palavras e expressões que antes eram de uso exclusivo dos falantes brasileiros agora são faladas por falantes do português angolano e lusitano, como "estar numa boa", "*show* de bola", "oi", "legal", "estou indo" (em vez de "estou a ir").

Além disso, a alta popularidade de alguns *youtubers* brasileiros em Portugal tem influenciado a linguagem de crianças portuguesas de 4 a 10 anos, que passaram a usar no dia a dia expressões como "Oi, galera!", "Beleza?".

A gíria

Leia este diálogo:

Outro dia o coruja estava batendo lata e encontrou um tatu.

— E aí? Eles acertaram o pilão?

— Que nada, o espada abriu o caderno e passou o maior chapéu no piolho!

(Kárin Fusaro. *Gírias de todas as tribos*. São Paulo: Panda Books, 2001.)

Jean Galvão/Acervo da editora

Se você teve dificuldade para compreender esse diálogo, é porque não conhece a gíria dos taxistas. Releia o texto considerando este vocabulário:

abrir o caderno: falar demais, contar sua vida.
bater lata: andar com o carro vazio, à procura de passageiro.
chapéu: golpe, ato de não pagar a corrida de táxi.
coruja: taxista que trabalha à noite, de madrugada.
espada: passageiro difícil de enganar.
pilão: corrida prefixada (o motorista ignora o taxímetro e estipula o preço antes de sair).
piolho: taxista que assalta o passageiro, até mesmo à mão armada.
tatu: passageiro inocente, vítima fácil.

A gíria e as tribos

A gíria [...] surge entre pessoas que se identificam por uma atividade esportiva, profissional ou atitude. A gíria pode extrapolar o meio em que foi criada e contagiar outras tribos. Mas também pode não pegar, ou durar pouco e ser rapidamente esquecida.

(Kárin Fusaro, *op. cit.*, p. 5.)

O diálogo entre os taxistas é um exemplo de como alguns grupos sociais — além dos taxistas, o grupo dos estudantes, o dos jogadores de futebol, o dos policiais, o dos esqueitistas, o dos funkeiros, o dos surfistas, etc. — usam na fala certas palavras e expressões que lhes são próprias.

Esse tipo de variação linguística é chamado de **gíria**. Normalmente criada por um grupo social ou profissional, a gíria, por sua expressividade, pode tanto desaparecer rapidamente quanto se estender à linguagem de toda a sociedade.

Conheça algumas das gírias que os internautas usam em suas redes sociais:

biscoiteiro: pessoa que faz de tudo para chamar a atenção e ganhar *likes*.
***crush*:** pessoa por quem você tem interesse romântico.
tá na Disney: basicamente, se refere a alguém que faz ou fala algo fora da realidade. Ou simplesmente está equivocada de alguma forma.
pisa menos: é um elogio usado para fazer referência a uma pessoa que está arrasando no que está fazendo.
trollar: tirar sarro, aprontar ou enganar outras pessoas.

(Adaptado de: https://segredosdomundo.r7.com/girias-da-internet/. Acesso em: 1º/11/2022.)

Jean Galvão/Acervo da editora

Exercícios

Leia esta tira:

ONTEM FUI A UM SARAU SUPIMPA, CHEIO DE BOSSA E DE BROTINHOS.
ELE FOI NUMA BALADA RESPONSA CHEIA DE MINA DA HORA.
MANEIRO! ENTÃO TIROU A MAIOR ONDA!
ELE DISSE QUE O SENHOR DIVERTIU-SE À BRECA
ME SINTO A TECLA SAP ENTRE GERAÇÕES.
CUSTÓDIO

Custodio/Acervo do cartunista

(Custódio. Disponível em: https://tirasdidaticas.wordpress.com/2017/08/02/tecla-sap-entre-geracoes/. Acesso em: 2/11/2022.)

1. A tira mostra três personagens conversando. Observe a aparência deles e responda:
   a) Quem é o personagem mais velho?
   b) Quem é o mais novo?
   c) Qual deles tem uma idade intermediária?
2. A linguagem empregada pelo personagem de gravata vermelha apresenta algumas gírias antigas do português brasileiro. Identifique-as e dê o significado delas.
3. No 2º quadrinho, o personagem que está no meio explica o que foi dito pelo personagem que aparece no canto esquerdo do quadrinho. Que palavras de sua fala são gírias da atualidade?
4. Observe a linguagem do personagem de boné vermelho no 2º quadrinho. Em sua fala também foram empregadas gírias da atualidade? Se sim, quais são elas?
5. No último quadrinho, o personagem diz que se sente a "tecla SAP entre gerações".
   a) Qual é a função da tecla SAP nos aparelhos de televisão?
   b) Explique a fala do personagem.

Estrangeirismos

Empréstimos de vocábulos de uma língua estrangeira são chamados de **estrangeirismos**.

O fenômeno é comum em todas as línguas e acontece espontaneamente: por necessidades comunicativas e razões culturais, termos de outras línguas passam a ser usados por falantes brasileiros. Muitas vezes, o uso de termos estrangeiros se faz necessário porque não há uma palavra correspondente em língua portuguesa. Com o tempo, alguns estrangeirismos, de tão usados, são incorporados ao vocabulário da língua e aportuguesados. No início do século XX, pela influência francesa no Brasil, por exemplo, incorporamos algumas palavras do francês, como **abajur**, **balé**, **batom** e **sutiã**. Em um mundo cada vez mais globalizado, o inglês se tornou uma **língua franca**, principalmente porque é usado como a língua da internet e das novas tecnologias digitais.

Dependendo do contexto, dos interlocutores envolvidos, do gênero utilizado, o uso de um estrangeirismo pode ser pouco familiar para alguns falantes. Por exemplo, termos como *briefing*, *budget* ou *business plan* são rotineiramente usados em contextos corporativos, mas nem toda a população os conhece, tal como ocorre com palavras de língua portuguesa e que são restritas a determinados grupos sociais. Assim, como fazemos ao produzir qualquer texto, convém avaliar também o emprego dos estrangeirismos, considerando o conhecimento dos participantes, os objetivos da interação e o gênero textual em questão.

Língua franca é uma expressão latina para língua de contato ou de relação, isto é, para uma língua usada por pessoas com diferentes línguas maternas que escolhem outra língua para se comunicar. A importância do inglês como língua franca de origem é reforçada pelo fato de agências internacionais, como as Nações Unidas, fazerem uso do inglês como língua oficial ou de trabalho.

Exercícios

Leia o texto a seguir:

https://g1.globo.com/educacao/blog/dicas-de-portugues/post/entenda-os-argumentos-a-favor-e-contra-o-uso-de-estrangeiros.html

O uso dos estrangeirismos

Quando o assunto são os estrangeirismos, é briga na certa. Metade a favor, metade contra.

Como eu mesmo já disse várias vezes, é muito difícil ser moderado nesta terra. Consegue-se desagradar aos dois lados.

Os puristas radicais querem que eu assuma uma posição mais firme contra a invasão de termos ingleses. Chegam a propor leis como a que existe na França, que proíbe o uso de termos estrangeiros.

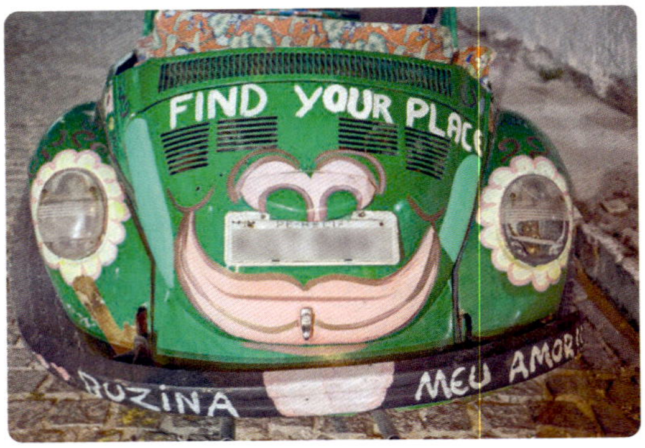

Rogério Reis/Pulsar Imagens

[...]

Uma leitora que é contra o uso excessivo dos anglicismos criou, com muita ironia, um convite cheio de palavras e expressões inglesas tão usuais entre nós.

Por falta de espaço, vou reproduzir apenas alguns trechos do texto:

"Faço um convite a todos que amam a língua portuguesa [...] passarmos um *weekend* juntos em qualquer *point* [...] na praia, [...] assistir a um jogo de *beach soccer* [...] beber um *ice tea*. [...] ler no jornal o que há de novo no setor de *business* ou ler a coluna de alguma *socialite* [...] e saber o que está *in* ou *out* no momento. Na hora do almoço, uma comidinha *light*, com um refrigerante *diet* [...] ao lavar as mãos, não esqueça que *push* é empurre [...] e na hora da conta pagar *cash* em vez de usar *ticket*. Após [...] no carro com *air bag*, parar num *self service* e aproveitar o *oil express* [...]. Iremos a um *shopping* [...] assistiremos a um filme com *happy end* [...] comeremos um *hot dog*... [...]"

[...]

Não é preciso um esforço sobrenatural para comprovarmos a abusiva presença de palavras inglesas na nossa linguagem cotidiana. Algumas são inevitáveis e consagradas como *topless*, *show* e *marketing*. A maioria, entretanto, é puro modismo.

Impossível é criar uma regra. É muito subjetivo. Que palavras ou expressões estrangeiras são aceitáveis? Quais devem ser traduzidas? [...] *Shopping* ou centro comercial? *Know how* ou "conhecimento"? *Topless* ou "???"? E quais devem ser aportuguesadas? *Black out* ou blecaute? *Layout* ou leiaute? *Stress* ou estresse? *Air bag* ou "erbegue"? *On-line* ou "onlaine"?

Não vejo uma solução definitiva. É briga na certa.

Por isso tudo, mantenho a minha posição moderada. Nada de radicalismos. Cada caso merece uma análise individual.

Em geral adoto o seguinte critério: 1º) se for possível, a tradução: futebol de areia (beach soccer), autoatendimento (self service); 2º) se for possível, o aportuguesamento: blecaute, estresse; 3º) se não for possível traduzir nem aportuguesar, a palavra estrangeira é bem-vinda: dumping, ranking, software, marketing...

[...]

(Sérgio Nogueira. Disponível em: https://g1.globo.com/educacao/blog/dicas-de-portugues/post/entenda-os-argumentos-a-favor-e-contra-o-uso-de-estrangeiros.html. Acesso em: 27/6/2023.)

1. O autor do texto põe em discussão o uso de estrangeirismos na língua portuguesa.

a) De que língua são os termos estrangeiros usados por falantes de língua portuguesa dados como exemplo no texto?

b) Que palavra é usada pelo autor do texto para se referir a termos especificamente dessa língua?

c) Levante hipóteses: Por que essa língua é a mais adotada quando se usa um estrangeirismo?

2. O autor afirma que o tema **estrangeirismos** desperta brigas.

a) Por que isso acontece, segundo ele?

b) Qual é a posição do autor sobre o uso de estrangeirismos?

3. O autor afirma que na França há uma lei que proíbe o uso de termos estrangeiros. Qual é a sua opinião sobre esse tipo de lei? Você acha que ela seria eficaz no Brasil?

4. Releia o trecho em que o autor reproduz o convite de uma leitora.

a) Discuta com a turma: Que termos estrangeiros são familiares a vocês? Quais costumam usar?

b) Que termos estrangeiros não possuem substitutos na língua portuguesa ou, se apresentam, são muito pouco utilizados?

c) E quais poderiam ser facilmente substituídos por um termo em língua portuguesa? Dê as opções em língua portuguesa dos termos selecionados.

d) Imagine situações do dia a dia nas quais você utiliza algumas das palavras indicadas no item **c**. Em seguida, troque ideias com os colegas e o professor: Que alterações de sentido acarretam as substituições feitas por você utilizando palavras em língua portuguesa?

5. As palavras *light* e *diet* poderiam ser substituídas por quais expressões da língua portuguesa? Por que, nesses casos, as palavras em inglês são mais comuns que a possível substituição?

6. Alguns estrangeirismos citados como exemplos no texto mantêm a sonoridade, mas podem ter a forma gráfica adaptada à convenção ortográfica da língua portuguesa.

a) Identifique esses termos.

b) Quais dessas formas gráficas são familiares a você? Quais parecem estranhas?

7. Releia o seguinte trecho do texto:

> "Não é preciso um esforço sobrenatural para comprovarmos a abusiva presença de palavras inglesas na nossa linguagem cotidiana. Algumas são inevitáveis e consagradas como *topless*, *show* e *marketing*. A maioria, entretanto, é puro modismo."

a) No trecho lido, o autor estabelece uma diferença entre dois tipos de situação de incorporação de palavras estrangeiras. Qual é essa diferença?

b) Quais exemplos ele usa para ilustrar seu ponto de vista? Para ele, esses são exemplos de qual das situações identificadas por você no item **a**?

8. O autor do texto afirma que tem um critério para avaliar a adequação do uso de um termo estrangeiro.

a) Qual é esse critério?

b) Você concorda com o critério proposto pelo autor?

A variação linguística NA CONSTRUÇÃO DO TEXTO

Leia a seguir alguns memes extraídos de um perfil das redes sociais.

Imagens: Reprodução/Artes Depressão/@artesdepressao, Reprodução/www.gerarmemes.com.br

(Disponível em: https://www.instagram.com/artesdepressão/?hl=pt-br. Acesso em: 17/6/2019.)

1. Observe as imagens de cada um dos memes.

a) O que há de comum entre elas?

b) Qual é a relação entre essas imagens e o nome do perfil criador desses memes?

c) As imagens não são escolhidas de forma aleatória. Explique brevemente a relação existente entre cada uma das imagens e o conteúdo do texto do meme.

d) O primeiro meme foi criado em comemoração a uma data específica. Deduza qual é essa data e justifique sua resposta.

2. A seguir estão listadas algumas características da variedade linguística utilizada nos memes. Indique, entre os memes, ao menos um exemplo de cada uma dessas características.

a) Uso de uma expressão de 3ª pessoa do singular no lugar da 1ª pessoa do plural, acarretando uma mudança na conjugação da forma verbal.

b) Incorporação de termos estrangeiros à língua.

c) Utilização de pronomes pessoais do caso reto (eu, ele, nós) como complementos verbais.

d) Emprego de gírias.

e) Concordância feita com base em uma regra de economia, na qual apenas o primeiro termo é colocado no plural.

f) Uso do verbo **ter** com sentido de "haver, existir".

3. É comum os textos dos memes utilizarem uma linguagem próxima dos usos mais cotidianos. Observe as seguintes afirmações sobre a linguagem dos memes lidos e indique no caderno com V as que são verdadeiras e com F as que são falsas.

a) Os memes lidos empregam uma linguagem que segue exatamente as regras da norma-padrão, que é utilizada mesmo em situações informais.

b) Os memes lidos empregam uma linguagem próxima da fala dos brasileiros que utilizam variedades urbanas de prestígio, em situações informais.

c) Os memes lidos empregam uma linguagem próxima das variedades rurais, conhecidas também como dialeto caipira, utilizada em situações informais.

d) Os memes lidos fazem uso de uma linguagem cotidiana a fim de se aproximar de seus leitores e levá-los a se colocar na situação descrita, o que contribui para a construção do efeito humorístico.

e) Os memes lidos fazem um uso preconceituoso de uma linguagem estereotipada, contribuindo para estigmatizar a fala popular e criando efeito de humor com base na humilhação de um grupo de pessoas.

SEMÂNTICA E DISCURSO

Você vai ler, a seguir, a transcrição do trecho de uma conversa entre dois grandes nomes da literatura brasileira: Ferreira Gullar e Ziraldo, em uma entrevista do programa *ABZ do Ziraldo*, da TV Brasil.

Ziraldo: [...] Eu queria conversá com você sobre a/a/você, a poesia e a criança É/Quand'é/ quand'é que essa coisa aconteceu na sua carreira de poeta. Quand'é que a criança apareceu na sua poesia? [...] A criança pra criança?

Ferreira Gullar: Ah, sim... Veja bem... O/O/ Eu nunca tinha escrito livro infantil, qué dizê, livro pra criança, eu nunca tinha escrito. Quando eu ganhei o gatinho que/que/cujo nome é/que eu botei o nome de Gatinho, porque/eu não, os meus filho, todo mundo, ninguém sabia que nome botá no gato, né? O gato siamês, criou-se o problema e aí ele ficou sendo Gatinho... é... e tanto que o livro se chama *Um gato chamado Gatinho* [...] Mas esse livro [...] eu o fiz é/meio assim pra/pro meus neto, é/contando nos poemas as gracinhas do do Gatinho. [...]

Reprodução/YouTube/FBL Video

Ziraldo recebe Ferreira Gullar em seu programa.

Ziraldo: Gullar, o negócio é o seguinte [...] tem u'a coisa que cê me contô que [...] acabô viranu artista plástico que nem o Matisse, né, começô a cortá coisa e a colá... e aconteceu que as criança adoráru, né, esse/esse com'é que chama esse/com'é que ficô chamanu o livro?

Ferreira Gullar: O problema é o seguinte, eu comecei a fazê umas colagens, eu desenhava umas garrafas, um/co/como se fosse uma natureza-morta, e depois recortava papel colorido pra colá em cima daquele desenho que eu tinha feito. Aí, um dia, eu/eu fiz o desenho, recortei o papel, ia colá, quando tocô o telefone. Aí eu fui atendê e o meu gatinho deu um tapa no papel e desarrumô o/o/o/os pedaço colorido. Aí quando eu voltei tava embaixo o desenho regular que eu tinha feito e em cima o/o/a anarquia que ele criô. E tava lindo. Aí eu colei tal como tava ali. Ele passô a sê meu colaboradô, coautô.

[...]

(Transcrito do vídeo disponível no YouTube pelo *link* https://www.youtube.com/watch?v=lnMPQcHXZKI. Acesso em: 16/12/2022.)

1. Como se trata de uma transcrição de fala, é possível perceber no texto traços específicos da oralidade, que não são utilizados na escrita padrão.

   a) Que palavras ou expressões escritas de forma diferente do padrão nessa transcrição são comuns na fala de muitos brasileiros?

   b) A seguir estão descritos alguns fenômenos comuns à fala brasileira que aparecem nas falas de Ziraldo e Gullar. Relacione-os aos termos e às expressões listados por você no item **a**.

      - O apagamento do /r/ final de algumas palavras, especialmente nas formas verbais do infinitivo.
      - A terminação **-ndo** dos gerúndios (falando, comendo) é frequentemente pronunciada como "nu".
      - A marcação do plural apenas no primeiro elemento da expressão pluralizada.
      - A junção, na fala transcrita, de duas palavras em sequência pronunciadas de forma aglutinada.

Zeca Guimaraes/Folhapress

› Ferreira Gullar.

2. No caderno, faça a correspondência entre os itens a seguir.

   I. Termos utilizados para marcar a interação com o interlocutor em uma conversa.

   II. Retomada e repetição do tópico sobre o qual se fala.

   III. Redução de alguns fonemas da palavra como uma forma de economia na fala.

   IV. Correção e reelaboração imediata.

   a) "**cê** me **contô** que [...] **acabô** viranu artista"

   b) "**Ah, sim... Veja bem...**"/ "as criança adoráru, **né**"

   c) "eu botei o nome de Gatinho, porque/**eu não, os meus filho, todo mundo, ninguém** sabia que nome botá no gato"

   d) "**Eu nunca tinha escrito livro infantil**, qué dizê, **livro pra criança, eu nunca tinha escrito**"

3. Imagine que sua turma ficou responsável por publicar essa entrevista no jornal mural da escola.

   a) Reúna-se em grupo com os colegas e passe a primeira pergunta e a primeira resposta da entrevista para a modalidade escrita, de acordo com a norma-padrão, fazendo as alterações que julgarem necessárias.

   b) Compare a sua versão com a versão do vídeo e indique quais são as principais diferenças entre elas.

   c) Conclua: A linguagem utilizada pelos autores nessa conversa pode ser considerada adequada à situação de comunicação? Justifique sua resposta.

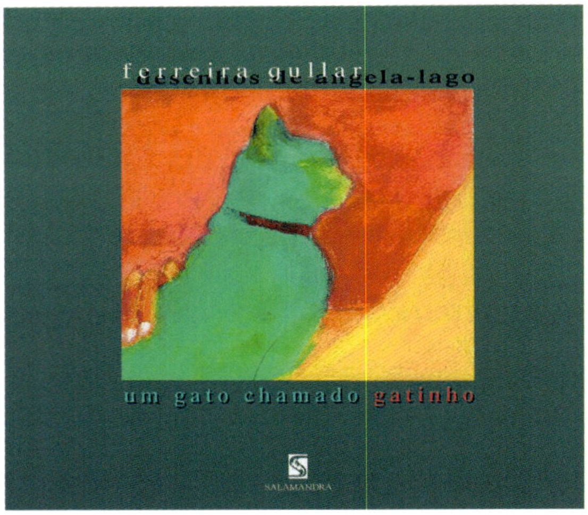

Reprodução/Editora Salamandra

› *Um gato chamado Gatinho*, livro de poemas de Ferreira Gullar nos quais ele registra sua grande amizade pelo gato siamês que foi seu companheiro por longos anos.

4. Analise as afirmações a seguir a propósito do trecho transcrito e do trecho escrito por você na questão anterior. Depois, indique quais são verdadeiras (V) e quais são falsas (F).

a) A diferença entre as versões se dá porque a fala é sempre bagunçada e sem regras, ao passo que a escrita é organizada e segue regras rígidas.

b) A diferença entre as versões se dá porque fala e escrita são modos distintos de usar a língua e, portanto, seguem regras também distintas.

c) Analisar o trecho da fala de uma pessoa e compará-lo com sua versão escrita comprova que os brasileiros falam errado na maior parte do tempo e, por isso, precisam aprender as regras da escrita, para serem capazes de utilizá-las quando forem gravar vídeos que serão divulgados.

d) Analisar o trecho da fala de uma pessoa ajuda a perceber nuances características da oralidade, importantes para o seu funcionamento, que passam despercebidas quando nos detemos apenas no estudo de textos escritos.

5. Por serem escritores reconhecidos em todo o país, Ziraldo e Ferreira Gullar podem ser considerados parte de uma elite cultural brasileira. Troque ideias com os colegas e o professor:

a) As diferenças entre as formas da fala e da escrita depreciam a imagem dos autores?

b) A mesma fala poderia sofrer preconceito linguístico, caso tivesse sido dita por uma pessoa sem escolaridade e com uma profissão pouco valorizada em nossa sociedade? Levante hipóteses: Por que isso acontece?

Ricardo Borges/Folhapress

> Ziraldo.

6. Compare a linguagem utilizada na entrevista com a forma como você, os colegas e o professor usam a língua e conclua:

a) Na fala cotidiana da região onde você mora, é comum utilizar estruturas da língua e pronunciar algumas palavras da mesma forma que Ziraldo e Ferreira Gullar fizeram? Quais?

b) Há alguma grande semelhança ou diferença percebida por vocês?

DIVIRTA-SE

Reprodução/www.pt.memedroid.com

(Disponível em: https://pt.memedroid.com/memes/detail/414827. Acesso em: 16/12/2022.)

Fonologia e questões notacionais

UNIDADE 2

Abilio Pacheco/Acervo do poeta

a h! g e n t e

a g e n t e

a g e n t e

g e n t e

e n t e

n t e

t e

e

e t

e t n (o)

(Abilio Pacheco. Disponível em: https://abiliopacheco.com.br/2013/01/21/gente-poema-concreto-2/. Acesso em: 27/6/2023.)

CAPÍTULO 4

Fonema e letra

Construindo o conceito

Leia este poema de Arnaldo Antunes:

Acervo da editora

Sol feliz —

— e não sou.

A chuva
cai —

— como uma
luva.

(*Tudos*. 6. ed. São Paulo: Iluminuras, 2001. s/p.)

1. O poema apresenta mais de uma possibilidade de leitura. Troque ideias com os colegas e com o professor e responda:

   a) De que forma podemos ler o poema?

   b) Qual das formas de leitura indicadas por você no item **a** parece ser mais produtiva em termos de construção de sentidos? Justifique sua resposta.

2. Ao ler o poema na horizontal:

   a) parece estar implícita ou faltar no verso "— e não sou." uma palavra que completaria essa frase. Levante hipóteses: Que palavra é essa?

   b) explique a oposição entre os versos "Sol feliz —" e "— e não sou.".

3. Os versos "A chuva / cai —/ —como uma / luva." formam uma única frase.

   a) Explique a comparação presente nessa frase, considerando o estado emocional do eu lírico.

   b) Relacione essa frase aos versos da parte superior do poema e explique por que a chuva cai como uma luva.

4. Além de explorar oposição e comparação de ideias, o poema também explora a sonoridade das palavras.

   a) Que palavra do poema se assemelha ao som e à grafia da palavra **Sol**?

   b) Se considerarmos apenas a sonoridade dessas duas palavras, o que as diferencia?

5. Nos versos da parte inferior do poema também ocorre uma aproximação sonora entre duas palavras.

   a) Quais são elas?

   b) Quantas letras tem cada uma delas?

   c) O que as diferencia quanto à grafia?

   d) Pronuncie essas palavras lentamente. Quantos sons tem cada uma delas? O que as diferencia quanto à sonoridade?

O que é fonologia?

É a parte da gramática que estuda os fonemas (sons) da língua, sua organização e classificação. Também cuida de aspectos relacionados à divisão silábica, à ortografia e à acentuação das palavras na língua escrita, bem como indica a forma adequada de pronunciar algumas palavras, de acordo com a norma-padrão da língua.

Conceituando

A unidade básica da comunicação verbal é a palavra, que pode ser dividida em unidades menores, como as sílabas e os sons, na fala, ou as sílabas e as letras, na escrita.

Fonema é a menor unidade representativa dos sons da língua.

Ao responder às questões anteriores, você notou que as palavras *chuva* e *luva* apresentam sonoridade aproximada. Apesar de uma ter cinco letras na escrita e a outra, quatro letras, na fala ambas têm quatro unidades sonoras. Essas unidades sonoras que constituem uma palavra são chamadas de fonemas. Tradicionalmente, os fonemas são representados entre barras inclinadas. Os fonemas da palavra **chuva** são / ʃ /, /u/, /v/ e /a/, e os da palavra **luva** são /l/, /u/, /v/ e /a/.

Compare a representação dos fonemas das palavras **chuva** e **luva**:

/ʃ/, /u/, /v/, /a/
↕
/l/, /u/, /v/, /a/

Filipe Rocha/Acervo da editora

Embora as duas palavras tenham quatro fonemas, há entre elas uma diferença de significado. O que determina isso é a oposição entre os fonemas /ʃ/ e /l/.

Assim, podemos concluir que o fonema exerce duas funções:

- constitui palavras, sozinho ou ao lado de outros fonemas;
- distingue uma palavra de outra.

Quando queremos representar na escrita os sons da fala, utilizamos as **letras**. Observe a correspondência entre letras e fonemas:

Sol	→ /sɔw/	como	→ /komu/
sou	→ /sow/	uma	→ /uma/

Letra é a menor unidade gráfica de uma palavra.

Exercícios

Leia o texto a seguir:

Jogos eletrônicos movimentam o mercado brasileiro

14 de fevereiro de 2023

O mercado digital ao todo tem se ampliado rapidamente nos últimos anos. O amplo desenvolvimento da tecnologia e implementação da IA, dentre outras novidades, estão aos poucos transformando o ambiente que conhecemos para um totalmente diferente daquele experimentado poucas décadas atrás.

[...]

Atualmente, é comum dizer que as crianças já nascem sabendo utilizar um celular ou dominam as ferramentas digitais. E isso não é uma **falácia** quando percebemos que a nova geração parece ter facilidade em lidar com a tecnologia. [...]

falácia: falsidade; qualquer enunciado ou raciocínio falso que entretanto simula a veracidade.

[...] Segundo pesquisa realizada pela Game Brasil em 2022, 74,5% dos brasileiros jogam algum tipo de jogo, seja no smartphone, computador ou console.

Gorodenkoff/Shutterstock

A faixa etária que mais utiliza é a de 25 a 34 anos, seguida pelos adolescentes e jovens adultos (16 a 24 anos). Os públicos adulto e idoso também parecem utilizar cada vez mais os aparelhos para jogos, somando 21% na fatia das pessoas que acessam jogos online.

Houve um aumento no uso dos celulares para jogos, já que cerca de 48,3% das pessoas que jogam o fazem a partir do aparelho. A preferência, ainda segundo a pesquisa, vai para jogos casuais, aqueles que não precisam de evolução, e que podem ser acessados em qualquer lugar.

Já aqueles que se dedicam aos jogos que exigem evolução e concentração somam cerca de 33% do mercado. É esse o público que é mais visado pelas grandes corporações.

[...]

E, por fim, podemos falar de um nicho que também está numa crescente: os influencers que recebem para jogar ou para comentar partidas de gamers famosos. Dentre as plataformas preferidas por eles estão o Twitch e o Youtube, que alcançam números consideráveis e atraem a atenção de parceiras. Canais como o de Fallen, Gaules e outros gamers vêm alcançando números de acessos que batem recordes mundiais. E a tendência é que esse crescimento que começou durante 2020, continuará nos próximos anos.

(Disponível em: https://lagartocomoeuvejo.com.br/2023/02/jogos-eletronicos-movimentam-o-mercado-brasileiro/. Acesso em: 15/2/2023.)

1. O texto aborda o mercado de jogos eletrônicos no Brasil.

a) Segundo o texto, qual é a faixa etária das pessoas que mais jogam?

b) Você costuma fazer uso de algum jogo eletrônico? Comente com os colegas.

c) Indique se as afirmações a seguir são verdadeiras (V) ou falsas (F), de acordo com o texto.

- O mundo dos jogos continua muito semelhante ao de poucas décadas atrás.
- As novas gerações têm muita facilidade para lidar com as tecnologias.
- A maioria das pessoas que jogam o fazem pelo celular.
- Os jogadores preferem jogos casuais.
- Canais de *gamers* vêm batendo recordes mundiais nos últimos anos.

2. Observe estas palavras do texto:

jovens	jogos	digital	
tecnologia	já	geração	algum
seja	seguida	lugar	

Sevastsyanau Uladzimir/Shutterstock

a) Em que palavras há o fonema /ʒ/ (lê-se "gê")? Que letras representam esse fonema?

b) A letra **g**, além de representar o fonema /ʒ/ ("gê"), pode representar o fonema /g/ ("guê"). Em quais das palavras acima ela representa o fonema /g/?

c) Qual(is) letra(s) representa(m) o fonema /g/ ("guê") na palavra **seguida**?

3. Observe, agora, este outro grupo de palavras do texto:

se	implementação	conhecemos	crianças	nascem	isso
falácia	segundo	adolescentes	somando	acessam	próximos

Em que palavras o fonema /s/ é representado:

a) pela letra **s**?

b) pelas letras **ss**?

c) pelas letras **sc**?

d) pela letra **c**?

e) pela letra **x**?

f) pela letra **ç**?

4. No grupo de palavras da questão 3, a letra **c** também representa, em alguns casos, o fonema /k/.

a) Identifique essas palavras.

b) Quais letras representam esse mesmo fonema nas palavras **quando** e **aqueles**?

5. Leia em voz alta estas palavras:

experimentado **atrás** **vez**

a) Como você pronuncia as letras **x**, **s** e **z** em cada uma delas?

b) Compartilhe sua pronúncia com os colegas e o professor e responda: Na turma, há variações de pronúncias?

6. Dê o número de fonemas destas palavras do texto:

acessados **houve** **durante**

7. Agora, observe este outro grupo de palavras:

desenvolvimento **pesquisa** **fazem** **exigem**

Em todas elas há o fonema /z/. Que letras representam esse fonema?

8. Observe estes pares de palavras:

transformando — *smartphone*   nicho — faixa

Em cada par, há um único fonema consonantal que é representado por letras diferentes. Quais são esses fonemas? Quais letras os representam?

9. Leia estas palavras:

sexo   extraordinário   táxi   deixar
máximo   mexilhão   exame   exato   tóxico

Em quais dessas palavras a letra **x** corresponde:

a) ao fonema:

- /ʃ/ ("chê")?
- /s/ ("sê")?
- /z/ ("zê")?

b) aos fonemas /ks/?

10. Com base nos exercícios anteriores, podemos chegar a três conclusões a respeito da relação entre os fonemas e as letras. Quais são elas? Indique-as entre as afirmações a seguir.

a) Um fonema pode ser representado na escrita por uma ou por várias letras.

b) Uma única letra pode representar diferentes fonemas.

c) Um fonema será sempre representado por uma única letra.

d) Uma letra só pode representar um fonema.

e) A letra **x** pode representar dois fonemas: /ks/.

Classificação dos fonemas

Os fonemas classificam-se em vogais, semivogais e consoantes.

Vogais e semivogais

A escritora Adriana Falcão criou um dicionário diferente, cujas definições nem sempre coincidem com as do dicionário comum. Leia este verbete:

Causa

Aquilo que vem antes do efeito e todo mundo disputa a autoria quando o resultado é satisfatório.

(*Pequeno dicionário de palavras ao vento*. 2. ed. São Paulo: Salamandra, 2013.)

Filipe Rocha/Acervo da editora

1. Tomando como base o verbete, deduza: O que se pode depreender que ocorre quando o resultado não é satisfatório?

2. Pronuncie em voz alta a palavra **causa**.

a) Na primeira sílaba da palavra, qual das duas letras é pronunciada mais forte ou com maior intensidade: **a** ou **u**?

b) Que outra palavra do verbete apresenta uma situação idêntica à que você examinou no item **a**?

3. Observe agora a pronúncia das palavras **efeito** e **satisfatório**.

a) Em **efeito**, no encontro das letras **ei**, qual delas é pronunciada mais forte?

b) E no encontro das letras **io** da palavra **satisfatório**?

Leia agora este outro verbete criado por Adriana Falcão:

Mesquinharia

Quando baixa um Tio Patinhas na generosidade da pessoa.

(*Idem.*)

Filipe Rocha/Acervo da editora

4. Qual é o sentido da expressão "baixa um Tio Patinhas" no verbete? Justifique sua resposta.

5. Compare agora as palavras **baixa** e **mesquinharia**.

a) Em **baixa**, a letra **i** é pronunciada de modo forte ou fraco?

b) E em **mesquinharia**, como é pronunciada a letra **i** do final da palavra?

6. Pronuncie em voz alta as palavras **autoria**, **mesquinharia**, **baixa**, **efeito** e **saúde**.

a) Divida essas palavras em sílabas.

b) Em que casos os sons vocálicos se separam?

c) Em que casos não se separam?

Você observou que a letra **i** pode representar fonemas diferentes. Em **autoria**, ela constitui o fonema vocálico /i/ e, em **baixa**, o fonema /y/ (som "i"). No primeiro caso, ela é uma vogal e é pronunciada de maneira mais forte; no segundo caso, é pronunciada de maneira fraca, por isso é chamada de semivogal.

Toda sílaba tem uma vogal, mas semivogais não podem constituir sílaba. Por isso, em **autoria**, há quatro sílabas: **au-to-ri-a**. Já em **baixa**, a letra **a** da primeira sílaba é vogal, e a letra **i** é semivogal; assim, há na palavra duas sílabas: **bai-xa**. Quando a letra **i** não representa vogal e sim semivogal, o fonema semivocálico /y/ não constitui sílaba.

O mesmo ocorre com a letra **u**. Quando ela é pronunciada de modo fraco, como em **ca*u*sa** ou **a*u*toria**, ela representa o fonema semivocálico /w/ (som "u"). Já em **saúde**, a letra **u** representa o fonema vocálico /u/, pois é pronunciada com forte intensidade.

> **Vogal** é o fonema produzido por uma corrente de ar que, vinda dos pulmões, passa livremente pela boca. As vogais funcionam como base da sílaba.

> **Semivogal** é o fonema produzido como vogal, mas pronunciado de modo mais fraco, com baixa intensidade. Por isso não constitui sílaba e sempre acompanha uma vogal.

Os fonemas vocálicos podem ser orais ou nasais. São orais quando em sua produção o ar sai exclusivamente pela boca e nasais quando, em sua produção, o ar sai simultaneamente pela boca e pelo nariz, como ocorre com /ẽ/ na palavra ***vem*** e /ũ/ na palavra ***mundo***. Veja a correspondência entre fonemas vocálicos e letras:

fonemas vocálicos orais	letras correspondentes
/a/ /ɛ/ /e/ /i/ /ɔ/ /o/ /u/	a, é, e, i, ó, o, u
fonemas vocálicos nasais	**letras correspondentes**
/ã/ /ẽ/ /ĩ/ /õ/ /ũ/	ã, am, an, em, en, im, in, õ, om, on, um, un

Os fonemas semivocálicos, representados pelos símbolos /y/ e /w/, podem corresponder a mais de uma letra na escrita.

Observe:

pai → / p a y /
a: vogal; y: semivogal

água → / a g w a /
w: semivogal; a: vogal

mãe → / m ã y /
ã: vogal; y: semivogal

mágoa → / m a g w a /
w: semivogal; a: vogal

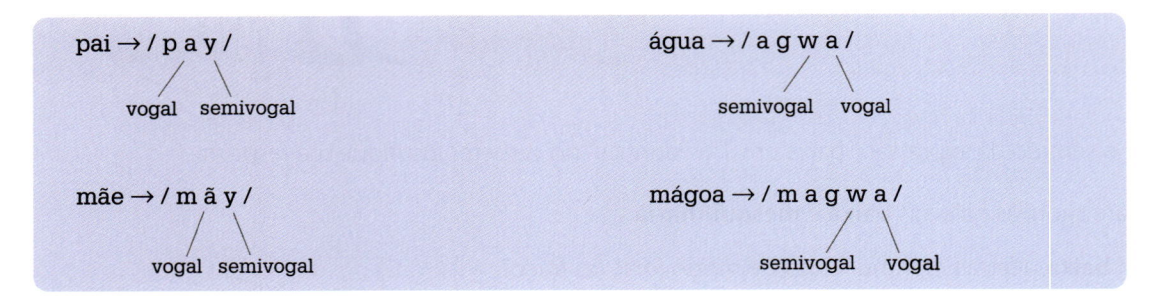

Além disso, na maior parte do nosso país, quando a letra **l** está em final de sílaba, ela também pode apresentar o som do fonema semivocálico /w/. Veja: **sol**: /sɔw/; **mal**: /maw/.

fonemas semivocálicos	letras correspondentes
/y/ /w/	i, e, o, u

Consoantes

1. Releia os verbetes criados por Adriana Falcão e encontre palavras que contenham os seguintes fonemas:
- /k/ (como o da letra **c** em **cão**).
- /z/ (como o da letra **s** em **casa**).
- /s/ (como o da letra **s** em **sapato**).
- /ʃ/ (como o da letra **x** em **mexer**).

2. Troque ideias com os colegas e o professor e encontre outras palavras do português que contenham os mesmos sons observados por vocês na questão 1, representados por outras letras. Se julgarem conveniente, consultem um dicionário.

Ao analisar os sons de algumas letras nas questões 1 e 2, você observou alguns fonemas consonantais e viu que alguns deles podem ser representados ortograficamente por diferentes letras ou sequências de letras, de acordo com a nossa convenção ortográfica. As letras correspondentes aos fonemas consonantais são chamadas consoantes.

As consoantes se juntam às vogais e às semivogais para constituir uma sílaba. Não existe, no português, sílaba formada apenas por consoantes.

Os sons consonantais têm diferentes formas de articulação, podendo ser produzidos com articulação nos lábios, nos dentes, nos alvéolos ou no palato, e, assim como os sons vocálicos, também podem ser orais ou nasais.

> **Consoante é o fonema produzido por uma corrente de ar que, vinda dos pulmões, encontra obstáculos (língua, dentes, lábios).**

Exercícios

Leia, ao lado, um poema de Arnaldo Antunes.

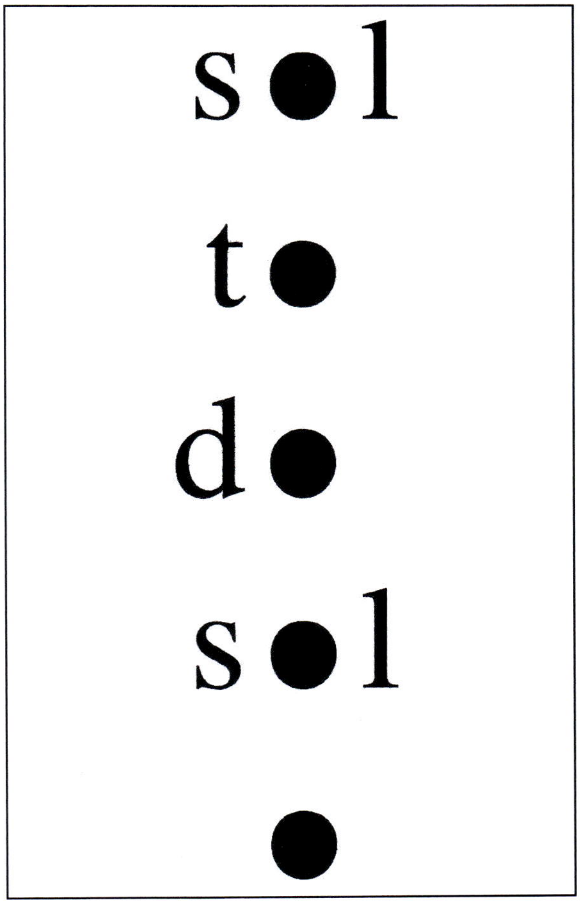

Arnaldo Antunes/Acervo do artista

(*2 ou + corpos no mesmo espaço*. São Paulo: Perspectiva, 1997. p. 13.)

1. O poema faz um jogo de letras, sílabas e palavras que leva o leitor a montar palavras e a descobrir novos sentidos para o texto. Descubra as palavras do poema, considerando tanto o sentido convencional da leitura — da esquerda para a direita — quanto o sentido vertical — de cima para baixo.

2. O poema tem uma apresentação visual que dialoga com as ideias do texto. Levante hipóteses:

a) Por que a letra **o** de todas as palavras está preenchida com a cor preta?

b) Considerando o poema na vertical, o que pode representar a letra **o** perpassando todas as palavras até ficar sozinha no último verso?

3. Como você já viu, as letras podem representar mais de um fonema. Observe a sonoridade da letra **o** nestas palavras:

sol | solto

a) Que som apresenta a letra **o** em **sol**?

b) E em **solto**?

c) Em algumas regiões do país, a letra **l** pode apresentar, em final de sílaba, o som da semivogal **u** (/w/); em outras, o som do fonema /l/. Qual é o som da letra **l** nas palavras **sol** e **solto** em sua cidade ou região?

Sílaba

Leia estes quadrinhos de Ziraldo:

(*Curta o Menino Maluquinho*. São Paulo: Globo, 2006. p. 40.)

1. O Menino Maluquinho está em uma loja. Observe a fala do vendedor no 1º quadrinho e levante hipóteses: O que o Menino Maluquinho deve ter pedido ao homem?

2. No 2º, no 3º e no 4º quadrinhos, o vendedor tenta vender uma das bicicletas da loja ao menino. O que ele destaca sobre o produto, imaginando que o menino vá se interessar?

3. O Menino Maluquinho rejeita todas as ofertas e diz que quer uma bicicleta "especial", ou seja, uma bicicleta "sem freio". Logo, o que o Menino Maluquinho procura em uma bicicleta?

4. Observe o modo como a palavra **especial** foi escrita no 5º quadrinho: **ES-PE-CI-AL**. Por que ela foi registrada dessa forma?

5. A palavra **especial**, nesse quadrinho, foi dividida em partes menores, a que chamamos **sílabas**.

a) Quantas sílabas há na palavra **especial**?

b) Quantas vogais há em cada sílaba?

6. Observe que, no 3º quadrinho, a palavra **carbono** foi dividida em duas partes: **CARBO-NO**.

a) Quantas sílabas tem essa palavra?

b) Por que ela foi dividida dessa forma?

Nos quadrinhos, a palavra **especial** foi dividida em quatro sílabas. Se você a ler em voz alta, perceberá que cada sílaba é pronunciada em uma só emissão de voz e que a base dela é sempre uma vogal.

Sílaba é um fonema ou grupo de fonemas que são pronunciados em uma só emissão de voz, com base em uma vogal.

Classificação das palavras quanto ao número de sílabas

De acordo com o número de sílabas, as palavras classificam-se em:

- **monossílabas**: são palavras de uma sílaba só:

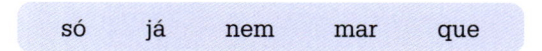

  só já nem mar que

- **dissílabas**: são palavras de duas sílabas:

  sabor cores amor você

- **trissílabas**: são palavras de três sílabas:

  leveza beleza grafite pimenta

- **polissílabas**: são palavras de mais de três sílabas:

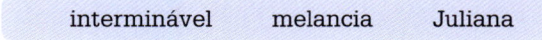

  interminável melancia Juliana

ANN PATCHANAN/Shutterstock

Sílaba tônica e sílaba átona

Em uma palavra, nem todas as sílabas são pronunciadas com a mesma intensidade. Ao falar em voz alta a palavra **melancia**, por exemplo, você perceberá que a sílaba **ci** é pronunciada com mais força do que as outras.

De acordo com a maior ou menor intensidade na pronúncia, as sílabas classificam-se em **tônicas** ou **átonas**.

Sílaba tônica é a pronunciada com mais intensidade.

Sílaba átona é a pronunciada com menos intensidade.

Assim:

me	**lan**	**ci**	**a**
átona	átona	tônica	átona

Classificação das palavras quanto à posição da sílaba tônica

Quanto à posição da sílaba tônica, as palavras de duas ou mais sílabas classificam-se em:

- **oxítonas**: quando a sílaba tônica é a **última** sílaba da palavra:

  joga**dor** mi**lhão** disputa**rá**

- **paroxítonas**: quando a sílaba tônica é a **penúltima** sílaba da palavra:

caderno **duro** **claro**

- **proparoxítonas**: quando a sílaba tônica é a **antepenúltima** sílaba da palavra:

fenômeno **lâmpada** **pérola**

Há muitas palavras que causam dúvida quanto à posição da sílaba tônica. Veja como são classificadas de acordo com a norma-padrão:

- são oxítonas: Nobel, refém, recém, sutil, ruim;
- são paroxítonas: avaro, caracteres, clímax, edito (lei, decreto), erudito, estratégia, filantropo, fluido (**ui** é ditongo), gratuito (**ui** é ditongo), fortuito (**ui** é ditongo), látex, maquinaria, meteorito, néctar, pudico, quiromancia, sótão, rubrica, tulipa;
- são proparoxítonas: aeródromo, álcool, alcoólatra, antídoto, arquétipo, autóctone, ávido, bígamo, condômino, crisântemo, êxodo, ínterim, pântano, protótipo;
- admitem dupla pronúncia as palavras: acróbata ou acrobata, hieróglifo ou hieroglifo, Oceânia ou Oceania, ortoépia ou ortoepia, projétil ou projetil, réptil ou reptil, sóror ou soror, zângão ou zangão.

Exercícios

Leia este texto:

MALUQUICES
23 de Setembro de 2022

Concurso de fotos engraçadas de animais divulga vencedores

A premiação anual de fotografias engraçadas de animais de estimação, The Comedy Pet Photo Awards, divulgou o trabalho dos vencedores da edição de 2022, em 22 de setembro. O concurso recebeu cerca de 2 mil inscrições de tutores de bichos de estimação, que enviaram fotos e vídeos de seus bichanos para concorrer.

Kenichi Morinaga/Acervo do fotógrafo

› Kenichi Morinaga, fotógrafo japonês que registra imagens de gatos nas ruas, foi o vencedor geral. Foto: reprodução Instagram.

O vencedor da categoria geral clicou dois gatos que pareciam felinos sem cabeça. O fotógrafo recebeu 2 mil libras (aproximadamente 10,3 mil reais) e pôde escolher uma instituição de ajuda a animais à qual doar 5 mil libras (quase 26 mil reais).

[...]

(*Jornal Joca*. Disponível em: https://www.jornaljoca.com.br/concurso-de-fotos-engracadas-de-animais-divulga-vencedores/. Acesso em: 26/9/2022.)

1. No trecho:

> "O vencedor da categoria geral clicou dois gatos que pareciam felinos sem cabeça."

a) Qual é o sentido da expressão "clicou dois gatos" no contexto?

b) Qual é a razão de, nessa frase, ter sido empregada a palavra **felinos** em vez de gatos?

2. Você já teve oportunidade de ver ou tirar fotos engraçadas de animais deestimação? Se sim, conte para a turma como foi.

3. Faça a divisão silábica das seguintes palavras do texto:

a) premiação

b) fotografias

c) divulgou

d) vídeos

e) clicou

f) anual

g) animais

h) enviaram

i) categoria

j) pareciam

4. No grupo de palavras apresentadas na questão anterior:

a) Quais são palavras polissílabas?

b) Quais são trissílabas?

c) Quais são dissílabas?

d) Quais são oxítonas?

e) Quais são paroxítonas?

Filipe Rocha/Acervo da editora

Encontro vocálico

Encontro vocálico é a sequência de fonemas vocálicos — vogais ou semivogais — em uma mesma sílaba ou em sílabas diferentes.

Há três tipos de encontro vocálico: **hiato**, **ditongo** e **tritongo**.

Hiato

É a sequência de duas vogais. Como em uma mesma sílaba só há uma vogal, as vogais do hiato ficam sempre em sílabas diferentes. Veja:

fo – to – gra – fi – a
(fi / a: vogal + vogal)

a – nu – al
(nu / al: vogal + vogal)

co – o – pe – rar
(co / o: vogal + vogal)

Ditongo

É a sequência de uma vogal e uma semivogal. Como uma semivogal precisa do apoio de uma vogal para formar sílaba, o ditongo não pode ser dividido silabicamente. Veja:

di – vul – gou
(gou: vogal + semivogal)

re – ce – beu
(beu: vogal + semivogal)

dois
(vogal + semivogal)

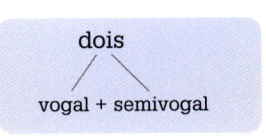

Observação

Os ditongos classificam-se em:

- **crescentes**: quando pronunciamos primeiro a semivogal e depois a vogal (a pronúncia vai do som mais fraco para o mais forte):

  trégua = semivogal /w/ + vogal /a/

- **decrescentes**: quando pronunciamos primeiro a vogal e depois a semivogal (a pronúncia vai do som mais forte para o mais fraco):

  tesouro = vogal /o/ + semivogal /w/

Tritongo

É a sequência de uma semivogal, uma vogal e uma semivogal, sempre nessa ordem. Por conter uma única vogal, o tritongo é indivisível silabicamente. Veja:

en – xa – **guei**
semivogal + vogal + semivogal

U – ru – **guai**
semivogal + vogal + semivogal

Encontro consonantal e dígrafo

Leia este poema:

Receita de acordar palavras

PALAVRAS SÃO COMO ESTRELAS
FACAS OU FLORES
ELAS TÊM RAÍZES PÉTALAS ESPINHOS
SÃO LISAS ÁSPERAS LEVES OU DENSAS
PARA ACORDÁ-LAS BASTA UM SOPRO
EM SUA ALMA
E COMO PÁSSAROS
VÃO ENCONTRAR SEU CAMINHO

(Roseana Murray. *Receitas de olhar*. Belo Horizonte: Abacatte Editorial, 2023. p. 10.)

Filipe Rocha/Acervo da editora

Observando a palavra **flores**, empregada no poema, verificamos que há correspondência entre o número de letras e o número de fonemas:

f l o r e s – 6 letras
/f l o r i s/ – 6 fonemas

Verificamos também que na palavra **flores** há uma sequência de consoantes (**fl**), isto é, um **encontro consonantal**.

Encontro consonantal é a sequência de consoantes em uma palavra.

Veja outros exemplos de encontros consonantais: pala**vr**as, **cr**ocodilo, **pr**o**bl**ema, **pl**ano, **pn**eu, co**br**a, A**dr**iana.

Observe agora a correspondência entre letras e fonemas na palavra **pássaros**:

p á s s a r o s – 8 letras
/p a s a r u s/ – 7 fonemas

Como você pode notar, o número de letras não coincide com o número de fonemas: as letras **ss**, juntas, representam um único fonema, /s/. Nesse caso, ocorre **dígrafo**.

Dígrafo é a combinação de duas letras que representam um único fonema.

Exercícios

Nos capítulos anteriores, você conheceu o gato Gaturro, personagem do cartunista argentino Nik. Leia este cartum do artista e tente descobrir onde o gato está, depois responda:

(*Gaturro a lo grande*. Buenos Aires: Catapulta, 2009. p. 39.)

1. Por que o tutor de Gaturro está tão bravo?

2. A mulher e os filhos do homem concordam com a decisão dele? Justifique sua resposta.

3. A expressão **fazer algo pelas costas** é bastante usada no português.

a) Que sentido geralmente ela tem?

b) Por que, no cartum, essa expressão ganha um sentido especial?

4. Considere estas palavras do cartum:

Gaturro	ponto	encontro
debaixo	armário	cozinha
lavanderia	escondendo	minhas

Identifique, na lista de palavras:

a) os dígrafos vocálicos.

b) casos de dígrafos formados por consoantes.

c) dois ditongos.

d) um hiato.

Ortoepia e prosódia

Leia o texto a seguir, de Gregório Duvivier.

Tenho muito orgulho dos espaguetes flutuantes que içamos como um toldo sobre algumas vogais

joserpizarro/Shutterstock

Tenho, ainda hoje, uma tristeza irremediável por termos perdido o trema. Não durmo tranquilo desde que linguistas sequestraram cinquenta tremas sem pensar nas consequências.

A linguiça, por preguiça, passou a soar como que enguiçada. Os pinguins hoje parecem sequelados sem seus pinguinhos. Perceba que coincide: desde 2009 temos delinquido com mais frequência. Perdoem se estou monotremático.

Torço pra que nunca tirem de nós o til — patrimônio imaterial da nossa língua. Sei que os hispânicos põem o til sobre o N, mas podem passar uma vida inteira em terra lusa sem dizer um simples não. Conseguem, no máximo, um "náo".

Os franceses tentam e sai "non", os americanos emitem um "nawm". Me enche de orgulho saber que o mais poliglota dos alemães ou o mais **empedernido** dos britânicos jamais alcançará o fonema que qualquer criança brasileira de dois anos de idade pronuncia, de boca cheia, 30 vezes por dia em sua palavra predileta: não. [...]

Me orgulho muito desses espaguetes flutuantes que içamos como um toldo sobre algumas vogais, mudando drasticamente o significado das palavras. [...]

As palavras com til têm a magia das coisas imensas, irresistíveis ou **temerárias**. Avião, feijão, paixão, revolução, dragão, coração. Basta tirar o "ão" e elas ficam banais. Perdem seus poderes. Ninguém teria medo de andar de "ávio". Não dá água na boca um caldinho de "feijo". Não são demais os perigos desta vida pra quem tem "paixa". Ninguém sai de casa pra fazer uma "revoluça". Um "drago" não cospe fogo algum. Um "vulco" não cospe lava. Imagina que tristeza ter, no fundo do peito, um "coracinho".

empedernido: obstinado, persistente.
temerário: que contém algum risco, perigoso.

(Disponível em: https://www1.folha.uol.com.br/colunas/gregorioduvivier/2022/06/tenho-muito-orgulho-dos-espaguetes-flutuantes-que-icamos-como-um-toldo-sobre-algumas-vogais.shtml. Acesso em: 9/3/2023.)

1. O autor lamenta uma mudança que ocorreu na ortografia de algumas palavras do português.

a) Que mudança é essa?

b) Troque ideias com os colegas e o professor: Por que ele menciona o ano de 2009 como um marco? Se necessário, faça uma breve pesquisa.

2. O texto começa tratando do sinal gráfico do trema.

a) Qual era a função do trema na escrita do português?

b) Releia em voz alta as palavras que contêm as letras **gu** e **qu** no título e nos dois primeiros parágrafos do texto e responda:

- Em quais delas o **u** é pronunciado?
- Em quais delas o **u** não é pronunciado?

c) Você teve alguma dificuldade para responder ao item **b**? Levante hipóteses: Por que, mesmo sem o trema, sabemos como pronunciar essas palavras?

d) Há palavras que admitem mais de uma pronúncia para uma de suas letras. Troque ideias com os colegas e o professor e indique, entre as palavras listadas a seguir, as que permitem. Se julgar necessário, faça uma breve pesquisa.

- líquido
- maquiagem
- sanguinário
- equilíbrio
- distinguir
- liquidificador

3. Observe o emprego das palavras **delinquido** e **monotremático** no segundo parágrafo do texto.

a) Qual delas corresponde a um neologismo, isto é, uma palavra nova, criada para construir um novo sentido? Deduza: A partir de quais outras palavras ela foi formada e qual é o seu sentido no contexto?

b) Qual delas foi empregada no sentido figurado, isto é, diferente do seu uso habitual? Explique o sentido habitual dessa palavra e o sentido dela no contexto.

4. O til também é citado no texto.

a) Por que, para o autor, o til pode ser considerado um "patrimônio imaterial da nossa língua"? Justifique sua resposta com base nas informações do texto.

b) Deduza: Por que o autor chama o til de "espaguetes flutuantes que içamos como um toldo sobre algumas vogais"? Levante hipóteses: Que efeito essa expressão constrói no texto? Justifique sua resposta.

Semmick Photo/Shutterstock

5. Releia este trecho:

> "Me enche de orgulho saber que o mais poliglota dos alemães ou o mais empedernido dos britânicos jamais alcançará o fonema que qualquer criança brasileira de dois anos de idade pronuncia, de boca cheia, 30 vezes por dia em sua palavra predileta: não."

a) A qual fonema especificamente ele se refere?

b) Qual é o sentido da palavra **orgulho** no contexto?

c) Considerando que o autor é pai de uma criança pequena, explique por que esse trecho apresenta ironia.

6. No último parágrafo, o autor cita uma série de palavras escritas com til.

a) Troque ideias com os colegas e o professor e deduza: Que padrão ele usa para recriar essas palavras caso elas não tivessem mais o til?

b) Uma dessas palavras foge ao padrão que o autor criou. Identifique-a e escreva-a no caderno de acordo com esse padrão.

c) Observe a terminação da palavra identificada por você no item **b**. Levante hipóteses: Que efeito essa terminação produz no contexto?

O texto que você leu constrói humor com base na forma como as palavras e algumas sequências de letras são pronunciadas em português. No Brasil, há algumas palavras cuja pronúncia pode apresentar variações; já outras têm a pronúncia indicada pela norma-padrão.

Na fonologia, campo da Linguística que estuda os fonemas, há duas partes que tratam da pronúncia das palavras: a **ortoepia** e a **prosódia**.

Conheça algumas dessas recomendações da gramática normativa sobre pronúncia, assim como a grafia correspondente:

- Não se pronuncia o **u** depois de **q** em **adquirir** e **distinguir**.
- É facultativo pronunciar o **u** nas palavras **antiquíssimo**, **liquidação**, **liquidificador**, **líquido**, **antiguidade** e **sanguinário**.
- Escreve-se **quatorze** ou **catorze**, mas pronuncia-se apenas **catorze**.
- Pronuncia-se com som aberto a vogal **o** destacada nas palavras: tij**o**los, p**o**ços, n**o**vos, **o**ssos, **o**vos.
- A letra **x** soa /ks/ nas palavras: **axila**, **flexão**, **tóxico**, **nexo**, **ônix**, **reflexo**, **sexagenário**, **sexo**, **tórax**.
- Não se intercala **e** ou **i** nos encontros consonantais das palavras: **pseudônimo**, **pneu**, **absurdo**, **advogado**, **admissão**, **psicólogo**, **recepção**.
- São pronunciadas como se escrevem as palavras: **beneficentes**, **gratuito**, **ruim**, **bueiro**, **cabeçalho**, **privilégio**, **meteorologia**, **aeroporto**.

Exercícios

A instabilidade na pronúncia de algumas palavras da língua em alguns casos pode influenciar a forma como as pessoas as escrevem. Leia os textos a seguir:

Texto 1

República estudantil deve indenizar hotel por pertubar sossego de hóspedes

(Disponível em: https://www.conjur.com.br/2022-mar-01/republica-indenizar-hotel-pertubar-sossego-hospedes. Acesso em: 9/3/2023.)

Texto 2

Aerosol ou roll-on, desodorante ou antitranspirante. Quais as diferenças?

(Disponível em: https://www.correiobraziliense.com.br/revista-do-correio/2022/08/5031369-aerosol-ou-roll-on-desodorante-ou-antitranspirante-quais-as-diferencas.html. Acesso em: 9/3/2023.)

Texto 3

Encontro anual de cães em NY

Cães participam do tradicional Westminster Kennel Club Dog Show, em Nova York; veja fotos

13.fev.2017 às 17h20 Atualizado: 13.fev.2017 às 17h18

1 / 35 Encontro anual de cães em NY

Rumor, que venceu competição, recebe alimento em bandeija.

(Disponível em: https://fotografia.folha.uol.com.br/galerias/49092-encontro-anual-de-caes-em-ny#foto-599972. Acesso em: 9/3/2023.)

Texto 4

Nasceram de novo... Famosos que sobreviveram a acidentes aéreos

Confira 10 celebridades que passaram por apuros depois de falhas mecânicas nos aviões

[...]

Ashton Kutcher e Demi Moore — Em 2009, o avião em que o então casal estava precisou fazer uma aterrisagem de emergência depois que um dos motores super aqueceu. Segundo a revista People, os dois não se feriram e Kutcher fez um tweet sobre o incidente: "Meu avião acabou de ter que fazer um pouso forçado. O motor super aqueceu. Caminhões de bombeiros por todo lugar. Bons tempos".

(Disponível: https://revistamonet.globo.com/Listas/noticia/2015/05/nasceram-de-novo-famosos-que-sobreviveram-acidentes-aereos.html. Acesso em: 9/3/2023.)

1. Nos quatro textos lidos, há palavras que foram escritas de forma diferente da norma ortográfica, afetadas pela maneira como são pronunciadas. Identifique essas palavras e reescreva-as no caderno conforme a norma-padrão.

2. Tendo em vista que há preconceito linguístico em nossa sociedade, ainda há situações nas quais a pronúncia e/ou a grafia não padrão de uma palavra são alvos de piada ou ridicularização. Também há casos em que veículos de comunicação de prestígio empregam grafias não padrão em seus textos, aparentemente por falta de uma revisão mais atenta. Discuta com os colegas e o professor e levante hipóteses:

   a) Em qual desses dois casos provavelmente são enquadrados os textos lidos? Justifique sua resposta.

   b) Por que em alguns casos palavras faladas ou grafadas fora do padrão são negativamente avaliadas e em outros casos não?

3. Há palavras que costumam ser pronunciadas de diferentes formas na língua portuguesa do Brasil. Indique, entre as opções abaixo, aquelas que apresentam a grafia de acordo com a norma-padrão.

   a) beneficiente / beneficente
   b) parteleira / prateleira
   c) cabeleireiro / cabelerero
   d) sobrancelhas / sombrancelhas
   e) mendingo / mendigo
   f) cardeneta / caderneta
   g) cuspir / guspir
   h) esteje / esteja
   i) seje / seja
   j) má-criação / mal-criação

Drazen Zigic/Shutterstock.com

4. Leia o título do texto 4 em voz alta. Depois, responda:

   a) Como você pronunciou o som da letra **o** na segunda sílaba da palavra **famosos**: com som aberto (ó) ou fechado (ô)?

   b) Se passamos a palavra **famosos** para o singular e o feminino — **famoso** e **famosa** — como fica o som da letra **o** na segunda sílaba?

   c) Leia em voz alta as palavras a seguir e indique aquelas que são pronunciadas com som fechado (ô) tanto no singular quanto no plural:

pescoço – piolho – ovo – tijolo – osso – olho – repolho
retorno – rosto – povo – torto – socorro – transtorno

5. Leia em voz alta os seguintes pares de palavras, sabendo que, no plural, todas são pronunciadas com som aberto (**ó**), menos uma. Depois, indique o par em que ocorre essa exceção.

- imposto — impostos
- fogo — fogos
- forno — fornos
- esforço — esforços
- morno — mornos
- torto — tortos
- socorro — socorros
- grosso — grossos
- corpo — corpos
- caroço — caroços
- novo — novos
- mofo — mofos

Sons e letras NA CONSTRUÇÃO DO TEXTO

1. Observe a forma do poema e a disposição das letras na página.

a) Descreva-o.

b) Essa forma e disposição sugerem uma situação estática ou sugerem movimento?

2. Considerando o rio, responda:

a) Ele é um ser que está sempre em movimento ou parado?

b) Reflita: um rio, quando preservado, é sempre o mesmo?

3. Relacione o conteúdo do poema à sua disposição formal. Nesse caso, forma e conteúdo se opõem ou se complementam? Por quê?

4. Os rios geralmente são associados à vida. Explique por quê.

RIOIR

Arnaldo Antunes/Acervo do artista

(Arnaldo Antunes. Disponível em: http://arnaldoantunes.blogspot.com/2010/02/rioir.html. Acesso em: 19/12/2022.)

SEMÂNTICA E DISCURSO

Leia esta tira:

Fernando Gonsales/Acervo do cartunista

(*Folha de S.Paulo*, 18/2/2014.)

1. A tira explora a relação entre letras e sons e com isso constrói humor. Observe o balão de fala do papagaio no 2º quadrinho. As palavras que ele fala não estão de acordo com a grafia ou a pronúncia na língua portuguesa.

a) De acordo com a grafia padrão, como as palavras ditas pelo papagaio devem ser escritas?

b) De acordo com a tira, por que essas palavras foram modificadas, ou seja, escritas com a letra **f**?

2. Uma das funções básicas dos fonemas é distinguir palavras quanto ao sentido.

a) Na tira, qual é a letra que substituiu outras letras? Quais são essas outras letras?

b) A troca de letras e consequentemente a alteração de fonemas mudaram o sentido dessas palavras no contexto da tira?

c) Agora, observe estes três pares de palavras:

vaca	**girava**	**raça**
faca	**girafa**	**Rafa**

Nesses pares, a troca de uma letra e a consequente alteração de fonemas resultam em mudança de sentido das palavras?

Leia o cartum abaixo, de Caulos, e responda às questões 3 e 4.

(*Só dói quando eu respiro*. Porto Alegre: L&PM, 2012. p. 88.)

3. O cartunista provoca uma reflexão a respeito da relação entre a imprensa e seus leitores.

a) O que sugere a letra **e** que se vê nas manchetes de jornal e nos balões de fala dos personagens?

b) O balão do personagem em preto contém um número maior de letras do que o balão dos demais personagens. O que isso sugere?

4. Que crítica o cartunista faz nesse cartum?

DIVIRTA-SE

As plaravas

Rceebi uma megnseam cruisoa com a inrfoãmaço de que uma usinidavdere ienslga fez uma pqesusia e dreobiscu que, praa a letirua, não inrestesa a odrem em que as lrteas de uma plravaa etãso, "a úncia csioa iprotmatne é que a piremria e a útmlia lrtea etejasm no lgaur crteo". Não me pentruge pouqre. Ahco mituo eqsuitsio, mas a vdaerde é que fciunona. E se fcionuna em iglêns e pugortêus, dvee fiouncnar até em hgarúno. Gotsei da noíctia e rsloevi erevscer um ranomce iteinro com essa nvoa otorafgria. [...]

(Kledir Ramil. *Crônicas para ler na escola*. São Paulo: Objetiva. Edição do Kindle.)

CAPÍTULO 5

A expressão escrita (I): ortografia e divisão silábica

Construindo o conceito

Leia este meme:

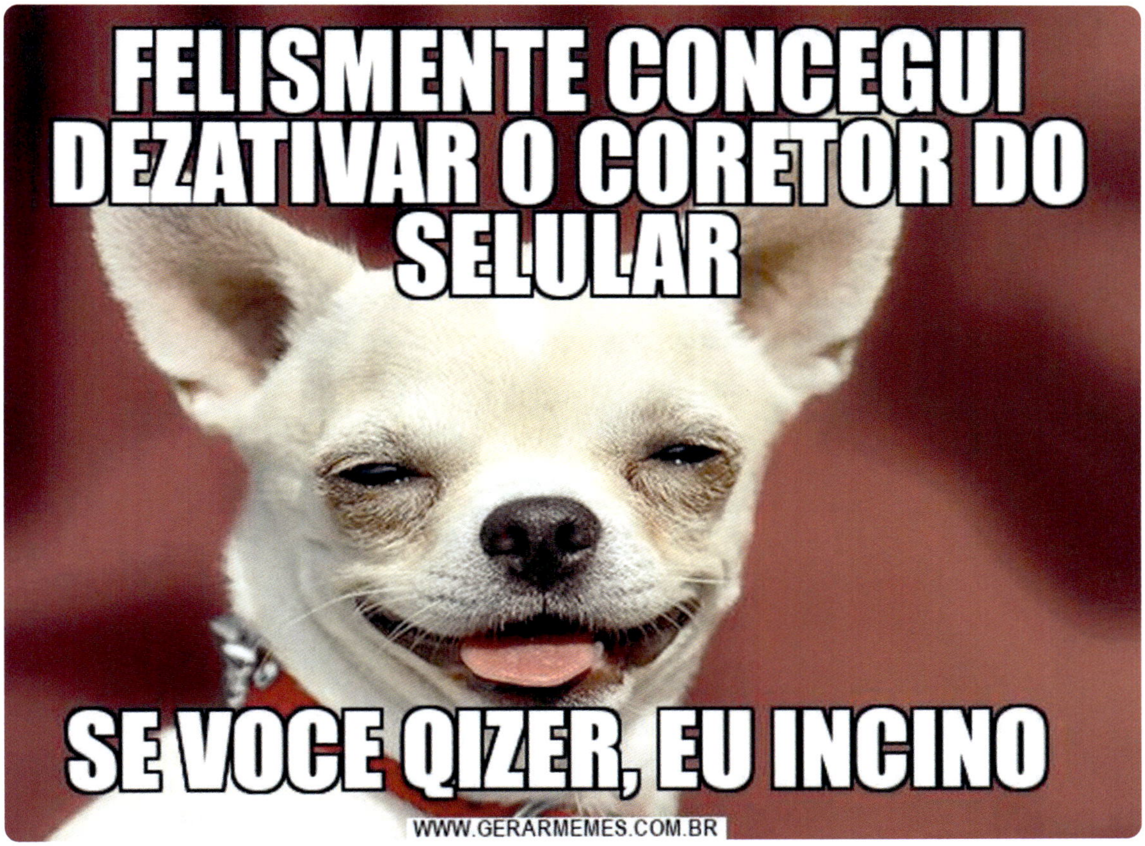
FELISMENTE CONCEGUI DEZATIVAR O CORETOR DO SELULAR
SE VOCE QIZER, EU INCINO
WWW.GERARMEMES.COM.BR

Jan Dix/Shutterstock

1. O meme foi criado a partir de um dilema comum na vida dos internautas, que é fazer ou não uso do corretor ortográfico.

a) Troque ideias com os colegas e o professor: Por que essa questão pode ser um dilema para algumas pessoas?

b) Que palavras do meme evidenciam que o corretor ortográfico foi desativado? Por quê?

c) Escreva no caderno as palavras indicadas por você no item **b** de acordo com a norma-padrão.

2. O que a imagem do meme expressa? Que relação ela tem com o conteúdo verbal?

3. A contraposição entre o conteúdo do meme e a forma como as palavras foram escritas é responsável pela construção do efeito de humor.

a) Explique como se dá essa contraposição.

b) Troque ideias com os colegas e com o professor: Há preconceito linguístico no meme?

Conceituando

Os desvios ortográficos que você observou no meme foram intencionalmente criados para produzir humor. No entanto, no dia a dia, desvios ortográficos podem ser vistos em diferentes textos e suportes, como placas, faixas e cartazes, e podem ser alvo de preconceito linguístico. Essas variações da escrita ocorrem porque, em nossa língua, nem sempre um fonema corresponde a uma única letra.

As palavras **desativar** e **quiser**, por exemplo, apresentam o fonema /z/, e são escritas com a letra **s**. Mas em palavras como **executar** e **vazar** o mesmo fonema é representado pelas letras **x** e **z**. Nas palavras **consegui** e **ensino** o fonema /s/ é representado pela letra **s**, mas na palavra **celular** esse fonema é representado pela letra **c**.

Veja outro caso. A foto do cartaz abaixo mostra a palavra **concerto**, com a letra **c**. Na língua portuguesa, entretanto, **concerto** significa uma "apresentação musical", ao passo que **conserto**, com **s**, significa "restauração, reparo, reforma".

Cristina Xavier/Finephoto

Problemas como esses, relacionados com a escrita das palavras, são chamados de **ortográficos**.

Ortografia é a parte da gramática que estuda as normas do sistema de escrita de nossa língua.

Em caso de dúvida quanto à grafia das palavras, devemos recorrer ao dicionário. Há, entretanto, algumas orientações que nos ajudam a ter maior domínio ortográfico. Conheça essas regras:

G ou J?

Você já imaginou como era a alimentação na Roma antiga? Leia o texto a seguir:

1. A respeito do texto, responda:

a) Qual era a base da alimentação da maioria das pessoas na Roma antiga?

Na Roma Antiga

A comida era muito simples: vegetais e frutas. Os romanos gostavam de alho, cebola, nabo, figos, romãs, laranjas, peras, maçãs e uvas. O prato do dia a dia era um mingau de água e cevada. Uma versão mais sofisticada levava vinho e miolos de animais. Outra, a *puls punica*, continha queijo, mel e uma gema de ovo. Só os ricos comiam carne, geralmente de carneiro, burro, porco, ganso, frango, pato ou pombo. Alimentavam os porcos com figos para que sua carne ficasse perfumada e criavam gansos de maneira especial para com eles preparar patês. Faziam o mesmo com os frangos, alimentando-os com anis e outras especiarias.

Pensou que os romanos primitivos já eram vidrados em macarronada? Quando Roma foi fundada, no século VIII a.C., o povo não conhecia o trigo, cereal indispensável para a feitura da massa.

(Marcelo Duarte. *O guia dos curiosos*. São Paulo: Panda Books, 2015. p. 199.)

Jean Galvão/Acervo da editora

b) Os alimentos dessa dieta são diferentes dos alimentos usados na famosa culinária romana de séculos depois?

c) Que diferença há entre a alimentação praticada na Roma antiga e a alimentação dos brasileiros hoje em dia?

2. Observe a grafia destas palavras:

vegetais → vegetar, vegetação, vegetariano, vegetativo

Todas elas são da mesma família, pois apresentam em comum a partícula **veget-**.

a) Nessas palavras, há diferença quanto à grafia do som "gê" (/ʒ/)?

b) Que princípio ortográfico você deduz dessa observação?

3. Com base no princípio ortográfico que você deduziu, copie no caderno as palavras derivadas a seguir completando-as com **g** ou **j**.

a) **laranja** → laran▒eira, laran▒ada, laran▒al

b) **mensagem** → mensa▒eiro

c) **ágil** → a▒ilizar

d) **ajuda** → a▒udante

e) **gigante** → a▒igantar

VIAJEM OU VIAGEM?

Não confunda: **viajem** é a 3ª pessoa do plural do verbo **viajar** (que eles **viajem**), e **viagem** é substantivo.

Observe, na capa desta revista, que a palavra **viagem** é substantivo.

Agora, veja o emprego dessas duas palavras nestes exemplos:

- Eles planejam essa **viagem** há muitos anos.
- Façam um seguro, para que **viajem** com tranquilidade.

Reprodução/viagemeturismo.abril.com.br

As dúvidas sobre o emprego das letras **g** e **j** são comuns em nossa língua. Isso ocorre porque, antes de **e** e **i**, as duas letras representam o mesmo som, o fonema "gê" (/ʒ/), como em **gigante** e **jiló**.

Em caso de dúvida, convém consultar o dicionário. Algumas orientações ortográficas, porém, como a expressa pelo princípio que você deduziu na atividade anterior, podem nos ajudar a empregar adequadamente essas letras.

Emprega-se a letra **g**:

- nas palavras derivadas de outras que já apresentam **g**:

  ferru**g**em → ferru**g**ento → ferru**g**inoso

- geralmente nas terminações **-agem**, **-igem**, **-ugem**:

  aragem vert**igem** ferr**ugem**

  Exceções: pa**j**em, lambu**j**em.

- nas terminações **-ágio**, **-égio**, **-ígio**, **-ógio**, **-úgio**:

  pedágio **régio** **prestígio** **relógio** **refúgio**

Iara Venanzi/Pulsar Imagens

Emprega-se a letra **j**:

- nas palavras de origem árabe, indígena ou africana:

  alfor**j**e (árabe) bi**j**u (indígena) acara**j**é (africana)

- nos verbos terminados em **-jar** e em toda sua conjugação:

  arran**jar** → arran**j**amos, arran**j**ou, arran**j**assem

- nas palavras derivadas de outras que já apresentam **j**:

  cere**j**a → cere**j**eira lo**j**a → lo**j**ista

- na terminação **-aje**:

  la**je** tra**je**

Tim UR/Shutterstock

Exercícios

1. Leia um trecho da letra da canção "Pra você guardei o amor", de Nando Reis:

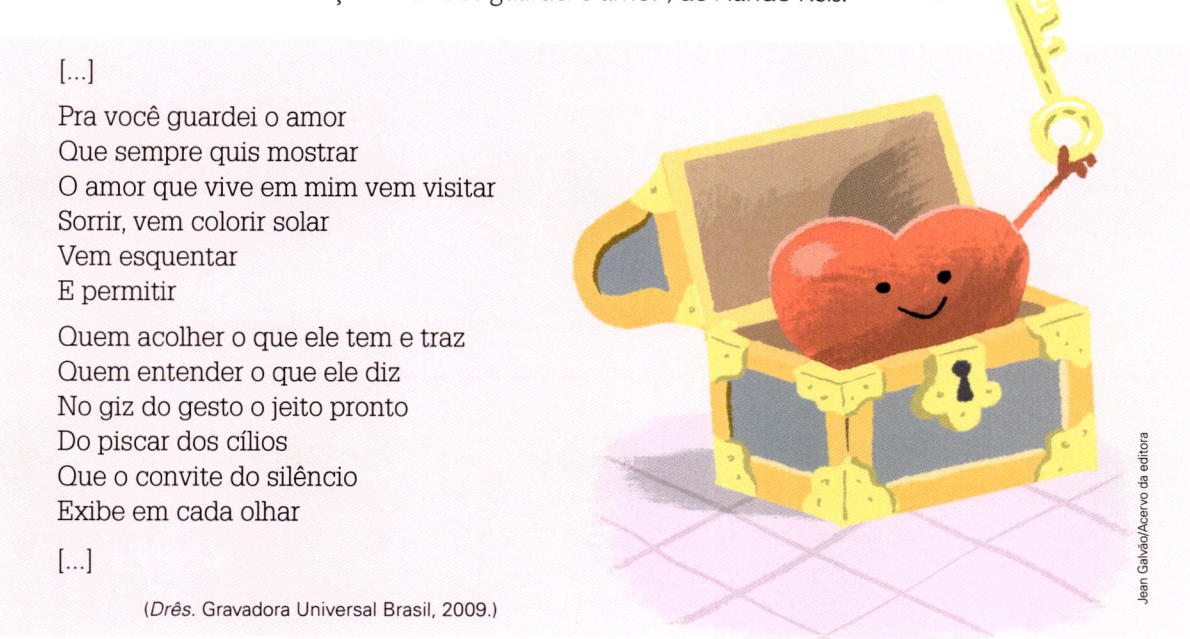

[...]
Pra você guardei o amor
Que sempre quis mostrar
O amor que vive em mim vem visitar
Sorrir, vem colorir solar
Vem esquentar
E permitir

Quem acolher o que ele tem e traz
Quem entender o que ele diz
No giz do gesto o jeito pronto
Do piscar dos cílios
Que o convite do silêncio
Exibe em cada olhar

[...]

(*Drês*. Gravadora Universal Brasil, 2009.)

Jean Galvão/Acervo da editora

a) O amor do eu lírico por seu interlocutor é um sentimento preexistente ou surgiu ao conhecer a pessoa amada? Confirme sua resposta com um trecho da canção.

b) Na segunda estrofe, o verso "No giz do gesto o jeito pronto" apresenta uma aliteração — recurso poético que consiste na repetição de um mesmo som consonantal no início de palavras e/ou frases. Identifique as palavras que compõem essa aliteração.

c) Observe outras palavras que poderiam compor a mesma aliteração: **jiló**, **gincana**, **gelo**, **jegue**. Quais são as vogais que acompanham as letras **g** e **j** nessas palavras?

d) O que podemos concluir sobre a relação entre a grafia de algumas palavras com **g** e **j**?

e) Converse com os colegas e escrevam no caderno palavras derivadas de **gesto** e **jeito**.

2. Observe a grafia das palavras:

nojo jejuar laranja rígido sujo varejo gorjear agendar selvagem Egito digerir

Com base no quadro acima, copie no caderno as palavras a seguir completando-as adequadamente com **j** ou **g**.

no___ento	vare___ista	gor___eio	laran___eira
eno___ado	su___eira	a___enda	di___estão
e___ípcia	___e___um	ri___idez	selva___eria

3. Levando em conta que as palavras abaixo são de origem árabe, indígena ou africana, copie-as no caderno completando-as adequadamente com **j** ou **g**.

can___ica	___erimum	berin___ela	___equitibá	___iboia
___irau	___iló	Mo___i	___uriti	

4. O texto a seguir está incompleto.

a) Complete-o escrevendo no caderno as palavras que o professor vai ditar.

Proposto pelo Criativos da Escola, guia convida jovens a explorar caminhos e perspectivas inusitadas

"Um espaço para caminhar. Para descobrir ______, pessoas e percepções. Para anotar sensações e pensamentos soltos, calorosos, completos e incompletos. Para viajar por horizontes já visitados, agora com olhos mais atentos e peraltas. [...] Para criativar. Para sentir, ______, fazer, compartilhar".

Este é o trecho de início do Guia de ______ pelo Aqui e Agora. Proposto pelo ______ **Criativos da Escola**, o guia foi elaborado como um convite aos jovens premiados pelo Desafio Criativos da Escola em 2015 e 2016, com o ______ de provocá-los a continuarem próximos dos seus territórios, atentos e sensíveis às belezas e aos inesperados que os rodeiam.

Com textos do poeta André Gravatá e ilustrações da artista Serena Labate, este é um pequeno livro com propostas de contato mais próximo com a própria história, casa, rua, bairro, cidade. Segundo André, o guia conta com "inúmeros convites para acordar os olhos, com espaços para anotações esparsas e percepções dispersas que rearranjam os passos".

[...]

(Disponível em: https://ins.criativosdaescola.com.br/guia-de-viagem-pelo-aqui-e-agora/. Acesso em: 5/12/2022.)

Criativos da Escola/Acervo da Instituição

› O guia dos Criativos da Escola.

b) As palavras a seguir são da mesma família das palavras que faltavam no texto lido. Levando em consideração essa informação, copie-as no caderno completando-as corretamente.

- ima___inação
- ima___em
- pro___eção
- pro___etar
- paisa___ismo
- paisa___ista
- ob___etividade
- ob___etivar

Emprego do h

A letra **h**:

- permanece nos vocábulos compostos com hífen:

super-homem pré-histórico

- é eliminada dos vocábulos compostos sem hífen:

desonesto (des + honesto) reaver (re + haver)

Emprego de x e ch

Leia o texto a seguir, nele faltam algumas palavras que o professor vai ditar. Escreva-as no caderno e depois releia-o.

Expedições científicas

A ______ da natureza brasileira atraiu diversas ______ científicas. Uma delas foi a de Carl Friedrich Philipp von Martius. Em três anos, ele percorreu 10 mil quilômetros e fez a primeira classificação sistemática das plantas brasileiras, registrada em sua obra *Flora brasiliensis*. Descreveu 220 mil variedades em 40 volumes, ilustrados por 3.811 gravuras.

O botânico francês Auguste de Saint-Hilaire foi o primeiro pesquisador a ______ o interior do Brasil a convite do Império, no século XIX. Ele identificou cerca de 120 tipos de quaresmeiras.

Carl Friedrich Philipp von Martius (a partir de Hugh Algernon Weddell)/ Coleção Martha e Erico Stickel/Acervo Instituto Moreira Salles

> *Nascentes do Rio Paraguai*, paisagem e vegetação retratadas por Martius no século XIX.

A mais famosa de todas as expedições foi a do médico e naturalista alemão Georg Heinrich von Langsdorff. Ao participar de uma volta ao mundo marítima, ele esteve na costa de Santa Catarina e ______ pelo país. Em 1813, nomeado cônsul-geral da Rússia no Rio de Janeiro, comprou uma fazenda ______ Mandioca, na baía de Guanabara, logo transformada em projeto piloto para suas ______. Entre outras novidades, Langsdorff propunha a ______ racional da terra por meio de culturas alternadas e condenava a prática das queimadas. Planejou uma expedição científica pelo interior do Brasil. Tendo conseguido financiamento do czar ______ I em 1821, Langsdorff contratou uma equipe de pesquisadores e voltou ao Brasil. Entre 1824 e 1829, ele percorreu 16 mil quilômetros pelas províncias do Rio de Janeiro, Minas Gerais, São Paulo, Mato Grosso, Pará e Amazonas, realizando um precioso levantamento zoológico, botânico, mineralógico e etnográfico.

O naturalista ______ de escrever seus diários em 20 de maio de 1828, depois de cruzar o rio Juruena, no Pará. Ele passou a ter alucinações causadas por violentas febres tropicais (possivelmente malária), primeiros sintomas da doença que lhe apagaria a memória e o levaria à loucura. Langsdorff conviveu com sua loucura por mais 25 anos. Morreu em 1852, aos 78 anos, na Alemanha. Seus diários só foram encontrados em 1930.

[...]

(Marcelo Duarte. *Guia dos curiosos*. Disponível em: https://www.guiadoscuriosos.com.br/blog/ciencia-2/as-expedicoes-cientificas/. Acesso em: 30/9/2022.)

1. O texto situa historicamente as principais expedições científicas feitas no Brasil no século XIX.

a) O que atraía os pesquisadores estrangeiros em nosso país?

b) Qual foi a contribuição científica desses pesquisadores?

2. Ao escrever as palavras que completam as lacunas do texto "Expedições científicas", você deve ter notado que algumas palavras são escritas com **x** e outras com **ch**. E também que a letra **x** pode representar mais de um som.

a) Em qual das palavras que você escreveu a letra **x** tem som de /z/ ("zê")?

b) Em quais delas a letra **x** tem som de /s/ ("sê")?

c) Em quais delas a letra **x** tem som de /ʃ/ ("chê")?

3. Observe estas palavras do texto: **apaixonou** e **deixou**. Note que, antes da letra **x**, há um encontro vocálico.

a) Que tipo de encontro é esse?

b) Sabendo que outras palavras, como **caixa**, **frouxo**, **ameixa**, **deixe**, **peixe** e **queixo**, também são escritas com a letra **x**, deduza uma regra para o emprego da letra **x** nessas situações.

4. Palavras que pertencem à mesma família etimológica ou origem mantêm a grafia. Assim, as palavras **explorar**, **exploração**, **explorador**, **exploratório**, **inexplorado** e **inexplorável** são todas escritas com a letra **x** por pertencerem à mesma família etimológica. Cite outras palavras da mesma família etimológica de:

a) chamada

b) expedição

c) experiência

5. Na palavra **exuberante**, assim como em **exibição**, **exatidão**, **exemplo**, **êxodo** e **exumação**, é empregada a letra **x**. Observe o que há em comum nessas palavras.

a) A letra **x** representa que som?

b) Que tipo de letra precede a letra **x**?

c) Que tipo de letra aparece depois da letra **x**?

Exercícios

1. Em cada sequência abaixo, todas as palavras estão grafadas corretamente, exceto uma. Identifique-a e reescreva-a no caderno com a grafia apropriada.

a) enxada — enxoval — enxurrada — enxaqueca — enxente

b) bochecha — chávena — xamego — chamuscar — chafurdar

c) coxilar — luxação — relaxar — rixa — vexame

d) champu — mexer — xingar — xereta — xarope

e) faxineira — pixe — graxa — laxante — xícara

f) cartucho — inchar — chibata — chucro — espichar

Anna_Pustynnikova/Shutterstock

"Chávena" em Portugal e "xícara" no Brasil. A forma *xícara* já foi usada no português lusitano, mas caiu em desuso. Hoje, os portugueses preferem dizer "chávena", recipiente onde se serve chá ou outra bebida quente.

2. Observando que todas as palavras a seguir apresentam **me-**, **en-** ou ditongo antes do som "chê", copie-as no caderno completando-as com **x** ou **ch**, conforme for apropriado.

en___arcar
en___ergar
en___ente
me___ilhão
en___erido
rou___inol
en___aqueca
en___ovalhar
trou___a

en___er
me___erico
pai___ão
en___ugar
me___er
en___otar
me___a
quei___o
me___icano

me___erica
en___erto

Guillermo Gonzalez/Shutterstock

› Mexilhão.

3. Há, na língua portuguesa, palavras que têm a mesma pronúncia, mas sentido e escrita diferentes. Essas palavras são chamadas de **homônimas**. Veja um exemplo:

- **bucho:** estômago dos mamíferos e dos peixes
- **buxo:** arbusto originário da Europa e da Ásia

Com o auxílio do dicionário, dê o significado dos homônimos:

a) cheque
b) tacha
c) tachar

I. xeque
II. taxa
III. taxar

Emprego da letra s

Você é curioso(a) em relação à nossa língua? Leia o texto a seguir:

13 curiosidades sobre a Língua Portuguesa

Muito além das terras brasileiras

A Língua Portuguesa é a língua oficial de nove países. São eles: Angola, Brasil, Cabo Verde, Guiné-Bissau, Guiné Equatorial, Moçambique, Portugal, São Tomé e Príncipe e Timor Leste.

Evolução da língua

Até chegar ao Brasil, a Língua Portuguesa seguiu uma trajetória que passou por vários lugares da Europa, tais como o Lácio, na antiga Roma, e a região de Portugal. Sua expansão foi se dando com as navegações, que também ocasionaram transformações no idioma.

Mais de uma grafia

Existem palavras na Língua Portuguesa que possuem mais de uma grafia correta. Por exemplo: berinjela (beringela) e diabetes (diabete).

Plural no meio

Na Língua Portuguesa, "quaisquer" é a única palavra em que o plural pode ser percebido no meio, e não no final, da escrita da palavra.

A origem da cedilha

A origem da palavra vem de "cedilla", do espanhol. Antes, a cedilha era um pequeno "z" que se colocava embaixo do "c" para evidenciar que a letra tinha o som de "s". Ou seja, o pequeno "z" sobrescrito, posteriormente, foi acoplado ao "c", transformando-se em "ç".

Beate Wolter/Shutterstock

Entrada do Parque Nacional de Maputo e placa indicando perigo, em Moçambique.

De perder o fôlego

A maior palavra em nosso idioma é Pneumoultramicroscopicossilicovulcanoconiótico, com 46 letras! Pouquíssimas pessoas conseguem, de primeira, ler essa palavra sem se equivocar. Ela está relacionada a uma doença causada pela inalação de cinzas vulcânicas, que ataca os pulmões.

Diferente dos portugueses

Em Portugal, algumas palavras apresentam significados diferentes dos nossos aqui no Brasil. Por exemplo, a palavra "propinas" (que quer dizer impostos ou taxas), no Brasil, significa suborno.

"Fruta da paixão" ou maracujá

Na Língua Portuguesa, a palavra "maracujá" é bem diferente quando comparada a outros idiomas, como o inglês (passion fruit) e o francês (fruit de la passion).

[...]

Imundo — mundo

Outra curiosidade sobre a Língua Portuguesa é que existe um adjetivo com emprego raro, que é "mundo" significando "limpo". Seu antônimo é uma palavra bastante conhecida, "imundo", que quer dizer sujo.

[...]

(*13 curiosidades sobre a Língua Portuguesa*. Disponível em: https://mundoescrito.com.br/curiosidades-sobre-a-lingua-portuguesa/. Acesso em: 16/2/2023.)

1. De todas as curiosidades apresentadas pelo texto, qual delas mais surpreendeu você?

2. A letra **s** foi empregada em várias palavras do texto e, em alguns casos, com sons distintos. Releia as três primeiras curiosidades e responda: Quais palavras apresentam o som de "cê" (/s/) representado:

a) pela letra **s**?

b) pelas letras **ss**?

c) pela letra **c**?

d) pela letra **ç**?

e) pela letra **x**?

3. A letra **s** também pode apresentar o som de "zê" (/z/). Identifique, nas três primeiras curiosidades, as palavras em que isso acontece.

4. O som de "zê" (/z/) também pode ser representado pelas letras **z** e **x**.

a) Identifique, nas três primeiras curiosidades, uma palavra em que isso aconteça.

b) Identifique, no texto, uma palavra em que o som de "zê" (/z/) seja representado pela letra **z**.

Ao responder às questões anteriores, você notou que, no sistema ortográfico da língua portuguesa, um único som pode ser representado por diferentes letras. É o caso do som de /s/ ("sê"), que pode ser representado pelas letras **s**, **ss**, **c**, **ç**, **x** e por **sc**, **sç**, como em **nascer** e **nasço**; e do som de /z/ ("zê"), que pode ser representado pelas letras **s**, **z** e **x**.

Conheça, a seguir, algumas regras que orientam o emprego da letra **s**.

Emprega-se a letra **s**:

- na maioria dos substantivos concretos:

burguês	**freguês**

Exceções: xadre**z**, te**z**.

- nos adjetivos derivados de substantivos:

cortês (de corte)	**montês** (de monte)

- nos sufixos **-ês**, **-esa**, que indicam origem, naturalidade:

português, portuguesa	**chinês, chinesa**

- nos sufixos **-oso**, **-osa**, que indicam qualidade em abundância, intensidade:

amor**oso**	duvid**osa**

- no sufixo **-ense**, que indica origem, naturalidade:

rio-grand**ense**	cear**ense**

- após ditongos:

cau**s**a	mai**s**ena

Capa do livro *Uma outra princesa*, de Telma Guimarães, publicado pela Editora do Brasil.

Exercícios

Leia o texto biográfico a seguir.

A pequena Grace O'Malley (também conhecida como Gráinne ou Granuaile) não queria nada além de velejar com o pai, um capitão irlandês, e sua frota de navios. Os O'Malley eram uma família poderosa na costa oeste da Irlanda. Dois de seus castelos, Clare Island e Kildawnet, em Achill Island, ainda existem até hoje. Grace implorou aos pais para deixarem que ela fosse para o mar, mas a mãe insistiu que não era lugar para uma garota.

Assim, de acordo com a lenda, Grace cortou o longo cabelo ruivo e se vestiu com roupas de garoto. Nos anos 1530, esse não era o jeito normal de uma garota se comportar. Mas Grace O'Malley era assim, e logo ela se tornaria a pirata mais famosa da Irlanda.

Aos 16 anos, Grace se casou com um chefe de clã irlandês e eles tiveram três filhos. Mas ela não era do tipo que ficava em casa. Depois da morte do pai, ela assumiu o comando da sua frota e, quando o marido morreu, muitos dos integrantes do clã se juntaram a ela. Comercializando até Espanha e Portugal, executando pirataria e pilhagem como atividades paralelas, Grace ganhou reputação de capitã ousada.

Suzanne Mischyshyn/Acervo da fotógrafa

› Estátua da pirata Grace O'Malley, em Westport House, Irlanda.

Os mares eram cheios de comerciantes e piratas, e a terra era governada por chefes de clãs que lutavam para proteger seus domínios dos vizinhos ingleses, que estavam tomando a Irlanda lenta e regularmente. Um a um, os chefes de clãs se renderam, mas Grace se manteve firme, determinada a ficar livre e a proteger sua família e seus seguidores.

Os ingleses não gostaram disso. Eles enviaram um exército para capturá-la, mas ela fugiu e liderou seu povo em uma rebelião contra os ingleses. Isso foi por volta de 1588, quando Grace tinha quase 60 anos. Os ingleses sequestraram seu filho mais novo e o acusaram falsamente de traição, um crime punível com a morte. Para salvar o filho, Grace colocou a própria vida em risco e foi direto até a pessoa mais poderosa da Inglaterra: a rainha Elizabeth I. Os súditos de Elizabeth ficaram chocados quando a rainha aceitou se encontrar com a pirata. Elas conversaram em latim, a única língua que tinham em comum. Grace contou à rainha sobre o sofrimento da família nas mãos dos generais na Irlanda e pediu que ela poupasse seu filho. A rainha ordenou a libertação dele da prisão e deu a Grace permissão pessoal para continuar velejando pelos mares. [...]

(Kate Schatz. *Mulheres incríveis: artistas e atletas, piratas e punks, militantes e outras revolucionárias que moldaram a história do mundo*. Bauru: Astral Cultural, 2017. p. 89.)

1. O texto trata da vida de uma mulher.

a) Quem é essa mulher e por que ela ficou conhecida?

b) Em que época ela viveu?

c) A história contada sobre sua vida é totalmente verídica ou há fatos sem confirmação? Que palavras ou expressões usadas no primeiro parágrafo confirmam sua resposta?

2. No texto, há o emprego de palavras que indicam país de origem, nacionalidade — os chamados **adjetivos pátrios**.

a) Identifique essas palavras.

b) Caso o texto empregasse uma palavra para indicar a nacionalidade de Grace, qual seria o adjetivo pátrio?

c) E se Grace e seus familiares tivessem nascido em outros países? Escreva no caderno os adjetivos pátrios, no masculino e no feminino, relacionados aos seguintes países:

- França
- Japão
- Noruega
- Holanda
- Escócia
- China

Prostock-studio/Shutterstock

3. Além de ser empregada em palavras que indicam nacionalidade, a letra **s** com som de /z/ é usada em sufixos que indicam qualidade em abundância, intensidade.

a) Identifique no texto uma palavra com o uso do sufixo **-osa** que significa "cheia de fama".

b) Indique no texto uma palavra com o sufixo **-osa** que significa pessoa "cheia de poder".

c) Forme outras palavras com o mesmo sufixo, deduzindo seu significado.

4. Os verbos no pretérito imperfeito do subjuntivo são grafados com dois **s**, seguidos da vogal **e**.

a) Identifique no texto duas formas verbais empregadas nesse tempo e modo verbais.

b) Escreva no caderno as frases a seguir completando-as com o verbo no modo e no tempo adequados:

- Se eu ______ (viajar) para a Amazônia, gostaria de conhecer diversos animais.
- Se vocês ______ (poder) agir para preservar a Amazônia, o que vocês fariam?

5. O fonema /z/ pode ser grafado com diferentes letras. Identifique no texto:

a) palavras com o som /z/ grafadas com a letra **z**.

b) palavras com o som /z/ grafadas com a letra **x**.

c) palavras com o som /z/ grafadas com a letra **s**.

6. A palavra **ousada** é grafada com **s**.

a) Qual é a regra gramatical que justifica o uso da letra **s** nessa palavra?

b) Dê outros exemplos do emprego do **s** em casos similares.

7. Observe estas palavras do texto:

insistiu	**assim**	**isso**	**falsamente**	**pessoa**

a) Quais são as grafias utilizadas para representar o fonema /s/ (sê)?

b) Discuta com os colegas e o professor e deduza: Que regra determina o uso de **s** ou **ss** na grafia das palavras?

Emprego da letra z

Leia este verbete de curiosidade:

Posso tomar banho depois de uma refeição?

Tomar banho frio ou entrar numa piscina depois de ter comido não oferece riscos. O que não se deve fazer é qualquer tipo de exercício físico intenso, como nadar ou surfar. Isso desvia o sangue do estômago para os músculos que estão trabalhando. Após as refeições, boa parte do seu sangue vai para o estômago e o intestino a fim de realizar uma digestão adequada. Ao praticar esportes depois de comer, a pessoa fica com dificuldade na digestão e acaba passando mal (enjoo, suor frio e tontura). Tomar banhos longos e quentes na banheira dilata os vasos sanguíneos da pele e também desvia o sangue do estômago.

(Marcelo Duarte. *O guia dos curiosos*. São Paulo: Panda Books, 2017. p. 196.)

VaLiza/Shutterstock

1. O texto rejeita uma crença tradicional de que não se pode tomar banho depois das refeições. Entretanto, ele apresenta algumas restrições.

a) O que o texto recomenda não fazer depois das refeições?

b) Qual é o motivo dessas restrições?

2. Identifique no texto palavras que apresentam o som /z/ ("zê").

3. Em qual (quais) dessas palavras o som /z/ ("zê") é representado, na escrita, pela letra:

a) **s**? **b)** **z**? **c)** **x**?

4. A palavra **realizar** é formada assim: **real** + **-izar**. Ou seja, o radical **real** se une ao sufixo **-izar**. Acrescente o sufixo **-izar** às palavras a seguir, formando verbos.

a) canal **c)** vírus **e)** drama

b) neutro **d)** regular

Ao responder às questões anteriores, você notou que o som /z/ ("zê") pode ser representado, na escrita, pelas letras **s**, **z** e **x**.

Conheça, a seguir, algumas regras que orientam o emprego da letra **z**.

Emprega-se a letra **z**:

- em substantivos abstratos resultantes de adjetivos + **ez** ou **eza**:

lúcido → lucid**ez** pobre → pobr**eza**

- em verbos resultantes de palavras que não contêm **-s** na sílaba final + **izar**:

  ameno + izar → amen**izar**

- em palavras resultantes de outras que não contêm **-s** na sílaba final + **zinho** ou **zinha**:

  homem + zinho → homen**zinho**

Exercícios

Leia esta tira de Bill Watterson:

(*O mundo é mágico: as aventuras de Calvin & Haroldo*. São Paulo: Conrad, 2007. p. 13.)

1. Indique as palavras da tira nas quais as letras **s** e **z** têm o som /z/ (zê).

2. Calvin conversa com o pai dele.

a) O que ele pretende com sua fala?

b) Que argumentos ele utiliza para convencer o pai?

c) Qual é o sentido da expressão "obstinada labuta", no contexto?

d) Calvin exagera ou até faz chantagem para alcançar seu objetivo? Justifique sua resposta.

3. O último quadrinho concentra a maior parte do humor da tira. Nele, Calvin lança um argumento final. Com base nesse argumento, infira: Como ele vê o desenho que fez?

4. Algumas das palavras da tira apresentam a terminação **-izar**.

a) Demonstre o processo de formação dessas palavras.

b) Utilizando as palavras a seguir, forme outras palavras com a terminação **-izar**:

- canal
- útil
- urbano
- animal

5. Usando **-inho** ou **-zinho**, escreva no caderno o diminutivo destes substantivos:

a) olhos
b) desenho
c) vaso
d) giz
e) liso
f) investimento

C/Ç ou SS?

Fungos caçadores

Estes discretos predadores podem atrair e capturar pequenos animais

godi photo/Shutterstock

> Cogumelo *Amanita muscaria*, também conhecido como *fly agaric*.

Fungos são fascinantes. Sabemos, por exemplo, que alguns deles brilham no escuro, podem crescer formando curiosos círculos e — imagine! — podem até controlar as mentes de alguns insetos. Em um grupo de organismos assim tão peculiares, pode apostar que também vamos encontrar estratégias alimentares surpreendentes.

Para começar, os fungos podem se alimentar de diferentes maneiras. Muitos, classificados como sapróﬁtas, absorvem seus nutrientes de matéria orgânica (restos de animais e vegetais) em decomposição. Outros são parasitas (como os que causam as micoses) e retiram sua nutrição de hospedeiros animais, vegetais ou até mesmo de outros fungos. Existem também aqueles fungos que se associam a plantas e algas para obter parte dos nutrientes a partir da fotossíntese desses organismos. E há ainda fungos predadores, que capturam e matam pequenos animais para deles se alimentarem! [...]

(Vinicius São Pedro. Fungos caçadores. *Ciência Hoje das Crianças*. Disponível em: https://chc.org.br/artigo/fungos-cacadores/. Acesso em: 10/4/2023.)

1. Qual é a avaliação do autor do texto a respeito dos fungos? Que palavra ou expressão do texto comprova sua resposta?

2. Identifique no texto uma ou mais palavras em que o fonema /s/ é representado pelas letras:

a) **s**

b) **ss**

c) **c**

d) **sc**

e) **ç**

3. Identifique no texto uma palavra em que a letra **s** tem som de /z/.

4. Observe estas palavras:

exílio	explicar

A letra **x** pode tanto representar o som /s/ quanto o som /z/.

a) Em qual dessas palavras a letra **x** representa o som /s/? Em qual representa o som /z/?

b) No texto “Fungos caçadores”, há palavras em que a letra **x** representa o som /s/? Se sim, escreva-as no caderno.

c) E há, nesse texto, palavras em que a letra **x** representa o som /z/? Se sim, escreva-as no caderno.

5. Forme uma família de palavras a partir das seguintes palavras do texto:

a) **fascinantes**

b) **curiosos**

c) **insetos**

d) **classificados**

e) **parasita**

f) **associam**

6. A palavra **decomposição**, empregada no texto, foi formada com o acréscimo do sufixo **-ção**, que introduz o sentido de "ação" ou "resultado da ação".

a) Forme substantivos a partir das palavras abaixo, agregando o sufixo **-ção**:

- acomodar
- abreviar
- abstrair
- abolir
- absolver
- isentar

b) Os substantivos que você formou no item **a** são concretos ou abstratos? Justifique sua resposta.

Na língua portuguesa, o fonema /s/ (som "sê") pode ser representado pelas letras **c**, **ç**, **s**, **ss**, **sc**, **x**, **xc**, **xç** e **z**. Neste capítulo, vimos o emprego das letras **s** e **x**. Veja agora o emprego das letras **c**, **ç** e **ss**.

Emprega-se **c** ou **ç**:

- nas palavras de origem árabe, tupi e africana: a**ç**aí a**ç**úcar ca**ç**ula

- após ditongos: elei**ç**ão lou**ç**a coi**c**e

- nas palavras formadas com os sufixos **-aça**, **-aço**, **-ação**, **-ecer**, **-iça**, **-iço**, **-nça**, **-uça**, **-uço**:

barc**aça**	entard**ecer**	cria**nça**
morm**aço**	just**iça**	dent**uça**
embarc**ação**	mac**iço**	dent**uço**

Empregam-se as letras **ss**:

- nas formas verbais do pretérito imperfeito do subjuntivo: amá**ss**emos sentí**ss**emos

- nos substantivos derivados de verbos terminados em **-der**, **-dir**, **-mir** e **-tir**, se essas terminações não forem antecedidas por **n** ou **r**:

ce**der** — ce**ss**ão	impri**mir** — impre**ss**ão
regre**dir** — regre**ss**ão	admi**tir** — admi**ss**ão

Exercícios

Leia a tira a seguir.

O TAO do MOTOBOY
O MOTOBOY DEVE ESVAZIAR A MENTE PARA O CUMPRIMENTO DE SUAS JORNADAS.
PLOC!
PORÉM, A AO ESTRESSE, BUZINAS E TRÂNSITO, PODEM LEVAR O MOTOBOY A FALHAR NESSE INTUITO.
FOM! FOM!
AO PERCEBER ISSO, DEVE-SE BUSCAR IMEDIATAMENTE O CONFORTO DA , NO RETIRO ESPIRITUAL MAIS PRÓXIMO.
LAN HOUSE

© Caco Galhardo/Acervo do cartunista

(Disponível em: www1.folha.uol.com.br/ilustrada/cartum/cartunsdiarios/#11/9/2019. Acesso em: 11/4/2023.)

1. Na tira, há duas lacunas.

a) Escreva no caderno os substantivos da mesma família dos verbos **expor** e **meditar** que completam a tira.

b) Com base em sua resposta ao item anterior, forme substantivos para os verbos **dirigir**, **produzir**, **conduzir**.

c) Crie substantivos da mesma família dos verbos **reprimir**, **discutir**, **converter**, **suceder**.

d) Depois, responda: A qual conclusão você chega a respeito das terminações de substantivos da mesma família ou derivados de verbos?

2. Há, na tira, outras palavras que contêm o fonema /s/ em sua composição. Identifique uma ou mais palavras nas quais:

a) o fonema /s/ é representado pela letra **s**.

b) o fonema /s/ é representado pela letra **c**.

c) o fonema /s/ é representado pelas letras **ss**.

d) o fonema /s/ é representado pela letra **x**.

3. O humor da tira é construído com base em uma caracterização irônica do *motoboy*. Pesquise o que é **tao** ou **taoismo** e responda:

a) Qual é o duplo sentido construído pelo título da tira?

b) Tendo como pano de fundo o senso comum sobre *motoboys*, como o humor da tira é construído?

Leia o trecho da reportagem a seguir.

Qual a origem da violência nas torcidas organizadas?

Nem sempre foi assim. Nas últimas duas décadas, grupos de torcedores violentos passaram a provocar tumultos dentro e fora dos estádios

Por Tiago Cordeiro
17 abr 2019, 17h38

[...] Até o começo dos anos 1990, violência nos estádios era notícia vinda da Europa, onde os *hooligans* protagonizavam cenas terríveis, como a morte de 39 pessoas durante um jogo entre o clube inglês do Liverpool e os italianos da Juventus, em 1985. No Brasil, as torcidas organizadas, que existiam desde a década de 1940, eram apenas grupos de torcedores com bandeiras e camisas personalizadas, que viajavam por conta própria para dar apoio ao clube onde quer que ele jogasse.

Quando Corinthians e Flamengo jogavam no Rio de Janeiro, por exemplo, as torcidas cantavam juntas o refrão "Timão e Mengão, amizade de irmãos". Era comum que, em clássicos que reuniam mais de 100 mil pessoas, torcedores dos times que se enfrentavam sentassem lado a lado nas arquibancadas. Tudo isso mudou na medida em que as torcidas organizadas começaram a ser controladas por pessoas ligadas ao crime.

[...]

(Disponível em: https://guiadoestudante.abril.com.br/estudo/qual-a-origem-da-violencia-nas-torcidas-organizadas/. Acesso em: 11/4/2023.)

Celso Pupo/Shutterstock

4. O texto mostra que as torcidas de futebol nem sempre foram inimigas.

a) Quais são os exemplos dados pelo texto para provar que não havia violência entre torcidas de times rivais?

b) Converse com os colegas e responda: O que é possível fazer para que as torcidas voltem a conviver em paz?

5. O adjetivo **violento** e o substantivo **violência** são da mesma família etimológica, ou seja, são palavras com a mesma origem. Observe os adjetivos a seguir e escreva no caderno o substantivo da mesma família etimológica.

- existente
- inconsequente
- aparente
- influente
- obediente

6. Leia este texto de curiosidade, completando-o no caderno com as palavras que seu professor vai ler em voz alta.

Os bichos que viraram mascotes de futebol

Periquito e Porco

O periquito representava o Palmeiras, até ser trocado pelo porco. Durante o Campeonato Paulista de 1969, o Corinthians pediu ______ à ______ Paulista de Futebol para contratar 2 jogadores que ______ 2 que haviam ______. Todos os clubes concordaram, menos o Palmeiras. Na partida seguinte, a ______ corintiana protestou contra a "sujeira" ______ soltando um porco no Estádio do Morumbi antes do jogo. Enquanto o suíno corria, os corintianos gritavam "Dá-lhe, porco!", provocando os ______. Em 1986, a ______ resolveu adotar a nova mascote e o coro.

Reprodução/www.palmeiras.com.br

Reprodução/www.palmeiras.com.br

(Marcelo Duarte. Disponível em: https://www.guiadoscuriosos.com.br/esportes/futebol/os-bichos-que-viraram-mascote-de-futebol/. Acesso em: 15/4/2023.)

7. Leia os provérbios a seguir copie-os no caderno completando as palavras com **ç**, **s** ou **ss**. Depois, dê o sentido de cada provérbio.

a) O pregui____o____o trabalha dobrado.

b) Um dia da ca____a, outro do caçador.

c) O apre____ado come cru.

d) A esperan____a é a última que morre.

e) Cachorro mordido por cobra tem medo de lingui____a.

8. Em cada um dos itens abaixo, há uma palavra grafada incorretamente. Identifique a palavra e reescreva-a no caderno com a grafia apropriada.

a) atrás — após — através — aliás — invés — talves

b) exceção — excessivo — excesso — excepcional — expontâneo

c) pretensão — cansaço — concessionária — mixto — excursão

d) miscigenação — oscilar — discernimento — fassículo — ascensão

E ou I?

Leia este meme:

Reprodução/Facebook

(Disponível em: https://m.facebook.com/suricateseboso/photos/a.255109681285034/949045558558106/. Acesso em: 25/4/2023.)

1. O meme constrói humor com base em uma quebra de expectativa causada pela resposta dada na parte inferior do texto. Explique como se dá essa quebra.

2. Muitas palavras da língua portuguesa são pronunciadas de maneira que não corresponde exatamente à sua grafia. Essas variações podem resultar de mudanças históricas da própria língua ou de diferenças regionais do português de hoje.

Observe a forma como as palavras foram escritas no meme e responda:

a) Quais palavras tiveram sua grafia alterada a fim de representar a forma como são pronunciadas na fala corrente brasileira?

b) Escreva no caderno as palavras indicadas por você no item **a** conforme a ortografia padrão. Depois, compare as duas versões e conclua: Quais alterações da fala foram salientadas na escrita?

c) Seguindo o mesmo princípio, quais outras palavras do meme poderiam ter tido sua escrita alterada para representar o som da fala?

3. Agora, observe as palavras do meme que contêm a letra **o**. Como você e os colegas pronunciaram a vogal **o** nessas palavras: como /o/ ou como /u/?

Você viu, nos exercícios anteriores, que nem sempre há correspondência exata entre os sons que produzimos na fala e as letras que os representam na escrita. É o caso, por exemplo, das vogais **e** e **o**. Quando elas são empregadas em sílabas átonas e em final de palavra, a tendência do português brasileiro atualmente tem sido transformar **e** em **i** e **o** em **u**. Assim, é comum que a pronúncia de palavras como **menino** e **mentira** afete as hipóteses das pessoas sobre as possibilidades de escrita, gerando formas não padrão como **mininu** e **mintira**.

Veja, a seguir, algumas situações em que devemos estar atentos para, na escrita, saber empregar adequadamente as letras **e** e **i**.

Emprega-se **e**:

- nas formas dos verbos terminados em **-oar**/**-uar**: perdoe continue
- no prefixo **ante-** (antes): antebraço antecipar

Emprega-se **i**:

- nas formas dos verbos terminados em **-air**/**-oer**/**-uir**: atrai dói possui
- no prefixo **anti-** (contra): antiaéreo antitetânico
- no plural das terminações **-al**/**-ol**/**-ul**: ramais lençóis pauis

Exercícios

1. Escreva no caderno as frases a seguir e complete-as empregando, no presente do indicativo ou do subjuntivo, os verbos indicados entre parênteses. Atenção à grafia da forma verbal.

a) Espero que você ________ levando seus estudos a sério. (continuar)

b) A fumaça das fábricas ________ a cidade. (poluir)

c) Na época da seca, o fogo ________ florestas milenares. (destruir)

d) Quem ________ vento colhe tempestade. (semear)

e) Fique atento ao texto para que não ________ as ideias do autor. (desvirtuar)

f) Ele vive disso: ________ casas e depois as vende. (construir)

g) A receita diz que primeiro você ________ a carne com o trigo e a cebola e depois acrescenta sal e outros temperos a gosto. (moer)

h) Não adianta pedir; ele só ________ uma vez por ano. (contribuir)

Leia este texto de campanha para responder às questões 2 a 4.

(Disponível em: https://blog.descobrindocriancas.com.br/2018/06/16/aspectos-juridicos-do-bullyng-e-da-lei-antibullying/. Acesso em: 24/4/2023.)

2. Imagine que você queira caracterizar essa campanha.

a) Que prefixo deveria ser utilizado para caracterizá-la: "campanha ***ante****bullying*" ou "campanha ***anti****bullying*"? Se necessário, consulte o dicionário.

b) Dê exemplos de palavras em que se possa empregar o prefixo **anti-** e o prefixo **ante-** de forma coerente.

3. Qual é o significado da imagem da mão aberta no texto e que relação ela tem com a finalidade da campanha?

O que é *bullying*?

A palavra *bullying* tem origem na palavra inglesa *bully*, que significa "valentão, brigão".

O *bullying* se caracteriza por agressões intencionais, verbais ou físicas, feitas de maneira frequente, por uma ou mais pessoas contra uma ou mais pessoas.

O *bullying* significa ameaça, tirania, opressão, intimidação, humilhação e maus-tratos.

(Fonte: http://trabcampanhacontrabullying.blogspot.com/p/o-que-bullying.html. Acesso em: 24/4/2023.)

4. Em relação ao *bullying*, responda:

a) Você já foi vítima de *bullying* ou já presenciou esse tipo de prática? Se sim, conte para os colegas.

b) Você acha importante haver campanhas *antibullying* nas escolas? Por quê?

5. Leia o texto a seguir e responda às questões propostas.

O que incluir em um ______ projeto de arquitetura? Veja todas as plantas

[...]

Se você está nessa fase, sabe muito bem que, apesar de tantas informações, nem sempre fica muito claro em qual etapa do projeto de arquitetura cada planta deve ser feita. E, em meio a tantas dúvidas, com certeza você já ouviu falar do ______ projeto e da sua importância. Ainda não sabe exatamente como ele funciona?

Não se preocupe, neste artigo, vamos explicar o que é o ______ projeto de arquitetura e o que deve conter nessa etapa tão importante. Acompanhe!

[...]

(Disponível em: https://www.vivadecora.com.br/pro/estudante/anteprojeto-de-arquitetura/. Acesso em: 14/7/2023.)

a) Leia o texto e escreva no caderno as palavras que completam as lacunas com o prefixo **anti-** ou **ante-**.

b) Qual é o sentido do termo com o prefixo escolhido por você?

c) Caso o outro prefixo fosse empregado, imagine e escreva no caderno o sentido da palavra formada com o termo **projeto**.

6. Com base nos sentidos discutidos na questão anterior, forme palavras empregando os prefixos **ante-** ou **anti-**. Quando necessário, utilize hífen.

a) câmara
b) rugas
c) penúltimo
d) passado
e) ácido
f) aéreo
g) derrapante
h) concepcional
i) herói
j) infeccioso
k) higiênico
l) braço
m) social
n) caspa
o) horário

Divisão silábica

No texto a seguir estão faltando algumas palavras. O professor vai ler o texto e depois ditar as palavras que faltam. Você deve escrevê-las no caderno separando-as em duas partes, conforme a orientação dele. Depois do ditado, releia o texto completo.

Dia do Apicultor: conheça esta profissão

22 DE MAIO DE 2019

Você já se perguntou como o mel é ______ ______ até chegar à sua casa? Para que este e outros ______ ______, como o própolis, um líquido com gosto ______ ______ com o do mel, possam ser consumidos, é ______ ______ que alguém cuide das abelhas, animais ______ ______ por "fabricá-los". Esse profissional é chamado ______ ______, e em 22 de maio é comemorado o dia dele.

Caftor/Shutterstock

Apicultor trabalhando com abelhas e colmeias no apiário.

Segundo João Kors, que trabalha há mais de 40 ______ ______ no ramo [...], "apicultor é aquele que cria e ______ ______ das abelhas, retirando mel, pólen, geleia real, ______ ______ e o veneno desses animais, além de auxiliar na ______ ______".

O processo de polinização é a reprodução das plantas ______ ______ pólen, que, segundo ele, é a atividade mais ______ ______ das abelhas. Isso porque a polinização é usada para ______ ______ muitas frutas, verduras e plantas que fazem ______ ______ da alimentação de diversos seres vivos, inclusive dos ______ ______.

É importante auxiliar na produção porque as ______ ______ se organizam em pequenas comunidades, as ______ ______, em que cada uma delas possui papel definido: ______ ______ a abelha-rainha, a única que pode botar ovos, os ______ ______, que são os machos, e as operárias, fêmeas que não ______ ______ e geralmente trabalham ajudando a abelha-rainha a se alimentar e limpando a colmeia. De acordo com o ______ ______, para cada colmeia, há apenas uma abelha-rainha, mas de 200 a 500 zangões e até 100 mil abelhas operárias.

[...]

(Disponível em: https://www.jornaljoca.com.br/dia-do-apicultor-conheca-esta-profissao/. Acesso em: 27/9/2022.)

Quando escrevemos um texto, é comum algumas palavras não caberem inteiras no espaço disponível na largura da folha. Quando isso acontece, é preciso separá-las em sílabas, fazendo como você fez ao completar o texto "Dia do Apicultor: conheça esta profissão".

A divisão de palavras em sílabas, além de ser empregada em finais de linhas, pode também, em determinados contextos, criar efeitos de sentido.

Ao dividir uma palavra em sílabas, devemos nos lembrar das situações em que pode e em que não pode ocorrer separação.

Separam-se:

- os hiatos: a-**tu**-**al**-men-te cons-**tru**-**í**-do sa-**ú**-de en-**jo**-**o**
- os dígrafos **rr**, **ss**, **sc**, **sç**, **xc** e os encontros consonantais **cc** e **cç**:

  car-**ro** des-**ceu** ex-**ces**-**so** suc-**ção** pes-**so**-as flo-**res**-**ça** oc-**ci**-pi-tal

- as consoantes não seguidas de vogal: op-**ção** pig-**meu**

Nunca se separam:

- os ditongos e os tritongos: **rei**-no U-ru-**guai**
- os dígrafos **lh**, **nh**, **ch**, **qu**, **gu**:

la-dri-**lho** ca-ri-**nho** **ch**a-ve **qu**i-lô-me-tro man-**gu**ei-ra

- os encontros consonantais constituídos de **consoante** + **r** e **consoante** + **l**:

pro-du-zi-do com-**pl**e-to

Exercícios

Leia o poema a seguir, de Sônia Miranda:

Vida

ela a b
ela cinder
ela da jan
ela apaga a v
ela do seu tempo que passou.

(*Pra boi dormir*. 7. ed. Rio de Janeiro: Record, 2007. p. 40.)

Filipe Rocha/Acervo da editora

1. O poema faz uma referência a um conhecido conto maravilhoso. Qual é ele?

2. O poema apresenta uma disposição visual especial, fazendo um jogo com palavras e letras. Reescreva no caderno por extenso, em uma única frase, todos os versos do poema.

3. Considerando o título do poema, "Vida", dê uma interpretação aos dois últimos versos: "apaga a vela do seu tempo que passou".

4. As rimas de um poema geralmente ocorrem no final dos versos.

a) Como acontecem as rimas no poema lido?

b) Levante hipóteses: Por que a autora optou por esse recurso?

5. Observe, na vertical, a disposição da palavra **ela**. Que efeito visual essa disposição provoca? Que relação isso tem com o conteúdo do poema?

6. Observe como a autora dividiu as palavras no final de cada verso.

a) A divisão respeita as normas de divisão silábica?

b) Faça a divisão silábica destas palavras do texto: **bela**, **Cinderela**, **janela**, **vela**, **passou**.

7. Quais dos itens abaixo apresentam duas palavras com divisão silábica inadequada?

a) sa-guão, ra-i-nha, a-plau-so, af-ta, ra-í-zes

b) u-suá-rio, subs-ti-tu-ir, ex-ce-ssi-vo, so-li-dá-rio

c) se-is-cen-tos, pneu, ba-ú, na-sci-men-to

d) ál-co-ol, rit-mo, psi-co-lo-gi-a, co-or-de-na-ção

e) su-blo-car, ex-tra-or-di-ná-rio, ex-cur-são, qu-ais-quer

A expressão escrita NA CONSTRUÇÃO DO TEXTO

Leia o cartum que segue:

© Moisés/Acervo do cartunista

(Moises. Disponível em: https://www.pinterest.ca/pin/399201954454056988/?lp=true. Acesso em: 26/6/2023.)

1. Cartum é uma espécie de anedota visual que, entre outros objetivos, visa promover o humor e a reflexão crítica a respeito do mundo em que vivemos. O cartum em exame opõe dois tipos de negócio.

a) Quais são eles?

b) Qual é o mais bem-sucedido? Por quê?

c) O que o cartum critica ou ironiza?

2. A oposição entre os dois tipos de negócio é dada principalmente pela diferença, na grafia, entre as palavras **concerto** e **conserto**.

a) Qual é a diferença de sentido entre elas?

b) Cite algumas palavras da mesma família de cada uma das palavras em análise.

SEMÂNTICA E DISCURSO

Observe a fotografia da placa a seguir:

José Eduardo Camargo/Acervo do fotógrafo

(Disponível em: https://br.pinterest.com/pin/578994095857703256/. Acesso em: 11/7/2023.)

1. A placa visa trazer informações ao leitor. Deduza:

a) Em que lugar a placa foi afixada?

b) Quem provavelmente produziu a placa?

c) A quem ela se dirige?

d) Qual é a finalidade da placa?

e) Levante hipóteses: Por que a placa menciona "carro pequeno"?

2. A placa apresenta algumas palavras escritas de forma diferente da grafia padrão do português.

a) Quais são essas palavras? Escreva-as no caderno de acordo com a grafia padrão.

b) Compare a grafia utilizada na placa com as palavras que você escreveu ao responder ao item **a**. Exatamente em qual parte das palavras ocorrem os desvios em relação à ortografia padrão?

3. Observe e compare a grafia destas palavras da língua portuguesa:

Henrique | erro | Roma

a) Que fonema a letra **r** ou as letras **rr** representam nessas palavras?

b) Deduza: Que princípio da escrita padrão determina o uso das letras **r** e **rr** para representar o som /R/?

c) Como se justifica o emprego de um único **r** em palavras como **Henrique** e **enrolar**?

4. Compare estas palavras:

queijo	quilo	quantidade
carro	coco	cuco

a) Que letras são usadas para representar o fonema /k/ em nossa língua?

b) Deduza: Que princípio da escrita padrão do português determina o uso da letra **c** e da sequência **qu** para representar o som /k/? Que desvio há na placa em relação a esse princípio?

c) O que justifica o emprego da vogal **u** em **quantidade**?

5. Considerando a placa em estudo, conclua: Os desvios da escrita padrão da língua teriam prejudicado o papel comunicativo da placa? Por quê?

DIVIRTA-SE

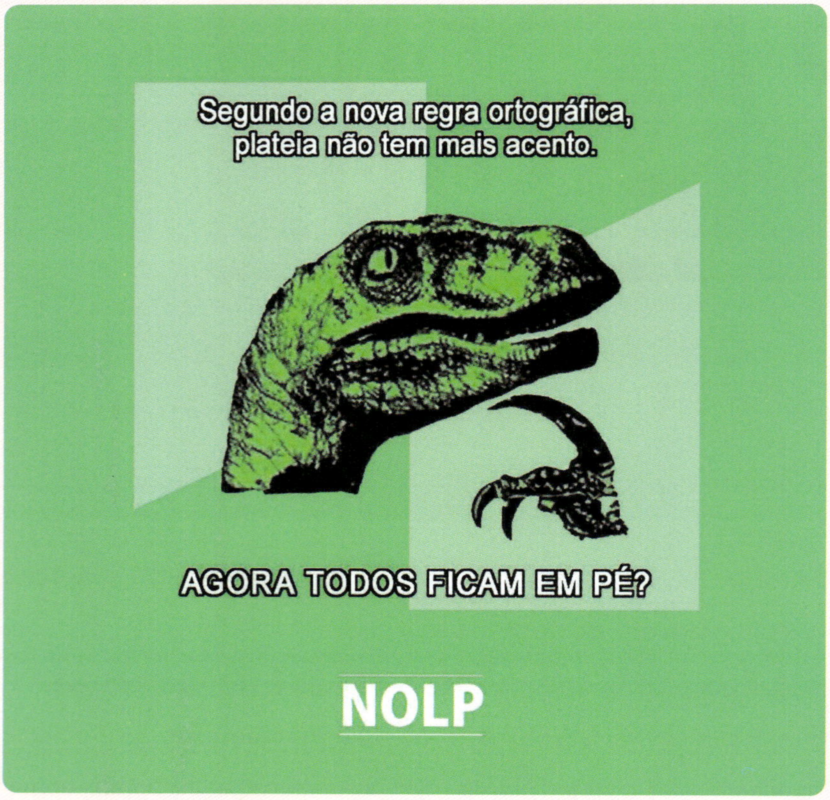

Segundo a nova regra ortográfica, plateia não tem mais acento.
AGORA TODOS FICAM EM PÉ?
NOLP

Reprodução/NOLP - Nova Ortografia da Língua Portuguesa

(Disponível em: https://m.facebook.com/projetonolp/posts/923845447756512/. Acesso em: 9/1/2023.)

·CAPÍTULO·
6

A expressão escrita (II): acentuação e emprego do hífen

Acentuação

Construindo o conceito

Você já provou vatapá? Tem ideia de como ele é preparado? Leia o texto a seguir:

Receita de vatapá baiano tradicional

ArtbyPixel/Shutterstock

O vatapá é um prato típico da culinária afro-brasileira e muito presente na culinária baiana. Seu preparo pode incluir pães amanhecidos molhados ou farinhas, como as de trigo, de fubá, de mandioca... Também estão presentes no preparo o amendoim e as castanhas-de-caju, que podem ser opcionais!

No entanto, dois ingredientes muito essenciais são o leite de coco e o azeite de dendê. Além disso, o coentro também brilha neste prato tão exótico! O vatapá baiano tradicional pode ser servido com peixe, frango ou como acompanhamento do acarajé.

(Disponível em: https://www.tudoreceitas.com/receita-de-vatapa-baiano-tradicional-9378.html. Acesso em: 23/12/2022.)

1. De acordo com o texto:

a) Qual é a origem do vatapá?

b) Em que Estado brasileiro ele é frequentemente consumido?

c) Quais são os ingredientes básicos do vatapá?

d) Quais são os ingredientes opcionais?

2. A palavra **afro-brasileira** é formada pela junção de duas palavras. Quais são elas?

3. Leia estas palavras do texto:

o é e na seu de são tão do

a) Classifique-as quanto ao número de sílabas, isto é, em monossílabas, dissílabas, trissílabas ou polissílabas.

b) Qual delas recebeu o acento agudo (´)?

c) Quais apresentam o emprego do til (~)? Qual é o papel desse sinal gráfico?

4. Agora, leia estas outras palavras do texto em voz alta:

vatapá fubá também caju dendê tradicional acarajé

a) Identifique a sílaba tônica de cada uma e responda: Elas são oxítonas, paroxítonas ou proparoxítonas?

b) Quais dessas palavras receberam acento gráfico?

5. Leia estas frases:

- A cozinheira mói as castanhas para colocá-las no vatapá.
- A cozinheira recebeu um troféu pelo melhor vatapá da Bahia.
- O vatapá não tem influência da cozinha europeia.
- Eu apoio a iniciativa de fazer um vatapá.
- A cozinheira já assinou os papéis de sua contratação.

Gorodenkoff/Shutterstock

a) Em todas elas, há uma palavra que apresenta um ditongo aberto. Quais são essas palavras?

b) Nessas palavras, o ditongo se situa na sílaba tônica?

c) Em quais palavras esses ditongos foram acentuados?

d) Levante hipóteses: Por que os outros ditongos não receberam acento gráfico?

Conceituando

Acento gráfico

Ao responder às questões sobre o texto "Receita de vatapá baiano tradicional", você observou que algumas palavras têm acento gráfico e outras não. Por que essa diferença?

O acento gráfico existe para evitar dificuldades na leitura e na compreensão de algumas palavras escritas.

Geralmente, pelo contexto, conseguimos compreender o sentido das palavras, mas note como o acento gráfico facilita a percepção do sentido delas nestas frases:

- A **polícia** local **policia** apenas o nosso bairro.
- Vá até a **secretaria** e peça à **secretária** o grampeador emprestado.

Acentuação dos monossílabos tônicos e das oxítonas

Você observou, ao responder às questões anteriores, que alguns monossílabos tônicos e algumas palavras oxítonas são acentuados e outros não. Veja por quê:

São acentuados os monossílabos tônicos e as palavras oxítonas terminados em **-a**, **-e**, **-o** e em ditongos abertos **éi**, **éu** e **ói**, seguidos ou não de **-s**.

Veja:

babás	dendê	avós	papéis	céus	dói

Nas palavras terminadas em **-em**, os monossílabos e as oxítonas têm regras diferentes:

São acentuadas as palavras oxítonas terminadas em **-em (ens)**, porém não são acentuados os monossílabos terminados em **-em (ens)**.

Veja:

também	ninguém	parabéns	quem	tem	bem

Importante

1. Verbos como **conter**, **deter**, **manter** e **reter** apresentam formas oxítonas acentuadas nas 3ªs pessoas do presente do indicativo. No singular, é usado acento agudo e, no plural, acento circunflexo. Observe:

ele contém	ele detém	ele mantém	ele retém
eles contêm	eles detêm	eles mantêm	eles retêm

2. Os verbos **ter** e **vir**, nas 3ªs pessoas do presente do indicativo, são monossílabos tônicos terminados em **-em**. Pela regra dos monossílabos, não deveriam ser acentuados. Entretanto, acentua-se a forma da 3ª pessoa do plural para diferenciá-la da forma do singular. Observe:

ele tem	ele vem
eles têm	eles vêm

Acentuação das paroxítonas

Algumas palavras paroxítonas são acentuadas e outras não. Veja por quê:

São acentuadas as palavras paroxítonas terminadas em **-l, -n, -r, -x, -i, -is, -us, -ã, -ãs, -ão, -ãos, -um**, **-uns**, **-ps** e ditongo.

Eis alguns exemplos:

-l, -n, -r, -x: amigável, glúten, flúor, ônix

-i, -is: táxi, cútis

-us: húmus

-ã, -ãs: órfã, ímãs

-ão, -ãos: sótão, órfãos

-um, -uns: médium, fóruns

-ps: bíceps

ditongo: funerária, vestígio, tábua, jóquei, planície

Acentuação das proparoxítonas

Palavras como **científicas**, **últimos**, **próxima** recebem acento gráfico. Veja por quê:

Todas as palavras **proparoxítonas** são acentuadas.

Exercícios

1. Nos textos a seguir, faltam palavras. Algumas são oxítonas, outras são monossílabas tônicas. O professor vai ditá-las, e você deve escrevê-las no caderno, lembrando-se de acentuá-las adequadamente. Depois que terminar o exercício, releia os textos.

A anta, o carbono, o clima

[...]

______ onde entram as antas nessa história? Calma, que eu ______ explico. Na natureza, os animais, especialmente mamíferos e aves, atuam como dispersores de sementes, isto é, carregam as sementes de um lugar a outro, para que possam ______ e formar novas plantas. Então, a presença desses bichos é fundamental para que a ______ de árvores de uma floresta se renove.

slowmotiongli/Shutterstock

Numa floresta, as espécies ______ que capturam mais carbono da atmosfera são, em geral, as árvores grandes e de madeira dura. Ao mesmo tempo, elas ______ costumam produzir as maiores sementes. Por isso, precisam de grandes animais para ______ -las por ______. A anta é uma grande parceira nesse trabalho — mas não a única: na mata atlântica, por exemplo, os ______ e as jacutingas ______ ajudam a dispersar grandes sementes.

(Disponível em: https://chc.org.br/a-anta-o-carbono-o-clima/. Acesso em: 13/10/2022.)

Reis da propaganda

Em tempos beligerantes, o cultivo do patriotismo ______. Os super-______, com sua clássica e quase ______ visão do ______ e do ______, serviram muito bem a esse propósito. Com a entrada dos Estados Unidos na guerra, ______ o bombardeio ______ a Pearl Harbor, no Havaí, em 7 de dezembro de 1941, Superman e seus seguidores passaram mais do que nunca a ______ em frente à bandeira americana. Nasceu ______, naquele mesmo ano, o mais patriota de todos os ______: o ______ América.

[...]

(*Superinteressante*, 306-A. p. 29.)

2. Há, a seguir, pares de palavras. Reescreva no caderno, acentuando adequadamente, apenas as oxítonas que devem ser acentuadas.

a) nuvem — alguem
b) cafe — leve
c) jovens — armazens
d) soco — cipo
e) item — refem
f) malas — atras
g) assembleia — aneis
h) mantem — mantem
i) fuba — lata
j) terapeuta — reu

3. Dê o plural das palavras:

a) caracol
b) anzol
c) anel
d) farol
e) lençol
f) aluguel

4. Você já teve a impressão de que seu animal de estimação às vezes está sonhando? Será que isso é possível? Leia o que os cientistas dizem a respeito. Depois, no caderno, escreva e acentue corretamente as palavras do texto que devem ser acentuadas.

Os bichos sonham?

Ainda não existe uma maquina ou qualquer tecnologia capaz de ler exatamente o que se passa na mente de um ser vivo. Por esse motivo, ainda e um grande desafio para a ciencia tentar responder questões relacionadas a sentimentos, pensamentos e ate mesmo ao sono dos bichos. Nestes casos, é preciso observar seus comportamentos em busca de pistas. É assim que sabemos, por exemplo, que a maioria dos animais dorme, incluindo invertebrados como artropodes, vermes e aguas-vivas. Mas sera que a bicharada também sonha?

FamVeld/Shutterstock

Para responder a isso precisamos entender primeiro que o periodo de sono se divide em diferentes fases, e que, aparentemente, os sonhos ocorrem apenas em uma fase especifica, chamada de sono REM. Nesta fase, a musculatura do corpo relaxa, ocorrendo contrações breves e involuntarias dos membros (espasmos) e rapidos movimentos dos olhos — em ingles, dizemos *rapid eye movements*, daí a sigla REM.

Ao monitorar a atividade cerebral de pessoas e outros animais durante o sono, com o uso de equipamentos especiais em laboratorio, foi possivel mostrar que o cerebro esta tão ativo na fase REM como quando estamos acordados. Isso, somado aos movimentos dos olhos, sugere que o cerebro esteja imaginando cenas e situações, que é o que chamamos de sonhos visuais.

Dito isto, basta observar um cachorro ou um gato dormindo por algum tempo para notar que, em dados momentos, os espasmos musculares e movimentos oculares (perceptiveis mesmo quando as palpebras estão fechadas) também se tornam mais frequentes. Tudo indica que nestes momentos eles estejam sonhando!

[...]

(Vinícius São Pedro. *Ciência Hoje das Crianças*. Edição 337, outubro de 2022. Disponível em: https://chc.org.br/artigo/os-bichos-sonham/. Acesso em: 17/10/2022.)

5. Você gosta de desvendar charadas? Leia as perguntas a seguir, observando que, em algumas palavras, falta acentuação. No caderno, reescreva essas palavras acentuando-as. Depois, tente responder às charadas.

a) O que é que tem cabeça e não pensa?

b) O que é que sente calor humano?

c) Qual é a diferença entre a matematica e o lapis?

d) Quais são os tres unicos Estados do Brasil que não tem letras repetidas?

e) Qual é o cumulo da inteligencia?

6. No texto a seguir, faltam algumas palavras monossílabas, oxítonas, paroxítonas, proparoxítonas e algumas terminadas em ditongo. O professor vai ditá-las e você deve escrevê-las no caderno. Quando terminar, releia o texto.

Brasil do samba… qui!

Olhando de longe parece um morro comum, mas se ________ chegar mais perto ________, misturados à terra, ossos, conchas, pedras e muita ________ para contar. ________ um ________, que leva esse nome de origem tupi, que significa "amontoado de conchas". Na verdade, hoje, os sambaquis são considerados ________ ________ — lugares que guardam muito da história do homem e da natureza.

Hoje os sambaquis são sítios arqueológicos estudados pelos pesquisadores para descobrir a riqueza das ________ de animais que viviam no litoral do Brasil ________ milhares de anos.

Antes de os portugueses chegarem ao Brasil e ________ mesmo antes de os ________ que eles encontraram em nossas terras habitarem o litoral, vivia ________ às praias um povo que hoje conhecemos como sambaquieiros [...]. Eles ganharam esse nome porque construíam os grandes amontoados de conchas e outros materiais que hoje chamamos de sambaquis. ________ ________ enterravam seus mortos, acendiam fogueiras e faziam uma espécie de ________ de despedida para os que partiam.

Guardiões da história

Os sambaquis guardam uma parte importante da vida e dos povos que os construíram. Eles incluem, por exemplo, pontas de flechas e outros artefatos, e muitos, muitos restos de comida — por exemplo, carapaças de ________ e ouriços-do-mar, espinhas de peixes e ossos de aves e ________.

________, os ________ locais escolhidos para a construção dos sambaquis parecem estar diretamente relacionados à coleta de alimento. Muitos são encontrados perto de enseadas, baías e lagoas, ambientes ________ de encontro entre ________ doce e salgada, onde ________ muita quantidade e diversidade de organismos aquáticos. Uma prova de que os sambaquieiros consumiam ________ animais marinhos.

Conchas de várias espécies são encontradas em um sambaqui

Há mais ou menos 100 anos, os cientistas conhecem os sambaquis e os estudam para saber mais sobre a pré-história, especificamente sobre o ________ do Holoceno, que compreende os ________ 11 mil anos da história da Terra.

Sambaquis brasileiros

Existem centenas de sambaquis no Brasil, principalmente na região costeira que vai desde o ________ Santo até o Rio Grande do Sul. Os mais antigos têm cerca de 8 mil anos. É tempo à beça!

Recentemente, alguns pesquisadores resolveram usar os sambaquis não só para conhecer a história das pessoas, mas também para saber um pouco mais sobre as espécies animais das quais elas se alimentavam, assim como sobre o meio ambiente de milhares de anos ________. Uma verdadeira ponte para o passado!

(*Ciência hoje das crianças*. Edição disponível em: https://chc.org.br/brasil-do-samba-qui/. Acesso em: 17/10/2022.)

Fabio Colombini/Acervo do fotógrafo

Sambaqui Garopaba do Sul, em Jaguaruna, Santa Catarina, em 2021.

7. Reescreva no caderno as frases a seguir, passando para o plural as palavras em destaque e fazendo as adaptações necessárias, de acordo com as regras da norma-padrão.

a) O **aluno** vem para a escola de ônibus.

b) Não toque nessa **garrafa**: ela contém veneno.

c) Nosso **professor** mantém a disciplina porque é calmo e afável com os alunos.

Acentuação dos hiatos

Leia o texto a seguir.

Reprodução/Governo Federal/Ministério da Saúde

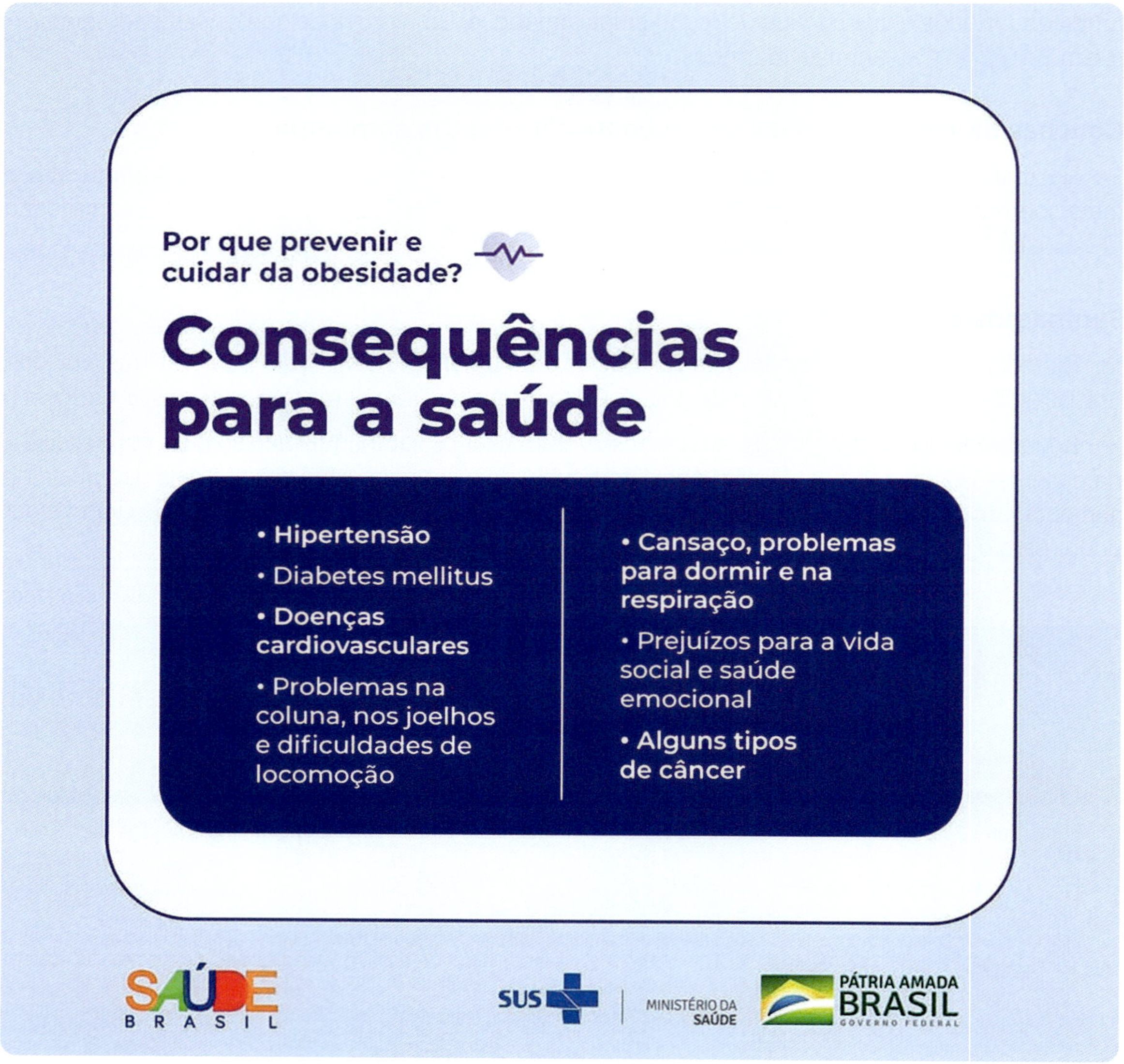

Por que prevenir e cuidar da obesidade?
Consequências para a saúde
• Hipertensão
• Diabetes mellitus
• Doenças cardiovasculares
• Problemas na coluna, nos joelhos e dificuldades de locomoção
• Cansaço, problemas para dormir e na respiração
• Prejuízos para a vida social e saúde emocional
• Alguns tipos de câncer
SAÚDE BRASIL
SUS
MINISTÉRIO DA SAÚDE
PÁTRIA AMADA BRASIL
GOVERNO FEDERAL

(Disponível em: https://www.facebook.com/photo/?fbid=5176010019084239&set=a.690104221008197. Acesso em: 3/4/2023.)

1. O texto lido faz parte de uma campanha.

a) A quem ela se dirige e qual é seu objetivo?

b) O que representa o desenho que aparece ao lado da pergunta e qual é o sentido dele no contexto?

2. No texto, há cinco palavras que apresentam hiatos. Localize-as e responda:

a) Quais delas não são acentuadas?

b) Quais são acentuadas?

Ao ler o texto e responder à questão 2, você pôde observar que há hiatos que são acentuados e outros que não são. Veja por quê:

São acentuadas as vogais i e u dos hiatos que aparecem sozinhas na sílaba ou seguidas da letra s.

Eis alguns exemplos:

ra-**í**-zes	Ta-**ís**
sa-**ú**-de	ba-**ús**

Se a letra seguinte ao hiato for diferente de **s**, as vogais **i** e **u** não serão acentuadas:

ru-**im**	a-**in**-da
dis-tri-bu-**ir**	Ra-**ul**

Exceção: A vogal **i** de hiatos não é acentuada quando seguida de sílaba iniciada por **nh**:

ra-**i**-nha	ba-**i**-nha
ta-**i**-nha	mo-**i**-nho

Atenção

Veja como ficam os casos seguintes, que podem causar dúvida.

Nas palavras paroxítonas, não é acentuado o **u** tônico que vem depois de um ditongo:

fei-**u**-ra	bai-**u**-ca

As letras **i** e **u** de hiatos de palavras oxítonas, seguidas ou não de **s**, são acentuadas quando precedidas por ditongo:

Pi-au-**í**	tui-ui-**ús**

As palavras paroxítonas com **i** e **u** repetidos e em sequência não são acentuadas:

xi-**i**-ta	ju-**u**-na (tipo de arbusto)

Exercícios

1. Leia os cartuns a seguir e, depois, responda.

©Nani/Acervo do cartunista

(Disponível em: http://www.nanihumor.com/2016/10/saida.html. Acesso em: 29/3/2023.)

a) Que palavra completa adequadamente os títulos e as placas acima das portas ilustradas nos cartuns: SAIDA ou SAÍDA? Escreva sua resposta no caderno.

b) Observe as expressões faciais dos personagens nos dois cartuns. Quais sentimentos elas sugerem?

c) Troque ideias com os colegas e o professor e explique de que forma o desenho associado ao texto verbal constrói o efeito de humor dos cartuns.

2. Os acentos de algumas palavras das charadas a seguir foram propositalmente eliminados. Leia as charadas, observando as palavras quanto à acentuação. Em seguida, reescreva no caderno aquelas cujo acento gráfico é necessário, acentuando-as. Depois, tente responder às charadas.

a) Sabe por que os biscoitos de agua e sal não são feitos de agua e sal?

b) De que pais é o prato do mar?

c) Quando é que a carne de boi vira ave?

d) Um gato e um cachorro cairam em um poço. Como é que eles sairam?

e) Quem é que tem aneis e não tem dedos, corre e não tem pes?

f) Qual é o cumulo do egoismo?

g) Qual é a cidade genuina?

h) Quando é que um viajante se ve em maus lençois?

O acordo ortográfico e a acentuação

Com o acordo ortográfico, que passou a vigorar no Brasil em 2009, algumas palavras, antes acentuadas, deixaram de receber o acento gráfico. Assim, não se acentuam mais:

- as paroxítonas que apresentam os ditongos abertos **ei** e **oi**: ideia, jiboia, joia.
- as paroxítonas terminadas em **oo**: voo, abençoo, zoo.
- as formas verbais paroxítonas grafadas com **ee**: leem, veem, releem, preveem.

3. Copie as frases no caderno e complete-as empregando no presente os verbos entre parênteses.

a) Estas revistas que elas _____ _____ reproduções de quadros famosos que seus pais também _____. (ler — ter — ver)

b) Se eu concluí meu trabalho, por que você não _____ o seu? (concluir)

c) Para fazer quibes fritos, a cozinheira _____ a carne junto com o trigo e os temperos. (moer)

d) Quando fica nervoso, Paulo _____ as unhas. (roer)

4. Em cada uma das sequências de palavras abaixo, há pelo menos uma palavra que não deve ser acentuada. No caderno, escreva e acentue as palavras indicando as que dispensam acento.

a) juızes, jiboia, rainha, povareu, cauboi, androide, magoo

b) faısca, distraıdo, amendoim, paraıso, suıte, cafeına

c) carnauba, ciume, feiura, gaucho, conteudo, saude, miudo, berimbau

d) pinceis, voo, viuvo, gratuito, azaleia, colmeia, reu, plateia

5. Responda: Por que a palavra **Anhangabaú** tem acento e **tatu** não?

O acento diferencial

Leia o texto a seguir:

Tubarão em Camburi: pode pescar e comer cação? Entenda os riscos

Popularmente chamados de cação, os tubarões são animais presentes em todo o litoral brasileiro [...].

[...]

Doutora em Oceanografia e professora da Ufes, Natalia Alves Bezerra conta que boa parte das espécies de tubarão em extinção perdeu seus habitats, sobretudo pela ocupação humana, ou foi capturada pela sobrepesca, também chamada pesca insustentável [...].

A especialista [...] explica que a espécie é mais vulnerável que outros peixes porque tem reduzida capacidade de recuperação: os tubarões crescem lentamente e têm baixa fecundidade. Assim, quando um cação é capturado, levam-se décadas até que outro se desenvolva e chegue à idade adulta, acrescenta Agnaldo Martins, professor do Departamento de Oceanografia e Ecologia da Ufes e coordenador científico do Jubarte Lab, do Projeto Amigos da Jubarte.

[...]

Se a pesca insustentável é um perigo para o meio ambiente, o consumo do cação pode afetar a saúde. Isso porque os tubarões, [...] pela característica de estarem no topo da cadeia alimentar, acumulam todos os metais pesados que circulam no ambiente marinho.

ranniptace/Shutterstock

Filhotes de tubarão, também chamados de cação, foram encontrados na Praia de Camburi no domingo.

Agnaldo Martins lembra de artigo científico que produziu há mais de 20 anos com outros pesquisadores em que demonstraram a alta concentração de mercúrio em espécies que estavam a 500 metros de profundidade no mar. "O mercúrio não vem de um lugar específico; os oceanos já estão contaminados", conclui.

(Disponível em: https://www.agazeta.com.br/es/cotidiano/tubarao-em-camburi-pode-pescar-e-comer-cacao-entenda-os-riscos-0223#:~:text=Se%20a%20pesca%20insustent%C3%A1vel%20%C3%A9,que%20circulam%20no%20ambiente%20marinho. Acesso em: 10/4/2023.)

1. O texto comenta a pesca e o consumo de cação. Segundo o texto:

a) A qual espécie de peixe o termo **cação** se refere? Quem costuma usar esse termo?

b) Por que essa espécie é mais vulnerável à pesca?

c) Por que o consumo de cação pode afetar a saúde humana?

2. Releia este trecho do texto:

> "A especialista [...] explica que a espécie é mais vulnerável que outros peixes porque tem reduzida capacidade de recuperação: os tubarões crescem lentamente e têm baixa fecundidade."

ALAN GREGORY/Shutterstock

a) Identifique, nele, duas formas verbais diferenciadas apenas pela presença de um acento gráfico.

b) Em que pessoa e em que tempo verbal está conjugada cada uma das formas verbais identificadas por você no item **a**?

c) Deduza: Qual é a função do acento circunflexo nesse caso?

3. Há, no texto, outras duas formas verbais que também, quando conjugadas em pessoa e/ou tempo diferente, se distinguem apenas pela presença de um acento gráfico.

a) Identifique-as no texto e indique-as entre as opções a seguir:

- pode
- é
- há
- vem

b) Indique quais são as formas verbais que diferem das identificadas por você no item **a** apenas pela presença de acento gráfico.

c) Em que pessoa e em que tempo verbal está conjugada cada uma das formas verbais identificadas por você nos itens **a** e **b**?

Conforme você pôde notar, a forma verbal **têm**, conjugada na 3ª pessoa do plural do presente do modo indicativo, é acentuada, diferenciando-se da forma verbal **tem**, conjugada na 3ª pessoa do singular do presente do modo indicativo. O mesmo ocorre com as formas **vêm** e **vem**. A forma verbal **pôde**, por sua vez, recebe acento quando conjugada no pretérito perfeito do modo indicativo, diferenciando-se da forma verbal **pode**, conjugada no presente do modo indicativo. Esse tipo de acento não obedece às regras de acentuação dos monossílabos, das oxítonas, das paroxítonas e das proparoxítonas. Ele é usado para diferenciar palavras que apresentam grafias e sons semelhantes e, por isso, é chamado de **acento diferencial**.

> **Acento diferencial** é aquele cuja função é distinguir entre si as palavras que apresentariam exatamente a mesma grafia sem a presença desse acento.

Os acentos diferenciais do português são estes:

- **pode** (presente do indicativo) — **pôde** (pretérito perfeito do indicativo)
- **por** (preposição) — **pôr** (verbo)
- (ele) **tem** (singular) — (eles) **têm** (plural)
- (ele) **vem** (singular) — (eles) **vêm** (plural)
- todos os verbos derivados de **ter** e de **vir**:
  - ele **detém** (singular) — eles **detêm** (plural)
  - ele **intervém** (singular) — eles **intervêm** (plural)

Observação

Com o acordo ortográfico de 2009, alguns acentos que antes não existiam no português do Brasil, mas existiam no português lusitano, ou vice-versa, passaram a ser facultativos. Assim, podemos grafar:

- **viajámos/viajamos**, **beijámos/beijamos**, **falámos/falamos**, no pretérito perfeito do indicativo, mas apenas **viajamos**, **beijamos** e **falamos**, no presente do indicativo;
- **dêmos/demos**, no presente do subjuntivo, mas apenas **demos** no pretérito perfeito do indicativo;
- **fôrma/forma** (nas duas situações com **ô** fechado) para indicar recipiente ou molde, mas apenas **forma** para indicar formato, feitio ou o verbo **formar** no presente do indicativo e no imperativo.

N.Savranska/Shutterstock

Exercício

Identifique, nas frases a seguir, as palavras que devem receber acento diferencial.

a) Ontem o dentista não pode me atender; quem sabe, hoje ele pode.

b) Para por o carro na garagem mais facilmente, você deve entrar de ré.

c) Você tem muitas informações à disposição, mas retem poucas delas.

d) Você poderia me ajudar a por tudo no lugar, por favor?

e) No próximo domingo, vocês tem um compromisso na minha casa. Não esqueçam!

O emprego do hífen

Veja as principais regras para o emprego do hífen:

Emprega-se o hífen

1. nos compostos em que o segundo elemento começa por **h** ou por vogal ou consoante igual à que aparece no final do primeiro elemento: anti-infeccioso, arqui-inimigo, inter-relação, micro-onda, contra-ataque, semi-integral, ultra-apressado, anti-herói.

   Observação: Com o prefixo **co-** e **re-**, em geral, não se usa hífen, mesmo que o segundo elemento comece pela vogal **o** ou **e**: cooperação, coordenar, coexistir, reeleição, reencontro.
2. nos compostos em que os prefixos **super-**, **hiper-**, **inter-** aparecem combinados com elementos iniciados por **r**: hiper-realista, inter-regional, super-resistente.
3. nos compostos com os prefixos **circum-** e **pan-**, quando o segundo elemento começa por vogal, **h**, **m** ou **n**: pan-americano, circum-hospitalar, circum-navegação.
4. nos compostos em que os prefixos ou falsos prefixos **além-**, **ex-**, **recém-**, **sem-** e **vice-** vêm antes de qualquer letra: além-mar, ex-namorado, recém-nascido, sem-terra, sem-teto, vice-governador.
5. nos compostos em que o advérbio **bem** forma uma unidade de sentido com o segundo elemento: bem-estar, bem-humorado, bem-amado, bem-casado, bem-nascido. Exceções: bendizer, benfazejo, benfeitor.
6. nos compostos em que o advérbio **mal** vem antes de vogal **e** e de **h**: mal-estar, mal-educado, mal-entendido, mal-humorado.
7. nos compostos em que são empregados os prefixos tônicos **pós-**, **pré-** e **pró-**: pós-graduação, pré-escolar, pró-africano.

   Observação: As formas átonas se aglutinam com o elemento seguinte: pospor, preexistência, proenzima.
8. O prefixo **sub-** exige hífen somente diante de palavras iniciadas pelas consoantes **b**, **h** e **r**. Exemplos: sub-reino, subatômico, sub-humano.

Não se emprega o hífen

1. nos compostos em que o prefixo ou falso prefixo termina em **vogal** e o segundo elemento começa por **r** ou **s**, devendo essas consoantes duplicar-se: antirrevolucionário, antissocial, minirrádio, ultrassom, minirrestaurante.
2. nos compostos em que o prefixo ou falso prefixo termina em **vogal** diferente daquela que inicia o segundo elemento: autoafirmação, autoajuda, extraoficial, infraestrutura, semiaberto, semiárido, semiembriagado.

3. em certos compostos nos quais se perdeu, em certa medida, a noção de composição: girassol, madressilva, mandachuva, paraquedas, paraquedista, paraquedismo, pontapé.

4. nas locuções: cão de guarda, fim de semana, café com leite, pão de mel, sala de jantar, à vontade. São exceções aquelas locuções consagradas pelo uso: água-de-colônia, arco-da-velha, cor-de-rosa, mais-que-perfeito, pé-de-meia, deus-dará, à queima-roupa, etc.

Exercícios

Leia as tiras de Fernando Gonsales e responda às questões 1 a 3.

Fernando Gonsales/Acervo do cartunista

(Folha de S.Paulo, 24/8/2019.)

Fernando Gonsales/Acervo do cartunista

(Folha de S.Paulo, 24/8/2019.)

1. Na primeira tira, o humor é construído com base na intertextualidade da tira com o conto *Cinderela*.

a) No conto tradicional, a Fada Madrinha transforma a abóbora em quê?

b) Por que, no 1º quadrinho, se afirma que a Fada Madrinha não deveria ter transformado a abóbora em uma Ferrari?

2. Em relação à segunda tira:

a) Quais são os poderes psíquicos a que a tira se refere?

b) Levante hipóteses: Por que se afirma na tira que esses poderes não são bem utilizados?

3. Nas duas tiras, há o uso de palavras compostas.

a) Identifique as duas palavras.

b) Consulte as regras de emprego do hífen. As palavras estão escritas de acordo com as regras do acordo ortográfico? Se não, como deveriam ser grafadas?

4. Antes do acordo ortográfico, poderíamos encontrar a palavra **pára-brisa**, com acento?

5. Copie as frase no caderno com uma das formas indicadas entre parênteses.

a) Está na hora de eu ir para a __________. (autoescola — auto-escola)

b) Este retrovisor é ótimo porque tem __________. (antirreflexo — anti-reflexo)

c) Ele é __________ da peça e também é __________ do espetáculo. (coautor — co-autor) (codiretor — co-diretor)

d) Aproveite nossos serviços de __________. (teleentrega — tele-entrega)

e) Eu sempre fui uma pessoa __________. (ultrarromântica — ultra-romântica)

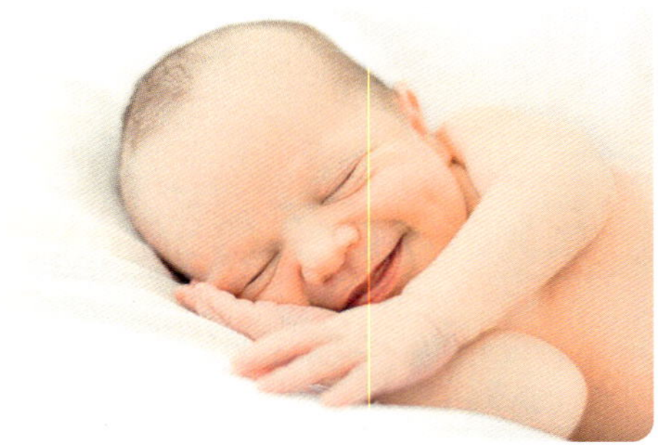

› Assim como na palavra **recém-nascido**, todos os compostos iniciados por **recém** são escritos com hífen.

f) Você sabia que a __________ está outra vez na moda? (minissaia — mini-saia)

g) Essa é uma informação __________. Vamos aguardar a notícia oficial. (semioficial — semi-oficial)

h) A Marinha dispõe de potentes mísseis __________. (antissubmarinos — antisubmarinos)

i) Ele trabalha como __________ do espetáculo. (contrarregra — contra-regra)

j) A polícia está tomando várias medidas __________. (antissequestro — anti-sequestro)

DIVIRTA-SE

(Disponível em: https://escolapt.wordpress.com/?s=h%C3%ADfen. Acesso em: 10/4/2023.)

·CAPÍTULO· 7

A expressão escrita (III): questões notacionais

Construindo o conceito

Leia estes memes:

Karramba Production/Shutterstock

Tetyana Kaganska/Shutterstock

1. Complete o texto dos memes com a palavra **meio** ou **meia**, de acordo com a norma-padrão, e registre suas respostas no caderno.

2. Qual é o sentido da(s) palavra(s) que você empregou nos memes?

a) metade

b) um pouco

c) bastante

3. Qual é a classe gramatical da palavra ou expressão que você indicou no exercício anterior?

4. Compare os memes. O que eles têm em comum?

Há, na língua portuguesa, várias palavras e expressões que nos deixam em dúvida quanto ao emprego adequado, principalmente quando queremos produzir textos de acordo com a norma-padrão. Conheça algumas dessas questões notacionais de nossa língua.

Conceituando

Emprego de por que, por quê, porque e porquê

Leia esta tira:

Garfield, Jim Davis © 1979 Paws, Inc. All Rights Reserved/Dist. by Andrews McMeel Syndication

(Disponível em: https://licensing.andrewsmcmeel.com/features/ga?date=1979-05-28. Acesso em: 30/6/2023.)

1. O humor da tira é construído com base no senso comum sobre as manhãs de segunda-feira.

a) Qual é a opinião mais comum sobre as manhãs de segunda-feira?

b) Podemos afirmar que Garfield faz uma provocação ao leitor. No que consiste essa provocação?

2. Observe o emprego da palavra **porque** no 2º quadrinho.

a) Em que posição a expressão se encontra: no início ou no fim da frase?

b) A frase é afirmativa ou interrogativa?

c) Como a expressão está grafada?

3. Observe agora o emprego da palavra **porque** no 3º quadrinho.

a) A frase é afirmativa ou interrogativa?

b) No contexto, que ideia a palavra introduz?

I. consequência **II.** causa ou explicação **III.** proporção

c) Como essa palavra está grafada?

A expressão **porque** pode ser grafada de quatro formas: **por que**, **por quê**, **porque** e **porquê**.

POR QUE ou POR QUÊ?

No 2º quadrinho da tira, Garfield pergunta ao leitor:

Sabe **por quê**?

Ele também poderia ter feito a pergunta:

Por que eu gosto das manhãs de segunda-feira?

Ou ainda:

> Eu gostaria de saber **por que** eu gosto das manhãs de segunda-feira.

Todas essas frases são interrogativas. A primeira e a segunda são interrogativas diretas, e a terceira é interrogativa indireta.

Na segunda e na terceira frases, há o emprego de **por que** (separado e sem acento), pelo fato de essa expressão estar no início e no meio da frase, respectivamente.

Na primeira frase, há o emprego de **por quê** (separado e com acento), pelo fato de estar no final da frase.

Com o sentido de "por que motivo, por que razão", **por que** (separado), com ou sem acento — dependendo de sua posição na frase —, é empregado também em frases afirmativas e interrogativas indiretas.

Observe, no meme ao lado, o emprego de **por que** e **porque**. No quadro superior o gatinho faz uma pergunta na qual se subentende a palavra **motivo** ou **razão**: "Sabe por que **motivo**/**razão** o umbigo [...]?". Já no quadro inferior, **porque** (junto e sem acento) introduz uma explicação sobre o que foi perguntado. Veja, agora, esta frase, adaptada do meme:

> Sabe o **porquê** de o umbigo se chamar umbigo?

Nela, empregou-se **porquê** (junto e com acento) visto que essa palavra aparece precedida do artigo **o**, substantivada, sendo sinônima de **motivo** ou **razão**.

(Disponível em: https://br.ifunny.co/picture/sabe-por-que-o-umbigo-se-chama-umbigo-porque-e-xEfAcuN98. Acesso em: 5/7/2023.)

Em resumo, emprega-se:

- **por que**: em frases interrogativas — diretas ou indiretas — e afirmativas;
- **por quê**: no final de frases, interrogativas e afirmativas;
- **porque**: em orações que explicam algo ou indicam a causa de algo;
- **porquê**: quando se trata de palavra substantivada, com o sentido de "motivo, razão".

Exercícios

1. No caderno, escreva as palavras que completam o texto a seguir: **por que**, **por quê**, **porque** ou **porquê**.

Ciência

Seu cérebro não resiste a brigadeiro — e a ciência sabe o ______

A grande questão é ser egoísta e reunir dois nutrientes, ao mesmo tempo, que o cérebro adora: gorduras e carboidratos

Por Ingrid Luisa

diogoppr/Shutterstock

Não é à toa que o brigadeiro é um dos quitutes típicos do Brasil. [...] Até ______ ninguém, de qualquer nacionalidade, resiste a esse montinho de chocolate concentrado. E a causa está nos seus nutrientes.

Quando você estiver *na bad* e sentir vontade instantânea de comer chocolate, não se culpe. O ser humano é um animal com características cognitivas complexas: para nós, comer é bem mais que apenas uma fonte de energia para o corpo. E um estudo recente, feito na Universidade de Yale, examinou exatamente como nossos cérebros respondem à comida. O resultado comprovou que alimentos ricos em carboidratos e gorduras desencadeiam uma quantidade gigante de reações no centro de recompensa do cérebro — bem mais que outros alimentos.

[...]

Analisando os resultados, a equipe comprovou que os alimentos ricos em carboidratos e gorduras provocavam muito mais atividade no corpo estriado do cérebro — região envolvida no sistema de recompensa, que libera a dopamina —, em comparação com alimentos que continham apenas carboidratos ou gordura. Outra descoberta é que os participantes estavam muito dispostos a pagar mais pelos quitutes ricos em carboidratos e gordura, apesar de todas as comidas terem o mesmo poder em calorias. Agora entendemos ______ gastamos 12 reais em um brigadeiro gourmet.

(Disponível em: https://super.abril.com.br/ciencia/seu-cerebro-nao-resiste-a-brigadeiro-e-a-ciencia-sabe-o-porque/. Acesso em: 30/6/2023.)

Leia esta tira de Alexandre Beck:

© Armandinho, de Alexandre Beck/Acervo do cartunista

(Disponível em: https://www.facebook.com/tirasarmandinho/photos/rpp.488356901209621/2837229506322337/?type=3&theater. Acesso em: 30/6/2023.)

2. Das formas **por que**, **por quê**, **porque** ou **porquê**, quais completam adequadamente o 1º e o 2º quadrinhos da tira? Justifique sua resposta.

3. Armandinho está lendo uma história e faz uma pergunta sobre ela:

a) Qual é a história lida?

b) O humor da tira é construído com base em uma contradição entre a explicação dada pela mãe a Armandinho e o que ela diz no último quadrinho. Explique essa contradição.

4. Transforme as frases interrogativas diretas em interrogativas indiretas, e vice-versa, observando a grafia da palavra **porque**. Veja o exemplo:

- Você não compareceu à aula de recuperação **por quê**?
- Eu gostaria de saber **por que** você não compareceu à aula de recuperação.

a) O jornalista quis saber **por que** os integrantes da banda não o receberam para realizar a entrevista.

b) Você não pode me acompanhar ao médico **por quê**?

Dúvidas mais frequentes

Meio ou meia?

Observe o emprego de **meio** e **meia** nestas frases:

- O bebê comeu **meio** mamão e **meia** maçã. (adjetivos)
- Pedro é **meio** tímido com os colegas de outras classes. (advérbio)
- A professora ficou **meio** aborrecida com o resultado da avaliação dos alunos. (advérbio)

A palavra **meio** pode ser adjetivo ou advérbio. Quando adjetivo, tem o sentido de "metade" e concorda em gênero com o substantivo a que se refere. Quando advérbio, tem o sentido de "um pouco" e, de acordo com a norma-padrão, fica invariável, isto é, apresenta-se sempre no masculino e no singular.

A cerca de, acerca de ou há cerca de?

A cerca de significa "a uma distância de":

> Campinas fica **a cerca de** uma hora de automóvel da capital.

Acerca de significa "sobre":

> Os professores conversavam **acerca de** materiais pedagógicos.

Há cerca de significa "faz ou existe(m) aproximadamente":

> Moro nesta casa **há cerca de** dez anos.

Afim ou a fim?

Afim é adjetivo e significa "próximo, semelhante"; dessa palavra deriva o substantivo **afinidade**. Veja:

> Não houve discordância entre os debatedores: suas ideias eram **afins**.

A fim faz parte da locução prepositiva **a fim de**, que indica finalidade:

> Ela saiu bem cedo **a fim de** não perder o primeiro ônibus.

Ao invés de ou em vez de?

Ao invés de indica oposição, situação contrária:

> Você devia ficar feliz, **ao invés de** triste.

Em vez de indica substituição, troca:

(*Folha de S.Paulo*, 17/11/2011.)

A par ou ao par?

A par de equivale a "ciente, informado, prevenido"; em geral, é usado com o verbo **estar**. Veja:

> Sinto muito, mas não estou **a par da** programação da TV hoje.

Ao par emprega-se em relação a câmbio; indica título ou moeda de valor idêntico:

> Já faz alguns anos que o real não está **ao par** do dólar.

Exercícios

Leia os dois textos a seguir:

Coleta de lixo noturna será antecipada nos dias 24 e 31 de dezembro

Nos próximos sábados, dias 24 e 31 de dezembro, a coleta de lixo noturna será feita em horários especiais. **Ao invés de** iniciar às 19h, os trabalhos serão adiantados e começarão a partir das 17h. Portanto, os coletores passarão em cada um dos bairros onde já acontece a coleta duas horas antes do normal. [...]

(Disponível em: https://jundiai.sp.gov.br/noticias/2022/12/21/coleta-de-lixo-noturna-sera-antecipada-nos-dias-24-e-31-de-dezembro/. Acesso em: 15/5/2023.)

Quem inventou o cartão-postal?

Ele surgiu como uma simples pegadinha!

Por Emilãine Vieira para Estúdio ABC

O mais antigo cartão-postal de que se tem notícia foi enviado em 1840 pelo escritor londrino Theodore Hook para... Ele mesmo! Hook gostava de pregar peças e decidiu fazer uma pegadinha com os carteiros mandando um desenho, **ao invés do** tradicional envelope. A imagem, colorida à mão, é uma caricatura do serviço postal, que mostra escribas e um grande tinteiro. [...]

(Disponível em: https://super.abril.com.br/mundo-estranho/quem-inventou-o-cartao-postal/. Acesso em: 15/5/2023.)

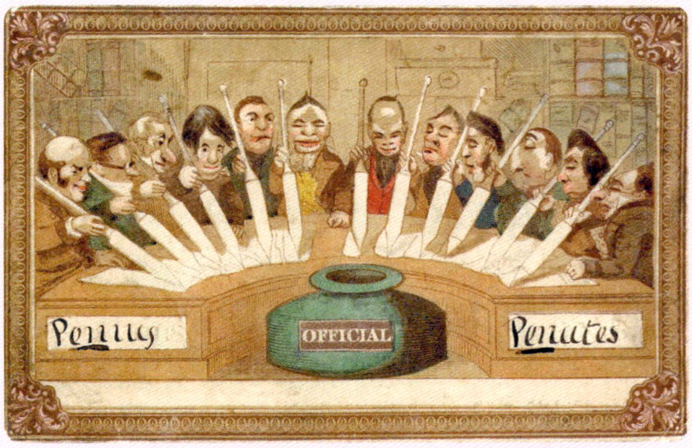

Reprodução/Wikipedia/Wikimedia Commons 2.0

› Cartão-postal de Theodore Hook.

1. O emprego da expressão "ao invés de", nos dois textos, está de acordo com a norma-padrão? Justifique sua resposta.

2. Em relação ao segundo texto, responda:

a) O que a frase "Ele mesmo!" sugere sobre a expectativa da autora do texto em relação ao destinatário do cartão?

b) Por que o envio do primeiro cartão-postal é caracterizado como uma "pegadinha" pelo texto?

3. Leia a tira a seguir, com os personagens Linus, Schroeder e Snoopy:

(Disponível em: https://licensing.andrewsmcmeel.com/features/pe?date=1964-10-19. Acesso em: 15/5/2023.)

a) Por que, no último quadrinho, Schroeder afirma que mudou de ideia?

b) O uso da expressão "a fim de" está de acordo com a norma-padrão no contexto empregado? Explique sua resposta.

4. No caderno, copie as frases a seguir e complete-as com uma das formas indicadas entre parênteses, de acordo com o contexto e com as regras da norma-padrão:

a) Conversamos por longas horas e ficamos ______ do que ocorreu nos últimos anos. (a par — ao par)

b) Trocamos nosso dinheiro ______ da moeda local. (a par — ao par)

c) Você está atrasado! A reunião começou ______ quarenta minutos. (a cerca de — acerca de — há cerca de)

d) Na reunião, tratamos ______ assuntos relacionados apenas aos alunos presentes. (a cerca de — acerca de — há cerca de)

5. Leia as frases abaixo. Depois, indique aquela em que há uma palavra ou expressão empregada em desacordo com a norma-padrão.

a) O evento teve o apoio de empresários, empreendedores e afins.

b) Carla está meia indecisa sobre como realizar a tarefa.

c) Não aguento mais esperar, estou na fila há cerca de duas horas.

d) Ele treinou muito no último ano a fim de competir nos jogos estudantis.

HÁ OU A?

Leia este texto:

Crocodilo de 2,5 metros que vivia há mais de uma década em porão nos EUA é resgatado e retorna à natureza

Reprodução/ACCT Philly

Ter um crocodilo dentro de casa pode parecer um tanto quanto improvável, mas um casal do norte da Filadélfia, cidade da Pensilvânia (EUA), achou que seria "legal" ter um como animal de estimação. Batizado de "Big Mack", o réptil de 2,5 metros vivia em um porão há 11 anos, um recinto pequeno e improvisado que não tinha água ou luz solar suficientes para manter uma vida selvagem. [...]

Nos EUA, as regras sobre como manter crocodilos como animais de estimação variam em cada estado e em alguns isso é legalizado. No caso da Filadélfia, a Comissão de Peixes e Barcos da Pensilvânia não regula a posse de répteis e anfíbios não nativos. [...]

"Enquanto esses animais não forem soltos na natureza, não há regulamentos estaduais sobre sua propriedade. Da mesma forma, não há permissão estatal necessária para possuir esses animais. No entanto, pode haver decretos municipais locais, que regulam a propriedade de 'animais perigosos' e você deve verificar com seu governo local antes de comprar tal animal", disse a Comissão em comunicado no site.

(Disponível em: https://umsoplaneta.globo.com/biodiversidade/noticia/2023/04/22/crocodilo-de-25-metros-que-vivia-ha-mais-de-uma-decada-em-porao-de-casa-na-filadelfia-e-resgatado-e-retorna-a-natureza-veja-video.ghtml. Acesso em: 5/5/2023.)

1. A respeito do texto, responda:

a) A legislação dos Estados Unidos permite que se criem crocodilos como animais de estimação? Justifique.

b) Considerando o emprego das aspas no último parágrafo, deduza: A palavra **você** dirige-se diretamente ao leitor do texto? Justifique sua resposta.

2. Compare estas orações:

- "o réptil de 2,5 metros vivia em um porão há 11 anos"
- "não há regulamentos estaduais sobre sua propriedade"

Nas duas, o verbo **haver** é impessoal, isto é, não tem variações de pessoa, sendo empregado apenas na 3ª pessoa do singular. Em uma delas, o verbo **haver** pode ser substituído pelo verbo **fazer**, também impessoal; na outra, pode ser substituído pelo verbo **existir**, flexionado. Considerando o sentido de cada uma das orações em análise, reescreva-as no caderno, substituindo adequadamente a forma verbal **há** por formas similares dos verbos **fazer** ou **existir**.

Você viu, no exercício 2, que o verbo **haver**, quando empregado no sentido de **existir** ou quando tem o sentido de tempo decorrido, é impessoal e deve ser empregado no singular: **há**. Ocorre que a preposição **a** também pode, em alguns casos, indicar tempo. Veja, a seguir, as situações em que devemos empregar **há** ou **a**.

Emprega-se **há**:

- com referência a tempo passado (equivale a **faz**):

> O crocodilo está no porão **há** onze anos.

- quando é uma forma do verbo **haver**:

> “Não **há** permissão estatal necessária para possuir esses animais.”

Emprega-se **a**:

- com referência a tempo futuro:

> O crocodilo será levado para um santuário daqui **a** alguns meses.

- com referência a distância:

> A casa ficava **a** dois quilômetros da delegacia.

“Há vinte anos” e “vinte anos atrás”

Com referência a tempo decorrido, **há** equivale a **atrás**, embora seja recorrente no cotidiano o uso das duas formas em uma mesma frase.

Pode-se considerar que esse tipo de construção tem caráter enfático, com o fim de reforçar a ideia de que se trata de um fato passado que já se encerrou.

A gramática normativa, entretanto, considera que esse uso seja redundante e, por isso, recomenda empregar apenas uma ou outra destas formas:

- Há vinte anos eu era assim.
- Eu era assim vinte anos atrás.

Exercícios

1. Leia este texto:

Asteroide “assassino de planetas” é descoberto. Mas ______ risco para a Terra?

O 2022 AP7 atravessa a órbita da Terra em torno do Sol e tem tamanho suficiente para destruir o nosso planeta, mas só representará risco daqui ______ muitas gerações

Um grupo de astrônomos estava buscando novos asteroides de tamanhos modestos, capazes de impactar uma cidade ou animais mais volumosos, quando detectou uma nova potencial ameaça: um asteroide capaz de esterilizar a superfície terrestre. Mas não ______ necessidade imediata de preocupação — serão muitas gerações até que ele possa representar um perigo para o nosso planeta.

Dima Zel/Shutterstock

› Asteroide no espaço exterior próximo ao planeta Terra.

[...]

É possível que, “nos próximos milhares de anos, ele possa vir ______ ser um problema para os nossos descendentes”, disse Alan Fitzsimmons, um astrônomo da Queen’s University Belfast [...].

(Disponível em: https://www.terra.com.br/byte/ciencia/asteroide-assassino-de-planetas-e-descoberto-mas-ha-risco-para-a-terra,7c1a3609431b53da21f2c77551a74465bye89fg2.html. Acesso em: 5/5/2023.)

a) No caderno, escreva as palavras que completam corretamente as lacunas do texto: **há** ou **a**. Depois, justifique suas respostas.

b) O título do texto contém uma pergunta. O texto responde a essa pergunta? Justifique sua resposta.

2. Veja o título do livro ao lado.

a) Proponha duas possibilidades de reescrita para esse título, eliminando a redundância que há nele.

b) Troque ideias com os colegas e o professor e levante hipóteses: Por que o título do livro tem essa construção? Que diferença de sentido há entre a versão original e as reescritas que você propôs no item **a**?

Reprodução/Nova Fronteira

(Disponível em: https://www.martinsfontespaulista.com.br/era-uma-vez--ha-muito-tempo-atras----622695/p. Acesso em: 5/5/2023.)

MAS ou MAIS?

Leia este texto:

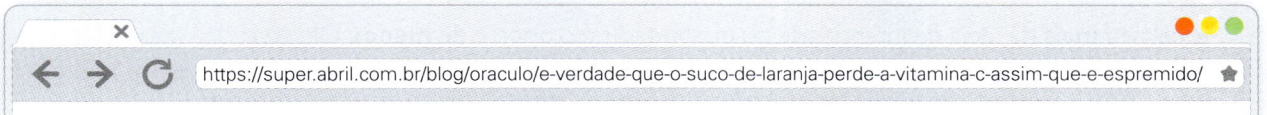

https://super.abril.com.br/blog/oraculo/e-verdade-que-o-suco-de-laranja-perde-a-vitamina-c-assim-que-e-espremido/

É verdade que o suco de laranja perde a vitamina C assim que é espremido?

Por Rafael Battaglia

stock_IT/Shutterstock

Perder, até perde. Mas demora — pode tomar em paz.

Assim que tiramos a casca da laranja, as vitaminas começam a oxidar em contato com o ar e com os raios ultravioleta. Um experimento da Embrapa (Empresa Brasileira de Pesquisa Agropecuária) quantificou o quanto se perde na hora de tomar um suquinho. Para isso, eles usaram uma amostra de 100 gramas de suco de laranja, contendo 33 miligramas de vitamina C, e a deixaram em temperatura ambiente.

Duas horas depois, a concentração de vitamina tinha caído para 28 miligramas. Mais duas horas e a quantidade caiu para 25 mg. Em resumo: depois de quatro horas, o suco perdeu 24% da sua vitamina C.

Mas existem algumas formas para burlar essa perda. A recomendação da nutricionista Bruna Gardim é conservar a sua bebida em uma jarra vedada (evitando maior contato com o oxigênio) e que não seja transparente (diminuindo a incidência da luz solar).

[...]

A vitamina C é um importante oxidante para o nosso corpo: combate os chamados radicais livres e, com isso, previne o envelhecimento precoce. Também ajuda a fortalecer a imunidade, a formação de colágeno e na absorção do ferro vindo de fontes vegetais. Quanto mais ácido for o seu suco, mais vitamina C ele terá: açúcar e leite, por exemplo, alteram essa quantidade.

(Disponível em: https://super.abril.com.br/blog/oraculo/e-verdade-que-o-suco-de-laranja-perde-a-vitamina-c-assim-que-e-espremido/. Acesso em: 3/5/2023.)

1. O texto é um trecho de um artigo jornalístico de divulgação científica.

a) Que fenômeno o texto explica?

b) Qual experimento serviu de base para a explicação dada?

2. A palavra **mais** foi empregada no texto três vezes. Copie o(s) trecho(s) em que ela dá ideia de:

a) intensidade. **b)** quantidade.

3. Observe o emprego da palavra **mas** no primeiro parágrafo do texto.

a) Essa palavra coloca em oposição duas ideias do texto. Quais são elas?

b) Qual das palavras a seguir poderia substituir **mas**, mantendo o sentido de oposição?

I. e **II.** contudo **III.** portanto **IV.** como

4. O quarto parágrafo do texto é iniciado pela palavra **mas**. Releia o trecho e explique: Que relação essa palavra estabelece entre esse parágrafo e o anterior? E quais ideias são colocadas em relação nesse trecho?

Veja como diferenciar as palavras **mas** e **mais** ao empregá-las:

A palavra **mas** estabelece uma ideia de oposição ao que foi expresso antes. Pode ser substituída por outras, como **porém**, **todavia**, **contudo**, **entretanto**, que têm o mesmo sentido. Veja:

Porém, existem algumas formas para burlar essa perda.

A palavra **mais** dá ideia de intensidade ou quantidade; é o oposto de **menos**. Observe:

Ficar em casa, nas férias, para mim é **mais (menos)** importante do que viajar.

Exercícios

1. Escreva no caderno as palavras que completam o texto a seguir: **mas** ou **mais**.

Como surgiu o hábito de bater palmas?

Não dá para cravar exatamente o momento de criação da ideia de aplauso. ______ se sabe que os primeiros registros vêm de longa data. Por exemplo, na Roma Antiga, quando aconteciam as batalhas entre gladiadores no Coliseu sabe-se que os aplausos já aconteciam. E o ______ interessante é que eles não aconteciam só como uma forma de satisfação diante de um espetáculo da violência, ______ como um jeito de instigar a luta, porque o barulho das palmas se confundia com a função dos corpos se digladiando. [...]

[...]

[...] E, atualmente, o aplauso acontece como uma convenção social, um certo acordo, uma manifestação geralmente coletiva diante de uma exibição que pode ser artística, como uma peça de dança, ou política, como um comício. Ou seja, a gente aplaude ao final de uma palestra, ______ o importante é que as palmas sempre representam que o indivíduo faz parte de um grupo. Pesquisas, inclusive, indicam que o aplauso significa muito ______ a indicação de ser membro de um determinado grupo social, do que a satisfação específica ou admiração diante de algo que se vê, ou que se observa.

[...]

Resposta da Fernanda Perniciotti, doutora em Comunicação e Semiótica e crítica de dança da Folha de S.Paulo. (Disponível em: https://www.guiadoscuriosos.com.br/gestos/como-surgiu-o-habito-de-bater-palmas/. Acesso em: 8/5/2023.)

2. Observe o título de uma avaliação de internet sobre um parque de campismo:

> Um excelente parque, ______ ______ caro que os outros
>
> (Disponível em: https://www.tripadvisor.com.br/ShowUserReviews-g1190866-d4220499-r307067162-Parque_de_Campismo_Sao_Miguel-Odemira_Beja_District_Alentejo.html. Acesso em: 9/6/2023.)

a) Propositalmente, foram suprimidas as palavras **mas** e **mais** do enunciado. Reescreva-o no caderno, empregando-as adequadamente.

b) Você aprendeu que a palavra **mas** estabelece oposição entre duas ideias. Converse com os colegas e o professor e levante hipóteses: Qual é a oposição contida nessa avaliação? Quais palavras representam essa oposição?

3. No caderno, copie as frases a seguir e complete-as com **mas** ou **mais**, de acordo com o contexto:

a) Tudo é possível, ______ é preciso colaborar.

b) Nada ______ me interessa, depois que ela partiu.

c) Quanto é 25 ______ 39?

d) Quanto ______ eu o aconselho a não fazer mais isso, ______ você faz!

e) Gosto de filmes; ______, ______ do que eles, interessam-me os livros.

f) Já fiz tudo por ele, ______ nada ______ será feito.

4. No caderno, escreva um bilhete a um(a) amigo(a) comunicando que não poderá comparecer à festa de aniversário dele(a). Empregue, no texto, **mas** e **mais**. Depois, leia o bilhete para os colegas para que seja avaliado.

MAL ou MAU?

Leia este texto:

Chuva estraga as entrevistas de emprego

Torça para o céu estar azul. Uma pesquisa da Universidade de Toronto, que acompanhou 3 mil pessoas durante 6 anos, constatou que ser entrevistado num dia chuvoso reduz em 10% as suas chances de ser contratado. Isso supostamente acontece porque o ______ tempo deixa o entrevistador de ______ humor.

(Disponível em: https://super.abril.com.br/ciencia/ciencia-maluca-5/. Acesso em: 5/5/2023.)

miniwide/Shutterstock

1. Que palavra completaria adequadamente as lacunas do texto: **mau** ou **mal**?

2. Sabendo que **mau** é adjetivo e **mal** pode ser advérbio ou substantivo, troque ideias com os colegas: Como se classificam as palavras empregadas no enunciado da questão anterior? Justifique sua escolha com base no sentido do texto.

3. Se, no lugar da palavra que completa adequadamente o texto, fosse empregado o seu antônimo, que palavra usaríamos: **bem** ou **bom**? A palavra seria um advérbio ou um adjetivo?

4. Observe as frases a seguir.

- Estar de ______ com a vida espalha o ______ humor entre as pessoas.
- Uma ______ entrevista de emprego nem sempre ocorre quando o tempo está ______.
- Um dia ______ ensolarado afeta positivamente o humor das pessoas.

a) No caderno, copie as frases acima e complete-as com **bem**, **boa** ou **bom**, de acordo com o contexto.

b) Reformule o conteúdo de cada uma das frases em estudo, trocando os termos que você utilizou para preencher as lacunas por seus antônimos.

c) Em suas respostas ao item **b**, em qual dos casos a substituição dos termos **bem**, **boa** e **bom** por **mal**, **má** e **mau** comprometeria o sentido da frase? Justifique sua resposta.

5. Observe o emprego das palavras **mau** e **mal** nestas frases:

- Já está provado que o **mau** tempo influencia o humor das pessoas.
- Falar **mal** do tempo é a melhor maneira de iniciar conversas em elevadores.
- O **mal** das entrevistas de emprego é o nervosismo.

A que classe gramatical pertence a palavra destacada em cada frase?

6. Observe as expressões abaixo. Depois, copie no caderno as afirmações a seguir e complete-as.

mal-estar	**mau** aluno
bem-estar	**bom** aluno

a) ______ é antônimo de **bem** e classifica-se como ______.

b) ______ é antônimo de **bom** e classifica-se como ______.

Atenção

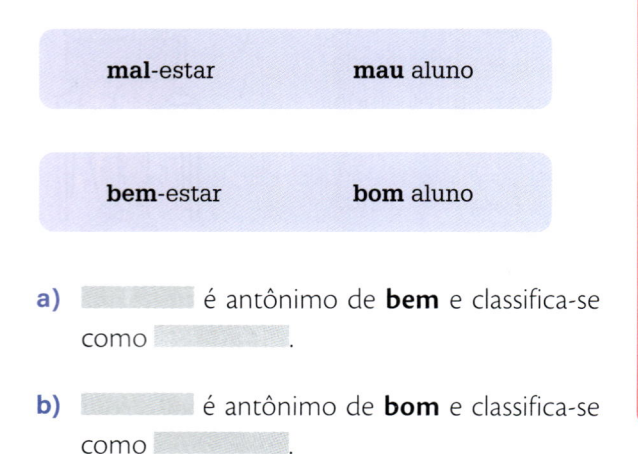

Mau é adjetivo e, portanto, modifica um substantivo e sofre variação de gênero:

- Eu não sou um **mau** aluno.
- Fabiana não é **má** aluna.

Mal é advérbio e, assim, acompanha o verbo, indicando circunstância:

Ela se comportou **mal**.

Mal também pode ser substantivo, quando antecedido de artigos, e tem o sentido de algo danoso, problema ou doença:

- O **mal** do século é a depressão.
- O **mal** que ele fez não tem reparo.

Palavras parônimas e homônimas

Palavras parônimas

Leia os textos a seguir, completando-os com o termo adequado ao contexto.

Na palma da mão: por que suamos nas extremidades quando estamos tensos?

fizkes/Shutterstock

Mesmo sem mudar a temperatura do ambiente, nossas emoções podem provocar o aumento da transpiração. Se você já sentiu as mãos ______ ao falar em público, sabe do que estamos falando.

Nosso corpo identifica sensações de tensão como resultado de uma situação de perigo ou medo. Em situações de estresse — como falar em público — nosso organismo inteiro se modifica. O sistema nervoso simpático é ativado e acelera o ritmo da respiração, batimentos cardíacos, circulação do sangue e dilatação das pupilas. Com mais energia e oxigênio, os músculos ficam prontos para reagir, usando o máximo de sua capacidade.

Todos estes sintomas são respostas do cérebro para preparar o corpo em uma situação de alerta, como fuga ou luta. Quando este sistema é ativado, um dos primeiros efeitos é começarmos a ______.

[...]

(Disponível em: https://www.uol.com.br/vivabem/noticias/redacao/2023/04/23/na-palma-da-mao-por-que-suamos-nas-extremidades-quando-estamos-tensos.htm?cmpid=copiaecola. Acesso em: 5/7/2023.)

Kali Justine/Shutterstock

[...] Da casa onde morava, no número 161 da avenida Doutor José Higino, no bairro da Mooca, ele conseguia observar a torre da igreja São Pedro Apóstolo. Com 5 anos, a diversão já fazia parte de sua rotina. "Um pouco antes de o sino ______, eu já estava à porta, olhando fixamente para a torre e aguardando o início do espetáculo", lembra. "Às vezes minha mãe me levava até a torre, onde eu observava o movimento dos sinos por um ângulo diferente e ouvia o som mais intenso."

(Disponível em: http://spcuriosos.com.br/especialista-lanca-site-sobre-sinos-e-espera-que-ele-seja-muitobadalado/. Acesso em: 22/11/2019.)

1. Embora tenham grafias aproximadas, as palavras **soar** e **suar** apresentam sentidos diferentes. De acordo com o contexto:

a) Que palavras preenchem corretamente as lacunas do primeiro texto: **soadas** ou **suadas** e **soar** ou **suar**? Qual é o sentido dessas palavras?

b) Que palavra preenche corretamente a lacuna do segundo texto: **soar** ou **suar**? Qual é o sentido dessa palavra?

Assim como o par de palavras **soar** e **suar**, há na língua portuguesa inúmeras palavras que se assemelham na grafia e na pronúncia, mas têm significados diferentes. Essas palavras são chamadas **parônimos**.

Veja outros exemplos:

- O **tráfico** de drogas é um grave problema do mundo atual. (negócio ilegal, escuso)
- Nos fins de semana, o **tráfego** nas rodovias se intensifica. (trânsito)

- O médico me **prescreveu** uma rigorosa dieta. (determinar, fixar, receitar)
- O ditador destituiu, **proscreveu** e perseguiu dois ministros de seu governo. (banir, expulsar)

Há, a seguir, uma relação de alguns parônimos para ser consultada quando necessário.

absolver	perdoar, inocentar
absorver	aspirar, sorver
colisão	choque, luta
coalizão	aliança, acordo político
descriminar	tirar a culpa
discriminar	diferenciar
despensa	compartimento da casa no qual se guardam mantimentos
dispensa	isenção, licença
discrição	qualidade de quem é discreto
descrição	ato de descrever
distorcer	desvirtuar, mudar o sentido ou a intenção
destorcer	endireitar, desfazer a torcedura
docente	relativo a professores
discente	relativo a alunos
emergir	vir à tona
imergir	mergulhar

emigrar	deixar um país
imigrar	entrar em um país
eminente	elevado, alto
iminente	que está prestes a acontecer
flagrante	evidente
fragrante	perfumado
fruir	desfrutar, gozar
fluir	correr (líquido), passar (tempo), escoar (tráfego)
infringir	transgredir, desrespeitar
infligir	aplicar (pena, multa, etc.)
mandado	ordem judicial
mandato	procuração, delegação
retificar	corrigir
ratificar	confirmar
usuário	o que desfruta o direito de usar algo
usurário	o que pratica a agiotagem ou usura

Palavras homônimas

Há também, na língua portuguesa, palavras que apresentam a mesma pronúncia, às vezes a mesma grafia, mas significados diferentes. Essas palavras são chamadas **homônimas**. Veja exemplos:

- Pedro é um rapaz **são**. (saudável)
- Em junho, há muitas festas em homenagem a Santo Antônio, **São** João e **São** Pedro. (santo)
- Elas **são** inteligentes e divertidas. (verbo **ser**)

- Paulo é um amante da **caça** e da pesca. (ato de caçar, perseguir)
- O Detran **cassa** a carteira de motorista de quem comete muitas infrações de trânsito. (anula)

Há, a seguir, uma relação de alguns homônimos para ser consultada quando necessário.

acender	pôr fogo
ascender	subir
acento	sinal gráfico
assento	local onde se senta
caçar	perseguir animais
cassar	tornar sem efeito
cela	pequeno quarto
sela	arreio, forma do verbo **selar**
cerrar	fechar
serrar	cortar
censo	recenseamento
senso	juízo
coser	costurar
cozer	cozinhar
empoçar	formar poça
empossar	dar posse a

espectador	aquele que assiste a algo
expectador	aquele que espera alguma coisa
espiar	observar
expiar	pagar pena
incipiente	principiante
insipiente	ignorante
laço	laçada
lasso	cansado, frouxo
paço	palácio
passo	movimento dos pés para caminhar, passada
sessão	reunião, assembleia
seção (ou secção)	corte, divisão
cessão	ato de ceder; doação

Exercícios

Leia o texto a seguir e responda à questão 1.

Reprodução/Arquivo da editora

(Disponível em: http://apeadeirodasaudeagueda.blogspot.com/2017/11/ser-diferente-nao-e-um-problema.html. Acesso em: 25/7/2023.)

1. O cartaz apresenta várias imagens.

a) O que elas representam?

b) Qual é o objetivo principal do cartaz?

2. Observe a frase:

> Ser diferente não é um problema, o problema é ser tratado diferente.

a) Que alteração de sentido existe entre as expressões "ser diferente" e "ser tratado diferente"?

b) Levante hipóteses: Por que a letra **e** das palavras **diferente** e **problema** foi escrita em cor diferente?

3. Observe o emprego da palavra **discriminação** no anúncio. Ela está de acordo com a norma-padrão ou deveria ser **descriminação**? Justifique a sua resposta, explicando o sentido de cada uma. Se necessário, consulte o dicionário.

4. Copie no caderno as frases a seguir. Depois, complete-as empregando, de acordo com o contexto, uma das palavras entre parênteses.

a) A professora ________ o que disse ontem: a prova será sem consulta. (retificar/ratificar)

b) Na entrega dos prêmios, porte-se com ________ e educação. (descrição/discrição)

c) Motoristas e pedestres não devem ________ as leis de trânsito. (infligir/infringir)

d) Tire as compras das sacolas e guarde-as na ________. (dispensa/despensa)

e) O ladrão foi preso em ________. (flagrante/fragrante)

5. Leia a tira do personagem Armandinho:

© Armandinho, de Alexandre Beck/Acervo do cartunista

(Disponível em: https://www.facebook.com/tirasarmandinho/photos/a.488361671209144/1085604124818226/?type=3&theater. Acesso em: 22/11/2019.)

a) No caderno, escreva adequadamente as palavras que completam as lacunas da tira: **sextas**, **sestas** e **cestas**. Se necessário, utilize o dicionário.

b) Qual é o sentido de cada uma das palavras utilizadas?

6. O nome dos animais a seguir assumiu, com o tempo, um segundo significado, tornando-se homônimos. Descubra essa outra significação na 2ª coluna e numere a 1ª, fazendo as correlações adequadas. Consulte o dicionário, se necessário.

a) foca
b) macaco
c) cobra
d) piranha
e) zebra
f) anta

1. resultado inesperado, contrário aos prognósticos; azarão
2. prendedor de cabelos denteado, de plástico e molas fortes
3. maquinismo, provido de manivela, para levantar grandes pesos
4. jornalista novato
5. pessoa má, traiçoeira
6. pessoa perita em seu ofício ou em sua arte
7. pessoa pouco inteligente; tolo, tapado

As questões notacionais NA CONSTRUÇÃO DO TEXTO

Leia estes quadrinhos de Nik:

© 2015 Nik/Dist. by Andrews McMeel Syndication

(*Gaturro*. Buenos Aires: Ediciones de la Flor, 2004. v. 4, p. 30. Tradução dos autores.)

1. No 2º quadrinho, Gaturro diz que, quando um casal se conhece, "tudo é **deferência**". Observe as ações e a expressão dos personagens e o local onde estão.

a) Onde estão?

b) Como o homem e a mulher agem um com o outro?

c) Deduza: Qual é o sentido da palavra **deferência**, no contexto?

2. Observe o 3º quadrinho. Outro casal está no mesmo restaurante.

a) O que o casal está fazendo?

b) O homem e a mulher estão interessados no jantar?

c) Que relação existe entre os gestos do casal e a afirmação "Quando se conhecem muito, tudo é **diferença**", feita por Gaturro?

3. Observe o último quadrinho e compare-o aos anteriores.
   a) O que os personagens estão fazendo?
   b) Que relação existe entre o comportamento do casal e a frase "E quando já se conhecem demasiado, tudo é **indiferença**", dita por Gaturro?
   c) Qual é a diferença de sentido entre **conhecer muito** e **conhecer demasiado**?
4. Compare a faixa etária dos personagens em todos os quadrinhos.
   a) O que muda de um quadrinho para outro, a partir do 2º?
   b) Levante hipóteses: Que relação existe entre a faixa etária, o tempo do relacionamento dos casais e as deduções de Gaturro?
5. Nik construiu humor na tira explorando as relações de paronímia entre as palavras **deferência**, **diferença** e **indiferença**.
   a) Quais dessas palavras são da mesma família?
   b) Cite outras palavras da mesma família da(s) que você não citou no item anterior.

SEMÂNTICA E DISCURSO

Leia esta tira, de Laerte, e responda às questões 1 e 2.

(Disponível em: https://laerte.art.br/tag/cauda/. Acesso em: 11/7/2023.)

1. O humor da tira é criado pelo emprego de duas palavras associadas ao contexto e à parte não verbal.
   a) Onde se passa o episódio da tirinha? O que há de inusitado nesse contexto?
   b) Qual (Quais) é (são) a(s) palavra(s) responsável(is) pela construção do humor? Que relação essas palavras têm entre si? Como é denominada essa relação?
   c) Qual era a intenção da personagem no primeiro quadrinho?
   d) Explique a função da parte não verbal na construção do humor da tira.
2. As palavras que você identificou na questão **1** podem ter outros sentidos além dos que foram explorados na tira. Leia as manchetes de jornal a seguir.

Avião está amassado na ______? Entenda por que a fuselagem é assim

(*UOL*, 7/11/2020.)

Cereja em ______ é chuchu? Entenda a polêmica e veja receita

(*Globo Rural*, 1º/7/2023.)

7 vestidos com ______ deslumbrantes que passaram pelo Critics Choice Awards

(*Glamour*, 16/1/2023.)

Usina São José da Estiva implementa automatização no preparo de ______ de agrodefensivos

(*RPAnews*, 22/6/2023.)

a) No caderno, escreva as palavras que completam cada uma das manchetes adequadamente.

b) Dê o sentido das palavras que você utilizou para completar as manchetes.

3. Leia a tira a seguir.

© Armandinho, de Alexandre Beck/Acervo do cartunista

(*Armandinho nove*, p. 91.)

As palavras **humildade** e **humilhação**, apesar de apresentarem semelhança na escrita e no som, têm origens diferentes.

a) Cite palavras que sejam da mesma família de **humildade**.

b) Cite palavras que sejam da mesma família de **humilhação**.

DIVIRTA-SE

Alexandre Beck 2375/17

© Armandinho, de Alexandre Beck/Acervo do cartunista

UNIDADE 3

Morfologia

De Gramática e de Linguagem

E havia uma gramática que dizia assim:
"Substantivo (concreto) é tudo quanto indica
Pessoa, animal ou cousa: João, sabiá, caneta".
Eu gosto é das cousas. As cousas, sim!...
As pessoas atrapalham. Estão em toda parte. Multiplicam-se em excesso.
As cousas são quietas. Bastam-se. Não se metem com ninguém.
Uma pedra. Um armário. Um ovo. (Ovo, nem sempre,
Ovo pode estar choco: é inquietante...)
As cousas vivem metidas com as suas cousas.
E não exigem nada.
Apenas que não as tirem do lugar onde estão.
E João pode neste mesmo instante vir bater à nossa porta.
Para quê? não importa: João vem!
E há de estar triste ou alegre, reticente ou falastrão,
Amigo ou adverso... João só será definitivo
Quando esticar a canela. Morre, João...
Mas o bom, mesmo, são os adjetivos,
Os puros adjetivos isentos de qualquer objeto.
Verde. Macio. Áspero.
Rente. Escuro. Luminoso.
Sonoro. Lento. Eu sonho
Com uma linguagem composta unicamente de adjetivos
Como decerto é a linguagem das plantas e dos animais.
Ainda mais:
Eu sonho com um poema
Cujas palavras sumarentas escorram
Como a polpa de um fruto maduro em tua boca,
Um poema que te mate de amor
Antes mesmo que tu lhe saibas o misterioso sentido:
Basta provares o seu gosto...

fcscafeine/Getty Images

(Mário Quintana. *Poesia completa*. Rio de Janeiro: Aguilar, 2006. p. 435-436.)

·CAPÍTULO·
8

Estrutura e formação de palavras

Construindo o conceito

Leia este cartum:

(Disponível em: http://www.nanihumor.com/2014/04/cartum_9.html. Acesso em: 14/7/2023.)

1. O cartum retrata uma conversa entre duas personagens.

a) Levante hipóteses: Qual é a relação entre elas e onde elas estão?

b) O que cada uma está fazendo?

2. O humor do cartum está no emprego da palavra **descasada**. Observe estas palavras e seus significados:

- **desconfiado:** aquele que não confia
- **descongelado:** aquele que não está congelado
- **descuidado:** aquele não tem cuidado
- **desimpedido:** aquele que não está obstruído, impedido ou preso

a) Com base na observação das palavras acima, deduza: Que sentido a partícula **des-** acrescenta à palavra **descasada**?

b) Em seguida, conclua: Qual é o sentido da palavra **descasada**? Se necessário, use um dicionário.

c) Deduza: Qual das palavras a seguir passou pelo mesmo processo de formação da palavra **descasada**?

I. descrição II. desdenhar III. deserta IV. desfeita V. desolada

3. No contexto do cartum, a palavra **descasada** ganha um novo sentido.

a) Qual outra palavra do texto contribui para que se instaure esse novo sentido? Justifique sua resposta, indicando o novo sentido.

b) Troque ideias com os colegas e o professor e levante hipóteses: Esse novo sentido contém uma crítica?

c) Considerando suas respostas anteriores, explique o efeito de humor construído no cartum por esse novo sentido.

4. Compare as palavras **casinha** e **descasada**.

a) Que partícula dessas palavras é comum às duas?

b) Que outras palavras você pode formar fazendo uso da mesma partícula?

Conceituando

Ao responder às questões anteriores, você pôde observar que:

- baseando-nos em palavras já existentes na língua, podemos formar palavras novas;
- podemos criar palavras a partir de outra(s), usando, para isso, a parte que informa o significado das palavras, conhecida como **radical**;
- as palavras são formadas por partículas portadoras de sentido.

As partículas portadoras de sentido chamam-se **morfemas** e constituem a estrutura das palavras. A partir dos morfemas, podemos formar outras palavras.

Assim:

> Conhecer os morfemas é o mesmo que estudar a **estrutura das palavras.**
>
> Quando estudamos o modo como os morfemas se organizam e formam palavras, passamos a conhecer os **processos de formação das palavras.**

Saber como as palavras se formam possibilita compreender melhor seus sentidos e as consequências das escolhas feitas nesse processo.

Em anos anteriores, você estudou alguns elementos mórficos e alguns processos de formação de palavras. Neste capítulo, você vai organizar e aprofundar o conhecimento que já tem.

Estrutura das palavras

Em língua portuguesa, os morfemas que contribuem para formar palavras são os seguintes:

Radical

Informa o significado básico da palavra:

> **filh**-inh-o   **mund**-o

A partir de um radical podemos formar várias palavras:

filho	**filh**inho	**filh**ote	**fil**ial
mundo	**mund**ano	**mund**aréu	**mund**ial

O radical pode sofrer pequenas variações, como a que ocorre na mudança de **filh** para **fil**.

O conjunto de palavras formadas a partir do mesmo radical denomina-se **família de palavras** ou **palavras cognatas**.

Afixos

São morfemas que se agregam ao radical modificando seu sentido básico. Podem ser derivacionais e gramaticais.

Os afixos derivacionais formam palavras novas. Quando colocados antes do radical, chamam-se **prefixos**; quando colocados depois do radical, chamam-se **sufixos**. Veja:

im	produt	**ivo**
prefixo (negação)	radical	sufixo (estado)

Os afixos gramaticais, também chamados **desinências**, são sempre colocados depois dos radicais. São de dois tipos:

- **desinências nominais**: informam o **gênero** e o **número** dos nomes:

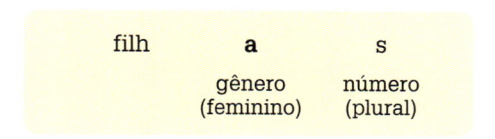

filh	**a**	s
	gênero (feminino)	número (plural)

- **desinências verbais**: informam o **modo**, o **tempo**, o **número** e a **pessoa** dos verbos:

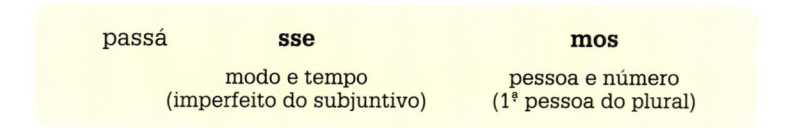

passá	**sse**	**mos**
	modo e tempo (imperfeito do subjuntivo)	pessoa e número (1ª pessoa do plural)

Vogal temática

É a vogal que, nos verbos, une o radical às desinências e indica a conjugação a que eles pertencem. São vogais temáticas:

- **-a**, que indica a 1ª conjugação: fabric **a** mos;
- **-e**, que indica a 2ª conjugação: cresc **e** ndo;
- **-i**, que indica a 3ª conjugação: produz **i** r.

Observação

O verbo **pôr** é da 2ª conjugação por apresentar a vogal temática **e**, visível em formas como **puser**, **pusesse**. O verbo, que no passado era **poer**, perdeu historicamente a vogal na forma infinitiva, dando origem à forma atual: **pôr**.

Tema

É a parte constituída pelo radical e pela vogal temática:

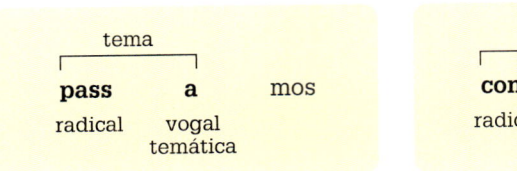

tema		
pass	**a**	mos
radical	vogal temática	

tema		
com	**e**	ndo
radical	vogal temática	

tema		
part	**i**	ndo
radical	vogal temática	

Exercícios

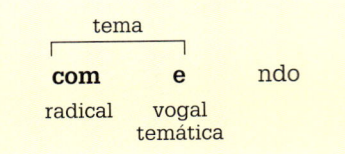

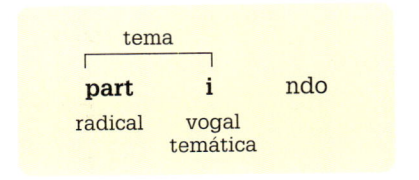

Leia esta tira:

© Armandinho, de Alexandre Beck/Acervo do cartunista

(Alexandre Beck. *Armandinho nove.* Florianópolis: Belas-Letras, 2016. p. 6.)

1. Como é comum ao gênero, o humor das tiras costuma se concentrar no último quadrinho.

a) Na tira lida, qual elemento do último quadrinho é essencial para a construção do humor? O que esse elemento sugere sobre o personagem principal da tira?

b) Por que a palavra **autoinssuficiente**, grafada dessa forma, foi escrita entre aspas?

2. A palavra **autoinssuficiente** foi formada a partir da junção de morfemas a uma palavra da língua portuguesa.

a) Que palavra é essa?

b) Que morfemas estão ligados à palavra **autoinssuficiente**?

c) A palavra **autoinssuficiente** foi escrita de acordo com a grafia padrão do português?

d) Levante hipóteses: Por que a palavra **autoinssuficiente** foi grafada dessa forma na tira?

3. Observe estas palavras:

autocrítica autoadesivo autocontrole autoimune insolúvel intocável impossível inabilidade

Compare o sentido das palavras introduzidas pelos prefixos **auto-** e **in-** com o da palavra **autoinssuficiente** e conclua:

a) Qual é o sentido do prefixo **auto-**?

b) E do prefixo **in-**?

c) Com base em suas respostas aos itens **a** e **b**, escreva no caderno o sentido da palavra **autoinssuficiente** no contexto.

4. Releia as seguintes palavras do texto:

lanche   sabe   sozinho

a) Identifique o radical de cada uma delas.

b) Forme famílias de palavras utilizando esses radicais.

Leia este meme para responder às questões 5 e 6:

EMPATIA
PRETÉRITO IMPERFEITO DO VERBO EMPATAR
WWW.GERARMEMES.COM.BR

Jayaprasanna T.L/Shutterstock

5. O meme faz piada com o sentido da palavra **empatia**.

a) Qual é o sentido dessa palavra e sua classificação morfológica? Se julgar necessário, consulte um dicionário.

b) Troque ideias com os colegas e o professor e explique com base em quais elementos mórficos se constrói a ideia do meme.

6. Releia o texto verbal inferior do meme: "pretérito imperfeito do verbo empatar".

a) Conjugue o verbo **empatar** nesse tempo, na 1ª pessoa do plural.

b) Indique e nomeie o radical, a vogal temática e as desinências da forma verbal formada por você no item **a**.

7. Leia as manchetes a seguir e indique o que as desinências e a vogal temática destacadas em negrito nos nomes e nos verbos informam. Veja o exemplo:

impressionad **a s**: desinências nominais de gênero e de número

Vazamento deixa moradores de Duque de Caxias sem abastecimento de água

(Disponível em: https://www.tupi.fm/sentinelas/vazamento-deixa-moradores-de-duque-de-caxias-sem-abastecimento-de-agua/. Acesso em: 19/7/2023.)

- vaz **a mento**
- mor **a dor es**
- abasteci **mento**

Projeto de advogado cearense irá revisar processos sem custos para vítimas de erros judiciários

(Disponível em: https://diariodonordeste.verdesmares.com.br/seguranca/projeto-de-advogado-cearense-ira-revisar-processos-sem-custos-para-vitimas-de-erros-judiciarios-1.3387625. Acesso em: 19/7/2023.)

- cear **ense**
- vítima **s**
- judici **ário s**

Arqueólogos encontram espada de 3 mil anos na Alemanha

(Disponível em: https://www.cnnbrasil.com.br/internacional/arqueologos-encontram-espada-de-3-mil-anos-na-alemanha/. Acesso em: 19/7/2023.)

- arqueólogo **s**
- encontr **a m**

8. Entre os itens a seguir, indique aquele em que o elemento mórfico destacado está analisado incorretamente.

a) **en** tard **ecer** — prefixo e sufixo

b) dur **ável** — sufixo

c) ped **i** mos — vogal temática

d) corr **o** — desinência nominal de gênero

e) crianç **a** — vogal temática

Formação das palavras

Na tira estudada na seção **Exercícios** deste capítulo, vimos que Armandinho, em oposição a **autossuficiente**, criou e empregou a palavra **autoinssuficiente**, que, por sua vez, tem como origem a palavra **insuficiente**, que já existia na língua. Como fez o personagem, os falantes da língua podem criar palavras sempre que houver necessidade de nomes para designar novas ideias ou novos objetos. Para criar uma palavra, podemos utilizar como base elementos já existentes na língua, adotar um termo de origem estrangeira ou alterar o significado de uma palavra já existente. As palavras assim criadas recebem o nome de **neologismos**.

Há, na língua portuguesa, muitos processos de formação de palavras. Os mais comuns são: **derivação** e **composição**.

Derivação

O processo de **derivação** consiste em formar uma palavra, chamada **derivada**, a partir de outra, chamada **primitiva**.

A derivação pode ser de quatro tipos:

Derivação prefixal

Ocorre quando há acréscimo de um prefixo a um radical:

incapaz	→	in	+	capaz
		prefixo		radical

Derivação sufixal

Ocorre quando há acréscimo de um sufixo a um radical:

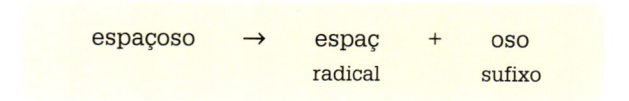

espaçoso	→	espaç	+	oso
		radical		sufixo

Derivação parassintética

Ocorre quando há acréscimo simultâneo, isto é, ao mesmo tempo, de um prefixo e de um sufixo a um radical:

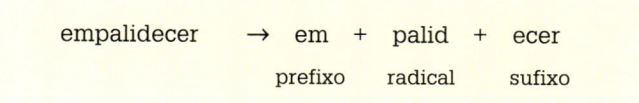

empalidecer	→	em	+	palid	+	ecer
		prefixo		radical		sufixo

A palavra **entardecer**, que está na capa dessa revista em quadrinhos, é formada pelo processo de derivação parassintética.

Derivação prefixal e sufixal

Ocorre quando há acréscimo não simultâneo de um prefixo e de um sufixo a um radical:

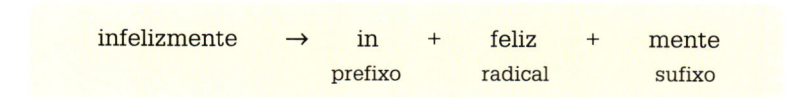

infelizmente	→	in	+	feliz	+	mente
		prefixo		radical		sufixo

Observação

Para verificar se a derivação é **parassintética** ou **prefixal e sufixal**, elimine o sufixo ou o prefixo e veja se a forma que sobra constitui uma palavra existente na língua. Assim:

(em)palidecer — "palidecer" → forma inexistente

empalid(ecer) — "empálido" → forma inexistente

Concluímos, então, que ao radical **palid** houve acréscimo simultâneo de prefixo e de sufixo.

Veja agora:

(in)felizmente — felizmente → forma existente

infeliz(mente) — infeliz → forma existente

Concluímos, então, que ao radical **feliz** houve acréscimo não simultâneo de prefixo e de sufixo.

A palavra **insuportável**, usada na tira, é formada por derivação prefixal e sufixal (in + suporta + vel), enquanto **previsível** é formada por derivação sufixal (previs + (í)vel).

Derivação regressiva

Ocorre quando há eliminação de morfemas (desinências, sufixos, etc.) no final da palavra:

criticar	→	crítica
chorar	→	choro

Derivação imprópria

Ocorre quando há mudança no sentido e na classe gramatical da palavra:

O **monstro** do filme não punha medo em ninguém.
(monstro: substantivo)

Ocorreu uma manifestação **monstro** em Brasília.
(monstro: adjetivo)

Composição

O processo de **composição** consiste em formar palavras por meio da união de dois ou mais radicais. A composição pode ser de dois tipos:

Composição por justaposição

Ocorre quando não há alteração das palavras componentes:

beija-flor pontapé bem-me-quer figo-da-índia

Composição por aglutinação

Ocorre quando há perda de alguns sons nas palavras componentes:

outrora (outra + hora) planalto (plano + alto)

Outros processos

Onomatopeia

Trata-se do uso de palavras que imitam aproximadamente sons e ruídos produzidos por armas de fogo, sinos, campainhas, veículos, instrumentos musicais, vozes de animais, etc. Na história em quadrinhos ao lado, por exemplo, a palavra **inhac** representa o som da mordida do cão. Outros exemplos de onomatopeia são:

tique-taque zumbir atchim!

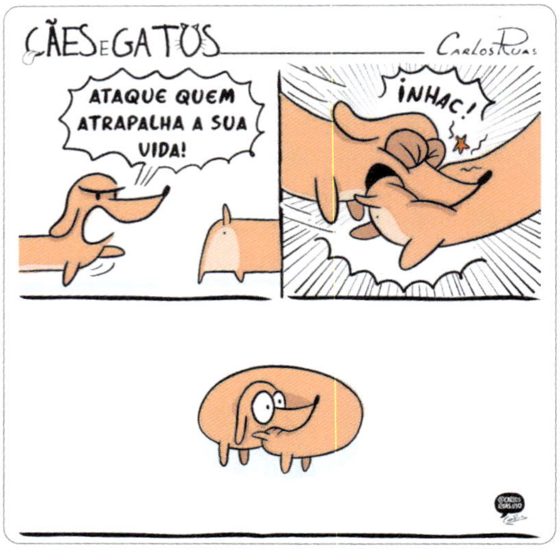

Carlos Ruas/Acervo do cartunista

(Disponível em: https://www.facebook.com/photo.php?fbid=230640276251548&set=pb.100079167322793220752000.&type=3. Acesso em: 14/7/2023.)

Redução

Consiste em apresentar palavras de modo resumido com o objetivo de economizar tempo e espaço na comunicação falada e escrita.

A redução pode se dar das seguintes formas:

- **abreviação**: redução até o máximo possível, de modo que ainda se compreenda a palavra: moto (motocicleta), foto (fotografia), zap (WhatsApp).
- **abreviatura**: alguns autores distinguem abreviação de abreviatura, argumentando que na abreviatura são poucas letras convencionais: Sr. (senhor), p. (página), sm. (substantivo masculino).
- **sigla**: é formada pelas letras iniciais de um conjunto de palavras: SUS (Serviço Unificado de Saúde), Enem (Exame Nacional do Ensino Médio).

Empréstimos e gírias

O enriquecimento vocabular da língua se dá ainda por processos como o **empréstimo** e a **gíria**.

Empréstimo é a incorporação de palavras e expressões estrangeiras ao vocabulário da língua. Os empréstimos entram no idioma por um processo natural, em decorrência do contato cultural e comercial ou da proximidade geográfica entre países.

Com o tempo, alguns empréstimos deixam de ser usados, enquanto outros se incorporam ao vocabulário, ou léxico, da língua. No vocabulário da língua portuguesa, encontram-se palavras que vieram do espanhol e do árabe. Outras línguas que exerceram muita influência no português são o francês, o inglês, o italiano, o alemão, as línguas africanas e indígenas.

Ao se incorporarem à língua, alguns empréstimos se aportuguesam, isto é, sofrem adaptações de som ou forma, e outros mantêm sua forma original. Por exemplo, a palavra ***vitraux*** (pronuncia-se "vitrô"), do francês, aportuguesou-se como **vitrô**; já a palavra ***office-boy***, do inglês, mantém sua forma original. Essas palavras, aportuguesadas ou não, são denominadas **estrangeirismos**.

Gíria é a palavra ou expressão de criação popular que nasce em determinados grupos sociais ou profissionais e que, às vezes, por sua expressividade, acaba se estendendo à linguagem de todas as camadas sociais.

Eis algumas expressões da gíria de skatistas:

apavorar: humilhar o grupo.
fazer naipe: fingir ser skatista.
atravessar: atrapalhar quem está andando de *skate*.
lompro: pessoa que é ridicularizada.
drenado (de adrenalina): empolgado, vibrante.
piolho, bason: quem anda bem de *skate*.
estrelinha: pessoa que anda bem de *skate*, mas quer se mostrar.
pagar comédia: falar muito e fazer pouco.

(Fonte: Kárin Fusaro. *Gírias de todas as tribos*. São Paulo: Panda Books, 2001.)

Nossas e de outros

Eis algumas palavras de outras línguas e nações que foram incorporadas ao português:

- abacaxi (tupi-guarani);
- açúcar (sânscrito);
- alface (árabe);
- apartamento (francês);
- bazar (persa);
- berimbau (de língua africana);
- biombo (japonês);
- bule (malaio);
- chá (chinês);
- piano (italiano);
- piquenique (inglês);
- quadrilha (espanhol);
- sandália (turco);
- vodca (russo).

(Fonte: Ismael de Lima Coutinho. *Gramática histórica*. 6. ed. Rio de Janeiro: Acadêmica, 1967.)

Exercícios

Leia o *twitt* a seguir.

Diferentona
@diferentonabr

Amadurecer é gravar CPF

Amadurecer MUITO é gravar CPF E RG

12:35 PM · Jul 9, 2020

(Disponível em: https://twitter.com/imagensNadaAve/status/1281250751457656834/photo/1. Acesso em: 14/7/2023.)

1. O *twitt* acima constrói humor com base na concepção do que seria "amadurecer". Observe a seguir alguns dos possíveis sentidos desse verbo:

amadurecer *Datação:* 1344

Acepções

▪ verbo
transitivo direto, intransitivo e pronominal

1 tornar(-se) maduro; sazonar(-se), amadurar(-se)
Exs.: *o sol amadurece os frutos*
nesta época as searas amadurecem(-se)

transitivo direto e intransitivo

2 Derivação: sentido figurado.
chegar ou fazer chegar ao ponto de supuração; supurar, amolecer
Exs.: *aplicou-se um unguento para a. o tumor*
com a pomada, o abscesso amadureceu

transitivo direto e intransitivo

3 Derivação: sentido figurado.
dar a ou adquirir experiência; tornar(-se) consciente, maduro
Exs.: *os anos amadureceram-no*
seu espírito amadureceu cedo

(*Dicionário Houaiss eletrônico da língua portuguesa*)

a) Qual dessas acepções está relacionada à postagem em estudo?

b) Troque ideias com os colegas e o professor e deduza: Como se dá o processo de formação da palavra **amadurecer**?

2. Algumas palavras foram escritas com todas as letras maiúsculas por dois motivos.

a) Analise-as no contexto e deduza os dois motivos que levaram a essa escrita.

b) Qual dos motivos indicados por você no item **a** está relacionado à formação das respectivas palavras? Justifique sua resposta.

3. Considerando suas respostas anteriores, explique como se constrói o efeito de humor do *twitt*.

Leia o texto a seguir e responda às questões 4 a 8.

Trava-línguas dos pelados

Paulo Netho sabia bem o que estava fazendo quando propôs a brincadeira de *O Pinto Pelado no reino dos Trava-Línguas* (Formato Editorial, 2006, 21 p.). O autor é um desbravador de línguas que costuma desenrolar histórias cheias de armadilhas de pronúncias, em público, Brasil afora, sem dar um tropeço.

Reprodução/Editora Formato

Neste livro, Netho amarrou trava-línguas de sua autoria com os de Cego Aderaldo, Chico dos Bonecos e outros tradicionais. Criou uma aventura engraçada, em que o frango amalucado, Domingos Pinto Pelado, personagem do folclore, foge de seu trágico destino numa viagem pelo mundo dos trava-línguas, provocando alguns diálogos sem pé nem cabeça. *Nonsense* total, destes que fazem as crianças rolarem de rir.

[...]

(*Língua*, ano 5, n. 66. p. 62.)

4. Identifique os processos de formação das seguintes palavras do texto:

a) trava-línguas

b) destravador

c) desenrolar

d) tradicionais

e) engraçada

f) amalucado

g) (os) pelados

5. A palavra **nonsense** costuma ser usada na língua portuguesa, mas provém de uma língua estrangeira. Troque ideias com os colegas e tente descobrir:

a) Por qual processo ela foi formada?

b) Qual é a sua origem?

c) O que ela significa?

6. A palavra **brincadeira** é formada da seguinte maneira: **brincado + -eira**, em que o sufixo **-eira** transmite uma noção de "ação coletiva" ou de "continuidade". Cite outras palavras em que o sufixo **-eira**/**-eiro** transmita a ideia de:

a) ocupação, ofício

b) árvore ou arbusto

c) lugar onde se guarda algo

d) intensidade ou aumento

e) objeto de uso

7. A palavra **folclore**, empregada no texto, originou-se do inglês — *folk* (povo, nação) + *lore* (ensinamento, instrução) —, mas já está aportuguesada e consta dos dicionários. A partir dela, nasceram várias outras palavras em nossa língua.

a) Cite ao menos duas.

b) As palavras que você citou no item **a** sofreram qual processo de formação?

8. A palavra **engraçada**, empregada no texto, formou-se com o prefixo **en-** e com o sufixo **-ada**. Esse sufixo pode apresentar diferentes sentidos. A seguir, associe as palavras ao sentido que o sufixo **-ada** apresenta em cada uma delas.

a) duração prolongada

b) movimento enérgico, golpe

c) produto alimentar

d) multidão, coleção

I. chicotada

II. papelada

III. invernada

IV. marmelada

Estrutura e formação das palavras NA CONSTRUÇÃO DO TEXTO

Leia este poema, de José Paulo Paes:

Etimologia

no suor do rosto
o gosto
do nosso pão diário

sal: salário

(*Os melhores poemas de José Paulo Paes*. 5. ed. São Paulo: Global, 2003. p. 156.)

Filipe Rocha/Acervo da editora

1. O título do poema é **Etimologia**. Consulte o dicionário:

a) Qual é o significado dessa palavra?

b) Como se deu a formação dela? Dê o sentido de seus elementos mórficos.

2. Com apenas quatro versos, o poema apresenta um esquema de rimas. Qual é esse esquema?

3. As expressões "suor do rosto" e "pão diário" remetem a que tipo de atividade humana?

4. Que relação geralmente se estabelece entre o suor do rosto e o sal?

5. O poema é organizado em duas estrofes, e a última é formada por um único verso. Que importância tem, para a construção do sentido do poema, o isolamento do último verso?

6. Faça uma pesquisa no dicionário comum ou em dicionário etimológico ou na internet e responda no caderno:

a) Qual é a origem da palavra **salário**?

b) Explique como historicamente nasceu a palavra **salário** e qual é a sua relação com a palavra da qual se origina.

7. As palavras **diário** e **salário** têm a mesma terminação, **-ário**, que pode apresentar vários sentidos.

a) Qual é o processo de formação dessas palavras?

b) Leia, na coluna da esquerda, a lista de sentidos que o sufixo **-ário** pode apresentar; depois, leia as palavras da coluna ao lado e associe cada uma delas ao seu respectivo sentido.

I. ligado a ciências naturais ou biociências	a) abecedário
II. coleção, reunião	b) orquidário
III. agente	c) protozoário
IV. cultivo, recipiente	d) comerciário
	e) salário

8. Como conclusão de estudo, responda no caderno: Qual é a importância dos elementos mórficos e dos processos de formação de palavras na construção dos sentidos do poema em estudo?

SEMÂNTICA E DISCURSO

Leia a seguir o trecho de uma crônica de Tati Bernardi.

Quando a gente era criança e queria ir a uma padaria ou sorveteria, era só dizer: ei, mãe, ei, pai, vou ali na papelaria. Que ingênuos. [...]. Não sabíamos muito bem o que aconteceria com o mundo. [...]

A gente não imaginava que, um dia, [...] um rapazote [...] pensaria que uma lanchonete deveria se chamar hamburgueria. Ou que para vender roupas você teria que abrir uma rouparia.

Ninguém desconfiaria que nesse dia, nessa hora, um portal do "algumacoisaria" se abriria e que livre a gente nunca mais estaria. Perdão se está saindo tudo meio na poesia. (Certeza que na Vila já abriram alguma poesiaria.) Não à toa, nas proximidades do bairro, existe até um bar/livraria cujos donos, na dúvida entre classificar como drinqueria, botecaria ou livrariaria, chamaram apenas de Ria.

As paleterias passaram pela vida dos paulistanos deixando a certeza de que nem sempre vale a pena apostar na desejaria de ser o empresário de uma endinheiraria. Mas em seu lugar ficaram as ruas fechadas em dias de feiraria, as posterias de gasolina e as moderníssimas iogurterias, temakerias, esfiherias, brigaderias, cupcakerias, brownerias, suquerias, polpetonerias, musculaterias, esmalterias, camiseterias, brinquederias [...].

Meu maior desejo hoje, e por isso escrevo esta crônica, é encontrar patrocínio para abrir [...] uma NADERIA. Um lugar que, desculpe se parecer meio óbvio, não tem ninguém. Não vende nada. Não tem paredes. Não tem portas. Não expõe produtos. Ali o capitalismo não impera [...]. Lá não se precificam objetos e não se objetificam humanos. [...] Já vejo um futuro tão promissor para o que não funciona que já quero abrir a promissoraria. Eu não consigo parar.

(Disponível em: https://www1.folha.uol.com.br/colunas/tatibernardi/2023/03/para-salvar-a-americanas-da-vila-madalena-basta-rebatiza-la-de-americanarias.shtml. Acesso em: 12/7/2023.)

Filipe Rocha/Acervo da editora

1. O texto é pautado em um processo específico de formação de algumas palavras.

a) Descreva como são construídas as palavras cujo processo de formação foi explorado no texto.

b) Qual é, em geral, a função dessas palavras?

c) A autora vê esse processo de forma positiva ou negativa? Justifique sua resposta com base no texto.

d) A autora fala especificamente sobre o contexto da cidade onde ela mora, São Paulo. E você, já observou, na cidade onde mora, um fenômeno semelhante? Comente com os colegas e cite exemplos.

2. Compare os quatro grupos de palavras a seguir, extraídas do texto.

queria, aconteceria, pensaria, teria, desconfiaria, estaria, abriria
sorveteria, padaria, livraria
hamburgueria, rouparia, paleteria, iogurteria, temakerias, esfiherias, brigaderias, cupcakerias, brownerias, suquerias, polpetonerias, musculaterias, esmalterias, camiseterias, brinquederias
algumacoisaria, poesiaria, drinqueria, botecaria, livrariaria, endinheiraria, feiraria, posterias, naderia, promissoraria

a) O que há de comum entre essas palavras?

b) Troque ideias com os colegas e o professor e deduza: Que critério foi usado para dividir essas palavras nesses quatro grupos?

c) Apenas um dos grupos não é formado por substantivos. Identifique-o e classifique morfologicamente as palavras que o compõem.

d) Quais desses grupos de palavras estão diretamente relacionados ao sentimento da autora exposto no texto? Justifique sua resposta.

3. Entre as palavras analisadas na questão anterior, uma foi escrita entre aspas e outra foi escrita em letras maiúsculas no texto. Identifique-as e levante hipóteses: Por que a autora fez essas escolhas?

4. Releia o último parágrafo:

> "Meu maior desejo hoje, e por isso escrevo esta crônica, é encontrar patrocínio para abrir, na [...], uma NADERIA. Um lugar que, desculpe se parecer meio óbvio, não tem ninguém. Não vende nada. Não tem paredes. Não tem portas. Não expõe produtos. Ali o capitalismo não impera [...]. Lá não se precificam objetos e não se objetificam humanos. Já vejo um futuro tão promissor para o que não funciona que já quero abrir a promissoraria. Eu não consigo parar."

a) A autora está sendo irônica? Justifique sua resposta.

b) Foi empregada nesse parágrafo uma sequência de frases com palavras de negação. Identifique essas frases no trecho acima, depois troque ideias com os colegas e o professor e levante hipóteses: O que se está negando e que crítica é feita nessa sequência?

c) Explique o sentido, no contexto, da última frase do texto: "Eu não consigo parar".

5. Como conclusão do estudo, é possível considerar que esse texto mostra que em determinadas situações o processo de formação de algumas palavras:

a) é um fenômeno exclusivamente gramatical que em nada interfere nas relações sociais.

b) é um fenômeno histórico que se desenvolveu e se encerrou no início da criação das línguas.

c) é um fenômeno pessoal e subjetivo, pois sua percepção varia muito de acordo com os gostos de cada um.

d) é um fenômeno linguístico e, como tal, interfere diretamente na sociedade, em suas práticas e instituições.

DIVIRTA-SE

(Disponível em: http://www.willtirando.com.br/rodabungulho/. Acesso em: 17/7/2023.)

CAPÍTULO 9

O substantivo

Construindo o conceito

Leia esta tira de Laerte:

(*Folha de S.Paulo*, 5/1/2012.)

1. A tira retrata uma situação comum do dia a dia. Que situação é essa?

2. O segurança menciona alguns objetos.

a) O que esses objetos têm em comum?

b) O que a pessoa que está na porta de segurança faz com os objetos que está portando?

c) Com que finalidade o segurança menciona esses objetos?

3. O humor da tira está na transformação sofrida pelo homem que está tentando passar por uma porta de segurança.

a) Explique essa transformação.

b) Por que, segundo ele, é "impossível" entrar no recinto?

4. Para se referir a alguns objetos, o segurança mencionou nomes.

a) Que objetos foram mencionados?

b) Qual é o papel das palavras **eletrônica** e **metálica** nas expressões "agenda eletrônica" e "prótese metálica"? Por que, no contexto, é necessário empregar essas palavras?

Conceituando

Como você viu na tira, o segurança, para se referir a alguns objetos que o homem poderia estar portando, empregou nomes como **chaves**, **moedas**, **agenda**, **celular**, **caneta**, **relógio**, **pulseira**, **marca-passo**, **pinos**, **implantes** e **prótese**.

Na língua portuguesa, as palavras que nomeiam os seres são chamadas de **substantivos**. No contexto da tira, os objetos eram todos materiais, mas existem também os substantivos que nomeiam sentimentos, ideias, desejos, como **esperança**, **amor**, **alegria** e **ataque**.

> **Substantivos** são palavras que nomeiam seres — visíveis ou não, animados ou não —, ações, estados, sentimentos, desejos, ideias.

Na constituição das frases, os substantivos funcionam como núcleo de uma expressão. Veja:

> O **cliente** depositou as **chaves** na **caixa**.
> (cliente: núcleo; chaves: núcleo; caixa: núcleo)

Na tira a seguir, as palavras destacadas são substantivos:

(*As melhores tiradas do Menino Maluquinho*. 2. ed. São Paulo: Melhoramentos, 2000. p. 44.)

Exercícios

Leia esta tira de Angeli:

(*Folha de S.Paulo*, 15/6/2009.)

1. A tira apresenta um título que agrega todos os elementos apresentados nos quadrinhos.

a) Qual é o título?

b) Quais são os elementos apresentados nos quadrinhos?

2. Observe o último quadrinho.

a) Quem supostamente é o cartunista?

b) O que provoca humor na tira?

3. Em cada quadrinho há uma figura e uma palavra.

a) Que relação há entre a figura e a palavra que compõem cada um dos quadrinhos?

b) Qual é a classe gramatical dessas palavras? Qual é o seu papel na língua e no texto?

c) O título da tira também pertence a essa classe gramatical? Que relação de sentido há entre o título e as palavras que compõem os quadrinhos?

Leia o cartaz a seguir e responda às questões 4 e 5.

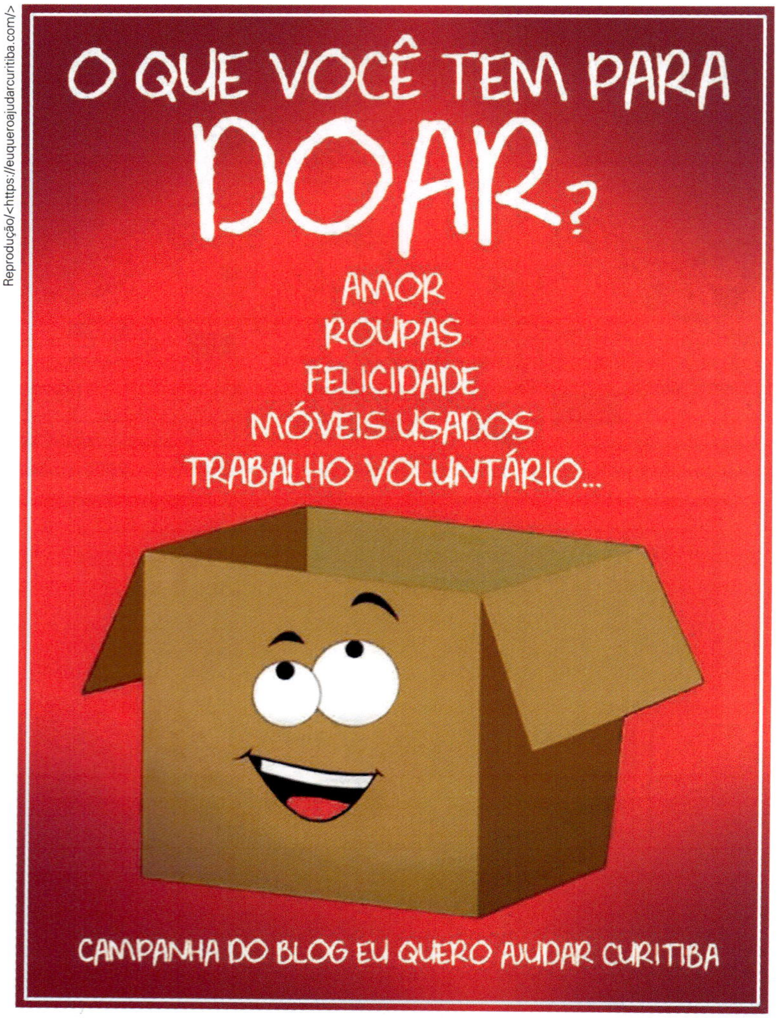

(Disponível em: https://euqueroajudarcuritiba.com/tag/doacoes-2/. Acesso em: 28/9/2022.)

4. Relacione as partes verbal e não verbal do cartaz.

a) Que sentido é construído pelo desenho da caixa de papelão? Por que ela está sorrindo?

b) Qual é a principal finalidade desse cartaz?

c) Quem é o responsável pelo cartaz?

5. No cartaz estão enumerados alguns itens aceitos para doação nessa campanha.

a) Quais desses itens são objetos concretos?

b) O que mais as pessoas podem doar além de objetos concretos? De que forma as pessoas podem fazer isso?

c) Troque ideias com os colegas e o professor e conclua: Qual efeito de sentido o uso desses dois tipos de nome constrói no contexto do cartaz em estudo?

d) Imagine que você foi a pessoa responsável por fazer esse cartaz e que a instituição lhe pediu que enumerasse mais itens. Levante hipóteses: Que itens poderiam ser acrescentados à lista do cartaz?

Classificação dos substantivos

Primitivos e derivados

- **Primitivos** são os substantivos que dão origem a outras palavras.
- **Derivados** são os substantivos que se originam de outras palavras.

vidro → vidraça
laranja → laranjeira

Simples e compostos

- **Simples** são os substantivos formados por apenas uma palavra: livro, cabelo, moleque, vento.
- **Compostos** são os substantivos formados por mais de uma palavra: guarda-roupa, beija-flor, para-raios, pé-de-meia.

Comuns e próprios

- **Comuns** são os substantivos que se referem a todos os seres de uma espécie, sem particularizá-los.

Como esta **cidade** é bonita!

- **Próprios** são os substantivos que nomeiam um ser em particular, destacando-o na espécie ou no grupo; por isso, são grafados com letra inicial maiúscula.

Fomos conhecer **Fortaleza** nas férias.

O substantivo **cidade** nomeia tanto Fortaleza quanto qualquer outra cidade; por isso, é um substantivo comum. Já **Fortaleza** particulariza uma cidade; por isso, é um substantivo próprio.

Os nomes próprios mais escolhidos

Os substantivos próprios mais usados para nomear pessoas mudam dependendo da época. Às vezes, nomes de filhos de celebridades, de personagens de novela, de cantores ou de jogadores famosos podem influenciar toda uma geração. Veja os nomes mais escolhidos nos últimos anos:

Entre os meninos		Entre as meninas	
1. Miguel	6. Davi	1. Helena	6. Heloísa
2. Arthur	7. Gabriel	2. Alice	7. Maria Clara
3. Gael	8. Bernardo	3. Laura	8. Maria Cecília
4. Heitor	9. Samuel	4. Maria Alice	9. Maria Júlia
5. Theo	10. João Miguel	5. Valentina	10. Sophia

(Fonte: https://exame.com/pop/os-100-nomes-de-bebes-femininos-mais-populares-em-2022/. Acesso em: 30/9/2022.)

Concretos e abstratos

- **Concretos** são os substantivos que nomeiam seres de existência autônoma, isto é, que não dependem de outro ser para existir, e que podem ser reais ou imaginários: lápis, país, bruxa, personagem, folclore, Monteiro Lobato, Recife.
- **Abstratos** são os substantivos que nomeiam seres de existência não autônoma, isto é, que dependem de algo ou alguém para existir. Designam sentimentos, ações e qualidades: tristeza, medo, salto, combate, beleza, vaidade, honradez.

Coletivos

São os substantivos que, mesmo no singular, transmitem a ideia de agrupamento de vários seres da mesma espécie.

clientela: de clientes, de fregueses.
elenco: de artistas, de atores.
fauna: conjunto de animais de uma região.
flora: conjunto de plantas de uma região.
turma: de estudantes, de trabalhadores, etc.

Louçaiada, sapataiada!

Segundo o linguista John Robert Schmitz, existem na língua alguns coletivos "escondidos", isto é, que são utilizados na linguagem informal cotidiana, mas não aparecem na lista de coletivos das gramáticas. Trata-se de palavras como **livraiada**, **roupaiada** e **louçaiada**, em contextos como "Onde pôr essa **livraiada** toda que você comprou?".

Fonte: *Língua Portuguesa*, nº 70, p. 21.

DavidPinoPhotography/Shutterstock

Biblioteca, substantivo coletivo de livros.

Importante

Um substantivo pode ter várias classificações. Observe:

livro: substantivo primitivo, simples e comum

Brasil: substantivo primitivo, simples e próprio

CONTRAPONTO

É comum haver divergência entre gramáticos, professores e estudantes em relação à classificação de substantivos em concretos ou abstratos. Uma dica para classificar os substantivos com mais segurança é observar o contexto em que a palavra foi empregada e a intenção do falante. Compare, por exemplo, estas duas frases:

Mariana nunca tinha pensado em casamento até conhecer Marcelo.

O casamento de Mariana e Marcelo foi muito chique.

No contexto da primeira frase, o substantivo **casamento** nomeia a ação de casar-se; portanto, é abstrato. No da segunda, nomeia a cerimônia ou a festa; portanto, é concreto.

Exercícios

1. Leia o texto a seguir. Depois, considerando o contexto e buscando compor um texto coerente, escreva no caderno os substantivos que completam adequadamente as lacunas.

Quais são os animais mais caros para se manter num zoológico?

O ______ (custo, tamanho, tipo) dos animais varia muito de acordo com a ______ (visão, localização, mobilização) e a infraestrutura do zoológico; então, não existe um ______ (bicho, ninho, pássaro) mais caro. Por exemplo, manter ______ (crianças, animais, pessoas) acostumados ao frio em regiões quentes gera gastos expressivos: é muito mais caro ter um ______ (macaco, urso-polar, elefante) na América Central do que no extremo norte do planeta. A ______ (alimentação, higiene, água) é outro fator que pesa nos gastos de um zoológico, porque não depende apenas da quantidade que o animal consome, mas da dificuldade de acesso à sua ______ (vida, saúde, comida). Assim, um ______ (zoológico, parque, sítio) que precisa importar determinado alimento pode gastar mais com um animal de pequeno porte do que com um ______ (adolescente, elefante, mamífero). Além desses gastos, há ainda os esforços para a preservação de espécies que demandam altos ______ (salários, investimentos, postos) em pesquisa genética, algo indispensável para grandes zoológicos.

Tatiana Litvinova/Shutterstock

(Mundo Estranho. Disponível em: https://super.abril.com.br/mundo-estranho/quais-sao-os-animais-mais-caros-para-se-manter-num-zoologico/. Acesso em: 30/9/2022.)

2. Veja a seguir uma lista de benefícios que boas amizades podem trazer para a vida de uma pessoa.

Ter um bom amigo...

reduz o estresse do dia a dia.

mantém nossa sanidade mental.

diminui o risco de ficarmos doentes.

estimula nosso corpo a **liberar** ocitocina, o hormônio do amor, e **produz** maior quantidade de neurotransmissores positivos ao organismo.

compensa as dificuldades da vida.

expande nossa expectativa de vida.

previne a depressão.

nos **auxilia** a **realizar** nossos projetos pessoais.

(Texto dos autores.)

Jean Galvão/Acervo da editora

a) Indique um ou mais benefícios, listados no texto, que seus amigos trazem para a sua vida.

b) Todos os verbos em destaque no texto podem ser transformados em substantivos abstratos que indicam as ações correspondentes a eles. Observe a mudança nas duas primeiras ocorrências do texto a seguir e escreva no caderno os substantivos correspondentes às formas verbais do texto original que completam as lacunas, fazendo as devidas alterações.

Entre os benefícios de uma boa amizade, podem ser contabilizadas **a redução do** estresse do dia a dia; **a manutenção de** nossa sanidade mental; a ______ risco de ficarmos doentes; o ______ nosso corpo para a ______ ocitocina, o hormônio do amor, e a ______ maior quantidade de neurotransmissores positivos ao organismo; a ______ dificuldades da vida; a ______ nossa expectativa de vida; a ______ depressão; e o ______ nossos projetos pessoais.

c) Além de transformar as formas verbais em substantivos, foi preciso inserir outras palavras no texto ao adaptá-lo no item **b**. Quais foram essas palavras? Troque ideias com os colegas e o professor e conclua: O que essa alteração indica sobre o processo de transformar verbos em substantivos correspondentes?

Leia o poema a seguir, de Chacal, e responda às questões 3 a 5.

No correio

no correio vai o envelope
no envelope vai a carta
na carta vai o meu pesar
pela morte da tua tia

Chacal. *Tudo (e mais um pouco) — Poesia reunida (1971-2016)*. São Paulo: Editora 34, 2016. p. 219.

Jean Galvão/Acervo da editora

3. O eu lírico se dirige diretamente a alguém no poema. Levante hipóteses, justificando suas respostas com base no texto.

a) A quem ele se dirige?

b) Essa pessoa a quem o eu lírico se dirige está em um lugar próximo ou distante de onde ele se encontra?

4. Os três primeiros versos são compostos de substantivos que se relacionam entre si.

a) Identifique os três pares de substantivos relacionados.

b) Entre esses substantivos, apenas um é abstrato. Identifique o substantivo abstrato e justifique sua resposta.

c) No poema, a forma verbal **vai** se repete, e em cada caso ela apresenta um sentido. Consulte um dicionário e explique o sentido da forma **vai** em cada uma de suas ocorrências.

5. O último verso tem uma estrutura diferente dos versos anteriores.

a) Esse verso completa o sentido de um termo do verso anterior. Identifique esse termo e explique como se dá essa complementação.

b) Foram empregados dois substantivos nesse verso. Identifique-os e classifique-os.

Leia o quadrinho a seguir:

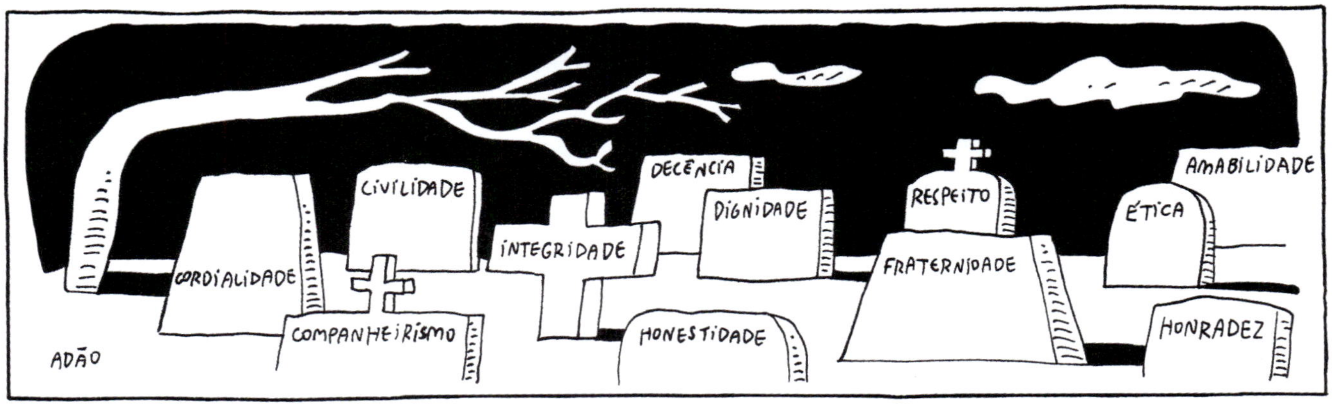

Adão Iturrusgarai/Acervo do cartunista

6. O quadrinho retrata um lugar. Que lugar é esse? Como você chegou a essa conclusão?

7. Observe as palavras que aparecem no quadrinho.

a) Em que suportes essas palavras foram escritas no contexto do quadrinho? Em geral, o que se escreve nesses suportes?

b) Como se classificam gramaticalmente essas palavras?

c) No contexto do quadrinho, essas palavras nomeiam:

I. qualidades e valores morais.

II. desejos e sentimentos.

III. sonhos e projeções para o futuro.

d) Conclua: Que crítica social o quadrinho faz?

O substantivo NA CONSTRUÇÃO DO TEXTO

Leia esta crônica de Gregório Duvivier:

Farofa é uma glória nacional e pobres são as nações que a desconhecem

Tenho pena da culinária francesa, que prepara até caramujo mas ignora essa iguaria tão bem cultivada no Brasil

Cá estou eu, almoçando um delicioso peru envelhecido por 20 dias na geladeira envolto em farofa de Natal — esse delicioso conglomerado de farinha, manteiga, bacon, suco de peru e tâmara. E nesse momento tenho pena dos estrangeiros, que desconhecem a farofa e comemoram esse **arremedo**, que é o Natal sem farofa.

A farofa é coisa nossa. E acolhe tudo. Não conhece restrição. Abraça a manteiga, recebe o alho, adora banana, vai bem com ovos, e também bacon, miúdos e, por que não, abacaxi. Aqui em casa, ralamos cenoura e beterraba, porque não há legume que uma criança negue — desde que esteja envolto em farofa.

Todos os nutrientes que a minha filha consome eu devo à farofa.

A farofa não quer ser prato principal. Aceita sua coadjuvância. Ninguém, em sã consciência, almoça uma farofa. Poucas pessoas, no entanto, almoçam sem farofa. Sempre cai bem. Experimente na salada, ou na sopa, e nunca mais recorrerás ao crouton.

Há quem louve a culinária francesa. Tenho pena do **glutão francófono**. O que dizer de uma população que come até caramujo mas desconhece a farofa? É preciso falar a verdade: o tal do ***boeuf bourguignon*** não passa de um picadinho sem farofa. Pior: sem farofa nem banana.

Biry Sarkis/Acervo da editora

arremedo: cópia, imitação.

boeuf bourguignon: conhecido prato da culinária francesa feito com carne, vinho, cebola, cogumelos e *bacon*.

francófono: falante do francês.

glutão: aquele que come demais; voraz.

Ou seja: sem tudo aquilo que faz um picadinho valer a pena.

[...]

A farofa não morre nunca. Na geladeira, não somente sobrevive por semanas como também conserva os alimentos que envolve. Atenção: essa afirmação não tem o menor embasamento científico. Não me responsabilizo por eventuais mortes por intoxicação, mas tenho a impressão de que, enquanto uma carne na geladeira dura alguns dias, a mesma carne picadinha no meio da farofa dura pra sempre.

(*Folha de S.Paulo*, 4/1/2022. Disponível em: https://www1.folha.uol.com.br/colunas/gregorioduvivier/2022/01/farofa-e-uma-gloria-nacional-e-pobres-sao-as-nacoes-que-a-desconhecem.shtml. Acesso em: 15/2/2023.)

1. O cronista aborda um tema gastronômico.
   a) Qual é o prato que ele destaca na crônica?
   b) Como ele vê esse prato no cenário da gastronomia universal?
2. O cronista diz ter pena dos estrangeiros.
   a) Por que ele tem esse sentimento?
   b) Escrita com letra maiúscula, a palavra Natal faz referência ao dia 25 de dezembro, data festejada pelos cristãos. Que sentido é construído no texto ao chamar o Natal dos estrangeiros de "arremedo"?

Para que servem os substantivos?

Os substantivos nos permitem nomear as coisas do mundo, seja um mundo concreto, seja virtual, seja imaginário. Ainda que em uma língua haja significados preestabelecidos para os nomes, um mesmo substantivo pode ter sentidos diferentes para pessoas diferentes, dependendo de sua história de vida, o que leva à possibilidade de um mesmo nome referenciar entidades completamente distintas na mente de cada indivíduo.

Ligados diretamente à experiência e à cultura de um povo, substantivos de uma língua, às vezes, não encontram correspondência direta em substantivos de outra língua. Além disso, em uma mesma língua podemos utilizar os substantivos para nomear um único ente de forma mais genérica ou de forma mais específica. É o que ocorre, por exemplo, ao escolhermos um termo entre muitos possíveis, como **pessoa**, **homem**, **jovem**, **professor**, para fazer referência a um mesmo ser.

3. Segundo o texto, a farofa é "um delicioso conglomerado" que "acolhe tudo".
   a) Qual é o sentido do substantivo **conglomerado** nesse contexto?
   b) Que ingredientes fazem parte desse conglomerado? A que classe gramatical essas palavras pertencem?
   c) Que outros ingredientes a farofa pode ter dependendo do gosto do consumidor?
4. O narrador faz esta afirmação:

   > "Todos os nutrientes que a minha filha consome eu devo à farofa."

   a) Que substantivos a palavra **nutrientes** retoma do parágrafo anterior?
   b) Explique o sentido dessa afirmação do narrador no contexto.
   c) Troque ideias com os colegas e o professor e responda: Qual é a principal função desse tipo de retomada na construção de um texto?
5. O narrador compara a farofa a iguarias da culinária francesa, reconhecida como uma das melhores do mundo.
   a) Que substantivos ele usa para definir os pratos franceses *escargot* e *boeuf bourguignon*?
   b) Conclua: Como é a avaliação dele, a respeito desses pratos, construída pelo uso desses substantivos? Identifique outras palavras e expressões que também contribuem para construir essa avaliação.
6. Segundo o narrador, "a farofa não morre nunca". Que fato do texto comprova essa afirmação?
7. O texto apresenta uma boa dose de humor. Como esse humor é construído?
8. Na crônica são utilizados muitos substantivos. A que você atribui esse uso? Qual é o papel dos substantivos nesse texto?

SEMÂNTICA E DISCURSO

Leia a seguir uma tira de Laerte.

(*Folha de S.Paulo*, 1º/7/2003.)

1. Observe os balões utilizados na tirinha.

a) Qual é a diferença no formato e na função desses balões no contexto da tira?

b) Os balões não representam uma conversa entre dois personagens. Explique essa afirmação.

2. Agora, observe as ações do personagem.

a) O que ele está fazendo?

b) O 1º quadrinho ilustra alguns itens e acessórios que ele utiliza para construir sua criação. Quais são eles?

c) A que classe de palavras pertencem os termos enumerados por você no item **b**?

3. Releia o título do livro que o personagem utiliza.

a) Deduza: Para que serve esse livro?

b) O que há de inusitado nesse título?

4. Ao longo dos três quadrinhos, a tira constrói humor com base na representação não usual de um substantivo abstrato.

a) Qual é esse substantivo?

b) Explique como é feita essa representação não usual e por que ela contribui para a construção do efeito de humor no texto.

O substantivo e os gêneros

Substantivo é uma palavra essencial na língua, pois nomeia a realidade à qual nos referimos. Por isso, está presente em todos os gêneros do discurso que circulam socialmente.

Há, entretanto, alguns gêneros que se baseiam nessa classe de palavras. É o caso, por exemplo, de diferentes tipos de lista (de nomes, de compras, de presentes, etc.), que muitas vezes são compostas apenas de substantivos enumerados; e de infográficos ou textos esquemáticos, que pretendem dar um tratamento mais objetivo e direto às informações veiculadas. Há ainda os verbetes de dicionário ou de enciclopédia, que fazem uso dos substantivos tanto como palavra de entrada, que referencia os termos a serem conceituados, quanto na própria construção textual dos conceitos.

5. Releia o 3º quadrinho.

a) Identifique e classifique o único substantivo presente nele.

b) Quais elementos da imagem representam esse substantivo? Justifique sua resposta.

Agora, leia a tira publicada no dia seguinte, no mesmo jornal, como sequência da tira da página 166.

© Laerte/Acervo da cartunista

(*Folha de S.Paulo*, 2/7/2003.)

6. Observe que, na imagem do 1º quadrinho dessa segunda tira, a criação do personagem está diferente se comparada à do último quadrinho da primeira tira. Levante hipóteses: Por que isso ocorre?

7. Relacione os elementos verbais e não verbais da tira.

a) Qual substantivo, no 1º quadrinho, retoma o livro de receitas da primeira tira? Justifique sua resposta.

b) E qual substantivo nomeia a criação feita pelo personagem, resultado das ações realizadas por ele na primeira tira?

c) O que a ilustração da tira mostra o personagem fazendo no 2º quadrinho? A quem ele direciona sua criação?

8. As duas tiras, lidas em conjunto, fazem uma crítica a uma situação social comum.

a) Troque ideias com os colegas e o professor: Que situação social é representada?

b) Levante hipóteses: O que ocorreu no último quadrinho da segunda tira, que não está na ilustração e que leva o personagem a achar que não foi compreendido?

9. As tiras são um gênero textual cuja finalidade é promover humor.

a) Troque ideias com os colegas e o professor: Para criar humor, as tiras lidas seguem os mesmos passos do "livro de receitas" utilizado pelo personagem? Justifique sua resposta.

b) Você considera as tiras lidas humorísticas? Justifique sua resposta.

DIVIRTA-SE

© Dik Browne/Ipress

(Dik Browne. *Hagar, o horrível 1*. Porto Alegre: L&PM, 2002, v. 80, p. 60. Coleção L&PM Pocket.)

CAPÍTULO 10

O adjetivo

Construindo o conceito

Observe esta pintura de Jean-François Millet:

As respigadoras, de Jean-François Millet (1857).

1. A pintura recebeu o título de *As respigadoras*. Considerando que a palavra **respigador** tem o sentido de aquele que respiga, ou seja, que recolhe as espigas que ficaram da colheita, responda:

   a) Em que tipo de ambiente a cena é retratada?

   b) O que as mulheres estão fazendo?

   c) O que elas têm na mão?

   d) Como é o trabalho delas?

2. Ao fundo, à esquerda da pintura, vemos alguns montes de trigo e uma carroça sendo carregada por alguns homens; à direita, mais ao fundo, um homem sobre um cavalo observa de longe o andamento do trabalho. Levante hipóteses:

a) Quem, provavelmente, colheu o trigo amontoado ao fundo?

b) Como, provavelmente, era avaliado o trabalho das respigadoras na época em que a pintura foi retratada?

c) Qual é o papel do homem que aparece montado a cavalo?

Creativan/Shutterstock

› Espigas de trigo no trigal.

d) O que o distanciamento físico entre esse homem e os trabalhadores sugere sobre a posição social deles?

3. Observe as cores do campo e as cores do céu, bem como a luz que incide sobre a cena.

a) Que cores predominam na paisagem?

b) Levante hipóteses: Em qual parte do dia se passa essa cena?

4. Observe as três mulheres.

a) Como a pele do rosto delas foi representada? Qual é a relação dessa característica com o trabalho que executam?

b) Como são as roupas que elas vestem? Que cores predominam? Que relação essas roupas têm com o ambiente rural em que se encontram?

c) Elas usam algum tipo de proteção para realizar o trabalho?

d) As três mulheres usam touca ou lenço na cabeça. Qual é a cor dessas peças?

Conceituando

Ao responder às questões anteriores, para caracterizar o trabalho das mulheres, você deve ter empregado palavras como **difícil**, **árduo**; para caracterizar as roupas delas, palavras como **amarelo**, **ocre**, **vermelho**, **azul**, **rústicas**, **simples**, **pesadas**; e, para caracterizar a pele delas, palavras como **escura**, **queimada**. Essas palavras são **adjetivos**. Observe:

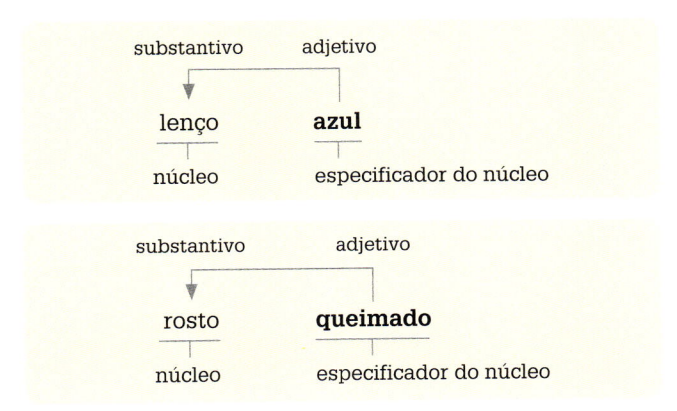

substantivo → lenço — núcleo
adjetivo → **azul** — especificador do núcleo

substantivo → rosto — núcleo
adjetivo → **queimado** — especificador do núcleo

Às vezes, o papel de adjetivo é desempenhado por mais de uma palavra, ou seja, por uma expressão. Veja:

substantivo	locução adjetiva
monte	**de trigo**
núcleo	especificador do núcleo

substantivo	locução adjetiva
roupas	**de algodão**
núcleo	especificador do núcleo

Em "monte de trigo", a expressão "de trigo" modifica o substantivo **monte**, indicando o material de que ele é feito. O mesmo ocorre em "roupas de algodão", em que a expressão "de algodão" caracteriza o tipo de **roupa**. Expressões como essas, que são formadas por mais de uma palavra e têm o papel de adjetivo, recebem o nome de **locuções adjetivas**.

Em algumas situações, as locuções adjetivas podem ser substituídas por um adjetivo equivalente. Veja:

- exposição **de selos** = exposição **filatélica**
- amor **de filho** = amor **filial**

Exercícios

Sob orientação do professor, leia com a turma este poema de Sérgio Capparelli:

Cabritos de primavera

Céu azul
De **acalanto**
Cabritos
Mansos.

Céu cinzento
Cabritos
Lentos.

Céu escuro
Cabritos
Pulam.

Céu mais claro
Cabritos
Raros.

Sol se vai
Cabritos berram
A chuva cai.

Vem a noite
Céu se estrela
Cabritos
Velam.

(*111 poemas para crianças*. Porto Alegre: L&PM, 2008. p. 125.)

Biry Sarkis/Acervo da editora

acalanto: composição musical baseada nas cantigas de ninar; embalo.

1. O poema apresenta forte sonoridade marcada por rimas. Que versos do poema rimam entre si?

2. O poema é organizado em seis partes, chamadas **estrofes**. O primeiro verso de cada estrofe faz afirmações sobre o tempo.

   a) Como está o tempo no dia retratado?

   b) No poema, quanto tempo se passa? Justifique sua resposta.

3. Na última estrofe, lemos "Cabritos / Velam". Qual é o sentido da palavra **velam** no contexto?

4. No poema, são empregados vários adjetivos.

   a) Indique os adjetivos ou as locuções adjetivas do texto.

   b) Que substantivos são acompanhados pelos adjetivos que você identificou?

   c) Qual é a importância desses adjetivos para a construção dos sentidos do texto?

Biry Sarkis/Acervo da editora

Você acredita em horóscopo? Gosta de animais de estimação? O texto a seguir faz indicações sobre animais de estimação para um dos signos. Leia-o e responda às questões 5 a 9.

Câncer — Gato e cachorro: os nativos de Câncer são sensíveis, vulneráveis e carinhosos. A astróloga Maria Helena Martins explica que eles são muito caseiros e adoram a maioria dos animais, sejam eles domésticos ou não. Muito dependentes das outras pessoas, vivem para cuidar dos que amam. Por isso, precisam ter um animal de estimação que seja como se fosse seu filho. Além disso, "a pessoa de Câncer precisa interagir — dar e receber carinho boa parte do tempo", conta a astróloga. Por isso, o gato e o cachorro são ótimas opções, por suas personalidades mais carinhosas.

(Disponível em: https://www.uol.com.br/universa/horoscopo/album/2014/10/22/saiba-quais-sao-os-bicho-de-estimacao-que-combinam-mais-com-cada-signo. htm?mode=list&foto=5. Acesso em: 21/12/2022.)

Chendongshan/Shutterstock

5. O texto atribui algumas características aos nativos do signo de Câncer.

   a) Que adjetivos são empregados para caracterizar os cancerianos?

   b) No texto, qual é o substantivo a que esses adjetivos se referem?

6. Releia este trecho:

> "A astróloga Maria Helena Martins explica que **eles** são muito caseiros e **adoram** a maioria dos animais, sejam **eles** domésticos ou não. Muito dependentes das outras pessoas, **vivem** para cuidar dos que amam."

A que ou a quem os termos em destaque se referem, respectivamente?

   a) os nativos de Câncer — os nativos de Câncer — os animais — os nativos de Câncer

   b) os nativos de Câncer — os animais — os animais — as pessoas

   c) as pessoas — as pessoas — as pessoas — as pessoas

   d) os animais — os animais — os animais — os animais

7. Há, no texto, locuções adjetivas. Identifique-as e indique o substantivo a que cada uma se refere.

8. Considerando a finalidade de textos de horóscopo, responda:

a) Como são os leitores que tais textos têm em vista?

b) Por que há, no texto lido, palavras com função adjetiva?

9. De acordo com o texto, dependendo do signo de uma pessoa, há animais que têm características mais adequadas para serem animais de estimação dela.

a) Você também tem essa opinião? Por quê?

b) Que animal você adotaria? Por quê?

10. Utilizando o vocabulário a seguir, reescreva no caderno as frases, substituindo as locuções adjetivas destacadas por adjetivos correspondentes. Faça as adaptações necessárias.

pluvial	futebolístico
fluvial	lunar
capilar	solar
plúmbeo	matutino
fabril	vespertino
áureo	noturno
digital	esportivo

a) Esse paciente apresenta características **de cabelo** diferentes.

b) Eram tempos **de ouro**, aqueles!

c) Vou estudar no período **da tarde**, e meu irmão no período **da noite**.

d) Os raios **da lua** batiam no alpendre da casa.

e) O tempo escurecia, nuvens **de chumbo** tomavam a paisagem.

f) O parque **de fábricas** da cidade tende a aumentar.

g) Naquele trecho, nos dias chuvosos, as águas **das chuvas** encontravam-se com as águas **do rio**.

h) A polícia descobriu o autor do crime por suas impressões **de dedos**.

Classificação dos adjetivos

Os adjetivos classificam-se em:

Simples

São os adjetivos formados por uma só palavra:

professor **exigente**

menina **inteligente**

Compostos

São os adjetivos formados por duas ou mais palavras:

vestido **cor-de-rosa** | acordo **euro-brasileiro**

Pátrios ou gentílicos

São os adjetivos utilizados para indicar procedência ou nacionalidade:

teatro **pernambucano** | língua **francesa**

danielo/Shutterstock

Quando os adjetivos pátrios ou gentílicos são compostos, costuma-se empregar em primeiro lugar o adjetivo mais curto, geralmente na forma reduzida e culta. Veja:

- relações entre China e Brasil
- relações **sino-brasileiras**

As formas reduzidas mais utilizadas são:

afro: africano	**anglo:** inglês	**euro:** europeu	**franco:** francês
greco: grego	**hispano:** espanhol	**indo:** indiano	**ítalo:** italiano
luso: português	**nipo:** japonês	**sino:** chinês	**teuto:** alemão

Exercícios

1. Escreva no caderno um pequeno parágrafo empregando dois adjetivos compostos em que uma das formas seja reduzida, como em **sino-brasileiras**.

2. No caderno, substitua a oração destacada nas expressões a seguir por um adjetivo equivalente, escolhido entre os constantes no vocabulário abaixo. Se necessário, consulte um dicionário.

agradável	interessante	incolor	indelével	transparente	inflamável	alegre
insípido	inodoro	insosso	científico	reciclável	hepático	

- produto **que se incendeia facilmente**
- líquido **que não tem cheiro**
- esmalte **que não tem cor**
- comida **que não tem sabor**
- material **que se pode reciclar**
- hambúrguer **que não tem sal**
- lembrança **que não se pode apagar**

Alona_S/Shutterstock

Leia o texto que segue do começo ao fim e responda às questões 3 a 5.

Solidão

Biry Sarkis/Acervo da editora

Era uma vez uma menina muito ______ (falante, feia, linda) e muito ______ (alegre, solitária, comunicativa) que vivia ______ (presa, livre, perdida) dentro de casa. Sua mãe, uma mulher ______ (sensível, ciumenta, receptiva) e ______ (egoísta, solidária, bondosa), queria que a menina fosse só dela, como uma propriedade: não podia brincar, não podia ter amigas, não podia se relacionar com ninguém. Um dia, chorando, a menina pediu ao céu ______ (nublado, chuvoso, azul): "Faça de mim um passarinho, pois, com minhas asas, poderei conhecer o mundo". O céu atendeu ao pedido da menina com uma advertência: ela jamais poderia chegar perto dos humanos. A menina concordou e foi transformada numa ______ (enorme, linda, triste) sabiá. Todas as manhãs, ela saía para passear junto com os outros sabiás, que a levavam para os lugares mais ______ (estranhos, sombrios, incríveis). Por alguns meses a menina viu tudo o que gostaria de ter visto e não tinha tido a oportunidade de ver. As coisas estavam assim, perfeitas, até que, um dia, ao ver um menino, ela sentiu saudade dos humanos e se apaixonou. Chegou perto do garoto e, com a sua voz ______ (de gente, de sabiá, de criança), começou a cantar ______ (novas, desconhecidas, antigas) canções que aprendera quando ainda era uma menina. O menino, ______ (encantado, apaixonado, bondoso), chegou perto dela, coçou sua cabeça e plaft!, prendeu-a numa gaiola. A todos que iam a sua casa, ele mostrava sua conquista ______ (de herói, maldosa, preciosa): a sabiá ______ (triste, alegre, conformada) que sabia cantar como uma menina.

(Dilea Frate. *Histórias para acordar*. São Paulo: Companhia das Letrinhas, 2012. p. 50.)

3. Considerando o contexto, escreva no caderno qual dos adjetivos ou locuções adjetivas que estão entre parênteses no texto devem ser escolhidos para completá-lo garantindo a coerência e a coesão.

4. Compare a situação da menina no início e no fim da história.

a) Houve mudança significativa em sua condição? Por quê?

b) O que a história mostra da natureza e do caráter de alguns seres humanos?

5. Compare a versão que você inicialmente leu do texto com a versão final, completada com os adjetivos. Que diferença você nota? Que contribuição os adjetivos trazem para o texto?

O adjetivo
NA CONSTRUÇÃO DO TEXTO

Leia estes quadrinhos de Laerte:

(*Fagundes, um puxa-saco de mão cheia.* Coleção Circo 1. São Paulo: Circo-Sampa, 1991. p. 9.)

1. Observe o nome da obra da qual foram extraídos os quadrinhos. Nele, consta a expressão **puxa-saco**, empregada geralmente em contextos mais coloquiais.

a) Qual é sentido dessa expressão?

b) Os quadrinhos confirmam essa característica do personagem Fagundes? Por quê?

2. Na conversa com o chefe, Fagundes emprega vários adjetivos.

a) Que adjetivos ele utiliza para caracterizar o chefe?

b) Você conhece o sentido de todos esses adjetivos? Se não, troque ideias com os colegas e com o professor e, depois, registre os adjetivos que você não conhece.

c) O que todos esses adjetivos têm em comum?

d) Levante hipóteses: Fagundes é sincero em suas opiniões sobre o chefe? Justifique sua resposta.

Para que servem os adjetivos?

Os adjetivos modificam os nomes, atribuindo-lhes características e dando indícios sobre o ponto de vista do enunciador. Da mesma forma que os substantivos, os adjetivos contribuem para organizar o mundo em que vivemos. Assim, é por meio do adjetivo que distinguimos uma fruta **doce** de uma **azeda**, um peixe **grande** de um **pequeno**.

Os adjetivos estão diretamente relacionados com a forma como vemos o mundo. Por exemplo, você sabia que, em algumas comunidades primitivas, uma tonalidade da cor cinza corresponde, em nossa cultura, a um dos tons do azul? Os habitantes seriam diferentes de nós fisicamente? Não, simplesmente veem e organizam o mundo de forma diferente; por isso, usam adjetivos diferentes dos nossos para se referir à mesma cor.

3. Observe a expressão do chefe de Fagundes nos quatro primeiros quadrinhos. Como ele se sente ao ouvir os comentários de Fagundes?

4. Agora, observe os três últimos quadrinhos.

a) Quem tomou a iniciativa de punir Fagundes?

b) Possivelmente, qual seria a causa dessa iniciativa?

5. O humor da tira se encontra no último quadrinho, quando é apresentada uma surpresa que quebra a expectativa do leitor.

a) Que surpresa é essa?

b) Considerando o que acontece no último quadrinho, conclua: Os adjetivos empregados por Fagundes para caracterizar o chefe correspondem de fato às qualidades que ele tinha?

c) As histórias em quadrinhos, às vezes, exageram as situações para criar humor. Na vida real, a atitude dos colegas e do chefe de Fagundes seriam aceitáveis? Por quê?

SEMÂNTICA E DISCURSO

Leia o texto a seguir.

Reprodução/Banco do Brasil/http://www.master.com.br/

(*Veja Especial Luxo*, novembro de 2011.)

1. Observe as condições de produção do texto.

a) A que gênero ele pertence: um texto de campanha em favor da natureza, um anúncio publicitário ou parte de um verbete de enciclopédia?

b) Quem é o enunciador, responsável pelo anúncio?

c) Qual é a finalidade principal do anúncio?

O adjetivo e os gêneros

Os adjetivos podem ser facilmente encontrados em praticamente todos os gêneros do discurso. Contudo, eles são mais frequentes naqueles em que há a necessidade de descrever ou caracterizar um ser, como ocorre em um anúncio classificado, em um anúncio publicitário, em um manual de instrução, em um texto ficcional (conto, crônica, romance, etc.) em que se descreve um personagem, um local, uma paisagem, uma cena, etc.

2. Na parte superior do anúncio, lemos:

> A raridade faz da
> arara-azul uma ave única
> entre todas as outras.

Fotos: Reprodução/Banco do Brasil/http://www.master.com.br/

a) Qual característica da arara-azul é destacada no enunciado?

b) Comente o efeito sonoro criado pelas palavras **raridade** e **arara**.

3. A palavra **único(a)** pode ter mais de um sentido, dependendo do contexto e da posição que ocupa na frase. Compare estas frases:

- A arara-azul é a **única** ave com as cores azul e amarelo.
- A arara-azul é uma ave **única** entre todas as outras.

a) Qual é a classe gramatical da palavra **única** em cada frase?

b) Comparando as frases, que diferença de sentido há nos dois empregos dessa palavra?

4. Abaixo do enunciado principal, lemos o seguinte trecho:

> No Banco do Brasil Private você é único.
> E estamos preparados para atender você
> com exclusividade e alta performance.

Fotos: Reprodução/Banco do Brasil/http://www.master.com.br/

a) Troque ideias com os colegas e o professor: O que vem a ser o segmento Private de alguns bancos?

b) Qual é o sentido do adjetivo **único** no contexto?

c) Que outra palavra desse trecho reforça o sentido que você apontou no item anterior?

5. Compare o trecho examinado na questão 4 às frases examinadas na questão 3. A aproximação entre a arara-azul e o cliente Private pode ser vista como uma estratégia de *marketing*? Justifique sua resposta.

6. Na parte de baixo do anúncio, lemos:

> "Por ser encontrada somente no Brasil e por ser dona de um amarelo e um azul vibrantes, a arara-azul é considerada um símbolo de brasilidade."

Observe agora, ao lado, o logotipo do Banco do Brasil.

BANCO DO BRASIL

Reprodução/Banco do Brasil

a) Quais são as cores do logotipo do banco?

b) Faça uma breve pesquisa e responda: O Banco do Brasil é:

I. uma empresa privada de capital brasileiro.

II. uma empresa estatal de capital brasileiro.

III. uma empresa privada de capital estrangeiro.

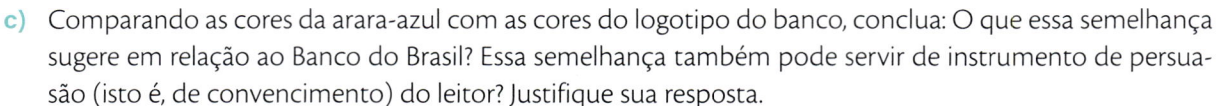

c) Comparando as cores da arara-azul com as cores do logotipo do banco, conclua: O que essa semelhança sugere em relação ao Banco do Brasil? Essa semelhança também pode servir de instrumento de persuasão (isto é, de convencimento) do leitor? Justifique sua resposta.

7. Compare estas frases:

- Nélson não é gordo.
- Nélson é magro.

Que diferença de sentido há entre elas?

Denise Andersen/Shutterstock

8. Observe o emprego dos adjetivos destacados nestes pares de frases:

- A noiva estava **bonita**.
- A noiva estava **linda**.

- A noiva estava **bonitona**.
- A noiva estava **bonitinha**.

a) No primeiro par, qual é a diferença entre estar **bonita** e estar **linda**?

b) No segundo par, qual é a diferença entre estar **bonitona** e estar **bonitinha**?

9. Às vezes, a posição do adjetivo na frase altera o seu significado. Dê o significado dos adjetivos destacados nas frases a seguir.

a) Luís é um **velho** amigo.

Luís é um amigo **velho**.

b) No 6º ano, eu tive um **grande** professor.

No 6º ano, eu tive um professor **grande**.

DIVIRTA-SE

Pipas coloridas

Desafio de lógica – você é capaz de resolver?

Quatro crianças estão empinando pipas. Por meio das dicas, descubra qual pipa cada uma está empinando.

1. A rabiola da pipa azul é maior do que a rabiola da pipa de Augusto.
2. Diogo está empinando a pipa azul.
3. A rabiola da pipa de Diogo é menor do que a rabiola da pipa verde.
4. A rabiola da pipa vermelha é meio metro maior do que a rabiola da pipa preta.
5. Rogério está empinando a pipa preta.

		PIPA				RABIOLA			
		azul	preta	verde	vermelha	1,50 m	2,00 m	2,50 m	3,00 m
CRIANÇA	Augusto								
	Diogo								
	Lúcio								
	Rogério								
RABIOLA	1,50 m								
	2,00 m								
	2,50 m								
	3,00 m								

(Disponível em: https://www.geniol.com.br/logica/desafios/pipas-coloridas/. Acesso em: 21/12/2022.)

Filipe Rocha/Acervo da editora

CAPÍTULO 11

Flexão dos substantivos e dos adjetivos

Construindo o conceito

Leia estes quadrinhos do cartunista argentino Nik:

(*Gaturro 2*. Cotia-SP: Vergara & Riba, 2008. p. 22.)

1. Gaturro, o personagem principal do quadrinho, está trabalhando em um escritório e ouve alguns comentários que seus colegas estão fazendo.

a) De quem eles estão falando?

b) A pessoa de quem falam é do sexo masculino ou do sexo feminino? Como você chegou a essa conclusão?

2. Para caracterizar a pessoa de quem falam, os funcionários empregaram a mesma classe de palavras.

a) Que classe de palavras é essa?

b) Você conhece o sentido de todas as palavras empregadas nesses quadrinhos? Em seu caderno, faça a correspondência das palavras da primeira coluna com seus respectivos sentidos ou sinônimos, presentes na segunda coluna. Se tiver dúvida, consulte um dicionário.

I. perverso	a) inescrupuloso
II. cínico	b) cruel
III. maquiavélico	c) opressor
IV. prepotente	d) ordinário
V. hipócrita	e) presunçoso
VI. arrogante	f) ardiloso
VII. psicopata	g) aquele que sofre de doença mental
VIII. vil	h) falso

c) Com base nessas palavras, conclua: Como é o relacionamento dessa pessoa com os demais funcionários do escritório? Por quê?

3. No último quadrinho, Gaturro pensa:

"Nada contribui mais para enriquecer nosso vocabulário que os sinônimos de 'chefe'."

As palavras usadas pelos demais funcionários são realmente sinônimas de **chefe**? Se não, que palavra poderia ser sinônima desse termo?

4. Para responder à questão **1.b**, você precisou observar a terminação das palavras para saber o gênero (masculino ou feminino) delas.

a) Dê o feminino das palavras a seguir:

- perverso
- cínico
- maquiavélico
- néscio
- obsessivo

b) Conclua: De que modo se forma o feminino dessas palavras?

5. Agora, observe a palavra **explorador**.

a) Qual é o feminino dela?

b) Como se forma o feminino dessa palavra?

c) Cite outras palavras da língua portuguesa que seguem o mesmo princípio para a formação do feminino.

6. Observe este grupo de palavras:

farsante   prepotente   hipócrita   psicopata   vil

a) Qual é o feminino dessas palavras?

b) Deduza: Como podemos saber se elas se referem a um ser do gênero masculino ou do gênero feminino?

7. Agora, observe este grupo de palavras:

perverso   arrogante   psicopata   explorador   vil

a) Dê o plural dessas palavras.

b) Observe a modificação que essas palavras sofreram e responda: De que modo se formou o plural da maioria delas? Quais são as exceções?

Ao responder às questões anteriores, você conheceu alguns dos princípios que orientam a flexão de nomes na língua portuguesa, ou seja, as variações que os substantivos e os adjetivos sofrem para indicar masculino e feminino, singular e plural.

Conceituando

Gênero

Flexão dos substantivos

Purple Moon/Shutterstock

A noção de **gênero** na língua portuguesa costuma ser associada ao sexo dos seres. Entretanto, não devemos confundir sexo dos seres com gênero das palavras, pelas seguintes razões:

- Todos os substantivos do português — tanto os referentes a pessoas e animais quanto os referentes a coisas — têm gênero. Veja os exemplos:

  - o garoto ▪ a garota ▪ o lápis ▪ a saia

- Mesmo substantivos que se referem a pessoas ou animais apresentam, muitas vezes, diferenças entre sexo e gênero. Veja:

  - o indivíduo (é sempre masculino) ▪ a cobra (é sempre feminino)

Assim, o gênero (masculino e feminino) da palavra nem sempre indica o sexo do ser; é apenas um princípio convencional, isto é, combinado, da língua.

O feminino dos substantivos geralmente é formado pela troca de **-o** por **-a** ou pelo acréscimo da vogal **-a** no final da palavra. Veja:

- porc**o** — porc**a**
- escultor — escultor**a**

Observação

Há substantivos que admitem dois gêneros; entretanto, o significado da forma masculina é diferente do significado da forma feminina. Veja alguns exemplos:

- o rádio: o aparelho receptor
- a rádio: a estação, a emissora
- o cura: o padre
- a cura: a recuperação

Flexão dos adjetivos

O feminino dos adjetivos geralmente é formado do mesmo modo que o dos substantivos, isto é, pela troca de **-o** por **-a** ou pelo acréscimo da vogal **-a** no final da palavra. Veja:

- furioso — furiosa ▪ holandês — holandesa

Há adjetivos, porém, que têm uma só forma para o masculino e para o feminino. Observe:

- time **juvenil** — literatura **juvenil** ▪ menino **feliz** — menina **feliz**

Alguns formam o feminino de modo diferente. Veja estes exemplos:

- plebeu — plebeia
- cristão — cristã
- mau — má
- europeu — europeia

Número

Flexão dos substantivos

A maior parte dos substantivos forma o plural com o acréscimo da letra **-s**. Observe:

camiseta — camiseta**s**

Entretanto, o modo de formar o plural pode variar, dependendo da terminação das palavras. Veja:

- substantivos terminados em **-r**, **-s** ou **-z** → acrescenta-se **-es**:
  - colar — colar**es**
  - freguês — fregues**es**
  - capuz — capuz**es**
- substantivos terminados em **-l** precedido de **a**, **e**, **o** ou **u** → substitui-se o **-l** por **-is**:
  - cana**l** — cana**is**
  - ane**l** — ané**is**
  - anzo**l** — anzó**is**
  - pau**l** — pau**is**

Atenção:

- **-il** (oxítonas): cant**il** – cant**is**
- **-il** (paroxítonas): projét**il** – projét**eis**

- substantivos terminados em **-ão** → substitui-se o **-ão** por **-ãos**, **-ães** ou **-ões**:
  - mão — mãos
  - alemão — alemães
  - ação — ações
- substantivos terminados em **-zito** ou **-zinho** → pluraliza-se a palavra-base e também a terminação:
  - anima**l**zinho — anima**i**zinho**s**
  - caraco**l**zinho — caraco**i**zinho**s**
- substantivos paroxítonos terminados em **-s** ou **-x** → são invariáveis:
  - o pire**s** — os pire**s**
  - o tóra**x** — os tóra**x**

Flexão dos adjetivos

Quanto ao número, a flexão dos adjetivos é semelhante à dos substantivos. Veja:

- garoto **francês** — garotos **franceses**
- prova **difícil** — provas **difíceis**

Exercícios

Leia este texto de curiosidades:

Diferença entre cabra e ovelha

agefotostock/Alamy/Fotoarena

A cabra e a ovelha são animais herbívoros, ruminantes, pertencentes a espécies distintas e constituem umas das primeiras espécies domesticadas e criadas pelo homem, sendo vitais economicamente como fontes de carne, pelagem e leite.

Tanto a cabra quanto a ovelha pertencem à família Bovidae, que constitui uma família de mamíferos ruminantes e inclui animais como antílopes, bisontes e bois. Os bovinos apresentam um papel importante na evolução cultural dos seres humanos, pois muitas espécies foram domesticadas para fins de subsistência.

Dentro da família Bovidae, a cabra e a ovelha pertencem à subfamília Caprinae. A criação desses animais como meio de subsistência pelo homem denomina-se caprinocultura, no caso das cabras, e ovinocultura, no caso das ovelhas.

(Raquel Buranelli. Disponível em: https://www.portaldosanimais.com.br/curiosidades/diferenca-entre-cabra-e-ovelha/. Acesso em: 10/12/2022.)

1. Com base no texto, responda às questões a seguir em seu caderno:

a) O que a cabra, a ovelha, o boi e o antílope têm em comum?

b) O que diferencia a cabra e a ovelha do boi?

2. Qual é a importância dos ruminantes, como a cabra, a ovelha e o boi, para a história do ser humano?

3. Releia o primeiro parágrafo do texto e, depois, responda:

a) Como as palavras **herbívoros**, **ruminantes**, **espécies**, **distintas**, **domesticadas** e **fontes**, que estão no plural, se formaram?

b) E como as palavras **animais** e **vitais**, que estão no plural, se formaram?

4. Embora pertençam à família Bovidae, cabra e ovelha são animais distintos e fazem a variação de gênero de modo especial.

a) As palavras **cabra** e **ovelha** estão no feminino ou no masculino?

b) Qual é o gênero oposto ao dessas formas?

5. O texto cita ainda antílopes, bisontes e bois como pertencentes à família Bovidae.

a) Quais desses substantivos formam o gênero com o acréscimo do adjetivo **macho** ou do adjetivo **fêmea**?

b) E qual deles tem uma forma específica para indicar o feminino? Qual é essa forma?

6. Há alguns nomes específicos para indicar o masculino e o feminino. Dê o feminino de:

a) zangão
b) elefante
c) cavalo
d) pavão
e) cavalheiro
f) cavaleiro
g) padrasto

7. Na tira abaixo, de Fernando Gonsales, foram propositalmente eliminados quatro adjetivos: **encantada**, **audaz**, **terrível** e **fiel**.

© Fernando Gonsales/Acervo do cartunista

(*Níquel Náusea — Nem tudo que balança cai*. São Paulo: Devir, 2003. p. 3.)

a) Relacione os adjetivos aos substantivos correspondentes, buscando coerência de ideias.

- príncipe
- cavalo
- floresta
- monstro

b) Flexione em número as expressões (substantivo + adjetivo) formadas no item anterior.

c) Flexione em gênero as expressões (substantivo + adjetivo) do item **a** que aceitam essa flexão e depois passe todas as expressões formadas para o plural.

d) Analise suas respostas aos itens anteriores. A que conclusão você chega sobre a formação do plural feminino dos adjetivos **audaz**, **fiel** e **terrível**?

Leia este título de uma matéria jornalística:

Jovem ativista sueca consegue garantia da União Europeia de investimento de US$ 1 trilhão no clima

(Disponível em: https://conexaoplaneta.com.br/blog/jovem-ativista-sueca-consegue-garantia-da-uniao-europeia-de-investimento-de-us-1-trilhao-no-clima/. Acesso em: 10/12/2022.)

Daniele COSSU/Shutterstock

> Greta Thunberg, ativista sueca de 16 anos à qual se refere o título da notícia.

8. A notícia trata de uma menina que luta pela conservação do planeta.

a) Que palavra indica que se trata de uma pessoa do sexo feminino?

b) Qual é a classe gramatical dessa palavra?

c) Reescreva, em seu caderno, o título da matéria, imaginando que se trata de uma pessoa do sexo masculino. A que conclusão você chega sobre a flexão de gênero das palavras **jovem** e **ativista**?

9. Assim como **jovem** e **ativista**, há outras palavras invariáveis, e a indicação do sexo dos seres a que se referem é feita por meio dos pronomes, artigos e/ou adjetivos que as acompanham ou só pelo contexto. Veja os exemplos a seguir:

- **O dentista** estava ocupadíssimo.
- **A dentista** estava ocupadíssima.

- **Ele** foi **a** principal **testemunha** no julgamento.
- **Ela** foi **a** principal **testemunha** no julgamento.

Observe a lista abaixo, na qual se incluem substantivos variáveis e invariáveis quanto ao gênero.

vítima	selvagem	rei	servente	criança	cônjuge	rapaz
trabalhador	criatura	modelo	manequim	carrasco	indígena	pastor
freguesa	operário	cidadão	ator	engenheiro		

a) Identifique na lista os substantivos invariáveis quanto ao gênero, copie a tabela abaixo no caderno e, depois, agrupe-os pela maneira de indicar o sexo do ser a que se referem.

o/a dentista	a testemunha

b) Escolha um substantivo da segunda coluna do item **a** e crie duas frases em que, pelo contexto, fique evidente seu emprego em referência a um ser do sexo feminino em uma delas e a um ser do sexo masculino em outra.

Plural dos substantivos e dos adjetivos compostos

Leia o texto a seguir.

Nas férias, Curitiba promove segunda-feira também como um dia de passeio

Férias e janeiro combinam com explorar ou redescobrir atrações de Curitiba. Mas moradores e turistas, muitas vezes, têm dificuldade de saber o que abre nas segundas-feiras. A boa notícia é que várias atrações da capital funcionam no primeiro dia útil da semana e podem ser conferidas no guia Curta Curitiba Até Segunda, disponível no portal do Instituto Municipal de Turismo, órgão ligado à Prefeitura da capital. [...]

Um dos espaços turísticos que abrem na segunda-feira é o nostálgico Bondinho da Rua XV de Novembro, no Centro. Restaurado pela Prefeitura em 2018, o cartão-postal é atração turística do calçadão desde 1973. O local retomou as atividades como Bondinho da Leitura, ponto para empréstimo gratuito de livros e atividades de incentivo à leitura da Fundação Cultural de Curitiba.

Nereu Jr./Pulsar Imagens

› Bondinho da Leitura na Rua XV de Novembro ou Rua das Flores, em Curitiba, 2016.

(Disponível em: https://www.bemparana.com.br/bem-estar/turismo/nas-ferias-curitiba-promove-segunda-feira-tambem-como-um-dia-de-passeio/. Acesso em: 27/2/2023.)

1. O texto jornalístico trata de uma particularidade de uma cidade brasileira.

a) Que cidade é essa e qual é essa particularidade?

b) Por que esse fato é tratado como uma particularidade?

2. Foram empregados no texto dois substantivos compostos.

a) Identifique-os.

b) Um desses substantivos é utilizado no texto no sentido não literal, isto é, com significado diferente do que tem originalmente. Indique qual é ele e explique o sentido original e o sentido que ele tem no contexto.

Diego Grandi/Shutterstock

> Vista aérea da cidade de Curitiba, Paraná.

3. Um dos substantivos compostos foi empregado em suas formas singular e plural, e o outro, apenas no singular.

a) Observe o que foi empregado nas duas formas e conclua: Como se formou o plural desse substantivo composto?

b) Escreva no caderno a frase a seguir completando-a com o plural do outro substantivo composto que você identificou no texto.

- Enviei os ______ pelo correio.

Plural dos substantivos compostos

Ao empregar substantivos compostos no plural, devemos observar algumas regras. As principais são as seguintes.

- Pluralizam-se as palavras variáveis (substantivos, adjetivos e numerais ordinais) e não se pluralizam as invariáveis (verbos e advérbios):

abelha**s**-mestra**s**
subst. subst.

erva**s**-doce**s**
subst. adj.

quarta**s**-feira**s**
num. ord. subst.

guarda-roupa**s**
verbo subst.

bem-amado**s**
adv. adj.

bota-fora
verbo adv.

- Quando o substantivo composto for formado por dois substantivos, de modo que o segundo elemento especifica o primeiro, há duas possibilidades de formação do plural: flexiona-se apenas o primeiro elemento ou os dois:

  - manga**s**-rosa ou manga**s**-rosa**s**
  - pombo**s**-correio ou pombo**s**-correio**s**

- Quando as palavras se ligam por **de**, **do**, só se pluraliza a primeira palavra:

  - pé**s**-de-meia
  - arco**s**-da-velha

- Quando as palavras são repetidas ou representam onomatopeias, só se pluraliza a segunda:
  - pisca-pisca**s**
  - reco-reco**s**

Guardas-florestais e guarda-comidas

Nos substantivos compostos com a palavra **guarda**:

- os dois elementos se pluralizam quando **guarda** for substantivo:

guarda**s**-floresta**is**
subst. adj.

- só o segundo elemento se pluraliza quando **guarda** for verbo:

guarda-comida**s**
verbo subst.

Exercícios

1. Em quais sequências de substantivos compostos abaixo todos estão corretamente flexionados no plural? Indique-as e reescreva adequadamente, no caderno, os substantivos que não estão flexionados de acordo com a norma-padrão.

a) guarda-comidas, recém-nascidos, boias-frias, sextas-feiras

b) cirurgiões-dentistas, roda-gigantes, águas-de-colônia, prontos-socorros

c) perobas-do-campo, corre-corres, tico-ticos, toca-fitas

d) quebras-cabeças, porta-malas, vales-transportes, curto-circuitos

e) cartões-postais, bem-te-vis, saca-rolhas, conta-gotas

2. Em seu caderno, reescreva as frases a seguir, passando para o plural todos os substantivos compostos. Faça as adaptações necessárias.

a) O ex-prefeito vai participar de um programa de bate-papo na TV toda sexta-feira.

b) O aquário só tinha cavalo-marinho e peixe-espada.

c) O pica-pau e o tico-tico fizeram ninho na árvore de laranja-baía.

Yellow Cat/Shutterstock

Quality Stock Arts/Shutterstock

3. Leia, a seguir, o texto que circula na internet.

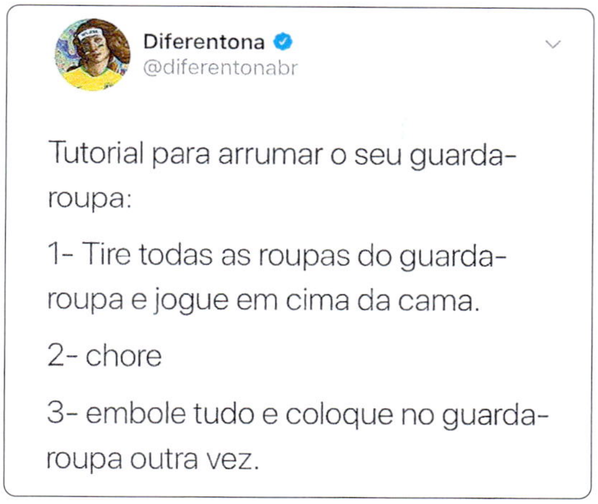
Diferentona
@diferentonabr

Tutorial para arrumar o seu guarda-roupa:

1- Tire todas as roupas do guarda-roupa e jogue em cima da cama.

2- chore

3- embole tudo e coloque no guarda-roupa outra vez.

(Disponível em: https://www.facebook.com/metropolitanafm/photos/simples-assim-s%C3%B3-chorando-mesmo-hahahah/10161108582840144/?locale=pt_BR. Acesso em: 9/3/2023.)

a) O texto anuncia ser um tutorial. Qual é a função de um tutorial?

b) Troque ideias com os colegas e o professor e conclua: Como é construído o humor desse texto?

c) Reescreva em seu caderno o título do texto, empregando a palavra **guarda-roupa** no plural e fazendo as alterações necessárias para que o título passe a ter um sentido mais geral, e não particular.

4. Alguns substantivos compostos com a palavra **guarda** apresentam a mesma forma no singular e no plural. É o caso, por exemplo, de **guarda-costas**, **guarda-livros** e **guarda-volumes**. Considerando essa informação, reescreva em seu caderno a frase a seguir, passando para o plural os substantivos compostos. Faça as adaptações necessárias.

- O guarda-noturno vigia o guarda-volumes sem precisar de guarda-sol.

5. Leia este texto:

[...] Com o objetivo de cobrar do governo federal e dos governadores dos estados que integram a Amazônia a cumprirem com o seu dever de assegurar os direitos dos povos indígenas e esvaziar os garimpos que estão dentro das terras indígenas, o Greenpeace Brasil lança [...] a petição #AmazôniaLivredeGarimpo.

Para Danicley Aguiar, __________ de Povos Indígenas do Greenpeace Brasil, a dinâmica do garimpo está atrelada a um modelo de desenvolvimento econômico ultrapassado, que foca apenas na exploração irracional dos recursos naturais. [...]

O __________ faz parte de uma campanha do Greenpeace Brasil, também chamada Amazônia Livre de Garimpo, que busca chamar atenção para o problema, apoiar a Aliança em Defesa dos Territórios, responsabilizar os envolvidos neste tipo de ilegalidade e mobilizar a sociedade brasileira para a importância de construirmos um novo modelo de desenvolvimento econômico na Amazônia, com novas oportunidades de desenvolvimento e que diminua a desigualdade e mantenha as florestas de pé.

(Disponível em: https://blogdopedlowski.com/2023/02/13/peticao-amazonia-livre-de-garimpo-a-hora-e-essa-e-lancada-hoje-pelo-greenpeace-brasil/. Acesso em: 9/3/2023.)

a) No caderno, copie e complete as frases com lacuna com dois dos substantivos compostos do quadro a seguir, de acordo com o sentido do texto.

bota-fora	abaixo-assinado	boa-nova
saca-rolhas	porta-voz	bem-me-quer

b) Dê o plural dos substantivos que você usou para completar o texto.

6. Copie no caderno e complete as manchetes que seguem com o plural destes substantivos compostos:

guarda-chuva | montanha-russa | beija-flor | cachorro-quente

Testamos as novas _____ de Orlando que prometem agitar a temporada

(Disponível em: https://viagemegastronomia.cnnbrasil.com.br/viagem/testamos-as-novas-montanhas-russas-de-orlando-que-prometem-agitar-a-temporada/. Acesso em: 9/3/2023.)

Marca cria roupas reaproveitando _____ quebrados

(Disponível em: https://ciclovivo.com.br/inovacao/negocios/marca-cria-roupas-reaproveitando-guarda-chuvas-quebrados/. Acesso em: 9/3/2023.)

Homem tem ideia genial para ajudar _____ em inverno congelante

(Disponível em: https://www.amomeupet.org/noticias/7512/homem-tem-ideia-genial-para-ajudar-beija-flores-em-inverno-congelante. Acesso em: 9/3/2023.)

Entidades venderam mais de 50 mil _____ durante programação do Natal Vida em Ijuí

(Disponível em: https://radioprogresso.com.br/entidades-venderam-mais-de-50-mil-cachorros-quentes-durante-programacao-do-natal-vida-em-ijui/. Acesso em: 9/3/2023.)

7. Leia o poema de Paulo Leminski:

[...]
acenda a lâmpada às seis horas da tarde
acenda a luz dos lampiões
inflame
    a chama dos salões
    fogos de línguas de dragões
    _____
numa nuvem de poeira e neon
tudo é claro
à noite assim que é bom
[...]

(*Toda poesia*. Companhia das Letras, 2013. p. 220.)

Filipe Rocha/ Acervo da editora

a) Para completar a lacuna do poema de Paulo Leminski, escreva no caderno o plural de **vaga-lume**.

b) Justifique a mudança que você fez para passar para o plural a palavra **vaga-lume**.

Plural dos adjetivos compostos

Leia os títulos e trechos das matérias jornalísticas a seguir.

Seleção alemã admite inspiração no Flamengo para uniforme rubro-negro

Em postagem em rede social no lançamento da roupa alternativa, time germânico diz que cores são para trazer sorte na Copa do Mundo: 'Sua camisa para o Rio'

(Disponível em: http://globoesporte.globo.com/futebol/futebol-internacional/noticia/2014/02/selecao-alema-admite-inspiracao-no-flamengo-para-uniforme-rubro-negro.html. Acesso em: 9/3/2023.)

Suriname: cinco fatos para conhecer o país sul-americano

País era uma colônia da Holanda até 1975, quando ganhou a independência

(Disponível em: https://revistagalileu.globo.com/Sociedade/noticia/2019/07/suriname-cinco-fatos-para-conhecer-o-pais-sul-americano.html. Acesso em: 9/3/2023.)

Esta é a melhor praia do mundo, segundo premiação

Grace Bay é praticamente um cenário dos sonhos: suas areias brancas se estendem por 12 quilômetros e as águas azul-turquesa são claras e calmas. Neste ano, ela liderou o Travelers' Choice Awards, do TripAdvisor, como a melhor praia do mundo — assim como em muitas outras premiações.

(Disponível em: https://forbes.com.br/forbeslife/2022/04/esta-e-a-melhor-praia-do-mundo-segundo-premiacao/. Acesso em: 9/3/2023.)

1. Nos três textos, há o emprego de adjetivos compostos. Identifique-os.

2. Reescreva em seu caderno os dois primeiros títulos, passando as palavras **uniforme** e **país** para o plural e fazendo as adaptações necessárias.

3. Observe o adjetivo composto empregado no terceiro texto.

a) A que substantivo ele se refere?

b) Levante hipóteses: Por que o adjetivo está empregado no singular?

Veja, a seguir, as regras que devemos observar ao empregar no plural palavras como estas.

- Nos adjetivos compostos, apenas o último elemento vai para o plural:

  - bolsas **marrom-claras**
  - acordos **luso-brasileiros**

  Exceção: **azul-marinho**, que é invariável: blusas **azul-marinho**.

- Os adjetivos compostos que se referem a cores são invariáveis quando um dos elementos é substantivo:

  biquínis **azul-petróleo** (petróleo: substantivo)

  vestidos **rosa-choque** (choque: substantivo)

Exercícios

1. Leia o texto a seguir:

Conheça a história de mais de 100 anos da Seleção Brasileira de Futebol

[...]

Nos moldes que conhecemos, com a nomenclatura que damos, a Seleção Brasileira existe desde 1914.

[...] Após dois meses da estreia, carregando algumas vitórias na bagagem, a Seleção alcançou seu primeiro título, o de campeão da Copa Rocca, na Argentina.

[...]

O segundo título veio apenas muito tempo depois, em 1919, quando finalmente os canarinhos conseguiram bater o Uruguai e finalizar o Campeonato Sul-Americano em primeiro lugar.

[...]

Ao contrário do que se pensa, nosso time nem sempre foi a Seleção Canarinho. Foram 40 anos jogando com um uniforme quase completamente branco [...] No ano de 1954, a então já denominada CBF resolveu fazer um concurso para que um novo uniforme fosse elaborado.

Gualter Fatia/Getty Images

Tratou-se de um concurso popular que teve por vitorioso o uniforme nos moldes básicos do que encontramos até hoje: camisa amarelo-canário e bermuda azul. Logicamente, a cor determinou o apelido que a equipe carrega carinhosamente até os dias de hoje.

[...]

(Disponível em: https://www.em.com.br/app/noticia/empresas/2022/11/28/interna-empresas,1426591/conheca-a-historia-de-mais-de-100-anos-da-selecao-brasileira-de-futebol.shtml. Acesso em: 9/3/2023.)

a) Segundo o texto, como era o uniforme da seleção originalmente? E de que forma foi escolhido o uniforme que conhecemos hoje?

b) No caderno, copie e complete as frases a seguir com os adjetivos compostos empregados no texto, fazendo as alterações de gênero e número necessárias:

- Desde o título de 1919, a seleção brasileira já ganhou diversos outros campeonatos ______.
- Em 1919 a seleção brasileira foi consagrada campeã na final ______.
- Após o concurso, a seleção passou a entrar em campo com as onze camisetas ______.

2. Escreva no caderno os trechos dos textos a seguir e complete-os flexionando os adjetivos compostos que estão entre parênteses.

Linguistas debatem a origem das línguas ______ (indo-europeu)

(Disponível em: https://m.folha.uol.com.br/ciencia/2015/03/1599280-linguistas-debatem-a-origem-das-linguas-indo-europeias.shtml. Acesso em: 9/3/2023.)

Prefeito se reúne com representantes de entidades ______ (nipo-brasileiro)

(Disponível em: https://www.suzano.sp.gov.br/web/prefeito-se-reune-com-representantes-de-entidades-nipo-brasileiras/. Acesso em: 9/3/2023.)

MUSEU NO RJ INAUGURA MURAL DAS LUTAS ______ (afro-brasileiro)

(Disponível em: https://dasartes.com.br/de-arte-a-z/museu-no-rj-inaugura-mural-das-lutas-afro-brasileiras/. Acesso em: 9/3/2023.)

3. Quais são os adjetivos pátrios compostos equivalentes às seguintes locuções adjetivas?

a) conferências **entre China e Japão**

b) relações **entre Japão e Suécia**

c) questões **entre Itália e Brasil**

d) relações **entre a Espanha e a América**

Aumentativo e diminutivo dos nomes

Leia o miniconto a seguir:

Uma gripe

Haroldo Ceravolo Sereza

Ela engripou pela segunda vez, e pela segunda vez lançou seu corpinho por sobre a cama como quem deseja espalhar-se indefinidamente. Parecia um **escargô**, escapado da concha, parecia um boizinho, um carneirinho jogado no pasto, movimentando apenas as mandíbulas e deixando praticamente estéril o solo que sua boca podia alcançar.

Ela assoava o narizinho a cada poucos minutos, mas quando dava preguiça, limitava-se a tentar desentupi-lo com golpes de ar saídos de seu pulmão direito, pois o esquerdo, **infortunadamente**, encontrava-se obstruído.

Ela passava o diazinho, claro, porém um tanto nublado, sentada na cadeira de palha. Vestia verde, verde e vermelho, corezinhas que combinavam com seu novíssimo corte de cabelo, e pensei que talvez houvera mudado seu rosto por todo o sempre.

Ela, dona daquele dedão que de início considerei tão estranho, comportava-se como um simpático e febril doente, que não chega a preocupar, mas que exige atenção especial para espirrozinhos, tossezinhas, ranhozinhos. Ela estava mesmo bonitinha.

(*Folha de S.Paulo*. Folhinha, 20/11/2004.)

Filipe Rocha/Acervo da editora

escargô: forma aportuguesada de *escargot*, tipo de caracol apreciado como alimento.

infortunadamente: infelizmente.

1. O texto conta uma pequena história.

a) Quem é o personagem principal? É uma criança, um adulto ou um idoso? Justifique sua resposta.

b) Qual é a situação do personagem do texto?

c) Levante hipóteses: Quem é o narrador?

2. O primeiro parágrafo do texto descreve o personagem central fazendo uma comparação:

> "Parecia um escargô, escapado da concha [...]"

a) Que ideia essa comparação transmite a respeito da condição desse personagem?

b) Que efeito essa comparação produz no texto?

3. O texto apresenta um número significativo de substantivos e de adjetivos no diminutivo.

a) Faça um levantamento copiando no caderno os diminutivos do texto.

b) A maioria das palavras é substantivo ou adjetivo?

c) Relacione o emprego dessas palavras ao universo do personagem central.

4. Os diminutivos e os aumentativos podem expressar diferentes sentidos, dependendo do contexto em que são empregados. Troque ideias com os colegas e responda: Que sentidos os diminutivos expressam no texto lido: tamanho pequeno, carinho ou afetividade, ironia ou desprezo? Justifique sua resposta.

5. No trecho "Vestia verde, verde e vermelho, corezinhas que combinavam com seu novíssimo corte de cabelo [...]", a terminação -**íssimo**, da palavra **novíssimo**, transmite a ideia de:

a) tamanho grande. b) grande intensidade. c) superioridade.

6. No último parágrafo, o narrador diz:

> "Ela, dona daquele dedão que de início considerei tão estranho, comportava-se como um simpático e febril doente [...]".

a) Que palavra desse trecho foi formada com o sufixo -**ão** e indica aumentativo?

b) Quando usamos essa palavra, sempre pensamos que ela indica tamanho grande?

c) No texto, qual é o sentido dessa palavra no aumentativo?

Os aumentativos e os diminutivos dos substantivos

Ao dizer **boizinho** e **dedão**, o narrador empregou o substantivo **boi** no diminutivo e o substantivo **dedo** no aumentativo, utilizando, para isso, os sufixos **-inho** e -**ão**.

Em português, temos dois processos para indicar os aumentativos ou os diminutivos dos substantivos:

- **analítico**: consiste em empregar junto do substantivo uma palavra que indique aumento ou diminuição:

animal **grande** animal **pequeno**

- **sintético**: consiste em acrescentar ao substantivo uma partícula especial, chamada sufixo, indicativa de aumento ou diminuição:

nariz**inho** carneir**ão**

É mais comum, no português brasileiro, o uso dos sufixos **-ão** e **-zão** (cabelão, pãozão) e dos sufixos **-inho** e **-zinho** (corpinho, corezinhas) para formar os aumentativos e diminutivos dos substantivos. Há, entretanto, outros sufixos formadores de aumentativo e diminutivo, como **-aço, -ázio, -isco, -ico** (ricaço, copázio, chuvisco, veranico).

O bocão e o cafezinho

Há situações em que os sufixos aumentativos emprestam aos substantivos uma ideia de desproporção, de brutalidade, de desprezo, isto é, um valor pejorativo e depreciativo:

Por que não fecha esse seu bocão?

O aumentativo dos substantivos também pode ser usado com o sentido positivo, como em:

Este é um timaço de basquete!

Os sufixos diminutivos podem acrescentar uma ideia de carinho, ternura, prazer, desejo e uma ideia negativa de troça, desprezo, ofensa:

- Nada como um bom cafezinho!
- Eu li essa bobagem neste jornaleco.

É importante lembrar que o sentido do emprego dos sufixos dependerá sempre do contexto em que é usado.

Os aumentativos e os diminutivos dos adjetivos

Os adjetivos apresentam grau ou gradação, ou seja, formas específicas quando empregados em construções comparativas. Há dois processos para empregar o grau do adjetivo: o comparativo e o superlativo.

Comparativo

Ocorre quando o adjetivo destaca a qualidade de um ser em relação a outro. Pode ser:

- de **igualdade**: tão + adjetivo + quanto/como: O filho é **tão simpático quanto** o pai.
- de **superioridade**: mais + adjetivo + (do) que: O filho é **mais simpático que** o pai.
- de **inferioridade**: menos + adjetivo + (do) que: O filho é **menos simpático que** o pai.

Superlativo

No texto "Uma gripe", há a expressão "**novíssimo** corte de cabelo" em que o adjetivo **novo** ganha intensidade por causa do emprego da terminação **-íssimo**. A palavra **novíssimo** está no superlativo.

O superlativo ocorre quando é destacada a qualidade de um ser isoladamente (**superlativo absoluto**) ou em relação a um conjunto ao qual pertence (**superlativo relativo**).

O **superlativo absoluto** pode ser expresso de forma analítica — com o uso de advérbios, como **mais**, **menos**, **muito** — ou de forma sintética, com sufixos.

- **Superlativo sintético**

  a) Sufixo **-or**: **maior**, **menor**, **pior**, **anterior**, **posterior**, **inferior**, **superior**.

  b) Sufixos **-imo**, **-emo**: **máximo**, **mínimo**, **ótimo**, **ínfimo**, **último**, **próximo**, **supremo**, **extremo**.

  c) Sufixos **-íssimo**, **-érrimo**: **agudíssimo**, **lindíssimo**, **macérrimo** ou **magríssimo**, **chiquérrimo**.

- **Superlativo analítico**

  Expressa-se com o auxílio de advérbios de intensidade: **muito**, **extremamente**, **bastante**, etc.:

  O céu estava **muito azul**.

O **superlativo relativo** pode ser:

- de **superioridade**: o/a + mais + adjetivo + de:

Fábio é **o mais magro de** sua turma.

- de **inferioridade**: o/a + menos + adjetivo + de:

Cláudio é o **menos falante da** escola.

Outros usos dos superlativos

No português brasileiro, surgiram usos mais enfáticos, às vezes irônicos, dos sufixos superlativos, como o de **-ésimo** ou **-résimo**: **carésimo**, **chiquésimo**, **chiquerésimo**.

Além dos sufixos, ocorrem prefixos na expressão do grau dos adjetivos, sobretudo na fala dos mais jovens:

- super — superlegal
- hiper — hipertrabalhoso
- mega — megainteligente
- ultra — ultrachique

Atenção

Os adjetivos **bom**, **mau**, **grande** e **pequeno** formam o comparativo e o superlativo de modo especial. Veja como:

		SUPERLATIVO	
Adjetivo	**Comparativo de superioridade**	**Absoluto**	**Relativo**
bom	melhor	ótimo	o melhor
mau	pior	péssimo	o pior
grande	maior	máximo	o maior
pequeno	menor	mínimo	o menor

Grau dos advérbios

Advérbios também aceitam gradação: **mais devagar**, **devagarinho**, **rapidinho**, **cedinho**, **pertinho**, **lonjão**. Assim como nos outros empregos, o sentido do grau dos advérbios é construído no contexto de uso, podendo ser usado com ironia ou construindo uma ideia de carinho ou uma ideia de descontração.

Exercícios

Leia o texto a seguir:

"Não quero, não vou, não posso, não faço"

Uso do diminutivo funciona como uma forma de coerção bastante eficaz

"Fica só mais um pouquinho. Come só um pedacinho. Bebe só um golinho".

Você consegue dizer não a pedidos recheados de diminutivos? Ou cede à pressão e acaba fazendo aquilo que não quer fazer? Tem medo de perder os amigos e ser acusado de chato pois "não custa nada dar só uma passadinha"?

Uma jornalista, de 37 anos, disse:

"Acordo todos os dias às 6 da manhã e preciso dormir cedo. Mas minhas amigas insistem: 'Dá só uma passadinha, você volta para casa cedinho'. Se respondo não, dizem que sou antissocial, neurótica e egoísta. Sempre acabo cedendo. [...] Tenho vontade de gritar: 'Eu tenho o direito de dizer não. Não é não!'".

É curioso perceber como o uso do diminutivo funciona como uma forma de **coerção** bastante eficaz, como mostra uma atriz de 53 anos:

"Comecei um regime radical pois preciso perder dez quilos urgentemente. Cada vez que visito minha sogra é uma tortura psicológica: 'Deixa de ser chatinha, fiz o bolinho que você mais gosta. Come só um pedacinho'. [...]".

Ela conclui: "Essas pequenas concessões são cruéis. Quero agradar todo mundo e esqueço que preciso agradar a mim mesma em primeiro lugar. Não quero correr o risco de perder as pessoas que eu amo e acabo me submetendo aos seus desejos. Preciso aprender a dizer: 'Não quero, não vou, não posso, não faço'. Cada vez que eu digo sim só para agradar aos outros é um não para os meus desejos e planos. [...]".

Você também precisa aprender a dizer não?

(Mirian Goldenberg. Disponível em: https://www1.folha.uol.com.br/colunas/miriangoldenberg/2019/09/nao-quero-nao-vou-nao-posso-nao-faco.shtml. Acesso em: 24/2/2023.)

Kevin Phillips/Pixabay

> Na árvore está escrito: "Apenas diga não".

coerção: ato de obrigar, repressão.

1. A autora do texto defende um ponto de vista a respeito do papel dos diminutivos nos relacionamentos sociais.

a) Qual é a tese defendida pela autora?

b) Infira: Por que ela acredita que os diminutivos têm esse poder?

c) Compare:
- "Fica só mais um pouquinho. Come só um pedacinho. Bebe só um golinho."
- Fica só mais um pouco. Come só um pedaço. Bebe só um gole.

Que diferença de sentido há entre essas duas formas?

2. O texto retrata diferentes situações em que o diminutivo é empregado.

a) Considerando o contexto, responda: Que sentido os diminutivos têm nas situações a seguir?
- "Dá só uma passadinha, você volta para casa cedinho."
- "Deixa de ser chatinha, fiz o bolinho que você mais gosta."

b) Identifique a classe gramatical das palavras que estão no diminutivo nas frases do item **a** e responda: Em quais classes gramaticais o diminutivo costuma ser empregado?

3. Você também costuma ceder aos apelos dos interlocutores quando eles empregam palavras no diminutivo? Cite alguns exemplos.

4. Dê o superlativo sintético destas palavras citadas no texto:

a) chato
b) eficaz
c) urgente
d) cedo
e) curioso
f) cruel

5. Alguns superlativos formam-se com radicais eruditos, vindos diretamente do latim. Observe estas outras formas:

- livre – do latim *liber* – libérrimo
- antigo – do latim *antiquo* – antiquíssimo
- amigo – do latim *amice* – amicíssimo

Conclua: Como foi formado o adjetivo **paupérrimo**?

SEMÂNTICA E DISCURSO

Leia estes quadrinhos de Ziraldo:

(*Curta o Menino Maluquinho 2*. São Paulo: Globo, 2007. p. 41.)

1. O Menino Maluquinho afirma que na casa dele todos ajudam nos afazeres domésticos. Explique como se dá o humor da história.

2. No último quadrinho, o Menino Maluquinho diz:

"Eu fico fazendo um showzinho pra manter o **moral** da tropa"

a) Qual é sentido da palavra **moral** nesse contexto?

b) Que outro sentido ganha essa palavra quando, antes dela, empregamos a palavra **a**, ou seja: **a moral**? Dê um exemplo.

3. A palavra **tropa** é um **substantivo coletivo**, isto é, uma palavra que, mesmo no singular, dá a ideia de vários elementos. Que outro coletivo poderia substituir o termo **tropa** nesse contexto?

4. Assim como a mudança de gênero da palavra **moral** implica uma alteração de sentido, o mesmo ocorre com outras palavras da língua portuguesa. Dê o sentido dos substantivos destacados nas frases a seguir, atentando para o gênero de cada um deles. Se necessário, consulte o dicionário.

a) Aquele **rádio** está tão ruim que não consigo sintonizar nenhuma **rádio**.

b) O homem da direita é o **cabeça** da quadrilha.

c) Mário é uma **cabeça**! Foi aprovado no vestibular sem fazer cursinho!

d) Peguei um **lotação** para ir à rodoviária.

e) Sinto muito, a **lotação** está completa.

5. Quais são as sequências em que o plural de todos os substantivos está de acordo com a norma-padrão?

a) bobagens, álcoois, fregueses, funis, juízes, açúcares

b) bombons, caracóis, cadáveres, reporters, barríeis

c) germens, fusíveis, varais, colheres, pôsteres, xadrezes

d) cereais, pastéis, meles, méis, painéis, vitrais, faróis

e) combustíveis, espectadores, gângsteres, papeizinhos, alemões

DIVIRTA-SE

Diferenças

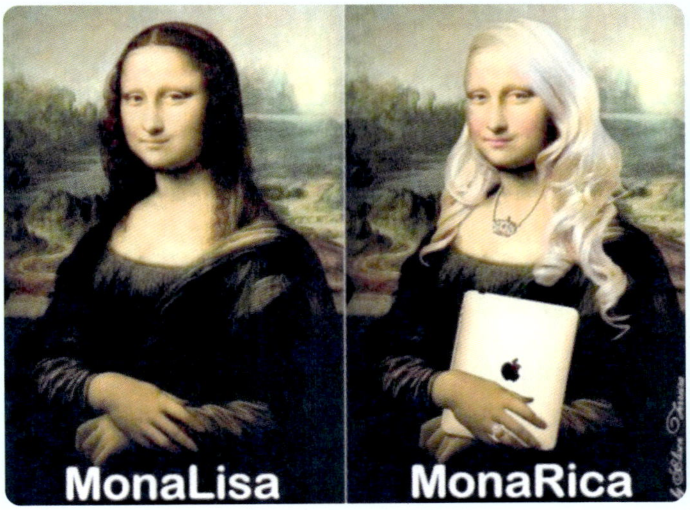

Reprodução/www.pt.memedroid.com

(Disponível em: https://pt.memedroid.com/memes/detail/193762. Acesso em: 7/7/2023.)

CAPÍTULO 12

O artigo e o numeral

Construindo o conceito

Leia este poema de Sérgio Capparelli:

paisagem

No Restaurante do **Bixiga**,
Na entrada,
Um ajudante de cozinha
Na entrada
Entrega colheres de sopa, duas,
Duas entrega colheres de sopa, duas,
Duas
A dois velhinhos
Sem dentes.

(*111 poemas para crianças*. 9. ed. Porto Alegre: L&PM, 2008. p. 56.)

Biry Sarkis/Acervo da editora

Bixiga: bairro tradicional de São Paulo de forte influência italiana.

1. O poema retrata uma cena urbana.

a) Onde a cena acontece?

b) O que acontece?

2. O poema repete palavras e expressões como "Na entrada", "entrega colheres de sopa", "duas".

a) Que efeito de sentido essas repetições provocam no texto?

b) Levante hipóteses: Qual é a condição dos dois velhinhos?

3. O poema apresenta o título "paisagem".

a) O que geralmente chamamos de **paisagem**?

b) Que novo sentido esse termo ganha no poema?

4. Compare estas construções:

- "No Restaurante do Bixiga / Na entrada"
- Num restaurante do Bixiga / Numa entrada

a) Qual das construções se refere a um restaurante qualquer e a uma entrada qualquer desse restaurante?

b) Qual das construções se refere a um restaurante específico e a uma entrada específica desse restaurante?

c) Qual é o sentido da palavra **Bixiga** nesse contexto? Se necessário, faça uma breve pesquisa antes de responder. Em seguida, troque ideias com os colegas e o professor e conclua: Por que, nas duas frases, foi empregada a palavra **o** (na contração **de** + **o**) e não a palavra **um** antes de Bixiga?

5. Agora, compare estas outras construções:

- "Um ajudante de cozinha [...] entrega colheres de sopa"
- O ajudante de cozinha entrega colheres de sopa.

a) Qual é a classe gramatical da palavra **ajudante**?

b) Que alteração de sentido ocorre quando se troca a palavra **um**, que precede o substantivo **ajudante**, pela palavra **o**?

c) Se, no poema, a palavra **ajudante** se referisse a uma pessoa do sexo feminino, que palavra a acompanharia, mantendo o sentido equivalente: **a** ou **uma**?

6. O texto apresenta duas palavras que expressam quantidade.

a) Quais são essas palavras?

b) Que palavras elas acompanham ou modificam? Qual é a classe gramatical dessas palavras?

Conceituando

No capítulo 10 deste volume, você aprendeu que os adjetivos modificam os substantivos. No estudo deste capítulo, você viu que palavras como **um**, **uma**, **a** e **o** também podem modificar o sentido de um substantivo, definindo-o, particularizando-o ou indefinindo-o, generalizando-o.

Em "No Restaurante", "do Bixiga" e "Na entrada", por exemplo, **o** e **a** remetem, no poema estudado, a referentes específicos, indicando que o eu lírico do poema menciona um restaurante específico, de um bairro específico (Bixiga) e uma entrada específica, talvez a entrada principal ou a única entrada. Já a palavra **um**, que acompanha **ajudante**, indefine e generaliza o substantivo, ou seja, não há interesse em particularizar ou individualizar o ajudante, pois trata-se de um ajudante qualquer. As palavras **o**, **a**, **um**, **uma** são chamadas **artigos**.

Biry Sarkis/Acervo da editora

Artigos são palavras que antecedem os substantivos, definindo-os ou indefinindo-os, particularizando-os ou generalizando-os.

Já as palavras **duas** e **dois**, que acompanham respectivamente os substantivos **colheres** e **velhinhos**, cumprem o papel de indicar a quantidade de colheres e de velhinhos. Essas palavras são chamadas **numerais**.

Numerais são palavras que quantificam substantivos ou que, quando sozinhas, expressam ideia de quantidade ou de posição em uma sequência.

Flexão e classificação dos artigos

Os artigos concordam em gênero e número com os substantivos que acompanham. Assim, quando alguém diz "Um...", já se espera que a palavra seguinte seja um substantivo no singular e do gênero masculino. No poema, por exemplo, **um** acompanha o substantivo **ajudante**. Como os artigos variam de acordo com os substantivos a que se referem, temos: **o** ajudante, **os** ajudantes, **um** ajudante, **uns** ajudantes.

Os artigos classificam-se em:

Definidos

São os artigos **o(s)** e **a(s)** que definem os substantivos, indicando que se trata de seres particularizados, determinados, específicos, já conhecidos ou mencionados no discurso, como na frase "N**o** Restaurante d**o** Bixiga / N**a** entrada...". No exemplo, sabemos que se trata de restaurante, bairro e entrada específicos e não de qualquer restaurante, de qualquer bairro ou de qualquer entrada.

Além disso, é possível utilizar artigos definidos para fazer uma afirmação generalizante sobre o substantivo ao qual esses artigos se referem. Considere esta frase:

A criança precisa de carinho e proteção.

Nela, o artigo definido **a** generaliza o referente **criança**, pois não se refere a uma criança específica, mas a todas as crianças. Assim, equivale a dizer que qualquer criança precisa de carinho e proteção.

A ausência de artigo também pode produzir, em alguns contextos, um sentido generalizante, por exemplo:

Criança precisa de carinho e proteção.

Indefinidos

São os artigos **um (uns)** e **uma (umas)**, que fazem referência aos substantivos de forma imprecisa, indicando geralmente que se trata de quaisquer itens de uma mesma série. É o caso, por exemplo, da frase "**Um** ajudante de cozinha [...] entrega colheres de sopa". Na referência imprecisa, o referente pode estar claro para a pessoa que fala, mas não necessariamente está para seu interlocutor. É o que ocorre, por exemplo, na frase "Conheço **um** ótimo restaurante nessa rua", na qual somente o enunciador sabe a que restaurante ele se refere.

Às vezes, o artigo aparece em uma contração, isto é, unido a outras palavras. Por exemplo:

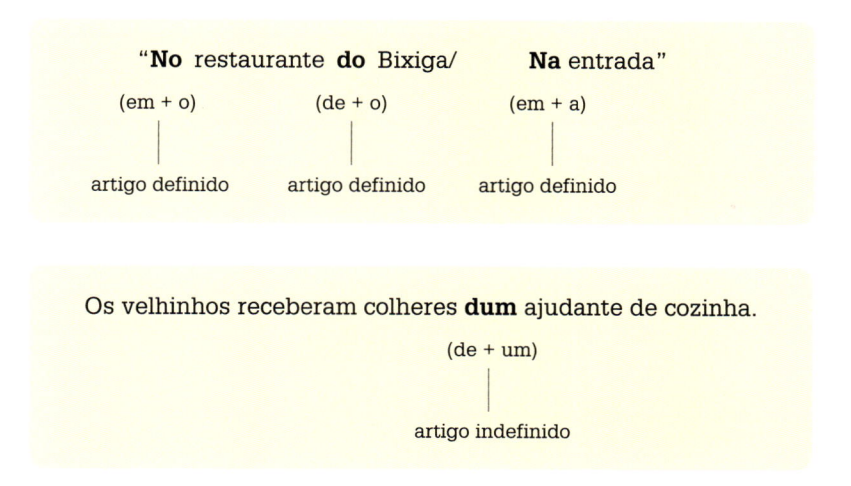

"**No** restaurante **do** Bixiga/ **Na** entrada"

No (em + o)	**do** (de + o)	**Na** (em + a)
artigo definido	artigo definido	artigo definido

Os velhinhos receberam colheres **dum** ajudante de cozinha.

dum (de + um) — artigo indefinido

Contrações do artigo

em + a(s) = na(s)	de + a(s) = da(s)
em + o(s) = no(s)	de + o(s) = do(s)
em + um = num	de + um(a) = dum(a)
em + uns = nuns	de + um(ns) = dum (duns)
em + uma(s) = numa(s)	de + uma(s) = duma(s)

Gustavo Ramos/Arquivo da editora

Flexão e classificação dos numerais

No estudo do poema "paisagem", você viu que o numeral **duas**, em "duas colheres", e o numeral **dois**, em "dois velhinhos", indicavam quantidade. Além de quantificar o referente, os numerais podem expressar a ideia de ordem ou indicar proporção. Veja:

- O **primeiro** velhinho a pegar a colher foi o mais alto.
- O **segundo** velhinho a pegar a colher foi o mais baixo.
- **Um terço** dos habitantes da cidade tem problemas respiratórios.

Empregar algarismos ou numerais?

Numerais são palavras que expressam quantidade, ordem ou fração, como um, primeiro, meio, etc. Formas numéricas usadas na Matemática, como 1, 2º, ⅓, são chamadas **algarismos**.

Ao produzirmos um texto, em geral, é recomendado empregarmos numerais; por exemplo: "Comprei dois livros para presentear meu amigo" e não "Comprei 2 livros...". Mas números de telefone, datas, dados estatísticos e outros ficam melhor em algarismos: "Até 2022, meu número de telefone era 2375-55661".

Os numerais podem ser:

Cardinais

São os que dão nome ao número ou quantificam o nome ao qual fazem referência:

O garçom entregou **duas** colheres.

Ordinais

São os que indicam a posição de um ser em determinada sequência:

A **primeira** colher foi dada à senhora.

Multiplicativos

São os que indicam o número de vezes pelo qual uma quantidade é multiplicada:

Ele tomou o **dobro** da sopa.

Fracionários

São os que indicam o número de vezes pelo qual uma quantidade é dividida:

Ela tomou um **terço** da sopa.

Quanto ao gênero, os numerais **um** e **dois** e os que indicam centenas, a partir de **duzentos**, apresentam também forma feminina. Os demais cardinais são invariáveis. Veja:

um livro — **uma** revista	**duzentos** alunos — **duzentas** alunas
dois garotos — **duas** garotas	**sete** pijamas — **sete** camisetas

Os numerais ordinais apresentam forma masculina e feminina:

- Seu boné está na **segunda** ou na **terceira** gaveta da cômoda.
- Este é o meu **primeiro** *skate*.

Quanto à flexão de número, os numerais cardinais, como **milhão**, **bilhão** e **trilhão**, admitem plural (**milhões**, **bilhões**, **trilhões**). Os demais cardinais são invariáveis.

Os dias do mês

Na indicação do primeiro dia do mês, deve-se empregar o ordinal: **primeiro** de fevereiro, **primeiro** de março. Mas na indicação dos demais dias usa-se o cardinal: **dois** de fevereiro, **vinte e seis** de março. Os nomes dos meses, como se vê, devem ser grafados sempre com letra inicial minúscula.

Eis uma tabela de algarismos e numerais, para consulta:

ALGARISMOS		NUMERAIS	
Arábicos	Romanos	Cardinais	Ordinais
1	I	um	primeiro
2	II	dois	segundo
3	III	três	terceiro
4	IV	quatro	quarto
5	V	cinco	quinto
6	VI	seis	sexto
7	VII	sete	sétimo
8	VIII	oito	oitavo
9	IX	nove	nono
10	X	dez	décimo
11	XI	onze	décimo primeiro ou undécimo
12	XII	doze	décimo segundo ou duodécimo
13	XIII	treze	décimo terceiro
14	XIV	quatorze ou catorze	décimo quarto
15	XV	quinze	décimo quinto
16	XVI	dezesseis	décimo sexto
17	XVII	dezessete	décimo sétimo
18	XVIII	dezoito	décimo oitavo
19	XIX	dezenove	décimo nono
20	XX	vinte	vigésimo
21	XXI	vinte e um	vigésimo primeiro
30	XXX	trinta	trigésimo
40	XL	quarenta	quadragésimo
50	L	cinquenta	quinquagésimo
60	LX	sessenta	sexagésimo
70	LXX	setenta	setuagésimo
80	LXXX	oitenta	octogésimo
90	XC	noventa	nonagésimo
100	C	cem	centésimo
200	CC	duzentos	ducentésimo
300	CCC	trezentos	tricentésimo
400	CD	quatrocentos	quadringentésimo
500	D	quinhentos	quingentésimo
600	DC	seiscentos	seiscentésimo ou sexcentésimo
700	DCC	setecentos	setingentésimo
800	DCCC	oitocentos	octogentésimo
900	CM	novecentos	noningentésimo ou nongentésimo
1 000	M	mil	milésimo

Exercícios

Leia esta tira:

(Disponível em: http://depositodocalvin.blogspot.com/2008/05/calvin-haroldo-tirinha-437.html. Acesso em: 14/8/2023.)

1. As cenas da tira se passam em um evento do qual participam os personagens Calvin, Susie e Haroldo.

a) Qual é esse evento? Justifique sua resposta com base em elementos verbais e não verbais do texto.

b) Deduza: De quem é o grito indicado pelo balão maior no último quadrinho? Justifique sua resposta.

2. Releia a fala de Calvin no 2º quadrinho.

a) Qual é o critério de Calvin para decidir se o bolo é bom?

b) Nessa fala de Calvin, a expressão **o aniversariante** se refere a alguém especificamente?

c) Identifique e classifique o artigo presente nessa fala e conclua: Qual é a função do artigo nesse contexto?

d) Se Calvin quisesse se referir especificamente a Susie por meio da palavra **aniversariante**, ele usaria o mesmo artigo? Justifique sua resposta.

3. Releia as seguintes falas, extraídas, respectivamente, do primeiro e do último quadrinho:

- "Aqui um prato de papel pro bolo"
- "Quem é que já cortou um pedaço do meu bolo?!"

a) Releia o boxe "Contrações do artigo", na página 203, e deduza: Como se dá a formação da palavra **pro**?

b) Levante hipóteses: Que efeito de sentido a opção pela forma **pro** constrói na tira? Identifique outro termo da tira que busca esse mesmo efeito de sentido.

c) Identifique uma ocorrência de artigo definido em cada uma das frases. Indique quais termos esses artigos modificam e explique qual é o sentido que eles acrescentam aos termos modificados nas duas ocorrências.

d) Agora, observe as duas ocorrências da palavra **um**. Indique a que termo ela se refere em cada uma das falas.

Um: artigo ou numeral?

Para saber se a palavra **um** cumpre o papel de artigo ou numeral em uma frase, é sempre necessário analisar a situação na qual a frase é dita. Se, no contexto, podemos colocar a palavra **qualquer** após o substantivo ao qual se refere o termo **um**, sem modificar o sentido, trata-se do artigo indefinido. Ainda, se no contexto o sentido de **um** equivale a **certo**, **determinado**, também se trata de artigo indefinido.

Outra possibilidade é substituir **um** por **dois**, para ver se a palavra tem ou não a função de expressar a ideia de quantidade naquele contexto. Em caso afirmativo, trata-se de numeral. Podemos ainda tentar colocar as palavras **somente** ou **apenas** antes de **um**: se o sentido se mantiver, também se classifica **um** como numeral.

e) Leia o boxe "**Um**: artigo ou numeral?", na página anterior, e indique a qual classe de palavras pertence a palavra **um** em cada uma das falas da tira, explicando de que forma ela modifica esses termos nas duas ocorrências.

4. Imagine que Susie tenha dito as frases a seguir a Calvin. No caderno, indique com **A** aquelas nas quais o **um** é artigo e com **N** aquelas nas quais ele é numeral.

a) Você só trouxe um prato para o bolo?

b) Tem um prato para mim?

c) Você vai comer um único pedaço de bolo?

d) Você não vai comer um pedaço do meu bolo?

e) Pegue um pedaço de bolo!

5. Agora, releia esta fala do último quadrinho:

"Quem é que já cortou um pedaço do meu bolo?! Eu nem soprei as velinhas ainda!"

a) A expressão **as velinhas** se refere a velas específicas? Justifique sua resposta.

b) Qual é a resposta à pergunta feita na primeira parte dessa mesma fala? Justifique sua resposta com elementos da tira.

6. O artigo definido pode aparecer ao lado de substantivos que designam Estados, países, oceanos, rios, etc. Por exemplo:

o Rio de Janeiro, **a** França, **o** Pacífico, **o** Tietê

Há, a seguir, o nome de alguns Estados brasileiros. Identifique aqueles que dispensam o artigo definido.

Amazonas — Pará — São Paulo — Minas Gerais
Rio de Janeiro — Maranhão — Piauí
Rio Grande do Norte — Santa Catarina — Paraíba
Pernambuco — Sergipe — Bahia — Goiás

S.Borisov/Shutterstock

> Vista da Torre Eiffel, Paris, França.

7. Às vezes, em certas situações, o artigo pode adquirir um sentido diferente do usual. Reescreva no caderno as frases a seguir substituindo o artigo destacado por uma palavra de sentido equivalente.

a) Mamãe comprou peras de cinco reais **o** quilo.

b) Esperei por ele **uma** meia hora.

c) Ele falou de **uma** maneira que me magoou profundamente.

8. Há situações em que a presença ou a ausência do artigo influem na noção de quantidade relacionada ao substantivo. Compare estas duas frases:

- Participaram da festa junina alunos do 6º ano.
- Participaram da festa junina **os** alunos do 6º ano.

Qual delas dá ideia de que apenas alguns alunos participaram da festa junina?

9. Explique a diferença de sentido entre as frases a seguir, considerando a presença ou não do artigo definido.

a) Quando eu crescer, quero ser **engenheiro** na firma do meu avô.

b) Quando eu crescer, quero ser o **engenheiro** na firma do meu avô.

10. Compare estes dois enunciados quanto ao sentido:

Mariana já comeu **o** doce.   Mariana já comeu **do** doce.

a) Em qual deles o sentido é de que Mariana comeu todo o doce?

b) Qual é o sentido do outro enunciado?

c) Que palavra do segundo enunciado é responsável pela mudança de sentido?

11. Transforme em numerais os algarismos das frases a seguir. Se necessário, consulte a tabela de numerais.

a) No dia 1º de janeiro comemora-se o Dia da Confraternização Universal.

b) Foi no dia 19 de novembro de 1969 que Pelé marcou seu 1 000º gol.

c) Uma pessoa levaria 12 dias para contar de 1 até 1 000 000 se demorasse apenas um segundo em cada número. Para chegar a 1 000 000 000, ela precisaria de 32 anos.

d) Em um salto, um paraquedista cai a 200 km/h até o paraquedas abrir.

e) No palácio de Versalhes (França), durante o reinado de Luís XIV, era falta de educação bater à porta com a mão cerrada. O certo era bater com o dedo mindinho da mão esquerda. Por isso, todos deixavam a unha desse dedo crescer mais do que as outras.

O artigo e o numeral NA CONSTRUÇÃO DO TEXTO

Leia o anúncio a seguir.

Existe um motivo para uma Harley não ter porta-malas: histórias não ocupam espaço.
110th
MOTOR HARLEY-DAVIDSON CYCLES
Live by it.

Reprodução/Harley Davidson

(Disponível em: https://br.pinterest.com/phelipemarconde/carro/. Acesso em: 11/10/2022.)

1. O anúncio cita apenas o nome do produto anunciado, mas não explicita o tipo de produto.

a) O que representa a imagem em destaque no primeiro plano do anúncio?

b) Qual expressão do enunciado verbal do anúncio faz referência direta ao produto anunciado? Justifique sua resposta.

2. Observe abaixo duas expressões em inglês empregadas no texto e leia o boxe "Curiosidades sobre a Harley-Davidson" para responder aos itens a seguir.

- *110th*
- *Live by it*

a) Como se traduz, em algarismos e por extenso, a expressão *110th* para o português? A que ela faz referência no contexto do anúncio?

b) Troque ideias com os colegas e o professor: Quais significados essas duas expressões têm para a construção da imagem da marca, no contexto do anúncio?

3. Observe as ocorrências das palavras **um** e **uma** no texto verbal do anúncio.

a) A quais termos do texto cada uma dessas palavras se refere?

b) Tendo em vista o sentido do enunciado como um todo, explique de que forma cada uma dessas palavras modifica o termo ao qual se refere.

c) Com base em sua resposta ao item **b**, indique a classe a que pertence cada uma dessas palavras no contexto do anúncio.

Curiosidades sobre a Harley-Davidson

Segundo um artigo publicado na *Revista Brasileira de Marketing*, a empresa Harley-Davidson lançou, no ano de 2006, um vídeo institucional com um texto denominado "Live by it" ("Viver por ela", em português), que se transformou em uma oração cultuada pelos fãs de motocicletas da marca, pois ele representava o perfil de liberdade e romantismo da empresa e dos proprietários das motos Harley-Davidson.

Em 2013, a empresa comemorou 110 anos de história e lançou alguns modelos com o emblema comemorativo da data, um medalhão fixado no tanque de gasolina das motocicletas.

Reprodução/Harley-Davidson

> Um dos modelos exclusivos lançados em 2013.

4. Há, no texto verbal, três substantivos empregados sem nenhum determinante, isto é, sem nenhuma palavra que contribua para especificar o seu sentido.

a) Quais são eles?

b) Proponha uma reescrita para o trecho, acrescentando numerais e/ou artigos que façam referência a esses substantivos, sem alterar substancialmente o sentido do anúncio.

c) Compare a sua resposta ao item **b** com o texto original, troque ideias com os colegas e o professor e conclua: Que efeito de sentido foi criado no texto pelo emprego de nomes sem determinantes?

5. Com base em suas respostas às questões anteriores, identifique quais afirmações sobre o anúncio em estudo são corretas.

a) As palavras **um** e **uma** foram utilizadas de forma estratégica na primeira frase do texto para criar o efeito de sentido pretendido pelo anúncio.

b) As palavras **um** e **uma**, na primeira frase do texto, prejudicam o texto do anúncio, deixando-o impreciso.

c) O emprego de diversos artigos e numerais ao longo de todo o texto contribui para construir o sentido pretendido no contexto do anúncio.

d) A ausência de artigos e numerais na segunda frase do texto pode prejudicar gravemente a leitura e a compreensão do anúncio.

e) A ausência de artigos e numerais na segunda frase do texto contribui para construir o sentido pretendido no contexto do anúncio.

6. Com base no estudo feito, troque ideias com os colegas e o professor e conclua: É possível considerar que o anúncio em estudo faz mais do que apenas vender um produto? Justifique sua resposta.

Para que servem os artigos e os numerais?

Além de particularizar ou generalizar, de definir ou indefinir, os artigos servem para retomar um elemento já mencionado no discurso. Por exemplo, na frase "Está bem, então eu vou com o carro", o artigo indica que se trata de um carro do qual se falava anteriormente. Os artigos servem ainda para retomar algo relacionado a outra situação, mas que é do conhecimento do interlocutor, como nesta frase: "Lembra a nota baixa que eu tive?".

Os numerais, por sua vez, contribuem para o ser humano ser capaz de expressar quantidades numéricas, ordenar ou organizar tudo aquilo que o cerca. Por exemplo, quando o marido diz à mulher "Vou ganhar o dobro do que ganho", ou o médico diz ao paciente "Tome duas colheres no almoço e uma no jantar", ou um pai diz a um amigo "Meu segundo filho nasceu em 1990", o numeral permite expressar com exatidão a quantidade numérica e a ordem desejadas, tornando o enunciado mais eficiente quanto à construção do sentido.

SEMÂNTICA E DISCURSO

Leia esta tira:

(Alexandre Beck. *Armandinho dez*. Florianópolis: A. C. Beck, 2018. p. 63.)

1. A tira faz referência a uma data cívica, o dia sete de setembro.
   a) O que se comemora nessa data?
   b) Que outra data é mencionada na tira? O que ela marca na história do Brasil?
2. As falas de Armandinho no 2º e no 3º quadrinhos causam surpresa.
   a) Por quê?
   b) Como Armandinho imagina que era o Brasil antes de 1500?
   c) Você concorda com o ponto de vista de Armandinho? Troque ideias com os colegas e responda: Até que ponto o Brasil é dependente ou independente?
3. Nas falas há dois numerais.
   a) Identifique-os.
   b) Levante hipóteses: Por que um deles foi escrito por extenso e o outro foi escrito com algarismos?

4. Releia o 2º quadrinho.

a) Identifique os artigos que foram empregados. Eles são definidos ou indefinidos?

b) Seria possível substituir o artigo definido pelo indefinido e vice-versa? Por quê? Justifique sua resposta.

5. As expressões destacadas nas frases a seguir apresentam numerais. Leia-as e depois dê o significado de cada uma delas, de acordo com o contexto. Se necessário, consulte o dicionário.

a) Você trocou **seis por meia dúzia**.

b) Comigo é assim: é **oito ou oitenta**.

c) Ela repete o caso **a três por dois**.

d) Quando lhe deram a notícia, caiu **de quatro**.

6. Você já sabe o que são coletivos. Às vezes, os coletivos indicam o número exato de objetos que compõem a coleção. Por exemplo, **década** indica um período de dez anos; **século**, um período de cem anos.

Indique a quantidade correspondente aos coletivos a seguir e os elementos a que cada um se aplica.

a) semana

b) trio

c) quinteto

Leia o cartaz a seguir e responda às questões 7 e 8.

Reprodução/Prefeitura Municipal de Bituruna

(Disponível em: https://static5.vvale.com.br/wp-content/uploads/2014/05/Lacres-2.jpg. Acesso em: 11/10/2022.)

7. Relacione as partes verbal e não verbal do texto.

a) O que representa o desenho central? Do que ele é formado?

b) O cartaz se dirige textualmente a alguém ou faz algum apelo direto? Justifique sua resposta.

c) Troque ideias com os colegas e o professor: Qual é o objetivo desse cartaz? Justifique sua resposta.

d) Qual é a relação entre o desenho central e o objetivo do cartaz?

8. Observe as duas ocorrências da palavra **uma** no cartaz.

a) Indique o seu sentido e a qual classe de palavras ela pertence em cada uma dessas ocorrências, justificando sua resposta.

b) Copie o texto a seguir no caderno completando as lacunas com o numeral correspondente, com base nas informações veiculadas no cartaz.

A ______ garrafa de 2 litros cheia de lacres completa a quantidade necessária para realizar a troca. (numeral ordinal)

Caso as garrafas sejam de 1 litro, será necessário o ______ da quantidade de garrafas para efetuar a troca. (numeral multiplicativo)

40 garrafas de 2 litros correspondem à ______ da quantidade necessária para a troca. (numeral fracionário)

DIVIRTA-SE

Reprodução/Antídoto Comix

CAPÍTULO 13

O pronome (I)

Construindo o conceito

Leia este poema de José Paulo Paes:

Filipe Rocha/Acervo da editora

Descartes e o computador

Você pensa que pensa
ou sou eu quem pensa
que você pensa?

Você pensa o que eu penso
ou eu é que penso
o que você pensa?

Bem vamos deixar a questão em suspenso
enquanto você pensa se já pensa
e eu penso se ainda penso

(*Poesia Completa*. São Paulo: Companhia das Letras, 2020. p. 478.)

1. O poema estabelece um diálogo com a famosa frase do filósofo René Descartes: "Penso, logo existo". Nesse texto, o eu lírico fala com um interlocutor.

a) Que palavra o eu lírico utiliza para se dirigir ao interlocutor?

b) Que palavra ele utiliza para falar de si mesmo?

c) Deduza: Com quem o eu lírico está falando? Justifique sua resposta com base no texto.

2. Na 1ª estrofe do poema, o eu lírico põe em dúvida uma capacidade atribuída ao interlocutor dele.

a) Que capacidade é essa?

b) Qual é a dúvida do eu lírico a respeito dessa capacidade?

3. Na 2ª estrofe, o eu lírico apresenta outra dúvida, relacionada com a primeira. Qual é a nova dúvida?

4. Na última estrofe, o eu lírico propõe deixar a questão "em suspenso". Explique a oposição entre os dois últimos versos do poema, comentando o papel dos termos **já** e **ainda**.

5. O poema retoma uma antiga discussão sobre os limites da tecnologia e a capacidade de máquinas substituírem os seres humanos não apenas em ações mecânicas, mas também em atividades que envolvam a inteligência. Troque ideias com a turma e, depois, responda no caderno:

a) Você acredita que as máquinas poderão ter pensamentos autônomos?

b) Na sua opinião, à medida que transfere raciocínios lógicos para as máquinas, o ser humano diminui sua capacidade de pensar?

Conceituando

Ao responder às questões, você notou que o texto faz uso de algumas palavras para se referir a cada um dos interlocutores do poema, mesmo sem chamá-los pelos nomes próprios. Inicialmente, o eu lírico dirige-se ao seu interlocutor chamando-o por **você** e, depois, faz referência a si mesmo empregando a palavra **eu**.

Em toda situação de comunicação, há três elementos fundamentais ou três pessoas do discurso envolvidas: aquele que fala (1ª pessoa), aquele com quem se fala (2ª pessoa) e aquilo/aquele de que(m) se fala (3ª pessoa).

No poema, o eu lírico é a 1ª pessoa do discurso, pois é ele quem fala; o computador é a 2ª pessoa do discurso, pois é a pessoa com quem o eu lírico fala; e o pensamento dos computadores é a 3ª pessoa, pois é o assunto de que se fala.

Para nos referirmos às pessoas do discurso, empregamos palavras como **eu** e **você** e outras como **nós**, **ele**, **estes**, **aquela**, **outro**, etc., chamadas **pronomes**.

Pronome é a palavra que designa pessoas ou coisas, indicando-as. Também pode remeter a palavras, orações e frases expressas anteriormente. Na frase, substitui ou acompanha o núcleo de uma expressão, geralmente constituído por um substantivo.

Descartes e a frase "Penso, logo existo"

Descartes era um filósofo racionalista que queria chegar ao conhecimento absoluto por meio da razão. Para isso, colocava todas as verdades em dúvida, menos a própria dúvida e, consequentemente, o pensamento que reconhecia como legítimo.

Assim surgiu a máxima *Penso, logo existo*, ou seja, se eu duvido de tudo, meu pensamento existe e, se ele existe, então eu também existo.

› *Retrato de René Descartes*, de Frans Hals.

Descartes e o pensamento das máquinas

[...]

Em 1637, Descartes alegou que ser capaz de usar a linguagem exibia uma habilidade que separava definitivamente os seres humanos das máquinas. Ele imaginou que um robô muito sofisticado poderia ser projetado para proferir palavras e até mesmo dizer "ai" se você tocasse em um lugar específico. No entanto, Descartes insistiu que uma máquina nunca teria a versatilidade da racionalidade humana.

[...]

(Disponível em: https://filosofianaescola.com/metafisica/teste-de-turing/. Acesso em: 14/10/2022.)

Quando os pronomes são empregados no lugar de substantivos, dizemos que são **pronomes substantivos**; quando acompanham um substantivo, são **pronomes adjetivos**. Veja:

- Mostraram dois computadores: um que era mais barato e o **outro**, que era mais moderno e mais caro.
- **Este** computador é simples; já **esta** máquina é bem mais sofisticada.

Na primeira frase, a palavra **outro** substitui o substantivo **computador**, por isso é um pronome substantivo. Na segunda frase, as palavras **este** e **esta** acompanham substantivos, por isso são pronomes adjetivos.

Exercícios

1. A fim de evitar a repetição das palavras destacadas, substitua-as por pronomes, utilizando seu conhecimento como falante da língua portuguesa para manter o sentido das frases.

a) **Pedro** foi convidado a jogar na seleção, pois **Pedro** é um ótimo jogador.

b) **Os avós e seus netos** passaram todo o domingo juntos, pois **os avós e seus netos** não se viam havia quase um ano.

c) Todos têm discutido muito **a questão ambiental**, pois, depois de tantos incidentes relacionados a seca, enchentes e furacões, **a questão ambiental** ganhou enorme relevância.

Leia, a seguir, um pensamento do Menino Maluquinho, personagem de Ziraldo, e responda no caderno às questões 2 a 4.

Toda topada joga a gente pra frente.
É o que os adultos chamam de experiência.
Quer dizer: antes, a gente faz o teste, depois é que aprende a lição.

(*Menino Maluquinho — O livro do sim*. São Paulo: Melhoramentos, 2009. p. 40.)

© Ziraldo Alves Pinto/Acervo do cartunista

2. Em relação à primeira frase do texto, responda no caderno:

a) Qual é o sentido da palavra **topada**?

b) E qual é o sentido, no contexto, da expressão **joga a gente pra frente**?

3. A imagem mostra o Menino Maluquinho e Julieta, sua namoradinha. Interprete: Que relação tem a imagem com o enunciado verbal?

4. A expressão **a gente** vem sendo empregada no português brasileiro em lugar do pronome pessoal **nós**. No caderno, reescreva o texto acima, substituindo a expressão **a gente** pelo pronome pessoal **nós** ou por sua forma átona **nos**. Adapte o que for necessário.

Você sabia que Ziraldo, o criador do personagem Menino Maluquinho, além de fazer quadrinhos e escrever livros, é um bom contador de anedotas? Leia esta anedota de Ziraldo:

Um amigo perguntou pro outro:

— Vamos ver quem come mais frutas no pomar?

— Vamos.

E os dois saíram correndo, cada um subiu numa árvore e começaram a comer.

O primeiro começou a contar:

— Uma, duas, três... vinte e oito...

Quando ele chegou lá pelo cem, o outro disse:

— Uma!

E ele continuou:

— Cento e dez... cento e vinte e sete...

E o outro:

— Duas!

Lá pelo quinhentos e trinta, ele já não aguentava mais nem falar, e o outro:

— Quatro!

— O que há, rapaz? Tu não saíste da quarta?

— O que você está comendo?

— Jabuticabas. E você?

— Ai, meu Deus, subi no pé da jaca!

(*As anedotinhas do Bichinho da Maçã*. São Paulo: Melhoramentos, 2006. p. 40.)

Jean Galvão/Acervo da editora

5. Textos cômicos, como as anedotas e algumas histórias em quadrinhos, geralmente ocultam uma informação que só é revelada no final deles, momento culminante para a construção do efeito de humor. Qual é a informação omitida na anedota lida?

6. Observe que a anedota envolve dois personagens e um narrador.

a) De que forma o narrador se refere aos personagens no início da anedota?

b) E neste trecho: "Quando ele chegou lá pelo cem, o outro disse"?

7. Observe estes trechos da anedota:

"Lá pelo quinhentos e trinta, ele já não aguentava mais nem falar, e o outro:"

"— [...] Tu não saíste da quarta?

— O que você está comendo?"

a) A quem se refere a palavra **ele** na fala do narrador?

b) Qual palavra o rapaz que estava comendo jabuticabas usa para se referir ao amigo?

c) E qual palavra o rapaz que estava comendo jaca usa para se referir ao amigo?

8. Na penúltima fala da anedota, o rapaz que estava comendo jabuticabas empregou outra palavra para se referir ao amigo. Qual é ela?

9. Releia estes dois trechos da anedota:

> I. "— Vamos ver quem come mais frutas no pomar?
> — Vamos."
> II. "— O que você está comendo?
> — Jabuticabas. E você?"

a) A quem se refere a palavra **vamos** no trecho I? Que palavra, subentendida, poderia acompanhar a palavra **vamos**?

b) Na fala de um dos personagens no trecho II, há uma expressão subentendida que acompanha a palavra **jabuticabas**. Que expressão é essa?

c) Nessa expressão, que palavra se referiria ao próprio autor da frase?

Classificação dos pronomes

Existem seis grupos de pronomes: os pessoais, os possessivos, os demonstrativos, os indefinidos, os interrogativos e os relativos. Neste capítulo, trataremos dos pronomes pessoais.

Pronomes pessoais

Como você já viu, toda vez que fazemos uso do discurso verbal há três pessoas envolvidas na situação comunicativa:

- o **locutor** (quem fala), que é a 1ª pessoa do discurso;
- o **locutário** (com quem o locutor fala), que é a 2ª pessoa do discurso;
- o **assunto** (de quem ou de que o locutor fala), que é a 3ª pessoa do discurso.

Para indicar essas três pessoas que participam das situações de comunicação, empregamos os **pronomes pessoais**.

Pronomes pessoais são aqueles que substituem os substantivos e indicam as três pessoas do discurso.

Observe os pronomes neste poema de Ilka Brunhilde Laurito:

Teus olhos são brincalhões
como bolinhas de gude
rolando de luz em luz
até o fundo mais fundo
da fundura dos meus olhos.

Eles se encaixam redondos
no aro das minhas órbitas.
E como eu vejo melhor
quando acendo esse farol
dos teus olhos nos meus olhos!

(*Brincando de amor*. São Paulo: Moderna, 2003. p. 17.)

Biry Sarkis/Acervo da editora

Note que, no poema, a 1ª pessoa, ou seja, quem fala, é o **eu** lírico ("**eu** vejo melhor"); a 2ª pessoa, com quem o eu lírico fala, é **tu**, sugerido pela palavra **teu** ("**Teus** olhos são brincalhões"); e a 3ª pessoa, de que o eu lírico fala, são os **olhos** da pessoa amada. Observe:

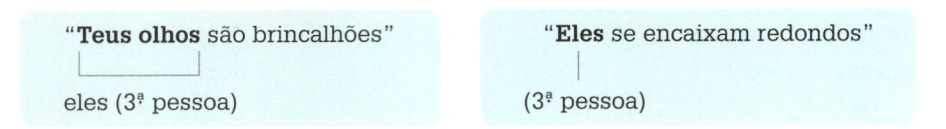

"**Teus olhos** são brincalhões"
eles (3ª pessoa)

"**Eles** se encaixam redondos"
(3ª pessoa)

Por referir-se ao assunto, **eles** é um pronome pessoal de 3ª pessoa.

Os pronomes pessoais tradicionalmente são organizados em pessoas gramaticais, de acordo com as três pessoas do discurso.

Os pronomes pessoais retos são aqueles que desempenham a função de sujeito da oração; os oblíquos assumem outras funções, geralmente de complementos verbais. Veja o quadro abaixo.

PRONOMES PESSOAIS		
	Retos	**Oblíquos**
1ª pessoa do singular	eu	me, mim, comigo
2ª pessoa do singular	tu	te, ti, contigo
3ª pessoa do singular	ele(a)	o, a, lhe, se, si, consigo
1ª pessoa do plural	nós	nos, conosco
2ª pessoa do plural	vós	vos, convosco
3ª pessoa do plural	eles(as)	os, as, lhes, se, si, consigo

CONTRAPONTO

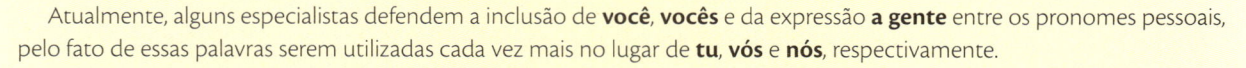

Atualmente, alguns especialistas defendem a inclusão de **você**, **vocês** e da expressão **a gente** entre os pronomes pessoais, pelo fato de essas palavras serem utilizadas cada vez mais no lugar de **tu**, **vós** e **nós**, respectivamente.

No passado, o pronome pessoal **vós**, por exemplo, era empregado com maior frequência do que hoje e servia para alguém se dirigir de modo cerimonioso tanto a uma única pessoa quanto a um conjunto de pessoas. Atualmente, no Brasil, o uso desse pronome está quase extinto e se restringe a situações e textos muito formais, como os jurídicos, bíblicos e políticos. No lugar dele, emprega-se o pronome de tratamento **você** ou **vocês**.

Vós sabeis como sinto **vossa** falta.
Vocês sabem como sinto **sua** falta.

Nas últimas três décadas, o uso do pronome **tu** também entrou em declínio por influência da televisão, em cuja programação se usa preferencialmente a forma **você**.

Tu sabes como sinto **tua** falta.
Você sabe como sinto **sua** falta.

Na sua opinião, os pronomes **tu** e **vós** vão desaparecer mesmo? Você também acha que a palavra **você** e a expressão **a gente** deveriam figurar entre os pronomes pessoais?

Emprego dos pronomes oblíquos o e a

Leia esta tira de Laerte:

Laerte/Acervo da cartunista

1. Observe o 1º quadrinho da tira.

a) Em que situação o rei é retratado? O que parece ocorrer com ele?

b) Levante hipóteses: Quem são as pessoas que aparecem em primeiro plano? Justifique sua resposta com base em elementos verbais e não verbais.

2. Agora, observe o 2º quadrinho.

a) Quem é o homem vestido de preto que aparece carregando uma maleta?

b) O que a vestimenta com gola e mangas bufantes do homem que fala evidencia sobre ele em comparação com os personagens do 1º quadrinho?

c) No enunciado "Conseguirão curá-lo?", do 2º balão, que termo anteriormente citado é retomado pelo pronome oblíquo **lo**?

d) O emprego do pronome oblíquo **(l)o** depois do verbo não é comum na fala brasileira. Troque ideias com os colegas e o professor e conclua: Por que essa construção foi utilizada no contexto da tira lida?

3. No 3º quadrinho, qual expectativa é criada pelas expressões faciais das pessoas em relação ao que está sendo feito com o rei?

4. Nas tiras, é comum o último quadrinho reservar uma surpresa ao leitor, isto é, uma quebra de expectativa em relação ao que acontece nos quadrinhos anteriores. Relacione as partes verbal e não verbal do último quadrinho da tira lida:

a) Qual é a surpresa revelada em relação ao rei?

b) E qual é a surpresa revelada em relação aos demais personagens?

Os pronomes oblíquos podem ser utilizados para retomar termos expressos anteriormente e, assim, ajudam a evitar repetições, cumprindo um papel fundamental para a construção da **coesão textual**. No caso da tira, o pronome **lo**, em "Conseguirão curá-lo?", retoma a expressão "nosso rei", mencionada no quadrinho anterior e, desse modo, evita a repetição.

Os pronomes oblíquos **o**, **a**, **os** e **as** sofrem modificações no som e na escrita quando vêm após alguns verbos. Observe e compare as seguintes construções:

- O médico vai curar **ele**.
- O médico vai curá-**(l)o**.
- O médico vai curá-**lo**.

Você deve ter observado que, na união do pronome **o** com o verbo **curar**, a letra **r** desaparece e a letra **l** é colocada antes do pronome. Assim, temos a forma **curá-lo**, na qual **lo** é equivalente a **o**.

Isso ocorre quando o verbo termina em **r**, **s** ou **z**. Quando o verbo termina em som nasal, ou seja, em **m**, **ão**, **õe(s)** ou **õem**, acontece modificação semelhante, porém com o acréscimo da letra **n** aos pronomes. Veja:

- Vou compra*r* **um livro de aventura**. Vou comprá-**lo**.
- Emprestamo*s* **os livros** aos alunos. Emprestamo-**los** aos alunos.
- Ele fe*z* **a tarefa** ontem à noite. Ele fê-**la** ontem à noite.
- Enviara*m* **a carta** na semana passada. Enviaram-**na** na semana passada.
- Por favor, p*õe* **o caldeirão** na mesa. Por favor, põe-**no** na mesa.

Em síntese:

- Verbos terminados em **r**, **s** ou **z**: acrescenta-se **l** antes de **o**, **a**, **os**, **as**.
- Verbos terminados em **m**, **ão**, **õe(s)** ou **õem**: acrescenta-se **n** antes de **o**, **a**, **os**, **as**.

Pronome oblíquo: entre a norma-padrão e a fala cotidiana

No português brasileiro, formas como **emprestamo-los**, **fê-la** e **põe-no** desapareceram da fala cotidiana e, mesmo no registro escrito, são encontradas em gêneros muito específicos, geralmente em textos excessivamente formais. Em seu lugar, os brasileiros têm preferido buscar construções alternativas, o que mostra um enorme distanciamento entre as regras da gramática normativa e a realidade linguística do Brasil.

Exercícios

Leia o texto a seguir para responder no caderno às questões 1 a 4.

É difícil lembrar como era a vida antes dos smartphones e da internet móvel. [...]

A pesquisadora em comunicação digital da ECA-USP Issaaf Karhawi definiu como "conexão perpétua" o que vivemos atualmente.

"Cada vez mais não conseguimos distinguir o que é momento de conexão e o que é momento de desconexão. Afinal, não há mais um momento para 'entrar' na internet e outro para sair, a conexão perpétua gera esse borrão entre online e offline", explica. [...]

Pensando nisso, o **#Hashtag** separou algumas dicas de desconexão.

[...]

ESCONDE-ESCONDE

Tente deixar o celular em uma mesa, dentro da bolsa, no guarda-roupa ou em qualquer lugar que não seja acessível a um braço de distância. O ato de pegá-lo gerará a dúvida.

ESCONDE-ESCONDE 2

Outra maneira é esconder os ícones das redes sociais. "Os meus estão em pastas profundas na tela do celular, demoro muito para encontrá-los e percebo que estava entrando na rede por impulso", recomenda a jornalista Laura Tissot.

[...]

SESSÃO DESCARREGO

Se acabar a bateria do seu celular, não recarregue-o. É um momento ideal para se desconectar. Outra tática é desligá-lo propositalmente, mas não é tão eficaz porque a mão coça para ligá-lo novamente. Sem bateria, isso é impossível. [...]

(Disponível em: https://www1.folha.uol.com.br/blogs/hashtag/2023/02/internet-movel-e-smartphones-nos-condenam-a-conexao-perpetua-diz-pesquisadora.shtml. Acesso em: 16/2/2023.)

A_B_C/Shutterstock

1. O texto aborda nossa relação com o celular e a internet.

a) Explique o que é a "conexão perpétua" definida pela pesquisadora.

b) Você costuma acessar a internet e as redes sociais pelo celular? Já tentou diminuir o tempo de uso? Compartilhe sua experiência com os colegas.

2. O trecho lido apresenta três dicas. Observe os títulos dessas dicas.

a) Explique a relação de cada título com o conteúdo das respectivas dicas.

b) Explique por que esses títulos constroem efeito de humor no texto.

3. Observe as ocorrências do pronome oblíquo **o**(**s**) em cada dica.

a) A quem ele se refere em cada ocorrência?

b) No caderno, reescreva a terceira dica, substituindo os pronomes pelos nomes a que se referem.

c) Compare o texto original com a reescrita do item **b** e conclua: Qual é a vantagem de empregar pronomes no lugar dos substantivos?

4. No caderno, reescreva as frases a seguir, substituindo o termo destacado pelo pronome oblíquo **o**, **a**, **os** ou **as**. Faça adaptações quando necessário. Veja o exemplo:

- Menino, vai fechar **a janela**, por favor.
- Menino, vai fechá-**la**, por favor.

a) Pretendiam entregar **os jornais** antes da hora.

b) Eles repõem **os produtos** nas prateleiras todos os dias.

c) Os garotos largaram **as bicicletas** e correram.

d) Entregamos **a encomenda**, conforme nos pediu por telefone.

e) Fiz **os pacotes** e deixei-os sobre a mesa da sala.

f) Distribuíram **os presentes** às crianças carentes do bairro.

g) Pega os pratos e põe **os pratos** no armário, por favor.

h) Espero encontrar **minha amiga** no local e hora combinados.

i) Deram **o prêmio** ao menino que escreveu um poema sobre a natureza.

Oblíquo nos: 1ª ou 3ª pessoa?

O oblíquo **nos**, além de ser um pronome de 1ª pessoa, pode ser de 3ª pessoa. Isso ocorre quando ele acompanha verbos terminados em sons nasais, como em **põe + os = põe-nos**. Compare:

Levem a nós daqui. Levem-**nos** daqui. 1ª pes. plural	Levem os meninos daqui. Levem-**nos** daqui. 3ª pes. plural

Leia este texto para responder no caderno às questões 5 a 7.

(Disponível em: https://www.unicef.org/brazil/nove-fatos-sobre-vacinacao. Acesso em: 16/2/2023.)

5. O texto faz parte de uma campanha do Unicef.

a) A quem ele se dirige? Justifique sua resposta com palavras e expressões empregadas no texto.

b) Qual é a finalidade desse texto?

6. Observe a parte não verbal do texto.

a) Quem aparece na imagem?

b) Explique a relação entre a imagem central, a instituição representada no primeiro logotipo da parte inferior da peça e o tema da campanha.

c) Troque ideias com os colegas e o professor e conclua: Quais efeitos de sentido são construídos no texto pelo uso dessa imagem?

7. Observe o enunciado verbal.

a) Em **levando-as**, qual é a classe gramatical de **as**? A quem ela se refere?

b) No caderno, reescreva essa expressão, trocando **as** pelo termo a que ela se refere.

c) No caderno, copie e complete a frase a seguir com o pronome pessoal oblíquo adequado.

- Leve suas crianças para vacinar e mantenha-______ saudáveis.

d) Na frase: "Vacinas protegem as crianças", qual é a classe gramatical da palavra **as**? Explique.

Pronomes de tratamento

Muito do sucesso da comunicação que estabelecemos com outras pessoas depende da forma como nos dirigimos a elas. Conforme as características do nosso interlocutor — idade, situação social, nível cultural, posição hierárquica (no trabalho, por exemplo) — e o grau de amizade ou de intimidade que temos com ele, podemos tratá-lo de uma maneira menos ou mais cerimoniosa.

Além dos pronomes pessoais **tu** e **vós**, existem na língua outras palavras e expressões, chamadas **pronomes de tratamento**, por meio das quais podemos nos dirigir ao nosso interlocutor. São elas: **você**, **senhor**, **senhora**, **Vossa Senhoria**, **Vossa Excelência**, entre outras.

Vossa santidade ou Sua santidade?

O tratamento **Vossa Santidade** é empregado quando alguém se dirige diretamente ao papa. Quando, entretanto, falamos dele para outra pessoa, devemos empregar **Sua Santidade**.

O mesmo princípio vale para outros pronomes de tratamento, como **Vossa Excelência** e **Vossa Majestade**.

Observe os exemplos abaixo.

Jean Galvão/Acervo da editora

Apesar de serem empregados para designar o nosso interlocutor (a 2ª pessoa da situação de comunicação), os pronomes de tratamento são, gramaticalmente, pronomes de 3ª pessoa, e não de 2ª pessoa. Veja:

- **Você se** dirigiu à pessoa errada. (3ª pessoa do singular)
- **Tu te** dirigiste à pessoa errada. (2ª pessoa do singular)

Veja, no quadro a seguir, o pronome de tratamento mais adequado a cada tipo de interlocutor. Consulte-o quando necessário.

PRONOMES DE TRATAMENTO		
Pronome	**Abreviatura**	**Interlocutores**
você	v.	pessoas com quem temos intimidade
Vossa Alteza	V. A.	príncipes (princesas), duques (duquesas)
Vossa Excelência	V. Exª	altas autoridades do governo e das Forças Armadas
Vossa Majestade	V. M.	reis (rainhas), imperadores (imperatrizes)
Vossa Santidade	V. S.	papas
Vossa Magnificência	V. Mª	reitores de universidades
Vossa Senhoria	V. Sª	autoridades em geral: diretores (diretoras) e pessoas a quem se quer tratar com distanciamento e respeito
senhor, senhora	sr., sra.	geralmente pessoas mais velhas que nós ou a quem queremos tratar com distanciamento e respeito; a forma **senhorita**, que já está caindo em desuso, é empregada para moças solteiras

Exercícios

Leia esta tira:

(Alexandre Beck. *Armandinho dez.* Florianópolis: A. C. Beck, 2018. p. 28.)

1. Armandinho conversa com seu pai sobre a escola. Observe as respostas que o menino dá ao pai e deduza: Qual deve ter sido o tema da aula daquele dia?

2. Na tira, Armandinho usa três pronomes de tratamento.

a) Considerando a relação do menino com o pai, os pronomes foram empregados adequadamente? Justifique sua resposta.

b) Troque ideias com os colegas e o professor: Em quais situações Armandinho deveria empregar esses pronomes? Em seguida, conclua: Como se constrói o humor da tira?

3. Observe, nos dois primeiros quadrinhos, os adjetivos que Armandinho utiliza para caracterizar a aula.

a) Que relação esses adjetivos têm com os pronomes de tratamento?

b) Essa relação também acontece no último quadrinho?

4. Suponha que Armandinho fizesse mais comentários sobre a aula e empregasse outros pronomes de tratamento, como "Vossa Alteza", "Vossa Senhoria" e "Vossa Santidade". Como seria esse diálogo?

5. Compare estes enunciados.

I. — Vim te chamar, mas a gripe te pegou.

II. — Vim te chamar, mas a gripe pegou você.

III. — Vim chamar você, mas a gripe pegou você.

IV. — Vim chamar você, mas a gripe te pegou.

V. — Vim chamá-la, mas a gripe a pegou.

VI. — Vim chamá-la, mas a gripe pegou-a.

Em alguns Estados brasileiros, os falantes dirigem-se ao interlocutor empregando o pronome **tu**; em outros, o pronome **você**. Há ainda situações variadas nas quais ambas as formas coexistem na mesma frase.

a) Separe as frases em três grupos: as que utilizam apenas formas de 2ª pessoa; as que utilizam apenas formas de 3ª pessoa; e as que mesclam ambas as formas.

b) Qual é a preferência em seu Estado ou em sua cidade?

c) Quais deles soam mais formais?

Tu ou você?

Tanto faz. As duas formas são válidas. Embora muitas pessoas atualmente empreguem **você** para se dirigir ao interlocutor, em algumas cidades e Estados brasileiros predomina o emprego do pronome reto **tu**. Também é comum o uso de **você** associado a formas de 2ª pessoa, como na frase "Não te convidei porque **você** não poderia ir". Essa construção, muito comum no uso cotidiano da língua portuguesa no Brasil, tem, segundo as regras da gramática normativa, esta correspondência: "Não te convidei porque tu não poderias ir" ou "Não o convidei porque você não poderia ir".

O pronome NA CONSTRUÇÃO DO TEXTO

Leia estes quadrinhos do cartunista argentino Nik:

egocêntrico: pessoa que cultua o próprio eu.

(*Gaturro 24*. Buenos Aires: Ediciones de la Flor, 2015. p. 44. Tradução dos autores.)

1. Nos cinco primeiros quadrinhos, há dois balões de fala: um é de Gaturro, que sempre diz uma palavra; o outro é de uma ou mais pessoas não identificadas.

a) Que tipo de palavra Gaturro diz, em cada quadrinho?

b) Levante hipóteses: Quem pode ser o autor do outro balão, em cada um dos quadrinhos?

c) Que tipo de comentário a pessoa não identificada faz?

Para que servem os pronomes?

Enquanto os nomes têm relação direta com os seres do mundo exterior, os pronomes têm um papel decisivo no **interior da própria língua**. São eles que substituem, acompanham e retomam os nomes, expressam formas sociais de tratar o interlocutor e marcam posição em relação às pessoas do discurso.

Os pronomes também são fundamentais para que um texto não seja um punhado de frases soltas, contribuindo para estabelecer coerência e coesão entre elas.

2. As palavras que Gaturro diz revelam as três pessoas do discurso.

a) Quais dessas palavras evidenciam a 1ª pessoa do discurso?

b) Que comentários a pessoa não identificada faz a propósito do locutor quando ele as pronuncia? Explique por quê.

3. Sobre as demais falas de Gaturro, responda no caderno:

a) Quais das palavras ditas pelo personagem evidenciam a 2ª pessoa do discurso? Que comentários a pessoa não identificada faz a propósito delas? Explique por quê.

b) Quais das palavras ditas por Gaturro evidenciam a 3ª pessoa do discurso? Que comentários a pessoa não identificada faz a propósito delas? Explique por quê.

4. O balão de fala de Gaturro e o da pessoa não identificada estão sempre no mesmo quadrinho, com exceção dos quadrinhos 6 e 7.

a) Levante hipóteses: Que efeito de sentido o quadrinista busca ao separar os dois quadrinhos?

b) O que sugere a expressão de Gaturro no penúltimo quadrinho?

c) Que sentido têm, no contexto, os dois pontos de exclamação que acompanham a palavra **dedo-duro**?

5. A expressão **dedo-duro** tem origem, em nossa língua, no gesto de apontar e acusar alguém com o dedo indicador.

a) No texto, o emprego da expressão coincide com a imagem?

b) Que efeito esse dado provoca no processo de leitura do texto?

6. Considerando que os pronomes são palavras que situam as pessoas no discurso, indique as afirmativas corretas sobre o texto lido:

a) O texto lido reúne, por meio dos pronomes pessoais do caso reto, as três pessoas essenciais do discurso: a pessoa que fala, a(s) pessoa(s) com quem se fala e a(s) pessoa(s) de quem se fala.

b) Os pronomes pessoais do caso reto empregados nos quadrinhos são todos os existentes em português para representar as seis pessoas do discurso, sem possibilidade de haver outros pronomes em papel semelhante.

c) Os quadrinhos mostram que, toda vez que produzimos um discurso, ele provoca, como resposta, a produção de novos discursos de nossos interlocutores.

d) O autor dos quadrinhos extrai humor da oposição entre o discurso que produzimos e o discurso alheio, que, por vezes, julga e deprecia o que quer que digamos.

e) A oposição entre o discurso de Gaturro e os discursos alheios é apenas um meio de construir humor, pois, na vida real, essa discrepância entre o que dizemos e o que as pessoas dizem a nosso respeito não existe.

SEMÂNTICA E DISCURSO

Leia esta tira de Fernando Gonsales e responda no caderno às questões 1 a 3.

(*Níquel Náusea — Com mil demônios!!* São Paulo: Devir, 2002. p. 17.)

1. O ratinho faz, em versos, uma declaração de amor à ratinha.

a) O que ela estranha na declaração?

b) Com que finalidades o ratinho empregou as formas de tratamento **você** e **tu** no aumentativo?

2. Em algumas circunstâncias, o aumentativo pode destacar as qualidades de uma pessoa.

a) Dê um exemplo.

b) Por que isso não ocorre com os pronomes **você** e **tu**?

3. No último quadrinho, na frase "É o novo Drumond", a ratinha faz referência ao poeta Carlos Drummond de Andrade. Leia o boxe ao lado e responda no caderno: Ela está sendo irônica com o ratinho? Por quê?

4. Segundo alguns especialistas, a expressão "a gente" pode assumir a função de substantivo quando tem o sentido de "povo", "grupo de pessoas", e a função de pronome pessoal quando equivale a "eu" ou a "nós". Leia e compare estas frases:

- Quando vi **a gente** dos mais distantes bairros se reunindo na praça, percebi que as coisas iam mudar naquela cidade.
- **A gente** acha melhor vocês irem em outro carro, porque o nosso está cheio.
- Eu já estou cansado de lutar sozinho. **A gente** levanta cedo, trabalha o dia inteiro e ninguém reconhece o que eu faço.
- O português que **a gente** da roça fala é diferente do português de outras regiões do país.

O pronome e os gêneros

Em qualquer gênero é possível encontrar pronomes de diferentes tipos. Isso porque, além de remeter às três pessoas básicas do discurso (quem fala, com quem se fala e de quem se fala), o pronome pode substituir palavras, retomar ideias e partes de um texto, sendo um dos responsáveis pela coesão e pela progressão textual.

A ironia e o jogo do contrário

A ironia é um recurso de linguagem que consiste em dizer algo querendo dizer o oposto. Por exemplo, o pai, ao ver uma nota vermelha de Matemática no boletim do filho, diz a ele: "Como você foi bem em Matemática neste bimestre!".

a) Em quais dessas frases a expressão "a gente" pode ter o valor de substantivo?

b) Em quais delas a expressão tem valor de pronome? Nessas frases, a expressão tem sentido equivalente ao pronome **eu** ou ao pronome **nós**?

Leia esta tira de Laerte e responda às questões de 5 a 7 no caderno.

(Folha de S.Paulo, 16/3/2013.)

5. Um súdito do rei leva até ele um rato. Qual é a acusação que ele faz contra o animal?

6. Observe que o súdito se dirige ao rei fazendo uso da 2ª pessoa do plural (vós), que é pouco usada nos dias de hoje.

a) De que forma sabemos que é esse o tratamento dado ao rei?

b) O que justifica o uso dessa pessoa do discurso na tira, considerando seu pouco uso nos dias de hoje?

7. Suponha que o súdito tivesse intimidade com o rei e o chamasse de **você** ou de **senhor**. No caderno, reescreva a fala do súdito, passando-a para essa pessoa e fazendo as adaptações necessárias.

8. Transforme duas frases em uma, conforme o exemplo:

- Carlos me emprestou um livro de poemas até sábado. Eu vou ler o livro de poemas.
- Carlos me emprestou um livro de poemas para eu ler até sábado.

Empregue sempre a preposição **para** e o pronome reto **eu**, evitando repetições de palavras.

a) Mamãe comprou ovos e farinha. Vou fazer um bolo hoje.

b) Minha mãe me deu dinheiro. Ela quer que eu corte o cabelo.

c) Meu irmão veio me convidar. Ele quer sair comigo.

d) Dê-me seu lápis. Eu vou rascunhar um desenho.

“Para eu” ou “Para mim”?

É cada vez mais comum, nos usos cotidianos do português brasileiro, o emprego da forma pronominal **mim** como sujeito. Entretanto, a gramática normativa recomenda o emprego do pronome reto **eu** em expressões como **para eu fazer**, pois considera que pronomes oblíquos, como **mim**, devem exercer apenas a função de complemento.

Assim, em situações nas quais o uso da norma-padrão é desejável, deve-se priorizar o uso de **eu**, e não de **mim**, em frases como: “Você trouxe os ingredientes para eu fazer o bolo?”.

Quando, contudo, **mim** tem valor de complemento e a expressão está deslocada, a expressão **para mim** antes de verbo no infinitivo também é admitida pela gramática normativa. Veja:

Não é fácil, para mim, ficar calado.

Essa afirmação equivale a:

Ficar calado não é fácil para mim.

Nesses casos de inversão, a gramática normativa recomenda ainda que a expressão **para mim** fique entre vírgulas.

VOSSA MERCÊ > VOSMECÊ > VANCÊ

O pronome **você** se originou de **Vossa Mercê**, hoje em desuso. Porém, antes de chegar a essa forma simplificada, passou por **vosmecê**, forma que ainda pode ser encontrada em algumas regiões do país. Observe nos versos a seguir, da canção “Estrada do sertão”, de João Pernambuco e Hermínio de Carvalho, a presença de quatro formas de tratamento: **tu**, **vosmecê**, **ocê** e **você**.

Pousa aqui meu colibri
Vê se tu tem pena d'eu
Quero ser teu bacuri
Quero ser de vosmecê

Quando ocê desfeiteia
Me despreza
Mais me arrasto pra você.

DIVIRTA-SE

TEMPOS DE MESÓCLISES
NaniHumor.com
OLHA AS CONTAS ATRASADAS.
NÃO PAGÁ-LAS-EI.
NANI

Nani/Acervo do cartunista

·CAPÍTULO· 14

O pronome (II)

Construindo o conceito

Pronomes possessivos

Leia esta tira:

Adão Iturrusgarai/Acervo do cartunista

(*Folha de S.Paulo*, 2/3/2007.)

1. A tira aborda um tema social bastante importante. Que tema é esse?

2. De acordo com o 1º quadrinho, Alininha trabalha 12 horas por dia na fábrica de tênis. Que aspectos visuais do quadrinho confirmam essa longa jornada de trabalho?

3. O 2º quadrinho faz uma oposição entre "infância perdida" e "infância roubada". Qual é a diferença de sentido dessas expressões?

4. Observe, no último quadrinho, as palavras que identificam as gavetas.

a) Qual é o sentido dessas palavras?

b) Por que essas palavras estão no diminutivo? Qual palavra da legenda confirma sua resposta?

5. A tira aborda, de forma satírica, isto é, por meio de humor, um tema social grave. Explique de que forma é criada essa sátira.

Releia estas frases da tira para responder às questões 6 e 7:

- "Assim, ela tem **sua** infância perdida..."
- "**Seu** chefe guarda a sete chaves as infâncias de todos os **seus** miniempregados."

6. Nas duas frases, os termos em destaque estabelecem relações entre palavras.

a) Na expressão "sua infância", a quem a palavra **sua** se refere?

b) A quem a palavra **seu**, da expressão "seu chefe", se refere?

c) A quem a palavra **seus**, da expressão "seus miniempregados", se refere?

d) Com quais palavras das frases os termos em destaque concordam em pessoa? E em gênero e número?

7. Considerando suas respostas à questão 6, troque ideias com os colegas e o professor e conclua:

a) Entre os tipos de relação listados a seguir, indique aquele que melhor descreve a função do termo em destaque na primeira frase.

I. A infância de que Alininha é dona.

II. A infância que Alininha vive.

III. A infância de que Alininha gosta.

IV. A infância que Alininha deseja.

Adão Iturrusgarai/Acervo do cartunista

b) Na segunda frase, pode-se considerar que os termos em destaque constroem relações de:

I. afetividade e consideração.

II. subordinação e superioridade.

III. intimidade e parentesco.

c) A expressão "sua fábrica" pode se referir tanto à Alininha quanto ao chefe. Em qual desses casos a palavra **sua** indica que a pessoa é dona da fábrica? Que relação é estabelecida no outro caso?

8. Siga o exemplo e, no caderno, copie e complete as frases abaixo, levando em conta o emprego das palavras **sua**, **seu** e **seus** na tira:

Sua fábrica [de Alininha] → A fábrica dela.

a) Sua infância perdida [de Alininha]. → A infância perdida ______.

b) Seu chefe [de Alininha]. → O chefe ______.

c) Os seus miniempregados [do chefe]. → Os miniempregados ______.

Conceituando

No estudo da tira, você viu que as palavras **sua**, **seu** e **seus** podem estabelecer diversas relações entre os termos que conectam, inclusive a relação de posse. Essas palavras são chamadas **pronomes possessivos**.

Os pronomes possessivos variam de acordo com as três pessoas do discurso e concordam em gênero e número com o elemento que se relaciona à pessoa. Assim, o emprego de **sua** em "sua infância" está no feminino e no singular porque concorda com **infância**. E o mesmo ocorre com os pronomes **seu** (chefe) e **seus** (miniempregados).

Pronomes possessivos são aqueles que indicam relações diversas, como a de posse, entre dois ou mais elementos.

CONTRAPONTO

Embora a qualificação **possessivo** remeta diretamente à relação de posse, esta é apenas uma das possibilidades de sentido que os pronomes possessivos podem estabelecer entre os elementos que conectam. Leia o trecho a seguir, de Antonio Prata:

[...]

A **minha** história não é menos triste. Por uma década, eu e a **minha** mulher vivemos felizes. Tivemos dois filhos, viajamos o mundo, assistimos a "Família Soprano", "Breaking Bad" e "Mad Men". Eu achei que era pra sempre (ainda nem havíamos começado "Game of Thrones"), mas nos últimos meses **meu** casamento vem sendo ameaçado pelo carregador do iPhone. Segundo creio eu e o Código Civil brasileiro (Livro 4, "Do direito de família", a partir do artigo 1.511) a comunhão parcial de bens, regime em que nos casamos, faz com que tudo o que adquirimos desde que pusemos as assinaturas no livrão da juíza pertença aos dois, o que inclui **nossa** casa, **nosso** Honda Fit 2012, a TV na qual assistimos às **nossas** séries e — por que não? — **nossos** carregadores de iPhone.

[...]

(Disponível em: https://www1.folha.uol.com.br/colunas/antonioprata/2016/11/1829787-comunhao-parcialissima-de-bens.shtml. Acesso em: 16/2/2023.)

Além da relação de posse, estabelecida nas expressões "nossa casa", "nosso Honda Fit 2012" e "nossos carregadores de iPhone", encontramos outros sentidos para as expressões compostas de pronomes possessivos, entre elas:

"minha história": a história que ele vive

"minha mulher": a mulher com quem ele se casou

"meu casamento": o relacionamento do qual ele faz parte

"nossas séries": as séries das quais ele e a mulher gostam

São estes os pronomes possessivos de nossa língua, referentes às três pessoas do discurso:

Pronomes pessoais retos	Pronomes possessivos
eu	meu, meus, minha, minhas
tu	teu, teus, tua, tuas
ele, ela	seu, seus, sua, suas
nós	nosso, nossos, nossa, nossas
vós	vosso, vossos, vossa, vossas
eles, elas	seu, seus, sua, suas

Pronomes demonstrativos

Leia o texto a seguir.

O que é aquele pulinho que a gente dá quando começa a dormir?

Essas contrações musculares bruscas e involuntárias são chamadas pelos médicos de *mioclonias*, atingem cerca de 70% das pessoas e costumam ocorrer no início da noite, antes das fases mais profundas do sono.

[...]

Frederick Coolidge, psicólogo da Universidade do Colorado, propôs que as mioclonias são uma herança darwiniana dos macacos que viviam em árvores: quando o animal relaxava *demais* durante o sono, ele corria o risco de escorregar do galho e cair no chão.

PRPicturesProduction/Shutterstock

Dessa forma, o espasmo involuntário seria um susto "do bem", planejado para despertar o indivíduo a tempo de evitar sua queda. Essa hipótese pode explicar por que as mioclonias podem vir acompanhadas da sensação de queda livre.

(Disponível em: https://super.abril.com.br/coluna/oraculo/o-que-e-aquele-pulinho-que-a-gente-da-quando-comeca-a-dormir/. Acesso em: 19/3/2023.)

No título do texto, a palavra **aquele** se refere a **pulinho** e contribui para reforçar sua particularização, marcando que não se trata de qualquer pulinho, mas, conforme o trecho, "aquele pulinho que a gente dá quando começa a dormir", o qual o enunciador pressupõe que seja conhecido do leitor. No primeiro parágrafo, a expressão "essas contrações" retoma o **pulinho** do título, explicando que a sensação corresponde a "contrações musculares bruscas e involuntárias". No terceiro parágrafo, as expressões "dessa forma" e "essa hipótese" também contribuem para o encadeamento das frases e para a coesão do texto, uma vez que fazem referência a elementos anteriormente mencionados.

Observação

Os pronomes demonstrativos também podem se unir a outras palavras, gerando formas mistas como **nessa** (em + essa), **desta** (de + esta), **daquela** (de + aquela), etc.

Palavras como **aquele** e **essa** são pronomes demonstrativos. Esses pronomes são palavras utilizadas para fazer referência a elementos internos ou externos ao texto, podendo indicar a posição física do elemento a que se referem, bem como sua localização temporal ou seu lugar no próprio texto, em relação às três pessoas do discurso.

Pronomes demonstrativos são aqueles que fazem referência a elementos internos ou externos ao texto, situando-os em relação às três pessoas do discurso. Essa localização pode se dar no espaço, no tempo ou no próprio texto.

A gramática normativa classifica os pronomes demonstrativos da seguinte forma:

PRONOMES DEMONSTRATIVOS			
	Masculino	Feminino	Neutro
1ª pessoa	este, estes	esta, estas	isto
2ª pessoa	esse, esses	essa, essas	isso
3ª pessoa	aquele, aqueles	aquela, aquelas	aquilo

Emprego dos pronomes demonstrativos

Em relação ao espaço

Leia os quadrinhos a seguir.

Ivan Cabral/Arquivo do cartunista

Observe que, no 1º quadrinho, quando a personagem se refere à sua máquina, ela está muito próxima dela, está segurando a máquina e, portanto, o pronome **esta** (máquina) é utilizado para representar sua fala. No 2º quadrinho, a personagem está um pouco distante do homem que tira a foto e, por isso, na representação de sua fala é utilizado o pronome **esse** (moço); já no 3º quadrinho, o homem que acompanha a mulher se refere ao homem que foge com a máquina empregando a palavra **aquele**, pois ele já está distante dos dois.

Essa forma de representar as falas dos personagens marcando a diferença entre os usos de **esta** e **esse** ocorre porque, de acordo com a norma-padrão, os pronomes demonstrativos de 1ª pessoa — **este(s)**, **esta(s)**, **isto** — são empregados quando a coisa demonstrada está próxima do locutor, isto é, da pessoa que está falando, e os pronomes demonstrativos de 2ª pessoa — **esse(s)**, **essa(s)**, **isso** — são empregados quando a coisa demonstrada está distante do locutor e próxima da pessoa com quem ele fala. Já os pronomes demonstrativos de 3ª pessoa — **aquele(s)**, **aquela(s)**, **aquilo** — são empregados quando a coisa demonstrada está distante do locutor e da pessoa com quem ele fala.

Em relação ao tempo

Segundo a norma-padrão, as formas **este(s)**, **esta(s)** e **isto** indicam o tempo presente em relação ao momento em que se fala e as formas **esse(s)**, **essa(s)** e **isso** indicam o tempo passado ou futuro em relação ao momento em que se fala:

- **Esta semana** está passando tão rápido! (a semana presente)
- **Esta manhã** está linda! (a manhã presente)

- **Nessa noite** irei a um baile. (uma noite futura)
- **Nessa noite** não dormi nada. (uma noite passada)

Já as formas **aquele(s)**, **aquela(s)** e **aquilo** indicam um tempo distante do momento em que se fala:

- **Naquele dia**, não sei como tive forças para continuar. (um dia distante)
- É, **aquele** foi um ano muito difícil. (um ano distante)

Você sabia?

No latim, língua da qual se originou o português, existia o **gênero neutro**, utilizado para coisas, como **porta**, **casa**, **campo**, etc. No português, os únicos vestígios do gênero neutro estão nos pronomes demonstrativos: **isto**, **isso** e **aquilo**.

Em relação ao próprio texto

Como você viu, os pronomes podem funcionar como importantes elementos de coesão textual, fazendo referência ao que será dito ou ao que já foi dito. A norma-padrão também determina algumas regras de uso dos pronomes demonstrativos segundo esse critério. Em referência ao que ainda será dito, emprega-se **este(s)**, **esta(s)**, **isto**. Veja o enunciado principal ao lado.

ESTA PESSOA NÃO É DOUTOR, MAS DÁ PLANTÃO
04.12
DIA MUNDIAL DA PROPAGANDA
Quem FAZ entende

Reprodução/Agência Lunes Comunicação

Observe que o pronome **esta**, do enunciado principal do anúncio, se refere a um tipo de profissional que não foi explicitado no anúncio, mas que é possível inferir pelo que se comemora em 4/12, ou seja, refere-se ao publicitário.

Veja outro exemplo, neste caso se referindo ao que ainda vai ser dito:

A questão é **esta**: você está preparado para viver em outro país?

Em referência ao que já foi dito, emprega-se **esse(s)**, **essa(s)**, **isso**. Veja:

As avestruzes não enfiam a cabeça na terra

Se fizessem **isso**, morreriam sufocadas. Suas pernas são suficientemente grandes para essas aves se defenderem de quem as ataca — ou para fugirem correndo. Elas, na verdade, encostam o ouvido no chão para perceber a vibração do solo e a aproximação de eventuais predadores. Nessa posição, o animal também consegue se misturar com a vegetação e afastar qualquer perigo de ataque.

(Disponível em: https://www.guiadoscuriosos.com.br/animais/10-lendas-animais-que-foram-desvendadas/. Acesso em: 16/2/2023.)

Dr Ajay Kumar Singh/Shutterstock

> Avestruz.

Observe que o pronome **isso** da primeira frase do texto se refere ao que foi dito no título sobre as avestruzes, ou seja, à possibilidade de elas enfiarem a cabeça na terra.

Em referência a dois elementos anteriormente expressos, emprega-se **este(s)**, **esta(s)**, **isto** para indicar o elemento mais próximo e **aquele(s)**, **aquela(s)** e **aquilo** para indicar o elemento mais distante. Veja:

Eu já contraí gripe H1N1 e dengue: **esta** [a dengue], no surto de 2013; e **aquela** [a gripe H1N1], no surto de 2016.

CONTRAPONTO

Apesar de os pronomes demonstrativos estarem relacionados com as três pessoas do discurso, no português brasileiro tem sido cada vez menos comum fazer a distinção entre a 1ª e a 2ª pessoas (**este** e **esse**, por exemplo).

Em situações de maior monitoramento, como é o caso de textos impressos que passam por revisão, essa distinção ainda é encontrada, mas, segundo alguns linguistas, pesquisas recentes em *corpus* de falantes do português brasileiro de diferentes regiões indicam que, atualmente, os demonstrativos de 1ª pessoa — **este**, **esta**, **isto** — estão desaparecendo e as formas da 2ª pessoa — **esse**, **essa**, **isso** — estão sendo utilizadas para indicar tanto o que está próximo de quem fala quanto o que está próximo da pessoa com quem se fala.

De acordo com esses dados, a forma **esse** (e as demais formas de 2ª pessoa) é reforçada pelo uso combinado com os advérbios **aqui** e **aí**, que estabeleceriam, por si sós, a referência de lugar (respectivamente, próximo de quem fala e próximo da pessoa com quem se fala).

Exercícios

Leia o cartaz a seguir e responda às questões 1 a 3:

ESSA VAGA
NÃO É SUA
NEM POR
UM MINUTO!
STM
SUPERINTENDÊNCIA DE TRÂNSITO E MOBILIDADE
IRECÊ
STM

(Disponível em: https://portalstmirece.link3.com.br/2019/02/06/essa-vaga-nao-e-sua-nem-por-um-minuto. Acesso em: 14/2/2023.)

1. O cartaz faz parte de uma campanha.

a) Que campanha é essa?

b) Levante hipóteses: Quem é(são) o(s) responsável(eis) pela divulgação do cartaz?

c) Deduza: A quem ele se dirige?

d) Que palavra é utilizada no cartaz para fazer referência ao interlocutor? Identifique-a e classifique-a morfologicamente.

e) Que sentido tem a palavra **vaga** no contexto do cartaz? Explique a relação entre essa palavra e a imagem central.

2. No cartaz, foi utilizado um pronome demonstrativo.

a) Identifique-o e classifique-o quanto a gênero, número e pessoa.

b) A que outro termo do texto o pronome demonstrativo se refere?

c) Troque ideias com os colegas e o professor e deduza: Esse pronome demonstrativo foi utilizado de acordo com a norma-padrão? Justifique sua resposta.

3. Releia a frase central do cartaz.

a) Reescreva-a no caderno, fazendo as alterações sugeridas a seguir e as modificações necessárias, de acordo com a norma-padrão:

I. Colocando a palavra **vaga** no plural.

II. Substituindo a palavra **vaga** pela palavra **espaço**.

III. Substituindo a palavra **vaga** pela palavra **espaços**.

b) Explique as alterações sofridas pelo pronome nas frases que você reescreveu.

c) Troque ideias com os colegas e o professor e conclua: Como são feitas a concordância e a conjugação desses pronomes?

Leia a tira a seguir:

(Alexandre Beck. *Armandinho três*. Florianópolis: A. C. Beck, 2014. p. 38.)

4. Os colegas de Armandinho dizem que têm um "amigo bagaceira". Qual é o sentido dessa expressão da gíria?

5. Observe os comentários de Armandinho no 2º e no 3º quadrinhos. A conclusão a que ele chega no 3º quadrinho tem fundamento? Por quê?

6. No 1º quadrinho, Armandinho emprega um pronome possessivo e, no 3º quadrinho, ele usa uma palavra com valor equivalente.

a) Que pronome possessivo ele usou?

b) Qual é a palavra do 3º quadrinho com valor equivalente a esse pronome?

Pronomes indefinidos

Leia este texto de campanha:

DE ORELHA EM PÉ
COM A PÁSCOA!
SE PERSONAGEM EM OVO ESTÁ PROIBIDO,
POR QUE AINDA VENDE?
PORQUE NINGUÉM RECLAMA.
RECLAME!
milc
MILC.NET.BR

(Disponível em: https://primeirainfancia.org.br/noticias/movimento-faz-campanha-de-boicote-a-ovos-de-pascoa-com-brindes-ou-publicidade-dirigida-a-infancia/. Acesso em: 17/2/2023.)

1. O texto combate a publicidade de ovos de Páscoa dirigida às crianças, com ilustrações ou bonecos de personagens de desenhos animados. Observe a imagem principal do texto e, depois, responda:

a) Que relação essa imagem tem com o contexto?

b) Qual é o sentido da expressão "de orelha em pé"?

c) Qual é a relação entre essa expressão e a imagem?

2. Como estratégia para convencer o leitor, o texto faz uso de uma premissa jurídica.

a) Que premissa é essa?

b) O que o anúncio sugere aos leitores?

3. Na frase "Porque ninguém reclama.":

a) A quem se refere a palavra **ninguém**?

b) Essa palavra tem um sentido positivo ou negativo? Genérico ou particular?

Ao responder às questões anteriores, você notou que a palavra **ninguém** não identifica nem particulariza quem está deixando de realizar a ação de reclamar. Assim como **ninguém**, outras palavras da língua se referem a algo ou alguém (3ª pessoa) de modo impreciso e genérico. Essas palavras são chamadas **pronomes indefinidos**.

Pronomes indefinidos são aqueles que se referem a um ser (3ª pessoa) de modo impreciso ou genérico.

Quando o pronome indefinido é empregado antes de substantivos, é pronome adjetivo. Por exemplo:

Muitos estudantes gostariam de ser advogados.

Quando o pronome indefinido substitui o substantivo, é pronome substantivo. Por exemplo:

Muitos gostariam de ser advogados.

Alguns pronomes indefinidos são variáveis, isto é, sofrem flexão de gênero e número; outros são invariáveis.

São pronomes indefinidos:

- **variáveis**: algum, nenhum, todo, outro, certo, bastante, qualquer, quanto, qual, etc.
- **invariáveis**: alguém, ninguém, tudo, nada, algo, cada, quem, que, etc.

Quando temos um grupo de palavras com valor de pronome indefinido, nós o chamamos de **locução pronominal indefinida**. Veja:

- **Todo o mundo** poderá participar da gincana!
- **Cada um** dos alunos deverá escolher uma ilustração diferente para o trabalho.
- **Quem quer que** vá ao baile deverá usar traje a rigor.

São também locuções: **qualquer um**, **cada qual**, **seja qual for**, **seja quem for**, **todo aquele que**.

Quaisquer: plural por dentro?

Sim. **Qualquer** é a única palavra de nossa língua que forma o plural mediante modificações internas: a sílaba **qual** passa a **quais**, formando **quaisquer**. Veja:

Quaisquer que sejam as vítimas no trânsito, elas devem ser auxiliadas pelos demais motoristas.

Muito: advérbio ou pronome?

A palavra **muito** tanto pode ser pronome indefinido quanto advérbio. Se estiver flexionada — isto é, **muita**, **muitos**, **muitas** —, trata-se de pronome indefinido, pois os advérbios não se flexionam. Na forma **muito**, pode ser pronome ou advérbio, e sua classificação depende do contexto e do sentido que se pretende que ela tenha.

Por exemplo, na frase "Vejo muito menino cuidando da aparência", o enunciador pode estar querendo intensificar o fato de ver ou indefinir a quantidade de meninos que vê.

Para saber se se trata de pronome ou advérbio, é possível substituir, na mesma frase, o substantivo masculino por um feminino. Se **muito** for advérbio, vai permanecer invariável, como nesta frase, "Vejo muito menina cuidando da aparência" e o sentido pretendido é "Vejo demais menino/menina cuidando da aparência". Se, em contrapartida, **muito** for pronome indefinido, a forma vai variar, concordando com o referente, e o sentido pretendido será o de indeterminar a quantidade, como em "Vejo muita menina cuidando da aparência".

Dmytro Zinkevych/Shutterstock

Pronomes interrogativos

Leia estes títulos de livros:

Reprodução/Editora Benvirá

Reprodução/Editora Record

Reprodução/Editora Planeta

Note que as palavras **Qual**, **Quem** e (**O**) **Que** não têm um referente específico e, além disso, têm a função de introduzir perguntas. Todas essas palavras, nesses títulos, são **pronomes interrogativos**.

Pronomes interrogativos são os pronomes **(o) que**, **qual**, **quanto**, **quem**, empregados em frases interrogativas.

Veja outros exemplos de emprego de pronomes interrogativos:

- **Que** houve com você?
- **O que** você vai fazer nas férias?
- **Qual** é o seu nome?
- **Quanto** custa esta melancia?

Observação

As palavras **quando** (indicando tempo), **como** (indicando modo), **onde** (indicando lugar) e **por que** (indicando causa) pertencem à classe dos advérbios e podem introduzir frases interrogativas. Por exemplo:

Como está o tempo lá fora hoje?

Exercícios

Leia esta tira de Bill Watterson:

(*O mundo é mágico: as aventuras de Calvin e Haroldo*. São Paulo: Conrad, 2007. p. 64.)

1. Calvin monta um balcão de negócios com uma caixa.

a) O que ele oferece ao público?

b) O preço cobrado parece muito ou pouco?

c) O que ele realmente entrega ao cliente?

2. O que o tigre Haroldo, companheiro de Calvin, acha da lógica do negócio do menino?

3. O humor da tira concentra-se no último quadrinho, no qual Haroldo, ainda incomodado, faz uma pergunta a Calvin sobre a felicidade oferecida.

a) O que Haroldo esperava como resposta?

b) Por que a resposta de Calvin contraria a lógica dos negócios em geral?

4. Observe os pronomes indefinidos ou interrogativos presentes na tira.

a) Identifique-os.

b) Trata-se de pronomes substantivos ou pronomes adjetivos?

c) O que justifica o emprego de pronomes com essa classificação na tira?

Pronomes relativos

Leia o texto a seguir.

Reprodução/SINAIT

(Disponível em: https://www.sinait.org.br/site/noticia-view?id=18619%2Fretrospectiva+2020sinait+lanca+campanha+institucional+2020-2021%2C+com+foco+no+combate+ao+trabalho+infantil. Acesso em: 20/7/2023.)

1. O texto da página anterior faz parte de uma campanha.

a) Qual é o principal objetivo dele e da campanha? Justifique sua resposta com elementos do texto.

b) Quem é o responsável por esse texto e a quem ele se dirige?

c) O cata-vento colorido no canto superior direito destoa do restante da imagem. Levante hipóteses: Qual é o sentido dele no contexto?

2. A imagem de fundo é propositalmente ambígua, isto é, representa duas coisas simultaneamente.

a) Explique como essa ambiguidade foi construída e qual é a relação dela com o tema.

b) Identifique, no texto verbal, a expressão que dialoga diretamente com essa ambiguidade da imagem de fundo. Justifique sua resposta.

c) Que sentidos a exploração dessa ambiguidade constrói no texto?

3. Logo abaixo do texto verbal central em letras maiores, há três *hashtags*.

a) Qual é a função dessas *hashtags* no contexto?

b) Deduza: Por que elas foram escritas em três idiomas diferentes? Qual sentido esse recurso constrói no texto?

4. Observe este enunciado:

> O trabalho infantil é uma realidade que poucos conseguem ver.

a) A frase acima é composta de quantas orações? Justifique sua resposta.

b) Identifique a palavra que liga as duas orações desse texto.

c) A palavra identificada por você no item **b**, além de ligar as orações, refere-se a um termo empregado na primeira oração. Que termo é esse?

d) No caderno, reescreva as duas orações transformando-as em duas frases e substituindo a palavra que liga as duas por aquela à qual ela se refere.

Ao responder às questões anteriores, você pôde notar que, no período "O trabalho infantil é uma realidade que poucos conseguem ver", há duas orações, ligadas pelo conectivo **que**. Pôde notar também que o conectivo **que** substitui, na 2ª oração, um termo antecedente — **realidade** —, expresso na 1ª oração. A palavra **que**, nesse contexto, é chamada de **pronome relativo**.

> **Pronome relativo** é aquele que liga duas orações, substituindo na segunda oração um termo antecedente, isto é, um termo já expresso na primeira oração.

Os pronomes relativos são **que**, **quem**, **o qual** (**a qual**, **os quais**, **as quais**), **onde** (equivalendo a **em que**), **quanto** (**quanta**, **quantos**, **quantas**) e **cujo** (**cuja**, **cujos**, **cujas**) e podem ser precedidos ou não de preposições. Veja:

- A escola **onde** vou estudar é longe da minha casa.
- O aluno **a quem** confiei as notas é muito responsável.
  (a = preposição)

Os pronomes relativos, excetuando-se **cujo**, **cuja**, **cujos**, **cujas**, podem ser facilmente substituídos pelo relativo **o qual** e suas variantes (**a qual**, **os quais**, **as quais**). Observe:

- A menina de **quem** você gosta passou por aqui.
- A menina da **qual** você gosta passou por aqui.

Lembre-se

Você estudou cinco tipos de pronome: **pessoais**, **possessivos**, **demonstrativos**, **indefinidos** e **interrogativos**. O **pronome relativo** completa o grupo dos seis tipos de pronome existentes na língua.

Exercício

O primeiro dos dois textos que seguem se refere a uma expressão muito popular, e o segundo, a uma especificidade do uniforme de algumas seleções de futebol. Leia-os.

Como surgiu a expressão "falar pelos cotovelos"?

A frase, que significa "falar demais", surgiu do costume que as pessoas muito falantes têm de tocar o interlocutor no cotovelo a fim de chamar mais a atenção. O folclorista brasileiro Câmara Cascudo fazia referência às mulheres do sertão nordestino, que à noite, na cama com os maridos, tocavam-nos para pedir reconciliação depois de alguma briga.

(Marcelo Duarte. *Guia dos curiosos*. Disponível em: https://www.guiadoscuriosos.com.br/curiosidade_dia/como-surgiu-a-expresso-falar-pelos-cotovelos/. Acesso em: 25/6/2023.)

Roman Samborskyi/Shutterstock

Por que algumas seleções não jogam com as cores de sua bandeira?

Os dois casos mais conhecidos são de italianos e holandeses, mas não são os únicos. A Itália joga de azul e os holandeses, de laranja por estas serem as cores de suas respectivas famílias reais. A Itália usa a cor oficial da Casa de Savóia, que governou a região entre 1861 e 1946. [...] Pela mesma razão, a Holanda veste o laranja da dinastia Orange-Nassau, que teve início com Guilherme I, Príncipe de Orange, em 1544. [...]

feelphoto/Shutterstock

Austrália — verde e amarelo

O verde e o dourado começaram a ser usados pela seleção de críquete no final do século XIX. As cores fazem referência à Golden Wattle (que nós conhecemos no Brasil como acácia), árvore abundante num país que se orgulha muito de suas riquezas naturais. [...]

Nova Zelândia — preto

O preto se tornou a cor do país por influência da Seleção de Rúgbi, o "All Blacks". A federação de rúgbi foi fundada em 1892 e, naquele mesmo ano, a seleção neozelandesa [...] iria enfrentar as equipes britânicas: Inglaterra, País de Gales, Irlanda e Escócia. A Nova Zelândia escolheu uma cor para o uniforme que não se conflitasse com nenhum desses adversários [...]: o preto.

(Disponível em: https://www.guiadoscuriosos.com.br/esportes/por-que-algumas-selecoes-nao-jogam-com-as-cores-de-sua-bandeira/. Acesso em: 25/6/2023.)

Identifique nos textos os pronomes relativos e o termo antecedente que cada pronome relativo substitui.

O pronome relativo cujo

O pronome relativo **cujo** é empregado em circunstâncias diferentes daquelas em que são empregados os demais pronomes relativos. Ele liga dois termos, estabelecendo entre eles uma relação similar à estabelecida pelos pronomes possessivos.

Veja:

A igreja, **cuja** cúpula está inacabada, vem sendo construída há mais de vinte anos.

Separando as orações, temos:

- A igreja vem sendo construída há mais de vinte anos.
- A cúpula **da igreja** está inacabada.
  adj. adnominal

(cúpula da igreja/cúpula dela = sua cúpula: valor de possessivo)

Observe que, na frase "A cúpula da igreja está inacabada", a expressão "da igreja", que o pronome relativo **cuja** substitui, é um adjunto adnominal. Como o pronome **cujo** sempre acompanha um nome, geralmente sua função é de **adjunto adnominal**.

Lembre-se:

- O pronome relativo **cujo** é variável e concorda em gênero e número com o termo que o sucede.
- Nunca há artigo após o pronome **cujo**.

Veja:

- A escritora, **cujo** trabalho sempre foi muito elogiado, decidiu se aposentar.
- A escritora, **cujos** livros sempre foram muito elogiados, decidiu se aposentar.
- A escritora, **cuja** produção sempre foi muito elogiada, decidiu se aposentar.
- A escritora, **cujas** obras sempre foram muito elogiadas, decidiu se aposentar.

O pronome relativo **onde**

De acordo com a norma-padrão da língua, o pronome relativo **onde** é empregado somente para indicar um lugar concreto, nunca uma situação. Observe:

O hotel (antecedente) **onde** (pronome relativo) nos hospedamos.

Se o termo antecedente for uma situação, e não um lugar, recomenda-se empregar **em que**:

> No final do ano, ela fez uma apresentação **em que** cantou o melhor de seu repertório.

Onde ou aonde

Existem as duas formas. Mas, de acordo com a norma-padrão, a forma **aonde** deve ser empregada apenas com verbos que indicam movimento, como **ir**, **chegar**, **levar**, etc. Veja: "A casa **onde** estou é arejada" e "A casa **aonde** vou é arejada".

Quando o verbo rege a preposição **de**, podemos empregar **donde** ou **de onde**: "A casa **donde**/**de onde** vim é arejada".

Como o pronome relativo **onde** substitui um antecedente que indica lugar, sua função sintática é sempre a de **adjunto adverbial de lugar**.

Exercícios

Leia a seguir os trechos inicial e final do texto "Do Amor à Pátria", de Vinicius de Moraes:

São doces os caminhos que levam de volta à pátria. Não à pátria amada de verdes mares bravios, a mirar em berço esplêndido o esplendor do Cruzeiro do Sul; mas a uma outra mais íntima, pacífica e habitual — uma cuja terra se comeu em criança, uma onde se foi menino ansioso por crescer, uma onde se cresceu em sofrimentos e esperança plantando canções, amores e filhos ao sabor das estações.

[...] é possível que o padre Vieira esteja certo ao dizer que a ausência é, depois da morte, a maior causa da morte do amor. Mas não do amor à terra onde se cresceu e se plantou raízes, à terra a cuja imagem e semelhança se foi feito e onde um dia, num pequeno lote, se espera poder nunca mais esperar.

(Disponível em: https://www.viniciusdemoraes.com.br/pt-br/prosa/do-amor-patria. Acesso em: 5/7/2023.)

Filipe Rocha/Acervo da editora

1. No trecho lido, o autor fala de sua relação com sua pátria.

a) É possível considerar que essa relação é:

I. conflituosa, pois ele não pretende voltar a sua pátria nunca mais.

II. afetuosa, pois ele tem grande amor por sua pátria, mesmo distante.

III. penosa, pois ele sofre ao recordar episódios da infância em sua pátria.

b) No primeiro parágrafo, ele contrapõe duas pátrias. Troque ideias com os colegas e o professor e explique quais são elas.

c) No último parágrafo, o autor cita uma ideia do padre Vieira, escritor que viveu no século XVII. Que ideia é essa? Ele concorda com ela? Justifique sua resposta com base no texto.

d) Levante hipóteses: Qual é o sentido, no contexto, do trecho final: "onde um dia, num pequeno lote, se espera poder nunca mais esperar"?

2. Nos dois parágrafos, foi empregado o pronome relativo **onde**. Observe:

- "onde se foi menino ansioso por crescer"
- "onde se cresceu em sofrimentos e esperança"
- "onde se cresceu e se plantou raízes"
- "onde um dia, num pequeno lote, se espera poder nunca mais esperar"

a) Nessas ocorrências, quais palavras foram substituídas pelo pronome relativo **onde**?

b) No caderno, reescreva os trechos analisados trocando o pronome relativo pelos termos que ele substitui.

c) Conclua: Que função sintática o pronome **onde** desempenha nesses trechos?

3. O pronome relativo **cuja** também foi empregado nos dois parágrafos.

a) Que expressão esse pronome substitui em cada ocorrência?

b) No caderno, reescreva os dois trechos em que o pronome **cuja** foi utilizado, trocando-o pelo termo que ele substitui.

c) Conclua: Qual é a função sintática do pronome relativo **cuja**?

4. Leia as manchetes a seguir, extraídas do portal BBC News Brasil, e, no caderno, complete as lacunas com **onde**, **cujo** ou **cuja**, de acordo com o sentido de cada uma.

a) Japão, o país ______ as baleias voltaram ao cardápio

b) A adolescente ______ passatempo é empalhar animais atropelados

c) A cidade do Alasca ______ "dinheiro" cresce em árvore

d) Quem é o jornalista ______ desaparecimento coloca a Arábia Saudita sob pressão global

e) A fascinante história da Rainha Vermelha, aristocrata ______ tumba guardava segredos da civilização maia

f) O rio ______ milhares de imigrantes arriscam a vida em busca do sonho americano

Leia o texto a seguir e responda às questões 5 e 6.

A ótima comida de rua de Singapura foi confinada em cercadinhos

[...]

T.Dallas/Shutterstock

Num bate-papo recente em São Paulo caiu na mesa o assunto da comida em Singapura. Estive lá neste ano e procurei aproveitar de tudo um pouco. [...]

E o que vi, o que provei? De um lado, a manifestação comum a sociedades ricas: a existência de restaurantes de alto padrão, com ingredientes da melhor qualidade, tocados por chefs altamente tarimbados.

De outro, a comida das barracas de rua, mas que, para minha decepção, não são mais servidas na rua, e sim em galpões muito organizados, espécies de praças de alimentação **onde** hoje trabalham os cozinheiros populares que um dia estiveram a céu aberto.

Como exemplo da vertente mais sofisticada, estive no Jaan, na cobertura do hotel Swissôtel, da qual, numa altura equivalente, se avista o edifício do Marina Bay Sands. [...]

Mas eu tinha a expectativa de conhecer também a cozinha de rua que ganhou ainda mais fama quando em 2016, pela primeira vez na história do conservador Guia Michelin, este concedeu uma estrela a dois vendedores ambulantes.

Um dos premiados, o Hong Kong Soya Sauce Chicken Rice & Noodle (agora rebatizado como Hawker Chan), é especializado naquilo que seu nome anuncia: frango refogado com molho de soja, acompanhado por arroz ou massa fina, servido pelo cozinheiro Chan Hon Meng por menos de US$ 2.

Só que Chan, de 54 anos, há quase 40 na função, não é mais um vendedor de rua — porque eles não existem mais. Continuam sendo chamados de ambulantes, como no século 18, mas desde os anos 1970 começaram a ser removidos das ruas e centralizados nesses galpões. [...]

Na conversa que abriu esta coluna, observei meu incômodo com o fato de que o movimento da comida de rua tenha sido enquadrado de forma tão severa pelas autoridades. Isso reflete minha alergia a regimes autocráticos (como o de Singapura), **onde** dirigentes decidem, sem consulta e sem apelação, o que é "melhor" para o povo. Quando isso atinge a comida, então, mais razão ainda para atiçar minha antipatia.

Fui contestado por alguém na mesa, que argumentou que o sistema atual garante mais higiene e segurança alimentar para o público do que provavelmente o que imperava antes.

No que eu devo concordar. [...]

Acontece que neste ano mesmo estive na Tailândia, e em Bancoc ainda sobrevive a tradição da comida de rua servida... na rua. Meu companheiro de mesa pergunta se a higiene não seria menor ali. É possível, embora seja também possível criar fiscalização, dar licenças para ambulantes sem necessariamente deslocá-los para cercadinhos institucionais.

Tenho a impressão de que, nas ruas **onde** nasceram, os ambulantes e suas bancas que não tiverem comida boa e saudável serão punidos pelo público, que fará filas na banca do lado. Com todos os riscos que eu possa correr (inclusive o de estar errado nessa questão delicada), prefiro arriscar na espontaneidade e na liberdade.

(Josimar Melo. Disponível em: https://www1.folha.uol.com.br/colunas/josimarmelo/2019/11/a-otima-comida-de-rua-de-singapura-foi-confinada-em-cercadinhos.shtml. Acesso em: 11/7/2023.)

5. No texto lido, destacamos as três ocorrências do pronome relativo **onde**.

a) Identifique o termo ao qual ele se refere em cada uma dessas ocorrências.

b) Em uma dessas ocorrências, seria mais adequado o uso de outra forma pronominal. Que forma é essa? Justifique sua resposta e reescreva no caderno o trecho, fazendo a substituição.

c) Identifique o pronome relativo empregado no 4º parágrafo do texto e a palavra a que ele se refere.

d) No caderno, reescreva o 4º parágrafo, substituindo o pronome relativo identificado por você no item **c** pelo pronome **onde** e fazendo as devidas alterações.

6. Releia o trecho final do texto:

> **"[...] os ambulantes e suas bancas que não tiverem comida boa e saudável serão punidos pelo público, que fará filas na banca do lado. Com todos os riscos que eu possa correr (inclusive o de estar errado nessa questão delicada), prefiro arriscar na espontaneidade e na liberdade."**

a) Identifique os pronomes relativos empregados nesse trecho, bem como seus respectivos referentes.

b) Indique as funções sintáticas de cada pronome identificado por você no item **a**.

c) Encontre mais três trechos do texto que apresentem construções similares, nas quais esse mesmo pronome relativo é utilizado.

7. Leia o texto a seguir.

Eu e a minha cachorra costumamos sair para o nosso passeio noturno a luz da cumplicidade. Eu sei ______ canteiros ela mais gosta, ______ plantas prefere cheirar, ______ portão do prédio prefere voltar. Ela também me conhece. Sabe que possivelmente esquecerei o controle remoto, que teremos que voltar para pegar [...] e, em algum momento, darei uma olhada no celular.

Ontem foi uma dessas noites ______ saímos juntas. Quente demais para o mês de junho, eu usando uma blusa fina quando deveria estar de casaco. O que me fez pensar na crise climática.

Segundo a ONU, os próximos cinco anos serão os mais quentes já registrados, com 98% de chance ________ as temperaturas globais atinjam níveis recordes [...]. O que irá afetar a todos, inclusive a minha cachorra e seus descendentes.

De repente, tive a sensação de estar escondendo algo importante dela. [...]

[...] Puxo suavemente a sua coleira. É hora de ir.

Caminhamos em direção ao portão ________ ela prefere passar. Apalpo os meus diversos bolsos em busca do controle remoto. [...]

Finalmente encontro o controle e entramos pelo portão, costuradas pelos nossos passos e pela certeza ________, conscientes ou não das mudanças ambientais, seguiremos juntas, seguiremos todos juntos, dividindo o mesmo presente, o mesmo futuro e o mesmo espaço — este planeta chamado Terra, ________ ainda não descobriram um substituto.

(Giovana Madalosso. Minha cachorra não sabe o que fizemos com o planeta. *Folha de S.Paulo*, 12/7/2023. Disponível em: https://www1.folha.uol.com.br/colunas/giovana-maladosso/2023/06/minha-cachorra-nao-sabe-o-que-fizemos-com-o-planeta.shtml. Acesso em: 12/7/2023.)

Biry Sarkis/Acervo da editora

a) Escreva no caderno as palavras que completam o texto combinando as preposições a seguir com os pronomes relativos **que** ou **o(s) qual(is)/a(s) qual(is)**, conforme necessário.

em	de	a	por	para	com	através	sem

b) Troque ideias com os colegas e o professor e levante hipóteses: Por que a narradora tem a sensação de "estar escondendo algo importante" de sua cachorra?

SEMÂNTICA E DISCURSO

Leia esta tira:

RÁPIDO, PAI! VOCÊ TEM A IDADE CERTA!
FILHO... O QUE EU TENHO É UMA CERTA IDADE...
ENTÃO! A MELHOR IDADE!

(Alexandre Beck. *Armandinho oito*. Florianópolis: A. C. Beck, 2016. p. 70.)

1. No 1º quadrinho, Armandinho diz ao pai: "Rápido, pai! Você tem a idade certa!".

a) Qual é o sentido da palavra **certa** nessa situação?

b) A que classe gramatical essa palavra pertence?

2. No 2º quadrinho, o pai responde ao filho, corrigindo-o: "o que eu tenho é uma certa idade...".

a) Qual é o sentido da palavra **certa** nessa situação?

b) A que classe gramatical essa palavra pertence, nesse caso?

3. No 3º quadrinho, fica mais claro o que Armandinho pretendia dizer ao empregar a expressão "idade certa".

a) Atualmente, quando as pessoas dizem "melhor idade", a que idade elas se referem?

b) Para Armandinho, qual é o sentido dessa expressão? Que relação esse sentido tem com a ideia de rapidez expressa no 1º quadrinho?

Leia o anúncio a seguir e responda às questões 4 a 8.

SE VOCÊ TEM 5 FILHOS, CABEM TODOS.
E SE VOCÊ TEM 5 FILHOS, É MELHOR
NÃO FICAR EM CASA NESSAS FÉRIAS
CHRYSLER
Caltabiano
Av. Pacaembu, 545 – Pacaembu – São Paulo – SP – Tel (11
www.caltabiano.com.br

Reprodução/Fotomontagem: Fernanda Crevin

4. Sobre a situação de comunicação do texto, responda:

a) Quem é o responsável pelo anúncio?

b) A quem ele se dirige?

c) Qual é o principal objetivo do anúncio?

5. Releia o texto central do anúncio:

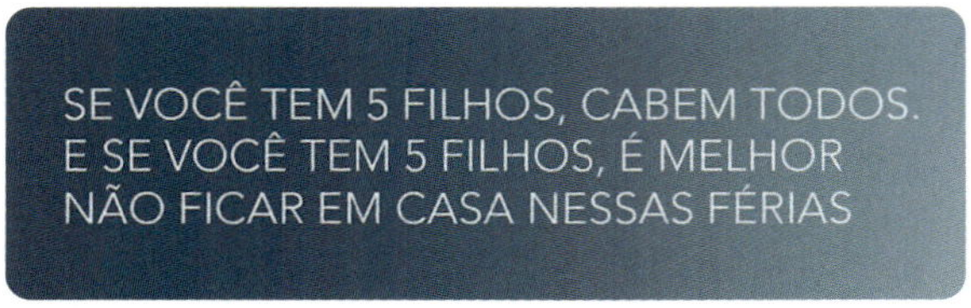

Reprodução/Fotomontagem: Fernanda Crevin

a) O anunciante utiliza um pronome pessoal de tratamento para se dirigir a seu leitor. Identifique-o e explique qual é a relação que ele estabelece entre os interlocutores.

b) Deduza: Por que o carro anunciado pode interessar a uma pessoa que tem 5 filhos?

c) Que sugestão é dada ao leitor que tem 5 filhos?

d) Levante hipóteses: Por que o anunciante dá essa sugestão ao leitor?

6. Observe a seguinte frase do anúncio:

"Se você tem 5 filhos, cabem todos."

a) Identifique o pronome indefinido que ela contém. Qual outro termo da frase esse pronome retoma e qual é o sentido dele no contexto?

b) No caderno, reescreva essa frase, substituindo a expressão "5 filhos" por "uma família grande"; em seguida, substitua por "7 pessoas na família", fazendo as devidas alterações.

c) Justifique as alterações feitas por você nas reescritas do item **b**, tendo em vista as regras de concordância da norma-padrão.

7. Agora, releia a frase "É melhor não ficar em casa nessas férias.".

a) Identifique e classifique o pronome que essa frase contém.

b) Analise a estrutura da frase e conclua: Esse pronome substitui ou acompanha um termo? Justifique sua resposta.

c) Que sentido esse pronome constrói no contexto do anúncio em estudo?

8. Troque ideias com os colegas e o professor e conclua: Qual é a função dos pronomes analisados nas questões anteriores na construção das frases do anúncio estudado?

DIVIRTA-SE

Laerte/Acervo da cartunista

(Laerte. *Fagundes: um puxa-saco de mão cheia*. São Paulo: Circo Sampa, 1991.)

CAPÍTULO 15

O verbo (I)

Construindo o conceito

Leia esta tira de Alexandre Beck:

A GENTE BOTA UMA CALÇA...
...DEPOIS CALÇA UMA BOTA...
E EU QUE COMPLICO?

© Armandinho, de Alexandre Beck/ Acervo do cartunista

(Disponível em: https://www.facebook.com/tirasarmandinho/?fref=photo. Acesso em: 12/1/2023.)

1. O personagem Armandinho fala com um adulto e tem nas mãos uma calça e uma bota.

a) Com quem provavelmente ele está falando? Justifique sua resposta.

b) O que o garoto estranha e acha complicado?

2. Observe o emprego das palavras **bota** e **calça** no 1º e no 2º quadrinho.

a) No 1º quadrinho, qual dessas palavras expressa ação? E qual nomeia um objeto?

b) No 2º quadrinho, qual palavra expressa ação? E qual nomeia um objeto?

3. Na tira, além das palavras que você já examinou, há outra palavra que expressa ação. Qual é ela?

Conceituando

Você observou que o humor da tira é construído a partir do sentido e do papel gramatical de duas palavras: **bota** e **calça**. Quando essas palavras nomeiam seres e têm o sentido de calçado e vestimenta, respectivamente, são substantivos. Entretanto, quando expressam ações e têm o sentido de pôr calçado e vestir-se, respectivamente, são chamadas de **verbos**. Além de ações, os verbos também designam estado ou mudança de estado.

Observe:

- Armandinho **é** inteligente.
- Armandinho **está** confuso.
- O garoto **ficou** confuso.
- O garoto **continua** confuso.

Os verbos podem expressar ainda fenômenos meteorológicos, isto é, indicar tempo (**Era** tarde. / **São** duas horas.), temperatura (**Faz** calor.), mudança de tempo (**Amanheceu** rápido.), etc.

Verbos são palavras que exprimem ação, estado, mudança de estado e fenômenos meteorológicos, sempre em relação a determinado tempo.

Dois ou mais verbos com valor de um formam uma **locução verbal**. Por exemplo: **vou falar**, **deve ficar**, **está conversando**. Observe a correspondência:

Armandinho **calçará** a bota.

Armandinho **vai calçar** a bota.

Exercícios

Leia este poema de Mário Quintana:

O gato

Filipe Rocha/Acervo da editora

O gato chega à porta do quarto onde escrevo.
Entrepara... hesita... avança...

Fita-me
Fitamo-nos.

Olhos nos olhos...
Quase com terror!

Como duas criaturas incomunicáveis e solitárias
Que fossem feitas cada uma por um Deus diferente.

(*Antologia poética*. Porto Alegre: L&PM, 1999. p. 123.)

1. O poema descreve uma cena cotidiana, na qual se destacam dois personagens.

a) Quem são eles?

b) Que fato modifica o estado de cada um dos personagens?

2. Na 3ª estrofe, o eu lírico diz "Olhos nos olhos... / Quase com terror!".

a) O que justifica as emoções do eu lírico e do gato nesse momento?

b) Você acredita que o eu lírico era o tutor do gato? Por quê?

3. Releia a última estrofe do poema. Explique o sentido desses versos, considerando a situação.

4. O poema apresenta várias formas verbais.

a) Identifique-as.

b) Qual delas é uma locução verbal?

c) O que justifica a presença de tantos verbos no poema?

d) Quais dessas formas verbais expressam ações? E qual delas expressa estado?

Conjugações verbais

Todos os verbos da língua portuguesa pertencem a apenas três grandes grupos, ou conjugações:

- **1ª conjugação**: os verbos terminados em **-ar**;
- **2ª conjugação**: os verbos terminados em **-er**;
- **3ª conjugação**: os verbos terminados em **-ir**.

Observação

Todos os verbos terminados em **-or**, como **repor**, **supor**, **antepor**, **depor**, etc., são derivados de **pôr**. No passado, o verbo **pôr** era **poer**, que historicamente perdeu a vogal **e**. Assim, **pôr** e seus derivados pertencem à 2ª conjugação.

Flexão dos verbos

As flexões dos verbos, isto é, as variações que eles apresentam, são indicativas de número, pessoa, modo, tempo e voz. A seguir você vai conhecer algumas delas.

Flexão de número e pessoa

Leia este poema:

Infinito amor

Vamos
brincar
de
amor?
Eu
te
amo,
tu
me
amas...

— Pra
sempre?
— Por
três
semanas!

(Sylvia Orthof. *A poesia é uma pulga*. 17. ed. São Paulo: Atual, 2009. p. 11. © by herdeiros de Sylvia Orthof.)

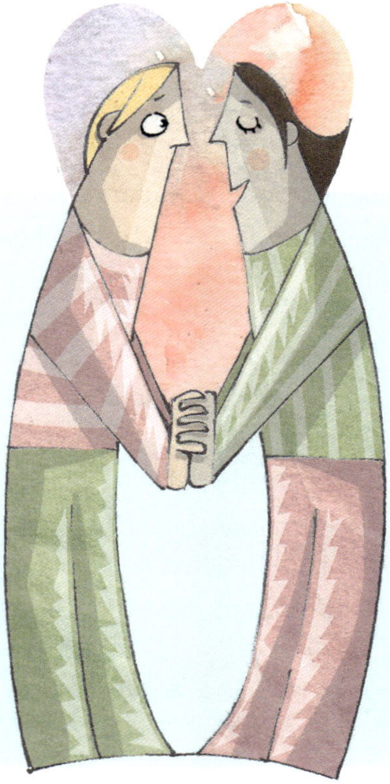

Biry Sarkis/Acervo da editora

No poema, o verbo **amar** foi conjugado, isto é, foi flexionado em duas pessoas: **eu** e **tu**. As pessoas do verbo são as mesmas do discurso, ou seja, as mesmas que envolvem qualquer ato de comunicação, e podem estar no singular ou no plural:

- **1ª pessoa** (aquele que fala): eu (ou nós);
- **2ª pessoa** (aquele com quem se fala): tu, vós, você, vocês;
- **3ª pessoa** (aquele ou aquilo de quem ou de que se fala): ele, ela, eles, elas.

Observação

Em várias regiões do Brasil o pronome de tratamento **você** vem sendo empregado no lugar do pronome reto **tu**. Assim, embora **você** desempenhe o papel de 2ª pessoa do discurso — aquele com quem se fala —, gramaticalmente exige o verbo em 3ª pessoa. Veja:

Tu me **amas**.
(2ª pessoa)

Você me **ama**.
(3ª pessoa)

Também é possível encontrar, em algumas regiões do Brasil, o uso do pronome de 2ª pessoa **tu** com o verbo conjugado em 3ª pessoa. Esse uso, não previsto pela gramática normativa, resulta, por exemplo, em frases como:

Tu sempre **amou** a pessoa errada.
(2ª pessoa) (3ª pessoa)

Flexão de modo

Leia esta anedota:

A bicharada resolveu fazer uma grande festa no céu, e, quando o baile estava prestes a começar, descobriram que faltava um violão.

Imediatamente o leão, que era o responsável pelas músicas, virou-se para o bicho-preguiça e ordenou:

— Bicho-preguiça! Vá buscar um violão lá na Terra!

Uma semana se passou e nada de o bicho-preguiça voltar com o instrumento. Muito chateados, os animais se reuniram e foram reclamar com o leão:

— Isso já é demais! Que falta de consideração! — disse um.

— O bicho-preguiça não vale nada! — esbravejou o jacaré.

— Ele não tem palavra — falou a hiena.

Estavam nessa discussão quando, de repente, a porta se abre e surge o bicho-preguiça, com uma cara triste:

— Se vocês continuarem falando mal de mim eu não vou mais!

(Paulo Tadeu. *O melhor do proibido para maiores — Seleção especial de piadas para crianças*. São Paulo: Matrix, 2014. p. 42.)

Jean Galvão/Acervo da editora

Compare estas frases do texto:

- "— Imediatamente, o leão [...] **virou-se** para o bicho-preguiça e **ordenou**:"
- "— Se vocês **continuarem** falando mal de mim eu não vou mais!"
- "— **Vá** buscar um violão lá na Terra!"

Observe que as formas verbais **virou-se** e **ordenou** exprimem a noção de **certeza**, de ações que seguramente aconteceram. A forma verbal **continuarem (falando)** exprime apenas a **possibilidade** de os animais continuarem a falar mal do bicho-preguiça; logo, é uma ação possível, mas ainda incerta. Já a forma verbal **vá**, por sua vez, exprime uma **ordem** do leão ao bicho-preguiça.

As formas verbais destacadas exprimem intenções diferentes por parte de quem fala. Na primeira frase, revelam certeza; na segunda, uma possibilidade ou dúvida; na terceira, uma ordem. Essas diferentes maneiras de expressar intenções por meio dos verbos são chamadas de **modos**.

Assim, são três os modos verbais: **indicativo**, **subjuntivo** e **imperativo**.

Indicativo

É o modo da certeza, empregado para indicar algo que, na visão de quem fala, seguramente acontece, aconteceu ou acontecerá:

"Muito chateados, os animais se **reuniram** e **foram** reclamar com o leão."

Subjuntivo

É o modo da hipótese, da possibilidade ou da dúvida, utilizado para indicar que algo pode vir a acontecer. Geralmente é empregado depois de verbos que dão a ideia de ordem, proibição, desejo, vontade, pedido, condição:

- "Se vocês **continuarem** falando mal de mim eu não vou mais!"
- Quero que você **faça** o que prevê o regulamento.
- Esperamos que vocês **venham** à nossa festa, no domingo.

Imperativo

É o modo no qual se expressa uma ordem, um pedido, um conselho ou uma orientação:

"**Vá** buscar um violão lá na Terra!"

O imperativo pode ser afirmativo ou negativo. O negativo é sempre precedido de uma palavra negativa:

Não **demore** para trazer o violão.

Exercícios

Leia esta tira de Laerte:

(*Folha de S.Paulo*, 24/6/2016.)

1. A tira é composta de quatro quadrinhos e, em cada um deles, há uma situação diferente. Observe os espaços e os balões em cada situação e responda:

a) Onde provavelmente estão os interlocutores em cada um dos quadrinhos?

b) Deduza: Quem são os interlocutores?

2. Observe as formas verbais empregadas em cada um dos balões.

a) Em que modo elas estão?

b) Dependendo da forma e do contexto em que esse modo verbal é empregado, ele pode produzir sentidos diferentes, como pedido, recomendação e ordem. Que sentido é produzido pelas formas verbais empregadas na tira? Justifique sua resposta com base nos elementos verbais e não verbais do texto.

c) Levante hipóteses: De que forma o locutor das falas da tira poderia se dirigir ao interlocutor dele sem parecer autoritário?

3. Como é de praxe, o último quadrinho costuma apresentar o humor das tiras. Explique como se dá a construção do humor na tira lida, levando em conta o emprego dos verbos.

Flexão de tempo

Leia esta anedota:

Juquinha fez uma redação em que escreveu a palavra "cabeu". A professora achou ruim e lhe deu um castigo:

— Juquinha, hoje você ficará sem recreio para escrever 50 vezes em uma folha a palavra "coube". Assim, você aprenderá o correto.

Quando terminou o exercício, Juquinha viu que havia usado duas folhas. Como a professora havia mandado escrever em uma folha, ele levou uma bronca:

— Juquinha, eu mandei você escrever em uma folha e você me aparece com duas?

— Ah, professora, é que não "cabeu" em uma folha só!

Jean Galvão/Acervo da editora

(Disponível em: https://www.correiobraziliense.com.br/ app/noticia/diversao-e-arte/2019/07/15/interna_diversao_ arte,770957/piada.shtml. Acesso em: 5/12/2022.)

1. A anedota é construída em torno de uma questão gramatical: o emprego da forma verbal **cabeu** no lugar de **coube**, recomendada pela norma-padrão. Levante hipóteses: Por que Juquinha teria escrito **cabeu** em vez de **coube**?

2. De que forma a professora decide ensinar ao menino a forma recomendada pela norma-padrão? O método utilizado é eficiente? Justifique sua resposta.

3. A flexão do verbo **caber** é diferente da de outros verbos. Que outros verbos que você conhece também apresentam irregularidades em sua flexão?

4. A anedota faz uso de várias formas verbais que expressam diferentes tempos em que ocorre a ação verbal. Observe algumas delas:

- "Juquinha **fez** uma redação em que **escreveu** a palavra 'cabeu'."
- "— Juquinha, hoje você **ficará** sem recreio [...]. Assim, você **aprenderá** o correto."
- "— Juquinha, eu **mandei** você escrever em uma folha e você me **aparece** com duas?"

a) Qual dessas formas verbais expressa uma ação que ocorre no momento em que se fala?

b) Quais dessas formas expressam ações que já ocorreram em relação ao momento em que se fala?

c) E quais delas expressam ações futuras?

No estudo da anedota, você viu que foram empregadas no texto várias formas verbais para expressar noção temporal em relação ao momento em que se fala. Quando a professora diz a Juquinha "você me aparece com duas [folhas]", a forma verbal **aparece** se refere a uma ação que está ocorrendo no momento em que ela fala, ou seja, no **presente**. Quando diz ao menino "eu mandei você escrever em uma folha", a forma verbal **mandei** expressa uma ação que ocorreu antes daquele momento, ou seja, ocorreu no **passado**. E quando diz ao menino "hoje você ficará sem recreio", a forma verbal **ficará** expressa uma ação que ainda vai ocorrer no **futuro**.

Assim, são três os tempos verbais básicos da língua portuguesa: presente, pretérito (passado) e futuro.

Exercícios

Leia este texto:

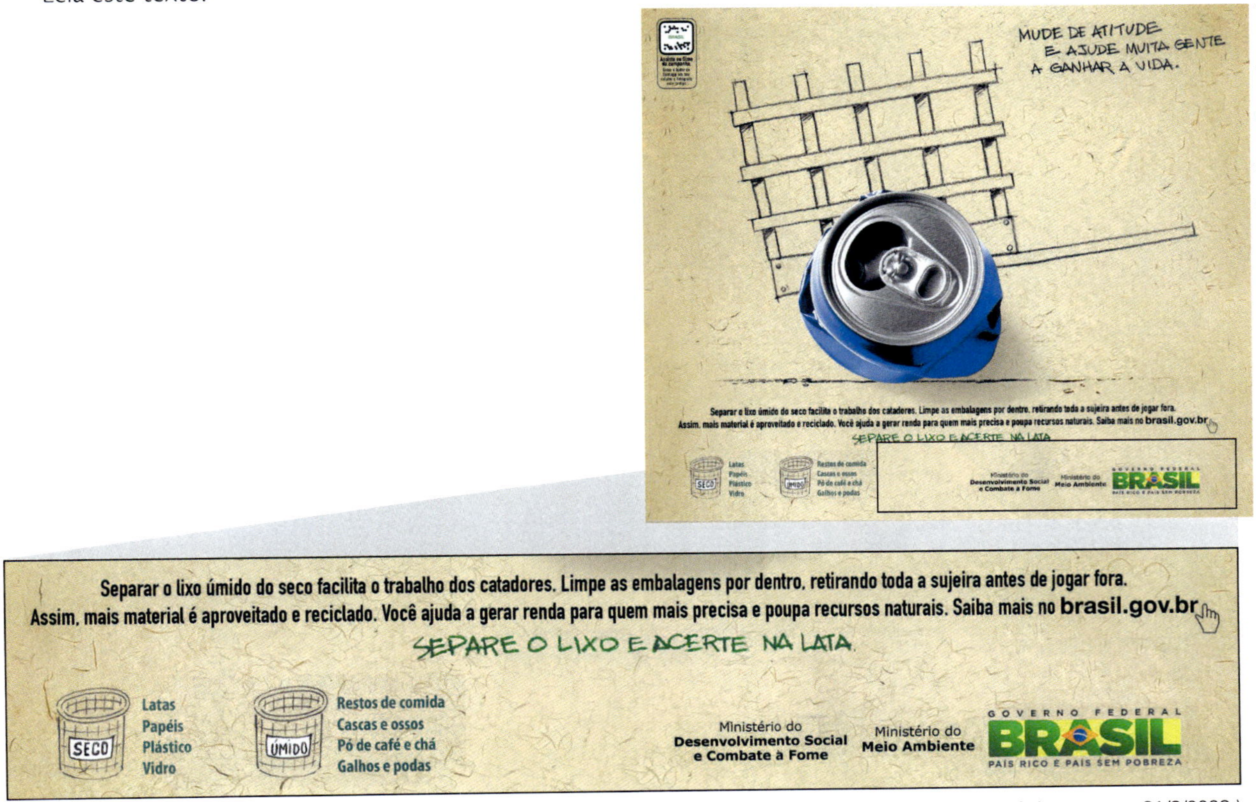

(Disponível em: https://separeolixo.files.wordpress.com/2011/07/cartaz_46x64vertical03.pdf. Acesso em: 31/8/2023.)

1. O texto é um anúncio publicitário.
   a) Quem é o responsável por sua produção e divulgação?
   b) A quem ele se dirige?
   c) Qual é sua finalidade principal?
2. Observe a parte visual do anúncio e relacione-a à parte verbal. De que forma essas duas partes se complementam?
3. Observe o enunciado da parte superior do anúncio. Qual é o modo das formas verbais **mude** e **ajude**?
4. Abaixo da imagem, lemos o seguinte texto:

> "Separar o lixo úmido do seco facilita o trabalho dos catadores. Limpe as embalagens por dentro, retirando toda a sujeira antes de jogar fora. Assim, mais material é aproveitado e reciclado. Você ajuda a gerar renda para quem mais precisa e poupa recursos naturais. Saiba mais no **brasil.gov.br**.
>
> SEPARE O LIXO E ACERTE NA LATA"

Identifique nesse trecho formas verbais:

   a) do modo imperativo
   b) do presente do indicativo
5. Comparando suas respostas às questões 3 e 4, nota-se o predomínio de um modo verbal.
   a) Qual é ele?
   b) O que justifica esse predomínio?
6. Na expressão "Separe o lixo e acerte na lata", há o emprego de uma expressão da língua coloquial com ambiguidade.
   a) Qual é ela?
   b) Que sentidos ela apresenta no contexto?

Leia o texto a seguir e responda às questões 7 a 9.

Ministério da Saúde/Governo Federal

(Disponível em: https://www.prefeitura.sp.gov.br/cidade/secretarias/subprefeituras/upload/penha/Fotos/dengue/dengue%202.png. Acesso em: 12/1/2023.)

7. Considere a situação de produção e responda:

a) Qual é o assunto desse texto?

b) E qual é sua finalidade?

c) Quem produziu o texto? A quem ele se dirige?

8. Observe as formas verbais empregadas no texto.

a) Em que modo está a maioria dessas formas verbais?

b) Considerando a finalidade do texto, justifique o emprego desse modo verbal.

9. Observe esta construção:

> "Se você tiver vasos de plantas aquáticas [...]"

a) Em que modo está a forma verbal **tiver**?

b) Essa forma verbal expressa certeza, possibilidade ou ordem?

Ministério da Saúde/Governo Federal

10. Observe:

- Ontem eu **fui** ao cinema e vocês também **foram**.
- Amanhã, eu **irei** ao cinema e vocês também **irão**.

Copie as frases no caderno e escreva os verbos, primeiro no passado e depois no futuro, de acordo com a norma-padrão.

a) Ontem, eu ________ no colégio e eles também ________. (estar)

Amanhã, eu ________ no colégio e eles também ________.

b) Ontem, eu ________ uma entrevista ao jornal e vocês também ________. (dar)

Amanhã, eu ________ uma entrevista ao jornal e vocês também ________.

c) Ontem, eu ________ um poema no sarau do colégio e meus colegas também ________. (dizer)

Amanhã, eu ________ um poema no sarau do colégio e meus colegas também ________.

11. Observe:

- Ontem, eu **tive** uma boa surpresa. E você, também **teve**?
- Amanhã, nós **teremos** uma boa surpresa. E vocês, também **terão**?

Copie as frases no caderno e complete-as escrevendo os verbos no futuro e no plural, de acordo com a norma-padrão:

a) Ontem, eu **quis** falar com a direção. E você, também **quis**?

Amanhã,

b) Ontem, eu **trouxe** todos os livros. E ela, também **trouxe**?

Amanhã,

c) Ontem, eu **fiz** toda a lição. E você, também **fez**?

Amanhã,

O verbo
NA CONSTRUÇÃO DO TEXTO

Leia este texto do quadrinista argentino Nik:

(*Gaturro 22*. Buenos Aires: Ediciones de La Flor, 2015. p. 56.)

1. O autor faz uma brincadeira com pronomes e com algumas palavras da língua que expressam ação, os **verbos**.

a) Que pronomes foram empregados nos quadrinhos? Como eles se classificam?

b) Que verbo o personagem Gaturro emprega em quase todos os quadrinhos?

2. Observe, nos cinco primeiros quadrinhos, a expressão e os gestos de Gaturro. Responda oralmente: Que relação existe entre o que ele diz e sua expressão facial e seus gestos?

Para que servem os verbos?

Assim como o nome, o verbo é a base da comunicação verbal. Ele está relacionado diretamente com o **ser** e o **fazer** do ser humano no mundo.

Para dizer que alguém faz alguma coisa, empregamos um verbo de ação (por exemplo, "O homem **transforma** o mundo"); para dizer que algo ou alguém está de determinada forma, empregamos um verbo de estado (por exemplo, "O mundo **ficou** aterrorizado com o início da guerra"); para indicar um fenômeno natural, empregamos um verbo que cumpre esse papel (por exemplo, "**Anoiteceu** subitamente hoje").

3. O 6º quadrinho provoca uma quebra na sequência de emprego de verbos. O que a frase "Tomara que se cumpra..." expressa?

4. O 7º quadrinho é o ponto culminante do humor da tira. Para construir o humor, o autor se vale de um trocadilho, isto é, de um jogo de palavras.

a) Qual é a palavra que, pela sequência lógica das formas do verbo, era esperada para esse quadrinho? Por quê?

b) Como o trocadilho foi construído?

c) A palavra **amém**, empregada no último quadrinho, tem qual sentido? A que quadrinho ela se relaciona? Por quê?

5. Observe todas as formas verbais empregadas no texto.

a) Em que modo as formas do verbo **amar** foram empregadas?

b) Além do verbo **amar**, que outro verbo é empregado nos quadrinhos? Em que tempo e modo ele foi empregado?

6. A história em quadrinhos é um gênero que tem, entre outras finalidades, a construção do humor. Considerando esse dado, responda: Qual é a importância do verbo na construção da história em quadrinhos lida?

SEMÂNTICA E DISCURSO

Leia este texto de campanha comunitária:

Fundação de Saúde Parreira Horta/Secretaria do Estado da Saúde/Governo do Estado de Sergipe

(Disponível em: https://saude.se.gov.br/campanha/salve-vidas-doe-sangue/. Acesso em: 12/1/2023.)

1. A respeito do texto, responda no caderno:

a) Qual é o principal objetivo dele?

b) Quais leitores ele pretende alcançar?

c) Que órgãos são responsáveis pela campanha e pela divulgação do texto?

2. Você sabe o que são os grupos sanguíneos A, B, AB e O de fatores RH positivo e negativo? Se sim, troque ideias com os colegas antes de responder.

3. Observe as cores do texto e as figuras que estão no fundo e ao lado do enunciado principal.

a) A que essas figuras se assemelham?

b) Que relação as cores e as figuras têm com o tema central do texto?

O verbo e os gêneros

Como o verbo é um termo essencial da língua, ele está presente em todos os gêneros do discurso que circulam socialmente. Em alguns gêneros, entretanto, essa classe de palavras desempenha um papel ainda mais relevante. É o caso, por exemplo, dos gêneros narrativos ficcionais, como o conto, em que os verbos expressam, no presente ou no passado, as ações dos personagens; dos gêneros instrucionais, como a receita, em que os verbos expressam as ações que devem ser realizadas pelo cozinheiro; ou, ainda, de alguns gêneros argumentativos, como o anúncio publicitário e o texto de campanha comunitária, em que os verbos estimulam o leitor a fazer alguma coisa (consumir, participar, etc.).

4. Agora, observe a parte verbal do texto.

a) Que palavra foi empregada no lugar da palavra **sangue** no texto verbal? Em qual trecho? Em que medida essa substituição reforça a parte não verbal, analisada por você na questão anterior?

b) Nela, há formas verbais no modo indicativo e formas verbais no modo imperativo. Identifique-as.

c) O que explica o predomínio do modo imperativo?

5. O texto de campanha lido faz uso de linguagem figurada, como é comum em textos de campanha e anúncios publicitários em geral. Explique os sentidos da palavra **amor** empregada no texto.

Leia este poema de Sérgio Capparelli e responda às questões 6 a 8.

despertar

O menino escuta
O despertar da manhã.

Alice escova os dentes
Com um novo dentifrício
De sabor menta.

O pai passa pulando,
Atrás de um pé de meia
Ainda no varal.

Os pratos tinem
Na borda da pia,
Na beira do sono.

O menino fecha os olhos
E o gato ronrona.

(*111 poemas para crianças*. 9. ed. Porto Alegre: L&PM, 2008. p.108.)

Biry Sarkis/Acervo da editora

6. O poema retrata uma cena doméstica.

a) Em que momento do dia ocorre a cena? Justifique sua resposta.

b) Que personagens participam dessa cena? Que relação pode haver entre eles?

7. No poema, são empregadas várias formas verbais.

a) Identifique-as.

b) Em que modo e tempo essas formas foram empregadas?

c) Por que o modo e o tempo que mais aparecem no poema são ideais para construir a cena?

8. Os verbos expressam ações dos personagens.

a) Indique a associação correta entre os personagens e suas respectivas ações:

I. Alice	a) escuta
II. O pai	b) passa
III. O menino	c) escova
IV. O gato	d) ronrona
	e) fecha
	f) tinem
	g) pulando

Biry Sarkis/Acervo da editora

b) Observe as associações que fez e responda no caderno: O que expressam as ações de Alice e do pai?

c) O que expressam as ações do menino?

d) O que representa o ronronar do gato nessa situação?

Leia agora a tira de Fernando Gonsales:

© Fernando Gonsales/Acervo do cartunista

(*Folha de S.Paulo*, 29/10/2014.)

9. O emprego de verbos na 2ª pessoa do plural (vós) tem sido cada vez mais raro nos dias de hoje e limita-se a alguns textos religiosos, como a *Bíblia*, e alguns textos literários e jurídicos.

a) Levante hipóteses: Por que, no contexto, a personagem teria feito uso de um verbo nessa pessoa?

b) Em virtude do pouco uso, é comum os falantes do português atual terem dúvidas a respeito da flexão dos verbos nessa pessoa. O emprego do verbo **existir** na tira está de acordo com as regras da gramática normativa? Caso sua resposta tenha sido negativa, qual seria a forma esperada, de acordo com a norma-padrão?

10. Como ficaria a segunda frase do primeiro balão da tira se a personagem se dirigisse a Deus:

a) na 2ª pessoa do singular (tu)?

b) na 3ª pessoa do singular (você)?

11. Observe o 2º e o 3º quadrinhos.

a) Explique a afirmação da personagem no 3º quadrinho: "Amei!".

b) Explique como se dá a construção de humor na tira.

DIVIRTA-SE

Stock Holm/Shutterstock

·CAPÍTULO· 16

O verbo (II)

Construindo o conceito

Leia esta tira de Quino:

© Joaquin Salvador Lavado (QUINO) TODA MAFALDA/Fotoarena

(*Mafalda 2*. São Paulo: Martins Fontes, 1998. p. 28-29.)

1. Mafalda está pensando no que vai ser quando crescer.

a) Que profissão ela deseja ter no futuro?

b) Com que finalidade ela pretende ter essa profissão?

c) O que ela considera necessário para ter essa profissão?

2. A Organização das Nações Unidas (ONU) é um organismo internacional que tem o objetivo de promover a colaboração e a paz entre as nações do mundo. Levando em conta esse dado, responda: Por que o último quadrinho é responsável pela criação do humor da tira?

Osugi/Shutterstock

> Sede da ONU em Nova York.

3. Para se referir ao que pretende ser e fazer quando adulta, Mafalda utiliza várias formas verbais em seus pensamentos.

a) Identifique essas formas verbais.

b) Em que tempo essas formas estão: no passado, no presente ou no futuro?

c) Essas formas são simples ou são locuções verbais, isto é, um verbo auxiliar acompanhado de um verbo principal?

4. Você já aprendeu que os verbos se organizam em conjugações, de acordo com a terminação que apresentam. Considere os verbos **estudar**, **crescer**, **contribuir** e suas terminações.

a) A que conjugação pertence cada um deles?

b) Que letra da terminação de cada verbo informa qual é a conjugação a que ele pertence?

c) Identifique a conjugação a que pertencem os demais verbos empregados na tira.

5. Agora, compare estas formas verbais:

(eu) estudo
(nós) estudamos
(eles) estudam

a) Há uma parte comum a essas três formas verbais. Qual é ela?

b) Há também, nessas formas verbais, uma partícula indicativa de número e pessoa. Qual é essa partícula em cada uma delas?

Conceituando

A estrutura do verbo

Ao observarmos a forma verbal **estudam**, notamos que ela apresenta em sua estrutura pequenas unidades ou partes. Cada uma dessas partes informa alguma coisa. Veja:

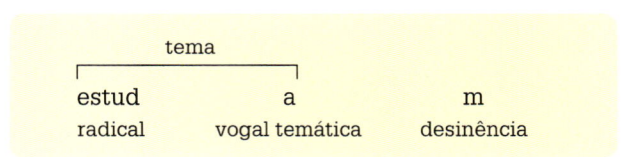

tema		
estud	a	m
radical	vogal temática	desinência

Radical

É a parte que contém a significação básica da palavra. Em grande parte dos verbos ela se repete em todos os modos e tempos, sem sofrer modificações. Na forma verbal **estudam**, o radical é **estud-**. Veja:

estud o	**estud** asse
estud amos	**estud** arei

Vogal temática

É a parte constituída pela vogal que aparece depois do radical e indica a conjugação a que os verbos pertencem.

-a indica a 1ª conjugação: estud **a** r
-e indica a 2ª conjugação: cresc **e** r
-i indica a 3ª conjugação: contribu **i** r

Observação

O verbo **pôr** e seus derivados (**repor**, **supor**, **depor**, etc.) pertencem à 2ª conjugação, pois são provenientes da forma arcaica ***poer***. Embora no português moderno a vogal temática não apareça no infinitivo, ela está presente em formas como **põe** e **põem**, por exemplo.

A parte formada pela soma do radical e da vogal temática é chamada de **tema**. Assim, na forma verbal **estudam**, o tema é **estuda**.

Desinências

São as partes que indicam a pessoa do discurso (1ª, 2ª ou 3ª), o número (singular ou plural), o tempo e o modo do verbo:

estuda	+	**re**	+	**mos**
		desinência de modo e tempo (futuro do indicativo)		desinência de número e pessoa (1ª pessoa do plural)

Formas nominais do verbo

Leia o texto a seguir.

Quantos tiranossauros rex habitaram a Terra?

Design Projects/Shutterstock

O número é impressionante: 2,5 bilhões de tiranossauros rex viveram na Terra ao longo de 2,4 milhões de anos (eles habitaram a Terra entre 68 milhões e 66 milhões de anos atrás). A estimativa foi feita por uma equipe da Universidade da Califórnia, liderada por Charles Marshall e publicada pela revista americana "Science". O biólogo brasileiro Danilo Varajão Latorre participou da pesquisa. Vale ressaltar que o número de tiranossauros que existiu ao mesmo tempo, formando uma geração, era de 20 mil bichos. Segundo a pesquisa, apenas 1 em cada 80 milhões de T-Rex teve seus ossos encontrados até hoje. O maior predador da Era dos Dinossauros media até 12,5 m de comprimento, tinha 4 m de altura e pesava cerca de 14 toneladas.

(Marcelo Duarte. Disponível em: https://www.guiadoscuriosos.com.br/animais/repteis/quantos-tiranossauros-rex-habitaram-a-terra/. Acesso em: 23/11/2022.)

No texto, aparecem, entre outras formas verbais, as destacadas nestes trechos:

- "Vale **ressaltar** que o número de tiranossauros [...]"
- "[...] **publicada** pela revista americana [...]"
- "[...] **formando** uma geração [...]"

As formas verbais destacadas são chamadas, respectivamente, de **infinitivo**, **particípio** e **gerúndio**. Elas constituem as **formas nominais** dos verbos, pois podem desempenhar funções equivalentes às exercidas pelos nomes (substantivos, adjetivos e advérbios). Veja:

Trata-se de um cativeiro **protegido**.
adjetivo
(que se protege)

As formas nominais de um verbo derivam do tema (radical + vogal temática) acrescido das seguintes desinências:

- **-r** para o **infinitivo**: passa**r**, bebe**r**, senti**r**
- **-do** para o **particípio**: passa**do**, bebi**do**, senti**do**
- **-ndo** para o **gerúndio**: passa**ndo**, bebe**ndo**, senti**ndo**

Locuções verbais

Na tira de Quino estudada na abertura deste capítulo, você viu que foram empregadas várias formas verbais com mais de um verbo: **vou ser**, **vou contribuir**, **vou estudar**. Nessas formas, **vou** é chamado de **verbo auxiliar** e os verbos **ser**, **contribuir** e **estudar**, respectivamente, são o verbo principal. Esse tipo de expressão, formada por um verbo auxiliar e uma forma nominal (infinitivo, gerúndio ou particípio), é chamado de **locução verbal**.

A expressão que apresenta dois ou mais verbos com valor de um é chamada de **locução verbal**, sendo formada de **verbo auxiliar + forma nominal**.

Nas locuções verbais, apenas o verbo auxiliar é flexionado (em tempo, modo e pessoa). Os verbos auxiliares de uso mais frequente são: **ter**, **haver**, **ser**, **estar** e **ir**.

Exercícios

Leia este poema, de Elias José:

As dores do mundo

Sinto bem fundo
todas as dores do mundo.

Só que meu poema
não conseguiu tocar
em feridas maiores.
Abro os jornais
e leio e choro e me arrepio
com a fome
com a guerra
com a aids
com a violência
com a destruição
do verde e da vida.

Tento escrever,
mas sai um poema impotente.
Fico pensando:
as dores do mundo
pedem canções
ou exigem ação?

(*Cantigas de adolescer*. 7. ed. São Paulo: Atual, 1992. p. 43.)

Biry Sarkis/Acervo da editora

1. O eu lírico (a voz que fala no poema) reflete sobre os problemas do mundo.

a) Como ele se sente diante desses problemas?

b) Que tipo de iniciativa ele toma como forma de colaborar? Ele fica satisfeito com o resultado? Justifique sua resposta com um trecho do poema.

2. No final do poema, o eu lírico explicita sua dúvida sobre os problemas do mundo e sobre o papel da poesia.

a) Qual é a dúvida?

b) E para você? A poesia e a arte em geral podem contribuir para transformar a realidade e para buscar soluções para os problemas do mundo? Troque ideias com os colegas e o professor.

3. O poema apresenta várias formas verbais simples. Identifique nele:

a) os verbos de 1ª conjugação:

b) os verbos de 2ª conjugação:

c) os verbos de 3ª conjugação:

4. O poema também apresenta algumas locuções verbais.

a) Identifique-as.

b) Em que forma nominal está o verbo principal de cada uma dessas locuções?

c) Releia o poema e transforme as locuções verbais em formas verbais simples, mantendo o sentido principal dos versos.

d) Conclua: Entre as formas verbais auxiliar e principal que compõem uma locução verbal, qual das duas carrega o sentido principal da locução?

e) Troque ideias com os colegas e o professor: Que informações a outra forma verbal contém?

f) Compare as formas simples que você indicou no item **c** às locuções verbais empregadas no poema. Que diferenças de sentido existem entre elas?

5. Observe as formas verbais presentes nestes versos:

> "Abro os jornais
> e leio e choro e me arrepio"

a) Todas as formas verbais empregadas estão no mesmo tempo e modo. Qual é o tempo e o modo?

b) Essas formas verbais apresentam em comum uma desinência número-pessoal. Qual é ela? O que ela indica?

c) Que efeito sonoro e de sentido a repetição da palavra **e** provoca nesses versos?

6. A maior parte das formas verbais empregadas no poema está na 1ª pessoa do singular.

a) O que justifica esse predomínio?

b) Identifique as demais formas verbais que estão em outras pessoas. Justifique o emprego delas nessas pessoas.

Leia, a seguir, o cartum e responda às questões 7 e 8:

Gerundismo
...REDAÇÃO?
AVISA O EDITOR QUE HOJE EU NÃO VOU ESTAR FAZENDO A CHARGE.
Solda/cartunistasolda.com.br

(Disponível em: http://cartunistasolda.com.br/gerundismo/. Acesso em: 23/11/2022.)

7. O cartum cria humor por meio de um fenômeno linguístico chamado por alguns gramáticos de **gerundismo**.

a) Identifique o gerundismo presente no cartum.

b) O que o cartunista pretende comunicar ao editor dele?

c) Leia o boxe "O gerundismo". Depois, discuta com os colegas e, considerando suas respostas anteriores, explique qual sentido é construído no cartum pela forma verbal "não vou estar fazendo".

8. Imagine e escreva no caderno uma situação em que a construção "(não) vou estar fazendo" seja aceitável do ponto de vista linguístico e lógico.

O gerundismo

Gerundismo é o nome que alguns gramáticos têm dado a um fenômeno relativamente recente em nossa língua: o uso de construções compostas dos verbos **ir** + **estar** + **verbo no gerúndio**. Observe as seguintes frases:

- Enquanto você estiver vendo o jogo, **vou estar dormindo**.
- Não adianta me esperar para almoçar, pois **vou estar trabalhando** o dia todo.
- **Vou estar encaminhando** sua reclamação para o Departamento Pessoal.

Observe que, nas duas primeiras frases, o uso da locução **vou estar** + **gerúndio** constrói a ideia de ações que ocorrem simultaneamente (**ver o jogo** × **dormir** e **almoçar** × **trabalhar**) e que ocorrem ao longo de um período duradouro.

Já na terceira frase, a locução verbal não apresenta nenhum desses sentidos típicos do gerúndio. Nesse caso, segundo os gramáticos mais tradicionais, seria indicado utilizar construções como **vou encaminhar** ou **encaminharei**.

No entanto, não se pode considerar a construção **vou estar encaminhando** como equivalente a **vou encaminhar** ou **encaminharei**, uma vez que essas duas construções referem-se à ação verbal de forma muito mais assertiva, ou seja, o locutor mostra-se mais comprometido em fazer o que diz, ao passo que na primeira construção ele demonstra menor comprometimento com o que diz.

Além disso, é possível considerar que as duas últimas, por fazerem referência à ação de forma mais prática e objetiva, podem também ser consideradas menos polidas, isto é, menos educadas do que a primeira. Assim, em alguns contextos, as formas consideradas gerundismo são empregadas porque o falante quer parecer mais gentil ou elegante.

Tempos do modo indicativo

Nos versos "Sinto bem fundo / todas as dores do mundo", do poema "As dores do mundo", o eu lírico emprega a forma verbal **sinto**, que expressa uma ação que, do ponto de vista dele, seguramente, está ocorrendo no momento da enunciação, isto é, no presente. Essa noção de certeza é transmitida pelo emprego do verbo no **modo indicativo**, isto é, o modo que se refere a ações que seguramente aconteceram, estão acontecendo ou vão acontecer.

O modo indicativo apresenta os seguintes tempos verbais: presente, pretérito (perfeito, imperfeito e mais-que-perfeito) e futuro (do presente e do pretérito).

Presente

Expressa uma ação que está ocorrendo no momento da fala ou uma ação que se repete ou perdura . Observe que, na tira a seguir, todas as formas verbais estão no presente do indicativo:

(Disponível em: https://tirasarmandinho.tumblr.com/page/35. Acesso em: 24/2/2023.)

O presente nas manchetes de jornal

A primeira página dos jornais destaca as notícias mais recentes. Para dar ideia de que o fato acabou de acontecer, ainda está acontecendo ou vai acontecer, as manchetes são escritas no **presente**, como ilustra a manchete de jornal abaixo, na qual predominam verbos no **presente do indicativo**.

O NOVO COLOSSO DO BENGOLA

Primeiro evento teste do Estádio Mangueirão é aprovado

Mangueirão enche os olhos do torcedor após dois anos fechado para reformas. Padrão Fifa, ele ganhou novos e confortáveis espaços, e, claro, continua sendo um termômetro de sentimentos

segunda-feira, 27/03/2023, 10:29 - Atualizado 27/03/2023, 10:28 - Autor: Matheus Miranda / Diário do Pará

Siga o DOL no Google News

(Disponível em: https://www.omunicipio.jor.br/wordpress/. Acesso em: 24/2/2023.)

Pretérito

O pretérito, ou o passado, subdivide-se em três tempos:

- **pretérito perfeito**: transmite a ideia de uma ação completamente concluída:

> "Só que meu poema
> não **conseguiu** tocar
> em feridas maiores"
>
> (Elias José)

- **pretérito imperfeito**: transmite a ideia de uma ação habitual ou contínua:

> "Por muito tempo os homens **usavam** a mesma faca para comer e brigar e cada um **levava** a sua quando **havia** algum jantar."
>
> (*Recreio*, n. 84.)

Também pode transmitir a ideia de uma ação que vinha acontecendo, mas foi interrompida por outra ação:

> Ela **tirava** o carro da garagem quando começou a chover.

É também o tempo em que geralmente são narradas as histórias com o pretérito perfeito. Veja este trecho do conto "O príncipe sapo":

> "Há muitos e muitos anos um rei **vivia** feliz com sua linda filhinha em um castelo perto de uma floresta. A princesa **gostava** de brincar por ali com sua bola de ouro em volta do poço."

O pretérito imperfeito é reconhecido pela presença das desinências **-va/-ve** ou **-ia/-ie**.

- **pretérito mais-que-perfeito**: expressa a ideia de uma ação ocorrida no passado e anterior a outra ação, também passada:

Quando a mãe **percebeu**,	a criança já **colocara** o sapato na boca.
pretérito perfeito	pretérito mais-que-perfeito
(ação ocorrida no passado)	(ação ocorrida antes da ação de **perceber**)

O pretérito mais-que-perfeito é reconhecido pela presença das desinências **-ra/-re**. Na língua coloquial do português brasileiro, emprega-se com maior frequência o pretérito mais-que-perfeito na forma composta. Observe:

> Quando a mãe percebeu, a criança já **tinha colocado** o sapato na boca.
> (pretérito mais-que-perfeito composto)

Futuro

Há dois tipos de futuro:

- **futuro do presente**: expressa a ideia de uma ação que ocorrerá em um tempo futuro em relação ao tempo atual:

  - No próximo fim de semana, **iremos** à praia.
  - Você **irá** conosco?

- **futuro do pretérito**: expressa a ideia de uma ação futura que ocorreria desde que uma condição tivesse sido atendida antes:

  Se houvesse mais solidariedade, o mundo **seria** melhor.

Observe que, de acordo com a frase, para o mundo vir a ser um lugar melhor (ação futura), é necessário que as pessoas parem de pensar em si mesmas e foquem nos outros (condição não atendida).

O futuro do pretérito é reconhecido pela presença de **-ria/-rie**.

Tempos verbais, locuções e tempos compostos

No português brasileiro, há uma preferência pelos tempos compostos e pelo emprego de locuções verbais, em vez de formas simples. Isso ocorre especialmente nos dois tipos de futuro e no pretérito mais-que-perfeito. Veja:

- **Vamos visitar** uma tia no domingo. (locução verbal = visitaremos)
- Informou que **ia chegar** apenas à noite. (locução verbal = chegaria)
- Ele não notou que **tinha chovido**. (tempo composto = chovera)

Futuro do presente × futuro do pretérito

Em algumas circunstâncias, o futuro do presente, como o futuro do pretérito, pode estar acompanhado de uma condição. Ainda assim, esses tempos expressam ideias diferentes.

Observe:

- Eu **mudarei** a data da prova <u>se a direção concordar</u>.
  futuro do presente — condição para mudar a data da prova
- Eu **mudaria** a data da prova <u>se a direção concordasse</u>.
  futuro do pretérito — condição para mudar a data da prova

No primeiro enunciado, a possibilidade de alterar a data da prova ainda existe e depende do apoio da direção. Já no segundo enunciado o locutor dá a entender que a direção não concordou com a mudança (condição não satisfeita); portanto, a forma verbal **mudaria** expressa uma ação que poderia ter acontecido, mas, por depender de uma condição não satisfeita, não aconteceu ou não deve acontecer.

Exercícios

Leia estes quadrinhos de Ziraldo:

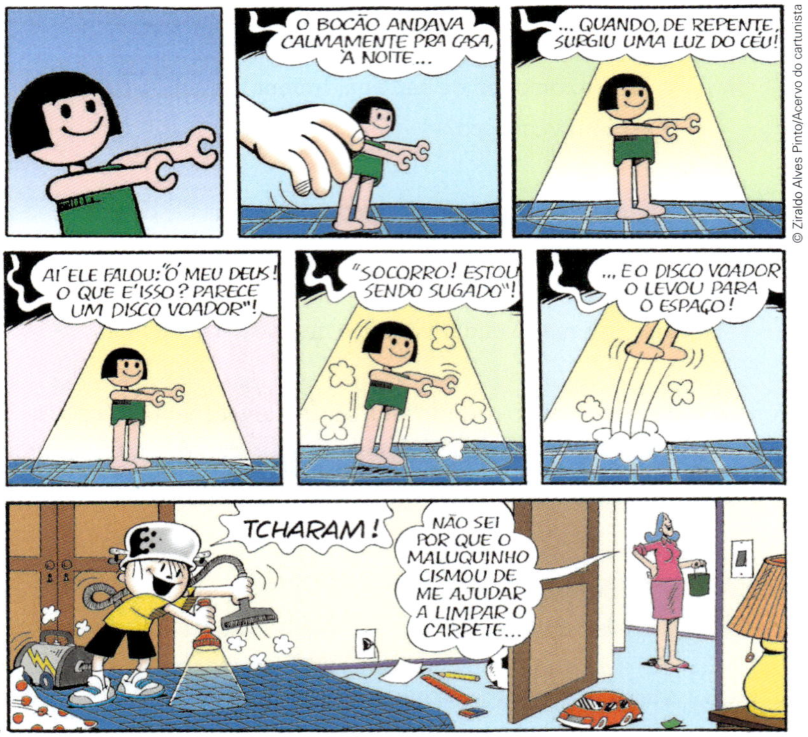

(*Curta o Menino Maluquinho em histórias rapidinhas*. São Paulo: Globo, 2007. p. 38.)

1. Nos primeiros quadrinhos, sempre há a voz de um narrador que conta uma história.

a) Quem é o narrador?

b) Que tipo de história o narrador conta?

2. O último quadrinho revela o que estava acontecendo nos quadrinhos anteriores.

a) A que correspondem, realmente, o Bocão, a luz que veio do céu e a força que sugou o Bocão?

b) Que resposta você daria à mãe do Menino Maluquinho?

3. Observe os seis primeiros quadrinhos da história.

a) Em que tempo e modo foram empregadas as formas verbais da fala do narrador?

b) Compare estas frases do texto:

- "O Bocão **andava** calmamente pra casa, à noite..."
- "... quando, de repente, **surgiu** uma luz do céu!"

As duas formas verbais destacadas estão no passado, mas há diferença de sentido entre elas. Explique qual é essa diferença de sentido, considerando o tempo passado, e explique o que justifica o emprego de cada uma delas.

4. A suposta fala de Bocão está marcada pelas aspas.

a) Em que tempo e modo foram empregadas as formas verbais dessa fala?

b) O que justifica essa escolha?

Tempos do modo subjuntivo

O modo subjuntivo apresenta os seguintes tempos verbais: presente, pretérito imperfeito e futuro.

Presente

Indica um fato incerto no presente; pode também expressar desejo. É empregado geralmente depois de expressões como **convém que**, **é necessário que**, **é possível que**, **tomara que**, **talvez**, etc.

Observe, neste pensamento filosófico do Menino Maluquinho, o emprego da palavra **aconteça**, no **presente do subjuntivo**, indicando um fato possível, hipotético:

© Ziraldo Alves Pinto/Acervo do cartunista

(Ziraldo. *O pensamento vivo do Menino Maluquinho*. Rio de Janeiro: Ediouro, 2001. p. 63.)

Pretérito imperfeito

Indica um fato incerto ou improvável ou um fato que poderia ter ocorrido mediante uma condição. Leia esta tira, de Fernando Gonsales:

© Fernando Gonsales/Acervo do cartunista

(*Níquel Náusea – Nem tudo que balança cai*. São Paulo: Devir, 2003. p. 19.)

Observe que o emprego da forma verbal **dissesse**, no **pretérito imperfeito do subjuntivo**, faz com que o verbo **acreditar** esteja no **futuro do pretérito do indicativo**: **acreditaria**. A esse tipo de relação chamamos **correlação temporal**.

Frequentemente, o tempo verbal **pretérito imperfeito do subjuntivo** é acompanhado da palavra **se**, que expressa a ideia de condição.

Eu ia ou eu iria?

Apesar de a norma-padrão recomendar a combinação do **imperfeito do subjuntivo** com o **futuro do pretérito do indicativo** ("se eu pudesse, eu iria"), no português brasileiro é mais comum ouvirmos "se eu pudesse, eu ia". O mesmo ocorre em "Se eu ficasse mais um minuto naquele tumulto, **passava/passaria** mal", ou em "Se ele dormisse cedo, não **ficava/ficaria** cansado".

Entretanto, em situações formais de interlocução oral ou escrita, ou em exames, recomenda-se seguir a norma-padrão.

Futuro

Expressa um acontecimento possível no futuro e aparece geralmente acompanhado das palavras **quando** ou **se**. Observe, neste texto, que as formas verbais **estiver** e **atrasar** expressam ações possíveis em um futuro hipotético.

A LEI DE MURPHY APLICADA AO TRABALHO...

(Cibele Santos. Disponível em: https://br.pinterest.com/pin/409757266069227141/. Acesso em: 6/3/2023.)

Em muitas circunstâncias, o futuro do subjuntivo faz correlação temporal com o futuro do presente do indicativo, como é possível observar, respectivamente, por meio do emprego das formas verbais **acabará** e **estiver**, no primeiro quadrinho, e **atrasar** e **chegará**, no segundo.

Exercícios

Leia esta tira de Adão Iturrusgarai:

1. O marido faz uma pergunta à esposa.

a) No contexto, o que significa o silêncio dela como resposta à pergunta feita?

b) Levante hipóteses: Levando em conta o comentário do marido ("Não precisa responder!"), o que ele deve ter entendido?

2. A pergunta do marido é uma suposição, uma hipótese.

a) Que palavra introduz a fala dele em um plano hipotético?

b) Em que tempo e modo está o verbo auxiliar da locução verbal "pudéssemos fazer"?

c) E em que tempo e modo está a forma verbal **casaria**?

d) A correspondência entre esses dois tempos verbais está de acordo com a norma-padrão?

e) Ela soa de modo espontâneo na conversa de um casal? Levante hipóteses sobre as razões de a correlação temporal estar de acordo com a norma-padrão.

f) Por que esses tempos verbais também contribuem para inserir a pergunta em um plano hipotético?

3. Copie as frases a seguir no caderno e, seguindo o exemplo da frase dita pelo marido, complete-as com as formas verbais indicadas entre parênteses, nos mesmos tempos e modos, de acordo com a norma-padrão.

a) Se você ______ (ir) de carro, eu ______ (poder) ir com você.

b) Se você ______ (obter) um bom resultado na entrevista, com certeza ______ (arrumar) um emprego rapidamente.

c) Se nós ______ (poder) participar das decisões, as coisas ______ (ser) diferentes.

© Adão Iturrusgarai/Acervo do cartunista

4. Copie as frases a seguir no caderno e empregue os verbos entre parênteses no subjuntivo, atentando para a correlação temporal. Veja o exemplo:

- Você quer que eu (ligar) a televisão? **ligue**
- Você queria que eu (ligar) a televisão? **ligasse**

a) É preciso que nós (pensar) no futuro de nossas crianças. ______

Seria preciso que todos (pensar) no futuro de nossas crianças. ______

b) Caso papai (precisar), nós podemos ir ao banco. ______

Caso papai (precisar), nós poderíamos ir ao banco. ______

c) Darei a bicicleta a você quando (ser) seu aniversário. ______

Daria a bicicleta a você se (ser) seu aniversário. ______

SEMÂNTICA E DISCURSO

Leia este poema, de José Paulo Paes:

Paraíso

Se esta rua fosse minha,
eu mandava ladrilhar,
não para automóveis matar gente,
mas para criança brincar.

Se esta mata fosse minha,
eu não deixava derrubar.
Se cortarem todas as árvores,
onde é que os pássaros vão morar?

Se este rio fosse meu,
eu não deixava poluir.
Joguem esgotos noutra parte,
que os peixes moram aqui.

Se este mundo fosse meu,
eu fazia tantas mudanças
que ele seria um paraíso
de bichos, plantas e crianças.

(*In*: Vera Aguiar (coord.). *Poesia fora da estante*. Porto Alegre: Projeto, 1995. p. 113.)

Biry Sarkis/Acervo da editora

1. Ao ler os primeiros versos do poema, você deve ter se lembrado de outro texto, uma cantiga de roda, que tem os versos iniciais parecidos, mantendo com ele uma relação de **intertextualidade**.

a) Cite os versos da cantiga com os quais o poema mantém uma relação intertextual.

b) Compare a primeira estrofe dos dois textos. Qual estrofe mantém uma preocupação mais social? E qual delas é mais sentimental?

2. As cantigas de roda são produções poéticas populares, de autores anônimos e de tradição oral; por isso, em geral, empregam a língua de um modo que se aproxima dos usos espontâneos e informais, com construções diferentes das indicadas na norma-padrão formal. Observe os dois primeiros versos de cada estrofe do poema de José Paulo Paes.

a) Em que tempo e modo estão as formas verbais nesses versos?

b) A correlação entre os tempos e modos verbais empregados coincide com a correlação clássica da norma-padrão formal? Por quê?

3. Observe as formas verbais destacadas nestes versos:

"Se **cortarem** todas as árvores
onde é que os pássaros **vão morar**?"

a) Em que tempo e modo estão as formas verbais?

b) A locução verbal "vão morar" é uma forma mais usada no português brasileiro do que sua forma correspondente simples, considerada mais formal. Qual é ela?

4. Por suas respostas às questões 2 e 3, nota-se que o poema, partindo de uma cantiga de roda, procura manter o uso de uma variedade linguística mais coloquial e próxima do português brasileiro. Declame as duas primeiras estrofes do poema, substituindo as formas **mandava** e "vão morar": no primeiro caso, de acordo com as regras da norma-padrão; no segundo, utilizando a forma verbal simples correspondente.

a) A sonoridade e a espontaneidade do poema se mantêm as mesmas?

b) As escolhas do poeta quanto ao uso da língua são coerentes com a finalidade do poema? Justifique sua resposta.

5. Nos contos maravilhosos, sempre que lemos a expressão "Era uma vez...", mergulhamos em um mundo de fantasias, onde tudo pode acontecer: príncipes viram sapos, princesas dormem por cem anos, etc. Na língua, o modo subjuntivo também nos permite adentrar um mundo imaginário, o das hipóteses e das possibilidades.

a) Qual é a palavra do poema "Paraíso" que nos faz adentrar o mundo imaginário?

b) O poeta dá ao texto o título de "Paraíso". Levante hipóteses: Como seria o paraíso imaginado por ele?

c) Ao conhecermos o mundo imaginário do poeta, podemos fazer uma suposição a respeito do seu mundo real. Em sua opinião, como ele é?

DIVIRTA-SE

EU POSTO,
TU COMENTA
ELE CURTE
NÓS COMPARTILHAMOS
VÓS PUBLICAIS
ELES RIEM
NINGUÉM TRABALHA!

Reprodução/www.iloveimg.com

CAPÍTULO

17 O advérbio

Construindo o conceito

Leia estes quadrinhos do cartunista argentino Nik, criador do personagem Gaturro:

(*Gaturro 10*. Buenos Aires: Ediciones de la Flor, 2011. p. 36.)

1. Os seis primeiros quadrinhos mostram Gaturro e seu tutor correndo. Levante hipóteses:

a) O que está acontecendo?

b) Quais devem ser as causas dessas cenas? Justifique sua resposta com elementos dos quadrinhos.

2. Observe o momento e o lugar em que ocorrem as ações.

a) Elas ocorrem durante o dia ou à noite? Justifique sua resposta.

b) Onde os personagens estão no primeiro e no segundo quadrinhos: dentro ou fora de casa?

c) Para onde os personagens estão indo no terceiro e no quarto quadrinhos?

d) Para onde vai Gaturro no quinto quadrinho?

e) Quanto tempo você imagina que tenham durado essas ações?

3. Observe a tutora de Gaturro.

a) Como é a expressão facial dela?

b) Deduza: Qual é o motivo dessa expressão?

4. Nos quadrinhos, são empregadas três onomatopeias: TAMP, TUMP e PLAC.

a) O que elas representam?

b) O que elas indicam sobre a velocidade e o modo como Gaturro trocou de ambientes?

c) Que onomatopeia poderia ter sido empregada no último quadrinho?

5. Agora, vamos descrever as cenas retratadas por Nik. Copie o texto a seguir no caderno e complete-o com palavras ou expressões de acordo com os elementos dos quadrinhos e com as indicações de sentido que estão entre parênteses.

(Parte do dia) ____, Gaturro era perseguido (lugar) ____ por seu tutor, que se mostrava (intensidade) ____ bravo, provavelmente (causa) ____. Gaturro passava de um cômodo para outro (modo) ____, batendo portas e saindo e entrando em casa. (tempo) ____, ao passar pela portinhola de animais, seu tutor tentou fazer o mesmo e ficou entalado (lugar) ____, para o espanto da esposa.

Conceituando

Advérbio

Ao responder às questões anteriores, você empregou palavras e expressões que indicam **circunstâncias** relativas a algumas das ações retratadas nos quadrinhos. Observe:

- noção de **tempo**:

  À tarde, Gaturro foi perseguido por seu tutor.

- noção de **lugar**:

  Gaturro corria **dentro de casa**.
  O dono ficou entalado **na portinhola do gato**.

- noção de **modo**:

  Gaturro corria **velozmente**.

- noção de **causa**:

  Por medo da punição, o gato fugia de seu tutor.

- noção de **intensidade**:

  O tutor de Gaturro estava **muito** bravo.

As palavras que se referem principalmente ao verbo, dando a ideia de lugar, tempo, modo, causa, intensidade, instrumento, negação, afirmação, etc., são chamadas **advérbios**.

Advérbio é a palavra que funciona como modificador do verbo, podendo, em alguns casos, também se relacionar com outras classes de palavras, principalmente com o adjetivo e o próprio advérbio.

Embora o papel principal do advérbio seja o de indicar diferentes circunstâncias em que se dá a ação verbal, ele pode também acompanhar substantivos, adjetivos e até mesmo outros advérbios. Nesses casos, ele transmite sempre a noção de **intensidade**. Veja:

O tutor estava **muito** (advérbio de intensidade) **bravo** (adjetivo) com o gato.

Ele se diz **muito** (advérbio de intensidade) **gato** (substantivo) para enfrentar seu tutor.

O gato correu **tão** (advérbio de intensidade) **depressa** (advérbio) que não foi alcançado.

Duas ou mais palavras que têm, juntas, valor de advérbio (por exemplo, **à tarde**, **dentro de casa, por medo**) são chamadas **locuções adverbiais**.

Os advérbios e as locuções adverbiais classificam-se de acordo com o seu valor semântico, isto é, com o sentido que apresentam ou a circunstância que indicam.

Eis alguns valores semânticos dos advérbios e das locuções adverbiais:

- **tempo**: cedo, tarde, amanhã, sempre, nunca, jamais, no mês passado, numa tarde, às vezes, de vez em quando, à noite, etc.
- **lugar**: cá, aqui, ali, lá, acolá, na esquina, em casa, no estádio, no meio da rua, etc.
- **modo**: depressa, devagar, rápido, com cuidado, mal, melhor, pior, bem, e quase todos os advérbios terminados em **-mente**: regularmente, gradativamente, vagarosamente, etc.
- **intensidade**: muito, pouco, bem, tão, tanto, bastante, quase, mais, etc.
- **afirmação**: sim, realmente, certamente, etc.
- **negação**: não, nem.
- **dúvida**: talvez, possivelmente, provavelmente, acaso, quem sabe, etc.
- **meio ou instrumento**: jogar **com o taco**, escrever **à mão**, bater **com uma flor**, cortar **à faca**, ir **a pé**, viajar **de avião**.

Peshkova/Shutterstock

Exercícios

Leia o texto a seguir e responda às questões propostas.

Núcleo Técnico de Comunicação da COVISA/SMS-SP

(Disponível em: https://saapblog.wordpress.com/2017/08/29/campanha-municipal-de-vacinacao-de-animais-chega-a-alto-dos-pinheiros-nao-deixe-de-levar-seu-pet/. Acesso em: 13/2/2023.)

1. A respeito da situação de produção do texto, responda:

a) A que gênero ele pertence?

b) Qual é a finalidade desse texto?

2. O texto se vale de algumas estratégias para atrair a atenção dos leitores e persuadi-los de forma eficaz.

a) Que recursos não verbais foram utilizados para atrair a atenção dos leitores?

b) A expressão "morrer de raiva" foi empregada de forma ambígua, o que também contribui para chamar a atenção do leitor. Que sentidos ela apresenta no contexto?

c) Levando em conta os sentidos dessa expressão, como ela se classifica morfologicamente?

3. Há, no texto, o emprego de alguns advérbios e locuções adverbiais.

a) Identifique-os e classifique-os, levando em conta o sentido que apresentam.

b) Considerando a finalidade do anúncio, explique a importância do emprego de advérbios na construção desse texto.

c) Que outra informação essencial não é explicitada no texto e poderia ser expressa por meio de um advérbio? Que tipo de advérbio seria?

d) Como o interessado poderia agir diante da falta dessa informação?

Leia o texto a seguir, extraído da crônica "O amor acaba", de Antonio Prata.

O amor acaba. Numa Quarta-Feira de Cinzas, num sábado de Carnaval. O amor se perde, entre o rebolado de duas passistas, debaixo da saia da baiana. O amor encolhe, anoréxico, suicida-se de melancolia; acaba num átimo, de infarto — "tão jovem!" —, dirão, ou aos poucos, pingando, em lenta e imperceptível hemorragia, pálido amor; morre de velhice, de obesidade, de preguiça; o amor desaparece, no fundo de uma gaveta, entre cartas de amor e contas de luz de 1987 [...]

(*Adulterado*. São Paulo: Moderna, 2009. p. 125.)

Filipe Rocha/Acervo da editora

4. Qual é o tema da crônica?

5. A estrutura das frases do texto é relativamente simples, construída com a expressão "o amor" + verbos + advérbios ou locuções adverbiais. Observe os grupos de advérbios e locuções adverbiais a seguir e, com base em seu valor semântico, indique de que tipo são.

a) "Numa Quarta-Feira de Cinzas", "num sábado de Carnaval", "num átimo".

b) "entre o rebolado de duas passistas", "debaixo da saia da baiana", "no fundo de uma gaveta", "entre cartas de amor e contas de luz de 1987".

c) "de melancolia", "de infarto", "de velhice", "de obesidade", "de preguiça".

d) "aos poucos", "em lenta e imperceptível hemorragia".

6. Observando suas respostas à questão anterior, é possível perceber a estratégia por meio da qual o autor procura tratar um tema relativamente difícil e impalpável. Explique qual é essa estratégia.

7. Em algumas situações, empregamos um adjetivo com a função de advérbio de modo. Veja:

- Como é **rápido** esse garçom!
- Não coma tão **rápido**!

No primeiro enunciado, a palavra **rápido** atribui uma característica ao substantivo **garçom**; por isso, ela é um adjetivo. No segundo enunciado, a palavra **rápido** acompanha o verbo e equivale a **rapidamente**; por isso, ela é um advérbio de modo, e não um adjetivo. Para distinguir o adjetivo do advérbio, convém lembrar que o advérbio não tem flexão de número nem de gênero, e o adjetivo tem. Além disso, o advérbio acompanha principalmente o verbo, enquanto o adjetivo acompanha o substantivo.

Nos pares de frases a seguir, indique **1** quando a palavra destacada for adjetivo e **2** quando for advérbio.

a) Nossa viagem deu **certo**.
Ela estava **certa** em defender os filhos.

b) Pegue um copo **redondo** para tomar essa bebida.
Fala-se por aí que certa bebida "desce **redondo**".

c) Fale **pausado** e sem medo.
Ele tem uma fala **pausada** e elegante.

Vulgo e vulgarmente

A palavra **vulgo** frequentemente é empregada em indicações de alcunhas ou apelidos. Por exemplo:

Vinícius de Morais, vulgo "o poetinha", dedicou-se à poesia e à música popular.

Nesse caso, a palavra **vulgo** é uma redução do advérbio **vulgarmente**: "Vinícius de Morais, vulgarmente conhecido como 'o poetinha'...".

O advérbio
NA CONSTRUÇÃO DO TEXTO

Leia o texto a seguir:

Observe os horários de coleta de lixo
Fique atento e procure colocar o seu lixo uma hora antes do caminhão passar.
Acondicione o lixo em sacolas ou sacos plásticos resistentes
Nunca queime o lixo
Queimar lixo é crime conforme Lei de Crimes Ambientais nº 9605/1998.
Tome cuidado com vidros e materiais perfurocortantes
Embale os vidros quebrados e materiais perfurocortantes (seringas, pontas de ferro e outros) em recipientes rígidos, como garrafa pet cortada ou papel mais resistente, para evitar acidentes com o coletor.
Evite que seu lixo se espalhe na rua
Não coloque o lixo em canteiros centrais de avenidas, praças e lotes vagos.
Faça o descarte em lixeiras elevadas a 90 cm de altura
Elas evitam que os cães rasguem o saco de lixo e que em períodos de chuva eles sejam carreados para bueiros.
Não coloque no lixo os seguintes materiais
Pneus, eletrônicos, pilhas, baterias, óleos, ferros, móveis, resíduos de oficina, espuma, madeiras, materiais contaminantes e resíduos de materiais de construção.
CONSERBRAS

(Disponível em: https://conserbras.com.br/conserbras-inicia-campanha-informativa-e-de-conscientizacao-abordando-a-coleta-de-lixo/. Acesso em: 15/2/2023.)

1. Sobre o texto, responda:

a) A que gênero ele pertence: texto de campanha, texto didático ou artigo de opinião?

b) Quem é o responsável por ele; ou seja, quem tomou a iniciativa de publicá-lo?

c) A quem ele se destina?

d) Qual é a finalidade dele?

e) Levante hipóteses: Onde ele pode ter circulado?

2. O texto é organizado em sete partes, e cada uma delas contém uma imagem e um pequeno texto verbal.

a) Os textos verbais são longos ou curtos?

b) Qual é o papel das imagens?

c) Qual é a relação entre o objetivo do texto e a união da imagem com os textos verbais?

3. Observe as formas verbais que integram o texto.

a) Em que modo verbal elas estão predominantemente? Cite alguns exemplos.

b) Qual é a relação entre esse modo verbal e o objetivo do texto?

4. Há, no texto, vários advérbios.

a) Faça um levantamento dos advérbios e das locuções adverbiais empregados e indique o valor semântico de cada um deles.

b) Que tipos de advérbio ou locução adverbial predominam no texto?

5. Considerando a finalidade dessa peça e a grande presença de verbos e advérbios no texto, responda: Qual é a importância dessas classes de palavras na construção do texto?

SEMÂNTICA E DISCURSO

Leia esta tira de Alexandre Beck e responda às questões 1 a 3.

(*Armandinho seis*. Florianópolis: Belas Letras, 2015. p. 81.)

1. Levante hipóteses:

a) Onde estão os personagens da tira?

b) Quem são os personagens? Justifique sua resposta.

2. Observe a recomendação que Armandinho recebeu:

"— Pode sentar na mesa do canto, filho..."

a) O que o garoto achou dessa recomendação? Justifique sua resposta com elementos do texto.

b) Levando em conta o último quadrinho, responda: Como o menino deve ter compreendido essa recomendação?

3. O humor da tira é construído com base em um mal-entendido entre os personagens, relacionado com o emprego de advérbios ou locuções adverbiais.

a) Identifique e classifique os advérbios e locuções adverbiais da tira.

b) Para evitar o mal-entendido, o que o pai de Armandinho poderia ter dito?

4. Leia esta frase:

> O agricultor cravava a enxada no solo duro repetidamente, firmemente e insistentemente.

Observe que a repetição de palavras terminadas em **-mente** torna a frase desagradável aos ouvidos. Esse problema pode ser resolvido da seguinte forma: elimina-se a parte **-mente** dos advérbios iniciais e deixa-se o último advérbio na forma integral. Veja como fica:

> O agricultor cravava a enxada no solo duro repetida, firme e insistentemente.

Faça o mesmo nas frases a seguir:

a) Aquela criança chorava compulsivamente e desesperadamente.

b) Eu estudei arduamente, intensamente e disciplinadamente.

c) O garoto caiu violentamente e subitamente da bicicleta.

d) A chuva caiu rapidamente, intensamente e abundantemente.

5. Muitos advérbios terminados em **-mente** desempenham a função de advérbios de modo. No entanto, grande parte deles cumpre outros valores semânticos. Observe estas frases:

I. **Infelizmente**, não poderemos participar da reunião.

II. **Seguramente**, voltaremos das férias no dia 19.

III. **Contrariamente** ao que foi determinado, votaremos pela aprovação da proposta.

IV. **Paralelamente** ao seu pedido, também entraremos com uma carta de solicitação.

V. Aos filhos maior e menor caberá uma parte de 60% da herança e 40% da herança, **respectivamente**.

VI. **Primeiramente**, gostaria de agradecer o convite.

Associe as frases acima aos sentidos que os advérbios destacados atribuem a cada uma delas.

a) Ideia de analogia ou simultaneidade.

b) Estabelece uma relação de oposição.

c) Apresenta uma avaliação sobre o que está sendo dito.

d) Introduz uma ordem ou sequência ao que está sendo dito.

e) Atribui um valor de verdade ao que está sendo dito.

f) Introduz uma noção de distribuição.

Leia o texto a seguir e responda no caderno às questões 6 e 7.

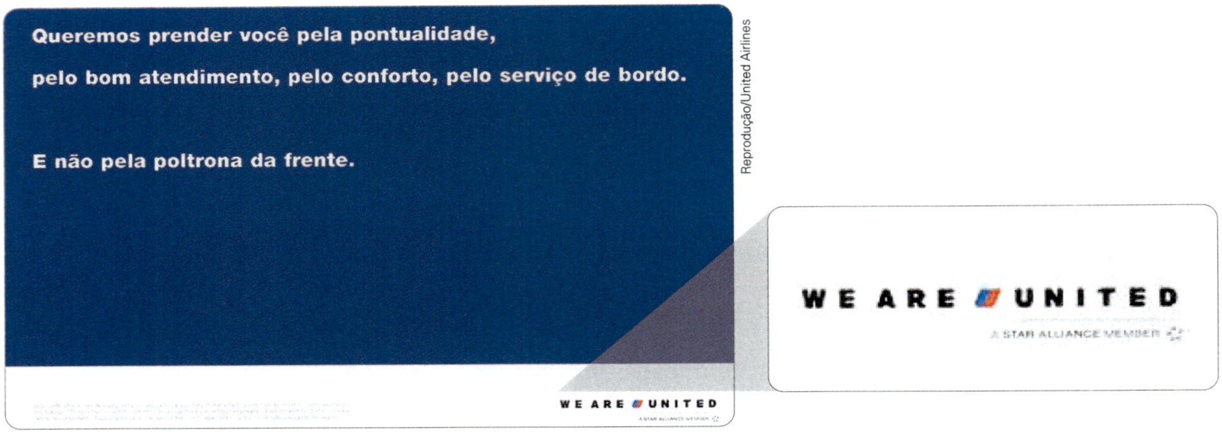

Queremos prender você pela pontualidade,
pelo bom atendimento, pelo conforto, pelo serviço de bordo.

Reprodução/United Airlines

6. A respeito da situação de produção do texto, responda:

a) A que gênero ele pertence?

b) Quem é o responsável pela produção e pela veiculação dele?

c) Qual é a finalidade principal desse texto?

d) A quem se dirige?

7. Para alcançar seu objetivo, o texto se vale de locuções adverbiais como estratégia de persuasão (convencimento).

a) Identifique as locuções adverbiais presentes no texto.

b) Qual é o valor semântico dessas locuções?

c) Explique o sentido da expressão "E não pela poltrona da frente" no contexto.

d) De que forma essas locuções são empregadas no texto para convencer o leitor a fazer uso dos serviços anunciados?

DIVIRTA-SE

INFÂNCIA ONTEM
LARGA ESSA BRINCADEIRA E VEM PRA DENTRO...
INFÂNCIA HOJE
LARGA ESSE CELULAR E VAI LÁ PRA FORA...
Alpino

Alpino/Acervo do cartunista

(Disponível em: https://br.pinterest.com/pin/606508274801622941/. Acesso em: 10/3/2023.)

CAPÍTULO 18

A preposição

Construindo o conceito

Leia esta tira:

(André Dahmer. *Quadrinhos dos anos 10*. São Paulo: Quadrinhos na Cia., 2016. p. 99.)

1. Reescreva no caderno o texto da tira, completando as lacunas com os conectivos do quadro abaixo. Considere o sentido que as palavras ligadas por eles estabelecem entre si.

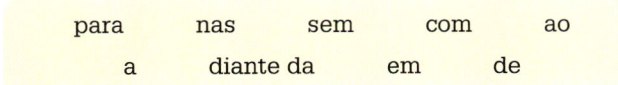

para	nas	sem	com	ao
a	diante da	em	de	

2. Das palavras do quadro da questão 1, duas delas têm sentido aproximado e uma pode ser substituída pela outra sem grande alteração de sentido. Quais são essas palavras?

3. No último quadrinho, a palavra **em** introduz uma noção de:

a) lugar.

b) tempo.

c) causa.

d) condição.

4. Duas palavras do quadro da questão 1 apresentam sentidos opostos. Quais são elas? Que sentidos elas apresentam?

5. Algumas palavras do quadro da questão 1 introduzem noção de lugar. Identifique-as.

6. Em "nas mãos", a palavra **nas** é uma junção de duas palavras **em** + **as**. Em que outra palavra do quadro da questão 1 ocorre um fenômeno semelhante?

7. Conclua: De modo geral, qual é o papel dessas palavras na construção das frases?

Conceituando

Preposição

Ao resolver os exercícios anteriores, você notou que há palavras que são utilizadas para fazer ligações em uma frase ou período. Observe:

- "Ele viajava **a**o planeta Terra **a** cada cem anos."
- "**Com** um presente **na**s mãos, fazia sempre a mesma pergunta."

Na primeira frase, por exemplo, a palavra **a** liga a forma verbal **viajava** a seu complemento, em "ao planeta Terra". Na segunda ocorrência, **a** introduz uma noção temporal à expressão "a cada cem anos".

As palavras que ligam outras palavras ou que conectam palavras a frases e expressões, como **com**, **de**, **para**, **em**, **sem**, **durante** são chamadas **preposições**.

Preposição é uma palavra que relaciona duas outras palavras, de forma que o sentido da primeira é completado pela segunda.

São estas as principais preposições de nossa língua:

a	até	contra	desde	entre	perante	sem	sobre
após	com	de	em	para	por (per)	sob	trás

As palavras também podem se ligar a outros termos por meio de uma expressão que especifica ainda mais o sentido entre eles. Por exemplo:

além de	diante de
antes de	a par de
depois de	através de
ao invés de	ao lado de
em via de	dentro de
defronte de	

Esse tipo de expressão é chamado **locução prepositiva**. Observe o emprego de "diante de" nesta frase:

"**Diante d**a resposta, voltava para casa sem entregar o presente."

No enunciado central da capa da revista ao lado, a preposição **entre** se destaca em "um roteiro charmoso entre Lisboa e Porto", ligando o ponto de origem ao ponto de chegada. No texto do canto inferior esquerdo, a preposição **em**, na contração **no**, indica o local onde se situam as praias: "no litoral norte paulista".

Reprodução/Editora Qual

Combinação e contração

Uma preposição pode se unir a outras palavras, formando **combinações** e **contrações**.

Combinação

Ocorre quando a preposição **a** se liga ao artigo **o**(**s**), sem que haja redução em nenhuma das duas formas na escrita do termo final. Veja:

"Ele viajava **ao** planeta Terra a cada cem anos."

preposição + artigo

a + o = ao

A preposição **a** também se liga ao advérbio **onde** para formar o advérbio **aonde** por meio do processo de **combinação**:

Aonde ele pensa que vai?

preposição + advérbio

a + onde = aonde

Contração

Ocorre quando as preposições **a**, **de**, **em** e **per** (forma antiga de **por**) se unem a artigos ou pronomes, havendo redução da preposição na escrita do termo final. Observe:

"Com um presente **nas** mãos, fazia sempre a mesma pergunta."

preposição **em** + artigo **as**

Quando a preposição **a** se une ao artigo **a** ou aos pronomes **a**, **aquele**, **aquela**, **aquilo**, ocorre um tipo especial de contração, denominado **crase**. Na escrita, a crase é indicada com o acento grave. Veja:

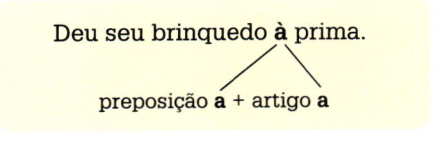

Deu seu brinquedo **à** prima.

preposição **a** + artigo **a**

Ele se referiu **àquele** menino,

preposição **a** + pronome demonstrativo

não **àquela** garota.

preposição **a** + pronome demonstrativo

Veja como são formadas as contrações:

do = de (preposição) + o (artigo)

na = em (preposição) + a (artigo)

pelo = per (preposição) + o (artigo)

desse = de (preposição) + esse (pronome demonstrativo)

naquele = em (preposição) + aquele (pronome demonstrativo)

Exercícios

Leia os memes a seguir:

(Disponível em: https://br.pinterest.com/pin/4503668362652214/. Acesso em: 24/2/2023.)

(Disponível em: https://omeudiadia.com.br/fotos-engrcadas-com-memes-e-frases-para-whatsapp/. Acesso em: 14/2/2023.)

(Disponível em: http://www.criarmeme.com.br/meme/32275. Acesso em: 23/2/2023.)

1. Memes fazem piadas de situações do dia a dia e, muitas vezes, apresentam as palavras próximas da forma como são pronunciadas a fim de representar os usos cotidianos da língua. Os memes lidos contêm alguns termos usados informalmente pelos falantes. Identifique esses termos.

2. Entre os termos identificados por você no exercício 1, há um que se origina da contração de preposição com artigo. Identifique esse termo. Como ele é formado?

3. Entre os termos identificados no exercício 1, há um que corresponde a uma preposição. Identifique-o.

4. Entre os termos identificados no exercício 1, um deles não é preposição nem contração. Identifique-o e explique sua grafia.

5. Um dos memes apresenta palavras com grafia diferente da grafia oficial: "**Qdo**" e "**ñ**". Explique esses usos.

6. Leia as locuções prepositivas do quadro abaixo e, no caderno, copie as frases a seguir completando-as.

ao encontro de	de encontro a	em vez de
a par de	antes de/depois de	ao invés de
ao lado de	defronte de	por meio de

a) Que bom! Suas ideias vêm ______ nossas propostas.

b) Vá de carro ______ ônibus.

c) Mandei o dinheiro ______ um amigo.

d) Ele falou ______ mim.

e) Eu estou ______ tudo.

f) O ônibus foi ______ outro veículo, provocando um grave acidente.

Leia esta anedota de Ziraldo e responda às questões 7 e 8:

A professora diz pro Joãozinho:

— Sua redação sobre o cachorro está igualzinha à do seu irmão!

— É que o cachorro é o mesmo, professora!

(*Mais anedotinhas do Bichinho da Maçã*. São Paulo: Melhoramentos, 1993. p. 18.)

Jean Galvão/Acervo da editora

7. Há uma palavra implícita na fala da professora.

a) Reescreva no caderno a fala da professora, inserindo essa palavra.

b) Identifique, na fala da professora, duas contrações de preposição com artigo, explicando como cada uma foi formada.

c) Encontre outro exemplo de contração na anedota e explique seu processo de formação.

8. O humor da anedota é construído com base na resposta de Joãozinho ao questionamento da professora.

a) Que preposição é utilizada pela professora para introduzir o assunto da redação?

b) Troque ideias com os colegas e o professor: A resposta de Joãozinho é suficiente para justificar o problema de sua redação? Por quê?

Os valores semânticos das preposições

Ao ligar palavras, as preposições apresentam alguns valores semânticos, isto é, indicam sentidos.

Releia algumas frases do texto de abertura deste capítulo:

- "Ele viajava **ao** planeta Terra a cada cem anos."
- "**Com** um presente nas mãos, fazia sempre a mesma pergunta."
- "Diante da resposta, voltava **para** casa **sem** entregar o presente."

André Dahmer/Acervo do cartunista

A contração **ao** e a preposição **para** indicam o destino para onde se vai. As preposições **com** e **sem** indicam acompanhamento e privação, respectivamente.

O valor semântico das preposições depende do contexto no qual elas são empregadas, podendo a mesma preposição ter sentidos diferentes em contextos diversos. Observe:

- Ele fazia sempre a mesma pergunta, **com** um presente nas mãos. (acompanhamento)
- Faça as coisas **com** cuidado. (modo)
- Ficamos bastante animados **com** o seu convite. (causa)
- O garoto fez o suco **com** o liquidificador. (instrumento)

Exercícios

1. As preposições destacadas nas frases a seguir transmitem a noção de tempo ou de lugar. Indique o valor semântico delas em cada situação.

a) **A** cinco dias da prova, estudava muito.

b) Viajaremos **a** Natal amanhã. **Até** a volta!

c) **Após** tantos exames, foi aprovado no concurso.

d) Faço este caminho para vir à escola **desde** o ano passado.

e) Saiu **de** sua casa pela manhã e foi **até** a padaria comprar pão.

f) **De** tempos em tempos, encontramos velhos amigos.

g) Eles moravam **sob** o viaduto.

h) O avião caiu **sobre** várias casas.

Leia a tira a seguir e responda às questões 2 a 4.

© Armandinho, de Alexandre Beck/Acervo do cartunista

2. O humor da tira é construído com base na exploração da ambiguidade de uma preposição utilizada no primeiro quadrinho da tira. Que preposição é essa e em qual expressão ela aparece na tira?

3. Observe a fala da mãe de Armandinho no primeiro e no segundo quadrinhos.

a) Que sentimentos essas falas revelam?

b) Que sentido a mãe atribuiu à preposição e à expressão da qual a preposição faz parte? Justifique sua resposta com trechos da fala dela.

4. Relacione as partes verbal e não verbal do terceiro quadrinho.

a) Que traços da personalidade de Armandinho são revelados pela expressão facial dele?

b) Identifique o elemento não verbal responsável por instaurar a ambiguidade que gera o humor da tira, justificando sua resposta.

c) Identifique a contração presente nesse quadrinho, explicando seu processo de formação e o sentido que ela confere à expressão.

5. Copie no caderno as frases a seguir, completando-as com preposições e locuções prepositivas ou com contrações e combinações, de acordo com o sentido indicado entre parênteses:

a) Ele foi ______ o outro lado da cidade. (destino)

b) Ela comprou uma calça nova ______ a festa. (finalidade)

c) Vou ______ você ______ cinema ______ assistir ao filme. (companhia, destino, finalidade)

d) Veio ______ escola ______ pé. (origem, meio)

e) A casa dela fica ______ duas quadras da minha. (distância)

f) Não quero ficar aqui apenas ______ você. (causa)

g) Vamos juntos ______ casa de meus avós. (lugar)

h) Ele falou ______ gritos. (modo)

A preposição NA CONSTRUÇÃO DO TEXTO

Leia este poema:

Os arroios

Os arroios são rios guris...
Vão pulando e cantando dentre as pedras.
Fazem borbulhas d'água no caminho: bonito!
Dão **vau** aos burricos,
às belas morenas,
curiosos das pernas das belas morenas.
E às vezes vão tão devagar
que conhecem o cheiro e a cor das flores
que se debruçam sobre eles nos matos que atravessam
e onde parece quererem **sestear**.
Às vezes uma asa branca roça-os, súbita emoção
como a nossa se recebêssemos o miraculoso encontrão
de um Anjo...
Mas nem nós nem os rios sabemos nada disso.
Os rios **tresandam** óleo e alcatrão
e refletem, em vez de estrelas,
os letreiros das firmas que transportam utilidades.
Que pena me dão os arroios,
os inocentes arroios...

(*Mario Quintana de bolso*. Porto Alegre: L&PM, 2014. p. 86.)

Filipe Rocha/Acervo da editora

arroios: pequenos cursos ou correntes de água.
sestear: fazer a sesta, descansar.
tresandar: exalar odor desagradável.
vau: local raso de um rio, mar, lagoa, por onde se pode passar a pé ou a cavalo.

1. O poema compara os arroios aos rios.

a) Que relação é estabelecida pelo eu lírico entre esses dois elementos? Justifique sua resposta com trechos do texto.

b) Que afirmação o eu lírico faz sobre o cheiro e o reflexo dos rios? Que sentido essa afirmação acrescenta à comparação feita entre estes e os arroios?

c) Levando em conta o sentido do poema, identifique, entre os termos a seguir, aqueles que poderiam ser relacionados aos arroios (A) e aqueles que poderiam ser relacionados aos rios (R).

I. ingenuidade
II. senilidade
III. beleza
IV. improdutividade
V. decadência
VI. graciosidade
VII. vigor
VIII. jovialidade
IX. degradação

Filipe Rocha/Acervo da editora

2. Para descrever os arroios e os rios, o poema faz uso de expressões com preposições. Encontre, nos seis primeiros versos:

a) uma expressão que contenha preposição com sentido de lugar.

b) uma expressão que contenha preposição com sentido possessivo.

c) duas expressões que contenham preposições que introduzem o beneficiário ou destinatário de uma ação.

d) uma expressão que contenha preposição com sentido de material de que é feito algo.

3. A preposição **sobre** pode tanto fazer uma referência espacial quanto introduzir um assunto, dependendo do contexto em que é empregada. Releia os seguintes trechos.

- "se debruçam sobre eles nos matos"
- "sabemos nada disso"

a) Entre os sentidos da preposição **sobre** mencionados no enunciado, qual deles prevalece no primeiro trecho citado?

b) Qual dos dois sentidos da preposição **sobre** mencionados no enunciado é desempenhado pela contração **disso** no segundo trecho? Justifique sua resposta.

c) Em qual dos versos a seguir a preposição **de** ou a contração **das** é empregada com o mesmo sentido do apontado por você no item **b**? Indique a resposta e justifique sua escolha.

I. "curiosos das pernas das belas morenas"
II. "a cor das flores"
III. "o miraculoso encontrão de um Anjo"

4. Releia estes versos:

"Os rios tresandam óleo e alcatrão
e refletem, em vez de estrelas,
os letreiros das firmas que transportam utilidades."

a) Identifique, no trecho, uma locução prepositiva e dê o sentido dessa expressão.

b) A locução prepositiva identificada por você no item **a** contribui para enfatizar a contraposição feita em todo o poema entre os arroios e os rios. Troque ideias com os colegas e o professor e explique essa afirmação.

5. Nos dois últimos versos o eu lírico volta a falar dos arroios.

a) Levante hipóteses: Por que ele faz essa afirmação sobre os arroios?

b) Proponha uma reescrita para o penúltimo verso, sem alterar substancialmente seu sentido, utilizando uma contração com a preposição **de**.

SEMÂNTICA E DISCURSO

Leia o texto a seguir:

(Disponível em: https://www.mpba.mp.br/noticia/25444. Acesso em: 24/2/2023.)

1. O texto em estudo foi publicado em um *site* e diz respeito a uma campanha realizada no Brasil.

a) Deduza: Qual é o nome dessa campanha?

b) Entre as opções a seguir, identifique a que melhor descreve a função do texto lido.

I. Lançar a campanha para ganhar a adesão da sociedade.

II. Recolher assinaturas em prol de um bem comum.

III. Divulgar um evento e promover inscrições.

2. Relacione as partes verbal e não verbal do texto.

a) O que representa o desenho na parte central?

b) O que representa o texto escrito em verde, logo abaixo do desenho central? Que novo sentido ele confere ao enunciado?

3. A expressão "criança de rua" contém a preposição **de**.

a) Indique as opções em que a preposição **de** tem o mesmo sentido apresentado por essa preposição em "criança de rua":

I. Material, constituição, como em "bolsa de couro".

II. Origem, procedência, como em "venho de Curitiba".

III. Assunto, repertório, como em "falava de você".

IV. Finalidade, função, como em "quarto de bagunça".

b) Justifique suas escolhas no item **a**.

4. Você aprendeu que as preposições ligam palavras a seus complementos. Releia o trecho que descreve a campanha:

> "Campanha nacional de enfrentamento à situação de moradia nas ruas de crianças e adolescentes."

a) Com muitos nomes sobrepostos em sequência e ligados por preposições, essa frase contém ambiguidade. Troque ideias com os colegas e o professor, depois explique essa ambiguidade.

b) Identifique, nessa frase, que termo é complementado por cada uma das expressões a seguir:

- de enfrentamento
- à situação
- de moradia
- nas ruas
- de crianças e adolescentes

c) Reescreva no caderno a frase do anúncio a fim de eliminar a ambiguidade, escolhendo um dos sentidos que ela pode ter.

DIVIRTA-SE

Uma moça entra em uma loja e pergunta:

— Vocês vendem vestido de noite?

— Não, de noite a loja está fechada.

(Domínio público.)

Jean Galvão/Acervo da editora

·CAPÍTULO·

19

A conjunção

Construindo o conceito

Leia, a seguir, parte de um texto do escritor Rubem Braga:

Meu caro Vinicius de Moraes:

Escrevo-lhe aqui de Ipanema para lhe dar uma notícia grave: A Primavera chegou. Você partiu antes. É a primeira Primavera, de 1913 para cá, sem a sua participação. Seu nome virou placa de rua [...]. O mar anda virado; houve uma **lestada** muito forte, depois veio um sudoeste com chuva e frio. E daqui de minha casa vejo uma **vaga** de espuma galgar o costão sul da ilha das Palmas. São violências primaveris.

Célio JR/Estadão Conteúdo/AE

› Rubem Braga, jornalista, escritor e contista, São Paulo (1988).

O sinal mais humilde da chegada da Primavera, vi aqui junto de minha varanda. Um tico-tico com uma folhinha seca de capim no bico. Ele está fazendo ninho numa touceira de samambaia, debaixo da pitangueira. Pouco depois vi que se aproximava, muito matreiro, um pássaro-preto, desses que chamam de **chopim**. Não trazia nada no bico; vinha apenas fiscalizar, saber se o outro já havia arrumado o ninho para ele pôr seus ovos.

Isto é uma história tão antiga que parece que só podia acontecer lá no fundo da roça, talvez no tempo do Império. Pois está acontecendo aqui em Ipanema, em minha casa, poeta. Acontecendo como a Primavera. Estive em Blumenau, onde há moitas de azaleias e manacás em flor [...]. Agora vou ao Maranhão, reino de Ferreira Gullar, cuja poesia você tanto amava, e que fez 50 anos. O tempo vai passando, poeta. Chega a Primavera nesta Ipanema, toda cheia de sua música e de seus versos. Eu ainda vou ficando um pouco por aqui — a vigiar, em seu nome, as ondas, os tico-ticos e as moças em flor. Adeus.

(Disponível em: https://cronicabrasileira.org.br/cronicas/12903/recado-de-primavera. Acesso em: 5/5/2023.)

chopim: pássaro conhecido por botar seus ovos em ninhos feitos por pássaros de outras espécies.

lestada: vento forte e persistente que sopra do leste.

vaga: onda de grande porte.

1. O texto foi escrito por Rubem Braga e publicado em uma revista pouco mais de dois meses depois da morte de Vinicius de Moraes.

a) Que gênero Rubem Braga escolheu para escrever o texto dele? Justifique sua resposta com elementos do texto.

b) Sobre quais assuntos Rubem Braga fala em seu texto?

c) Com base em suas respostas anteriores, troque ideias com os colegas e o professor e responda: Qual efeito de sentido é construído no texto por tais escolhas?

2. Releia o primeiro parágrafo do texto.

a) Pela leitura da primeira frase, qual parece ser a "notícia grave" a que se refere o autor? Justifique sua resposta.

b) Considerando as frases que se seguem, conclua: Qual é, de fato, a "notícia grave", da perspectiva do autor?

3. Observe e compare o emprego da palavra **e** nos trechos a seguir.

I. "[...] houve uma lestada muito forte, depois veio um sudoeste com chuva **e** frio. **E** daqui de minha casa vejo uma vaga de espuma galgar o costão sul da ilha das Palmas."

II. "Estive em Blumenau, onde há moitas de azaleias **e** manacás em flor [...]."

a) Identifique o trecho no qual a palavra **e** foi empregada para relacionar duas orações. Justifique sua resposta.

b) Explique qual é a função do **e** nas outras duas ocorrências.

c) Em todos os casos a palavra **e** estabelece, entre os termos que conecta, uma relação de:

I. oposição. **II.** explicação. **III.** adição.

4. O texto é composto de frases curtas, em sua maioria períodos simples sem palavras que conectem as orações, explicitando as relações entre elas. Releia estes dois trechos:

I. "A Primavera chegou. Você partiu antes. É a primeira Primavera, de 1913 para cá, sem a sua participação."

II. "Não trazia nada no bico; vinha apenas fiscalizar, saber se o outro já havia arrumado o ninho para ele pôr seus ovos."

a) Complete no caderno as frases a seguir com uma palavra do quadro abaixo, considerando as relações de sentido das orações entre si.

e	portanto	porque	mas

- A Primavera chegou, ______ você partiu antes; ______ é a primeira Primavera, de 1913 para cá, sem a sua participação.
- Não trazia nada no bico, ______ vinha apenas fiscalizar ______ saber se o outro já havia arrumado o ninho para ele pôr seus ovos.

Filipe Rocha/Acervo da editora

b) Observe os sentidos das frases que você completou no item **a** e identifique, entre as palavras do quadro, qual estabelece cada uma das relações a seguir:

- Conclusão
- Oposição
- Adição
- Explicação ou causa

5. Releia este trecho:

> "Isto é uma história tão antiga que parece que só podia acontecer lá no fundo da roça, talvez no tempo do Império. Pois está acontecendo aqui em Ipanema, em minha casa, poeta."

a) A qual história o autor se refere?

b) Considerando o sentido da palavra **pois** nesse trecho, identifique, entre as opções a seguir, a palavra que poderia substituí-la sem acarretar mudança substancial no sentido do texto.

I. portanto
II. porque
III. mas
IV. logo

c) Identifique a frase a seguir em que a palavra **pois** tem o mesmo sentido com que foi usada no texto.

I. Dessa vez a primavera chegou na hora certa, pois já é setembro!
II. Ninguém seria capaz de perceber aquelas sutilezas; pois o poeta perceberia.
III. Àquela altura o ninho estava todo pronto; restava, pois, aguardar os ovos.

6. Observe as palavras em destaque nestas frases:

- "[...] vinha [...] saber **se** o outro já havia arrumado o ninho"
- "Pouco depois vi **que** se aproximava, muito matreiro, um pássaro-preto"

Troque ideias com os colegas e o professor e deduza: Qual é a relação que essas palavras estabelecem entre as formas verbais **saber** e **vi** e seus complementos?

Petr Simon/Shutterstock

Conceituando

Conjunção

Conforme você pôde observar ao estudar o texto de Rubem Braga na seção anterior, as orações podem se relacionar umas com as outras por meio de uma palavra que as liga. É o caso, por exemplo, da palavra **e** em "**E** daqui de minha casa vejo uma vaga de espuma galgar o costão sul da ilha das Palmas.", que conecta essa frase à frase que a antecede, estabelecendo entre elas uma relação de adição.

Essa palavra que liga orações é chamada de **conjunção**. A presença de conjunções é um dos fatores responsáveis pela textualidade: ao explicitar as relações entre as orações que conectam, as conjunções contribuem para que um texto seja coerente e coeso, e não uma sequência de palavras ou frases soltas sem conexão explícita entre si.

As conjunções relacionam também termos semelhantes da mesma oração. Veja:

"[...] há moitas de azaleias **e** manacás em flor [...]."

Assim, concluímos:

Conjunção é a palavra que relaciona duas orações ou dois termos de mesmo valor sintático.

Veja mais um exemplo:

"vinha [...] saber **se** o outro já havia arrumado o ninho para ele pôr seus ovos".

Duas ou mais palavras que, juntas, exercem o papel de conjunção são chamadas de **locução conjuntiva**: "já que", "se bem que", "a fim de que".

O chopim esperava o ninho do tico-tico **para que** colocasse seus ovos nele.

Classificação das conjunções

Observe a estrutura sintática destas orações:

O mar	anda	virado	**e**	daqui de minha casa	vejo	uma vaga de espuma.
sujeito	VL	predicativo do sujeito	conjunção	adjunto adverbial	VTD sujeito desinencial (eu)	objeto direto

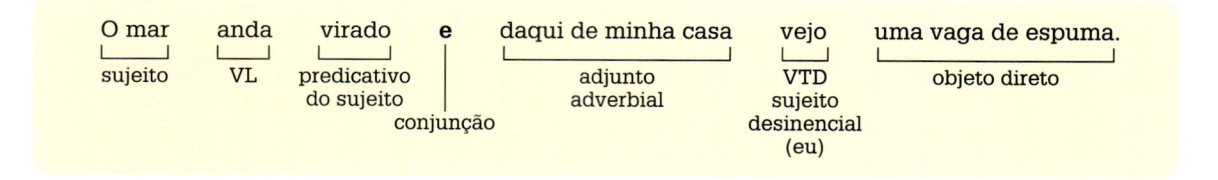

Repare que cada uma das orações tem todos os termos sintáticos necessários para que faça sentido.

Essas orações têm, portanto, valor equivalente e são independentes uma da outra, isto é, cada uma expressa algumas percepções do autor do texto, sobre o mar e sobre o que ele vê. A palavra que as relaciona — **e** — recebe o nome de **conjunção coordenativa**.

Observe, agora, como se relacionam estas orações:

		objeto direto		
Pouco depois	vi	**que**	se aproximava	um pássaro-preto.
adjunto adverbial	VTD sujeito desinencial (eu)	conjunção	VI	sujeito

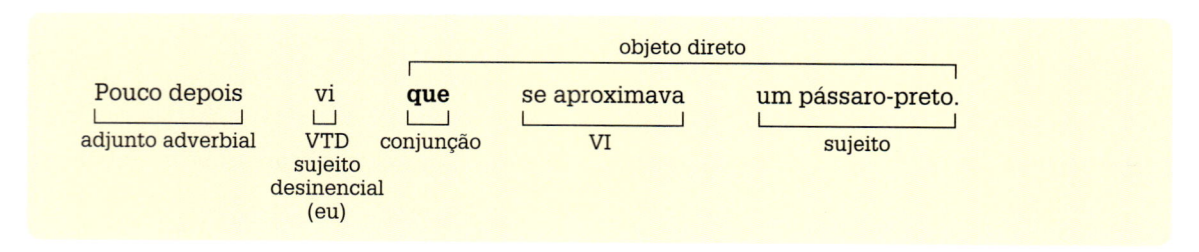

Note que o verbo da 1ª oração é transitivo direto e, portanto, necessita de um complemento. Esse complemento é toda a 2ª oração, que funciona como objeto direto do verbo **ver**. Assim, existe uma dependência sintática, uma relação de subordinação entre as orações. A palavra que as relaciona — **que** — recebe o nome de **conjunção subordinativa**.

Concluímos, então:

As **conjunções coordenativas** ligam palavras ou orações de mesmo valor sintático.

As **conjunções subordinativas** inserem uma oração na outra, estabelecendo entre elas uma relação de dependência sintática.

Exercícios

Leia o texto a seguir.

A Grande Ilha de Lixo do Pacífico é tão grande que já tem um ecossistema

No norte do Oceano Pacífico, uma coleção de lixo, do tamanho do estado do Amazonas, fica acumulada. A Grande Ilha de Lixo do Pacífico é o maior acúmulo de plástico oceânico do mundo. Ela se forma no ponto de encontro de cinco enormes correntes oceânicas que arrastam lixo para o centro e o prendem lá.

O nome pode enganar: a área não é uma grande montanha de lixo no meio do oceano. A mancha é mais dispersa e formada principalmente por microplásticos, que passam despercebidos por satélites. Quem navega pela região, porém, consegue perceber que ela tem uma concentração particular de lixo.

Um novo estudo, publicado na revista Nature Ecology & Evolution, revelou que dezenas de espécies de organismos invertebrados, normalmente vistos em regiões costeiras, conseguiram sobreviver e se reproduzir naquele plástico flutuante. [...]

Filipe Rocha/Acervo da editora

> Vista aérea da Grande Ilha de Lixo do Pacífico.

A descoberta sugere que a poluição plástica no mar pode permitir que novos ecossistemas abriguem espécies que normalmente não sobreviveriam nessa condição.

Os pesquisadores examinaram 105 itens de plástico pescados na Grande Mancha de Lixo do Pacífico. Eles identificaram 484 organismos invertebrados marinhos nos detritos, de 46 espécies diferentes, das quais 80% eram normalmente encontradas em habitats costeiros. Além disso, eles ainda encontraram muitas espécies de oceano aberto.

"Em dois terços dos escombros, encontramos as duas comunidades juntas, competindo por espaço, mas muito provavelmente interagindo de outras maneiras", afirma Linsey Haram, principal autora do estudo.

Segundo ela, as consequências da chegada de espécies invasoras nas áreas remotas do oceano ainda são um mistério.

[...]

Também é incerto como as criaturas chegaram até lá, provavelmente tenham pegado carona em algum pedaço de lixo. O fato é que elas estão se reproduzindo em um tipo de ambiente que não era delas, e essas aventuras ao mar podem "alterar fundamentalmente" as comunidades oceânicas, segundo os pesquisadores.

(Disponível em: https://super.abril.com.br/ciencia/a-grande-ilha-de-lixo-do-pacifico-e-tao-grande-que-ja-tem-um-ecossistema/. Acesso em: 23/5/2023.)

1. O texto lido aborda a existência da "Grande Ilha de Lixo do Oceano Pacífico".

a) Do que é composta, majoritariamente, essa ilha?

b) Explique por que, segundo o texto, esse nome "pode enganar".

c) Que particularidade o estudo citado descobriu sobre essa ilha? Qual é o impacto dessa descoberta para a sociedade?

2. Releia o trecho inicial do segundo parágrafo:

> "O nome pode enganar: a área não é uma grande montanha de lixo no meio do oceano. A mancha é mais dispersa e formada principalmente por microplásticos [...]."

a) Identifique a conjunção presente nesse trecho, bem como a relação que ela estabelece entre os termos que conecta.

b) Com base no texto, indique qual conjunção poderia ser empregada no lugar do sinal de dois-pontos sem acarretar mudança substancial de sentido.

Agora, releia este trecho para responder às questões 3 e 4.

> "A mancha é mais dispersa e formada principalmente por microplásticos, que passam despercebidos por satélites. Quem navega pela região, porém, consegue perceber que ela tem uma concentração particular de lixo."

3. O trecho é composto de duas frases.

a) Que conjunção relaciona uma frase à outra?

b) Que ideias das duas frases são colocadas em relação por essa conjunção?

c) A conjunção estabelece entre as duas frases uma relação de explicação, de oposição ou de adição?

d) Qual das conjunções abaixo pode substituir a conjunção identificada no item **a**, sem que haja alteração de sentido? Identifique-a e, em seguida, reescreva no caderno o trecho, fazendo as alterações necessárias.

I. nem

II. mas

III. quando

IV. porque

Agung Parameswara/Getty Images

e) Compare a reescrita que você produziu no item **d** com o texto original e comente com os colegas e o professor a diferença de sentido que há entre as duas versões.

4. A palavra **que** foi utilizada duas vezes no trecho lido.

a) Em qual das duas ocorrências a palavra **que** é uma conjunção e introduz uma oração que completa o sentido de uma forma verbal? Justifique sua resposta com elementos do texto.

b) Identifique mais duas frases do texto nas quais a palavra **que** exerce essa mesma função.

5. Observe o papel das conjunções em destaque nas frases a seguir:

- "Em dois terços dos escombros, encontramos as duas comunidades juntas, competindo por espaço, **mas** muito provavelmente interagindo de outras maneiras [...]."
- "[...] dezenas de espécies de organismos invertebrados, normalmente vistos em regiões costeiras, conseguiram sobreviver **e** se reproduzir naquele plástico flutuante."

a) Explique a relação estabelecida pelas conjunções destacadas entre as orações que compõem cada uma das frases.

b) Troque ideias com os colegas e o professor: Em qual das duas frases uma das conjunções poderia ser substituída pela outra, ainda que causando uma modificação de sentido? Justifique sua resposta e explique qual seria a mudança de sentido.

6. Releia o último parágrafo:

"Também é incerto como as criaturas chegaram até lá, provavelmente tenham pegado carona em algum pedaço de lixo. O fato é que elas estão se reproduzindo em um tipo de ambiente que não era delas, e essas aventuras ao mar podem 'alterar fundamentalmente' as comunidades oceânicas, segundo os pesquisadores."

a) Identifique as conjunções empregadas nele. Depois, troque ideias com os colegas e o professor e responda: Elas são coordenativas ou subordinativas? Justifique suas respostas.

b) Algumas expressões desse parágrafo foram empregadas em sentido figurado, isto é, em um contexto diferente do habitual. Identifique-as e explique qual sentido essas escolhas constroem no contexto.

As conjunções coordenativas

As conjunções coordenativas classificam-se em **aditivas**, **adversativas**, **alternativas**, **conclusivas** e **explicativas**. Todas elas ligam dois termos ou orações e estabelecem entre esses termos ou orações um tipo de relação.

Veja no quadro abaixo quais são essas relações e as principais conjunções coordenativas.

CONJUNÇÕES COORDENATIVAS			
	Relações	**Principais conjunções**	**Exemplos**
Aditivas	adição, soma	e, nem (e não)	A criança não brincou nem dormiu.
Adversativas	oposição, contraste	mas, porém, todavia, contudo	Fui procurá-lo, mas não o encontrei.
Alternativas	separação, exclusão	ou, ou... ou, já... já, quer... quer	Ou você estuda ou você trabalha.
Conclusivas	conclusão	logo, pois, portanto, por isso	Andou devagar, por isso chegou atrasado.
Explicativas	explicação, justificativa	que, porque, porquanto, pois	Fale baixo, pois o bebê dormiu.

Mas inicial

Veja no segundo verso do poema abaixo o emprego da conjunção **mas** em início de frase. Observe que a conjunção **mas**, nesse contexto, não estabelece relação de oposição direta entre as ideias das duas orações que conecta. Esse emprego é comum quando se deseja mudar a sequência de um assunto ou retomar um assunto que ficou suspenso em um texto ou em uma conversa.

Do eterno mistério

"Um outro mundo existe... uma outra vida..."
Mas de que serve ires para lá?
Bem como aqui, tu'alma atônita e perdida
Nada compreenderá...

(Mário Quintana. *In*: *Nova antologia poética*. São Paulo: Globo, 2007. p. 68.)

Gustavo Ramos/Arquivo da editora

Leia o meme a seguir:

"Ou você educa esse cachorro ou ele vai embora dessa casa!"

(Disponível em: https://pt.dopl3r.com/memes/graciosos/ou-voce-educa-esse-cachorro-ou-ele-vai-embora-dessa-casa/157343. Acesso em: 23/5/2023.)

1. Agora, responda:

a) Por que a frase que compõe o meme está entre aspas? O que essa frase representa, no contexto?

b) Explique a relação entre a imagem e o texto verbal, bem como o efeito de humor que ela constrói.

c) Há uma relação de coordenação na frase que compõe o meme lido. Como se classificam essas orações coordenadas? Que conjunção foi utilizada?

2. Descubra a relação que pode ser estabelecida entre as orações do texto a seguir e complete no caderno as lacunas com as conjunções coordenativas que explicitam essa relação: **e**, **mas**, **nem**, **porém**, **todavia**, **que**, **pois**, **porque**, **ou**, **seja**, **logo**, **portanto**.

A partir da linguagem audiovisual, a deepfake busca posicionar na esfera midiática um tema que seja benéfico ou prejudicial para determinado indivíduo ou grupo. Ao esvaziar a própria imagem de sua veracidade, produz-se uma infinidade de impactos que podem gerar divisões e preconceitos sociais ______ aumentar a polarização. [...]

Ao mesmo tempo, a manipulação digital permite que ditos e fatos reais sejam negados por seus autores ou por qualquer outra pessoa, ______ porque o autor joga a carta da manipulação, alegando que o fato foi criado para prejudicá-lo, ______ porque muda sua posição frente a um fato, inicialmente aceitando sua autoria ______, um tempo depois, argumentando que era deepfake.

> Montagem mostra o papa Francisco vestindo uma jaqueta branca.

______, as deepfakes envolvem a comunicação digital em uma dúvida midiática que situa o público no pior cenário: qualquer vídeo, imagem, áudio deve ser questionado. O regime de verdade legitimado pela imagem significaria o fim dos ditos e fatos para impor a dúvida midiática.

Até onde as deepfakes podem chegar? Teremos consciência dos limites éticos para impedir sua difusão? Poderemos limitar os efeitos perversos que eles podem implicar? ______ elas são a crônica de uma batalha perdida?

No século 17, o filósofo francês René Descartes, buscando um conhecimento absolutamente certo, imaginou que um gênio maligno o fazia duvidar de todas as suas experiências. No século 21, o gênio maligno são as deepfakes, ______ estão instaurando um regime de dúvida midiática que nos levará a deixar de nos preocupar com a verdade, porque tudo pode ser falso.

(Disponível em: https://www1.folha.uol.com.br/colunas/latinoamerica21/2023/04/deepfakes-ou-como-deixar-de-se-preocupar-com-a-verdade.shtml. Acesso em: 23/5/2023.)

Leia a tira a seguir e responda às questões 3 a 6.

(Disponível em: https://www1.folha.uol.com.br/ilustrada/cartum/cartunsdiarios/#9/10/2019. Acesso em: 5/5/2023.)

3. O título da tira é “Efeito colateral”.

a) Explique a relação entre essa expressão e o conteúdo do texto.

b) Levante hipóteses: Qual é o tipo de relação que existe entre os personagens do texto?

4. Observe as seguintes frases, construídas com base nas falas dos personagens no 1º quadrinho da tira:

I. Você deve ter tomado comprimidos demais, **porque** está com dor de estômago.

II. Você tomou sete comprimidos, **por isso** está com dor de estômago.

Correlacione os sentidos indicados a seguir aos sentidos das conjunções em cada uma das frases lidas.

a) explicação

b) conclusão

5. Agora, releia as falas dos personagens no 2º quadrinho.

a) Que relação se pode estabelecer entre elas? Justifique sua resposta com termos do texto.

b) Una as duas falas em uma única frase, estabelecendo entre elas uma relação de coordenação.

6. Como é comum nas tiras, o último quadrinho é o responsável pela construção do humor. Troque ideias com os colegas e o professor: Que elemento revelado apenas no 2º quadrinho é responsável pela construção do humor na tira em estudo?

7. Leia as orações de cada um dos itens a seguir, tentando perceber a relação semântica existente entre elas. Depois reúna-as em uma única frase, empregando conjunções coordenativas.

a) Você fala muito. Não me convence.

b) Você goste. Você não goste. Vou levá-lo ao médico.

c) Fique quieta um instante. Quero fotografá-la.

d) Cheguei atrasada ao cinema. Perdi o início do filme.

A conjunção NA CONSTRUÇÃO DO TEXTO

Leia a história em quadrinhos a seguir.

(Disponível em: http://bichinhosdejardim.com/era-uma-vez/. Acesso em: 5/5/2023.)

1. Relacione a parte verbal e a não verbal da história e deduza:

a) Quem é o narrador cuja voz é representada pelo texto da parte superior dos cinco primeiros quadrinhos?

b) Por que as cores, o fundo e a moldura dos cinco primeiros quadrinhos são diferentes dos utilizados no último quadrinho?

c) Quem são "ele" e "ela" mencionados nos dois primeiros quadrinhos, em relação a esse narrador?

d) Por que "o povo" não entendeu bem a união dos dois, conforme relata o 4º quadrinho?

2. O desenvolvimento da narrativa na história em quadrinhos lida é construído com base no emprego de diversas conjunções e locuções conjuntivas.

a) Identifique, no texto, conjunções ou locuções conjuntivas que estabeleçam as seguintes relações entre as orações que conectam:

- relação de oposição
- relação temporal
- relação de conclusão
- relação de adição
- relação de finalidade

b) Troque ideias com os colegas e o professor: Qual é a função das conjunções e locuções conjuntivas no texto em estudo?

3. Releia as orações conectadas pelas conjunções que você identificou na questão 2. Reescreva no caderno apenas as frases da tira que contêm orações coordenadas.

4. Os quadrinhos lidos narram uma história de:

a) terror, traição e violência.

b) terror, morte e tristeza.

c) amor, preconceito e superação.

d) amor, união e amizade.

5. Releia o último quadrinho.

a) Identifique a conjunção ou locução conjuntiva empregada e indique o seu sentido.

b) Quais outras conjunções poderiam ser empregadas com o mesmo sentido?

c) Explique a relação do sentido desse termo com a história contada.

Para que servem as conjunções?

As relações entre os seres humanos ou entre o ser humano e o mundo são bastante complexas. Para dar conta da complexidade das ideias e das relações, a linguagem necessita de mecanismos próprios. Por exemplo: Como indicar que uma ideia se opõe a outra? Como indicar que um fato é a causa ou a consequência de outro? As conjunções cumprem esse papel, estabelecendo nexos lógicos entre as orações. Elas são, portanto, um dos elementos essenciais para que um texto seja coerente e coeso.

SEMÂNTICA E DISCURSO

Leia a seguir um trecho de uma crônica de Antonio Prata e responda às questões 1 a 6.

Futuro do pretérito

Não sei como é pra vocês, mas eu acho complicado ser brasileiro. Sinto-me como alguém que casou com uma pessoa cheia de defeitos na expectativa de mudá-la. Por isso a frase "o Brasil é o país do futuro" (livre adaptação que fizemos do título de um livro de Stefan Zweig, "Brasil, um País do Futuro") vem bem a calhar. O que eu amo não é tanto o país em que vivo, é uma projeção do que o país poderia ser se... E se e se e se e se e se e se e se e se e bota "se" aí. [...]

Impossível nos divorciarmos, contudo: mesmo que eu fosse pras ilhas Fiji eu continuaria a ser brasileiro. Foi aqui que nasci, é em português que eu falo, penso, sonho e crio os meus filhos, então só me resta agarrar-me a esta projeção e amar esta ideia vaga do que nós um dia poderíamos ser. [...]

Meu amigo Gustavo me mostrou outro dia o anúncio de um apartamento à venda com a seguinte frase: "Grande potencial para reforma!". Maneira não muito sutil que a imobiliária arrumou para informar que o imóvel estava caindo aos pedaços. "O Brasil é o país do futuro" não deixa de ter o mesmo significado: se é no futuro que nos realizaremos é porque no presente, bem, tá cheio de taco solto, fiação podre, infiltrações e trincas. No entanto, postergando as reformas, aqui vivemos. [...]

Jean Galvão/Acervo da editora

(Disponível em: https://www1.folha.uol.com.br/colunas/antonioprata/2019/03/futuro-do-preterito.shtml. Acesso em: 5/5/2023.)

1. O título do texto é "Futuro do pretérito".

a) Identifique, no trecho, as formas verbais que estão conjugadas no futuro do pretérito.

b) Troque ideias com os colegas e o professor: Qual é, em geral, o sentido produzido por esse tempo verbal? No texto, esse sentido se confirma? Por quê?

2. Observe as relações semânticas entre as frases e as orações que compõem o 1º parágrafo.

a) Que relação é estabelecida entre as duas orações da 1ª frase? Explique a função da conjunção **mas** nesse contexto.

b) Troque ideias com os colegas e o professor: Entre as opções a seguir, qual melhor define a relação semântica que pode ser estabelecida entre a 2ª frase e a 1ª do 1º parágrafo, no contexto da crônica em estudo? Justifique oralmente sua escolha.

I. oposição　　II. adição　　III. explicação　　IV. alternância

c) Tendo em vista sua resposta ao item **b**, conclua: Quais conjunções poderiam ser empregadas entre essas duas frases, sem alterar substancialmente o sentido do texto?

d) Identifique a relação semântica estabelecida pela 3ª frase do parágrafo com a frase anterior, indicando o termo do texto que explicita essa relação.

3. Releia o final do 1º parágrafo:

"O que eu amo não é tanto o país em que vivo, é uma projeção do que o país poderia ser se... E se e se e se e se e se e se e se e se e bota 'se' aí. [...]"

a) As orações separadas por vírgula que compõem a 1ª frase desse trecho não são conectadas por conjunção. Tendo em vista os sentidos do texto, indique qual é a relação semântica entre elas e proponha uma reescrita para essa frase, utilizando, imediatamente após a vírgula, uma conjunção que explicite tal relação.

b) A 2ª frase do trecho é composta de uma sequência das conjunções **e** e **se**. Qual é o sentido que essas conjunções costumam ter?

c) Explique o sentido que essa longa sequência constrói no texto em estudo.

d) Troque ideias com os colegas e o professor e, considerando o sentido do texto, sugira, oralmente, continuações para alguns **se** do trecho.

4. O 2º parágrafo contém conjunções que explicitam relações de coordenação entre algumas de suas orações. Identifique essas conjunções, bem como seu valor semântico.

5. Explique as relações de sentido estabelecidas pela conjunção **porque** e pela locução conjuntiva "no entanto", no final do trecho.

6. Em seu texto, Antonio Prata lança mão de alguns recursos para se aproximar do leitor. Encontre, no texto em estudo, trechos que exemplifiquem as estratégias descritas a seguir.

a) Dirige-se diretamente a seu interlocutor, tratando-o informalmente.

b) Faz uso de expressões do dia a dia.

c) Emprega formas reduzidas, divergindo da escrita padrão para se aproximar da fala cotidiana.

7. Leia este poema, de Francisco Alvim:

Argumento

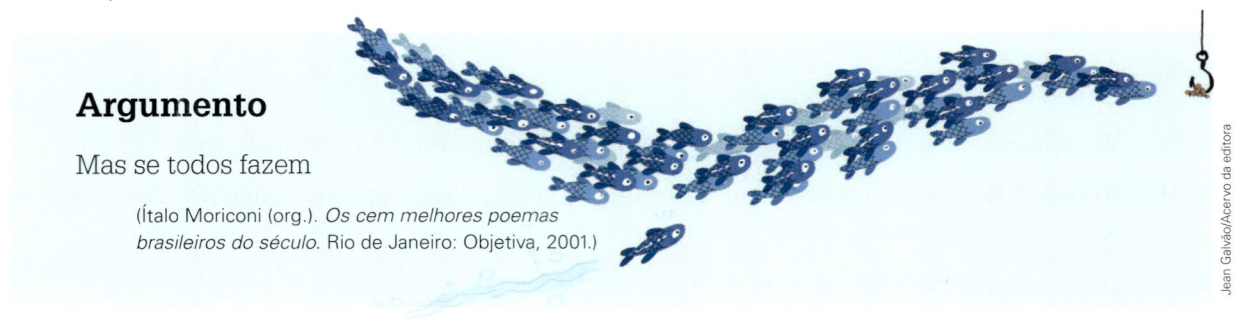

Mas se todos fazem

(Ítalo Moriconi (org.). *Os cem melhores poemas brasileiros do século*. Rio de Janeiro: Objetiva, 2001.)

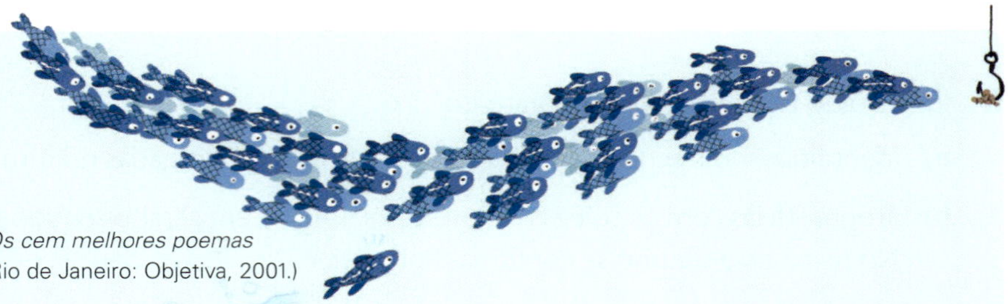

Jean Galvão/Acervo da editora

a) Observe o título do poema e deduza: Qual é a relação dele com o verso?

b) O poema é composto de um único verso, com uma única oração, e se inicia pela conjunção **mas**. Explique a que essa conjunção se opõe, uma vez que não há nenhum verso imediatamente anterior a ele.

DIVIRTA-SE

O CALOR É TANTO
QUE SE ALGUÉM ME TRATAR COM FRIEZA
EU AGRADEÇO
WWW.GERARMEMES.COM.BR

Tienuskin/Shutterstock

CAPÍTULO 20

A interjeição

Construindo o conceito

Leia a história em quadrinhos a seguir.

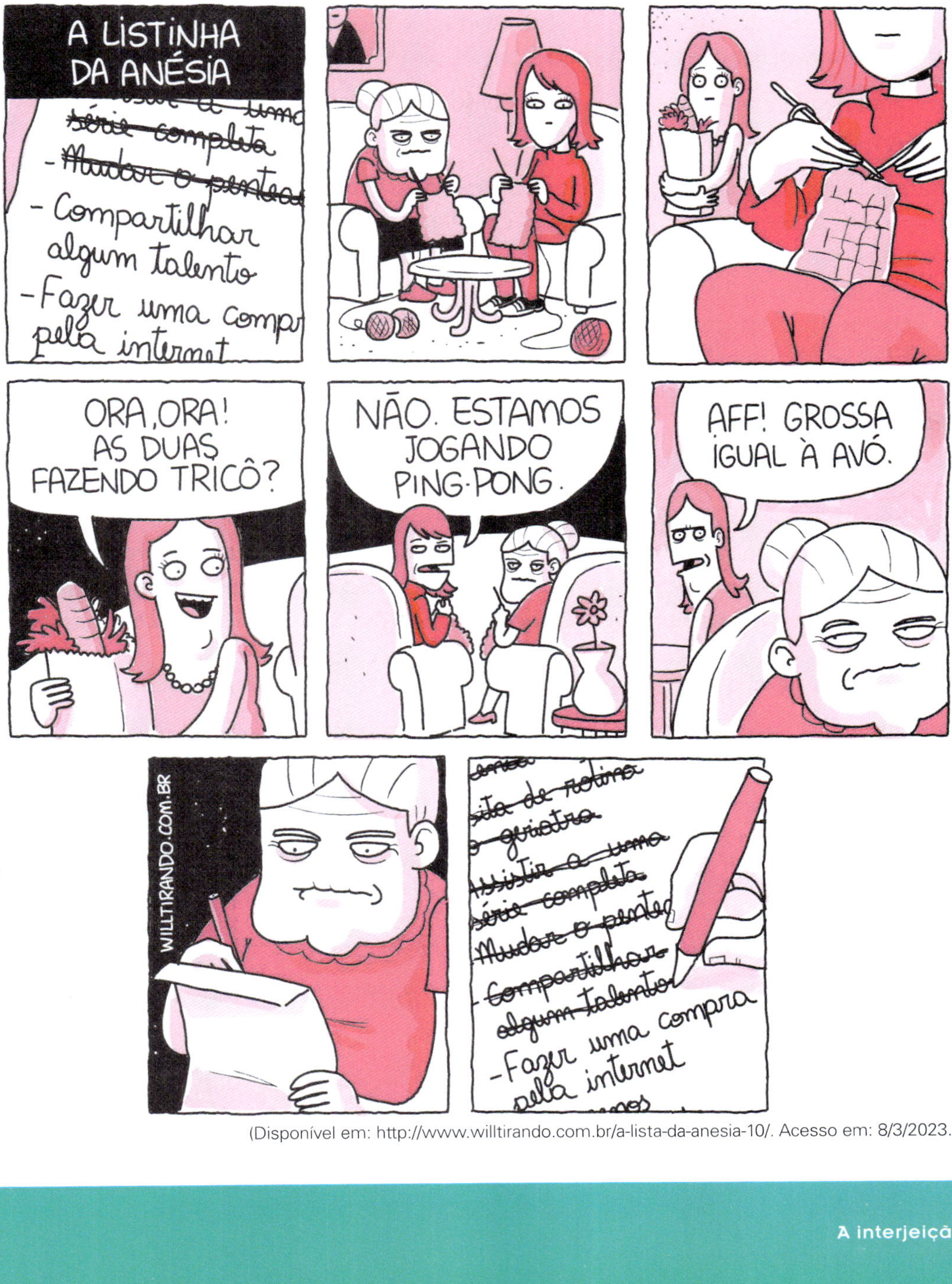

Will Leite/Acervo do cartunista

(Disponível em: http://www.willtirando.com.br/a-lista-da-anesia-10/. Acesso em: 8/3/2023.)

1. Observe os três primeiros quadrinhos.

a) Deduza: O que a legenda do primeiro quadrinho sugere sobre o conteúdo dele?

b) Explique a relação do 2º e do 3º quadrinhos com o primeiro.

c) Como é a expressão facial das personagens que aparecem no 2º e no 3º quadrinhos? Justifique sua resposta com elementos da imagem.

2. Do 4º ao 6º quadrinhos acontecem os diálogos.

a) Deduza: Qual é a relação entre as personagens que conversam?

b) Troque ideias com os colegas e o professor, depois explique, no contexto da história, a função da resposta dada pela garota no 5º quadrinho.

c) Quais sentimentos sugerem as expressões faciais da personagem que carrega o saco de compras nos quadrinhos em que ela aparece? Indique as palavras que reforçam esses sentimentos nas falas dessa personagem e conclua: Por que há uma mudança?

3. Os dois últimos quadrinhos são essenciais para a construção do humor da história.

a) O que Anésia faz neles?

b) O humor dessa história em quadrinhos está nas duas interpretações possíveis da palavra **talento**. Indique quais são essas duas interpretações e explique por que elas contribuem para a construção do humor da história.

Conceituando

Interjeição

Nas situações em que foram empregadas na história em quadrinhos estudada, a expressão "Ora, ora!" e a palavra **Aff**! expressam emoções da personagem. "Ora, ora!" exprime surpresa, pois a mãe fica surpresa ao ver avó e neta tricotando juntas; enquanto **Aff**! exprime descontentamento, pois a filha lhe dá uma resposta grosseira. Além de **Aff**!, há na língua portuguesa muitas outras palavras, como **ai**, **ah**, **puxa**, **ufa**, **nossa**, **droga**, que empregamos para manifestar nossos sentimentos, emoções e sensações. Essas palavras são chamadas **interjeições**.

Interjeição é a palavra que expressa emoções, impressões, apelos, sensações, estados de espírito.

Veja outras frases em que há emprego de interjeição:

"**Ah**, que bom é ao coração
Ter este bem que não existe!"

(Fernando Pessoa)

"**Ai**, batalha do tempo contra a luz, vitória do pequeno sobre o muito"

(Carlos Drummond de Andrade)

"**Psiu**!
Há rumores ocultos nas cartas do baralho
Valete e Dama se encontram"

(Lúcia do Valle)

Will Leite/Acervo do cartunista

Duas ou mais palavras que desempenham, juntas, o papel de interjeição, como na expressão "Ora, ora!", são chamadas de **locução interjetiva**. Veja a seguir mais alguns exemplos:

- **Santo Deus!** O que aquele homem está fazendo na marquise do prédio?
- **Muito obrigado!** Eu sei me virar sozinho.
- Você acha que eu tenho dinheiro? **Pobre de mim!**

Valores semânticos das interjeições

Os valores semânticos das interjeições são sempre contextuais. Entre outros, elas podem expressar:

- **advertência**: Cuidado!, Olhe!, Atenção!, Fogo!
- **agradecimento**: Obrigado!, Grato!, Valeu!
- **alegria**: Ah!, Eh!, Oh!, Oba!, Viva!
- **alívio**: Ufa!, Ah!
- **ânimo**: Coragem!, Força!, Ânimo!
- **apelo ou chamamento**: Socorro!, Ei!, Ô!, Oi!, Alô!, Psiu!
- **aplauso**: Muito bem!, Bravo!, Bis!, É isso aí!
- **aversão ou contrariedade**: Droga!, Porcaria!, Credo!
- **desejo**: Oxalá!, Tomara!, Quisera!, Queira Deus!
- **dor**: Ai!, Ui!, Ah!
- **espanto, surpresa**: Oh!, Puxa!, Quê!, Nossa!, Nossa mãe!, Virgem!, Caramba!
- **medo**: Oh!, Credo!, Cruzes!
- **reprovação**: Bah!, Ora!, Oras bolas!, Só faltava essa!
- **satisfação**: Viva!, Oba!, Boa!, Bem!
- **silêncio**: Silêncio!, Psiu!

Jean Galvão/Acervo da editora

Você sabia?

Qualquer palavra pode tornar-se uma interjeição, dependendo do contexto e do tom exclamativo com que é pronunciada. Veja:

- **Raios!** O que você está fazendo aqui? (substantivo)
- Ninguém o compreende, **coitado!** (adjetivo)
- Os torcedores gritavam para o juiz, a uma só voz: **fora! fora!** (advérbio)

Exercícios

1. Substitua as frases destacadas por interjeições ou locuções interjetivas:

a) Ganhou na loteria? **Não é possível que isso tenha acontecido!** E ele já sabe?

b) Marta! **Que alegria tê-la conosco!**

c) Rapazes, **é preciso ter coragem!** Só faltam dez minutos para ganharmos o jogo.

d) **Alguém me ajude! Alguém me ajude!** Estou me afogando!

e) A plateia gritava para o pianista: **"Você tocou muito bem!"**.

2. Agora, faça o contrário. Substitua as interjeições e locuções interjetivas por frases que expressem o mesmo sentido:

a) "— **Que horror!** Como se pode viver assim? Coitada da gente! Cadê os retirantes?"

(Rachel de Queiroz)

b) "— **Muito prazer, muito prazer** — despediu-se, balançando a cabeça e caminhando de costas como um chinês."

(Fernando Sabino)

c) "A neta repete mais uma vez: '**Ih**, vó, parece até que a senhora vai ao baile da Ilha Fiscal...' "

(Paulo Mendes Campos)

d) **Ai** que medo que dá essa
força de seguir em frente,
abrindo trilha e estrada,
olhando o sol cara a cara
e escolhendo o destino
no nó das encruzilhadas.

(Carlos Queiroz Telles)

e) **Viche!** Vem chegando
O gato Raimundo:
Traz cocô pra todo mundo.

(Sérgio Capparelli)

A interjeição NA CONSTRUÇÃO DO TEXTO

Leia o meme a seguir.

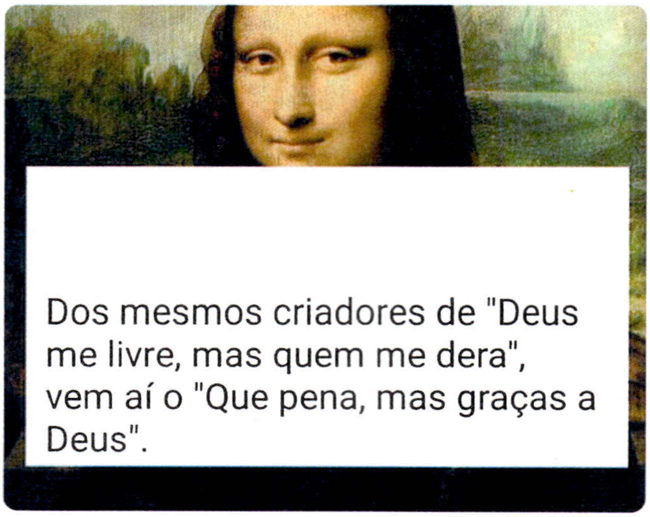
Dos mesmos criadores de "Deus me livre, mas quem me dera", vem aí o "Que pena, mas graças a Deus".

(Disponível em: https://pt-br.facebook.com/ArtesDepressao/posts/1686296038166487/. Acesso em: 9/3/2023.)

1. Observe a construção "Dos mesmos criadores de [...] vem aí [...]", que estrutura o meme:

a) Em que situação geralmente essa construção é utilizada?

b) Que efeito de sentido é criado pelo uso dessa expressão na situação mencionada?

2. No meme é feita uma brincadeira com uma frase que foi muito usada nas redes sociais, viralizou e pode ser encontrada até mesmo em estampas de quadros e camisetas.

a) Deduza: Qual é essa frase?

b) E qual nova frase é apresentada pelo meme?

3. As frases indicadas por você na questão anterior são formadas por quatro locuções interjetivas bastante comuns na nossa língua.

a) Identifique-as e dê o sentido de cada uma delas.

b) Troque ideias com os colegas e o professor e levante hipóteses: Da forma como essas interjeições foram agrupadas nas frases do meme, que efeito de sentido elas criam?

4. Agora, observe a parte não verbal do meme.

a) Do que ela é composta?

b) Troque ideias com os colegas e o professor e levante hipóteses: Que relação há entre as partes verbal e não verbal?

5. Em geral, os internautas publicam as frases citadas no meme em seus perfis fazendo referência a uma situação pela qual estão passando.

a) Que sentimento as frases revelam?

b) Qual é a palavra que verbaliza esse tipo de sentimento ou de relação entre as duas partes de cada frase?

› *Mona Lisa*, de Leonardo da Vinci, 1503.

c) Imagine situações nas quais essas frases podem ser usadas.

d) Conclua: É possível considerar que cada uma dessas frases corresponde a uma locução interjetiva? Justifique sua resposta.

SEMÂNTICA E DISCURSO

Leia o texto a seguir para responder às questões 1 a 4.

Reprodução/Iepha-MG

(Disponível em: http://www.circuitoliberdade.mg.gov.br/es-es/noticias-es/300-iepha-promove-campanha-nas-redes-sociais-para-a-preservacao-do-patrimonio-cultural-no-carnaval. Acesso em: 9/3/2023.)

1. O texto lido circulou nas redes sociais e fez parte de uma campanha em uma época específica do ano. Deduza:

a) A que época do ano se refere a campanha?

b) A quem a campanha é destinada? Qual é a sua finalidade?

c) Quem são os responsáveis pela campanha?

d) Com base no contexto de circulação da campanha, deduza: Qual é o sentido da sigla Iepha?

I. Instituto Esportivo da Prática de Hóquei Aquático.

II. Instituto Eletivo de Prevenção da Hepatite A.

III. Instituto Estadual do Patrimônio Histórico e Artístico.

2. O que representam, no contexto, os grafismos brancos que compõem o texto?

3. O texto contém uma *hashtag*, representada pelo símbolo #. Qual é a função da *hashtag* no contexto da campanha?

4. Releia a frase escrita na parte superior do texto, em letras maiúsculas.

a) Essa frase apresenta uma interjeição. Identifique-a e indique qual é o valor semântico, isto é, o sentido dela no contexto.

b) Que palavra ou expressão de sentido equivalente poderia substituir essa interjeição?

c) Essa frase estabelece intertextualidade com outro texto, que está relacionado ao contexto de circulação do texto em estudo. Troque ideias com os colegas e o professor e conclua: Com qual texto é construída essa intertextualidade? Se julgar necessário, faça uma breve pesquisa.

5. Veja as imagens a seguir.

Reprodução/UauIngleza

(Disponível em: https://www.instagram.com/uauingleza/. Acesso em: 9/3/2023.)

Reprodução/ZANPHY COSMETICOS

(Disponível em: https://www.facebook.com/Fprecojusto/photos/pcb.2181765545209791/2181763471876665/?type=3&theater. Acesso em: 9/3/2023.)

Reprodução/www.uaupizza.com.br

(Disponível em: https://www.facebook.com/uaupizzadelivery/. Acesso em: 9/3/2023.)

Reprodução/Uau Presentes Criativos

(Disponível em: https://www.facebook.com/uaupresentescriativos/. Acesso em: 9/3/2023.)

Reprodução/www.uaudisney.com.br

(Disponível em: https://www.facebook.com/uaudisney/. Acesso em: 9/3/2023.)

Reprodução/UAU Festas

(Disponível em: https://www.instagram.com/uaufestas/. Acesso em: 9/3/2023.)

a) As imagens representam marcas e logotipos de empresas de diferentes segmentos, todas com o mesmo nome: **Uau**. Consulte um dicionário e dê a classificação morfológica dessa palavra, bem como seu sentido.

b) Troque ideias com os colegas e o professor e conclua: Que sentido é construído pela palavra **uau** no nome de uma empresa, marca ou produto?

c) Um dos nomes encontrados nas imagens faz uma brincadeira com o som da palavra **uau**. Identifique qual é ele e explique como se dá essa brincadeira.

6. Por estarem diretamente relacionadas à expressão dos sentimentos, algumas interjeições também dizem muito sobre a identidade das pessoas que as utilizam. No Brasil, por exemplo, há interjeições típicas das diferentes regiões do país. Observe:

Ô louco! Afe! Éguas! Nu! Vixe! Bah! Quá! Oxe! Eita! Lá!

a) Você costuma utilizar alguma dessas interjeições no dia a dia? Se sim, qual?

b) Faça uma pesquisa e descubra as cidades, os Estados e as regiões do Brasil que são tradicionalmente conhecidos pelo uso dessas interjeições.

c) É comum que a mesma interjeição possa assumir mais de um sentido quando empregada em contextos diferentes. Imagine diferentes situações nas quais uma ou mais interjeições do quadro possam expressar estes sentimentos:

- lamento
- alegria
- surpresa
- desprezo

DIVIRTA-SE

(Disponível em: https://veja.abril.com.br/educacao/os-melhores-memes-dos-vestibulares-de-2014/. Acesso em: 16/3/2023.)

UNIDADE 4

Sintaxe

[...] a gramática é um instrumento, e não uma lei.

[...]

alex74/Shutterstock

A gramática, definindo o uso, faz divisões legítimas e falsas. Divide, por exemplo, os verbos em transitivos e intransitivos; porém, o homem de saber dizer tem muitas vezes que converter um verbo transitivo em intransitivo para fotografar o que sente, e não para, como o comum dos animais homens, o ver às escuras. Se quiser dizer que existo, direi "Sou". Se quiser dizer que existo como alma separada, direi "Sou eu". Mas se quiser dizer que existo como entidade que a si mesma se dirige e forma, que exerce junto de si mesma a função divina de se criar, como hei-de empregar o verbo "ser" senão convertendo-o subitamente em transitivo? E então, triunfalmente, antigramaticalmente supremo, direi "Sou-me". Terei dito uma filosofia em duas palavras pequenas. Que preferível não é isto a não dizer nada em quarenta frases? Que mais se pode exigir da filosofia e da dicção?

Obedeça à gramática quem não sabe pensar o que sente. Sirva-se dela quem sabe mandar nas suas expressões. [...]

(Bernardo Soares, heterônimo de Fernando Pessoa. Disponível em: http://arquivopessoa.net/textos/388. Acesso em: 25/7/2023.)

·CAPÍTULO·

21 Morfossintaxe: a seleção e a combinação de palavras

A seleção e a combinação de palavras

Construindo o conceito

Imagine: é verão, você está de férias e vai ficar uma semana na praia. Para ajudá-lo(a) a fazer a mala, sua mãe deixou sobre sua cama sete camisetas, um par de luvas, cinco bermudas ou saias, duas calças, dois pijamas, um gorro de lã, sete calcinhas ou cuecas, um casaco de lã, dois biquínis ou sungas, dois suéteres, um agasalho de moletom, dois pares de chinelos, dois pares de sandálias, dois pares de tênis, sete pares de meia, um par de botas e um boné.

Africa Studio/Shutterstock

1. Quais dessas peças você colocaria na mala?

2. Durante a semana, quais tipos de peça você usaria para ir com a turma:

a) à praia?

b) à lanchonete?

c) a uma festa noturna?

3. Agora, observe as imagens a seguir.

I.

Gorodenkoff/Shutterstock

II.

Natalia Bostan/Shutterstock

a) As roupas usadas pelas pessoas na foto I são, em geral, usadas para ir à praia? O que justifica o uso delas nesse contexto?

b) Troque ideias com os colegas e o professor e responda: Considerando o contexto da foto II, que efeito os tênis usados pelo casal criam nessa imagem?

É possível comparar o uso da língua, escrita ou falada, com o ato de vestir-se: ao usar a língua, primeiro selecionamos as palavras (substantivos, adjetivos, pronomes, verbos, advérbios, etc.), assim como quando nos vestimos selecionamos as peças que vamos usar; em seguida, combinamos as palavras formando frases, nas quais cada uma passa a ter um papel (sujeito, predicado, objeto direto, etc.), e, quando nos vestimos, elaboramos uma composição em que cada peça de roupa tem uma função específica.

Além disso, há roupas das quais não gostamos ou com as quais não nos sentimos bem, por mais que algumas pessoas digam que deveríamos usá-las. Há, ainda, aquelas das quais não abrimos mão, porque fazem parte da nossa vida e contribuem para marcar nossa identidade como sujeitos sociais. Também é importante considerar que por vezes nos deparamos com eventos nos quais transgressões, isto é, roupas diferentes do habitual, são permitidas ou até necessárias, seja porque há espaço para isso, seja porque queremos marcar uma identidade.

E, claro, não é sempre que conseguimos analisar e escolher de forma tão consciente as roupas que vamos usar em cada situação da nossa vida, assim como não é sempre que usamos a língua de forma tão meticulosa e calculada.

Observe como se dá a seleção e a combinação das palavras na frase a seguir:

	O	casal	surpreenden- temente	usou	tênis	na	elegante	festa.
Seleção	artigo	substantivo	advérbio	verbo	substantivo	preposição + artigo	adjetivo	substantivo
Combinação	sujeito		predicado					

4. A seguir há um painel de palavras que você deverá utilizar para formar frases. Primeiro selecione as palavras; depois, combine-as para formar enunciados coerentes. Se necessário, acrescente outras palavras ou faça adaptações de gênero e número.

Artigos	Substantivos	Adjetivos	Preposições	Verbos	Advérbios
o, a, os, as, um, uns, uma, umas	pessoa, indivíduo, primo, avó, fome, briga, debate, guerra, jogo	inteligente, esperto, saudável, difícil, inexplicável, desumano, técnico	de, para, entre, em, sem, com	ser, estar, brincar, ir, sentir, dizer, jogar, chamar	infelizmente, jamais, sempre, não, rapidamente, ontem, hoje

Conceituando

Ao selecionarmos palavras, nós as escolhemos, de forma menos ou mais consciente, entre os grandes grupos de palavras existentes na língua, como o dos substantivos, o dos verbos, o dos adjetivos, etc. Esses grupos são **morfológicos**. Ao combinarmos as palavras em frases, nós damos a elas um papel **sintático**.

> As palavras geralmente recebem uma dupla classificação: a **morfológica**, relacionada à classe gramatical a que pertencem, e a **sintática**, relacionada à função específica que assumem em determinada frase.

Até o capítulo anterior, você estudou as palavras do ponto de vista morfológico, ou seja, viu quais são os grandes grupos de palavras. Agora você vai iniciar o estudo das palavras do ponto de vista sintático, isto é, observando a função que elas desempenham nas frases.

Fazer a análise morfossintática de uma palavra significa, portanto, reconhecer a classe gramatical a que ela pertence e a função sintática que ela desempenha em determinada oração.

Mas o que é oração? Para ajudar na resposta a essa pergunta, leia esta tira, de Nik:

(*Gaturro 2*. Cotia: Vergara, 2008. p. 82.)

No 1º balão do 1º quadrinho, observe a frase "Olhe o novo celular que comprei!".

Nessa frase, delimitada pelo ponto de exclamação, existem duas orações, pois há nela dois verbos. Observe:

> **Olhe** o novo celular (1ª oração) que **comprei**! (2ª oração)

Já na frase "E **pode falar**?", há uma única oração, pois há uma única forma verbal, a locução verbal **pode falar**. Enquanto as frases podem ou não conter formas verbais, as orações e os períodos são necessariamente organizados por ao menos um verbo. Veja a diferença entre os conceitos de frase, oração e período.

> **Frase** é uma unidade linguística delimitada pelo ponto, e que pode ou não apresentar verbo.

Oração é uma unidade linguística que contém um verbo.

Período é uma unidade linguística que contém um ou mais verbos; é simples quando contém um verbo e composto quando contém dois ou mais verbos.

Quando as frases não têm verbos, dizemos que se trata de **frases nominais**, como: Uau!, Ei!, Que ótimo!, Oi, gente!, Chuva!.

As frases que contém uma única forma verbal são chamadas de **período simples** e aquelas que, por sua vez, têm mais de uma forma verbal são denominadas **períodos compostos**.

Exercícios

1. Observe novamente os quadrinhos de Nik e responda: O que o texto satiriza?

2. Observe o 1º balão do 2º quadrinho.

a) Quantas frases há nele?

b) E quantas orações?

3. Em relação ao último balão do texto, responda:

a) Quantas frases há nele?

b) E quantas orações?

Leia o texto a seguir para responder às questões 4 e 5:

Photo © Fine Art Images/Bridgeman Images/Fotoarena/Museu de História da Arte em Viena, Viena, Áustria.

Em artigo publicado pela revista "Anthropologie", pesquisadores italianos do Centro de Pesquisa de Antropologia Forense, Paleopatologia e Bioarqueologia estudaram três sapatos que teriam pertencido ao escultor renascentista Michelangelo, que viveu entre 1475 e 1564. A partir desse estudo, eles concluíram que Michelangelo media 1,57 metro.

Embora um homem de 1,57 metro pareça ser pequeno para os padrões atuais, essa era considerada a altura média dos homens nos séculos 15 e 16.

[...]

(Disponível em: https://www.guiadoscuriosos.com.br/cultura-e-entretenimento/arte/sapatos-revelam-qual-era-a-altura-de-michelangelo/. Acesso em: 13/3/2023.)

Casa Museo Buonarroti/Anthropologie/ Casa Buonarroti, Florença, Itália.

4. Observe o emprego de pontos, verbos e locuções verbais no texto lido.

a) Quantas frases o texto apresenta?

b) Quantas orações ele apresenta?

5. Compare as formas verbais nestas duas orações:

- "[...] **teriam pertencido** ao escultor renascentista Michelangelo [...]"
- "[...] **viveu** entre 1475 e 1564."

a) A que se refere cada uma delas no contexto?

b) Qual delas faz uma afirmação categórica, isto é, dada como verdadeira, e qual faz uma afirmação sobre a qual não se tem certeza? Justifique sua resposta com base nos sentidos do texto.

O verbo na oração e no período: período simples e período composto

Construindo o conceito

Leia este texto de campanha:

Foto: Victor Chahin/© SOS Mata Atlântica

(Disponível em: https://br.linkedin.com/posts/funda%C3%A7%C3%A3o-sos-mata-atlantica_vote-pelo-meio-ambiente-activity-6988602921374367744-B83w. Acesso em: 5/12/2022.)

1. O texto faz parte de uma campanha.

a) Que entidade é responsável pela campanha?

b) Qual é objetivo do texto?

c) A quem ele se destina?

2. Visualmente, o texto foi dividido em duas partes.

a) Descreva cada uma dessas partes.

b) O que essas partes representam?

3. Observe o logotipo da entidade responsável pela campanha.

Reprodução/ SOS Mata Atlântica

a) Que semelhança há entre o logotipo e a imagem que compõem o texto?

b) Deduza: Qual é o objetivo dessa entidade?

4. O principal enunciado do texto é "O futuro do Brasil e da Mata Atlântica está em jogo!".

a) O que significa a expressão "está em jogo"?

b) Sabendo-se que o texto foi divulgado em época de eleições no Brasil, que novo sentido ganham a imagem e o enunciado verbal?

5. Observe a estrutura do enunciado principal do texto: "O futuro do Brasil e da Mata Atlântica está em jogo!"

a) Quantos verbos a frase tem?

b) Quantos pontos (ponto, ponto de interrogação ou ponto de exclamação) ela apresenta?

c) Qual é o tema principal dessa frase, ou seja, sobre quem ou o quê se fala?

d) Por que a forma verbal **está** foi empregada no singular?

Conceituando

Você aprendeu os conceitos de frase, oração e período. Ao responder às questões anteriores, você percebeu que a frase "O futuro do Brasil e da Mata Atlântica está em jogo!" é um enunciado de sentido completo e que é concluída com um ponto de exclamação. Viu também que ela apresenta um único verbo. As frases que apresentam verbos são chamadas de **frases verbais**, e as frases que não apresentam verbos — como "Silêncio!", "Cuidado", "Em obras", etc. — são chamadas de **frases nominais**.

Enquanto as frases podem ou não conter formas verbais, as orações e os períodos são necessariamente organizados por, ao menos, um verbo.

A frase "O futuro do Brasil e da Mata Atlântica **está** em jogo!" apresenta um único verbo e, por isso, contém uma única oração. Por essa razão, é considerada um **período simples**. Compare agora essa frase com esta outra:

O futuro do Brasil e da Mata Atlântica **está** em jogo e **depende** de você.

Na frase acima, há um período formado por duas orações, uma vez que há duas formas verbais. Logo, trata-se de um **período composto**. Observe que as duas orações são ligadas pelo conectivo **e** e são sintaticamente independentes. Por essa razão, o período é chamado de **período composto por coordenação**.

Agora, veja este outro enunciado:

No próximo domingo, **lembre** que o futuro do Brasil e da Mata Atlântica **está** em jogo!

Nesse caso, o enunciado também apresenta duas orações, mas a segunda oração complementa a forma verbal **lembre**, da primeira oração. Logo, elas são sintaticamente dependentes entre si. Nesse caso, temos um **período composto por subordinação**.

Em resumo, compare as três situações:

- "O futuro do Brasil e da Mata Atlântica **está** em jogo!"
  uma forma verbal → período simples

- O futuro do Brasil e da Mata Atlântica **está** em jogo | e **depende** de você.
  formas verbais independentes → período composto por coordenação

- No próximo domingo, **lembre** | que o futuro do Brasil e da Mata Atlântica **está** em jogo!
  lembre: forma verbal da oração principal
  está: forma verbal → oração subordinada ao verbo da oração principal

Como é o responsável por estruturar a oração, o verbo também contribui para determinar os demais elementos da oração que o acompanham. Ao mesmo tempo, sua forma é determinada por eles. Observe e compare:

- "O futuro do Brasil e da Mata Atlântica **está** em jogo!"
- O Brasil e a Mata Atlântica **estão** em jogo!

- O futuro do Brasil e da Mata Atlântica **depende** de você!
- O Brasil e a Mata Atlântica **dependem** de você!

No primeiro enunciado, o verbo está na 3ª pessoa do singular por estar em concordância com a palavra **futuro**, substantivo no singular. Já no segundo enunciado, a forma verbal **estão** está na 3ª pessoa do plural porque concorda com dois substantivos: **Brasil** e **Mata Atlântica**. O mesmo ocorre no segundo par de frases: no terceiro enunciado, a forma **depende** está na 3ª pessoa do singular porque concorda com a palavra **futuro**, ao passo que no quarto enunciado a forma **dependem** está na 3ª pessoa do plural, conforme a desinência número-pessoal -**em**, marca dessa pessoa, porque concorda com "O Brasil e a Mata Atlântica".

Exercícios

Leia um trecho de uma crônica de Antonio Prata, do qual foram omitidas algumas formas verbais:

> ________ a imensa felicidade de lhes contar que, no último domingo, ________ 500 g de linguiça, meia dúzia de asas de frango, um quilo de chorizo e outro de picanha na bancada da cozinha.
>
> O mérito não ________ meu, mas dos engenhosos inventores da churrasqueira portátil que, no site da empresa e no vídeo do YouTube, ________ brasa sem fumaça. A ideia é tão simples quanto genial. O carvão fica numa grade cilíndrica no centro de uma tigela de metal e a grelha é disposta em torno do cilindro, de forma que a gordura não cai na brasa, mas no fundo da tigela.
>
> Para a estreia chamei meu pai, meu irmão, minha irmã, cunhado, cunhada, sobrinha, tio e avó. Acendi o carvão, coloquei as carnes e a família toda se aglomerou atrás de mim, em reverencioso silêncio. Durante dez minutos ________ ali, admirando a brasa, enfeitiçados como Moisés diante da sarça flamejante. De fato, nada de fumaça.
>
> Após dez minutos, porém, quando a gordura começou a acumular no fundo da tigela, labaredas passaram a surgir do braseiro como pequenas explosões solares. ________ três asinhas de frango, todos os pelos do braço direito e gritei para ________ as crianças da cozinha. Depois, para tirarem da sala — embora já não as visse através da fumaça, sabia que ________ ali por causa das tosses.
>
> Apesar do nevoeiro [...], o churrasco ________ excelente, de modo que todos os presentes decidimos lidar com o detalhe da neblina da maneira como qualquer família normal lida com um assunto difícil: silenciando-o. "Incrível como não ________ fumaça", disse meu pai, em meio a um cumulunimbus. "Nenhuma!", ________ meu tio — ou meu cunhado, não dava pra enxergar direito."

Biry Sarkis/Acervo da editora

(Disponível em: https://www1.folha.uol.com.br/colunas/antonioprata/2019/06/nas-nuvens.shtml. Acesso em: 28/10/2022.)

1. A seguir estão as formas verbais extraídas do trecho.

grelhei estavam é perdi ficamos prometem faz tirarem tenho ficou comemorou

a) No caderno, escreva as palavras que completam as lacunas do texto, levando em conta não apenas o sentido delas, mas também o das demais palavras às quais cada verbo se liga na oração.

b) Explique: Para fazer uma atividade como a solicitada no item **a**, por que é importante considerar as demais palavras às quais os verbos se ligam no texto?

Releia estes trechos e responda às questões 2 e 3.

- "O carvão fica numa grade cilíndrica no centro de uma tigela de metal e a grelha é disposta em torno do cilindro [...]."
- "[...] quando a gordura começou a acumular no fundo da tigela, labaredas passaram a surgir do braseiro como pequenas explosões solares."

2. Observe como se estruturam os dois trechos lidos.

a) Identifique as formas verbais presentes em cada um deles.

b) Entre esses trechos, um é período composto por coordenação e o outro, por subordinação. Troque ideias com os colegas e o professor: Em qual deles as orações são independentes entre si (coordenação)? E em qual deles as orações são interdependentes sintaticamente (subordinação)? Justifique sua resposta.

3. Agora, observe o sentido dos trechos lidos.

a) Entre as opções a seguir, qual indica o tipo de relação estabelecida pelas orações do período composto por coordenação?

I. oposição **II.** adição **III.** conclusão **IV.** explicação

b) Entre as opções a seguir, qual indica o tipo de relação estabelecida pelas orações do período composto por subordinação?

I. condicional **II.** comparativa **III.** temporal **IV.** causal

4. As frases a seguir foram extraídas do texto. Associe-as às suas classificações, de acordo com estes códigos:

FN — frase nominal FV — frase verbal
PS — período simples PC — período composto

a) "a gordura não cai na brasa, mas [cai] no fundo da tigela."

b) "Para a estreia chamei meu pai, meu irmão, minha irmã, cunhado, cunhada, sobrinha, tio e avó."

c) "Acendi o carvão, coloquei as carnes e a família toda se aglomerou atrás de mim, em reverencioso silêncio."

d) "De fato, nada de fumaça."

e) "'Nenhuma!'"

5. Releia o trecho a seguir.

"[...] todos os presentes decidimos lidar com o detalhe da neblina da maneira como qualquer família normal lida com um assunto difícil: silenciando-o."

a) Trata-se de período simples ou composto? Justifique sua resposta.

b) Em que pessoa e número está conjugada a forma verbal **decidimos**?

c) No texto, a forma verbal **decidimos** se refere à expressão "todos os presentes", que está na 3ª pessoa do plural. Troque ideias com os colegas e o professor e levante hipóteses: Por que a concordância do verbo foi feita dessa forma no trecho?

d) Essa frase traz algum efeito de humor para o texto, pois contém uma afirmação inesperada sobre como "qualquer família normal" lida com um "assunto difícil". Segundo o texto, o que ocorre nessa situação? Explique por que essa afirmação é inesperada no contexto.

Sujeito e predicado

Construindo o conceito

Leia este poema:

Problema de vista?

Mais um verão passou
e eu não vi

(Noé Ribeiro. *Coisas da vida*. São Paulo: Estúdio Editores, 2017. p. 17.)

Filipe Rocha/Acervo da editora

1. De forma sintética, o poema aborda um tema fundamental para a existência humana.
   a) Qual é ele?
   b) Que sentidos podem ser depreendidos do verão que passa sem ser visto?
   c) Por que o título cria um efeito humorístico quando relacionado com os versos do poema?
2. Observe os versos do poema. Quantas frases e quantas orações há no texto? Justifique sua resposta.
3. As orações geralmente apresentam dois elementos essenciais: um que informa de quem ou do que se fala e outro que apresenta informações sobre o ser de que se fala. O primeiro é chamado de **sujeito** e o segundo é chamado de **predicado**. Na oração "Mais um verão passou":
   a) A respeito de que se fala alguma coisa?
   b) Que parte dessa oração informa algo sobre esse ser?
4. O sujeito apresenta como núcleo (palavra mais significativa, mais importante) um substantivo, um pronome ou uma palavra substantivada. Já o predicado sempre apresenta verbo, que geralmente é seu núcleo. Em "Mais um verão passou":
   a) Qual é o núcleo do sujeito?
   b) Qual é o núcleo do predicado?
5. Reconheça o sujeito e o predicado da outra oração que integra o poema, bem como seus núcleos.

Conceituando

As orações geralmente apresentam dois elementos ou dois termos essenciais, o sujeito e o predicado, que, em geral, concordam entre si. Veja:

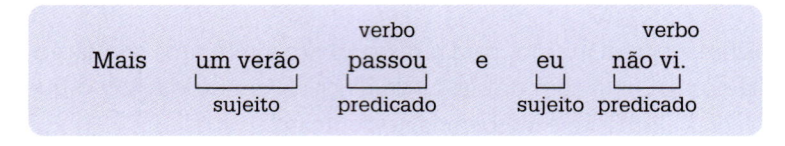

		verbo			verbo
Mais	um verão	passou	e	eu	não vi.
	sujeito	predicado		sujeito	predicado

Observe que, na 1ª oração, a forma verbal **passou** está na 3ª pessoa do singular porque o núcleo do sujeito (verão) está na mesma pessoa. E, na 2ª oração, a forma verbal **vi** está na 1ª pessoa do singular porque o sujeito (eu) está na mesma pessoa.

Se o núcleo do sujeito fosse composto (com dois ou mais núcleos) ou estivesse no plural, o verbo concordaria no plural para manter a concordância da norma-padrão. Veja:

		verbo			verbo
Mais	um verão e um outono	passaram	e	nós	não vimos.
	sujeito composto			sujeito	predicado

Enquanto o sujeito é a parte da oração que informa de quem ou de que se diz alguma coisa, o predicado é a parte que dá informações sobre o ser a que o sujeito se refere.

Assim, concluímos:

Sujeito é o termo da oração:
- que informa de quem ou de que se fala;
- com o qual o verbo geralmente concorda.

Predicado é o termo da oração que:
- geralmente apresenta um verbo;
- está em concordância com o sujeito;
- contém uma informação a respeito do sujeito.

Filipe Rocha/Acervo da editora

Morfossintaxe do sujeito

O sujeito pode ter como núcleo: um substantivo, um pronome pessoal do caso reto, um pronome demonstrativo, um pronome interrogativo ou indefinido, um numeral ou uma palavra substantivada.

Elas caminhavam todos os dias.

Caminhar faz bem à saúde.

Exercícios

Leia esta tira de Alexandre Beck:

beckilustras@gmail.com
© Armandinho, de Alexandre Beck/Acervo do cartunista

(*Armandinho seis*. Florianópolis: A.C. Beck, 2015. p. 34.)

1. O humor da tira é construído a partir da oposição entre o que a mãe afirma a respeito de amigos e o comentário de Armandinho. Explique essa oposição.

2. Observe a forma verbal da oração do 1º quadrinho da tira.
   a) Em que pessoa ela está?
   b) Logo, qual é o sujeito da oração?
   c) E qual é o predicado dessa oração?
   d) A fim de perceber a inversão da oração, reescreva-a no caderno na ordem direta, isto é, sujeito + predicado.
   e) Crie uma oração em que a palavra **colegas** desempenhe a função de sujeito.

3. No 2º quadrinho da tira, observe também a forma verbal.
   a) Em que pessoa ela está? b) Qual é o sujeito da oração? c) E qual é o predicado?

4. Em relação ao 3º quadrinho da tira, reescreva no caderno a fala de Armandinho, trocando o pronome **eu** pelo pronome **nós**.
   a) Que alteração ocorre na oração?
   b) Conclua: Qual é o sujeito da oração original do quadrinho?

O sujeito e o predicado NA CONSTRUÇÃO DO TEXTO

Leia estes poemas, de Lucão.

Texto 1

Rimos

Eu
E você
Não rima.
Rimos.

(Disponível em: https://www.facebook.com/photo.php?fbid=721420809347618&set=pb.100044391160759.-2207520000.&type=3&locale=pt_BR. Acesso em: 13/3/2023.)

Filipe Rocha/Acervo da editora

Texto 2

aonde
você
flor
eu voo.

(Disponível em: https://www.facebook.com/photo.php?fbid=706630954159937&set=pb.100044391160759.-2207520000.&type=3&locale=pt_BR. Acesso em: 13/3/2023.)

Filipe Rocha/Acervo da editora

1. Os dois poemas foram escritos em 1ª pessoa e dirigem-se a um(a) interlocutor(a). Identifique:

a) a(s) palavra(s) que explicita(m) a 1ª pessoa em cada um deles.

b) a(s) palavra(s) que explicita(m) o interlocutor em cada um deles.

c) Qual das palavras indicadas por você nos itens anteriores exerce a função de sujeito em um dos poemas? Justifique sua resposta.

2. Releia o texto 1.

a) O título do poema é constituído de uma forma verbal. Qual é o sujeito dessa forma verbal e a quem ele se refere no contexto?

b) Os três primeiros versos do poema constituem uma oração. Troque ideias com os colegas e o professor e levante hipóteses: Qual é o sujeito dessa oração? Justifique sua resposta considerando a conjugação da forma verbal.

c) As duas formas verbais empregadas no poema pertencem ao mesmo verbo? Justifique sua resposta.

d) O último verso é igual ao título. Considerando os versos anteriores, conclua: Qual é o efeito de sentido que o último verso constrói no contexto?

Releia o texto 2 para responder às questões 3 a 5.

3. A frase formada pelos versos do segundo poema tem sonoridade semelhante à de outra bastante comum.

a) Identifique-a e dê o seu sentido.

b) A frase que você indicou no item **a** é composta de quantas orações? Qual é o sujeito de cada uma delas?

c) Compare a frase do poema à frase indicada por você no item **a** e identifique dois trocadilhos, isto é, dois pares de palavras de sonoridade semelhante explorados poeticamente para construir os sentidos do texto.

4. A frase formada pelos versos do segundo poema tem uma forma verbal explícita.

a) Identifique-a e classifique o sujeito dela.

b) Troque ideias com os colegas e o professor e levante hipóteses: Há também, nesse poema, uma forma verbal implícita? Explique.

c) É possível considerar que a forma verbal identificada por você no item **a** tem, no poema, sentido semelhante a:

I. fugir, dissipar-se rapidamente; ir logo embora.

II. explodir em estilhaços; ir pelos ares.

III. estar imediatamente presente; ir rapidamente ao encontro.

5. Considerando a análise dos dois poemas feita nas questões anteriores, conclua: Quais semelhanças e quais diferenças há entre os dois textos na relação do eu lírico com seu(sua) interlocutor(a)? Justifique sua resposta.

SEMÂNTICA E DISCURSO

Leia a tira e responda às questões de 1 a 5.

(Disponível em: http://www.willtirando.com.br/uma-pizza-inteira/. Acesso em: 13/3/2023.)

1. No primeiro quadrinho, dois personagens conversam à mesa. Relacione as partes verbal e não verbal.

a) Qual é a postura de cada personagem na cadeira? O que a postura de cada um sugere no contexto?

b) A fala do rapaz sugere um sentimento de:

I. satisfação.

II. tristeza.

III. espanto.

c) Justifique sua escolha no item **b** com base no texto verbal.

d) Qual é o sujeito da frase "Como foi que nós conseguimos comer uma pizza inteira?"? A quem esse sujeito se refere no contexto da tira?

2. No 2º quadrinho, a fala da moça é composta de duas frases.

a) Reescreva-a no caderno, explicitando os termos omitidos na segunda frase.

b) Identifique e classifique o sujeito de cada uma das frases escritas por você no item **a**.

3. Releia a resposta do rapaz no 3º quadrinho.

a) Ele concorda com o que a moça disse ou discorda dela? Justifique sua resposta com base no texto.

b) Deduza: Por que a palavra **nós** está em destaque? Dê a classificação sintática dela na frase e indique a quem ela se refere no contexto da tira.

4. Observe as expressões faciais dos personagens no 2º e no 3º quadrinhos.

a) Que sentimentos cada uma delas sugere?

b) Deduza: Por que, no contexto da conversa, a moça tem esse sentimento?

5. Considerando a análise feita nas questões anteriores, explique de que forma a estrutura sintática das falas dos personagens, especialmente no que diz respeito ao sujeito de cada frase, contribui para a construção do humor do texto.

Agora, leia o meme a seguir para responder às questões 6 e 7.

6. Como todo meme, este tem seu sentido construído por meio da relação entre as linguagens verbal e não verbal. Troque ideias com os colegas e o professor e responda:

a) Ao ler apenas a parte verbal, que sentido a frase compõe? Qual é, nesse caso, o sujeito da frase?

b) Qual passa a ser o sujeito da frase quando relacionamos as partes verbal e não verbal do meme? Justifique sua resposta.

c) Tendo em vista sua resposta ao item **a**, é possível considerar que há, entre as partes verbal e não verbal do meme, uma relação de:

I. negação.
II. contraste.
III. reforço.

Reprodução/https://pt.memedroid.com/memes/tag/medidas

(Disponível em: https://pt.memedroid.com/memes/tag/medidas. Acesso em: 13/3/2023.)

7. A sequência **sujeito + predicado** é apontada pela gramática normativa como a ordem direta das orações em português. Contudo, nem sempre o sujeito precede o verbo. Nesses casos, seria possível identificar o sujeito observando a concordância do verbo com o sujeito.

a) Tal princípio é válido para a frase do meme?

b) Como fazer para identificar o sujeito nesse caso?

8. Leia esta outra construção: Ama o pai o filho.

Sem usar a inversão ou a pontuação, de que forma podemos indicar que:

a) o pai é o agente da ação?

b) o filho é o agente da ação?

DIVIRTA-SE

NÃO CONSIGO ENTENDER ESSE NEGÓCIO DE SUJEITO E PREDICADO, POR MAIS QUE A PROFESSORA EXPLIQUE.
NOSSA! É TÃO FÁCIL! POR EXEMPLO, SE EU DIGO "ESTE PÃO ESTÁ UMA DELÍCIA." QUEM É O SUJEITO?
O PADEIRO?

Jean Galvão/Acervo da editora

· CAPÍTULO ·

22 A predicação verbal Predicativo do sujeito Objetos direto e indireto

Construindo o conceito

Leia o texto a seguir.

Tudo o que o Sol toca, Simba, tudo é passível de treta

Semana passada, Estela, a labradora da minha mãe, teve dez filhotes. Dez. Do dia pra noite, uma dezena de criaturinhas branquelas e meladas saíram do seu ventre e, superando as previsões mais otimistas, todas seguem vivas e saudáveis e deliciosamente fofas.

Estela passa o dia lambendo a cria, e quando um bebê tá dormindo há muito tempo ela acorda o filhote preguiçoso: "Bora mamar!".

Poderia ficar horas assistindo ao espetáculo de dez filhotinhos disputando nove tetas [...].

Tenho evitado a internet. Tudo vira uma discussão **inócua** e interminável. "Taí uma coisa **unânime**", pensei. "Filhotes de cachorro talvez sejam a última unanimidade que nos resta." Quem sabe conseguiria, com uma foto da prole mamando, unir o Brasil. Doce ilusão.

[...] "Por que procriar e não adotar?", perguntou um seguidor. "São 30 milhões de animais domésticos abandonados no Brasil", dizia um ativista, emendando com a hashtag #QuemAmaCastra.

Conclusão: melhor desistir da internet. [...]

Detesto fazer coro com os que dizem que o mundo tá chato. Mas se uma cachorra já não pode ter filhotes, e se os filhotes não podem ser comemorados, vou ter que concordar: o mundo tá meio chato.

[...]

(Disponível em: https://www1.folha.uol.com.br/colunas/gregorioduvivier/2017/12/1942177-tudo-o-que-o-sol-toca-simba-tudo-e-passivel-de-treta.shtml. Acesso em: 29/3/2023.)

inócuo: incapaz de produzir o efeito pretendido.
unânime: em concordância geral.

Cagkan Sayin/Shutterstock

1. O autor do texto narra um acontecimento e estabelece uma relação entre ele e sua visão sobre a internet e sobre o mundo. Ao falar da internet, o autor expõe uma visão inicial, a qual resolve testar naquele momento.

a) Qual é o acontecimento narrado pelo autor do texto e qual é a visão inicial dele sobre a internet?

b) Identifique a ação realizada pelo autor do texto como teste sobre sua visão da internet.

c) A conclusão do autor do texto confirma ou refuta sua visão inicial sobre a internet? Justifique sua resposta.

d) Troque ideias com os colegas e o professor e explique de que forma a visão do autor sobre a internet é relacionada com a visão dele sobre o mundo.

2. Para escrever um texto em tom informal, o narrador faz uso de algumas expressões típicas de uma conversa cotidiana.

a) Identifique, entre as opções a seguir, expressões utilizadas com esse fim.

I. "semana passada"
II. "um bebê tá dormindo"
III. "melhor desistir"
IV. "do dia pra noite"
V. "Bora mamar!"
VI. "o mundo tá chato"
VII. "superando as previsões"
VIII. "Tenho evitado"
IX. "não podem ser comemorados"

b) Justifique suas escolhas no item **a**.

3. Ao contar uma pequena história, ao descrever um acontecimento ou ao nos posicionarmos sobre determinada situação, utilizamos verbos para nos expressar. Responda, empregando verbos dos dois primeiros parágrafos do texto:

a) O que Estela, a cachorra, fez na semana anterior à escrita do texto?
b) O que os filhotinhos fizeram nessa mesma semana?
c) Como os filhotes estavam, segundo o autor do texto?
d) O que Estela tem feito desde esse acontecimento?
e) E os filhotes? O que têm feito?
f) E o autor do texto?

New Africa/Shutterstock

Conceituando

Observe e compare o emprego dos verbos nestas três orações:

- Estela **teve** dez filhotes.
- Criaturinhas branquelas e meladas **saíram** do seu ventre.
- Tudo **vira** uma discussão inócua e interminável.

Veja que, na 1ª e na 2ª oração, o predicado informa a **ação** que os personagens praticaram: Estela **teve** dez filhotes e as criaturinhas **saíram** de seu ventre. Já na 3ª oração, o predicado indica **características** ou **estados** do que acontece na internet. Os verbos que indicam ação e fenômenos meteorológicos (choveu/amanhecia) são chamados de **verbos significativos** ou **nocionais**. Os verbos que ligam o sujeito a suas características, estados ou qualidades são chamados de **verbos de ligação**. Um mesmo verbo pode ser significativo ou de ligação, dependendo do seu sentido no contexto.

Verbo de ligação e predicativo do sujeito

Veja estas orações:

- Filhotes de cachorro talvez **sejam** a última unanimidade.
- O mundo **(es)tá** chato.
- Tudo **vira** uma discussão inócua e interminável.

Observe que os verbos não expressam ações do sujeito. Eles simplesmente unem o sujeito ao seu estado ou a suas características; por isso, são chamados **verbos de estado**, **verbos predicativos** ou **verbos de ligação**.

Verbo de ligação é aquele que une o sujeito aos seus atributos (estado, qualidade, características).

Nas orações com verbo de ligação, o núcleo do predicado não é o verbo, mas, sim, o predicativo do sujeito. Assim, nas orações do texto lidas no início desta seção, vemos que estados e características (**vivas**, **saudáveis**, **fofas**, **chato**, **uma discussão inócua e interminável**) são atribuídos aos seres que constituem o **sujeito** de cada oração (**todas** [as crias], **o mundo**, **tudo** [na internet]). A esses atributos chamamos **predicativos do sujeito**. E a ligação entre o sujeito e o predicativo é feita por verbos de ligação.

Veja a análise de um dos exemplos do texto com essa construção:

"Filhotes de cachorro talvez	sejam	a última unanimidade"
sujeito	verbo de ligação	predicativo do sujeito

Verbo de ligação em elipse

Nas conversas do dia a dia e na linguagem publicitária, é comum o verbo de ligação ficar elíptico, ou seja, subentendido. No anúncio abaixo, de uma campanha do Ministério Público Federal (MPF), houve omissão do verbo **está**. Com ele, teríamos: "MPF está em defesa da sociedade". Com a omissão do verbo, o enunciado fica mais econômico e direto.

(Disponível em: https://www.mpf.mp.br/pgr/noticias-pgr/campanha-publicitaria-apresenta-atuacao-mpf-em-defesa-da-sociedade. Acesso em: 29/3/2023.)

Morfossintaxe do predicativo do sujeito

O predicativo do sujeito pode ser representado por:

- um substantivo ou uma palavra substantivada:

  O coração da cidadezinha é a **praça**.

- um adjetivo ou locução adjetiva:

  Ele permanecia **agachado**, de cócoras.

- uma oração:

  Minha maior mágoa é **que você não me vê**.

- um pronome:

  O amor da minha vida é **ela**.

- um numeral:

  Éramos **seis**.

Exercícios

1. Indique os verbos de ligação do quadro que completam as orações abaixo.

ser | estar | ficar | tornar-se | permanecer | parecer | virar | continuar

a) Aquela estrada ______ sem fim.

b) Mariana ______ calada durante toda a aula.

c) A partir daquele dia, o menino ________ homem.

d) Apesar de já ter sido medicada, a criança ________ febril.

e) Seus cabelos ________ chocantes com essa cor alaranjada.

Leia esta tira e responda às questões 2 e 3.

© Clara Gomes/Bichinhos de Jardim

(Disponível em: https://bichinhosdejardim.com/proatividade-perigosa/. Acesso em: 29/3/2023.)

2. Observe os adjetivos utilizados no 1º e no 2º quadrinho.

a) A que outro termo da tira eles se referem?

b) Levante hipóteses: O termo mencionado por você no item **a** é utilizado para descrever pessoas que realizam que tipo de ação?

3. Em toda a fala da Joaninha há apenas uma forma verbal.

a) Identifique-a e classifique-a quanto a sua transitividade.

b) Escreva no caderno uma nova frase com os termos da oração invertidos, colocando a expressão "Os idiotas unidos online" como sujeito e utilizando o mesmo verbo e os mesmos adjetivos empregados por Joaninha em sua fala.

c) Conclua: Qual é a função sintática dos termos utilizados por você na frase construída no item **b**?

Leia as peças de campanha a seguir para responder às questões 4 a 7.

Reprodução/Conselho Nacional de Justiça – CNJ

(Disponível em: https://m.facebook.com/cnj.oficial/photos/a.191159914290110/2554299837976094/. Acesso em: 31/3/2023.)

Reprodução/Conselho Nacional de Justiça – CNJ

(Disponível em: https://twitter.com/CNJ_oficial/status/1112746443100438534. Acesso em: 31/3/2023.)

4. A campanha que divulgou as peças lidas foi realizada pelo Conselho Nacional de Justiça (CNJ), instituição pública que zela pela transparência da atuação jurídica no Brasil. Deduza qual é a principal função dessa campanha selecionando uma das opções a seguir:

a) Valorizar as lendas tradicionais brasileiras.

b) Alertar a população para não disseminar *fake news*.

c) Divulgar os meios de comunicação oficiais do governo.

5. Relacione as partes verbal e não verbal dos dois textos.

a) Qual é o sentido universal do círculo vermelho riscado sobre a expressão *fake news*? Que sentido é construído por essa imagem no contexto?

b) Com quais palavras dos quadros, que aparecem à direita da peça, os desenhos estão diretamente relacionados? Explique.

c) Quais novos sentidos as palavras identificadas por você no item **b** ganham nos textos?

6. Nos dois textos foram empregados três verbos de ligação.

a) Que verbos são esses?

b) Deduza: Qual é o sujeito de cada um desses verbos no contexto?

c) Identifique os predicativos do sujeito em cada ocorrência.

7. Duas das formas verbais identificadas por você na questão 6 se relacionam diretamente e apresentam uma ideia de oposição.

a) Identifique-as e explique como se dá essa oposição no contexto.

b) Identifique a palavra que estabelece a relação entre essas formas verbais.

c) Entre as opções a seguir, a palavra identificada por você no item **b** constrói no texto a ideia de:

I. certeza. **II.** negação. **III.** possibilidade.

Verbos intransitivos e transitivos

Releia estas orações, extraídas do texto de abertura deste capítulo:

I. "Estela, a labradora da minha mãe, **teve** dez filhotes."

II. "[...] criaturinhas branquelas e meladas **saíram** do seu ventre"

III. "[...] quando um bebê **tá dormindo**"

IV. "Bora **mamar**!"

V. "**Poderia ficar horas assistindo** ao espetáculo de dez filhotinhos disputando nove tetas [...]"

VI. "**Tenho evitado** a internet."

5 second Studio/Shutterstock

Nas orações III e IV, as formas verbais **tá dormindo** e **mamar** referem-se a ações que, no contexto, dizem respeito apenas aos sujeitos, não se estendendo a outros seres. Quando em uma oração o verbo não é acompanhado de complementos, pois a ação indicada por ele diz respeito apenas ao sujeito, não se estendendo a outros seres, consideramos que se trata de um **verbo intransitivo**.

Nas orações I e VI, as formas verbais **teve** e **tenho evitado** indicam ações praticadas pelos sujeitos (respectivamente, **Estela**; **eu**, desinencial) que recaem sobre outros elementos: **dez filhotes** e **a internet**. Da mesma forma, nas orações II e V, as formas verbais **saíram** e **poderia ficar assistindo** indicam ações dos sujeitos (respectivamente, **criaturinhas**; **eu**, desinencial) que recaem, por sua vez, sobre os elementos **do seu ventre** e **ao espetáculo**. Nessas quatro orações, os termos **dez filhotes**, **internet**, **do seu ventre** e **ao espetáculo** complementam e contribuem para especificar os sentidos dos verbos, tornando mais precisas as informações. Quando isso ocorre, isto é, quando em uma oração o verbo é acompanhado por um complemento, consideramos que se trata de um **verbo transitivo**.

Transitividade verbal é a necessidade de ter complemento apresentada por alguns verbos. A esses verbos que exigem complemento chamamos transitivos e aos que não exigem complemento chamamos intransitivos.

Ao comparar as orações I, II, V e VI, você vai perceber que em todas elas os verbos são transitivos, pois são acompanhados de complementos.

Entretanto, nas orações I e VI os complementos se ligam diretamente ao verbo, sem preposição. Nesse caso, consideramos que o verbo é **transitivo direto** e o seu complemento é denominado **objeto direto**.

Já nas orações II e V, os complementos se ligam aos verbos por meio das contrações de preposição e artigo **do** e **ao**. Nesse caso, quando é necessário o uso de uma preposição para ligar o verbo ao seu complemento, consideramos que o verbo é **transitivo indireto** e o seu complemento é denominado **objeto indireto**.

A predicação das locuções verbais

A predicação das locuções verbais é dada pelo verbo principal, isto é, pelo último verbo da locução. Veja:

- (Eu) **Poderia ficar assistindo** ao espetáculo
  - VTI
  - **Poderia ficar assistindo**: loc. verbal; ao espetáculo: objeto indireto
- (Eu) **Tenho evitado** a internet.
  - VTD
  - **Tenho evitado**: loc. verbal; a internet: objeto direto

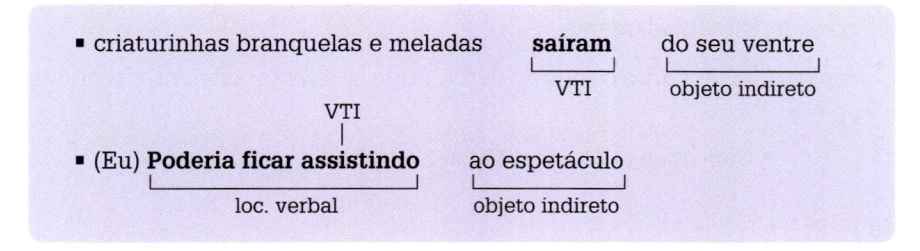

- criaturinhas branquelas e meladas **saíram** do seu ventre
  - **saíram**: VTI; do seu ventre: objeto indireto
- (Eu) **Poderia ficar assistindo** ao espetáculo
  - VTI
  - **Poderia ficar assistindo**: loc. verbal; ao espetáculo: objeto indireto

Assim, concluímos:

Objeto direto é o termo que se liga diretamente, isto é, sem preposição, a um verbo transitivo.

Objeto indireto é o termo que se liga indiretamente, isto é, por meio de uma preposição, a um verbo transitivo.

Há, ainda, casos em que um verbo pode estar acompanhado dos dois tipos de complemento. Nesses casos, chamamos tal verbo de **transitivo direto e indireto** ou **bitransitivo**. Observe:

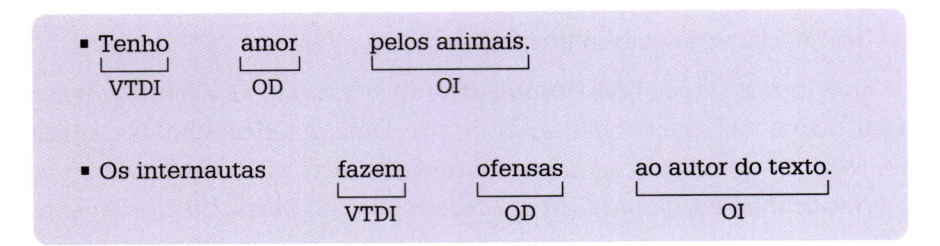

- Tenho (VTDI) amor (OD) pelos animais. (OI)
- Os internautas fazem (VTDI) ofensas (OD) ao autor do texto. (OI)

Funções sintáticas dos pronomes oblíquos átonos

Os pronomes oblíquos átonos podem desempenhar as funções sintáticas de objeto direto e de objeto indireto. Os de 3ª pessoa têm funções relativamente fixas: **o(s)**, **a(s)** de objeto direto e **lhe(s)** de objeto indireto. Já os pronomes **me**, **te**, **se**, **nos** e **vos** podem ter funções de objeto direto e de objeto indireto, dependendo do verbo que complementam. Na frase abaixo, por exemplo, o pronome oblíquo átono **te** é objeto indireto do verbo **contar** e objeto direto do verbo **amar**.

Preciso **te** (OI) contar um segredo: eu **te** (OD) amo.

Morfossintaxe dos objetos

Os objetos diretos e indiretos podem ser representados por substantivos, por pronomes substantivos ou por qualquer palavra, expressão ou oração substantivada.

Meu amigo enviou um livro de aventuras (subst. – OD) para mim. (pron. subst. – OI)

Lembre-se: para identificar a predicação de um verbo, é preciso observar sempre o contexto em que ele está empregado e nunca considerá-lo isoladamente.

Observe nos exemplos a seguir como o mesmo verbo pode apresentar diferentes sentidos e predicações.

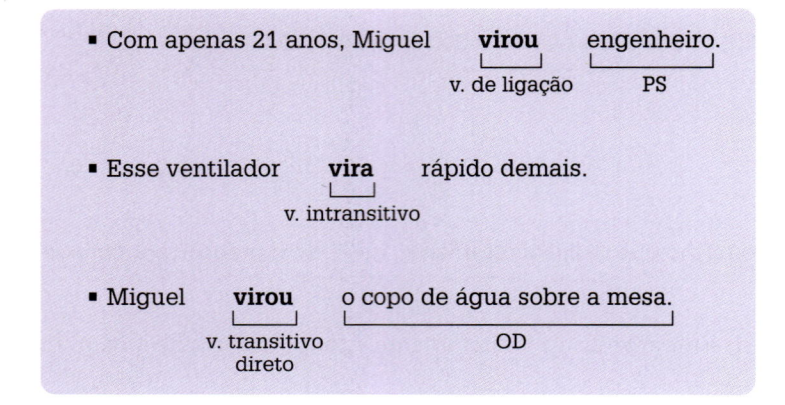

- Com apenas 21 anos, Miguel **virou** (v. de ligação) engenheiro. (PS)
- Esse ventilador **vira** (v. intransitivo) rápido demais.
- Miguel **virou** (v. transitivo direto) o copo de água sobre a mesa. (OD)

Exercícios

Leia o texto a seguir e responda às questões 1 a 3.

NOSSO ESTADO TEM MUITAS LENDAS. NÃO DEIXE A AMAZÔNIA VIRAR MAIS UMA.
05 de novembro, Dia da Amazônia.
LÍDER

Reprodução/www.grupolideronline.com.br

1. Esse texto foi publicado pelo Grupo Líder, uma organização paraense dona de diversas empresas no Brasil. Relacione as partes verbal e não verbal do texto.

a) O que representa a imagem de fundo?

b) Qual é o objetivo central desse texto?

c) A quem ele se dirige?

d) Que imagem da instituição responsável pelo texto é construída nesse contexto? Justifique sua resposta.

2. Sobre o texto verbal central:

a) Levante hipóteses: A quem se refere o pronome **nosso** na expressão **nosso estado**? Justifique sua resposta.

b) A qual termo da primeira frase se refere a palavra **uma**?

c) Que sentido é construído pelo texto ao afirmar que a Amazônia corre o risco de "virar mais uma"?

3. O texto verbal central é constituído de duas frases com verbos e o texto inferior de duas frases nominais.

a) Identifique os verbos do texto central e explique o sentido de cada um deles no contexto. Se julgar necessário, consulte um dicionário.

b) Classifique os verbos apontados por você no item **a** quanto à transitividade, indicando quais são seus respectivos complementos.

c) Reescreva no caderno as duas frases nominais do anúncio, mantendo seu sentido e transformando-as em uma única frase verbal. Faça as adaptações que forem necessárias.

- com um verbo de ligação
- com um verbo transitivo indireto
- com um verbo transitivo direto

Leia os quadrinhos a seguir e responda às questões 4 a 6.

(Disponível em: http://www.juniao.com.br/wp-content/uploads/2014/03/Tira_Dona_Isaura_00111_juniao_06_agosto_2014_72.jpg. Acesso em: 29/3/2023.)

4. No primeiro quadrinho, Dona Isaura está contando uma história a sua neta.

a) Que tipo de história é essa e qual parte dela é citada nesse quadrinho? Justifique sua resposta com elementos do texto.

b) Identifique os verbos utilizados para descrever as ações do príncipe, bem como seus complementos. Em seguida, dê a classificação dos verbos quanto à transitividade.

c) Qual é o sujeito das formas verbais **casam**, **vão morar** e **são**?

d) Dê a classificação dos verbos do item **c** quanto à predicação.

e) Conclua: A utilização desses verbos e complementos contribui para definir quais perfis para os personagens citados por Dona Isaura?

5. Agora, observe a reação da menina no segundo quadrinho.

a) Levante hipóteses: Por que ela não gostou do final da história?

b) Identifique e classifique quanto à transitividade as formas verbais utilizadas na fala da menina, bem como seus complementos.

c) Qual é a reação da avó à fala da neta? Conclua por que a avó age dessa forma.

6. Troque ideias com os colegas e o professor:

a) Ao reescrever a história, a menina manteria os perfis dos personagens?

b) Utilizando cinco formas verbais, recrie o final da história de forma que esteja mais de acordo com o gosto da neta de Dona Isaura.

Os complementos verbais NA CONSTRUÇÃO DO TEXTO

Leia o texto a seguir.

(Disponível em: https://crianca.mppr.mp.br/arquivos/Image/noticias/hc_dedica/programa_dedica_facebook02_2016.jpg. Acesso: 29/3/2023.)

1. O texto em estudo faz parte de uma campanha.

a) Quais instituições divulgam a campanha e qual é a relação delas com o tema?

b) A quem ele se dirige? Justifique sua resposta com trechos do texto.

c) Relacione os textos verbal e não verbal e conclua: Quem são as pessoas retratadas nos desenhos da parte inferior e o que elas estão fazendo?

2. Observe o desenho da letra utilizado no texto e levante hipóteses: A que tipo de escrita ele remete e que sentido esse formato constrói no contexto da campanha?

3. Sobre a frase "Seu filho passa muito tempo na frente da TV?":

a) Levante hipóteses: No contexto da campanha, a pergunta inicial pode ser lida como:

I. uma dúvida do responsável pela campanha que só pode ser respondida pelos pais.

II. um questionamento feito aos filhos a fim de que eles repensem seu comportamento.

III. a reprodução de uma reclamação comum de pais sobre o comportamento dos filhos.

b) Deduza: Nesse contexto, a ação de "passar muito tempo na frente da TV" é vista de forma positiva ou negativa na campanha? Justifique sua resposta.

c) O que a expressão "Pois é" sugere a respeito da pergunta feita anteriormente?

d) Explique por que a última frase do trecho em azul quebra a expectativa do leitor e qual é o efeito dessa quebra de expectativa no contexto.

4. Releia o texto verbal em laranja e responda às perguntas.

a) A forma verbal **conecte-se** tem um efeito ambíguo nesse texto. Explique quais são os sentidos possíveis e qual prevalece na campanha.

b) Levante hipóteses: Quais seriam as coisas "que importam" nesse contexto?

5. Releia as seguintes frases do texto:

- "Seu filho passa muito tempo na frente da TV?"
- "Crianças tendem a imitar os pais."
- "Conecte-se ao que importa."

a) Identifique as formas verbais de cada uma delas e dê o sentido desses verbos no contexto. Se julgar necessário, utilize um dicionário.

b) Classifique essas formas verbais quanto à transitividade.

SEMÂNTICA E DISCURSO

Leia a história em quadrinhos a seguir e responda às questões 1 a 5.

© 1987 Peanuts, Charles Schulz/Peanuts Worldwide LLC./Dist. by Andrews McMeel Syndication

(Disponível em: https://www.revistabula.com/36172-70-anos-de-peanuts-15-licoes-da-turma-do-charlie-brown-sobre-a-vida/. Acesso em: 29/3/2023.)

1. Que sentimentos as expressões faciais e as falas de Charlie Brown e de Lucy revelam em cada quadrinho? Justifique sua resposta com base em elementos verbais e não verbais da história em quadrinhos.

2. Nos dois primeiros quadrinhos, Charlie Brown fala sobre seus sentimentos para a amiga.

a) Explique, com suas palavras, que sentimentos são esses.

b) Observe o verbo **ser** empregado nas falas do personagem Charlie Brown: Em qual construção ele é vítima do tédio e em qual ele é responsável pelo tédio?

c) Conclua: Qual é a diferença de sentido entre **tedioso** e **entediado**?

3. No 3º quadrinho, ao fazer uma pergunta a Lucy, Charlie Brown troca a forma verbal **ser**, utilizada nos dois primeiros quadrinhos, por outra.

a) Identifique-a.

b) Classifique a forma verbal que você identificou no item **a** quanto à transitividade e indique a função sintática do termo que a acompanha.

c) Troque ideias com os colegas e o professor e conclua: Que diferença de sentido há entre o verbo empregado nos dois primeiros quadrinhos e o verbo empregado no terceiro quadrinho?

4. Como é comum nas histórias em quadrinhos, o último quadrinho é responsável pela construção de humor.

a) A resposta de Lucy contrapõe-se à fala de Charlie Brown no 1º ou no 2º quadrinho? Justifique.

b) Explique de que forma se dá a construção de humor na história.

5. Leia estas frases:

- Lucy **é** entediada.
- Lucy **está** entediada.
- Lucy **fica** entediada.

a) Explique a diferença de sentido entre as frases, considerando as formas verbais em destaque.

b) Como você percebeu ao analisar as frases do item **a**, os verbos de ligação ou verbos de estado, às vezes, apresentam entre si diferenças semânticas sutis. Leia e compare as frases a seguir. Depois, associe cada uma ao sentido que o verbo apresenta.

1. O verão brasileiro é luminoso.	**I.** aparência
2. O verão brasileiro está luminoso.	**II.** mudança
3. O verão brasileiro fica luminoso.	**III.** permanência
4. O verão brasileiro continua luminoso.	**IV.** constância
5. O verão brasileiro parece luminoso.	**V.** transitoriedade

DIVIRTA-SE

Na sala de aula, a professora fala para Joãozinho:

— Joãozinho, cite um verbo de ligação.

Joãozinho, então, responde:

— Telefonar, professora.

(Domínio público.)

Jean Galvão/Acervo da editora

CAPÍTULO 23

Tipos de sujeito
Vozes do verbo
O agente da passiva

Sujeito simples, sujeito composto, sujeito desinencial

Construindo o conceito

Leia esta anedota, contada por Ziraldo:

Lá vinham o Bocão e o Junin discutindo. O Maluquinho esperou por eles e perguntou:

— Que é que vocês estão discutindo?

E o Bocão disse:

— Olha... resolve isso aqui pra nós. O que é preciso para que um soldado seja enterrado com honras militares?

E o Maluquinho explicou:

— Que ele tenha feito algum ato de bravura.

O Junin começou a pular de alegria, e o Bocão ficou triste. E disse:

— Perdi a aposta. Eu achava que só precisava *tá* morto.

© Ziraldo Alves Pinto/ Acervo do cartunista

(*O livro do riso do Menino Maluquinho*. 2. ed. São Paulo: Melhoramentos, 2000. p. 28.)

1. O humor da anedota é construído em torno do modo como Bocão e Junin compreenderam a expressão "ser enterrado com honras militares". Troque ideias com os colegas e responda: Como costuma ser uma cerimônia fúnebre com "honras militares"?

2. Observe a primeira frase do texto:

"Lá vinham o Bocão e o Junin discutindo."

a) Qual é o sujeito dessa oração?

b) Quais são os núcleos do sujeito?

c) Qual é o predicado?

3. Agora, observe estas orações:

- "O Maluquinho esperou por eles"
- "o Bocão disse"
- "ele tenha feito algum ato de bravura"

a) Qual é o sujeito de cada uma delas? Qual é o núcleo do sujeito?

b) Indique o predicado de cada uma dessas orações.

4. Em relação à oração "Perdi a aposta":

a) Em que pessoa está a forma verbal **perdi**?

b) Qual é o sujeito dessa oração?

Conceituando

Pelas respostas dadas às questões anteriores, você deve ter notado que:

- o sujeito pode ter um ou mais **núcleos**:

  - "O **Maluquinho** esperou por eles [...]".
  - "Lá vinham o **Bocão** e o **Junin** discutindo."

- o sujeito pode não aparecer na oração, mas ser indicado pela desinência (terminação do verbo):

  (Eu) "**Perdi** a aposta."

Quando apresenta um só núcleo, o sujeito é classificado como **sujeito simples**. Veja:

núcleo
O **Maluquinho** esperou por eles. [...]
sujeito simples

Quando apresenta dois ou mais núcleos, o sujeito é classificado como **sujeito composto**. Veja:

núcleo núcleo
Lá vinham o **Bocão** e o **Junin** discutindo.
sujeito composto

Quando está implícito na desinência do verbo, o sujeito é classificado como **sujeito desinencial**.

(**Eu**) perdi a aposta.
sujeito desinencial

Exercícios

Leia este texto de Mário Quintana:

O poema

Uma formiguinha atravessa, em diagonal, a página ainda em branco. Mas ele, aquela noite, não escreveu nada. Para quê? Se por ali já havia passado o **frêmito** e o mistério da vida...

(*Nova antologia poética*. 11. ed. São Paulo: Globo, 2005. p. 52.)

frêmito: estremecimento, vibração que produz ligeiro ruído.

Filipe Rocha/Acervo da editora

1. A segunda frase do texto faz referência a **ele**.

a) Quem é essa pessoa? Justifique sua resposta.

b) Que fato modificou sua rotina e interferiu em seu trabalho?

2. Considerando o texto como um todo e seu título, interprete a frase final do texto: "Se por ali já havia passado o frêmito e o mistério da vida...".

3. Em relação a estas orações do texto:

- **"Uma formiguinha atravessa, em diagonal, a página ainda em branco."**
- **"Mas ele, aquela noite, não escreveu nada."**

a) Identifique o sujeito e o predicado de cada uma das orações.

b) Classifique o sujeito dessas orações.

4. Observe, agora, a última frase do texto:

"Se por ali já havia passado o frêmito e o mistério da vida..."

a) Identifique o sujeito da oração e classifique-o.

b) Observe a concordância do verbo com o sujeito. Ela está de acordo com a norma-padrão? Troque ideias com o professor e os colegas.

Leia o anúncio publicitário a seguir e responda às questões 5 a 8.

Reprodução/Almap BBDO

5. Um anúncio publicitário pode ter a finalidade de vender um produto ou divulgar uma ideia. Qual é a finalidade do anúncio em estudo? Justifique sua resposta com elementos verbais e não verbais do texto.

6. Observe a parte não verbal do anúncio.

a) O que as imagens retratam?

b) Explique a relação entre essas imagens e a finalidade do anúncio.

7. O texto verbal do anúncio contém duas orações.

a) O sujeito de uma dessas orações só pode ser apreendido por meio da relação entre as partes verbal e não verbal do anúncio. Explique essa afirmação, em seguida, identifique e classifique esse sujeito.

b) Identifique e classifique o sujeito da outra oração.

8. O anúncio explora o efeito de humor por meio da ambiguidade de duas expressões empregadas no texto verbal.

a) Quais são essas expressões?

b) Explique os possíveis sentidos dessas expressões no contexto.

c) Troque ideias com os colegas e o professor e levante hipóteses: Qual é a função dessa exploração de humor no anúncio?

Sujeito indeterminado

Construindo o conceito

Leia este texto:

SENTARAM NA POLTRONA QUE VOCÊ RESERVOU PARA VER AQUELE SUPERFILME. ABSURDO?
IMAGINA OCUPAR A VAGA RESERVADA PARA UM CADEIRANTE?
POPCORN
#NaoHaVagasPara AFaltaDeRespeito
REALIZAÇÃO
MPSP
MINISTÉRIO PÚBLICO DO ESTADO DE SÃO PAULO
APOIO
mov
revide

Reprodução/Agência Mov/Ministério Público do Estado de São Paulo. Fotos: bluehand/Aquarius Studio/Shutterstock

(Disponível em: http://agenciamov.com.br/publicidade-com-causa/. Acesso em: 30/3/2023.)

1. A respeito da situação de produção desse texto, responda:

a) Quem é o responsável pela produção dele?

b) A quem o texto se dirige?

c) A que gênero o texto pertence?

d) Qual é a principal finalidade desse texto?

2. Observe a imagem que compõe o texto.

a) O que a imagem central retrata?

b) O que há de inusitado, isto é, de inesperado nessa imagem?

3. Agora, relacione o texto verbal à imagem.

a) Identifique a qual parte da imagem se relaciona o texto escrito em letras maiores e a qual parte da imagem se relaciona o texto com fundo vermelho.

b) Troque ideias com os colegas e o professor e conclua: Entre as opções a seguir, qual descreve melhor a estratégia utilizada no texto para persuadir o interlocutor?

I. O texto faz uso de uma imagem inusitada a fim de chocar o interlocutor e levá-lo a perceber que ocupar a cadeira de outras pessoas no cinema é uma atitude muito desrespeitosa.

II. O texto faz uso de uma imagem inusitada a fim de levar pessoas cadeirantes a se imaginarem em outra situação e perceberem que pode ser compreensível a utilização das vagas reservadas para elas.

III. O texto faz uso de uma imagem inusitada a fim de colocar o interlocutor no lugar de cadeirantes que encontram as vagas reservadas para eles ocupadas por quem não tem direito a elas.

4. Observe a frase:

"Sentaram na poltrona que você reservou para ver aquele superfilme."

a) Que avaliação o texto pressupõe que o interlocutor vai fazer dessa situação hipotética? Justifique sua resposta.

b) Em que pessoa está a forma verbal **sentaram**?

c) Essa forma verbal se refere a um sujeito mencionado anteriormente? Se não, é possível identificar, pelo contexto, o sujeito da oração?

5. Agora, leia este enunciado:

Os amigos do seu irmão entraram na sala de cinema na sua frente. Sentaram na poltrona que você reservou para ver aquele superfilme.

Compare a segunda oração desse enunciado com a oração do anúncio: "Sentaram na poltrona que você reservou para ver aquele superfilme.". É possível identificar o sujeito da segunda oração do enunciado? Justifique sua resposta.

Conceituando

No anúncio lido, o anunciante utiliza a frase "Sentaram na poltrona que você reservou para ver aquele superfilme." para colocar o interlocutor no lugar de uma pessoa cadeirante que tem seu direito à vaga preferencial desrespeitado. Nesse contexto, o enunciado foi construído a fim de não particularizar quem se sentou na cadeira; provavelmente, porque dessa forma o anunciante deixa a referência mais abrangente, possível de se encaixar em qualquer situação e, com isso, atingir um número maior de pessoas que vão se colocar no lugar de quem tem seu direito desrespeitado.

Percebemos, assim, que o anunciante empregou a forma verbal **sentaram** na 3ª pessoa do plural sem fazer referência a uma ou mais pessoas específicas. Dizemos, nesse caso, que o sujeito é **indeterminado**.

Sujeito indeterminado é aquele que não aparece expresso na oração nem pode ser identificado, ou porque não se quer ou por se desconhecer quem pratica a ação.

Agora, releia o enunciado que você analisou no estudo anterior.

Os amigos do seu irmão entraram na sala de cinema na sua frente. Sentaram na poltrona que você reservou para ver aquele superfilme.

Nessa situação, conforme você pôde notar, o sujeito da forma verbal **sentaram** não é indeterminado, mas desinencial (eles), uma vez que se faz referência a "Os amigos do seu irmão".

Na língua portuguesa, indetermina-se o sujeito de duas formas:

- colocando-se o verbo (ou o verbo auxiliar, se houver locução verbal) na 3ª pessoa do plural:

"Sentaram na poltrona que você reservou para ver aquele superfilme."

- empregando-se o pronome **se** com verbos intransitivos, transitivos indiretos e de ligação na 3ª pessoa do singular:

> - **Vive-se** muito bem nas cidades do interior. (verbo intransitivo)
> - **Precisa-se** de funcionários com experiência. (verbo transitivo indireto)
> - Não **se é** feliz sem amigos. (verbo de ligação)

O pronome **se**, nesse caso, recebe o nome de **índice de indeterminação do sujeito**.

Sujeito indeterminado × sujeito desinencial

No início deste capítulo, você conheceu estes tipos de sujeito:

> - **simples**: o que tem um único núcleo;
> - **composto**: o que tem dois ou mais núcleos;
> - **desinencial**: o que pode ser identificado pela pessoa verbal.

O sujeito indeterminado se distingue do desinencial pelo fato de não poder ser identificado.

Exercícios

Leia este poema:

Filipe Rocha/Acervo da editora

Impunidade

Anunciam por toda a cidade:
Trago seu amor preso e amarrado.
E ninguém ainda foi indiciado.

(Noé Ribeiro. *Coisas da vida*. São Paulo: Estúdio Editores, 2017. p. 56.)

1. O poema é construído em torno de uma mensagem que é facilmente encontrada nas grandes cidades.

a) Identifique, no texto, a mensagem.

b) Que tipo de serviço é oferecido?

c) Na oração que constitui essa mensagem, qual é o sujeito? Classifique-o.

d) Logo, de quem é a voz que diz essa mensagem?

2. O poema tem, como título, a palavra **Impunidade** e cria um campo semântico relacionado ao universo do crime ou da ilegalidade.

a) Que outras palavras do texto contribuem para formar esse campo semântico?

b) O verso "E ninguém ainda foi indiciado" é ambíguo. Explique os sentidos desse verso no contexto.

3. Releia o 1º e o 3º versos do poema.

a) Qual é o sujeito da oração do 1º verso?

b) E qual é o sujeito da oração do 3º verso?

4. Nas orações a seguir, o sujeito é determinado. Indetermine o sujeito dessas orações de duas maneiras: fazendo uso da partícula de indeterminação do sujeito, **se**, e da 3ª pessoa do plural.

a) Muitas empresas precisam de mão de obra qualificada.

b) Juliana me falou de você.

c) Milhares de pessoas assistiram ao filme neste fim de semana.

d) Os funcionários estão lutando por melhores salários.

e) As pessoas vivem melhor perto da praia?

Oração sem sujeito

Construindo o conceito

Releia a frase que está no canto esquerdo inferior do anúncio que você estudou.

Reprodução/Agência Mov/Ministério Público do Estado de São Paulo. Fotos: bluehand/Aquarius Studio/Shutterstock

1. Essa frase apresenta uma estrutura particular: ela é antecedida pelo símbolo #, que tem uma função específica no contexto da internet e das redes sociais.

a) Que função é essa?

b) Deduza: Por que as palavras foram escritas sem espaço e todas com inicial maiúscula?

2. No contexto do anúncio, é possível considerar que essa frase contém uma ambiguidade.

a) Explique essa ambiguidade e identifique os sentidos possíveis e a palavra ou expressão que a constrói.

b) Troque ideias com os colegas e o professor: Essa ambiguidade traz algum prejuízo para o texto em estudo? Justifique sua resposta.

3. Foi empregada uma única forma verbal nessa frase.

a) Identifique-a e indique em qual pessoa ela está conjugada.

b) Essa forma verbal concorda com a palavra **vagas** no contexto? Justifique sua resposta.

c) Conclua: É possível considerar que, nessa frase, **vagas** é sujeito da forma verbal que você identificou no item **a**? Por quê?

4. Considerando o contexto do anúncio em estudo:

a) Indique, entre as opções a seguir, aquela que contém o sentido do verbo identificado por você na questão **3a**:

I. obter

II. possuir

III. existir

IV. experimentar

b) Reescreva a frase no caderno, substituindo a forma verbal original pela forma indicada por você no item **a**.

Conceituando

Ao responder às questões anteriores, você pôde constatar que, na língua portuguesa, em orações como "Não há vagas.", a declaração expressa pelo predicado não pode ser atribuída a nenhum ser. Esse tipo de oração é chamado de **oração sem sujeito**.

> **Oração sem sujeito** é aquela em que a declaração expressa pelo predicado não é atribuída a nenhum ser.

Nessas orações, o verbo é **impessoal**.

Verbos impessoais

Como os verbos impessoais não têm sujeito, a gramática normativa determina que sejam empregados na 3ª pessoa do singular. Os principais são:

- os que indicam **fenômenos da natureza**: chover, nevar, trovejar, anoitecer, fazer (calor, frio), entardecer, etc.:

> **Anoiteceu** cedo ontem.

- o verbo **haver** com o sentido de "existir":

> **Havia** muitos amigos meus na festa.

- os verbos **fazer**, **haver** e **ir**, quando indicam tempo decorrido:

> - **Faz** meses que não o vejo.
> - **Há** dias espero uma resposta.
> - **Vai** para três semanas que estou na escola nova.

- os verbos **ser** e **estar**, quando indicam tempo ou estado meteorológico:

> - Já **era** dia quando voltamos para casa.
> - **Está** muito frio aqui.

Haver e existir

O verbo **haver** com o sentido de "existir" e "ocorrer" é impessoal e, por não apresentar sujeito, deve ficar na 3ª pessoa do singular, segundo a norma-padrão.

Os verbos **existir** e **ocorrer**, entretanto, são pessoais e, em geral, concordam com o sujeito.

Observe:

- **Havia** duas antigas árvores na praça. (duas antigas árvores: objeto direto)
- **Existiam** duas antigas árvores na praça. (duas antigas árvores: sujeito)
- **Existia** uma antiga árvore na praça. (uma antiga árvore: sujeito)
- **Ocorreram** vários problemas na exposição. (vários problemas: sujeito)

Exercícios

Leia a notícia a seguir para responder às questões 1 a 4.

Céu noturno fica 10% mais brilhante a cada ano

Se você tem dificuldade em enxergar estrelas durante a noite, saiba que não é uma coincidência: de acordo com um estudo analítico promovido por pesquisadores do Centro Alemão de Pesquisa em Geociências, o céu visto durante a noite tem se tornado 9,6% mais brilhante a cada ano [...].

[...]

"Em grande parte da superfície terrestre, o céu noturno não faz mais a transição completa para a luz das estrelas e da Lua após o pôr do sol. Em vez disso, o céu continua a brilhar como um crepúsculo artificial causado pela dispersão de luz na atmosfera, derivada da implantação de novas tecnologias de iluminação e novas cidades", explica o doutor em física da Universidade da Pensilvânia e autor do estudo Christopher Kyba.

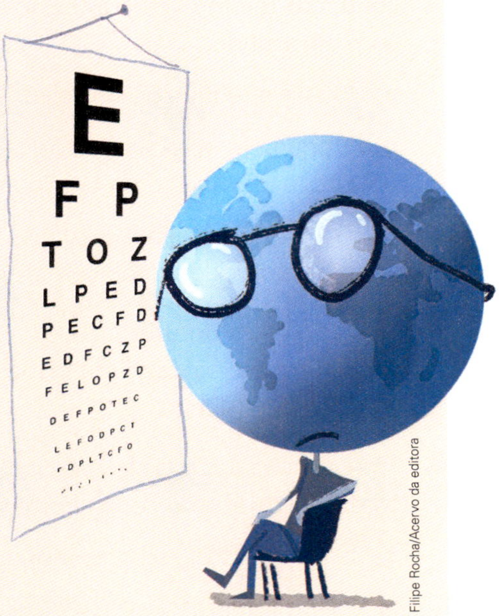

Filipe Rocha/Acervo da editora

O brilho no céu se dá quando a luz do solo é "refletida por nuvens e partículas de água no ar e causa um clareamento do céu em grandes áreas". O fenômeno é estudado há, pelo menos, 12 anos por Kyba.

Foi por isso que o cientista lançou, em 2011, uma iniciativa científica chamada Globe at night (Globo de noite), na qual propõe que pessoas de todo o mundo detalhem o céu noturno de diversos pontos do mundo para averiguar o impacto da poluição de luz no horizonte.

Com os dados registrados na plataforma, Kyba e os outros pesquisadores do estudo analisaram o céu noturno nos últimos nove anos. [...]

No estudo, os cientistas analisaram os dados inseridos na plataforma entre 2014 e 2022. O ano de 2014 foi escolhido como marco para o intervalo analisado por ter sido lançado um conjunto de dados obtidos por satélites terrestres que averiguou o brilho do céu naquele ano — até então, não havia dados.

[...]

(Disponível em: https://www.correiobraziliense.com.br/ciencia-e-saude/2023/01/5067498-ceu-noturno-fica-10-mais-brilhante-a-cada-ano-saiba-como-isso-afeta-a-terra.html. Acesso em: 15/3/2023.)

1. A notícia divulga resultados de uma pesquisa científica.

a) Por que, segundo o estudo citado, o céu noturno tem ficado mais brilhante?

b) Que ferramenta permitiu aos cientistas fazer esse estudo?

Filipe Rocha/Acervo da editora

2. Identifique no texto:

a) O sujeito das formas verbais **detalhem** (4º parágrafo), **analisaram** (5º parágrafo) e **analisaram** (6º parágrafo) e classifique-os.

b) O sujeito da locução verbal "foi escolhido" e classifique-o.

c) Duas orações sem sujeito.

3. As orações sem sujeito que você identificou na questão anterior contêm o mesmo verbo impessoal, porém em cada ocorrência com um sentido.

a) Qual é o sentido do verbo em cada caso?

b) Troque esse verbo impessoal pelo verbo **existir** na frase em que couber esse sentido, fazendo as adaptações necessárias, de acordo com a norma-padrão.

c) Troque o verbo impessoal pelo verbo **fazer**, na frase em que couber esse sentido, fazendo as adaptações necessárias, de acordo com a norma-padrão.

4. Na frase "o céu noturno não faz mais a transição completa para a luz das estrelas e da Lua após o pôr do sol." a forma verbal **faz** é impessoal? Justifique sua resposta, classificando a oração conforme a ausência ou a presença de sujeito.

5. Escreva no caderno as formas verbais indicadas entre parênteses que completam as orações. Faça a concordância de acordo com a norma-padrão.

a) Já _____ (fazer) dois anos que não nos víamos.

b) Naquela época, não _____ (existir) tantos carros na rua, e era possível brincar nas calçadas.

c) No último verão, _____ (fazer) dias maravilhosos!

d) Na última década, _____ (haver) verões muito quentes.

e) Nesta avenida, já _____ (ocorrer) vários acidentes.

f) Estamos aguardando a chamada _____ (haver) mais de trinta minutos.

6. Em relação às frases do exercício anterior, todas são orações sem sujeito, com exceção de duas.

a) Quais são elas?

b) Transforme-as em orações sem sujeito, substituindo o verbo por outro, impessoal.

Vozes do verbo

Construindo o conceito

Leia estes quadrinhos de Alexandre Beck:

(*Armandinho oito*. Florianópolis: A. C. Beck, 2016. p. 87.)

1. Armandinho e seus amigos Ana e Pudim conversam sobre Canudos. De acordo com o texto:

a) O que foi Canudos?

b) O que você entende por "comunidade alternativa"?

c) Que fim teve Canudos?

2. Os quadrinhos também fazem referência à origem da palavra **favela**. Como essa palavra se originou?

3. Observe esta oração do texto:

"Após a campanha de Canudos, os soldados voltaram ao Rio de Janeiro..."

a) Identifique o sujeito dessa oração.

b) O sujeito realiza ou recebe a ação verbal?

4. Agora, observe esta outra oração:

"Por medo e ignorância dos 'cidadãos de bem' da época, foi destruída pelo exército!"

a) Qual é o sujeito da oração? Como ele se classifica?

b) O sujeito realiza ou recebe a ação verbal? Se recebe, é possível identificar o agente da ação?

Conceituando

Ao responder às questões anteriores, você notou que o sujeito pode exercer a ação expressa pelo verbo (sujeito agente), como em "os soldados voltaram ao Rio de Janeiro", ou pode sofrer a ação (sujeito paciente), como em "[a comunidade] foi destruída pelo exército".

Quando quem age ou pratica a ação expressa pelo verbo é o sujeito da oração, a voz do verbo é **ativa**. Quando o sujeito da oração sofre a ação, a voz do verbo é **passiva**.

O sujeito ainda pode ser, ao mesmo tempo, agente e paciente da ação verbal. Isso ocorre em orações em que há um verbo reflexivo, como em "Os soldados vestiram-se com a farda.". Nessa oração, os soldados praticam e ao mesmo tempo recebem a ação de vestirem-se. Compare:

- **voz ativa**: "Após a campanha, **os soldados** voltaram ao Rio de Janeiro." (os soldados: sujeito agente)

- **voz passiva**: "Por medo e ignorância dos 'cidadãos de bem' da época, **[ela]** foi destruída pelo exército!" ([ela]: sujeito paciente)

- **voz reflexiva**: **Os soldados** vestiram-se. (Os soldados: sujeito agente e paciente)

Voz é a forma tomada pelo verbo para indicar a relação entre a ação expressa por ele e o sujeito. Essa relação pode ser de atividade, de passividade ou de atividade e passividade ao mesmo tempo.

Canudos

Canudos era uma comunidade de sertanejos situada no interior baiano, no final do século XIX, e liderada pelo religioso Antônio Conselheiro, que criticava o governo republicano nascente.

Reunindo grande número de camponeses, negros e mestiços, o grupo passou a ser visto como uma ameaça ao governo da época. Assim, o exército foi enviado com a missão de debelar um suposto foco monarquista no Sertão. Deu-se início ao conflito em 1896. Um ano depois, a guerra terminou com um saldo de 15 mil mortos, entre civis e militares, neste que foi um dos conflitos mais sangrentos de nossa história.

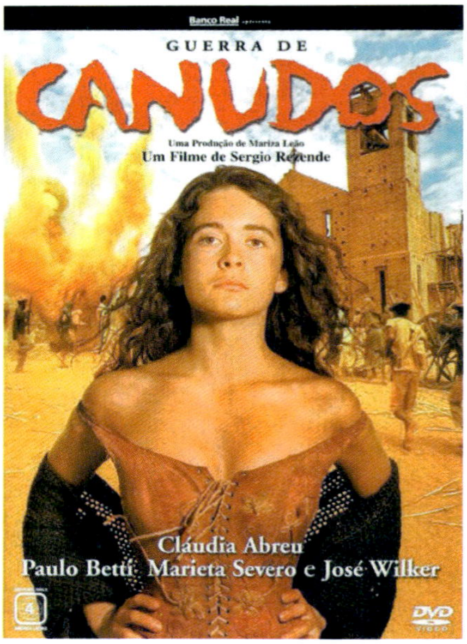

Reprodução/RioFilme/Columbia Pictures Brasil

› Capa do DVD do filme *Guerra de Canudos*, de Sérgio Resende.

CONTRA PONTO

O conceito de voz verbal está relacionado com critérios semânticos, ou seja, para determinar a voz é necessário saber quem realiza a ação verbal: se o sujeito (caso de voz ativa) ou se o agente da passiva (caso de voz passiva). Alguns linguistas, entretanto, têm questionado esses critérios.

Por exemplo, a gramática normativa entende que em frases como "O navio afundou" ou "O feijão queimou" existe voz ativa. No entanto, está claro que semanticamente o sujeito mais sofre do que realiza a ação verbal.

Ainda que haja tais divergências de perspectiva, em exames ou outras situações formais em que esse conhecimento é avaliado, convém adotar a análise tradicional da gramática normativa.

O agente da passiva

Leia esta oração:

"Por medo e ignorância dos 'cidadãos de bem' da época, **[ela]** foi destruída **pelo exército**!"

[ela] — sujeito paciente; pelo exército — agente da passiva

Note que, sendo o sujeito paciente, o agente da ação verbal é o termo **pelo exército**. O agente da ação na voz passiva é chamado de **agente da passiva**.

Agente da passiva é o termo da oração que, na voz passiva, corresponde ao ser que realiza a ação recebida pelo sujeito.

O agente da passiva geralmente é introduzido pela preposição **por/per** e suas contrações — **pelo(s)**, **pela(s)** — e pela conjunção **de**. Veja outros exemplos:

- Canudos estava cercada **de** faveleiras.
- Canudos estava cercada **por** faveleiras.

Mudança de vozes

É possível passar orações da voz ativa para a voz passiva, e vice-versa, desde que o verbo seja transitivo direto ou transitivo direto e indireto.

Há dois tipos de voz passiva:

- **analítica**, que se forma principalmente com os verbos auxiliares **ser** e **estar**;
- **sintética**, que se forma com o pronome apassivador **se**.

Observe as transformações que ocorrem em uma oração quando há mudança da voz ativa para a voz passiva:

- **Voz ativa**

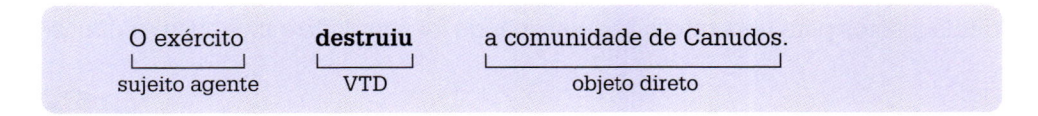

O exército	**destruiu**	a comunidade de Canudos.
sujeito agente	VTD	objeto direto

- **Voz passiva analítica**

A comunidade de Canudos	**foi destruída**	pelo exército.
sujeito paciente		agente da passiva

- **Voz passiva sintética**

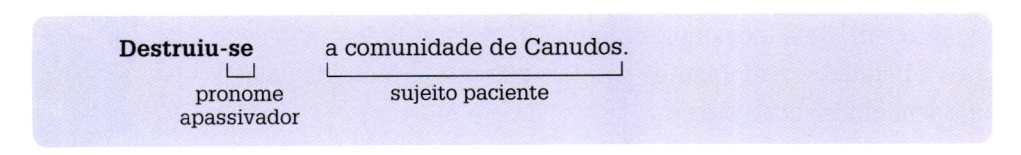

Destruiu-se	a comunidade de Canudos.
pronome apassivador	sujeito paciente

Como se vê, acontecem as seguintes transformações:

- o objeto direto da voz ativa torna-se sujeito da voz passiva;
- o sujeito da voz ativa torna-se agente da passiva na voz passiva;
- o tempo do verbo principal (no exemplo dado, **destruiu**, pretérito perfeito do indicativo) é transferido para o verbo auxiliar **ser** (**foi**), enquanto o verbo principal vai para o particípio (**destruída**);

Observações

1. O sujeito é paciente tanto na voz passiva analítica quanto na voz passiva sintética.
2. O verbo, na voz passiva, concorda com o sujeito paciente.
3. Na voz passiva sintética nunca há agente da passiva.

- o verbo no particípio concorda com o sujeito em gênero e número: "A comunidade de Canudos foi destruída" (feminino, singular);
- a preposição **por** (ou **per**) junta-se ao sujeito da voz ativa para formar o agente da passiva (**por** + o artigo **o** = **pelo**).

CONTRA PONTO

Alguns linguistas renomados da atualidade, como Ataliba de Castilho, Sírio Possenti e Marcos Bagno, contrapõem-se à visão da gramática normativa, segundo a qual a oração "Destruiu-se a comunidade de Canudos." está na voz passiva. Para eles, a oração estaria na voz ativa e o pronome **se** teria o papel de indeterminar o sujeito. Desse ponto de vista, "a comunidade de Canudos" seria objeto direto, e não sujeito; logo, não haveria necessidade de o verbo concordar com esse termo em construções como "Destruíram-se várias comunidades.", conforme defende a gramática normativa. Em situações nas quais se exige a norma-padrão, como exames e avaliações institucionais, convém seguir a regra consagrada pela gramática normativa.

Exercícios

Leia o texto a seguir:

Por que capturar um inseto pode acabar em multa

Em 21 de junho, Luís Paulo dos Santos Pereira, estudante de Engenharia Florestal da Universidade de Brasília (UnB), andava por uma área do Serviço Florestal Brasileiro, ao lado do campus universitário, com uma rede coletando insetos para uma tarefa de aula, quando foi abordado e multado por um fiscal do Ibama.

Ele foi autuado por coletar espécimes da fauna silvestre sem autorização, e a multa aplicada foi de R$ 500 por cada inseto. Como ele estava com cinco na mochila, foi multado em R$ 2,5 mil, além de ter sua rede apreendida.

Multas como a imposta a Pereira são raras, mas, ao menos em tese, é proibido coletar insetos sem autorização em todo o território nacional (e não apenas em áreas de proteção), por conta de uma legislação que causa polêmica entre cientistas brasileiros — alguns a consideram um "exagero regulatório".

Fotos: irin-k/Shutterstock

Enquanto em casa devemos exterminar insetos indesejados, de mosquitos a baratas, em ambientes naturais externos é proibido coletar animais para pesquisa sem autorização prévia.

As restrições se aplicam também a empresas que usem insetos para atividades de pesquisa e de desenvolvimento tecnológico (explorações econômicas em cima da fauna não são abrangidas pela legislação).

[...]

(Disponível em: https://g1.globo.com/natureza/noticia/2019/12/20/por-que-capturar-um-inseto-pode-acabar-em-multa.ghtml. Acesso em: 14/4/2023.)

Fotos: irin-k/Shutterstock

1. Qual é sua opinião sobre o fato relatado no texto: Deve continuar havendo restrições à coleta de insetos para fins de pesquisa em ambientes naturais ou os pesquisadores devem ter liberdade para fazer suas coletas?

2. Em relação ao primeiro parágrafo do texto, examine a frase a seguir:

"Em 21 de junho, Luís Paulo dos Santos Pereira [...] andava por uma área do Serviço Florestal Brasileiro [...] quando foi abordado [...] por um fiscal do Ibama."

a) Qual é o sujeito da oração: "Em 21 de junho, Luís Paulo dos Santos Pereira [...] andava por uma área do Serviço Florestal Brasileiro"? O sujeito é agente ou paciente?

b) Essa oração está na voz ativa ou na voz passiva?

c) E qual é o sujeito da oração: "quando foi abordado [...] por um fiscal do Ibama"? O sujeito é agente ou paciente?

d) Logo, a oração "quando foi abordado [...] por um fiscal do Ibama" está na voz ativa ou na voz passiva?

e) Qual é a função de "por um fiscal do Ibama"?

3. Agora, observe este outro trecho do texto:

"Ele foi autuado por coletar espécimes da fauna silvestre sem autorização [...]."

a) Quantas orações há nesse trecho?

b) A primeira oração está na voz ativa ou na voz passiva?

c) Há agente da passiva em uma das orações?

d) A oração "por coletar espécimes da fauna silvestre sem autorização" indica:

I. o agente da autuação. **II.** a causa da autuação. **III.** a finalidade da autuação.

4. Observe estas orações:

Fotos: irin-k/Shutterstock

- O pesquisador foi abordado por um fiscal do Ibama.
- "Enquanto em casa devemos exterminar insetos indesejados [...]."
- "[...] explorações econômicas em cima da fauna não são abrangidas pela legislação [...]."

a) Qual (quais) dessas orações está(ão) na voz ativa?

b) Qual (quais) dessas orações está(ão) na voz passiva?

c) Transforme a(s) oração(ões) que está(ão) na voz ativa em voz passiva e vice-versa.

d) Compare as orações escritas por você no item **c** às orações originais. Depois, discuta com os colegas e o professor as alterações de sentido causadas pela mudança nas vozes e conclua: Que fatores podem influenciar a escolha do tipo de construção em um texto jornalístico?

5. Em relação ao trecho "As restrições se aplicam também a empresas que usem insetos para atividades de pesquisa e de desenvolvimento tecnológico", a oração "As restrições se aplicam também a empresas" está na voz passiva sintética.

a) Passe-a para a voz passiva analítica.

b) Qual é o sujeito da oração nas duas vozes passivas?

As vozes verbais NA CONSTRUÇÃO DO TEXTO

Leia, a seguir, parte de um cordel da escritora cearense Jarid Arraes.

Aqualtune

Como filha de um rei
Aqualtune era princesa
Era no reino do Congo
Da mais alta realeza
E na tradição que tinha
Encontrava fortaleza.

Na disputa dessa guerra
Foi seu povo humilhado
E o reino de seu pai
Foi vendido como escravo
Mais de dez mil lutadores
Igualmente enjaulados.

Filipe Rocha/Acervo da editora

Lá no Congo era feliz
De raiz no ancestral
Mas havia outros reinos
Dos quais Congo era rival
E por isso houve guerra
Com desfecho vendaval.

Aqualtune foi vendida
Em escrava transformada
Foi levada para um porto
Onde foi então trocada
Por moeda, por dinheiro
Pruma vida aprisionada.

Acabou num navio negreiro
Que ao Brasil foi viajar
Nos porões do sofrimento
Muito teve que enfrentar:
As doenças e tristezas
E a maldade a transbordar.
[...]

(*Heroínas negras brasileiras em 15 cordéis*. São Paulo: Seguinte, 2020. p. 27-28.)

1. O poema apresenta uma estrutura típica da literatura de cordel, de forte tradição nordestina.

a) Quantos versos tem cada estrofe?

b) Há rimas nas estrofes? Se sim, como elas se organizam?

c) Se possível, faça a escansão de alguns versos e identifique o tipo de verso que foi empregado.

d) Como o ritmo dos versos é construído?

Aqualtune: resistência e luta

Aqualtune era filha do rei congolês Mani-Kongo, que sofria ataques constantes de forças portuguesas e angolanas. Essas duas forças ganhavam dinheiro com a prática da escravização.

Aqualtune liderou um exército de 10 mil guerreiros em defesa de seu território e de seu povo. Mas, com a derrota, o rei foi decapitado e a princesa foi escravizada, vendida para traficantes e trazida ao Brasil.

Na Colônia, ela liderou um grupo de escravizados e foi uma das fundadoras do quilombo Zumbi dos Palmares. Aqualtune foi mãe de Ganga Zumba e avó de Zumbi dos Palmares e, segundo alguns historiadores, teria morrido em 1650.

2. No cordel, a escritora conta a história de Aqualtune.

a) Quem era Aqualtune antes de vir ao Brasil?

b) Que fato determinou a desgraça de seu povo?

c) Que destino teve Aqualtune?

3. O cordel foi publicado na obra *Heroínas negras brasileiras em 15 cordéis*. Deduza: Sob qual ponto de vista a escritora conta a história de Aqualtune?

4. Releia esta estrofe do poema:

"Na disputa dessa guerra
Foi seu povo humilhado
E o reino de seu pai
Foi vendido como escravo
Mais de dez mil lutadores
Igualmente enjaulados."

a) Quantas orações há nesses versos?

b) Identifique o sujeito de cada uma das orações. Esses sujeitos são agentes ou pacientes?

c) Logo, em que voz verbal estão essas orações?

d) Há algum agente da passiva expresso nas orações?

e) Passe essas orações para a outra voz, isto é, se estiverem na voz ativa passe para a passiva e vice-versa.

5. Agora, observe a quarta estrofe do poema:

"Aqualtune foi vendida
Em escrava transformada
Foi levada para um porto
Onde foi então trocada
Por moeda, por dinheiro
Pruma vida aprisionada."

a) Quantas orações há nessa estrofe?

b) Qual é o sujeito dessas orações? Ele é agente ou paciente?

c) As orações estão na voz ativa ou na voz passiva?

d) Há agente da passiva expresso?

6. Observe as estrofes que você analisou nas questões 4 e 5.

a) Compare os versos analisados nessas questões aos versos das duas primeiras estrofes do texto. Que diferença há entre os dois conjuntos de estrofes quanto ao predomínio de vozes verbais?

b) Considerando o conteúdo do poema, explique por que há diferença entre o predomínio do tipo de voz verbal empregado.

c) Levante hipóteses: Por que o agente da passiva foi omitido no poema?

SEMÂNTICA E DISCURSO

Leia o texto a seguir para responder às questões 1 a 4.

Reprodução/ACIAC

(Disponível em: https://portalboanoticia.com.br/aciac-inicia-campanha-sobre-estacionamento-consciente/. Acesso em: 20/3/2023.)

1. O texto em estudo faz parte de uma campanha veiculada na cidade de Assis Chateaubriand, no Estado do Paraná. Considerando a parte verbal, deduza:

a) A quem ele se dirige? Justifique sua resposta com trechos do texto.

b) Qual é a principal finalidade dele? Justifique sua resposta com trechos do texto.

c) Entre as opções a seguir, qual é o significado da sigla ACIAC, que representa a organização responsável pelo texto?

I. Atlética da Cidade Interiorana Assis Chateaubriand

II. Associação Comercial e Industrial de Assis Chateaubriand

III. Agrupamento de Colégios Internos de Assis Chateaubriand

Releia a frase central do texto e responda às questões 2 a 4.

2. Essa frase é composta de duas orações.

a) Que sinal de pontuação poderia ter sido empregado entre elas? Indique, na frase central do texto, o lugar adequado para esse sinal. Depois, troque ideias com os colegas e o professor e levante hipóteses: Por que, no texto em estudo, esse sinal não foi utilizado?

b) Indique o sentido do verbo **ter** no contexto. Em seguida, classifique as orações que compõem a frase em estudo quanto à presença ou à ausência de sujeito.

c) Agora, reescreva essa frase no caderno, colocando as palavras **vaga** e **venda** no plural e fazendo as alterações que forem necessárias. Justifique gramaticalmente a estrutura empregada na reescrita.

3. Como você viu na questão 2, o texto emprega o verbo **ter** com um sentido específico.

a) No caderno, copie e complete as frases a seguir com os verbos indicados entre parênteses, conjugados de forma adequada.

- Se ▒▒▒ vaga, ▒▒▒ venda. (haver)
- Se ▒▒▒ vagas, ▒▒▒ vendas. (haver)
- Se ▒▒▒ vaga, ▒▒▒ venda. (existir)
- Se ▒▒▒ vagas, ▒▒▒ vendas. (existir)

b) Compare as frases do item **a** à frase do texto. Depois, troque ideias com os colegas e o professor e levante hipóteses: Quais efeitos de sentido são construídos pela escolha do verbo no texto original?

4. A frase estabelece uma relação entre as palavras **vaga** e **venda**.

a) Trata-se de uma relação de:

I. oposição. **II.** condição. **III.** tempo.

b) Levante hipóteses: Por que há um traço verde embaixo da palavra **venda**?

c) Conclua: De que forma esses recursos contribuem para a persuasão do leitor do cartaz?

Leia o texto abaixo e responda às questões 5 a 7.

Reprodução/Arquivo da editora

5. Pelas características do texto:

a) A que gênero pertence? Qual é o suporte?

b) Em que lugares é possível encontrar um texto como esse?

c) A quem se destina?

6. Reescreva a frase no caderno, colocando-a na voz passiva analítica e na voz ativa.

7. Compare estas orações:

Aluga-se esta casa. | Esta casa é alugada.

Ambas as orações estão na voz passiva, contudo, levando em conta o uso corrente dessas frases no português brasileiro, é possível dizer que elas apresentam o mesmo sentido? Troque ideias com o professor e com os colegas. Em que situações e com que finalidade empregamos uma e outra?

DIVIRTA-SE

CAPÍTULO 24

Tipos de predicado

Predicado verbal e predicado nominal

Construindo o conceito

Leia este poema, de Roseana Murray.

Transformação

Fabrico uma árvore
com uma simples semente,
terra escura e quieta,
umas gotas de água.

Pouco a pouco,
de lua em lua,
de folha em folha,
enquanto o tempo
desenha arabescos
em meu rosto,
minha árvore se transforma
em poema vivo,
suas letras são flores,
são frutos, são música.

(*Fábrica de poesia*. São Paulo: Scipione, 2008. p. 9.)

Filipe Rocha/Acervo da editora

1. O eu lírico (a voz que fala no poema) conta algo que ele fez.

a) Identifique a única ação do eu lírico citada no poema.

b) Considerando o sentido do poema, explique por que a forma verbal utilizada não é a mais habitual nesse contexto. Que formas verbais seriam mais adequadas para descrever a ação do eu lírico?

c) Levante hipóteses: Quais sentidos são construídos no poema pela forma verbal empregada?

d) Qual é o resultado da ação do eu lírico?

e) O resultado indicado por você no item **d** corresponde a uma situação que realmente acontece ou a um ponto de vista particular do eu lírico? Explique.

2. Releia estes versos:

> "enquanto o tempo
> desenha arabescos
> em meu rosto,"

a) Deduza: A que acontecimento corresponde a ação do tempo mencionada nesses versos?

b) Explique a relação entre a ação indicada nos versos e o acontecimento identificado por você no item **a**.

3. Na frase "minha árvore se transforma em poema vivo", composta de versos da segunda estrofe:

a) Qual é o sujeito? E o predicado?

b) O verbo **transformar**, que no poema aparece na forma **transforma**, quanto à predicação, é significativo ou de ligação?

c) No contexto, quais termos complementam o sentido desse verbo?

4. Agora, releia estes versos do poema:

> "suas letras são flores,
> são frutos, são música."

Filipe Rocha/Acervo da editora

a) No contexto, a que se refere o pronome **suas**, isto é, de quem são as letras?

b) Transforme esse verso em três frases independentes, com o mesmo sujeito, sem alterar o sentido original.

c) Nas frases escritas por você no item **b**:

- identifique os sujeitos.
- identifique os predicados.
- o verbo **ser**, que aparece na forma **são**, quanto à predicação, é significativo ou de ligação?
- qual é a função sintática das palavras **flores**, **frutos** e **música**?

5. Troque ideias com os colegas e o professor e conclua: Qual é a transformação a que o título do poema se refere?

Conceituando

Você já sabe que o predicado é a parte da oração que tem um verbo que concorda com o sujeito e sabe também que o predicado apresenta uma informação sobre o sujeito. Ao realizar os exercícios na seção anterior, você percebeu que o predicado pode ter diferentes estruturas. Veja:

I. Na oração "O tempo desenha arabescos em meu rosto.", a forma verbal **desenha**, por ser de um verbo significativo (**desenhar**), isto é, que não é de ligação, é o **núcleo do predicado**, ou seja, é a palavra que contém a informação mais importante sobre o sujeito. Quando isso ocorre, temos o **predicado verbal**.

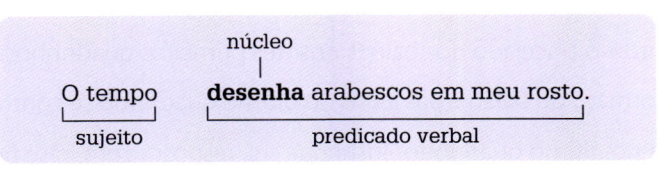

	núcleo
O tempo	**desenha** arabescos em meu rosto.
sujeito	predicado verbal

II. Na oração “Suas letras são flores.”, a forma verbal **são**, por ser um verbo de ligação (**ser**), tem o papel de ligar o sujeito (suas letras) ao predicativo (flores). Nesse caso, o núcleo, isto é, o termo que contém a informação mais importante sobre o sujeito, é o predicativo do sujeito, e não o verbo. Temos, então, o **predicado nominal**.

Suas letras	são	**flores**. (núcleo)
sujeito	VL	predicativo do sujeito
	predicado nominal	

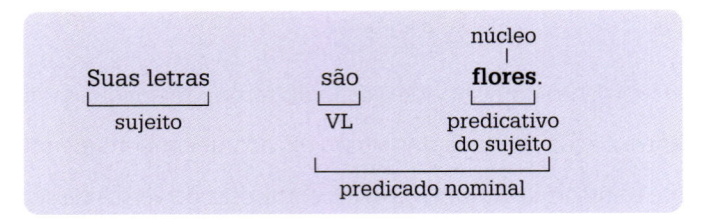

Predicado verbal é aquele que apresenta como núcleo um verbo significativo (VI, VTD, VTI ou VTDI).

Predicado nominal é aquele que apresenta como núcleo um predicativo do sujeito, que se liga ao sujeito por meio de um verbo de ligação.

Estruturas sintáticas do predicado

Predicado verbal:
- VI
- VTD + OD
- VTI + OI
- VTDI + OD + OI

Predicado nominal → VL + PS

Exercícios

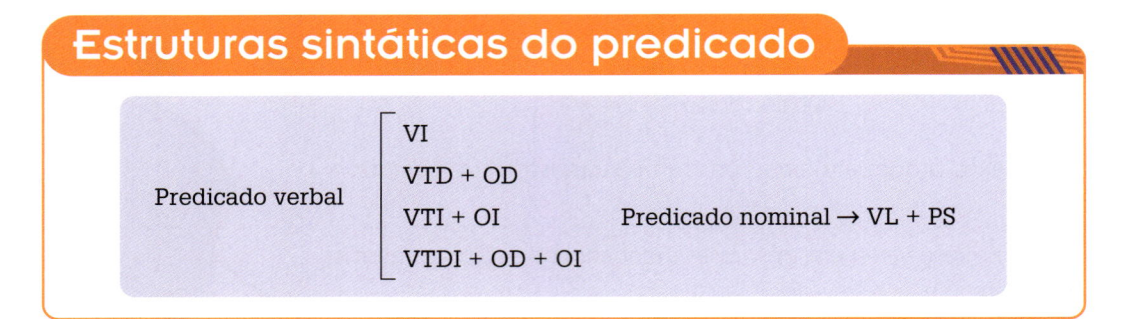

Leia a tira a seguir para responder às questões 1 a 4.

Will Leite/Acervo do cartunista

(Disponível em: http://www.willtirando.com.br/anesia-624/http://www.willtirando.com.br/anesia-624/. Acesso em: 11/4/2023.)

1. As duas personagens que aparecem na tira são as filhas de Anésia, uma personagem idosa conhecida por seu mau humor constante. Nessa tira, elas conversam sobre a mãe.

a) O que indica o contorno tracejado dos balões nos três primeiros quadrinhos?

b) Em que sentido o formato do balão e das letras do último quadrinho se contrapõe aos balões anteriores?

c) Deduza: Quem fala no último quadrinho? Justifique sua resposta com base no texto.

2. Observe as formas verbais **anda** e **fica** empregadas nos dois primeiros quadrinhos.

a) Qual é o sujeito dessas formas?

b) No contexto, essas formas verbais correspondem a verbos significativos ou a verbos de ligação? Justifique sua resposta.

3. Agora, observe o emprego da forma **tô** no último quadrinho.

a) A qual forma verbal ela corresponde? Por que ela foi escrita dessa forma?

b) Qual é o sujeito dessa forma?

c) No contexto, essa forma verbal estabelece uma relação entre o sujeito e:

I. uma característica dele.

II. a localização dele.

III. uma condição inerente a ele.

d) Considerando suas respostas aos itens anteriores, troque ideias com os colegas e o professor e conclua: A forma verbal **tô** foi empregada como verbo significativo ou de ligação? Justifique sua resposta.

4. Escreva no caderno frases nas quais os verbos analisados nas questões 2 e 3 tenham predicações diferentes das identificadas por você.

Leia esta tira de André Dahmer:

(*Folha de S.Paulo*, 29/3/2018.)

5. Na tira, o personagem Malvadão pergunta a Malvadinho se ele foi um jovem sonhador.

a) Qual é o sentido da palavra **sonhador** no contexto?

b) Que tipo de sonho Malvadinho tinha, segundo ele próprio?

6. Observe o comentário de Malvadão no 3º quadrinho. A fala dele pode apresentar mais de um sentido.

a) Quais são os sentidos?

b) Qual é a predicação do verbo **sonhar**, dependendo de cada um desses sentidos?

7. Indique a predicação das formas verbais a seguir e classifique os predicados.

a) **foi**, no 1º quadrinho;

b) **sonhava**, no 2º quadrinho;

c) **sonhou**, no 3º quadrinho.

Predicativo do objeto e predicado verbo-nominal

Construindo o conceito

Leia este texto de campanha:

Reprodução/OAB, MG.

1. Agora, responda:

a) Qual é o objetivo da campanha que o texto divulga?

b) Qual é a entidade responsável pelo texto?

c) A quem ele se destina?

d) Explique a relação entre a linguagem visual do texto e seu conteúdo.

2. Observe a frase central do texto:

"Faça uma criança feliz!"

a) Em que modo está a forma verbal **faça**?

b) Qual é o sujeito da oração?

c) Como se justifica a escolha desse modo verbal e do interlocutor a quem o texto se dirige?

d) Que relação tem a data-limite para a entrega das doações — 10/10 — com o objetivo da campanha?

3. A respeito da forma verbal **faça**, responda:

a) Qual é sua predicação?

b) Se, na frase, essa forma verbal tiver complemento, indique-o e classifique-o.

4. Sobre a palavra **feliz** responda:

a) A que classe gramatical ela pertence?

b) A que outro termo da oração ela se refere: ao sujeito ou à palavra **criança**? Que característica ela atribui a esse outro termo?

Conceituando

Você observou que, na frase "Faça uma criança feliz!", o adjetivo **feliz** caracteriza o objeto direto **criança**, que desempenha a função de objeto direto da forma verbal **faça**. Quando um termo modifica um objeto direto, atribuindo-lhe característica, dizemos que sua função é de **predicativo do objeto**.

> **Predicativo do objeto** é o termo da oração que modifica o objeto direto ou o objeto indireto, sendo núcleo do predicado juntamente com um verbo significativo.

Veja outros exemplos:

Ela	nunca	vê	Maria	**calma**.
suj.		VTD	OD	pred. do objeto

Ele	o	deixou	**chateado**.
suj.	OD	VTD	pred. do objeto

Às vezes, o predicativo vem precedido de preposição ou conectivo.
Observe:

Ninguém	o	chamava	**de tolo**.
suj.	OD		pred. do objeto

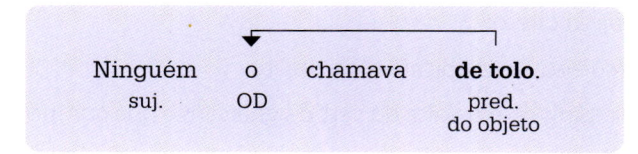

Em anos anteriores, você já estudou que, em orações nas quais há um verbo de ligação, o núcleo do predicado não é o verbo, mas sim um nome, cuja função sintática é a de predicativo do sujeito. Assim, tem-se um predicado nominal. Você também sabe que o predicado verbal é aquele que apresenta como núcleo um verbo significativo. Observe:

A campanha	é	solidária.
sujeito	VL	predicativo do sujeito
	predicado nominal	

A campanha	estimula	doações.
sujeito	VTD	OD
	predicado verbal	

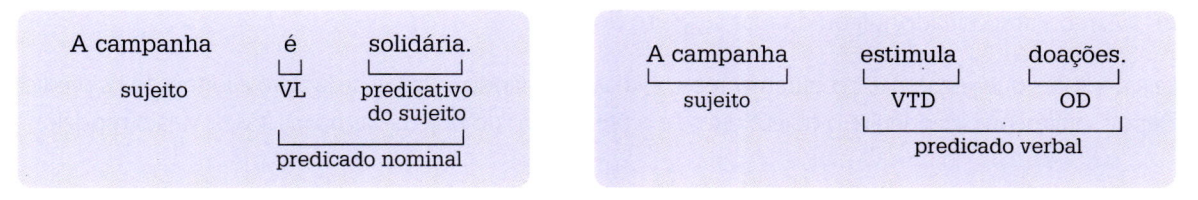

Além desses dois tipos de predicado, há ainda um terceiro tipo: o que apresenta dois núcleos, um constituído por um verbo significativo e outro constituído por um predicativo (do sujeito ou do objeto). Esse tipo de predicado é chamado de **verbo-nominal**. Veja:

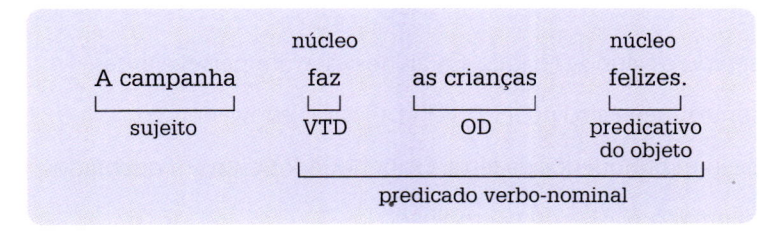

	núcleo		núcleo
A campanha	faz	as crianças	felizes.
sujeito	VTD	OD	predicativo do objeto
	predicado verbo-nominal		

Nessa frase, como o termo **as crianças** é objeto direto do verbo **fazer**, dizemos que o adjetivo **felizes** desempenha a função sintática de predicativo do objeto. Os núcleos do predicado são dois: o verbo **fazer** e o predicativo **felizes**. Portanto, "faz as crianças felizes" é um **predicado verbo-nominal**.

Assim:

Predicado verbo-nominal é aquele que apresenta dois núcleos: um verbo significativo e um predicativo (do sujeito ou do objeto).

Morfossintaxe do predicativo do objeto

A função de predicativo do objeto pode ser exercida por palavras de duas classes gramaticais: o substantivo e o adjetivo.

substantivo
Sempre achei você um **gênio**.
pred. do objeto

adjetivo
Considero seu comentário **infeliz**.
pred. do objeto

Exercícios

1. Reescreva as frases abaixo no caderno e faça o seguinte:

- circule o sujeito e o objeto direto;
- grife o predicativo do sujeito e o predicativo do objeto;
- faça um quadrado ou retângulo em volta do verbo significativo que compõe o predicado verbo-nominal.

Veja o modelo: (O pai) ficou <u>orgulhoso</u> quando [viu] (seu filho) <u>campeão</u>.

a) Aflitos, os alunos consideraram os colegas preparados para a prova.

b) Os turistas sentiram-se frustrados ao encontrar o museu interditado.

c) Marcos, desconfiado, julgou o rapaz suspeito do crime.

2. Leias as frases que seguem e, no caderno, reescreva-as eliminando o verbo de ligação e juntando os predicados. Depois, oralmente, identifique o objeto direto e o predicativo do objeto das novas frases. Veja o modelo:

- Encontrei meus amigos no *shopping*. Eles estavam sozinhos.
- Encontrei meus amigos sozinhos no *shopping*.

OD: meus amigos; predicativo do objeto: sozinhos; predicado verbo-nominal: Encontrei "meus amigos sozinhos no *shopping*".

a) O professor observou os alunos no jogo. Os alunos estavam perseverantes.

b) Minha mãe encontrou seu carro no ferro-velho. O carro estava intacto.

c) As crianças trouxeram brinquedos da festa. Os brinquedos estavam quebrados.

d) Vi meu celular dentro da pia. Ele estava molhado.

Leia a seguir um trecho de uma crônica de Antonio Prata e responda às questões 3 a 5.

"Uma das lendas urbanas mais comuns da minha infância — não só urbana, aliás, mas também rural e praiana, uma vez que o mito atingia com a mesma eficácia o interior e o litoral — era que tal ou qual piscina recebia um produto especial capaz de deixar a água vermelha em contato com o xixi.

Tenho dúvidas, hoje, se a ameaça colaborava mais com a pureza ou com a poluição das águas, afinal, crianças são por natureza questionadoras e a promessa de uma rubra nebulosa se formando em torno do próprio corpo era ao mesmo tempo uma advertência e um convite. Confesso que eu mesmo, mais de uma vez, testei o alarme cromático — e, com partes iguais de alívio e decepção, saí ileso.

Não deve ser difícil criar tal produto. [...] Que não o tenhamos produzido até hoje sugere não ser essa uma prioridade da raça humana ou, pior, insinua uma tácita cumplicidade global: quem nunca?

[...]."

(Disponível em: https://www1.folha.uol.com.br/colunas/antonioprata/2019/07/musica-maestro.shtml. Acesso em: 19/4/2023.)

Filipe Rocha/Acervo da editora

3. Segundo o autor, havia uma lenda urbana em sua infância.

a) Qual era essa lenda?

b) Segundo o texto, essa lenda era eficiente na resolução do problema para o qual foi criada? Justifique sua resposta.

c) Sugira um complemento para a última frase do texto, considerando o conteúdo.

4. Observe o trecho:

"um produto especial capaz de deixar a água vermelha"

a) Reescreva-o no caderno, sem mudar substancialmente o seu sentido, construindo uma frase com a estrutura sujeito, verbo, objeto e predicativo do objeto.

b) Classifique o predicado da frase escrita por você no item **a**, justificando sua resposta.

5. Classifique o predicado destas orações:

a) Esta lenda urbana era comum na infância do autor.

b) O autor julga a estratégia questionável.

c) "Crianças são por natureza questionadoras".

d) "Eu mesmo, mais de uma vez, testei o alarme cromático".

e) A situação insinua uma tácita cumplicidade global.

f) Não se considera o assunto prioritário.

O predicativo do objeto
NA CONSTRUÇÃO DO TEXTO

Leia o anúncio e responda às questões.

APROVEITE PRA ADMIRAR.
SÓ EM FOTOS VOCÊ VÊ
ELA PARADA ASSIM.
CB 500R
HONDA
Cical HONDA DREAM
Reprodução/www.sotitulos.com.br

(Disponível em: www.sotitulos.com.br/honda-6/. Acesso em: 24/4/2023.)

1. Relacione as partes verbal e não verbal do texto.

a) A quem se refere o pronome **ela** no contexto?

b) Quem é o responsável pelo anúncio e qual é o seu principal objetivo?

c) A quem o anúncio se dirige?

2. Releia a primeira frase do anúncio: "Aproveite pra admirar.":

a) Identifique as formas verbais utilizadas, bem como os modos nos quais elas estão conjugadas.

b) O sentido dessas formas verbais sugere uma conotação positiva ou negativa em relação ao produto anunciado? Justifique sua resposta.

Agora, releia a segunda frase do anúncio para responder às questões 3 e 4:

3. A frase "Só em fotos você vê ela parada assim." é construída em torno da forma verbal **vê**.

a) Identifique seu sujeito e seu complemento.

b) Qual é a predicação do verbo **ver** nesse contexto? Como se classifica, então, seu complemento?

c) Há uma particularidade nesse complemento verbal tendo em vista a forma como essa frase foi construída e sua relação com a norma-padrão. Troque ideias com os colegas e o professor e conclua: Qual é essa particularidade?

d) Reescreva essa frase no caderno de acordo com as regras da norma-padrão e compare as duas versões. Levando em conta o contexto, as duas causam o mesmo impacto no leitor? Justifique sua resposta.

4. O termo **parada** tem um importante papel no contexto do anúncio.

a) A que outro termo da frase ele se refere?

b) Conclua: Qual é a função sintática desse termo na frase em estudo? Justifique sua resposta.

c) Interprete: Que característica do produto anunciado é inferida por esse termo? Por que essa característica é importante no contexto do anúncio?

SEMÂNTICA E DISCURSO

Leia o texto de propaganda a seguir para responder às questões 1 a 4.

Reprodução/Ministério Público do Trabalho - MPT/Procuradoria Geral

(Disponível: https://fnpeti.org.br/noticias/2022/02/24/nao-pule-a-infancia-campanha-do-mpt-alerta-para-consequencias-do-trabalho-infantil/. Acesso em: 12/4/2023.)

1. O texto faz parte de uma campanha que circulou em uma época específica do ano.

a) Observe os elementos visuais da peça e deduza: Que época é essa? Justifique sua resposta com base no texto.

b) Quem é o responsável pelo texto? A quem ele se dirige?

c) Qual é a finalidade dele?

2. Nesse texto de propaganda, foram empregadas diversas formas verbais no modo imperativo, dirigidas ao leitor com a função de orientá-lo.

a) Identifique essas formas verbais.

b) Quanto à predicação, os verbos são significativos ou de ligação? Justifique o emprego desse tipo de verbo considerando a função deles no contexto.

3. Releia a frase central do texto:

a) Qual é o sentido da forma verbal **pule** nessa frase? O que seria, no contexto, "pular a infância"?

b) Essa frase dialoga com uma expressão relacionada à época do ano em que a campanha foi veiculada. Entre as opções a seguir, identifique aquela que contém o sentido de "pular" dessa expressão.

I. Elevar-se do chão por impulso dos pés.
II. Dançar animadamente.
III. Levantar-se rapidamente.

4. No canto inferior esquerdo há uma *hashtag*, #ChegadeTrabalhoInfantil.

a) Qual das formas a seguir poderia substituir a forma verbal **chega** nesse contexto?

I. atinge
II. alcança
III. vem
IV. basta

b) Nesse contexto, o verbo **chegar** é de ligação ou significativo?

c) Identifique entre as frases a seguir aquela na qual a forma **chega** não foi empregada com o mesmo sentido que tem no texto de propaganda lido.

I. Chega de reclamações nessa casa.
II. Para mim já chega.
III. Chega de Salvador um voo todos os dias.
IV. Chega de aparecer sem avisar.

DIVIRTA-SE

(Disponível em: https://gerarmemes.s3.us-east-2.amazonaws.com/memes/3dff1717.webp. Acesso em: 25/7/2023.)

CAPÍTULO 25

O adjunto adnominal

Construindo o conceito

Leia o poema a seguir.

Dois corpos distantes

Filipe Rocha/Acervo da editora

Dois
Corpos
Distantes
Ocupam
O mesmo Lugar
Na saudade.

(Lucas Cândido Brandão. *Telegramas*. São Paulo: Saraiva, 2016. p. 104.)

1. O poema dialoga com um conhecido princípio da Física. Deduza, entre as opções a seguir, qual é esse princípio.

a) Dois corpos distantes não podem nunca se encontrar no mesmo lugar no espaço.

b) Dois corpos distintos podem ocupar o mesmo lugar no espaço.

c) Dois corpos distintos não podem ocupar simultaneamente o mesmo lugar no espaço.

2. Compare o texto do poema com o princípio indicado na questão 1.

a) Identifique quais mudanças foram feitas pelo autor do poema em relação ao princípio:

- na caracterização dos corpos;
- na forma verbal;
- na caracterização do lugar a que se refere.

b) Troque ideias com os colegas e o professor: O texto do poema contraria o princípio da Física? Justifique sua resposta.

3. Na questão anterior, você viu que o poema e o princípio da Física, ao caracterizar o lugar a que se referem, utilizam expressões diferentes.

a) Quais palavras formam cada uma dessas expressões? Dê sua classificação morfológica.

b) Entre essas duas expressões, identifique qual é mais concreta e qual é mais abstrata, justificando sua resposta.

4. O poema é composto de uma única frase.

a) Qual é o sujeito dessa frase?

b) Qual é o predicado dessa frase?

c) Identifique e classifique a forma verbal e seus complementos.

d) Observe o título do livro no qual esse poema foi publicado e deduza: Qual é a relação entre esse título e a extensão do poema?

Filipe Rocha/Acervo da editora

Conceituando

Adjunto adnominal

Releia um trecho da frase que compõe o poema estudado por você na abertura do capítulo:

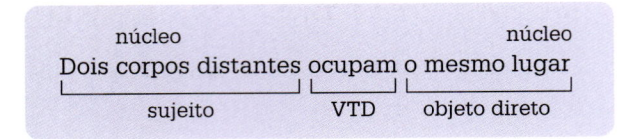

núcleo		núcleo
Dois corpos distantes	ocupam	o mesmo lugar
sujeito	VTD	objeto direto

Conforme você pôde verificar, há palavras que se referem ao núcleo do sujeito e há palavras que se referem ao núcleo do objeto direto:

- **dois** é numeral e se refere a **corpos**;
- **o** é artigo e se refere a **lugar**;
- **distantes** e **mesmo** são adjetivos e se referem, respectivamente, a **corpos** e **lugar**.

Os termos da oração — sujeito, objeto direto, objeto indireto, predicativo do sujeito, etc. — sempre apresentam um núcleo, expresso por uma ou mais palavras.

Quando é um substantivo, esse núcleo pode se apresentar acompanhado por outras palavras. Essas outras palavras exercem na oração a função de **adjunto adnominal**.

Concluímos, então:

Adjunto adnominal é o termo da oração que qualifica, especifica, determina ou indetermina um substantivo (qualquer que seja a função sintática desse substantivo).

Morfossintaxe do adjunto adnominal

A função de adjunto adnominal pode ser desempenhada por adjetivos, locuções adjetivas, artigos (definidos e indefinidos), pronomes adjetivos (possessivos, demonstrativos, indefinidos, interrogativos) e numerais.

artigo	pron. possessivo	adjetivo			numeral	adjetivo	
O	seu	belo	corpo	ocupa	um	único	lugar.
adj. adn.	adj. adn.	adj. adn.	núcleo do sujeito	VTD	adj. adn.	adj. adn.	núcleo do OD

Exercícios

Leia a tira a seguir para responder às questões 1 a 4.

(Disponível em: https://outraspalavras.net/blog/outros-tracos-museu-dos-anos-90/. Acesso em: 10/4/2023.)

1. Relacione as partes verbal e não verbal da tira nos três quadrinhos e explique de que forma os desenhos complementam o texto verbal em cada um deles.

2. O humor da tira é construído pela relação do título *Museu dos anos 90* com o conteúdo dos quadrinhos.

a) Levante hipóteses: Que expectativa o emprego da palavra **museu** cria no leitor? Que expressão é empregada no título para definir o museu?

b) O que cada quadrinho mostra de fato?

c) Explique por que essa relação entre o título e o conteúdo constrói um efeito de humor na tira.

3. Nos quadrinhos da tira lida, são empregados diversos adjuntos adnominais. Identifique esses adjuntos adnominais e os respectivos núcleos que eles acompanham:

a) No 1º quadrinho.

b) No 2º quadrinho.

c) No 3º quadrinho.

4. O adjunto adnominal cumpre um papel decisivo na construção dos sentidos da tira, considerando as situações descritas em cada quadrinho.

a) Explique por quê.

b) Proponha no caderno reescritas para as frases dos dois primeiros quadrinhos da tira, trocando apenas os adjuntos adnominais, de forma que eles passem a descrever como é a vida atualmente.

O adjunto adnominal NA CONSTRUÇÃO DO TEXTO

Leia a tira a seguir.

(Disponível em: http://bichinhosdejardim.com/velha-acabada/. Acesso em: 15/4/2023.)

1. Relacione as partes verbal e não verbal da tira e levante hipóteses, justificando suas respostas com elementos do texto:

a) Quem é a pessoa com quem Maria Joaninha conversa?

b) Onde as personagens se encontram?

2. Nos dois primeiros quadrinhos, Maria Joaninha emprega formas de verbos de ligação para descrever a si mesma.

a) Quais são essas formas verbais e seus respectivos sujeitos?

b) Identifique e classifique as expressões utilizadas por Maria Joaninha para qualificar a si mesma.

c) Quais são os núcleos dos termos identificados por você no item **b**?

d) Como se classificam morfológica e sintaticamente os termos que acompanham o núcleo nas expressões identificadas por você no item **b**? Justifique sua resposta.

e) Troque ideias com os colegas e o professor sobre esses termos e conclua: Eles sugerem que Maria Joaninha tem uma visão positiva ou negativa de si mesma?

3. Maria Joaninha toma uma decisão no 3º quadrinho.

a) O que o termo **isso** retoma?

b) Que expressão Maria Joaninha utiliza nesse quadrinho para definir a atitude que pretende tomar?

4. Observe a pontuação empregada em cada quadrinho da tira.

a) Quais pontos são utilizados ao final de cada um deles?

b) Deduza: O que cada um desses sinais de pontuação indica sobre a relação entre os balões de fala da personagem?

c) O uso dessa pontuação contribui para construir quais sentidos no contexto da tira em estudo?

5. No 4º quadrinho, Maria Joaninha expõe seu plano.

a) Qual é ele?

b) Identifique as palavras utilizadas por Joaninha que fazem referência aos seguintes termos:

- canal
- fama

c) Essas palavras acrescentam um sentido positivo ou negativo aos termos que acompanham?

6. É comum que o efeito de humor das tiras se construa no último quadrinho, quando muitas vezes um elemento quebra a expectativa do leitor. Tendo em vista suas respostas às questões anteriores, conclua:

a) Por que a fala de Maria Joaninha no último quadrinho quebra a expectativa do leitor?

b) Qual é a importância dos adjuntos adnominais na construção do humor dessa tirinha?

SEMÂNTICA E DISCURSO

Leia o texto de campanha a seguir.

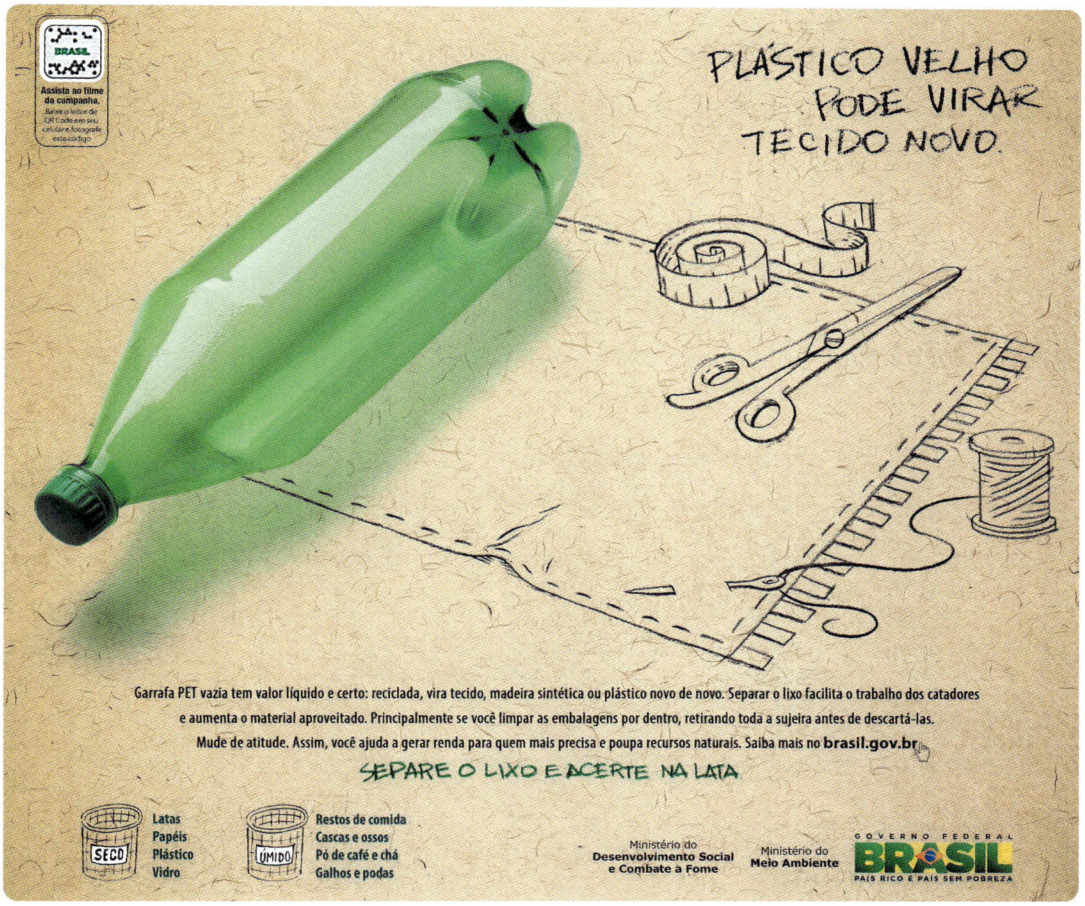

Governo Federal/Comunicação Social

(Disponível em: https://separeolixo.files.wordpress.com/2011/07/cartaz_46x64vertical04.pdf. Acesso em: 30/1/2023.)

1. Observe a parte verbal do texto, abaixo da figura.

a) Quem é o responsável pela campanha divulgada?

b) A quem o texto se dirige? Justifique sua resposta.

2. Releia a frase em destaque no texto: "Plástico velho pode virar tecido novo"

a) Compare a parte não verbal com o conteúdo dessa frase e conclua: A qual expressão corresponde a imagem retratada por meio de fotografia e a qual expressão correspondem as imagens desenhadas? Justifique sua resposta.

b) Qual é o sujeito da oração que essa frase contém?

c) Classifique a forma verbal quanto à predicação e indique a função sintática do termo **tecido novo**.

d) Que palavras dessa frase têm sentidos opostos?

e) Classifique sintaticamente as palavras mencionadas por você no item **d**, justificando sua resposta.

Releia as seguintes frases, extraídas do texto abaixo da imagem, para responder às questões 3 e 4.

I. "Garrafa PET vazia tem valor líquido"

II. "Separar o lixo aumenta o material aproveitado"

III. "Você poupa recursos naturais"

3. As três frases contêm adjuntos adnominais em sua composição.

a) Identifique os termos que exercem a função de adjunto adnominal.

b) Indique a qual substantivo se refere cada um dos adjuntos identificados por você no item **a**.

c) Qual dessas frases tem adjuntos adnominais apenas no objeto direto?

d) E quais delas têm adjuntos adnominais também no sujeito?

4. Sobre a frase I:

a) Identifique nela um termo que remete a mais de um sentido no contexto. Justifique sua resposta.

b) A qual outra palavra da frase um dos sentidos desse termo se contrapõe diretamente? Justifique sua resposta.

c) Troque ideias com os colegas e o professor e explique por que o uso do termo identificado por você no item **a** contribui para construir um efeito de sentido que chama a atenção para o texto.

5. Agora observe, na parte inferior do texto, os itens enumerados na lixeira com o rótulo **úmido**.

a) Quais desses itens são acompanhados por termos especificadores?

b) Tendo em vista o contexto e o conteúdo do texto, crie termos especificadores também para os demais itens.

c) Compare as suas respostas ao item **b** com as respostas dos colegas e conclua: Por que, nesse caso, nem todos os itens apareceram com termos especificadores?

DIVIRTA-SE

Você é capaz?

Diga as cores, não as palavras...

AMARELO	AZUL	LARANJA
PRETO	VERMELHO	VERDE
ROXO	AMARELO	VERMELHO
LARANJA	VERDE	PRETO
AZUL	VERMELHO	ROXO
VERDE	AZUL	LARANJA

O lado esquerdo do nosso cérebro diz a cor, mas o lado direito insiste em ler a palavra...

(Disponível em: https://clube.spm.pt/news/1991. Acesso em: 26/7/2023.)

CAPÍTULO 26

O complemento nominal

Construindo o conceito

Leia este texto:

NÃO
VIOLÊNCIA DOMÉSTICA
CONTRA MULHER
22/11 - PRAÇA DOS MIGRANTES
11h às 19h Acolhimento de denúncias
Distribuição de material
Informativo
Vídeos
Oficina da beleza
Rodas de conversas
18h Teatro
18h30m Abertura
19h Aulão
23/11 - PRAÇA JARDIM PRIMAVERAS
11h às 19h Acolhimento de denúncias
Distribuição de material
Informativo
Vídeos
Oficina da beleza
Rodas de conversas
18h30m Teatro
24/11 - PRAÇA DA LIBERDADE
11h às 17h Acolhimento de denúncias
Distribuição de material
Informativo
Vídeos
Oficina da beleza
Rodas de conversas
18h30m Teatro
19h Encerramento
ONDE BUSCAR AJUDA
Disque 180 - Disque 100
Delegacia de Polícia - 3549 1555
CRAS - 3548 2563
CREAS - 3548 2565
CMDM - 3548 2541
Avenida Bahia, 908 1004
Jardim das Palmeiras
Lucas do Rio Verde - MT
CMDM
CONSELHO MUNICIPAL DE DIREITOS DA MULHER
LUCAS DO RIO VERDE

(Disponível em: https://www.lucasdorioverde.mt.gov.br/site/noticias/6036. Acesso em: 20/4/2023.)

CRAS: Centro de Referência de Assistência Social.

CREAS: Centro de Referência Especializado de Assistência Social.

CMDM: Conselho Municipal dos Direitos da Mulher.

1. Em relação ao gênero textual, o texto lido configura-se como:

a) um artigo de opinião.

b) um texto de campanha comunitária.

c) um anúncio publicitário.

d) um cartaz instrucional.

2. Observe a parte verbal e a imagem de fundo do texto. Leia as informações que constam na lateral direita da peça, com indicações de datas e locais.

a) Quem é o locutor, ou seja, o responsável pelo texto?

b) Qual é o tema central do texto?

c) Qual é a finalidade do texto?

d) A quem ele se destina?

e) O que são as indicações que estão do lado direito do texto?

f) Levante hipóteses: Em quais veículos ou suportes esse texto circulou?

3. Observe a imagem que acompanha o texto.

a) O que ela mostra e o que está representando?

b) Relacione a parte verbal com a parte visual do texto.

4. Existem termos que complementam verbos transitivos (o objeto direto e o objeto indireto) e termos que complementam nomes. Releia o enunciado principal do texto e responda:

a) Qual é o termo que complementa o sentido da expressão "violência doméstica"?

b) Qual é a classe gramatical da palavra **violência**?

5. Na parte inferior do texto, há alguns números de telefone e algumas siglas.

a) Que papel cumprem essas informações?

b) Na frase "Onde buscar ajuda", qual é a predicação do verbo **buscar**? Ele apresenta complementos? Se sim, indique-os e classifique-os.

Conceituando

Complemento nominal

Ao responder às questões anteriores, você pôde constatar que há palavras que completam o sentido de verbos e outras que completam o sentido de nomes. Compare:

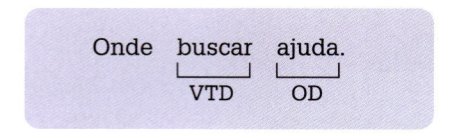

Onde	buscar	ajuda.
	VTD	OD

Violência	doméstica	contra mulher.
substantivo		complemento nominal

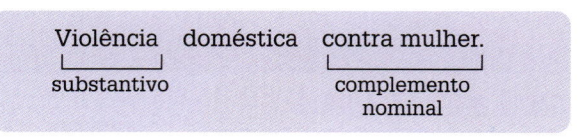

No primeiro exemplo, o termo **ajuda** complementa o verbo **buscar**, sendo seu objeto direto. No segundo, o termo "contra mulher" complementa um nome, o substantivo **violência**. Se eliminássemos esse complemento do texto, o enunciado se reduziria a "Violência doméstica" e faltaria uma informação importante no contexto: violência contra quem? Quando um termo complementa o sentido de um nome (substantivo, adjetivo ou advérbio), dizemos que ele é um **complemento nominal**.

Complemento nominal é o termo sintático que complementa nomes, isto é, substantivos, adjetivos e advérbios.

Veja outros exemplos:

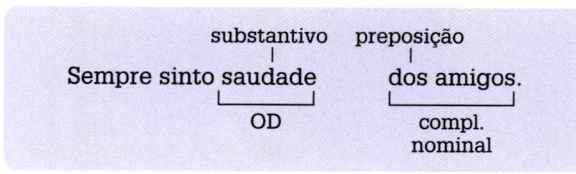

Sempre sinto saudade (substantivo; OD) dos amigos. (preposição; compl. nominal)

Esta sala é agradável (adjetivo; pred. do suj.) para leitura. (preposição; compl. nominal)

Ele estuda perto (advérbio; adj. adv.) de sua casa. (preposição; compl. nominal)

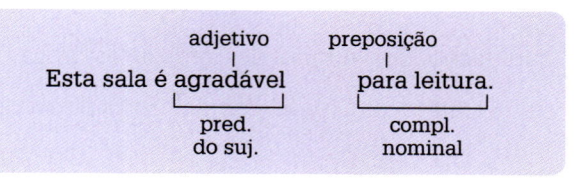

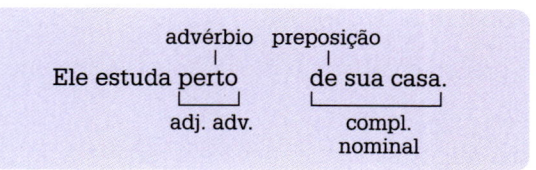

Geralmente, o complemento nominal é precedido de preposição e quase sempre é o alvo para o qual tende um movimento, um sentimento ou uma disposição. Observe que, nos exemplos vistos, na primeira frase, "os amigos" é o alvo para o qual se direciona a saudade; na segunda frase, "a leitura" é o alvo para o qual se destina a agradabilidade da sala.

Morfossintaxe do complemento nominal

O complemento nominal pode ter como núcleo:

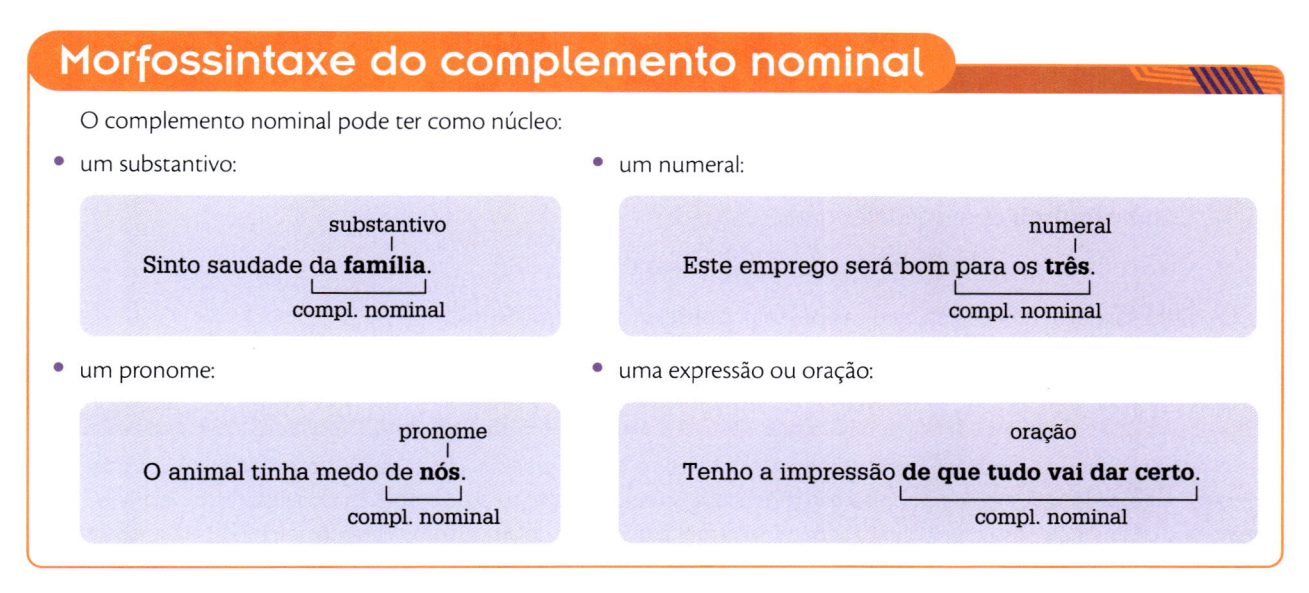

- um substantivo:

  Sinto saudade da **família**. (substantivo; compl. nominal: da família)

- um pronome:

  O animal tinha medo de **nós**. (pronome; compl. nominal: de nós)

- um numeral:

  Este emprego será bom para os **três**. (numeral; compl. nominal: para os três)

- uma expressão ou oração:

  Tenho a impressão **de que tudo vai dar certo**. (oração; compl. nominal)

Exercícios

Leia este cartaz:

(Disponível em: https://www.folhaonline.es/anchieta-comemora-o-dia-internacional-de-combate-as-drogas-com-palestras-em-escolas-do-municipio/. Acesso em: 20/4/2023.)

1. O cartaz chama a atenção dos leitores para uma data especial: o dia 26 de junho, eleito o Dia Internacional contra o Abuso e Tráfico Ilícito de Drogas. Levante hipóteses: Por que é escolhido um dia do ano para lembrar campanhas como essa?

2. Observe a imagem que acompanha o enunciado verbal. O que ela representa no contexto?

3. No trecho "Dia Mundial de Combate às Drogas":

   a) O termo "às Drogas" complementa o sentido de:

      I. Dia. II. Dia Mundial. III. Combate.

   b) Qual é a função sintática do termo "às Drogas"?

4. Se tivéssemos o enunciado "É preciso combater as drogas", qual seria a função sintática do termo "as drogas"? Por quê?

5. Tomando como referência suas respostas às questões 3 e 4, reescreva no caderno as frases a seguir transformando os verbos destacados em substantivos. Faça as adaptações que forem necessárias. Depois, identifique na nova frase o objeto (direto ou indireto) e o complemento nominal. Veja o exemplo:

   - Vamos **combater** as drogas.
   - Promova o **combate** às drogas. / OD: o combate; CN: às drogas.

   a) A empresa **demitiu** 200 funcionários.

   b) É preciso **prevenir** contra as doenças infecciosas.

   c) Os estudantes começaram a **lutar** pelos seus direitos.

   d) O juiz **expulsou** dois jogadores durante o jogo.

   e) Os deputados **suprimiram** dois itens do projeto de lei.

   f) Sem saneamento básico, muitas pessoas **poluem** os rios próximos.

Adjunto adnominal × complemento nominal

O adjunto adnominal formado por locução adjetiva costuma indicar uma característica do substantivo: tipo, cor, material de que é feito, possuidor, etc. Já o complemento nominal costuma ser o alvo da ação embutida no substantivo. Veja: amor **de mãe** (tipo de amor ou possuidor: adjunto adnominal); amor **à mãe** (alvo do amor: complemento nominal); Ele é a esperança **do povo** (possuidor: adjunto adnominal); Temos a esperança **de um mundo melhor** (alvo: complemento nominal).

O complemento nominal NA CONSTRUÇÃO DO TEXTO

Você conhece os direitos básicos da criança e do adolescente? Leia o texto a seguir.

A Constituição Federal estabeleceu a família, a sociedade e o Estado como responsáveis pela formação e estruturação dos indivíduos, conforme dispõe o artigo 227:

- Art. 227. É dever da família, da sociedade e do Estado assegurar à criança, ao adolescente e ao jovem, com absoluta prioridade, o direito à vida, à saúde, à alimentação, à educação, ao lazer, à profissionalização, à cultura, à dignidade, ao respeito, à liberdade e à convivência familiar e comunitária, além de colocá-los a salvo de toda forma de negligência, discriminação, exploração, violência, crueldade e opressão.

(Disponível em: https://www.childfundbrasil.org.br/blog/eca-estatuto-da-crianca-e-adolescente/. Acesso em: 20/4/2023.)

Reprodução/Arquivo da editora

1. De acordo com o texto, quem tem a responsabilidade de cuidar dos jovens e acompanhá-los em seu processo de formação?

2. Quais são os direitos básicos que todas as crianças e todos os adolescentes têm, por lei?

3. Quando vemos uma criança em situação de rua, sem ter onde morar e sem frequentar a escola:
   a) Os direitos dela estão sendo respeitados? Por quê?
   b) Levante hipóteses: De quem é a falha que leva à ocorrência dessa situação?

4. Observe o enunciado que precede o artigo 227.
   a) Qual é a função sintática do termo "a família, a sociedade e o Estado"?
   b) E qual é a função do termo **responsáveis**?

Para que serve o complemento nominal?

O complemento nominal tem um papel semelhante ao dos objetos, com a diferença de que estes complementam verbos e o complemento nominal completa nomes. Geralmente empregamos o complemento nominal quando lidamos com ideias e conceitos abstratos. O complemento nominal costuma corresponder ao alvo de nossos sentimentos, desejos e necessidades: ter a vontade **de fazer alguma coisa**, ter medo **de algo**, ter direito **a algo**, ter necessidade **de algo**.

5. Observe agora o termo "pela formação e estruturação dos indivíduos".
   a) A que palavra ele se liga? Qual é a classe gramatical dela?
   b) Conclua: Qual é a função sintática do termo "pela formação e estruturação dos indivíduos"?

6. No texto do artigo 227, qual é a predicação do verbo **assegurar**? Se ele tem objetos, indique-os.

7. A palavra **direito**, no contexto, exige complementos.
   a) Qual é a classe gramatical da palavra **direito**?
   b) Quais são os complementos dessa palavra?
   c) Qual é a função sintática desses complementos?

8. No trecho "além de colocá-los a salvo de toda forma de negligência, discriminação, exploração, violência, crueldade e opressão":
   a) Que palavra ou expressão os termos **de negligência**, **(de) discriminação**, **(de) exploração**, **(de) violência**, **(de) crueldade** e **(de) opressão** complementam?
   b) Qual é a classe gramatical dessa palavra ou expressão?
   c) Logo, qual é a função sintática dos termos **de negligência**, **(de) discriminação**, **(de) exploração**, **(de) violência**, **(de) crueldade** e **(de) opressão**?

9. A palavra **direito** e a expressão "a salvo", bem como os complementos nominais, cumprem um papel fundamental na construção das ideias do texto. Considerando a finalidade do texto e seu conteúdo, explique:
   a) o papel dessa palavra e dessa expressão no texto;
   b) o papel dos complementos nominais no texto.

SEMÂNTICA E DISCURSO

Leia este cartaz:

Coordenadoria da Pessoa com Deficiência/Prefeitura de Jundiaí

(Disponível em: https://jundiai.sp.gov.br/noticias/2013/04/18/semana-da-pessoa-com-deficiencia-tera-acoes-na-cidade/. Acesso em: 20/4/2023.)

1. O anúncio integra uma campanha promovida pela Prefeitura de Jundiaí, cidade do interior do Estado de São Paulo.

a) Qual é o objetivo do anúncio?

b) A quem ele se destina?

c) Levante hipóteses: Onde provavelmente esse cartaz foi afixado?

2. Observe a imagem que compõe o cartaz.

a) O que ela retrata?

b) Por que a imagem causa surpresa?

c) Por que, no enunciado da parte superior do cartaz, as palavras **RUIM**, **SUA** e **NÃO** estão em corpo maior que o restante do texto?

d) Qual é a relação entre a imagem e a parte verbal do cartaz?

No trecho a seguir, há dois termos preposicionados. Para responder às questões 3 e 4, releia-o e analise a relação que cada um desses termos tem com o substantivo que acompanha.

> **"É lei. Quem é idoso ou pessoa com deficiência tem direito às vagas exclusivas."**

3. Sobre a expressão "com deficiência":

a) Qual é o substantivo que ela acompanha? Esse substantivo é concreto ou abstrato?

b) Há, em português, um adjetivo correspondente a essa expressão? Se sim, qual?

c) Conclua: Qual é a função sintática do termo "com deficiência"?

4. Observe agora o termo "às vagas exclusivas".

a) A que substantivo ele se liga? Esse substantivo é concreto ou abstrato?

b) Em relação ao termo identificado no item **a**, a expressão "as vagas exclusivas" é alvo ou possuidor?

c) Conclua: Qual é a função sintática do termo "às vagas exclusivas"?

d) Caso no anúncio houvesse a construção "É direito dos idosos e das pessoas com deficiência ter uma vaga reservada", a expressão "dos idosos e das pessoas com deficiência" teria qual função sintática? Por quê?

DIVIRTA-SE

(Disponível em: https://tiroletas.wordpress.com/2014/08/11/complementosnominais/. Acesso em: 26/4/2023.)

CAPÍTULO

27 O adjunto adverbial

Construindo o conceito

Leia o texto a seguir.

COMO LEVAR PEÇAS MOLHADAS NA MALA OU MOCHILA
GEL DE SÍLICA
Coloque sua roupa molhada dentro do saco bem fechado (de preferência com "zip lock") junto com vários pacotinhos de sílica-gel. Em algumas horas, estará seca.
A dica funciona com peças pequenas e leves como roupas íntimas, sungas e biquínis.
Fonte: Nifty
almanaquesos.com

(Disponível em: https://www.almanaquesos.com/truque-para-levar-roupa-ou-peca-de-banho-molhada-na-mochila. Acesso em: 4/5/2023.)

1. O texto lido foi publicado no *site* Almanaque SOS.

a) Esse texto corresponde a:

I. um tutorial. **II.** uma dica. **III.** um infográfico.

b) Com base no texto e no nome do *site*, levante hipóteses: Qual é a finalidade desse *site*?

2. O texto aborda um possível uso dos "pacotinhos de sílica-gel".

a) Considerando o texto lido, deduza: Qual é a função desses pacotinhos?

b) Você já comprou algum produto que veio com esse pacotinho? Comente com os colegas.

3. Encontre no texto:

a) duas expressões que indicam o lugar onde as roupas devem ser colocadas.

b) uma expressão que indica uma circunstância de tempo.

4. Observe os termos em destaque nesta frase do texto:

> "Coloque sua roupa molhada dentro do saco **bem** fechado **(de preferência com 'zip lock') junto com vários pacotinhos de sílica-gel**."

a) Troque ideias com os colegas e o professor, depois responda: A quais outras palavras da frase cada um dos termos a seguir se refere?

- bem
- de preferência com "zip lock"
- junto com vários pacotinhos de sílica-gel

b) Qual é o papel desses termos na frase lida?

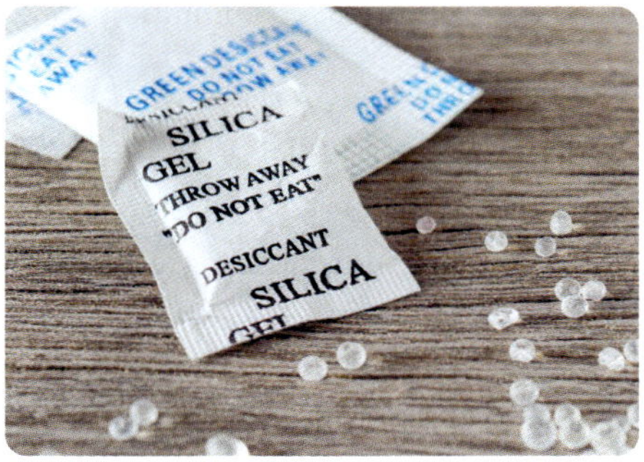

jakkrit pimpru/Shutterstock

› Pacotinhos de sílica-gel.

5. Levando em consideração o estudo feito, conclua: Por que a presença dos termos identificados e analisados nas questões anteriores é importante no texto lido?

Conceituando

Adjunto adverbial

No estudo da seção anterior, você pôde perceber que os termos "na mala ou mochila" e "dentro do saco" fazem referência ao lugar onde as roupas serão colocadas. A expressão "em algumas horas", por sua vez, estabelece uma relação temporal entre as ações de guardar a roupa e a roupa secar. Já a palavra **bem** intensifica a forma como o saco deve ser fechado.

Todas essas palavras e expressões desempenham sintaticamente, nas frases, a função de **adjuntos adverbiais**. No texto estudado, as circunstâncias expressas por esses adjuntos adverbiais são, respectivamente, de lugar, de tempo, de intensidade e de modo, mas os adjuntos adverbiais podem expressar também outras circunstâncias, como causa, dúvida e negação. Veja:

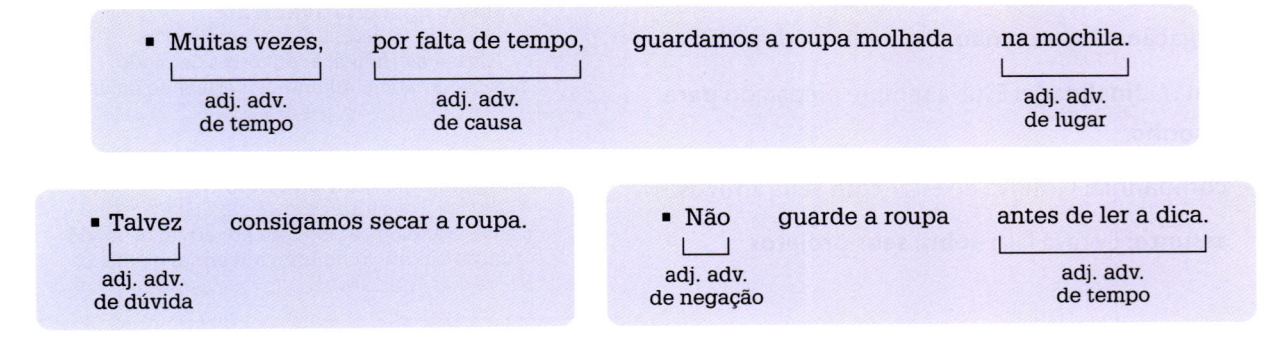

- Muitas vezes, (adj. adv. de tempo) por falta de tempo, (adj. adv. de causa) guardamos a roupa molhada na mochila. (adj. adv. de lugar)

- Talvez (adj. adv. de dúvida) consigamos secar a roupa.

- Não (adj. adv. de negação) guarde a roupa antes de ler a dica. (adj. adv. de tempo)

Assim, concluímos:

> **Adjunto adverbial** é o termo que incide sobre outro termo da oração, modificando ou indicando uma circunstância em relação a ele. Esse outro termo muitas vezes é um verbo, mas pode ser também um adjetivo, um substantivo, um numeral, um pronome, outro advérbio, ou mesmo uma oração inteira.

Observe os casos a seguir.

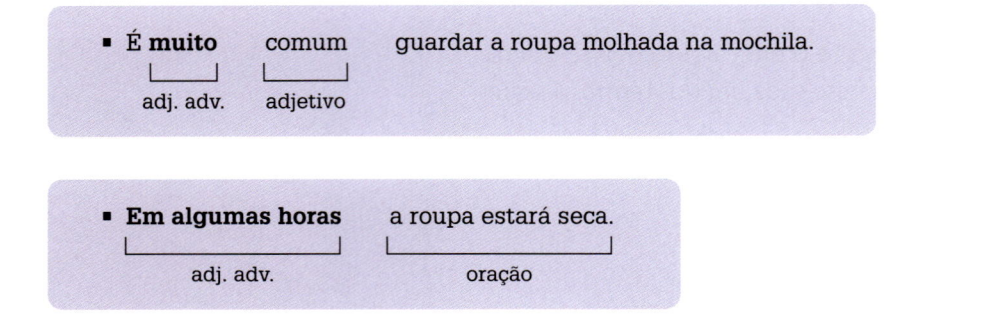

- É **muito** (adj. adv.) comum (adjetivo) guardar a roupa molhada na mochila.

- **Em algumas horas** (adj. adv.) a roupa estará seca. (oração)

- **Aproximadamente** (adj. adv.) $\frac{2}{3}$ (numeral) da população guarda a roupa molhada **diretamente** (adj. adv.) na mochila. (locução adverbial)

- **Certamente** (adj. adv.) essa (pronome) é a atitude da maioria das pessoas.

Os adjuntos adverbiais podem expressar diversas circunstâncias.

Veja algumas delas:

- **intensidade:** Ela estuda e sonha **muito**.
- **instrumento:** Ela trabalhava **com a imaginação**.
- **afirmação: Sim**, o garoto era muito criativo.
- **negação:** O estudo **não** o impedia de desenhar.
- **fim** ou **finalidade:** Estava sempre preparado **para o sonho**.
- **companhia:** Gostava de estar **com seus amigos**.
- **assunto:** Evitava falar **sobre seus projetos**.

Morfossintaxe do adjunto adverbial

O adjunto adverbial é a função sintática própria dos advérbios e das locuções adverbiais. Sua classificação é a mesma dos advérbios. Observe:

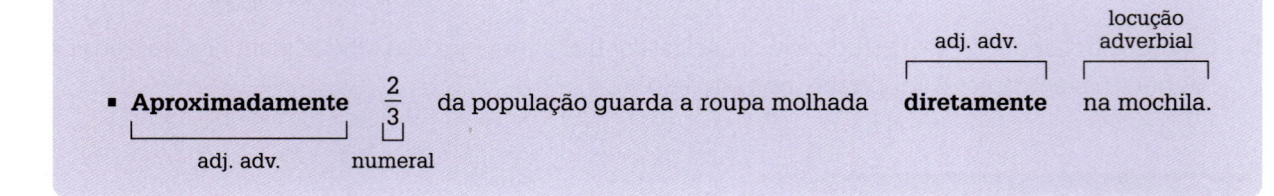

O menino agia **criativamente**.
classe morfológica: advérbio de modo
função sintática: adjunto adverbial de modo

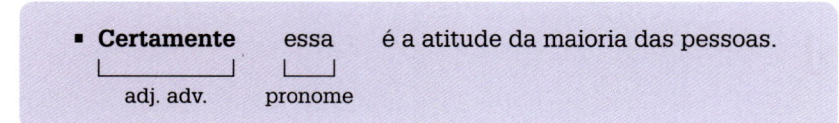

O menino agia **com criatividade**.
classe morfológica: locução adverbial de modo
função sintática: adjunto adverbial de modo

Exercícios

Leia este texto e responda às questões 1 a 5:

Uma época em que
FUTEBOL BONITO
era feito com
GOLS E DRIBLES,
e não imagens
EM HD.
EXPOSIÇÃO FOTOGRÁFICA FUTEBOL, ARTE E PAIXÃO.
De 10/06 a 27/07, no Memorial Minas Gerais.
ESTADO DE MINAS

Reprodução/www.sotitulos.com.br

(Disponível em: http://www.sotitulos.com.br/wp-content/uploads/2017/04/Futebol_2.jpg Acesso em: 3/5/2023.)

1. Sobre a situação social de circulação desse texto, responda:

a) Qual é a principal finalidade dele? Que adjuntos adverbiais empregados no texto estão diretamente relacionados a essa finalidade? Justifique sua resposta, com base na circunstância indicada por cada um deles.

b) Quem é o responsável pelo texto e a quem ele se dirige?

c) Identifique a relação existente entre as partes verbal e não verbal do texto.

2. Releia a frase central do texto.

a) Há, nessa frase, a omissão de um trecho que pode ser facilmente recuperado no contexto. Reescreva-a no caderno, explicitando esse termo omitido no texto original.

Economia na língua

Observe este enunciado:

> **O rapaz, ao reencontrar a namorada, beijou-a demoradamente, intensamente, apaixonadamente.**

A repetição de adjuntos adverbiais terminados em **-mente** pode criar um som desagradável. Para tornar a frase mais enxuta e evitar a repetição sonora, recomenda-se eliminar a parte **-mente** dos adjuntos iniciais e deixá-la somente no último adjunto. Veja como ficaria o enunciado:

> **O rapaz, ao reencontrar a namorada, beijou-a demorada, intensa e apaixonadamente.**

b) Identifique, entre as opções a seguir, aquela que indica os elementos colocados em contraste nessa frase.

I. "época" e "futebol bonito"

II. "futebol bonito" e "gols e dribles"

III. "gols e dribles" e "imagens em HD"

IV. "imagens" e "HD"

c) Observe as expressões "com gols e dribles" e "[com] imagens em HD" e identifique a função sintática dessas expressões no contexto.

d) Troque ideias com os colegas e o professor: Que circunstância esses termos acrescentam à forma verbal que modificam?

3. O texto em estudo se constrói por meio de uma comparação entre duas épocas.

a) O que, segundo o texto, marca a diferença entre essas duas épocas?

b) Troque ideias com os colegas e o professor e conclua: Por que o paralelo entre elementos característicos de cada uma dessas épocas constrói certo efeito de humor crítico no texto?

4. Há, no texto em estudo, um adjunto adverbial de negação.

a) Identifique-o.

b) Explique o papel desse adjunto adverbial na comparação feita no texto.

5. Complete no caderno as frases a seguir com um dos adjuntos adverbiais do quadro abaixo, de acordo com as circunstâncias solicitadas e em coerência com o que diz o texto em estudo.

muito	no futuro	perfeitamente	hoje em dia	mais	antigamente
graças à tecnologia	com criatividade	bem	pela televisão		

a) ______ (tempo) o futebol era ______ (intensidade) bonito, porque os jogadores jogavam ______ (modo).

b) ______ (tempo) a maioria das pessoas vê futebol ______ (instrumento).

c) As imagens atuais permitem ver os jogos ______ (modo).

d) ______ (tempo), ______ (causa), será possível ter imagens ______ (intensidade) ______ (modo) definidas.

O adjunto adverbial NA CONSTRUÇÃO DO TEXTO

Leia o poema a seguir, de Affonso Romano de Sant'Anna.

Reflexivo

O que não escrevi, calou-me.
O que não fiz, partiu-me.
O que não senti, doeu-se.
O que não vivi, morreu-se.
O que adiei, adeus-se.

(*Intervalo amoroso e outras poesias.* Porto Alegre: L&PM, 1999. p. 34.)

Filipe Rocha/Acervo da editora

1. Releia os quatro primeiros versos. Nas primeiras orações de cada um deles, o eu lírico faz referência a algumas ações.

a) Quais são essas ações?

b) As ações indicadas por você no item **a** foram realizadas ou foram rejeitadas no contexto do poema?

c) Que palavra do poema justifica sua resposta ao item **b**? Qual é sua função sintática no contexto?

2. Observe as formas verbais que se relacionam nos quatro primeiros versos:

(não) escrevi — calou (não) fiz — partiu (não) senti — doeu (não) vivi — morreu

De modo geral, que tipo de relação existe entre as formas verbais da esquerda e da direita?

3. Os cinco versos que compõem o poema têm uma estrutura paralela, isto é, semelhante em alguns aspectos.

a) Que estrutura se repete nos quatro primeiros versos?

b) Explique de que forma o último verso rompe com essa estrutura.

4. Você viu que o adjunto adverbial indicado por você na questão 1 não está presente no último verso.

a) Levando em consideração o sentido do verbo **adiar**, deduza: Por que o adjunto adverbial não foi empregado nesse verso?

b) Conclua: Como foi formada a expressão **adeus-se** e qual é o seu sentido no contexto do poema?

5. Agora, observe o título do poema.

a) Deduza: A quem ele se refere?

b) Qual é a relação existente entre o conteúdo do poema e seu título?

SEMÂNTICA E DISCURSO

Leia os textos a seguir, com frases que circulam pela internet:

I.

Reprodução/www.pensador.com

(Disponível em: https://www.pensador.com/frases_engracadas_compartilhar_whatsapp. Acesso em: 20/4/2023.)

II.

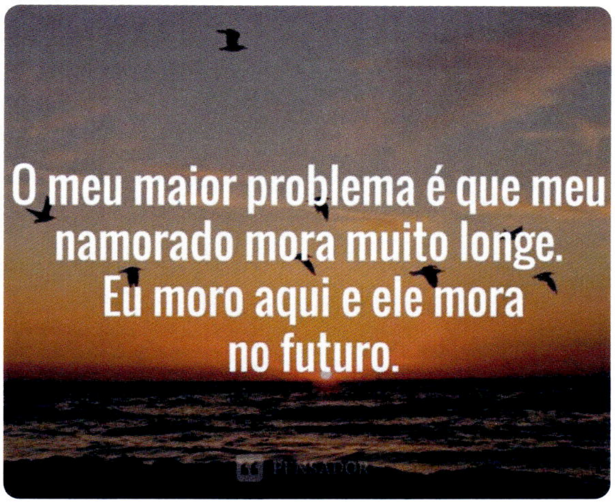
O meu maior problema é que meu namorado mora muito longe. Eu moro aqui e ele mora no futuro.
QUEM CEDO MADRUGA PASSA O DIA COM SONO.
PENSADOR

Reprodução/www.pensador.com

(Disponível em: https://www.pensador.com/frases_engracadas_compartilhar_whatsapp. Acesso em: 20/4/2023.)

1. Observe como as frases foram montadas com as imagens de fundo. Troque ideias com os colegas e o professor, depois responda no caderno:

a) Os textos lidos são memes cujos formatos dialogam com outros textos que também circulam bastante pelas redes sociais, como:

I. mensagens de texto.

II. textos motivacionais.

III. charadas.

b) Justifique sua resposta à questão anterior com base em elementos não verbais dos textos em estudo.

2. Agora, compare o texto verbal de cada texto com as respectivas imagens de fundo. Quais palavras e expressões dialogam diretamente com a imagem de cada texto?

3. Um dos textos tem uma relação intertextual, isto é, um diálogo direto com um conhecido ditado popular.

a) Identifique-o e cite o ditado com o qual ele dialoga. Se necessário, faça uma breve pesquisa.

b) Levante hipóteses: Qual é o sentido desse ditado?

c) A frase do texto em estudo estabelece com o ditado popular uma relação de:

I. complementaridade. **II.** transgressão. **III.** oposição. **IV.** exagero.

d) Justifique sua resposta ao item **c**.

4. Os dois textos em estudo contêm advérbios e locuções adverbiais em sua composição.

a) Identifique-os e dê o valor semântico deles no contexto.

b) Quais desses advérbios e locuções adverbiais modificam formas verbais? Identifique-os.

c) Qual desses advérbios modifica outro advérbio? Identifique-o.

5. Um dos textos lidos coloca em paralelo dois advérbios que usualmente têm valores semânticos diferentes.

a) Quais são esses advérbios? Justifique sua resposta.

b) Troque ideias com os colegas e o professor e explique o sentido dessa construção no contexto.

6. O título da publicação que reúne esses textos é "Frases engraçadas para status do WhatsApp". Considerando essa informação e a análise feita nas questões anteriores, conclua:

a) Por que essas frases são consideradas "engraçadas"?

b) Por que os elementos não verbais desses textos também contribuem para a construção de efeito de humor?

Para que servem os adjuntos adverbiais?

As ações humanas acontecem por algum motivo, em algum tempo e lugar, de um determinado modo, com uma intensidade maior ou menor, etc. E aos adjuntos adverbiais cabe o papel de expressar essa complexidade de circunstâncias em que se dá a ação humana sobre o mundo.

DIVIRTA-SE

Nani/Acervo do cartunista

(Disponível em: http://www.nanihumor.com/2015/10/cartum_15.html. Acesso em: 26/7/2023.)

Aposto e vocativo

CAPÍTULO 28

Aposto

Construindo o conceito

O personagem Ozzy, criado por Angeli, é um menino que tem muitos hábitos estranhos, entre eles o de criar lesmas em casa. Sua prima Ercília foi passar alguns dias na casa dele. Veja o que aconteceu:

ÁLBUM DE FAMÍLIA
ANGELI
9:30 H
04-10-96
NA POLAROID ACIMA, ERCILIA, PRIMA DE OZZY, NO MOMENTO EXATO EM QUE ENTRAVA NO BANHEIRO, HOJE PELA MANHÃ.
9:40 H
04-10-96
E AQUI, COM EXCLUSIVIDADE, O INTERIOR DO BANHEIRO, HOJE PELA MANHÃ.

©Angeli/Ozzy 4, Cia das Letras/Fotoarena

(*Ozzy 4*. São Paulo: Cia. das Letras, 2006. p. 15.)

polaroide: câmera que revela instantaneamente a foto que produziu.

1. O título da tira é "Álbum de família".

a) Qual é a razão desse título?

b) O que indicam os números que estão abaixo das imagens?

c) Qual é a reação de Ercília ao ver os hábitos de Ozzy?

2. Releia a legenda do 1º quadrinho e observe o termo destacado:

> "Na polaroid acima, Ercília, **prima de Ozzy**, no momento exato em que entrava no banheiro, hoje pela manhã."

a) Que outra palavra a expressão "prima de Ozzy" acompanha na frase? Qual é o seu papel?

b) Que sinal de pontuação foi empregado para isolar esse termo?

3. Identifique, nas frases abaixo, o termo que desempenha um papel semelhante ao da expressão "prima de Ozzy". Depois, indique o termo que ele acompanha.

a) A prima de Ozzy, Ercília, se assustou com o que viu no banheiro.

b) Ozzy, criador de lesmas, se divertiu com a situação.

c) Ercília, hoje pela manhã, se assustou ao conhecer o *hobby* de Ozzy: as lesmas.

Conceituando

Você notou que, na tira, a expressão "prima de Ozzy" cumpre o papel de explicar quem é Ercília. Esse termo da oração recebe o nome de aposto, pois é um termo que se apõe a outro para explicá-lo.

> **Aposto** é o termo da oração que se junta a um substantivo, a um pronome ou a uma oração para explicá-los, resumi-los ou identificá-los.

Entre o aposto e o termo a que ele se refere costuma haver uma pausa, marcada pela vírgula ou, em casos especiais, por dois-pontos, travessão ou parênteses. Veja:

> aposto
>
> **Duas coisas** incomodavam Ercília: **as lesmas e a desfaçatez do primo**.

Às vezes, pode não haver pausa. Isso ocorre quando o aposto especifica ou individualiza o termo a que se refere. Observe:

> Encontro você às 10 horas, na praça **da Independência**, em frente às Lojas **Riachuelo**.

Morfossintaxe do aposto

A função de aposto pode ser desempenhada por substantivo, pronome ou oração:

> pronome (tudo) — substantivo (vizinho) — pronome (meu)
>
> Pedrinhas, parafusos, clipes, botões, **tudo** ele, **meu vizinho**, guardava em uma lata de bolachas.

Vocativo

Construindo o conceito

Leia este quadrinho de Laerte:

(*Classificados — Livro 2*. São Paulo: Devir, 2002. p. 29.)

1. A tira mantém intertextualidade com uma narrativa bíblica.

a) Qual é essa narrativa? O que ela narra essencialmente?

b) Que elementos do quadrinho comprovam essa relação de intertextualidade?

c) De que forma a tira surpreende e cria humor?

2. Observe, na frase do balão, o emprego da palavra **pessoal**.

a) A quem ela se refere, no contexto?

b) Qual é o papel dessa palavra no quadrinho?

c) Que sinais de pontuação foram empregados para isolar esse termo?

d) Explique por que a escolha desse termo também contribui para a construção do humor do quadrinho.

3. Identifique, em cada uma das frases abaixo, o termo que desempenha um papel semelhante ao da palavra **pessoal**.

a) Marcos, você já está pronto para ir à escola?

b) Em que dia vai ser a prova, professor?

c) Lamento, meus amigos, mas o *show* vai ser cancelado.

Conceituando

Você viu, na tira, que o termo **pessoal** coloca em evidência os interlocutores de Noé. Esse termo da oração recebe o nome de **vocativo**.

> **Vocativo** é o termo da oração por meio do qual chamamos ou interpelamos nosso interlocutor, real ou imaginário.

Na escrita, o vocativo aparece isolado por vírgulas ou seguido de ponto de exclamação e pode vir precedido da interjeição de chamamento **ó**. Veja:

> **Ó pessoal**, depois do dilúvio, cada um vai pro seu lado!!

Observe que, no quadrinho, o termo **pessoal** não se subordina a nenhum outro termo da frase. Seu papel é apenas invocar, chamar ou nomear uma pessoa.

Exercícios

Leia o texto a seguir e responda às questões 1 a 3.

Biry Sarkis/Acervo da editora

"Há mais ou menos 70 anos, morávamos no Estado do Rio, eu estava cursando o ginasial quando li que em São Paulo a Cásper Líbero estava inaugurando a faculdade de jornalismo. Com o entusiasmo dos meus 15 anos ousei dizer ao meu pai, que eu adorava, que queria ir para São Paulo fazer o colegial para poder tentar entrar na faculdade.

Ele me olhou nos olhos e disse: 'Rita, jornalismo é profissão para homem'. Naquela época, fazia parte da educação não contestar os nossos pais [...].

Hoje, querida, quando leio as suas crônicas no jornal, todos os domingos, não me sinto frustrada. Muito pelo contrário: me sinto plenamente realizada porque vejo em você tudo aquilo que eu não pude ser."

Essa foi a carta que minha avó me escreveu quando lancei o meu último livro. Não sei explicar muito bem o que senti quando abri o envelope branco que acompanhava o vasinho de begônias e li tudo isso. Um misto de honra e angústia, gratidão e revolta. Minha avó é uma das pessoas mais brilhantes que conheci nesse meu caminho tão supostamente povoado por pessoas tidas como brilhantes. Que bela jornalista Dona Rita teria sido. Quanta coisa o Brasil perdeu por não ter suas palavras estampadas nos jornais.

[...]

Dona Rita, hoje esse jornal também é seu. Hoje a coluna do Caderno 2 também é sua. Sua e de todas as mulheres cujos talentos foram barrados ao longo da vida. [...]

Obrigada por se orgulhar de mim, mas o mérito é todo seu. Você, como mulher forte, criou minha mãe, que é coragem pura, e que, por sua vez, me criou para ser forte como você e corajosa como ela. A mim, só me cabe ser grata. Eu só estou aqui porque você está aí. [...] Obrigada por tudo.

(Ruth Manus. Disponível em: https://www.estadao.com.br/emais/ruth-manus/tudo-o-que-eu-nao-fui/. Acesso em: 3/5/2023.)

1. Os três primeiros parágrafos do texto estão entre aspas.

a) Qual trecho do quarto parágrafo justifica o uso desse recurso? Por quê?

b) Dois vocativos foram empregados nesses parágrafos. Explique a quem cada um se refere no contexto.

2. A autora do texto fala de seu sentimento ao ler a carta da avó. Releia este trecho:

> **"Não sei explicar muito bem o que senti quando abri o envelope branco que acompanhava o vasinho de begônias e li tudo isso. Um misto de honra e angústia, gratidão e revolta."**

a) Reescreva no caderno essas duas frases transformando-as em uma só, com aposto. Em seguida, identifique o termo que tem a função de aposto no contexto.

b) Compare a reescrita do item **a** com o texto original. Depois, troque ideias com os colegas e o professor e responda: Qual é a diferença de sentido entre as duas versões?

c) Os sentimentos citados pela autora são complementares ou contraditórios? São positivos ou negativos? Justifique sua resposta e conclua: Por que ela tem esses sentimentos, considerando toda a situação?

3. Nos dois últimos parágrafos, a autora do texto emprega um vocativo.

a) Identifique-o e indique a quem ela se dirige por meio dele.

b) Qual outra palavra ela emprega nesses parágrafos para se dirigir à mesma pessoa?

c) Em geral, em quais situações do nosso cotidiano empregamos vocativos como o identificado no item **a** e a palavra identificada no item **b**? É comum eles serem empregados juntos, em uma única frase?

d) Troque ideias com os colegas e o professor: Qual é o sentido construído no texto pelo uso desses dois termos?

Leia esta tira:

(Alexandre Beck. *Armandinho dez.* Florianópolis: A. C. Beck, 2018. p. 47.)

4. Na tira, um garoto indígena está explicando a outra criança o sentido da palavra **pejorativo**. Quando fazemos um comentário pejorativo, estamos tendo uma atitude positiva ou negativa em relação ao assunto ou à pessoa? Por quê?

5. O humor crítico da tira é construído de forma sutil e, como é comum nesse gênero, concentra-se principalmente no último quadrinho.

a) Explique como é construído o humor crítico na tira lida.

b) As tiras de Alexandre Beck, criador do personagem Armandinho, geralmente são críticas em relação a alguns comportamentos sociais. A tira em estudo confirma essa afirmação? Por quê?

6. Identifique no texto o vocativo que é elemento-chave na construção do humor do texto.

O aposto e o vocativo NA CONSTRUÇÃO DO TEXTO

Leia este texto:

O adolescente

A vida é tão bela que chega a dar medo.

Não o medo que paralisa e gela,
estátua súbita,
mas

esse medo fascinante e fremente de curiosidade que faz
o jovem felino seguir para a frente farejando o vento
ao sair, a primeira vez, da gruta.

Medo que ofusca: luz!

Cumplicemente,
as folhas contam-te um segredo
velho como o mundo:

Adolescente, olha! A vida é nova...
A vida é nova e anda nua
— vestida apenas com o teu desejo!

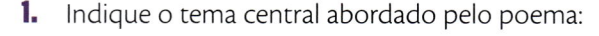

(Mário Quintana. *Poesia completa*. Rio de Janeiro: Nova Aguilar, 2006. p. 389.)

Biry Sarkis/Acervo da editora

cumplicemente: de forma cúmplice, parceira.

1. Indique o tema central abordado pelo poema:

a) o adolescente

b) o medo

c) a adolescência

d) os desafios que a vida impõe ao adolescente

e) o medo que o adolescente tem de enfrentar os obstáculos

2. Na 2ª, na 3ª e na 4ª estrofes, o eu lírico desenvolve a ideia do **medo**, introduzida na 1ª estrofe. Para caracterizá-lo, o eu lírico faz uso de dois apostos.

a) Identifique-os.

b) Os apostos que você identificou formam uma **antítese**, isto é, uma figura de linguagem formada pela oposição de ideias. Explique como se dá a antítese no poema, indicando o termo que cada um dos apostos acompanha.

c) No desenvolvimento das ideias sobre o medo, o eu lírico faz uma **comparação**. A que ele compara o medo do adolescente?

3. Na última estrofe, há um vocativo que introduz uma espécie de aconselhamento.

a) A quem o conselho é dirigido? Responda, identificando o vocativo que explicita o interlocutor.

b) Ao aconselhar, o eu lírico emprega a **personificação** (ou **prosopopeia**). Identifique no texto essa figura de linguagem.

c) Interprete os dois últimos versos do poema e explique em que consiste o aconselhamento.

4. Considerando o tema central do poema e o modo como o eu lírico o desenvolve, comente: Qual é a importância dos apostos e do vocativo para a construção do texto?

5. Para você, que está entrando na adolescência, o que essa fase representa? E a vida?

SEMÂNTICA E DISCURSO

Leia esta tira:

© Fernando Gonsales/Acervo do cartunista

(*Folha de S.Paulo*, 17/10/2008.)

1. Na tira, há um aposto distributivo, isto é, um conjunto de palavras que detalha o conteúdo de uma palavra que tem sentido genérico.

a) Quais são as palavras que cumprem o papel de aposto distributivo?

b) Que outra palavra ou expressão ele acompanha e detalha?

2. Suponha que a fala da menina tivesse a seguinte construção:

> **A minha pilha de bichinhos de pelúcia tem ursinho... baleia... girafa... leãozinho... tudo!**

a) Qual é o aposto nessa frase?

b) Os termos que você identificou na questão 1 apresentam a mesma função sintática nessa frase? Explique.

Leia as frases a seguir, compare-as do ponto de vista semântico e responda às questões 3 e 4.

I. Marina, minha filha vai chegar hoje de viagem.

II. Marina, minha filha, vai chegar hoje de viagem.

III. Minha filha vai chegar hoje de viagem, Marina.

IV. Minha filha, Marina, vai chegar hoje de viagem.

V. Marina vai chegar hoje, minha filha.

lemono/Shutterstock

3. Observe o emprego da palavra **Marina**:

a) Em quais dessas frases a palavra **Marina** desempenha a função de sujeito?

b) Em qual das frases a palavra **Marina** desempenha ou pode desempenhar a função de aposto, dependendo do contexto e da intencionalidade?

c) Em quais das frases a palavra **Marina** desempenha ou pode desempenhar a função de vocativo, dependendo do contexto e da intencionalidade?

4. Observe agora o emprego da expressão "minha filha":

a) Em quais das frases a expressão desempenha a função de sujeito?

b) Em qual das frases a expressão "minha filha" desempenha ou pode desempenhar a função de aposto, dependendo do contexto e da intencionalidade?

c) Em quais das frases a expressão "minha filha" desempenha ou pode desempenhar a função de vocativo, dependendo do contexto e da intencionalidade?

DIVIRTA-SE

Clara Gomes/Bichinhos de Jardim

(Disponível em: https://bichinhosdejardim.com/socorro-joana/. Acesso em: 26/7/2023.)

CAPÍTULO 29

Período simples e período composto

Construindo o conceito

Leia os textos de campanha a seguir:

Reprodução/CSJT

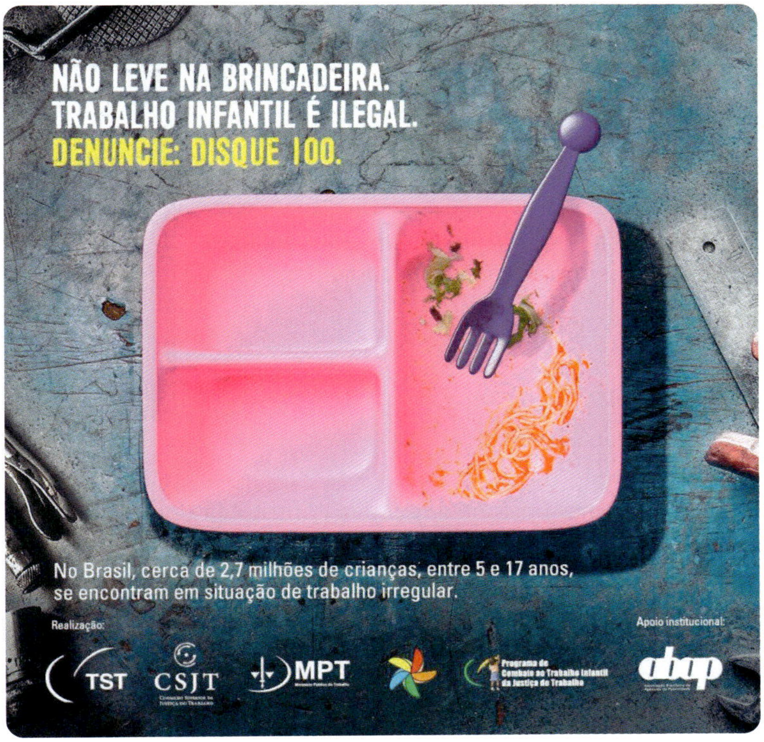

(Disponível em: https://portal.trt23.jus.br/portal/noticias/justi%C3%A7a-do-trabalho-lan%C3%A7a-nova-campanha-de-combate-ao-trabalho-infantil. Acesso em: 30/5/2023.)

Reprodução/MPT

(Disponível em: https://www.osguedes.com.br/2018/06/10/sin-comunicacao-cria-mais-uma-forte-campanha-de-combate-ao-trabalho-infantil-2/. Acesso em: 30/5/2023.)

1. A respeito dos textos, responda:

   a) O que eles têm em comum?

   b) Quem é (são) o(s) locutor(es) ou o(s) responsável(is) pela divulgação dos textos?

   c) A quem os textos se destinam?

2. Ambos os textos são construídos com base na relação entre linguagem verbal e linguagem não verbal. Sobre o primeiro texto, responda:

   a) Como são a bandeja e o garfo que estão no centro do texto?

   b) Que contraste esses elementos formam com os demais elementos visuais do texto?

   c) Explique a relação entre a parte visual e a parte verbal do texto.

3. Em relação ao segundo texto:

   a) O que mostra a imagem desse texto?

   b) O que representa o boneco da imagem?

   c) Explique a relação entre a parte visual e a parte verbal do texto.

Reprodução/MPT

4. Os dois textos têm objetivos comuns e fazem uso de estratégias argumentativas semelhantes. Qual deles você acha mais impactante e persuasivo? Por quê?

5. Considere estas frases do primeiro texto:

> "Não leve na brincadeira.
> Trabalho infantil é ilegal."

Você já aprendeu que período simples é uma unidade linguística constituída de uma única oração e que período composto é uma unidade linguística constituída de duas ou mais orações. O que define a oração é a presença de verbo.

   a) Quantas formas verbais foram empregadas em cada uma das frases destacadas acima? Identifique-as.

   b) Logo, quantas orações há em cada uma delas?

   c) As frases formam períodos simples ou períodos compostos?

6. Agora, considere a frase principal do segundo texto:

> "Quando a infância é perdida, não tem jogo ganho."

   a) Quantas formas verbais foram empregadas nessa frase? Identifique-as.

   b) Logo, quantas orações há nela?

   c) A frase forma um período simples ou um período composto?

7. Leia as frases a seguir:

> - "Chega de trabalho infantil."
> - "Denuncie: Disque 100."

Elas são formadas por um período simples ou por um período composto? Justifique sua resposta.

Conceituando

Período simples e período composto

Nos exercícios, você viu que há frases formadas por uma única oração e frases formadas por duas ou mais orações. Para cada oração, existe um verbo correspondente. Assim, frases como "Chega de trabalho infantil" apresentam um único verbo; logo, há uma única oração na frase, que também pode ser chamada de **período simples**.

Já a frase "Quando a infância é perdida, não tem jogo ganho" apresenta duas formas verbais (**é perdida** e **tem**) e, por isso, é formada por duas orações. Quando um período apresenta mais de uma oração, dizemos que ele é um **período composto**.

Período é a unidade linguística ou a frase organizada em uma ou mais orações, podendo ser:
- **simples**, quando constituído de uma única oração;
- **composto**, quando constituído de duas ou mais orações.

Exercícios

Leia o texto de curiosidade a seguir:

Como os cachorros se comunicam entre si

Jerome Quek/Shutterstock

A exemplo dos lobos, os cachorros, que são seus descendentes, também se comunicam pela voz. Eles não conseguem uivar, mas latem. Cada latido tem um significado diferente. Existem latidos específicos para medo, raiva, fome, paquera e muito mais. Outra maneira muito importante de comunicação é pelo xixi. Os cachorros urinam em vários locais como postes, árvores e rodas de carro. Isso serve para deixar sua marca. Quando passa e sente o cheiro, o outro cachorro sabe que aquele pedaço "já tem dono".

Tem mais: para se comunicar, os cães cheiram os traseiros uns dos outros. Eles possuem um olfato altamente desenvolvido. Estima-se que seu focinho seja entre 10 mil e 100 mil vezes mais sensível do que o nariz humano. Ao encostar seus focinhos no bumbum de outro cão, eles coletam uma grande quantidade de informações sobre o animal — tipo de comida consumida, gênero e até o estado emocional. Esta linguagem química é composta de vários ácidos graxos voláteis e o aroma pode mudar de acordo com a genética e o sistema imunológico do animal.

(Marcelo Duarte. Disponível em: https://www.guiadoscuriosos.com.br/animais/como-os-cachorros-se-comunicam-entre-si/. Acesso em: 4/4/2023.)

1. De acordo com o texto, de que formas os cães se comunicam entre si?

2. O texto é composto de dois parágrafos.

   a) Que aspectos do tema são abordados em cada um deles?

   b) De acordo com o segundo parágrafo, qual capacidade do cão se destaca em relação ao ser humano?

3. Observe como os parágrafos se estruturam em períodos e orações.

   a) Quantos períodos tem o primeiro parágrafo?

   b) E quantos tem o segundo parágrafo?

   c) Que sinal de pontuação delimita os períodos?

4. O título do texto constitui um período simples ou composto?

5. Releia este trecho do texto:

> "A exemplo dos lobos, os cachorros, que são seus descendentes, também se comunicam pela voz. Eles não conseguem uivar, mas latem. Cada latido tem um significado diferente."

   a) Quantas orações tem o primeiro período? Ele é um período simples ou composto?

   b) Quantas orações tem o segundo período? Ele é um período simples ou composto?

   c) E o terceiro período? Ele é um período simples ou composto?

6. Releia estas frases do segundo parágrafo:

> - "Eles possuem um olfato altamente desenvolvido."
> - "Estima-se que seu focinho seja entre 10 mil e 100 mil vezes mais sensível do que o nariz humano."
> - "Esta linguagem química é composta de vários ácidos graxos voláteis e o aroma pode mudar de acordo com a genética e o sistema imunológico do animal."

   a) Qual das frases é um período simples?

   b) Quantas orações há na segunda frase? Justifique sua resposta.

   c) Quantas orações há na terceira frase? Qual delas está na voz passiva? Passe-a para a voz ativa.

Período composto por coordenação e por subordinação

Leia, a seguir, um poema e uma tira.

Cronologia

Prometeu fidelidade,
me encheu de filhos
e caiu no mundo

(Noé Ribeiro. *Coisas da vida*. São Paulo: Estúdio Editores, 2017. p. 48.)

Jean Galvão/Acervo da editora

PAi, HOjE REALiZEi UM SONHO...
MAS iSSO É ÓTiMO, FiLHO!
E POR QUE ESSA CARA?
SONHEi QUE FiZ XiXi NA CAMA...
beckilustras@gmail.com

© Armandinho, de Alexandre Beck/ Acervo do cartunista

(Alexandre Beck. *Armandinho seis*. Florianópolis: A. C. Beck, 2015. p. 55.)

1. A respeito do poema "Cronologia", responda:

a) Quem é o eu lírico, ou seja, de quem é a voz que fala no texto?

b) O sujeito dos verbos é desinencial. Infira: De quem o eu lírico fala?

c) Justifique o título do poema.

2. A respeito da estrutura sintática dos versos do poema, responda:

a) Quantos períodos tem o texto? O(s) período(s) é (são) simples ou composto(s)? Justifique sua resposta.

b) Examine as orações, observando seus termos: sujeito, verbos, complementos, adjuntos. Cada uma delas possui independência sintática ou uma complementa a outra? Justifique sua resposta.

3. É possível considerar que a construção do humor na tira reside principalmente na ambiguidade da palavra **sonho**.

a) Geralmente, o que se compreende quando alguém diz que tem um sonho? E quando diz que realizou um sonho?

b) Na tira, a palavra **sonho** tem o sentido apontado por você no item **a**? Conclua: Qual é o sentido da expressão "realizei um sonho" no contexto?

4. Em um dos quadrinhos da tira, há um período composto.

a) Identifique-o.

b) Examine a relação entre as orações do período composto. Cada uma delas tem independência sintática ou uma complementa a outra? Justifique sua resposta.

Observe a estrutura sintática das orações que formam o poema "Cronologia":

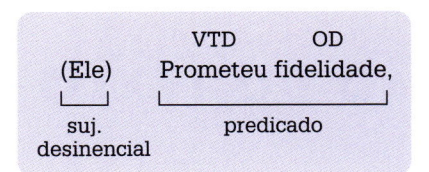

	(Ele)	Prometeu fidelidade, (VTD: Prometeu; OD: fidelidade)	
	suj. desinencial	predicado	
	(ele)	me encheu de filhos (OD: me; VTDI: encheu; OI: de filhos)	
	suj. desinencial	predicado	
e	(ele)	caiu no mundo. (VI: caiu; adj. adverbial: no mundo)	
	suj. desinencial	predicado	

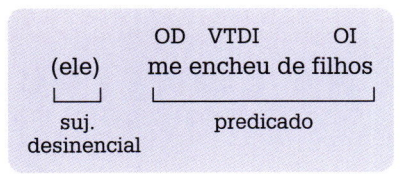

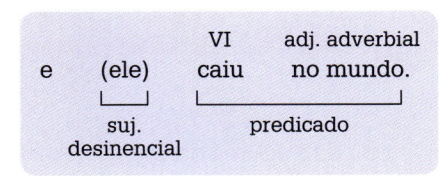

Perceba que cada uma das orações apresenta os termos fundamentais: sujeito, predicado, verbo, objetos e adjunto. Por isso, uma oração não desempenha uma função sintática em relação à outra. Elas são independentes sintaticamente e, por isso, o período é chamado de **período composto por coordenação**.

Observe, agora, a estrutura sintática desta frase da tira:

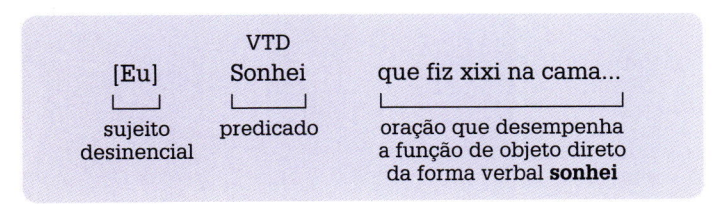

[Eu]	Sonhei (VTD)	que fiz xixi na cama...
sujeito desinencial	predicado	oração que desempenha a função de objeto direto da forma verbal **sonhei**

O período é formado por duas orações, e a segunda complementa sintaticamente a outra, isto é, desempenha a função de objeto direto da forma verbal **sonhei**. Como as duas orações são dependentes sintaticamente uma da outra, dizemos que se trata de um **período composto por subordinação**.

Assim, podemos ter:

Período composto por coordenação: as orações apresentam independência sintática entre si e são chamadas de **coordenadas**.

Período composto por subordinação: uma oração funciona como termo de outra, sendo esta denominada **oração principal** e aquela, **oração subordinada**; as orações denominam-se **subordinadas**.

Exercícios

1. Leia o problema a seguir e tente resolvê-lo.

Caçadores de patos

Dois pais e dois filhos saíram para caçar patos. Cada um deles acertou em um pato e nenhum atirou no mesmo. Entretanto, somente três patos foram abatidos. Como foi isso?

(Heliana Brandão e Maria das Graças V. G. Froeseler. *O livro dos jogos e das brincadeiras para todas as idades*. Belo Horizonte: Leitura, 1997. p. 74.)

Jean Galvão/Acervo da editora

2. O texto apresenta quatro frases. Examine-as sintaticamente e responda:

a) Quais delas são períodos simples?

b) E quais são períodos compostos?

3. Examine os períodos compostos.

a) Qual deles é período composto por coordenação?

b) E qual é período composto por subordinação?

O período simples e o período composto NA CONSTRUÇÃO DO TEXTO

Leia este poema de Ulisses Tavares:

UAU!

Fiquei olhando, perguntando,
Sondando, assuntando,
ciscando você.
E quando dei por mim...
Já estava amando.

(*Diário de uma paixão*. São Paulo: Geração Editorial, 2003. s/p.)

Filipe Rocha/Acervo da editora

1. O poema trata do início de um relacionamento amoroso.

a) De acordo com o texto, como aconteceu o início do amor?

b) O título do poema justifica sua resposta anterior? Por quê?

2. O poema é constituído de apenas duas frases. Observe a primeira frase.

a) Quantas orações ela apresenta?

b) As orações são coordenadas ou subordinadas entre si?

c) Logo, que tipo de período compõe a primeira frase do poema?

3. Observe agora a segunda frase do poema.

a) Quantas orações ela apresenta?

b) Uma das orações estabelece, em relação à outra, uma noção temporal. Qual é essa oração?

c) Logo, como se classifica o período formado pela segunda frase?

4. Observe que, na primeira frase, há uma sucessão de orações e locuções verbais com verbo principal no gerúndio: **fiquei olhando**, **(fiquei) perguntando**, **(fiquei) sondando**, **(fiquei) assuntando**, **(fiquei) ciscando**. O que sugere essa sequência no processo de descoberta do amor?

5. Como conclusão do estudo, classifique as alternativas a seguir como verdadeiras ou falsas.

a) No início do poema, o interesse pela pessoa amada se dá num longo processo de ações constantes, contínuas e complementares, representadas por orações coordenadas.

b) No início do poema, o emprego de verbos no gerúndio confere ao despertar do amor a noção de processo, de ações que lenta e continuamente se repetem e se somam.

c) No início do poema, o predomínio de orações coordenadas, que formam um período simples, é compatível com a linearidade das ideias e das ações do eu lírico.

d) Na segunda frase, a chegada ou a constatação do amor, que implica uma relação de interdependência dos amantes, coincide com a presença de uma oração subordinada, que, por sua vez, também implica uma interdependência sintática entre as orações.

e) O predomínio da subordinação em todo o poema é compatível com a ideia de relacionamento amoroso, que também pressupõe uma interdependência dos amantes.

Para que servem o período simples e o período composto?

Quando se quer escrever um texto de forma mais direta e "enxuta" e atingir um público amplo ou heterogêneo, emprega-se preferencialmente o período simples ou o período composto por coordenação.

Quando o que se tem a dizer é complexo e, além disso, se pretende atingir um público que domine estruturas mais elaboradas da língua, pode-se empregar também o período composto, principalmente o composto por subordinação.

SEMÂNTICA E DISCURSO

Leia este poema de Carlos Drummond de Andrade:

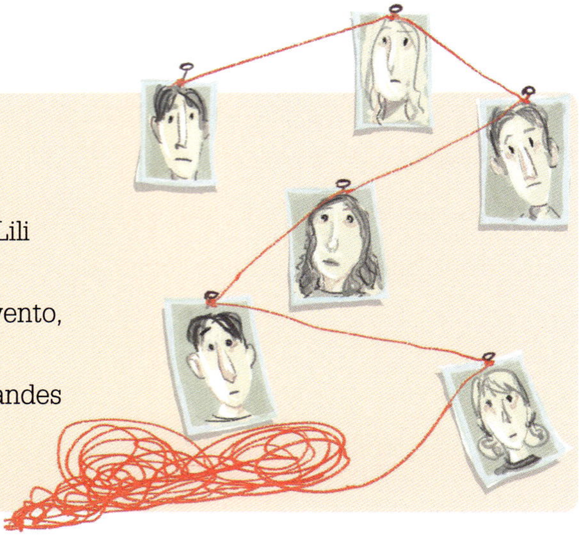

Filipe Rocha/Acervo da editora

Quadrilha

João amava Teresa que amava Raimundo
Que amava Maria que amava Joaquim que amava Lili
Que não amava ninguém.
João foi para os Estados Unidos, Teresa para o convento,
Raimundo morreu de desastre, Maria ficou para tia,
Joaquim suicidou-se e Lili casou com J. Pinto Fernandes
Que não tinha entrado na história.

(*Reunião*. 10. ed. Rio de Janeiro: José Olympio, 1980. p. 19.)

1. O poema recebeu o título "Quadrilha". Essa palavra apresenta vários sentidos no dicionário.

a) Qual é o sentido dela no poema?

b) Por que se pode dizer que o poema narra as histórias de uma "quadrilha sentimental"?

c) Que ponto de vista o poema expressa a respeito do amor?

d) Você concorda com esse ponto de vista? Por quê?

2. Observe os primeiros três versos do poema.

a) Quantas orações há nesses versos?

b) Essas orações formam um período simples ou composto?

c) Se formarem um período composto, é composto por coordenação ou por subordinação? Justifique sua resposta.

3. Agora, observe os quatro versos finais do poema.

a) Quantas orações há no período formado por esses versos?

b) O período é simples ou composto?

4. Observe que, nos últimos quatro versos, há o predomínio de orações coordenadas.

a) Qual é a única oração subordinada nesses versos?

b) O conteúdo da oração que você identificou no item **a** expressa uma mudança em relação ao destino de todos os amantes do poema? Explique.

c) Que conclusão se pode tirar a respeito do amor, tomando como base a história de Lili e J. Pinto Fernandes?

5. Como conclusão da leitura do poema, identifique a(s) afirmativa(s) correta(s):

a) Predominam no poema orações coordenadas, ou seja, orações independentes sintaticamente, o que coincide com a independência sentimental dos personagens citados no poema.

b) A constante subordinação existente no poema sugere, no plano amoroso, uma relação de dependência ou complementariedade, isto é, aquele que ama se prende à pessoa amada pelo amor e dela depende para se completar e ser feliz.

c) O predomínio de orações subordinadas no poema sugere uma crítica às relações de subordinação existentes no amor, em que um se sobrepõe ao outro.

d) As relações sintáticas de coordenação existentes no poema sugerem, no plano amoroso, relações de complementariedade, pois é nessas orações que o amor se realiza plenamente.

6. Às vezes, por razões de estilo, síntese ou clareza, evitamos o emprego de conjunções. É possível fazer isso por meio de alguns procedimentos sintáticos. Veja estes exemplos:

- Meu desejo é **que você conclua seus estudos.**
- Meu desejo é **você concluir seus estudos.**
- Meu desejo é **a conclusão de seus estudos.**

Faça o mesmo com as frases a seguir: elimine a conjunção **que** e empregue o verbo no infinitivo; depois, transforme o verbo em um substantivo, fazendo as adaptações necessárias.

a) É importante **que todos colaborem com a preservação do meio ambiente**.

b) Foi bom **que você tenha participado da reunião**.

c) Os estudantes esperaram **que anoitecesse para dar início à viagem**.

d) É necessário **que você participe do campeonato**.

7. Compare as três versões de cada frase escrita da questão 6, troque ideias com os colegas e o professor e levante hipóteses: Que diferenças de sentido há entre elas?

8. O texto que segue apresenta períodos compostos longos e com excesso de **quês**. Dê uma nova redação a ele, fazendo uso de diferentes recursos — período simples, período composto por coordenação, verbo no infinitivo, substantivos no lugar de verbos, supressão de palavras ou de trechos —, para eliminar o maior número possível de **quês**.

Logo vi que aquela senhora que estava no fundo da sala queria que eu me aproximasse para que ela pudesse me dizer que não poderia ficar até o fim da conferência que eu estava dando, uma vez que ela não estava se sentindo bem. Assim que me aproximei, notei que ela estava pálida mais do que o normal e que outras pessoas que também estavam na sala esperavam ansiosamente que eu tomasse uma providência que desse fim àquela situação.

DIVIRTA-SE

Charadas lógicas

Você está em uma sala escura com um único fósforo na mão. À sua frente tem uma vela, uma lamparina e uma pilha de lenha. O que você acenderia primeiro?

Eu estava levando 10 vacas para o pasto, mas uma morreu. Quantas ficaram?

Meu avô tem 4 filhos e cada filho tem 4 filhos. Quantos primos eu tenho?

Jean Galvão/Acervo da editora

O que jogamos fora quando precisamos, e pegamos de volta quando não queremos mais?

Jean Galvão/Acervo da editora

(Disponível em: https://www.geniol.com.br/charadas/logica/. Acesso em: 26/7/2023.)

CAPÍTULO 30

Período composto por coordenação — As orações coordenadas

Construindo o conceito

Leia este texto de propaganda:

MAIO AMARELO
MÊS DE CONSCIENTIZAÇÃO PARA A REDUÇÃO DE ACIDENTES DE TRÂNSITO
NO TRÂNSITO, DÊ UM SINAL DE RESPEITO.
USE O CINTO, A SETA E A CONSCIÊNCIA
AO ESPAÇO PÚBLICO, ÀS PESSOAS E À VIDA.

Reprodução/Câmara Municipal de Campo Grande, MS

(Câmara Municipal de Campo Grande (MS), em parceria com o Gabinete de Gestão Integrada de Trânsito (GGIT). Disponível em: https://camara.ms.gov.br/eventos/campanha-para-reforcar-cuidados-no-transito-sera-lancada-pela-camara-na-terca-feira/. Acesso em: 18/5/2023.)

1. O texto foi produzido pela Câmara Municipal de Campo Grande.

a) A quem o texto se dirige?

b) Qual é a finalidade principal desse texto?

2. "Maio Amarelo" é uma campanha feita todos os anos no mês de maio.

a) Que relação tem a cor amarela da campanha com os sinais de trânsito?

b) De que forma essa cor está representada no texto?

3. Observe a frase "No trânsito, dê um sinal de respeito.".

a) Que sentido tem essa frase no contexto?

b) No texto, são citadas algumas ações que podem ser compreendidas como "sinais de respeito". Quais são elas?

c) Há uma parte do enunciado verbal que pode ser lida como complemento à frase "No trânsito, dê um sinal de respeito.". Que parte é essa?

d) Que sentido pode ser atribuído à palavra **sinal** quando esse termo aparece relacionado à figura da placa com a mão e um traço na diagonal?

4. Na frase "No trânsito, dê um sinal de respeito.":

a) Quantas orações há? Trata-se de um período simples ou composto?

b) Que outra frase do texto também constitui um período como o que você identificou no item **a**?

Leia agora este poema de Noé Ribeiro:

Influenciador

Não apresentou nenhum fato novo,
mas gerou muitos comentários

(*Tudo é outra coisa*. São Paulo: Estúdio Editores, 2021. p. 71.)

Biry Sarkis/Acervo da editora

5. A respeito do poema, responda no caderno:

a) Quem é, provavelmente, o influenciador que dá título ao texto?

b) Explique a contradição entre a qualidade ou a importância da atividade do influenciador citado no poema e as consequências dela.

c) Que crítica social o poema faz?

6. Observe a estrutura sintática dos dois versos que compõem o poema.

a) Quantas orações há no texto?

b) Elas formam um período simples ou composto?

c) Qual é a palavra que liga as duas orações?

d) Indique qual é o sentido dessa palavra no contexto:

I. causa **II.** consequência **III.** explicação **IV.** oposição

7. Agora, observe sintaticamente cada uma das orações.

a) Qual é o sujeito e o predicado da primeira oração?

b) Como se classifica o verbo da primeira oração quanto à predicação? Se ele tem objeto, identifique-o.

c) Qual é o sujeito e o predicado da segunda oração?

d) Como se classifica o verbo da segunda oração quanto à predicação? Se ele tem objeto, identifique-o.

e) Conclua: Há, entre as orações, dependência sintática, ou seja, uma oração desempenha algum tipo de função em relação à outra?

Conceituando

Oração coordenada sindética e oração coordenada assindética

Ao responder às questões anteriores, você constatou que, no período "No trânsito, dê um sinal de respeito.", há uma única forma verbal (**dê**) e, portanto, uma única oração. Nesse caso, dizemos que se trata de um **período simples**.

Já na frase "Não apresentou nenhum fato novo, mas gerou muitos comentários", há duas formas verbais (**apresentou** e **gerou**) e, portanto, duas orações.

Observe a construção do período:

> Não apresentou nenhum fato novo, **mas** gerou muitos comentários.
>
> 1ª oração: Não apresentou nenhum fato novo,
>
> 2ª oração: **mas** gerou muitos comentários.

Cada uma das orações é independente do ponto de vista sintático, isto é, cada uma tem seus próprios termos (sujeito, verbo, objeto, adjunto adnominal, etc.); por esse motivo, as duas orações são coordenadas entre si.

A segunda oração se liga à primeira por meio da conjunção **mas**; por isso, ela é **sindética** (síndeto = conjunção). Já a primeira oração, como não apresenta conjunção, é chamada de **oração coordenada assindética**.

> **Oração coordenada assindética** é aquela que não é introduzida por conjunção.
>
> **Oração coordenada sindética** é aquela que é introduzida por conjunção.

Classificação das orações coordenadas sindéticas

As orações coordenadas sindéticas classificam-se de acordo com o tipo de relação semântica que estabelecem com outra oração do mesmo período.

Aditivas

Estabelecem, em relação à oração anterior, uma ideia de acréscimo, adição:

> O tempo esfriou **e** as pessoas se agasalharam.

São introduzidas pelas conjunções coordenativas aditivas: **e**, **nem**, **que**, **não só... mas também**, etc.

Adversativas

Estabelecem, em relação à oração anterior, uma ideia de oposição, contraste, compensação, ressalva:

> O tempo esfriou, **mas** as pessoas não se agasalharam.

São introduzidas pelas conjunções coordenativas adversativas: **mas**, **porém**, **todavia**, **contudo**, **no entanto**, **entretanto**, etc.

Alternativas

Expressam fatos ou conceitos que se excluem ou se alternam:

Quer o tempo esfrie, **quer** o tempo esquente, você vai para a aula de natação.

São introduzidas pelas conjunções coordenativas alternativas: **ou**, **ou... ou**, **ora... ora**, **já... já**, **quer... quer**, etc.

Conclusivas

Exprimem uma ideia de conclusão ou consequência lógica em relação a um fato expresso na oração anterior:

Muitos agasalhos foram doados, **portanto** a campanha foi bem-sucedida.

São introduzidas pelas conjunções coordenativas conclusivas: **logo**, **pois** (pospostas ao verbo), **portanto**, **por isso**, **de modo que**, etc.

Explicativas

Explicam o motivo da declaração feita na oração anterior:

Doe um agasalho para a campanha **porque** muitas pessoas estão passando frio.

São introduzidas pelas conjunções coordenativas explicativas: **porque**, **que**, **pois** (antepostas ao verbo), etc.

Exercícios

Leia a tira a seguir.

(Disponível em: http://bichinhosdejardim.com/wp-content/uploads/2019/10/bdj-190312-web.jpg. Acesso em: 26/5/2023.)

1. Essa tirinha faz parte de uma série denominada "Terapia". Considerando essa informação, relacione as partes verbal e não verbal do texto e levante hipóteses:

a) Onde Joaninha se encontra e quem é a outra personagem com quem ela conversa? Justifique sua resposta com elementos do texto.

b) A que conclusão a interlocutora de Joaninha chega sobre o problema relatado?

© Clara Gomes/Acervo do cartunista

2. Observe as falas de Joaninha nos dois primeiros quadrinhos.

a) O que Joaninha descreve?

b) Quantas orações há em cada um desses quadrinhos? Justifique sua resposta.

c) Identifique a conjunção que liga as orações em cada quadrinho, bem como seu valor semântico.

3. Sobre o emprego da contração **daí**, no 2º quadrinho, troque ideias com os colegas e o professor:

a) Entre as opções a seguir, qual descreve o tipo de relação que a contração pode estabelecer entre as falas de Joaninha no 1º e no 2º quadrinho?

I. alternância **II.** conclusão **III.** adversidade

b) Que conjunções poderiam substituí-la nesse contexto?

4. Explique no caderno de que forma a fala de Joaninha no último quadrinho contribui para a construção do humor da tira.

Leia este texto de propaganda:

Reprodução/Secretaria de Assistência Social, Guaraciaba, SC

(Disponível em: https://wh3.com.br/raiodeluz/noticia/242178/campanha-do-agasalho-2023-inicia-em-guaraciaba.html. Acesso em: 12/6/2023.)

5. Sobre a situação de produção, responda no caderno:

a) Quem é o responsável pelo texto?

b) A quem ele se dirige?

c) Qual é sua finalidade?

6. Observe as linguagens verbal e não verbal que constituem o texto.

a) A frase central do texto faz uso de linguagem figurada como meio de chamar a atenção dos leitores. Qual é o sentido do trecho "seu coração, não!" no contexto?

b) Explique a relação entre a parte verbal e a parte não verbal do texto.

c) Que figura de linguagem é constituída tanto pelo emprego da palavra **coração** quanto pela figura do coração?

7. Observe a estrutura sintática da frase principal do texto:

"O tempo vai esfriar, seu coração, não!"

a) Discuta com os colegas: Trata-se de um período simples ou de um período composto? Por quê?

b) Se o período for composto, classifique suas orações.

c) Embora a frase não apresente conjunção, seria possível empregar um conectivo sem modificar o conteúdo. Que conectivo poderia ser usado nesse caso?

As orações coordenadas NA CONSTRUÇÃO DO TEXTO

Leia este poema de Carlos Drummond de Andrade:

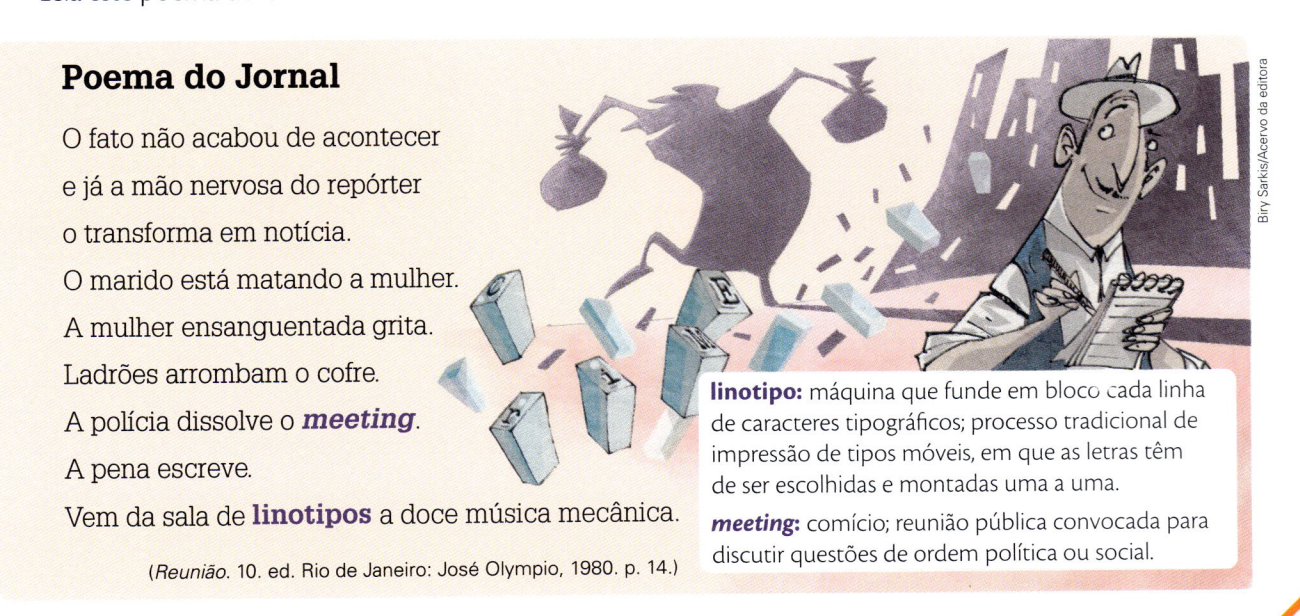

Poema do Jornal

O fato não acabou de acontecer
e já a mão nervosa do repórter
o transforma em notícia.
O marido está matando a mulher.
A mulher ensanguentada grita.
Ladrões arrombam o cofre.
A polícia dissolve o ***meeting***.
A pena escreve.
Vem da sala de **linotipos** a doce música mecânica.

(*Reunião*. 10. ed. Rio de Janeiro: José Olympio, 1980. p. 14.)

Biry Sarkis/Acervo da editora

linotipo: máquina que funde em bloco cada linha de caracteres tipográficos; processo tradicional de impressão de tipos móveis, em que as letras têm de ser escolhidas e montadas uma a uma.

meeting: comício; reunião pública convocada para discutir questões de ordem política ou social.

1. Releia os três primeiros versos do poema e responda no caderno:

a) O fato a que se refere o poema é um fato específico ou trata-se de uma referência genérica? Justifique sua resposta. Esse "fato" realmente aconteceu?

b) Que sentido produz a palavra **não** em "não acabou de acontecer" nesse contexto?

c) Levante hipóteses: Por que a mão do repórter estaria "nervosa"?

2. Observe o trecho do poema que vai do 4º ao 7º verso e responda no caderno às questões a seguir.

a) Os fatos a que eles se referem são acontecimentos banais ou graves?

b) Em que tempo estão as formas verbais desses versos?

c) A que se assemelham esses versos no contexto do poema?

d) Explique a relação entre o tempo verbal identificado no item **b** e o comportamento do repórter indicado na questão 1.

3. O poema estabelece uma oposição entre o conteúdo dos fatos noticiados e a postura de quem escreve o jornal. Discuta com os colegas e com o professor: Como se dá essa oposição?

4. Observe o título do poema — "Poema do Jornal" — e relacione-o aos dois versos finais. Depois, responda:

a) Quem escreve?

b) A que se refere a expressão "doce música", vinda da sala de linotipos?

c) Interprete o título do poema.

5. Agora, observe a estrutura sintática dos períodos que formam o poema.

a) Nele, predomina o período simples ou o período composto?

b) Há subordinação entre as orações que formam os períodos?

6. Observe a estrutura sintática destes versos do poema:

"O fato não acabou de acontecer
e já a mão nervosa do repórter
o transforma em notícia."

Biry Sarkis/Acervo da editora

a) Quantas formas verbais há nesses versos?

b) Que tipo de período esses versos formam?

c) Qual é a conjunção que conecta os versos?

d) Classifique as orações que formam esse período.

7. Observe estes versos:

"Ladrões arrombam o cofre.
A polícia dissolve o *meeting*."

Os versos estão separados pelo ponto. No entanto, há entre eles uma conexão semântica.

a) Que conjunção(ões) poderia(m) ligá-los mantendo o sentido básico do texto? Reescreva os versos no caderno fazendo uso dessa(s) conjunção(ões).

b) Como as orações se classificariam nesse(s) caso(s)?

c) Compare os versos originais às hipóteses dadas na resposta ao item **7a**. Explique a diferença de sentido entre a versão original — com emprego do ponto e de períodos simples — e a versão com conjunção e período composto.

8. A respeito das afirmações a seguir, indique no caderno as que são **corretas**.

a) O poema é estruturado com orações coordenadas e subordinadas, mostrando o equilíbrio entre as ações que ocorrem no dia a dia e as ações dos repórteres que noticiam os fatos.

b) O predomínio de períodos simples no poema justifica-se pelo aproveitamento de supostas manchetes de jornal, que geralmente fazem uso de período simples e verbos no presente.

c) O predomínio da subordinação no poema sugere a dependência dos repórteres com relação aos fatos que ocorrem no dia a dia para que possam escrever o jornal.

d) O emprego de períodos simples e de período composto por coordenação torna o poema mais simples e direto, compatível com o retrato do dia a dia de um jornal. Além disso, contribui para a captação de *flashs* da realidade, semelhantes às manchetes de jornal.

SEMÂNTICA E DISCURSO

Leia o texto a seguir e responda às questões 1 a 4.

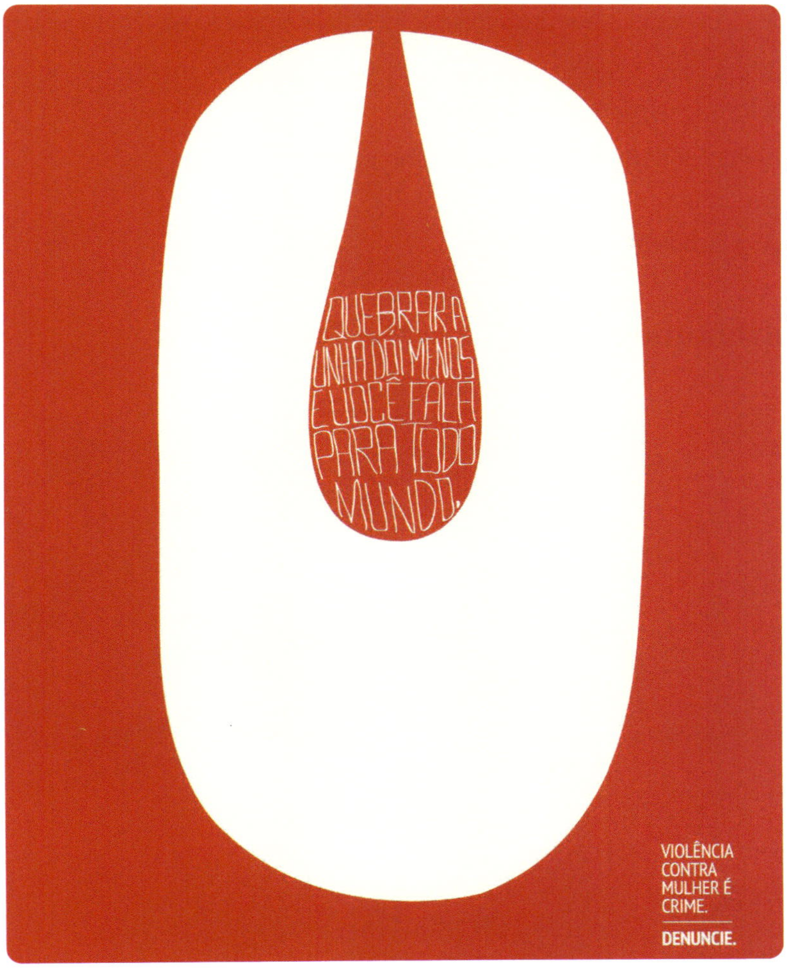
QUEBRAR A
UNHA DOI MENOS
E VOCÊ FALA
PARA TODO
MUNDO.
VIOLÊNCIA CONTRA MULHER É CRIME.
DENUNCIE.

Redatora: Juliana Bezerra/Diretor de arte: Bill Queiroga

(Disponível em: http://www.sotitulos.com.br/wp-content/uploads/2011/04/unha_-01.jpg. Acesso em: 26/5/2023.)

1. Levante as hipóteses:

a) A que tipo de campanha esse texto pertence e a quem ele se dirige?

b) Qual é a principal finalidade desse texto?

2. Relacione as partes verbal e não verbal do texto em estudo e levante hipóteses:

a) O que o desenho que ocupa todo o espaço do texto representa?

b) Por que o texto verbal foi todo escrito dentro da imagem em vermelho?

c) Qual é a relação desse desenho com o conteúdo do texto verbal?

3. Agora, observe a estrutura das construções no texto verbal central.

a) Que outra oração é ligada à oração "dói menos" pela conjunção **e**?

b) Troque ideias com os colegas e o professor: No contexto, que relação é estabelecida entre essas duas orações pela conjunção **e**? Justifique sua resposta.

4. Releia as duas frases inferiores:

"Violência contra mulher é crime. Denuncie."

a) Embora sejam independentes sintaticamente, essas orações têm relação entre si e poderiam ter sido escritas em um único período, conectadas por uma conjunção. Qual é a relação semântica existente entre elas?

b) Proponha uma reescrita para o trecho, transformando as duas frases em um período composto e utilizando uma conjunção que explicite tal relação.

c) Classifique as orações do período escrito por você no item **b**.

Leia o poema a seguir e responda às questões 5 a 8.

Bilhete aos astrônomos

Não procurem
Vidas em outros planetas.
Procurem amor.
Porque viver
É o de menos.
Amar é que é
Vital.

(Lucão. *Telegramas*. São Paulo: Saraiva, 2016. p. 40.)

Biry Sarkis/Acervo da editora

5. Observe o título do poema.

a) A quem o eu lírico se dirige?

b) Em seus versos, o eu lírico dá um conselho a seus interlocutores. Qual é esse conselho?

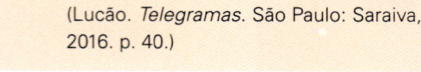

6. A oração que compõe o 3º verso estabelece uma relação de sentido com a oração construída nos dois primeiros versos.

a) Entre as opções a seguir, indique a que melhor descreve essa relação.

I. adição **II.** explicação **III.** oposição

b) Tomando como base sua resposta ao item **a**, proponha uma reescrita para esses três versos em um período composto, inserindo uma conjunção que explicite o sentido entre as duas orações.

c) Classifique as orações construídas por você no item **b**.

7. Os quatro últimos versos colocam duas formas verbais em relação.

a) Quais são essas formas verbais?

b) Troque ideias com os colegas e o professor e conclua: Qual é o sentido dado a cada uma dessas formas verbais no contexto do poema? Justifique sua resposta.

8. O 4º verso se inicia pela conjunção **porque**.

a) Qual é o valor semântico dessa conjunção?

b) Faça uma leitura em voz alta do poema, omitindo a conjunção em sua leitura. Conclua: A ausência da conjunção prejudica a compreensão do texto, nesse caso?

c) Comente o sentido que os versos seguintes, introduzidos pela conjunção **porque**, têm no poema.

DIVIRTA-SE

PENSO
FAÇO UM SELFIE
POSTO NO FACE
LOGO EXISTO

(Disponível em: https://imagohistoria.blogspot.com/2017/03/memes-de-humanas-penso-logo-existo.html. Acesso em: 12/6/2023.)

· CAPÍTULO ·

31 Orações subordinadas substantivas

Construindo o conceito

Leia esta tira:

ÀS VEZES É BOM OLHAR PARA NOSSO PRÓPRIO UMBIGO!
NÃO É EGOÍSMO... É HIGIENE!
É INCRÍVEL QUE EM UM UMBIGO CAIBA TANTA SUJEIRA...

© Armandinho, de Alexandre Beck/Acervo do cartunista

(Alexandre Beck. *Armandinho nove*. Florianópolis: A. C. Beck, 2016. p. 23.)

1. No 1º quadrinho, Armandinho usa a expressão "olhar para nosso próprio umbigo", que pode apresentar mais de um sentido, dependendo do contexto. Quais são os sentidos da expressão, que ele mesmo esclarece?

2. Observe o último quadrinho da tira.

a) Quantos verbos e quantas orações existem na frase?

b) O período classifica-se como simples ou composto?

3. Compare estes enunciados:

- A falta de higiene é incrível.
- É incrível a falta de higiene.
- É incrível que em um umbigo caiba tanta sujeira...

a) Qual é o sujeito das duas primeiras orações?

b) Compare a terceira frase com as duas primeiras. A oração "que em um umbigo caiba tanta sujeira..." tem função equivalente a que termo das outras frases?

c) Logo, que função desempenha a oração "que em um umbigo caiba tanta sujeira..."?

4. Observe, agora, o 1º quadrinho da tira.

a) Quantas orações há nele?

b) Uma das orações desempenha função semelhante à que você identificou na questão **3b**. Identifique-a.

Conceituando

Orações subordinadas substantivas

Nos exercícios que resolveu, você percebeu que, nos períodos compostos, há orações que têm papel equivalente ao de um substantivo. Compare:

VL — PS — substantivo, núcleo do sujeito

É incrível **a falta** de higiene.

predicado — sujeito

oração que tem valor equivalente a um substantivo

É incrível **que em um umbigo caiba tanta sujeira...**

or. principal — oração com valor de sujeito da outra oração

Assim, a oração "que em um umbigo caiba tanta sujeira..." é **subordinada** porque complementa a oração principal; é **substantiva** porque equivale a um substantivo; e é **subjetiva** porque desempenha a função de sujeito da oração principal.

Oração subordinada substantiva é aquela que tem valor de substantivo e exerce, em relação à oração principal, a função de sujeito, objeto direto, objeto indireto, predicativo, complemento nominal ou aposto.

Atenção

As orações subordinadas substantivas são geralmente introduzidas pelas conjunções subordinativas integrantes **que** e **se**. Podem também, em alguns casos, ser introduzidas por um pronome indefinido, por um pronome ou advérbio interrogativo ou exclamativo. Veja ao lado.

Não sei	**se** **quem** **por que** **como** **quando** **onde**	vendeu sua motocicleta seminova.

Emprego das conjunções integrantes

Quando o verbo da oração principal exprime possibilidade, dúvida ou incerteza, emprega-se a conjunção integrante **se**. No meme ao lado, por exemplo, a frase iniciada pela expressão **imagina** introduz a ação em um plano hipotético, sugerindo ironicamente, no contexto, que a pessoa não estava dormindo; daí o emprego da conjunção integrante **se** seguida da forma verbal **iria ta** (iria estar), conjugada no futuro do pretérito do indicativo.

Quando o verbo da oração principal exprime certeza, emprega-se a conjunção integrante **que**. No meme, por exemplo, caso se quisesse afirmar positivamente a ação, expressando certeza, o enunciador usaria uma construção como: "Saiba que eu (es)tava dormindo uma hora dessas".

"PODE ENTRAR SIM, IMAGINA SE EU AINDA IRIA TA DORMINDO UMA HORA DESSAS..."

Reprodução/www.pt.dopl3r.com

(Disponível em: https://pt.dopl3r.com/memes/engra%C3%A7ado/pode-entrar-sim-imagina-se-eu-ainda-iria-ta-dormindo-uma-hora-dessas/110765. Acesso em: 3/7/2023.)

Classificação das orações substantivas

As orações subordinadas substantivas podem desempenhar no período as mesmas funções que os substantivos podem exercer nas orações: **sujeito**, **objeto direto**, **objeto indireto**, **predicativo**, **complemento nominal** e **aposto**. Assim, de acordo com sua função, recebem as seguintes denominações: **subjetiva**, **objetiva direta**, **objetiva indireta**, **predicativa**, **completiva nominal** e **apositiva**.

> **Atenção**
>
> Alguns verbos (sempre na 3ª pessoa do singular) e algumas expressões comumente têm por sujeito uma oração subordinada substantiva: **acontecer**, **constar**, **cumprir**, **ocorrer**, **parecer**, **convir**; **sabe-se**, **conta-se**, **ficou provado**; **é bom**, **é claro**, **é certo**.

Subjetiva

Exerce a função de **sujeito** da oração de que depende ou em que se insere:

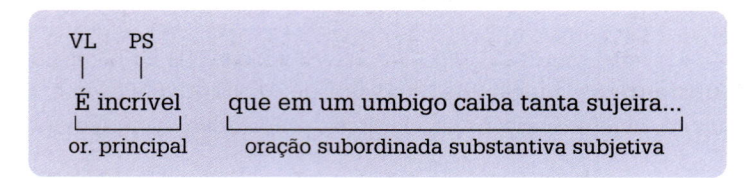

VL PS

É incrível | que em um umbigo caiba tanta sujeira...

or. principal | oração subordinada substantiva subjetiva

Objetiva direta

Exerce a função de **objeto direto** do verbo da oração principal:

VTD

Espero | que você se divirta bastante nas férias.

or. principal | or. subordinada substantiva objetiva direta

Objetiva indireta

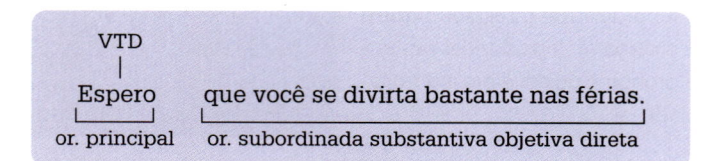

Exerce a função de **objeto indireto** do verbo da oração principal:

VTI

Lembrou-se | de que ainda não entregara a pesquisa ao professor.

or. principal | or. subordinada substantiva objetiva indireta

Predicativa

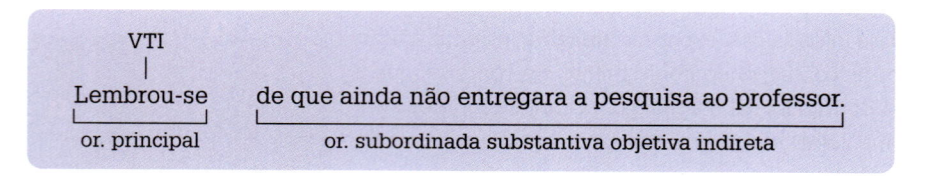

Exerce a função de **predicativo** de um termo que é sujeito da oração principal:

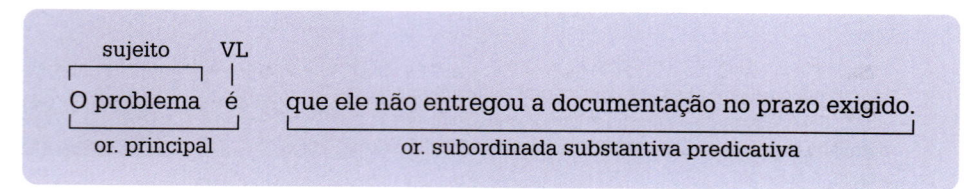

sujeito VL

O problema é | que ele não entregou a documentação no prazo exigido.

or. principal | or. subordinada substantiva predicativa

Completiva nominal

Exerce a função de **complemento nominal** de um substantivo ou adjetivo da oração principal:

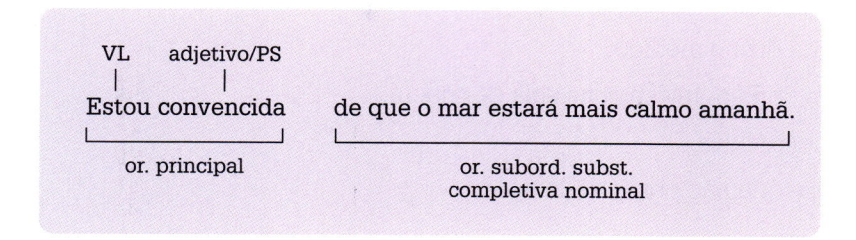

VL — adjetivo/PS

Estou convencida | de que o mar estará mais calmo amanhã.

or. principal | or. subord. subst. completiva nominal

Apositiva

Exerce a função de **aposto** de um nome da oração principal:

suj. — OI — VTDI — adj. adv. — OD

Eu lhe disse apenas isto: | (que) não se aborrecesse com ela.

or. principal | or. subordinada substantiva apositiva

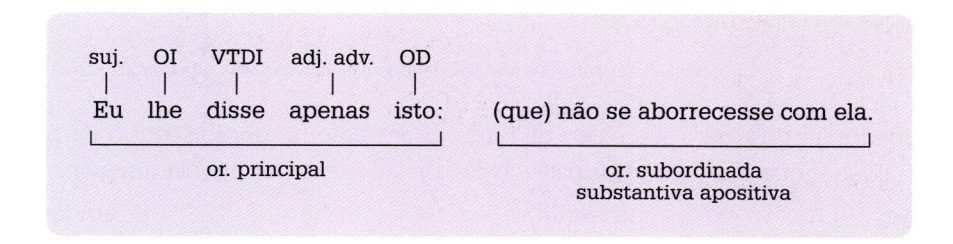

Frequentemente é precedida por dois-pontos e, às vezes, pode vir entre vírgulas.

Atenção

Para reconhecer uma oração substantiva, podemos utilizar um artifício que quase sempre funciona. Quando a oração é realmente substantiva, é possível substituí-la por um substantivo ou por um pronome substantivo como **isto**, **isso**, **aquilo**. Veja:

É preciso que a mercadoria seja entregue agora. → É preciso isso. → Isso é preciso.

que a mercadoria seja entregue agora: or. subordinada substantiva subjetiva; isso: sujeito; Isso: sujeito

Logo vi que você não aceitaria meu empréstimo. → Logo vi isso.

que você não aceitaria meu empréstimo: or. subordinada substantiva objetiva direta; isso: OD

Exercícios

1. Leia estas anedotas:

Jean Galvão/Acervo da editora

A enfermeira diz ao médico:

— Tem um homem invisível na sala de espera.

O médico responde:

— Diga a ele que não posso vê-lo agora.

Um homem chega ao médico e fala:

— Doutor, eu acho que quebrei meu braço em dois lugares. O que devo fazer?

— Parar de ir a esses dois lugares.

(Disponível em: https://www.dicionariopopular.com/piadas-curtas-engracadas/. Acesso em: 3/7/2023.)

a) As duas anedotas constroem seu efeito de humor com base no duplo sentido de algumas palavras e expressões. Identifique quais são essas palavras e expressões entre as opções a seguir:

I. invisível
II. espera
III. vê-lo
IV. quebrei meu braço
V. em dois lugares
VI. devo fazer

b) Justifique suas escolhas na questão anterior considerando os sentidos das anedotas.

c) As duas orações subordinadas substantivas a seguir estão presentes nas anedotas. Classifique-as.

- que não posso vê-lo agora
- que quebrei meu braço em dois lugares

2. Transforme as expressões destacadas em orações substantivas e, em seguida, classifique sintaticamente a oração formada. Veja o exemplo:

- Convenci-o **do interesse do filme.**
- Convenci-o **de que o filme era interessante.** / oração subordinada substantiva objetiva indireta

a) Convém **sua ajuda aos colegas**.

Convém

b) O porteiro impediu **a entrada dos retardatários**.

O porteiro impediu

c) O problema é **nossa desatenção**.

O problema é

d) Ele estava certo **da inocência do amigo**.

Ele estava certo

e) Só desejo uma coisa: **sua vitória**.

Só desejo uma coisa:

3. Leia este texto de curiosidade:

Van Gogh: erro ou obra-prima?

É difícil acreditar que o quadro "The Potato Eaters", de 1885, seja de autoria do holandês Vincent van Gogh. O quadro tem cores opacas e formas estranhas. [...] Mais incrível ainda é que o autor disse à irmã que aquele era um de seus melhores trabalhos até então. [...] Na ocasião, ele morava em Brabant, no sul da Holanda.

Foi apenas quando o artista se mudou para a França, em 1886, que ele descobriu os tons brilhantes dos impressionistas, dando início à criação de obras-primas vibrantes e mais famosas, como "Noite Estrelada" e "Girassóis".

Reprodução/Museu Van Gogh, Amsterdam.

> A tela *Os comedores de batata* (1885), de Vincent van Gogh.

(Disponível em: https://www.guiadoscuriosos.com.br/cultura-e-entretenimento/van-gogh-erro-ou-obra-prima/. Acesso em: 4/7/2023.)

Há nesse texto três orações subordinadas substantivas. Associe-as à respectiva classificação:

I. "[...] que o quadro 'The Potato Eaters', de 1885, seja de autoria do holandês Vincent van Gogh."

II. "[...] que o autor disse à irmã [...]."

III. "[...] que aquele era um de seus melhores trabalhos até então."

a) predicativa **b)** subjetiva **c)** objetiva direta **d)** apositiva

Leia agora esta tira de Laerte:

(*Folha de S.Paulo*, 16/11/2019.)

4. A respeito do 1º quadrinho, responda:

a) Qual é a predicação da forma verbal **sonhei** no contexto?

b) Qual é o complemento dessa forma verbal?

c) Como se classifica a oração "que eu tinha asas"?

5. Observe agora as orações dos quadrinhos subsequentes.

a) Que relação sintática e semântica elas têm com o 1º quadrinho? A que palavra elas estão ligadas?

b) Logo, qual é a classificação sintática dessas orações?

6. Note que as orações do 2º, do 3º, do 4º e do 5º quadrinhos se iniciam com a conjunção **e**.

a) Que sentido essa conjunção introduz em relação ao que foi dito antes?

b) Como se classifica essa conjunção?

c) Troque ideias com os colegas e com o professor: Um período pode apresentar, a um só tempo, traços de coordenação e de subordinação?

Orações substantivas reduzidas

Releia este quadrinho, da tira que abriu este capítulo:

ÀS VEZES É BOM OLHAR PARA NOSSO PRÓPRIO UMBIGO!

© Armandinho, de Alexandre Beck/Acervo do cartunista

Note que o verbo da 2ª oração está no infinitivo e não há uma conjunção fazendo a ligação entre as orações. Isso ocorre porque a oração subordinada está reduzida. Veja:

Às vezes é bom	olhar para nosso próprio umbigo!
oração principal	oração subordinada substantiva subjetiva

A oração subordinada também poderia ser expressa assim:

Às vezes é bom	que olhemos para nosso próprio umbigo!
oração principal	oração subordinada substantiva subjetiva

Como você pode observar, nas duas situações, a oração subordinada tem a mesma função sintática e sentido equivalente. A diferença entre elas é que uma apresenta uma forma **reduzida** e a outra, uma forma **desenvolvida**.

Oração desenvolvida é aquela que apresenta o verbo no modo indicativo, subjuntivo ou imperativo e é introduzida por um conectivo (palavra de ligação).

Na oração substantiva "olhar para nosso próprio umbigo!", o verbo está no infinitivo e não há conjunção. Trata-se de uma oração **reduzida**.

Na língua portuguesa, há três tipos de oração reduzida, dependendo da forma nominal do verbo: **de infinitivo**, **de gerúndio** e **de particípio**. Observe a correlação:

> Às vezes é bom que olhemos para nosso próprio umbigo!
>
> (que olhemos para nosso próprio umbigo: oração subordinada substantiva subjetiva desenvolvida)

> Às vezes é bom olhar para nosso próprio umbigo!
>
> (olhar para nosso próprio umbigo: oração subordinada substantiva subjetiva reduzida de infinitivo)

Veja outro exemplo:

> A melhor forma de nos conhecer é esta: olhando para nosso próprio umbigo!
>
> (olhando para nosso próprio umbigo: oração subordinada substantiva apositiva reduzida de gerúndio)

Exercícios

Leia esta tira:

(Bill Watterson. *O progresso científico deu "tilt"*. São Paulo: Best, 1991. v. 1, p. 29.)

1. A tira apresenta vários pensamentos de Calvin a respeito da conversa que a mãe está tendo com ele.

a) Sobre o que a mãe está falando com ele?

b) O que ele acha desse tipo de conversa?

2. Em seus pensamentos, Calvin apresenta um motivo pelo qual não consegue estudar.

a) Qual é esse motivo?

b) Esse motivo faz parte do universo concreto ou do universo fantasioso do personagem?

3. Como é comum ao gênero, o humor da tira concentra-se no último quadrinho, com o comentário da mãe de Calvin. Explique por quê.

4. A tira apresenta várias orações subordinadas. Releia as falas de Calvin e associe as seguintes orações às suas respectivas classificações, de acordo com o contexto.

a) "Eu tentei explicar"

b) "que é difícil!"

c) "que ela se importa?!"

d) "como alguém ficaria"

e) "que está terminando"

(1) oração subordinada substantiva objetiva direta

(2) oração subordinada substantiva subjetiva

(3) oração principal

5. A tira apresenta duas orações subordinadas substantivas reduzidas. Identifique-as e classifique-as.

As orações subordinadas substantivas NA CONSTRUÇÃO DO TEXTO

Leia a seguir um trecho da crônica "A boa alma do influencer", de Tati Bernardi.

[...]

O influencer **mercantil**, nome que eu acabei de inventar (mas existe aos montes), é qualquer pessoa, desde que seja 1- sem talentos além da aptidão pra ganhar dinheiro e enganar pessoas; 2- preocupadíssima em não sofrer cancelamento; e 3- dinheirista a ponto de amar o que faz mesmo odiando. Com caráter ou não, vivendo dentro dos preceitos de respeitar outros seres vivos ou não, o influencer mercantil precisa, necessariamente, parecer que é tudo isso ou não fecha as contas do mês. [...]

Não importa se nasceram **sociopatas** ou se foram criados em um ambiente que propiciou o alargamento da sua assustadora incapacidade **empática**, importa que eles passem o dia na internet parecendo fofos, legais, genuínos. Tudo é calculado pra que você engaje em sua versão "amigão íntimo que vai te dar a real". O cabelo, os óculos, o boné, a roupa, a voz.

[...]

Sigo um monte de especialistas em moda, que me ensinam a consumir com inteligência e responsabilidade e dão dicas preciosas para que eu consiga superar o meu impulso boicotador de estar sempre malvestida. [...]

Sigo ainda canais de maternidade, **medicina ayurvédica**, psicanálise ou apenas honestíssimos geradores de conteúdos de humor. Mas qual é o emprego de quem passa o dia inteiro forçando carisma pra vender produtos e marcas? [...]

(Disponível em: https://www1.folha.uol.com.br/colunas/tatibernardi/2022/08/a-boa-alma-do-influencer.shtml. Acesso em: 4/7/2023.)

Jean Galvão/Acervo da editora

empático: capaz de se colocar no lugar do outro e tentar compreender os sentimentos e o comportamento dele.

medicina ayurvédica: filosofia médica oriental milenar desenvolvida na Índia.

mercantil: que se dedica ao comércio.

sociopata: indivíduo de comportamento antissocial, ao qual falta senso de responsabilidade moral ou consciência.

1. Tati Bernardi faz, em sua crônica, uma crítica a uma prática comum dos dias atuais.

a) Identifique essa prática, bem como a crítica feita na crônica.

b) Com base em sua experiência pessoal, a autora faz uma ressalva à crítica. Explique essa ressalva.

c) O título do texto é "A boa alma do influencer". Troque ideias com os colegas e o professor: É possível considerar que há ironia nesse título? Justifique sua resposta.

d) Você concorda com o ponto de vista de Tati Bernardi? Comente com os colegas.

2. No primeiro parágrafo, Tati Bernardi conceitua o que chama de "influencer mercantil". Releia o trecho a seguir:

> "[...] é qualquer pessoa, desde que seja 1- sem talentos além da aptidão **pra ganhar dinheiro e enganar pessoas**; 2- preocupadíssima **em não sofrer cancelamento**; e 3- dinheirista a ponto de amar o que faz mesmo odiando."

As duas orações em destaque completam o sentido de outros termos do texto.

a) Identifique esses termos e dê sua classificação morfológica, isto é, indique a classe de palavras a que pertencem.

b) Indique a classificação sintática das orações em destaque.

c) Troque ideias com os colegas e o professor: Os termos indicados por você no item **a** têm, em geral, uma conotação positiva ou negativa quando usados para descrever uma pessoa?

d) Observe o conteúdo das orações em destaque e, considerando suas respostas anteriores, explique o efeito de sentido construído por elas no texto.

3. Agora, releia este trecho:

> "[...] o influencer mercantil precisa, necessariamente, parecer que é tudo isso ou não fecha as contas do mês."

a) Identifique, nele, a oração que atribui características ao sujeito "o influencer mercantil".

b) Qual é a classificação da oração identificada por você no item **a**?

c) Entre as opções a seguir, indique aquela que descreve melhor o sentido desse trecho no texto:

I. Para a autora, o *influencer* mercantil precisa sempre fazer parecer que a vida é boa a fim de levar a seu público uma mensagem de alegria e otimismo.

II. Para a autora, o *influencer* mercantil não se importa com seu público, preocupando-se apenas com as aparências a fim de obter lucro com seu perfil.

III. Para a autora, o *influencer* mercantil vive dentro dos preceitos de respeito e bom caráter a fim de ajudar seu público a fechar as contas no fim do mês.

4. Neste capítulo, você aprendeu a diferença de emprego das conjunções integrantes **que** e **se**. Identifique, no segundo parágrafo, as orações nas quais essas conjunções são utilizadas e explique a diferença de sentido entre elas no contexto.

5. Releia o terceiro parágrafo, no qual foram empregadas orações subordinadas substantivas reduzidas de infinitivo:

> "Sigo um monte de especialistas em moda, que me ensinam a consumir com inteligência e responsabilidade e dão dicas preciosas para que eu consiga superar o meu impulso boicotador de estar sempre malvestida."

a) Identifique essas orações de acordo com as classificações indicadas a seguir:

- oração subordinada substantiva objetiva indireta reduzida de infinitivo.
- oração subordinada substantiva completiva nominal reduzida de infinitivo.

b) Os *influencers* a quem a autora se refere nesse parágrafo enquadram-se no perfil do "influencer mercantil"? Justifique sua resposta.

SEMÂNTICA E DISCURSO

Leia o texto a seguir e responda às questões 1 a 6.

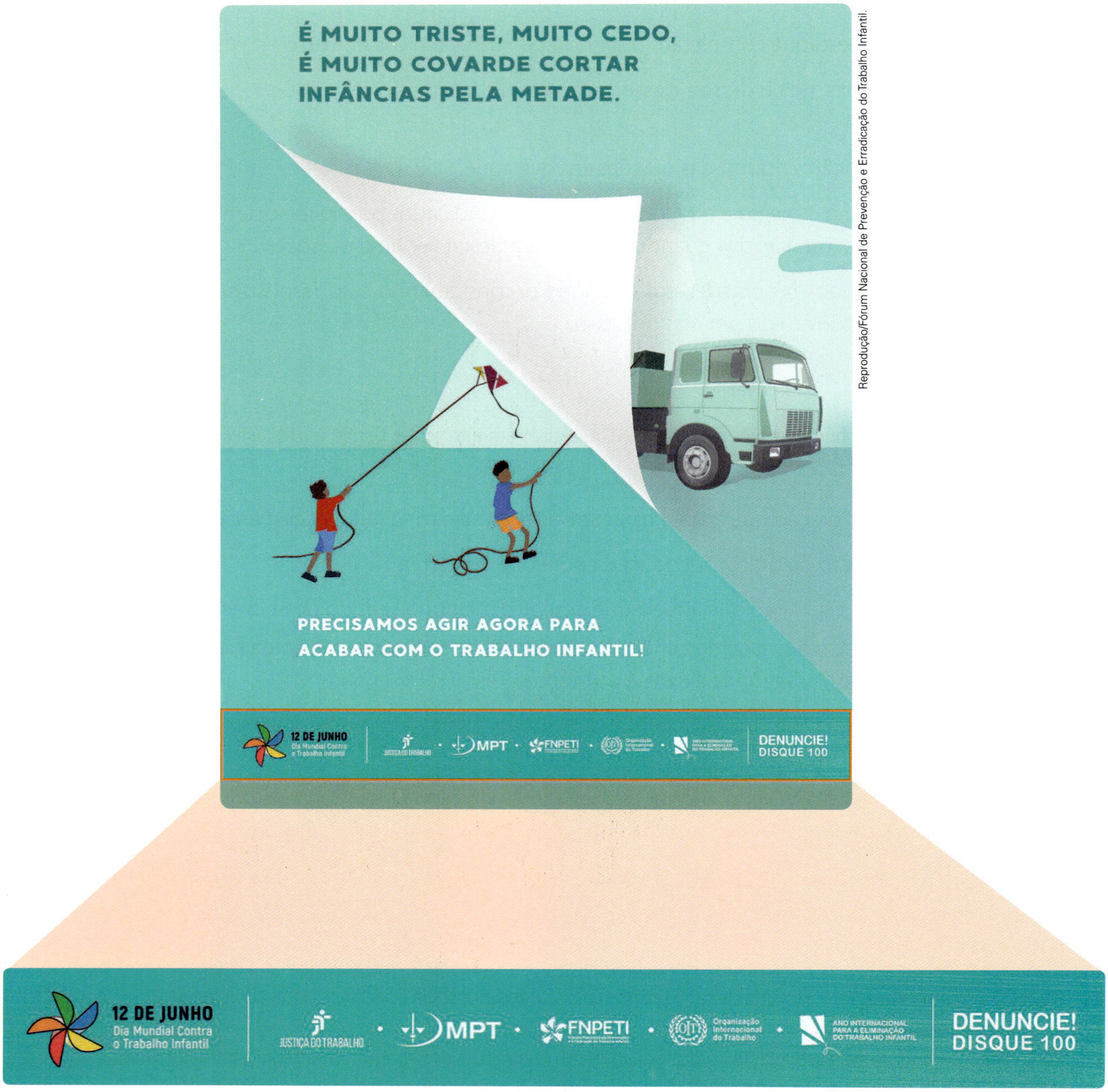

É MUITO TRISTE, MUITO CEDO,
É MUITO COVARDE CORTAR
INFÂNCIAS PELA METADE.
PRECISAMOS AGIR AGORA PARA
ACABAR COM O TRABALHO INFANTIL!
12 DE JUNHO
Dia Mundial Contra o Trabalho Infantil
JUSTIÇA DO TRABALHO
MPT
FNPETI
Organização Internacional do Trabalho
ANO INTERNACIONAL PARA A ELIMINAÇÃO DO TRABALHO INFANTIL
DENUNCIE!
DISQUE 100

Reprodução/Fórum Nacional de Prevenção e Erradicação do Trabalho Infantil.

(Disponível em: https://fnpeti.org.br/noticias/2021/05/31/campanha-alerta-para-urgencia-em-erradicar-o-trabalho-infantil/. Acesso em: 4/7/2023.)

1. A respeito do texto e de sua situação de produção, responda:

a) A que gênero ele pertence? Identifique a melhor opção.

I. poema

II. anúncio publicitário

III. texto de campanha comunitária

IV. conto

b) Qual é a finalidade principal do texto?

c) Quem são os responsáveis por ele e qual é a relação deles com o assunto abordado?

2. A parte não verbal que compõe o fundo do texto é constituída de dois planos.

a) Por meio de qual estratégia visual esses dois planos estão divididos?

b) Que elementos da imagem unem esses dois planos?

c) O que é retratado em cada um desses planos e que efeito é criado pela diferença de cores utilizadas neles?

d) Explique o sentido de cada um desses planos no contexto.

Releia o texto verbal da parte superior para responder às questões 3 e 4:

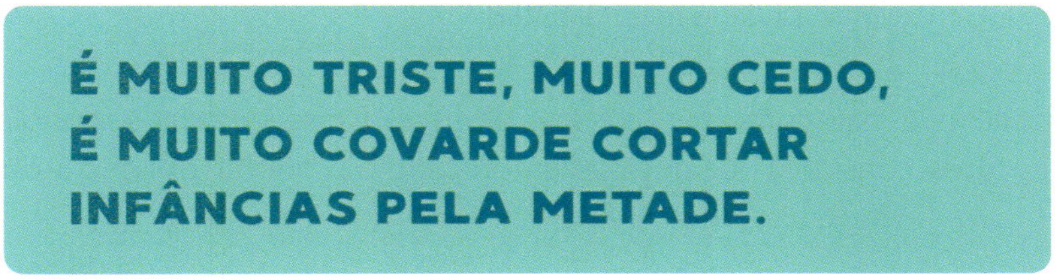
É MUITO TRISTE, MUITO CEDO,
É MUITO COVARDE CORTAR
INFÂNCIAS PELA METADE.

Reprodução/Fórum Nacional de Prevenção e Erradicação do Trabalho Infantil.

3. Uma ação é citada nessa parte.

a) Identifique-a.

b) Essa ação tem, no contexto, sentido literal ou sentido figurado? Justifique sua resposta.

4. A forma verbal **é** e a palavra **muito** foram empregadas repetidas vezes na frase em estudo.

a) Explique o efeito de sentido construído por essa repetição.

b) Quais são as palavras modificadas pelo advérbio **muito**? Elas têm sentido positivo ou negativo?

c) Identifique e classifique as orações do período:

"É muito covarde cortar infâncias pela metade."

5. Releia o texto verbal da parte inferior:

"Precisamos agir agora para acabar com o trabalho infantil!"

Troque ideias com os colegas e o professor:

a) Qual é a função do ponto de exclamação nessa frase?

b) A forma verbal **precisamos**, empregada na 1ª pessoa do plural, refere-se, no contexto, apenas aos enunciadores? Justifique sua resposta com elementos do texto.

c) A forma verbal **precisamos** expressa um sentido de:

I. aconselhamento.

II. negação.

III. necessidade.

IV. advertência.

6. Relacione os textos verbais das partes superior e inferior e a parte não verbal.

a) Entre as expressões a seguir, indique aquela que retoma a oração "cortar infâncias pela metade":

I. "agir agora"

II. "acabar com"

III. "trabalho infantil"

b) Justifique sua escolha no item **a**.

c) Qual dos planos do texto não verbal representa essa mesma ação? Justifique sua resposta.

7. O emprego de orações reduzidas no lugar de orações desenvolvidas geralmente torna um texto mais enxuto. Observe:

- Deixe (or. principal) que ele faça sozinho. (or. sub. subst. objetiva direta)
- Deixe-o fazer sozinho.

No português brasileiro, é mais comum as pessoas dizerem "Deixe ele fazer sozinho". Apesar disso, a norma-padrão, nesses casos, considera que deva ser empregado o pronome oblíquo átono **o** como sujeito do verbo **fazer**.

Leia o texto a seguir, publicado no *site* de um jornal do Sul do Brasil, em que há dois pronomes pessoais do caso reto empregados de forma diferente da prescrição da norma-padrão.

Seu pet não precisa sofrer: acupuntura para cães e gatos em Curitiba

A prática de domesticar cães e gatos é milenar e, desde então, esses amiguinhos de quatro patas são tratados como membros da família. São muitos momentos e alegrias compartilhadas com os pets. Por isso, ao ver eles sofrendo por alguma debilidade física, seja proveniente de uma condição específica ou da idade avançada, acabamos sofrendo junto.

[...] com a acupuntura é possível resolver problemas digestivos ou gástricos, dores musculares e na coluna, dermatite alérgica, insuficiência renal, dificuldades de locomoção, entre outros [...], explica a Dra. Rika Yamane, veterinária especialista em acupuntura.

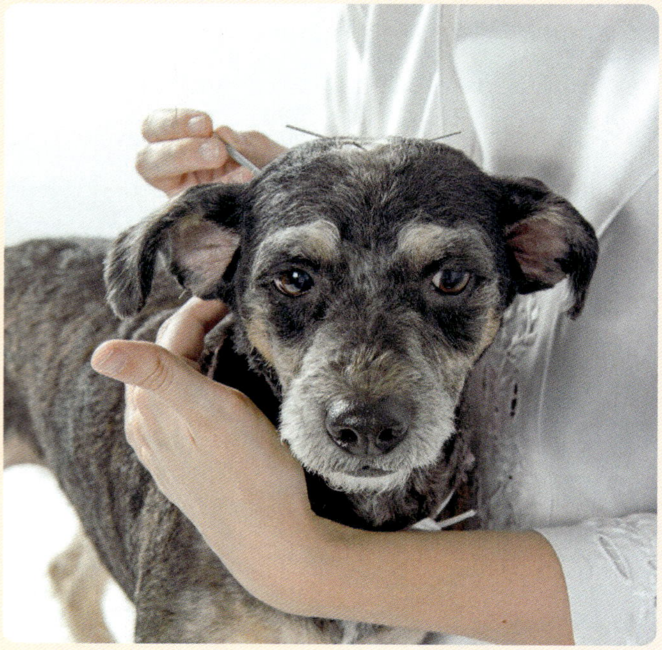

Elayne Massaini/Shutterstock

Dentre tantos casos de pacientes que a Dra. Rika tratou, um deles é a Maya, que foi diagnosticada com uma grave doença sanguínea. [...] com o tratamento da acupuntura, fitoterapia chinesa e moxa japonesa e muito amor, é claro, a especialista viu com seus próprios olhos a cadelinha recuperar o vigor.

"Vi ela chegando no consultório, após o tratamento, fazendo festa, dando patinha, pedindo biscoito e aprontando em casa. Nem parecia que estava tão doentinha. Esperamos que ela continue assim festeira, forte e plena", conta a veterinária. [...]

(Disponível em: https://odiariodemaringa.com.br/2023/02/27/seu-pet-nao-precisa-sofrer-acupuntura-para-caes-e-gatos-em-curitiba/. Acesso em: 4/7/2023.)

a) Identifique no texto os pronomes empregados de forma diferente da prescrição da norma-padrão. Depois, reescreva no caderno os trechos em que esses pronomes aparecem substituindo esses termos por pronomes recomendados pela gramática normativa.

b) Compare sua resposta ao item **a** com o texto original. Troque ideias com os colegas e o professor e conclua: Por que, no texto em estudo, a colocação pronominal foi feita dessa forma?

c) Reescreva no caderno as frases a seguir, transformando as orações subordinadas desenvolvidas em reduzidas, de acordo com a norma-padrão.

- Notei que ele chegou sozinho à festa.
- Percebi que ela estava triste naquele dia.
- Senti que eles ficaram confiantes na vitória.

8. Às vezes, por excesso de subordinação, podemos redigir textos prolixos, principalmente quando as orações subordinadas são desenvolvidas. O texto que segue, por exemplo, apresenta várias orações subordinadas substantivas desenvolvidas. Depois de lê-lo, reescreva-o no caderno, passando para a forma reduzida as orações destacadas.

É conveniente **que todos mantenham seus exames médicos em dia e que colaborem diretamente na promoção de uma vida saudável**; caso contrário, aumentará a possibilidade **de que boa parte da população envelheça com mais doenças e de que os hospitais fiquem sobrecarregados**. Sem dúvida, o melhor é **que façamos um investimento mais pesado na prevenção**.

DIVIRTA-SE

(Fernando Gonsales. *Níquel Náusea — Nem tudo que balança cai*. São Paulo: Devir, 2003. p. 12.)

CAPÍTULO 32

Orações subordinadas adjetivas

Construindo o conceito

Leia o anúncio publicitário a seguir.

PASSOU DO BISAVÔ
PRO AVÔ,
QUE PASSOU PRO PAI,
QUE PASSOU PRO FILHO,
E NÃO É CALVÍCIE.
Parabéns, Folha de S.Paulo, pelos 95 anos fazendo parte de gerações e gerações de brasileiros.
lewlaratbwa.com.br
11 3058.3500
LEW'LARA TBWA\
The Disruption Company

Folhapress/Lew'Lara/TBWA

(*Folha de S.Paulo*, 18/2/2016.)

Lew'Lara\TBWA: agência de publicidade internacional, com filial em São Paulo.

1. Observe os elementos da situação de produção, recepção e circulação do texto e responda:

a) Quem é o enunciador ou o responsável pelo anúncio?

b) Em que veículo o anúncio foi publicado?

c) A quem o anúncio se dirige?

d) Com que finalidade o anúncio foi publicado?

2. Observe que as formas verbais empregadas no texto não apresentam sujeito explícito. Considerando os elementos da situação e a pessoa do verbo, responda: Qual é o sujeito dessas formas verbais?

3. O enunciado central do anúncio é composto de um único período. Delimite as orações que o constituem.

4. No enunciado central, a palavra **que** foi empregada duas vezes.

a) Qual é o papel gramatical dessa palavra?

b) A palavra **que** se refere e retoma uma palavra expressa anteriormente. Qual é essa palavra em cada uma de suas ocorrências?

5. A construção sintática do período — com repetição da forma verbal **passou** e da palavra **que**, além da menção a várias gerações de uma mesma família — cria um efeito de sentido relacionado com a finalidade do anúncio. Explique essa relação.

6. As referências à tradição familiar vão criando uma expectativa no leitor, que é quebrada pela oração "e não é calvície".

a) Explique por que ela quebra a expectativa do leitor e comente o efeito de sentido gerado por ela no texto.

b) Pode-se dizer que esse efeito é utilizado como estratégia comunicativa ou persuasiva? Explique.

c) Que outras evidências há no texto que mostram uma tentativa de se aproximar do público por meio da linguagem?

Conceituando

Orações subordinadas adjetivas

No anúncio publicitário, a oração "que passou pro pai" acompanha o substantivo **avô**, e a oração "que passou pro filho" acompanha o substantivo **pai**. Por acompanharem substantivos, as orações subordinadas cumprem um papel equivalente ao de adjetivos e, por isso, são chamadas **orações subordinadas adjetivas**.

> **Oração subordinada adjetiva** é aquela que tem valor de adjetivo, pois cumpre o papel de caracterizar um substantivo (nome ou pronome) antecedente.

As orações subordinadas adjetivas são introduzidas pelos pronomes relativos **que**, **onde**, **o qual (a qual**, **os quais**, **as quais)**, **cujo (cuja**, **cujos**, **cujas)**.

Como saber se uma oração é ou não adjetiva?

Lembre-se de que toda oração adjetiva, desde que não seja reduzida, é introduzida por um pronome relativo. Se a palavra que introduz a oração subordinada é **que**, e você não tem certeza se ela é um pronome relativo, tente substituí-la por **o(a) qual**, **os(as) quais**, junto ou não de preposição. O emprego desse artifício só não é possível com o conectivo **cujo** e suas variantes, que são, sem dúvida, sempre pronomes relativos.

Observe as orações adjetivas em destaque:

- "Passou do bisavô pro avô, **que passou pro pai, que passou pro filho**"
- Passou do bisavô pro avô, **o qual** passou pro pai, **o qual** passou pro filho.

Classificação das orações adjetivas

Repare na estrutura sintática desta frase:

Os alunos **que foram mal na primeira avaliação** terão aulas de reforço.

Os alunos	que foram mal na primeira avaliação	terão aulas de reforço.
OP	oração subordinada adjetiva	OP

De acordo com o enunciado, apenas os alunos que se saíram mal na primeira avaliação terão aulas de reforço. Os demais alunos certamente estão dispensados dessas aulas.

Observe, agora, a alteração de sentido que ocorre na frase quando a oração adjetiva é colocada entre vírgulas:

Os alunos, **que foram mal na primeira avaliação**, terão aulas de reforço.

Os alunos,	que foram mal na primeira avaliação,	terão aulas de reforço.
OP	oração subordinada adjetiva	OP

De acordo com o novo enunciado, todos os alunos terão aula de reforço, pois todos foram mal na primeira avaliação. A intenção do locutor ao mencionar a informação correspondente à oração adjetiva é só lembrar algo já sabido por todos.

Na primeira situação, a oração adjetiva restringe, particulariza o sentido da palavra alunos; por isso, é uma **oração subordinada adjetiva restritiva**. Na segunda situação, a oração acrescenta à palavra **alunos** uma informação que já é de conhecimento do interlocutor; por isso é uma **oração subordinada adjetiva explicativa**. A oração adjetiva explicativa generaliza, universaliza o sentido da palavra **alunos**: todos os alunos foram mal na primeira avaliação; por isso, todos devem assistir às aulas de reforço.

Assim, as orações subordinadas adjetivas classificam-se em **restritivas** e **explicativas**.

Restritivas

São as que delimitam, restringem ou particularizam o sentido de um nome (substantivo ou pronome) antecedente. Na escrita, ligam-se ao antecedente diretamente, sem vírgulas.

Explicativas

São as que acrescentam ao antecedente uma informação que já é de conhecimento do interlocutor; assim, generalizam ou universalizam o sentido do antecedente. Na escrita, aparecem entre vírgulas.

Para não confundir

Se fosse necessário classificar a oração "que um selo pode oferecer aos artistas", do *banner* ao lado, como você a classificaria?

Classificar construções como essa, em que a palavra **que** é precedida de **o**, pode causar dúvidas. Perceba que a palavra **o** é um pronome demonstrativo com sentido e valor gramatical equivalentes aos do demonstrativo **aquilo**. Dessa forma, o pronome **o** forma o objeto direto da forma verbal **saiba**, enquanto a oração adjetiva "que um selo pode oferecer aos artistas" modifica o pronome **o**, por isso é uma **oração adjetiva**. Veja:

Saiba o que um selo pode oferecer aos artistas
Groover
LABEL

Reprodução/Groover

(Disponível em: https://blog.groover.co/pt/dicas-para-musicos/selo-artista-musica/. Acesso em: 30/6/2023.)

pronome demonstrativo — Saiba **o** (aquilo) — OP

pronome relativo — **que** (o qual) um selo pode oferecer aos artistas. — oração subordinada adjetiva restritiva

Orações adjetivas reduzidas

Releia este trecho do anúncio que abriu este capítulo:

Folhapress/Lew'Lara/TBWA

Observe que, no texto, a forma verbal **fazendo**, no gerúndio, introduz uma oração que acompanha a expressão **95 anos**, cujo núcleo é o substantivo **anos**. Por acompanhar um substantivo, a oração é subordinada adjetiva. Por estar sem o pronome relativo e com o verbo no gerúndio, dizemos que ela é reduzida de gerúndio. Observe e compare como ela ficaria, se fosse desenvolvida:

- Parabéns, Folha de S.Paulo, pelos 95 anos
fazendo parte de gerações e gerações de brasileiros.
or. subord. adjetiva restritiva reduzida de gerúndio

- Parabéns, Folha de S.Paulo, pelos 95 anos
nos quais/em que fez parte de gerações e gerações de brasileiros.
or. subord. adjetiva restritiva desenvolvida

Concluindo: As orações subordinadas adjetivas podem apresentar-se desenvolvidas ou reduzidas. Quando reduzidas, têm o verbo no **infinitivo**, no **gerúndio** ou no **particípio**.

Veja outros exemplos:

- Ao longe, víamos pessoas **a entrar** e **a sair do edifício**.
- As pessoas, **observando o jardim florido**, esperavam que aquela maravilha nunca acabasse.
- Finalmente encontrei minha blusa, **manchada de um líquido escuro**.

Exercícios

Leia o anúncio a seguir para responder às questões 1 a 3.

Reprodução/O Globo

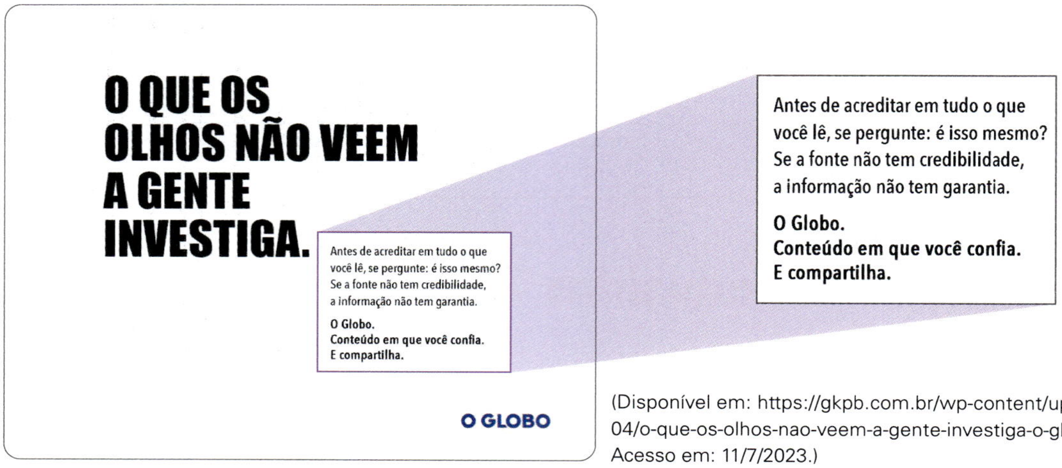
O QUE OS OLHOS NÃO VEEM A GENTE INVESTIGA.
Antes de acreditar em tudo o que você lê, se pergunte: é isso mesmo? Se a fonte não tem credibilidade, a informação não tem garantia.
O Globo.
Conteúdo em que você confia.
E compartilha.
O GLOBO

(Disponível em: https://gkpb.com.br/wp-content/uploads/2017/04/o-que-os-olhos-nao-veem-a-gente-investiga-o-globo.jpg. Acesso em: 11/7/2023.)

1. É possível considerar que esse anúncio veicula tanto um produto quanto uma ideia.

a) Explique essa afirmação, indicando quais são o produto e a ideia veiculados.

b) Quem é o anunciante e qual imagem ele busca construir de si?

2. Na parte verbal central, escrita em letras maiores, foi utilizada a expressão "a gente".

a) A quem se refere essa expressão, no contexto? Justifique sua resposta.

b) Com qual ditado popular essa parte central do texto dialoga? Explique o sentido desse ditado.

c) Compare esse ditado popular com a versão do texto em estudo e conclua: Que mudança de sentido foi causada por essa alteração?

3. Foram empregadas no anúncio três orações subordinadas adjetivas.

a) Identifique-as e dê a classificação delas.

b) Essas três orações retomam, no texto, referentes completamente diversos ou que mantêm entre si alguma relação de sentido? Justifique sua resposta.

c) Considerando suas respostas anteriores, explique a importância dessas orações para a construção de sentidos no contexto do anúncio.

4. No texto lateral em letras menores foram empregadas as conjunções **se** e **e**. Observe:

- "**Se** a fonte não tem credibilidade, a informação não tem garantia."
- "Conteúdo em que você confia. **E** compartilha."

a) Elas constroem entre as orações que conectam, respectivamente, os sentidos de:

I. oposição e explicação. **II.** condição e adição. **III.** concessão e conclusão.

b) Troque ideias com os colegas e o professor e identifique qual(is) dessas frases se refere(m) ao enunciador e qual(is) se refere(m) a terceiros. Em seguida, deduza: Quem são esses terceiros?

Leia esta tira, de Alexandre Beck, e responda às questões 5 a 8.

(*Armandinho oito*. Florianópolis: Belas Letras, 2016. p. 78.)

5. Cruzando a linguagem verbal e a linguagem não verbal da tira, é possível afirmar que a palavra **semear**, no contexto, é ambígua. Explique por quê.

6. Observe a fala do 1º balão da tira:

"Nem sempre a gente sabe o que vai colher..."

a) Qual é a predicação do verbo **saber**?

b) Qual é o seu complemento?

c) Como se classifica a oração "que vai colher"?

d) Qual é o antecedente do pronome relativo **que**?

7. Analise também o período composto do 2º quadrinho.

a) Qual é a predicação do verbo **cuidar**?

b) Qual é o seu complemento?

c) Como se classifica a oração "que vamos semear"?

8. O período do 2º quadrinho é introduzido pela conjunção coordenativa **mas**.

a) Que sentido ela apresenta?

b) Que relação ela estabelece com o período do 1º quadrinho?

Leia o anúncio a seguir para responder às questões 9 a 12.

Carlos H. T. Bonafé/Acervo do artista

Seus filhos correm risco de sofrer acidentes que você nem imagina.
No Brasil, mais de 5 milhões de crianças morrem todos os anos e mais de 100 mil são hospitalizadas por causa de acidentes que, em muitos casos, podem ser evitados.
No Brasil, mais de 5 milhões de crianças morrem todos os anos e mais de 100 mil são hospitalizadas por causa de acidentes que, em muitos casos, podem ser evitados.

(Disponível em: https://cargocollective.com/cabonafe/Ong-Crianca-Segura. Acesso em: 14/11/2019.)

9. Levante hipóteses:

a) Que tipo de instituição poderia ser responsável por esse anúncio?

b) Qual é a sua finalidade?

c) A quem o anúncio se destina?

10. Observe a imagem que compõe o anúncio e relacione-a com a linguagem verbal.

a) O que mostra a linguagem não verbal?

b) O que ela representa?

11. Observe o enunciado principal do anúncio:

> "Seus filhos correm risco de sofrer acidentes que você nem imagina."

a) Qual é o papel morfológico da palavra **que**?

b) Qual é o antecedente da palavra **que**: o substantivo **risco** ou o substantivo **acidentes**?

c) Como se classifica a oração introduzida pela palavra **que**?

d) Que outros pronomes relativos poderiam ser empregados na frase para tornar seu sentido mais preciso?

12. Na parte de baixo do anúncio, se lê:

> No Brasil, mais de 5 milhões de crianças morrem todos os anos e mais de 100 mil são hospitalizadas por causa de acidentes que, em muitos casos, podem ser evitados.

Carlos H. T. Bonafé/Acervo do artista

a) Identifique e classifique a oração adjetiva que há no texto.

b) Qual é a função sintática do pronome relativo que introduz a oração adjetiva?

c) O pronome relativo, nesse período, desempenha a mesma função sintática da palavra **que** empregada no enunciado principal? Justifique sua resposta.

Como analisar sintaticamente o pronome relativo

Leia este cartum, de Angeli:

© Angeli/Folha de S.Paulo 11.11.1998/Fotoarena

1. Observe os personagens do cartum e o diálogo que mantêm.

a) O que a forma de tratamento **Excelência**, empregada pelo homem de chapéu, revela a respeito da condição social de seu interlocutor?

b) Observe a caracterização física do homem de chapéu. O que essa caracterização sugere a respeito dele?

2. Um documento se caracteriza por ser a expressão escrita de uma verdade referente a fatos ou pessoas.

a) Dessa forma, que contradição existe entre o que o homem de chapéu afirma no primeiro e no último balão?

b) Ao examinar os documentos, o homem de terno diz que se trata de uma "armação da grossa". Qual é o sentido dessa expressão, no contexto?

3. Na terceira e na quarta cena, o homem de chapéu apresenta outros documentos, que, segundo ele, provam a falsidade dos documentos do primeiro envelope. O humor da tira se constrói na oposição entre essa revelação e o diálogo da primeira cena.

a) Explique por quê.

b) A tira foi publicada em um momento em que se identificavam casos de corrupção no Brasil envolvendo políticos e empresários. Considerando o contexto, sobre o que o cartum nos leva a refletir?

Observe a estrutura sintática destas frases:

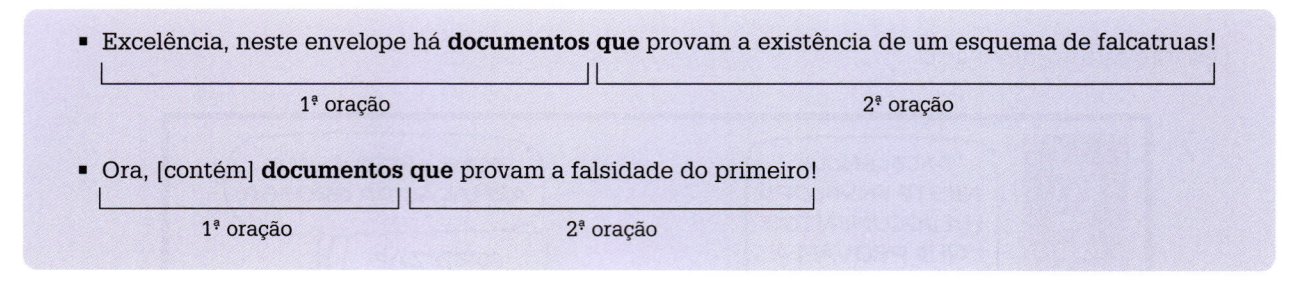

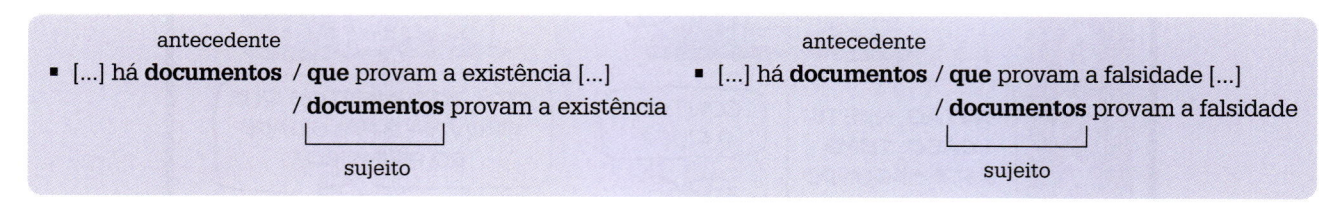

- Excelência, neste envelope há **documentos que** provam a existência de um esquema de falcatruas!
  [1ª oração: Excelência, neste envelope há documentos] [2ª oração: que provam a existência de um esquema de falcatruas!]
- Ora, [contém] **documentos que** provam a falsidade do primeiro!
  [1ª oração: Ora, [contém] documentos] [2ª oração: que provam a falsidade do primeiro!]

Nas duas frases, a 2ª oração se liga à 1ª por meio do pronome relativo **que**, que substitui o termo **documentos** expresso anteriormente.

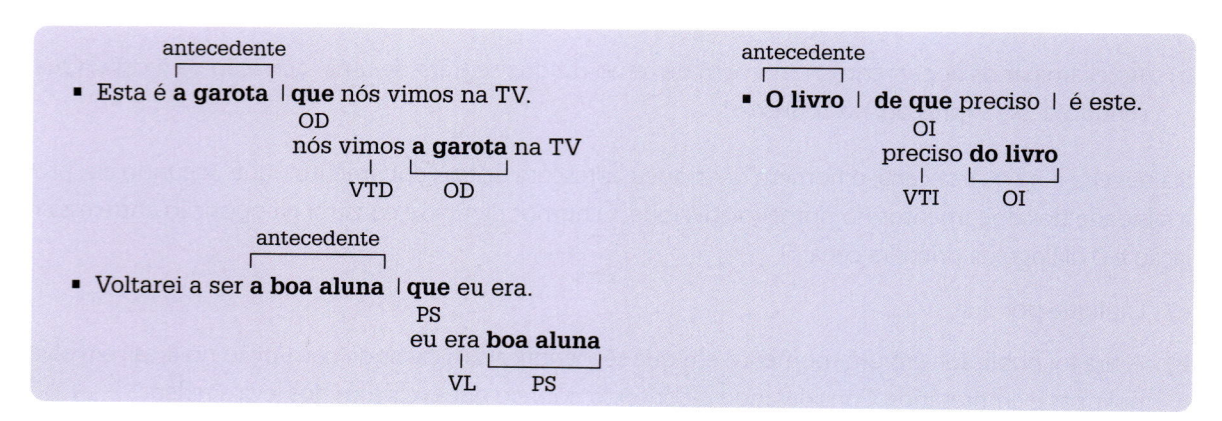

Para identificar a função sintática que um pronome relativo exerce em uma oração, nós o substituímos pelo antecedente e o classificamos. Veja:

- [...] há **documentos** (antecedente) / **que** provam a existência [...]
  / **documentos** (sujeito) provam a existência
- [...] há **documentos** (antecedente) / **que** provam a falsidade [...]
  / **documentos** (sujeito) provam a falsidade

Assim, nas frases acima, o pronome relativo **que** desempenha a função de **sujeito**.

A morfossintaxe dos pronomes relativos

Como os demais tipos de pronome, o pronome relativo exerce uma função sintática específica na oração de que faz parte. Assim, pode desempenhar as funções de sujeito, objeto direto, objeto indireto, complemento nominal, predicativo do sujeito, agente da passiva, adjunto adverbial e adjunto adnominal. Observe:

Já partiram **os alunos** (sujeito da 1ª oração) **que** (pronome relativo; sujeito da 2ª oração) vão participar do campeonato.

Observe outros exemplos:

- Esta é **a garota** (antecedente) | **que** (OD) nós vimos na TV.
  nós vimos (VTD) **a garota** (OD) na TV
- **O livro** (antecedente) | **de que** (OI) preciso | é este.
  preciso (VTI) **do livro** (OI)
- Voltarei a ser **a boa aluna** (antecedente) | **que** (PS) eu era.
  eu era (VL) **boa aluna** (PS)

Exercícios

Leia o poema a seguir, de Roseana Murray, e responda às questões 1 e 2.

Clareira

Ando para trás
em minhas próprias pegadas,
no sulco que os pés escreveram
ao longo dos séculos
até chegar na clareira varrida
onde se reúnem todas as mulheres
que fui,
as feiticeiras, as atormentadas,
as loucas em noites de lua,
as que comiam terra.

(*Poemas para ler na escola*. Rio de Janeiro: Objetiva, 2011. p. 64.)

Filipe Rocha/Acervo da editora

1. Quem é o eu lírico do poema? Quem ele representa?

2. Reconheça a função sintática dos pronomes relativos nos seguintes versos do poema.

a) "no sulco que os pés escreveram"

b) "onde se reúnem todas as mulheres"

c) "que fui"

d) "as que comiam terra"

Leia o meme a seguir para responder às questões 3 a 5.

Reprodução/www.criarmeme.com.br

(Disponível em: https://www.criarmeme.com.br/meme/57505. Acesso em: 5/7/2023.)

3. O humor do meme provém da contraposição de dois perfis de pessoas.

a) Explique essa contraposição.

b) Você se identifica com um desses perfis? Por quê?

c) O que o meme critica, ao contrapor esses dois perfis?

4. Observe a fotografia de fundo do meme.

a) Que sentimentos a expressão do cachorro sugere?

b) Explique a relação entre a imagem e a parte verbal.

5. No texto verbal da parte inferior do meme, foram empregados dois pronomes relativos.

a) Identifique esses pronomes e os seus antecedentes.

b) Identifique a função sintática exercida pelos pronomes relativos no meme.

As orações subordinadas adjetivas NA CONSTRUÇÃO DO TEXTO

Leia a seguir um poema da escritora Alice Ruiz.

tem os que passam
e tudo se passa
com passos já passados

tem os que partem
da pedra ao vidro
deixam tudo partido

e tem, ainda bem,
os que deixam
a vaga impressão
de ter ficado

Biry Sarkis/Acervo da editora

(Disponível em: https://www.aliceruiz.mpbnet.com.br/bibliografia/vice.versos/tem_os_que_passam.htm. Acesso em: 25/6/2023.)

1. O poema é constituído de três estrofes.

a) Uma mesma forma verbal se repete em todas as estrofes. Identifique-a e indique qual é o sentido dela no contexto.

b) A forma verbal identificada por você no item **a** é acompanhada de orações subordinadas nas três estrofes. Quais são essas orações?

c) Qual é o termo antecedente dessas orações? Que função sintática os antecedentes desempenham em suas respectivas orações?

d) Classifique as orações subordinadas que você indicou no item **b**.

2. Na primeira estrofe há uma oração reduzida.

a) Identifique-a e classifique-a.

b) Escreva no caderno na forma desenvolvida a oração identificada no item **a**.

c) A qual termo da oração principal essa oração reduzida se refere?

3. Nas três estrofes o eu lírico fala de outras pessoas.

a) Que pronome é empregado para fazer referência a essas outras pessoas?

b) Levante hipóteses: Quem são, no contexto do poema, essas outras pessoas a quem o eu lírico se refere em cada uma das estrofes?

c) Qual é o sentido da expressão "ainda bem" na terceira estrofe?

d) Você se identifica com alguma das relações descritas pelo eu lírico no poema?

4. Observe a sonoridade do poema nas três estrofes.

a) Identifique os sons que sobressaem em cada uma delas.

b) Troque ideias com os colegas e o professor e levante hipóteses sobre as possíveis relações que há entre as sonoridades das estrofes e o conteúdo delas.

5. A oração adjetiva restritiva foi empregada algumas vezes no poema em estudo. Considerando o tema e a finalidade desse texto, indique, entre os itens a seguir, aquele que melhor explica o papel da oração adjetiva na construção do poema.

a) As orações adjetivas têm no texto lido a função principal de explicar técnica e cronologicamente os diferentes relacionamentos amorosos nos quais o eu lírico se envolveu ao longo da vida.

b) O texto tem a finalidade de apresentar as decepções do eu lírico com as pessoas com quem ele conviveu ao longo da vida. Para descrever essas decepções, são empregadas orações adjetivas.

c) As orações adjetivas restringem e particularizam, e, no texto lido, de forma poética, elas têm o papel de diferenciar as atitudes de alguns tipos de pessoa, bem como seus efeitos na vida do eu lírico.

SEMÂNTICA E DISCURSO

Leia o texto a seguir.

AQUELA VIAGEM BEM LOUCA DE BICICLETA QUE VAI MUDAR SUA VIDA PODE SER ATÉ O TRABALHO.
MUDAR O MUNDO É RÁPIDO, GRÁTIS E DIVERTIDO. DIA 22.09 DEIXE O CARRO EM CASA.

(Disponível em: https://www.facebook.com/339231206167714/photos/pb.100069363907274.-2207520000./342180339206134/?type=3. Acesso em: 11/7/2023.)

1. Esse texto, que faz parte de uma campanha, circulou nas redes sociais. Deduza:

a) Qual é o objetivo desse texto e a quem ele se dirige?

b) Que argumentos são utilizados para convencer o interlocutor?

2. Compare as partes verbal e não verbal do texto.

a) O que há de particular na imagem da bicicleta retratada?

b) Troque ideias com os colegas e o professor e levante hipóteses: Qual termo ou expressão do texto verbal dialoga com a imagem?

3. O texto verbal central é composto de uma única frase.

a) Indique qual é a oração principal e qual é a oração subordinada, classificando esta última.

b) Qual é o antecedente da palavra **que**?

c) Que função desempenha a palavra **que** nessa oração subordinada?

4. As formas verbais podem apresentar diferentes sentidos, dependendo do tempo, do modo verbal e do contexto em que são utilizadas. No texto em estudo:

a) a forma verbal "vai mudar" indica uma:

I. possibilidade futura. **II.** negação futura. **III.** certeza futura.

b) qual é o sentido da expressão "pode ser"?

I. Permissão. **II.** Possibilidade. **III.** Capacidade.

DIVIRTA-SE

Nadadores Olímpicos - II

Problema de Lógica

Neste problema você deve descobrir as características dos 4 nadadores que estão lado a lado aguardando o início de uma competição importante. Eles nasceram em países diferentes e cada um deles prefere um estilo de natação em particular.

- Touca: amarela, azul, branca, verde
- País: Argentina, Brasil, Estados Unidos, França
- Especialidade: borboleta, costas, *crawl*, peito
- Medalhas: 2, 3, 5, 8
- Peso: 70 kg, 75 kg, 80 kg, 84 kg
- Idade: 20, 22, 23, 24

Use as dicas e descubra quais são as características de cada um deles.

	Raia 1	Raia 2	Raia 3	Raia 4
Touca				
País				
Especialidade				
Medalhas				
Peso				
Idade				

- Quem tem 22 anos está em uma das pontas.
- O nadador de 23 anos está na segunda raia.
- O competidor mais velho está ao lado do competidor de 75 kg.
- O competidor com mais medalhas tem apenas 22 anos.
- Na segunda raia está o nadador mais pesado.
- O homem de 70 kg está ao lado do homem de touca amarela.
- Na terceira raia está o nadador que já ganhou 5 medalhas.
- Na primeira posição está o nadador com menos medalhas.
- O especialista em nado Crawl está na última raia.
- O nadador de 24 anos tem como especialidade o nado de Costas.
- O nadador que prefere nado Peito está ao lado do nadador estadunidense.
- Na terceira raia está o nadador que fala inglês.
- O nadador que nasceu em Versalhes está ao lado do nadador que nasceu em Bariloche.
- O nadador argentino está na segunda raia.
- A pessoa usando a touca branca está na terceira raia.
- Na segunda posição está o nadador de touca azul.

(Disponível em: https://rachacuca.com.br/logica/problemas/nadadores-olimpicos-ii/. Acesso em: 13/7/2023.)

CAPÍTULO 33

Orações subordinadas adverbiais

Construindo o conceito

Leia a tira a seguir.

SE VOCÊ NÃO SE INCOMODAR, VOU CHECAR MEUS E-MAILS, COMENTAR UM NEGÓCIO NO FACEBOOK, MANDAR UM SMS, POSTAR UMA FOTO, ATUALIZAR MEU BLOG E DAR UMA TUITADA ENQUANTO TRATAMOS DO NOSSO ASSUNTO, OK?

© Caco Galhardo/Acervo do cartunista

(Disponível em: https://www1.folha.uol.com.br/ilustrada/cartum/cartunsdiarios/#5/11/2019. Acesso em: 25/7/2023.)

1. Relacione as partes verbal e não verbal do texto.

a) Levante hipóteses: Em qual situação social os personagens estão inseridos?

b) O que os personagens estão fazendo e que sentimentos suas expressões faciais sugerem?

c) Há uma crítica social na tira lida. Explique-a.

2. Você já sabe que cada verbo ou locução verbal corresponde a uma oração.

a) Identifique as formas verbais contidas na fala do personagem da tira.

b) Quantas orações há nessa fala?

3. Na fala do personagem da tira, as orações se relacionam entre si de diferentes formas.

a) Você já estudou as orações coordenadas. Identifique e classifique as orações coordenadas presentes na fala do personagem.

b) Além das orações coordenadas, há nessa fala orações iniciadas pelas conjunções **se** e **enquanto**. Considerando o papel de elemento de coesão desempenhado pelas conjunções, indique a alternativa na qual são indicados os sentidos que, respectivamente, essas conjunções exprimem no período.

I. finalidade e tempo

II. comparação e condição

III. condição e tempo

IV. tempo e finalidade

c) A oração "Se você não se incomodar", mais do que revelar um real sentimento do enunciador, é utilizada como uma convenção social e tem valor semelhante ao das expressões:

I. Por obséquio/Por favor

II. Com a sua permissão/Com licença

III. Obrigado pela atenção/Grato pela boa vontade

4. Tal como foram relacionadas entre si, as orações cumprem um papel fundamental para a construção dos sentidos na tira em estudo. Leia a frase a seguir.

> Se você não se incomodar, vou checar meus *e-mails* enquanto tratamos do nosso assunto.

a) Se a frase dita pelo personagem fosse essa, seria possível considerar que a tira faria a mesma crítica que faz na versão original? Justifique sua resposta.

b) Troque ideias com os colegas e o professor e conclua: Por que, na tira em estudo, as orações coordenadas em sequência têm papel fundamental para a construção do efeito de humor?

Conceituando

Orações subordinadas adverbiais

Na fala do personagem da tira que você estudou na seção anterior, temos um período composto por coordenação e por subordinação. Observe:

© Caco Galhardo/ Acervo do cartunista

Se você não se incomodar,	vou checar meus *e-mails*, comentar um negócio no Facebook, mandar um SMS, postar uma foto, atualizar meu *blog*	e dar uma tuitada	enquanto tratamos do nosso assunto.
oração subordinada	orações coordenadas assindéticas	oração coordenada sindética aditiva	oração subordinada

Agora, observe a frase analisada na questão 4:

Se você não se incomodar, | **vou checar meus *e-mails*** | **enquanto tratamos do nosso assunto.**

oração subordinada | oração principal | oração subordinada

Nessa frase, as orações subordinadas poderiam ser substituídas por adjuntos adverbiais, o que transformaria o enunciado em um período simples. Veja:

Com a sua permissão, | **(eu)** | **vou checar** | **meus *e-mails*** | **simultaneamente a nossa conversa.**

- Com a sua permissão: adjunto adverbial (condição)
- (eu): sujeito desinencial
- vou checar: locução verbal verbo aux. + VTD
- meus *e-mails*: objeto direto
- simultaneamente a nossa conversa: adjunto adverbial (tempo)

Veja, agora, a correspondência entre os dois períodos e compare a classificação dos termos que completam os verbos no período simples com a classificação das orações subordinadas no período composto:

- **Com a sua permissão,** vou checar meus *e-mails* **simultaneamente a nossa conversa.**
  - Com a sua permissão: locução adverbial — adj. adv. de condição
  - simultaneamente a nossa conversa: locução adverbial — adj. adv. de tempo
- **Se você não se incomodar,** vou checar meus *e-mails* **enquanto tratamos do nosso assunto.**
  - Se você não se incomodar: oração subordinada adverbial condicional
  - vou checar meus *e-mails*: oração principal
  - enquanto tratamos do nosso assunto: oração subordinada adverbial temporal

Observe que:

- as orações "Se você não se incomodar" e "enquanto tratamos do nosso assunto", do período composto, são dependentes sintaticamente da oração principal porque equivalem a adjuntos adverbiais da forma verbal **vou checar**; por isso, são **orações subordinadas**;
- as orações "Se você não se incomodar" e "enquanto tratamos do nosso assunto" correspondem, respectivamente, aos adjuntos adverbiais "com a sua permissão", de condição, e "simultaneamente a nossa conversa", de tempo, do período simples; por isso, são denominadas, respectivamente, **oração subordinada adverbial condicional** e **oração subordinada adverbial temporal**.

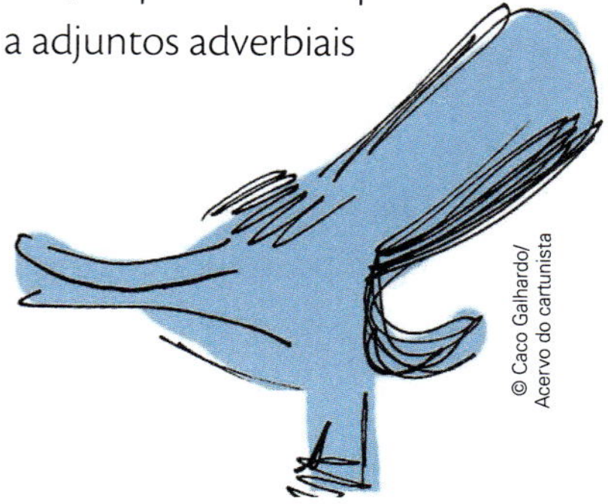

© Caco Galhardo/ Acervo do cartunista

Assim, concluímos:

Oração subordinada adverbial é aquela que tem valor de **advérbio** (ou de locução adverbial) e exerce, em relação ao verbo da oração principal, a função de adjunto adverbial.

Exercícios

Leia o anúncio a seguir e responda às questões 1 a 3.

eu VOS
declaro
mulher
e marido.
O PRECONCEITO COMEÇA QUANDO VOCÊ SE INCOMODA COM A MULHER EM PRIMEIRO LUGAR.
70% dos homens consideram que suas carreiras têm prioridade sobre as de suas parceiras. E elas ocupam menos de 20% dos cargos de responsabilidade nas 500 empresas mais importantes do mundo.
8 de março. Dia Internacional da Mulher.
REDE GAZETA
O PRECONCEITO COMEÇA QUANDO VOCÊ SE INCOMODA COM A MULHER EM PRIMEIRO LUGAR.

Rede Gazeta/Agência Aquatro Comunicação e Marketing

(Disponível em: http://www.portaldapropaganda.com.br/noticias/4406/rede-gazeta-faz-campanha-para-valorizacao-da-mulher/. Acesso em: 30/6/2023.)

1. O enunciado central do anúncio estabelece uma relação de intertextualidade com determinada frase.

a) Identifique essa frase e a situação social em que ela é geralmente utilizada.

b) Por quem essa outra frase costuma ser dita e a quem ela se dirige nesse contexto?

c) Que elemento não verbal do texto faz referência direta a essa relação intertextual?

2. Compare a frase do anúncio à frase identificada por você no item **a** da questão anterior.

a) Qual é a diferença entre essas frases quanto à estrutura?

b) No contexto do anúncio, quem é o enunciador e a quem ele se dirige?

c) Qual é a finalidade do anúncio? Justifique sua resposta com elementos do texto.

3. Releia esta frase da parte inferior do anúncio:

> "O preconceito começa quando você se incomoda com a mulher em primeiro lugar."

a) Troque ideias com os colegas e o professor e, considerando o anúncio como um todo, explique a ambiguidade contida nessa frase.

b) Trata-se de um período simples ou composto? Justifique sua resposta.

c) Identifique a conjunção presente nessa frase.

d) Qual sentido, entre os indicados a seguir, a conjunção que você identificou exprime nessa frase?

I. finalidade II. condição III. tempo IV. comparação

4. Transforme em orações subordinadas adverbiais os adjuntos adverbiais destacados nos enunciados a seguir. Para isso, empregue a conjunção entre parênteses, como no exemplo:

- **Por sorte**, chegamos uma hora antes do combinado. (porque)
- Porque tivemos sorte, chegamos uma hora antes do combinado.

a) **Apesar dos problemas**, ela espera conseguir o cargo. (ainda que)

b) **Na reunião de amanhã**, esse assunto será retomado. (quando)

c) **Sem o meu consentimento**, eles não irão muito longe. (se)

d) Os manifestantes lutam **pelo voto secreto**. (a fim de)

Classificação das orações adverbiais

De acordo com os valores semânticos que expressam, as orações subordinadas adverbiais classificam-se em temporais, condicionais, concessivas, proporcionais, causais, consecutivas, comparativas, conformativas e finais.

Temporais

Indicam o momento, a época, o **tempo** de ocorrência do fato expresso na oração principal:

Quando a noite chega, os pássaros buscam seus ninhos.

São introduzidas pelas conjunções subordinativas temporais: **quando**, **enquanto**, **logo que**, **assim que**, **mal**, etc.

Condicionais

Expressam uma **hipótese** ou **condição** para que ocorra o fato expresso na oração principal:

Contanto que ele participe, pode entrar no nosso grupo.

São introduzidas pelas conjunções subordinativas condicionais: **se**, **caso**, **contanto que**, **desde que**, **salvo se**, **a menos que**, **sem que**, etc.

Reprodução/Ministério Público de Santa Catarina.

› No texto de campanha acima, a oração "se você mudar" é adverbial condicional, pois indica uma condição necessária para que o trânsito mude.

Concessivas

Expressam uma **concessão**, um fato contrário ao expresso na oração principal, porém insuficiente para anulá-lo:

Embora o tempo esteja feio, vou para a praia no final de semana.

São introduzidas pelas conjunções subordinativas concessivas: **embora**, **conquanto**, **ainda que**, **mesmo que**, **se bem que**, **por mais que**, etc.

Proporcionais

Indicam uma **proporção** em relação ao fato expresso na oração principal:

Quanto mais eu lia, mais gostava de ler.

São introduzidas pelas conjunções subordinativas proporcionais: **à proporção que**, **à medida que**, **ao passo que**, **quanto mais... (mais)**, etc.

Exercícios

Leia os quadrinhos e o boxe "Como eu realmente..." e responda às questões 1 e 2.

(Disponível em: http://www.comoeurealmente.com/2019/06/prova-de-amor.html. Acesso em: 6/7/2023.)

Como eu realmente...

No *site* "Como eu realmente...", a publicitária Fernanda Nia publica tirinhas da personagem Niazinha, uma versão em desenho de si própria. Nos quadrinhos "Prova de Amor", acima, além de Niazinha, está Kevin Crush, o rapaz de quem a personagem gosta.

O subtítulo do *site* é "Passeios pelo lado meio esquisito da nossa imaginação", indicando que a base da construção do humor nos quadrinhos de Fernanda Nia é a exploração de situações cotidianas levadas ao extremo, no clássico padrão "expectativa × realidade" tão difundido atualmente pelas redes sociais.

1. No texto lido, é feita uma contraposição entre o quadro da esquerda e o quadro da direita.

a) Segundo o texto, o que cada quadro ilustra?

b) Qual característica de Niazinha se pode inferir com essa contraposição?

2. Os quadrinhos mostram, por meio do diálogo entre um casal, o ponto de vista da autora sobre o que seria uma "prova de amor". Observe a estrutura das perguntas e das respostas.

a) Identifique as orações subordinadas adverbiais condicionais empregadas em cada uma das perguntas feitas, bem como a conjunção que introduz todas essas orações.

b) Levante hipóteses: Que sentimentos do interlocutor podem ser inferidos pelas respostas dele a essas perguntas?

3. Leia a seguir a manchete extraída de um portal de notícias da internet.

https://

Moradores desocupam casas depois que rachaduras apareceram em paredes e asfalto, em Curvelo

(Disponível em: https://g1.globo.com/mg/grande-minas/noticia/2019/09/26/moradores-desocupam-casas-depois-que-rachaduras-apareceram-em-paredes-e-asfalto-em-curvelo.ghtml. Acesso em: 25/7/2023.)

Identifique:

a) A oração principal e a oração subordinada adverbial.

b) A conjunção ou locução conjuntiva e o seu valor semântico.

c) A classificação da oração subordinada adverbial.

4. Leia o texto a seguir:

Lei da vida:
quanto mais
velho você fica,
menos ovo de
páscoa você
ganha
fraseteca

Reprodução/www.fraseteca.com.br

(Disponível em: https://fraseteca.com.br/frase/6251. Acesso em: 12/7/2023.)

a) Identifique a oração subordinada adverbial presente nesse texto e classifique-a.

b) Troque ideias com os colegas e o professor: Que efeito de sentido é construído no texto pela expressão introdutória "Lei da vida"?

c) Com qual fato da vida social o meme lido faz piada? Você concorda com o que ele diz?

Causais

Indicam a **causa** do efeito expresso na oração principal:

Estou vestida assim **porque vou a uma festa**.

São introduzidas pelas conjunções subordinativas causais: **porque**, **visto que**, **que**, **posto que**, **uma vez que**, **como** (sempre anteposto à oração principal), etc.

Consecutivas

Expressam uma **consequência**, um efeito do fato mencionado na oração principal:

Falou tanto **que ficou sem voz**.

São introduzidas pelas conjunções subordinativas consecutivas: **que** (precedido de **tal**, **tão**, **tanto**, **tamanho**), **de sorte que**, **de modo que**, etc.

Comparativas

Estabelecem uma **comparação** em relação a um elemento da oração principal:

A criança comia **tanto quanto um adulto**.

São introduzidas pelas conjunções subordinativas comparativas: **como**, **que**, **do que**, **assim como**, (**tanto**) **quanto**, etc.

Conformativas

Estabelecem uma ideia de concordância, de **conformidade** entre um fato mencionado e outro expresso na oração principal:

A prova acabou mesmo sendo adiada, **conforme previamos**.

São introduzidas pelas conjunções subordinativas conformativas: **como**, **conforme**, **segundo**, **consoante**, etc.

Finais

Apresentam uma **finalidade** para o fato expresso na oração principal:

Vamos nos esforçar **para que todos participem dos jogos**.

São introduzidas pelas conjunções subordinativas finais: **para que**, **a fim de que**, **que**.

Orações adverbiais reduzidas

Do mesmo modo que as orações substantivas e adjetivas, as orações adverbiais podem apresentar-se nas formas desenvolvida e reduzida. As **reduzidas** têm o verbo no **infinitivo**, no **gerúndio** ou no **particípio**. Veja os exemplos:

O novo funcionário veio para cuidar da segurança da escola.
(para cuidar da segurança da escola: or. subord. adverbial final reduzida de infinitivo)

Chegando ao aeroporto, ligue para mim.
(Chegando ao aeroporto: or. subord. adverbial temporal reduzida de gerúndio)

Reconhecida sua inocência, ele poderá voltar a frequentar nossos encontros.
(Reconhecida sua inocência: or. subord. adverbial condicional reduzida de particípio)

Exercícios

Leia o anúncio a seguir e responda às questões 1 e 2.

Editora Todas as Culturas/AlmapBBDO

1. Relacione as partes verbal e não verbal do anúncio.

a) O que representam a imagem de fundo e a fotografia à esquerda? Por que ela está recortada dessa forma?

b) Quem é o anunciante e a quem ele se dirige? Que expressão do texto faz referência direta ao anunciante? Identifique a imagem que o representa.

c) Qual é a finalidade do anúncio?

2. Releia a frase da parte superior, à direita:

> "Nada marca mais do que uma experiência ruim."

a) Deduza: No contexto, qual é a experiência ruim a que ela se refere?

b) Há um termo subentendido nessa frase. Reescreva-a no caderno, explicitando esse termo.

c) Classifique a oração subordinada presente na frase escrita por você no item anterior.

d) Troque ideias com os colegas e o professor e conclua: Que argumento o enunciador utiliza para persuadir seus leitores?

3. Associe as orações adverbiais destacadas com o valor semântico que elas apresentam:

a) A criança chorou **porque a mãe precisou sair**.

b) Riu tanto **que passou mal**.

c) Estudou **tanto quanto eu**.

d) Cheguei cedo, **conforme combinamos**.

I. consequência

II. comparação

III. conformidade

IV. causa

4. Leia as curiosidades a seguir.

Por que o vaga-lume acende?

O brilho que vemos nesses insetos vem de uma reação bioquímica. Mais exatamente da interação entre as substâncias químicas presentes dentro do vaga-lume. Essas interações resultam na emissão de luz. A luz, chamada de bioluminescência, serve para aproximar o macho e a fêmea. Ela se acende no abdome. Sua produção depende de uma substância, a luciferina. Em contato com o ar e com uma enzima (luciferase), essa substância produz uma luz amarelo-esverdeada.

(Disponível em: https://www.guiadoscuriosos.com.br/animais/insetos/por-que-o-vaga-lume-acende/. Acesso em: 12/7/2023.)

Por que o gato cai sempre de pé?

Geralmente isso é entendido como um mistério dos gatos, mas a resposta não é tão complicada assim. Podemos dizer que são três fatores que ajudam os gatos caírem sempre de pé: o labirinto, uma estrutura no ouvido interno responsável pelo equilíbrio, o mesmo órgão que o ser humano tem; a visão; e a resposta rápida do cérebro para os músculos. [...] O curioso é que ele acerta primeiro a cabeça e depois já muda o resto do corpo. Claro que precisa ser de uma altura que ele tenha tempo de virar para a posição normal. Às vezes, ele cai de uma altura baixa e pode ser que não caia em pé.

(Disponível em: https://www.guiadoscuriosos.com.br/animais/por-que-o-gato-cai-sempre-de-pe/. Acesso em: 12/7/2023.)

Com base nas informações dos textos, crie orações subordinadas adverbiais que estabeleçam com a oração principal de cada item a relação indicada.

a) O vaga-lume acende (final)

b) A altura da queda deve ter uma medida mínima (final)

c) A luz do vaga-lume acende (proporcional)

d) O vaga-lume tem um brilho (causal)

e) O vaga-lume só produz luz (condicional)

f) A luciferina brilha tanto (comparativa)

g) O gato não cai em pé (temporal)

h) A resposta do cérebro para os músculos é tão rápida (consecutiva)

5. Leia esta tira:

Fast-food é o alimento com melhor custo-benefício do mundo.
Você paga para comê-lo somente uma vez...
E ele nunca mais sai do seu corpo.
© André Dahmer/Acervo do cartunista

(Disponível em: https://www1.folha.uol.com.br/ilustrada/cartum/cartunsdiarios/#10/11/2019. Acesso em: 30/6/2023.)

a) O humor da tira é construído com base em uma informação implícita sobre o valor nutricional e a composição dos alimentos produzidos nas redes denominadas *fast-foods*. Troque ideias com os colegas e o professor e deduza: Que informação é essa?

b) Explique a ironia presente na fala da personagem no 1º quadrinho, considerando a tira como um todo.

c) Identifique e classifique a oração subordinada adverbial existente na tira.

6. Transforme em orações reduzidas (de infinitivo, de gerúndio ou de particípio) as orações destacadas nos períodos:

a) Dorme tão pesado que **dá gosto**!

b) **Ainda que todos duvidassem**, manteve sua palavra.

c) **Depois que resolveram as questões da prova**, os alunos saíram tranquilos da sala.

As orações subordinadas adverbiais NA CONSTRUÇÃO DO TEXTO

Leia o poema a seguir.

Mesmo

Mesmo
Que os dias passem
Que o Sol não aqueça
Que a graça não chegue
Que o frio se estenda
Que o sono não venha
Que a sorte se afaste
Que a sede piore
Que o ar rarefaça
Que o rio enlameie
Que a guerra não cesse
Que o fogo não pare
E a vida desande
O amor não míngua.

(Lucão. *Telegramas*. São Paulo: Saraiva, 2016. p. 62.)

Biry Sarkis/Acervo da editora

1. Há uma estrutura que se repete ao longo da maior parte do poema, construindo um paralelismo entre os versos.

a) Descreva como se constitui essa estrutura.

b) A que palavra do poema essa estrutura se liga, compondo uma oração subordinada?

c) Identifique a conjunção ou a locução conjuntiva que introduz essa oração subordinada e dê o seu valor semântico.

d) Indique qual é a oração principal a que essas orações subordinadas se ligam.

2. O penúltimo verso quebra o paralelismo e contém uma conjunção coordenativa.

a) Identifique essa conjunção e classifique-a quanto a seu valor semântico.

b) Reescreva no caderno o penúltimo verso, explicitando a locução conjuntiva que está implícita no contexto.

c) Observe a relação que a oração escrita por você no item **b** estabelece com as orações anteriores e explique por que é possível considerar que o período que constitui o poema em estudo apresenta traços de coordenação e de subordinação.

d) Troque ideias com os colegas e o professor: Que efeito de sentido é gerado pela quebra do paralelismo com a introdução desse verso no poema?

3. Observe o conteúdo dos versos que compõem o paralelismo identificado por você na questão 1.

a) Eles fazem referência a situações boas ou ruins? Justifique sua resposta.

b) Essas situações de fato aconteceram ou trata-se de um universo hipotético? Justifique sua resposta com base na estrutura dos versos.

c) Deduza: Que visão o eu lírico do poema tem sobre o amor?

4. Releia o título do poema: Que relação pode ser estabelecida entre ele e os versos?

5. Troque ideias com os colegas e o professor e conclua: De que forma, no poema estudado, a sequência de construções subordinadas contribui para reforçar o ponto de vista do eu lírico sobre o amor?

SEMÂNTICA E DISCURSO

Leia o texto a seguir.

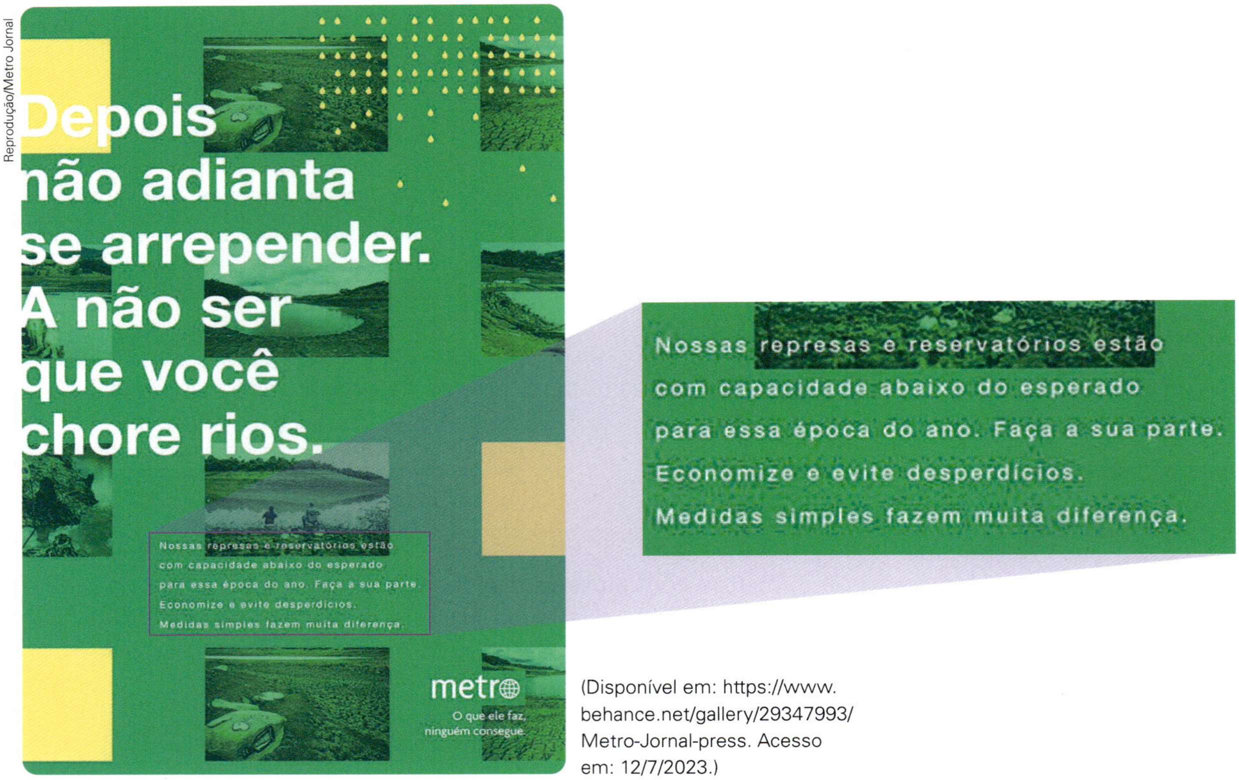
Reprodução/Metro Jornal
Depois não adianta se arrepender. A não ser que você chore rios.
Nossas represas e reservatórios estão com capacidade abaixo do esperado para essa época do ano. Faça a sua parte. Economize e evite desperdícios. Medidas simples fazem muita diferença.
metro
O que ele faz, ninguém consegue.

(Disponível em: https://www.behance.net/gallery/29347993/Metro-Jornal-press. Acesso em: 12/7/2023.)

1. O texto foi veiculado pelo jornal *Metro*.

   a) Qual é a finalidade do texto e a quem ele se destina?

   b) Levante hipóteses: Qual é a relação do jornal com o assunto?

   c) Foram empregadas, entre outras, as formas pronominais **você** e **nossas**. A quem cada uma delas se refere, no contexto?

Releia a parte verbal central, escrita em letras maiores, para responder às questões 2 e 3.

2. Esse trecho é composto de duas frases.

   a) Identifique as orações que são conectadas pela locução conjuntiva "a não ser que".

   b) Troque ideias com os colegas e o professor: Que tipo de relação essa locução estabelece entre as orações que conecta?

      I. condição II. concessão III. oposição

c) Levante hipóteses: Que efeito de sentido é produzido, no contexto, pelo uso do ponto em vez da vírgula para separar essas duas orações?

3. Esse trecho é construído com base em uma ironia, isto é, um recurso no qual se diz o contrário do que se quer dizer.

a) Explique como se dá a ironia no contexto.

b) Entre as conjunções a seguir, identifique a que tem sentido equivalente ao da locução conjuntiva "a não ser que" empregada nessa frase.

I. caso

II. mas

III. uma vez que

c) Reescreva no caderno o trecho empregando a conjunção identificada por você no item **b** e fazendo as alterações necessárias para não modificar substancialmente o conteúdo.

d) Troque ideias com os colegas e o professor: A reescrita proposta no item **c** tem efeito semelhante ao do texto original? Justifique sua resposta.

4. Agora, releia o texto verbal da parte inferior, escrito em letras menores:

> "Nossas represas e reservatórios estão com capacidade abaixo do esperado para essa época do ano. Faça a sua parte. Economize e evite desperdícios. Medidas simples fazem muita diferença."

a) Há algum período composto por subordinação nesse trecho? Justifique sua resposta.

b) Escolha duas orações do trecho lido e, considerando a relação entre elas no contexto, reescreva-as no caderno, construindo um período composto por subordinação.

DIVIRTA-SE

CAPÍTULO 34 Pontuação

Construindo o conceito

Leia o texto a seguir.

Nelson Cruz/Acervo do artista

› Ilustração de "Se os Tubarões Fossem Homens", de Nelson Cruz.

"Prepara a marmita do Nelson que a partir de amanhã ele vai trabalhar comigo." A história poderia começar assim, na virada dos anos 1960 para os 1970, com o pai de Nelson Cruz levando o garoto de 12 anos para ajudá-lo no trabalho de pedreiro.

Gago e tímido, o menino tinha acabado de abandonar a escola. [...]

Mas histórias não são tão lineares e nem sempre começam do início. Esta, por exemplo, poderia ser contada de outro jeito. Em novembro de 2021, no palco da cerimônia online do prêmio Jabuti, o maior troféu literário brasileiro, o imortal da Academia Brasileira de Letras Ignácio de Loyola Brandão abriu o envelope com o nome do vencedor da principal categoria da noite, a de livro do ano, que premia o melhor entre todos os laureados.

"Eu sei ler, mas vai ser complicado: 'Sagatrissuinorana'", anunciou Loyola Brandão, pausadamente, tentando não errar o título do livro escrito por João Luiz Guimarães, publicado pela editora Ôzé e ilustrado pelo mesmo Nelson Cruz. "É o que sempre apostei quando comecei na ilustração — eu só poderia levar para o público jovem aquilo que me formou, que foi a literatura", disse Nelson no discurso de agradecimento.

A obra premiada, que reconta a fábula dos três porquinhos à moda de "Sagarana" e de João Guimarães Rosa, fez não apenas com que o menino fugitivo de escolas ganhasse mais um Jabuti para a sua coleção. Ela foi a coroação de um projeto de décadas, nas quais Nelson criou um diálogo visual com diferentes escritores consagrados, apresentando-os e criando releituras em dezenas de livros ilustrados.

Guimarães Rosa aparece também em "No Longe dos Gerais" (Cosac Naify, 2004); Carlos Drummond de Andrade, em "A Máquina do Poeta" (SM, 2015); Graciliano Ramos, em "Um Escritor na Capela" (SM, 2016); Bertolt Brecht, em "Se os Tubarões Fossem Homens" (Olho de Vidro, 2018); Goethe, em "O Aprendiz de Feiticeiro" (Cosac Naify, 2006); Murilo Rubião, em "O Edifício" (Positivo, 2016), Machado de Assis, em "Conto de Escola" (Ciranda Cultural, 2020). A lista segue com tantos outros. [...]

Tudo isso tem a ver com aquela fuga da escola. Depois de saber que o menino estava trabalhando como pedreiro, uma amiga da mãe de Nelson conseguiu uma bolsa de estudos para ele, que já demonstrava talento para o desenho, ter aulas com a artista plástica Esthergilda Menicucci. Para ir até o ateliê da professora, o rapaz cruzava a capital mineira, da periferia até o bairro da Savassi, às vezes de ônibus, muitas vezes a pé. Foi nesse caminho que cruzou com a Biblioteca Pública.

"Não tive coragem de entrar imediatamente. Foi na terceira ou quarta vez que decidi ir lá e perguntar se eles tinham livros de arte e sobre pintores", lembra. No terceiro andar do prédio, projetado por Oscar Niemeyer e inaugurado em 1954 pelo então governador Juscelino Kubitschek, Nelson devorou volumes e mais volumes sobre nomes como Michelangelo, Leonardo Da Vinci, Pablo Picasso, Candido Portinari e Di Cavalcanti.

Foi um pulo até a seção de jornais e, mais tarde, até a de literatura. "Foi quando me tornei leitor. Descobri Fernando Sabino, Henriqueta Lisboa, Drummond, Vinícius de Moraes. Tive a sensação de que a escola não tinha saído de mim." [...]

(Disponível em: https://www1.folha.uol.com.br/blogs/era-outra-vez/2023/03/livro-ilustrado-nao-e-so-para-criancas-isso-me-aborrece-diz-nelson-cruz.shtml. Acesso em: 9/5/2023.)

Há, no texto lido, diversos sinais de pontuação. Nos exercícios seguintes, você vai analisar o emprego de alguns deles.

1. O texto em estudo conta a história de um artista brasileiro que ganhou um importante prêmio.

a) Quem é esse artista e que prêmio ele ganhou?

b) Explique a relação entre o trabalho desse artista e sua história de vida, mencionada em seu discurso de agradecimento ao prêmio que ele ganhou.

c) A quais textos o artista teve acesso na biblioteca que passou a visitar? Você conhece algum(ns) dos nomes citados nos dois últimos parágrafos? Compartilhe com os colegas e o professor.

d) Troque ideias com os colegas e o professor e explique a fala do artista que encerra o texto: "Tive a sensação de que a escola não tinha saído de mim.".

2. O travessão foi empregado uma vez no texto lido. Releia o trecho no qual ele foi utilizado.

a) Trata-se de travessão duplo, isto é, o sinal foi empregado no começo e no final do trecho, ou de um travessão simples, usado apenas no começo?

b) Nesse trecho, o travessão é utilizado para isolar um discurso citado, isto é, a fala de alguém, ou para destacar um comentário no interior de uma frase? Justifique sua resposta.

c) Levante hipóteses: Que outro sinal de pontuação poderia ter sido utilizado nesse mesmo trecho, em vez do travessão, sem alterar de modo substancial o sentido do texto?

3. Observe o emprego das aspas ao longo do texto.

a) Uma das funções das aspas é marcar trechos ou falas de outras pessoas que não são o autor do texto. Encontre no texto em estudo três trechos nos quais as aspas foram utilizadas com essa função.

b) Observe os verbos presentes nos trechos selecionados por você no item **a**. Depois, troque ideias com os colegas e o professor e responda: Que relação eles têm com os trechos marcados pelas aspas?

c) Veja a seguir outras duas funções que as aspas podem ter:

- destacar uma palavra;
- relativizar o sentido de uma palavra.

Há, no texto em estudo, ocorrências do emprego de aspas com essas funções? Justifique sua resposta com exemplos.

4. Agora, observe o emprego da vírgula em cada um dos trechos a seguir.

I. "[...] no palco da cerimônia on-line do prêmio Jabuti, o maior troféu literário brasileiro, o imortal da Academia Brasileira de Letras Ignácio de Loyola Brandão abriu o envelope [...]"

II. "Nelson devorou volumes e mais volumes sobre nomes como Michelangelo, Leonardo Da Vinci, Pablo Picasso, Candido Portinari e Di Cavalcanti."

III. "Para ir até o ateliê da professora, o rapaz cruzava a capital mineira [...]"

IV. "Esta, por exemplo, poderia ser contada de outro jeito."

a) Troque ideias com os colegas e o professor e deduza: Qual das funções da vírgula listadas abaixo corresponde a cada um dos trechos? Numere as funções indicando a correspondência que vocês encontraram.

1. Isolar oração com valor de adjunto adverbial quando está no início da frase.

2. Separar termos ou orações de valor (ou função) equivalente.

3. Isolar uma expressão explicativa.

4. Isolar aposto.

b) Encontre, no texto, outros trechos que exemplifiquem duas das funções listadas no item **a**.

Nelson Cruz/Acervo do artista

5. Releia este trecho:

> "Guimarães Rosa aparece também em 'No Longe dos Gerais' (Cosac Naify, 2004); Carlos Drummond de Andrade, em 'A Máquina do Poeta' (SM, 2015); Graciliano Ramos, em 'Um Escritor na Capela' (SM, 2016); Bertolt Brecht, em 'Se os Tubarões Fossem Homens' (Olho de Vidro, 2018); Goethe, em 'O Aprendiz de Feiticeiro' (Cosac Naify, 2006); Murilo Rubião, em 'O Edifício' (Positivo, 2016), Machado de Assis, em 'Conto de Escola' (Ciranda Cultural, 2020). A lista segue com tantos outros."

Analise o emprego do ponto e vírgula e da vírgula no trecho lido. Troque ideias com os colegas e o professor e levante hipóteses: Que papel é desempenhado por esses sinais de pontuação nesse trecho? Justifique sua resposta.

Conceituando

Analisando o emprego de alguns sinais de pontuação do texto de abertura deste capítulo, você pôde observar que esses sinais contribuem para a construção de sentidos do texto, destacando, fazendo referências e organizando o texto como um todo. A pontuação pode, ainda, no texto escrito, indicar a entonação de um termo ou expressão, além de contribuir para a coesão entre as palavras e partes do texto, tornando-o mais claro e preciso.

A pontuação marca, na escrita, a coesão entre palavras e partes do texto, tornando mais preciso seu sentido. Além disso, pode apontar as diferenças de entonação na leitura.

Veja, a seguir, alguns dos usos e funções dos diferentes sinais de pontuação.

Ponto

Emprega-se no final de frases declarativas:

"Mas histórias não são tão lineares e nem sempre começam do início."

Ponto de interrogação

Emprega-se no final de frases interrogativas diretas:

Nelson, você está trabalhando com seu pai?

Ponto de exclamação

Emprega-se no final de frases exclamativas, com a finalidade de indicar estados emocionais, como espanto, surpresa, alegria, dor, etc.:

Ele foi premiado pelo belo trabalho!

Dois-pontos

Empregam-se para introduzir uma explicação, um esclarecimento, uma citação ou a fala de um personagem:

Ao anunciar o prêmio, Ignácio de Loyola Brandão brincou com o nome do livro:
— Eu sei ler, mas vai ser complicado: *Sagatrissuinorana*.

Na biblioteca, Nelson conheceu a obra de diversos artistas: Michelangelo, Leonardo Da Vinci, Pablo Picasso, Candido Portinari e Di Cavalcanti.

Travessão

Além de ser empregado para indicar a mudança de interlocutor nos diálogos, o travessão é utilizado:

- para isolar a fala da personagem da fala do narrador:

— Adoro as marias-sem-vergonha! São florzinhas do mato, nascem à toa, colorem as escadas, a grama, não são metidas a besta como as orquídeas! — disse a avó da Júlia.

(Sylvia Orthof)

- para destacar ou isolar palavras, expressões ou comentários no interior de frases:

As aulas de desenho — graças à bolsa de estudos conseguida pela amiga da mãe — foram um estímulo para que Nelson Cruz desenvolvesse seu talento.

Discurso direto e discurso indireto

Discurso direto: os personagens que participam de uma história falam com as próprias palavras. Nesse caso, as falas dos personagens são geralmente marcadas por aspas ou introduzidas por travessões:

— Quem pode me ajudar a pôr a mesa?
— Eu posso, mamãe — disse João.

Discurso indireto: o narrador de uma história conta o que os personagens disseram. Nesse caso, não ocorre o uso de travessões. Veja como ficaria o trecho acima se fosse usado o discurso indireto:

A mãe perguntou quem podia ajudá-la a pôr a mesa e João respondeu que ele podia.

Vírgula

A vírgula entre os termos da oração

Há uma orientação básica a ser seguida quanto ao emprego da vírgula: **nunca** devemos separar o **sujeito** do **verbo** e o **verbo** de seus **objetos** com vírgula:

A grande premiação da noite	trouxe	ao ilustrador	a lembrança	de toda a sua história.
sujeito	verbo	OI	OD	complemento nominal

A vírgula geralmente é empregada:

- para separar termos que exercem a mesma função sintática — **sujeito**, **complementos**, **adjuntos**, **predicativos** —, quando não estão unidos por **e**, **ou** e **nem**:

"Foi quando me tornei leitor. Descobri Fernando Sabino, Henriqueta Lisboa, Drummond, Vinícius de Moraes."

- para isolar o aposto:

O texto conta a história de Nelson Cruz, ganhador do prêmio Jabuti.

- para isolar o vocativo:

— Nelson, venha buscar seu prêmio.

- para isolar o adjunto adverbial quando ele está no início da frase e é longo ou se quer destacá-lo:

Em novembro de 2021, Nelson Cruz ganhou o prêmio Jabuti.

- para isolar expressões explicativas, como "isto é", "por exemplo", "ou melhor", "ou seja", etc.:

> "Esta [história], por exemplo, poderia ser contada de outro jeito."

- para indicar supressão de uma palavra (geralmente um verbo) ou de um grupo de palavras:

> "Guimarães Rosa aparece também em 'No Longe dos Gerais' (Cosac Naify, 2004); Carlos Drummond de Andrade, em 'A Máquina do Poeta' (SM, 2015); Graciliano Ramos, em 'Um Escritor na Capela' (SM, 2016) [...]."

A vírgula entre as orações

Coordenadas

Emprega-se a vírgula para separar:

- as orações **coordenadas assindéticas**:

> **Levantava cedo, cruzava a cidade, fazia suas aulas de desenho, frequentava a biblioteca pública.**

- as orações **coordenadas sindéticas**, com exceção das introduzidas pela conjunção **e**:

> **"Eu sei ler, mas vai ser complicado."**

Subordinadas substantivas

Somente as orações **subordinadas substantivas apositivas** podem ser separadas por vírgula (ou dois-pontos) da oração principal; as demais substantivas não.

> **Fez-lhe um único pedido, que não deixasse de frequentar as aulas de desenho, pois tinha aptidão para as artes.**

Subordinadas adjetivas

Somente as orações **subordinadas adjetivas explicativas** devem ser separadas por vírgula da oração principal; as **restritivas** não.

> "A obra premiada, **que reconta a fábula dos três porquinhos à moda de 'Sagarana' e de João Guimarães Rosa**, fez não apenas com que o menino fugitivo de escolas ganhasse mais um Jabuti para a sua coleção."

Subordinadas adverbiais

- Quando vêm após a oração principal, a vírgula é optativa:

or. principal		or. subord. adverbial final
O pai de Nelson Cruz levava o garoto de 12 anos	,	para que o ajudasse no trabalho de pedreiro.
	vírgula optativa	

- Quando vêm antepostas ou intercaladas à oração principal, é obrigatório o uso de vírgulas:

or. subord. adverbial temporal

"Depois de saber que o menino estava trabalhando como pedreiro ,

vírgula obrigatória

or. principal

uma amiga da mãe de Nelson conseguiu uma bolsa de estudos para ele."

or. principal — or. subord. adverbial temporal

Uma amiga da mãe de Nelson , depois de saber que o menino estava trabalhando como pedreiro ,

vírgula obrigatória — vírgula obrigatória

or. principal

conseguiu uma bolsa de estudos para ele.

- Quando são reduzidas de gerúndio, particípio e infinitivo, a vírgula é obrigatória:

or. sub. adv. temporal reduzida de gerúndio — or. principal

Sabendo do talento do menino , uma amiga da mãe de Nelson conseguiu uma bolsa de estudos para ele.

vírgula obrigatória

Quando não usar a vírgula

O uso da vírgula segue uma orientação básica: não se deve empregá-la entre o sujeito e o predicado e entre o verbo e seus complementos. Assim, no texto a seguir, o sujeito "Toda floresta" não se separa de seu predicado, "começa com apenas uma árvore". Da mesma maneira, as formas verbais **plante** e **mude** não se separam por vírgula de seus complementos, "uma árvore" e "o mundo".

Ponto e vírgula

O ponto e vírgula é empregado para:

- separar ou organizar os itens de um enunciado:

> Os clientes que optarem por nosso plano de viagem terão direito a:
>
> a) uma passagem aérea com tarifa reduzida;
>
> b) um apartamento em hotéis da classe turística;
>
> c) café da manhã no hotel;
>
> d) visitas a locais turísticos com guias especializados.

- organizar com maior clareza as orações interiormente já separadas por vírgulas:

> "Guimarães Rosa aparece também em 'No Longe dos Gerais' (Cosac Naify, 2004); Carlos Drummond de Andrade, em 'A Máquina do Poeta' (SM, 2015); Graciliano Ramos, em 'Um Escritor na Capela' (SM, 2016); Bertolt Brecht, em 'Se os Tubarões Fossem Homens' (Olho de Vidro, 2018); Goethe, em 'O Aprendiz de Feiticeiro' (Cosac Naify, 2006); Murilo Rubião, em 'O Edifício' (Positivo, 2016), Machado de Assis, em 'Conto de Escola' (Ciranda Cultural, 2020)."

Aspas

As aspas são usadas no início e no final de citações, para destacar palavras estrangeiras e gírias, para indicar a fala de pessoas ou de personagens e para chamar a atenção para uma palavra ou relativizar o seu sentido.

> "'Prepara a marmita do Nelson que a partir de amanhã ele vai trabalhar comigo.' A história poderia começar assim, na virada dos anos 1960 para os 1970, com o pai de Nelson Cruz levando o garoto de 12 anos para ajudá-lo no trabalho de pedreiro."

> "A obra premiada, que reconta a fábula dos três porquinhos à moda de 'Sagarana' e de João Guimarães Rosa, fez não apenas com que o menino fugitivo de escolas ganhasse mais um Jabuti para a sua coleção."

Reticências

As reticências podem indicar interrupções na fala ou sugerir alegria, ironia, silêncio, dúvida, ameaça, surpresa, etc.

Veja uma situação de emprego de reticências para indicar surpresa:

> — Sensacional! Nunca tinha visto um noivo de macacão vermelho, antes. Gostei. Confesso que quando entrei na igreja e vi você no altar, de capacete...
>
> (Luis Fernando Verissimo. *Histórias divertidas*. São Paulo: Ática, 1993. Col. Para Gostar de Ler, v. 13.)

Exercícios

Leia a seguir uma crônica de Mario Prata e responda às questões 1 a 4.

O leite, única coisa transparente do País

Moça, o leite vem da vaca. Não é nem do super, nem da padaria. [...]

Mas os donos das vacas foram mexendo no leite, mexendo e deu no que deu.

Hoje em dia, depois de tomar um copo de leite, não precisa nem lavar o copo.

É como se você estivesse tomando água. Coitada da vaca, seu produto ficou transparente. Duvido que ela saiba que tem até com sabor framboesa. O leite foi mesmo para o brejo. [...]

Tem leite com mais cálcio e leite com mais ferro. Ferro! [...]

Um desses leites diz — orgulhosamente — na embalagem que foram retiradas 70 por cento da gordura. Tiraram também a lactose. E, embaixo, escrevem: *alta digestibilidade*. [...]

Mas os fabricantes estão atentos com o mundo moderno. Todos eles afirmam que a embalagem é reciclável. E escrevem em todas elas: proteja a natureza!

Verdade.

Daqui a pouco vai ser a vez da água. Vão começar a tirar dela ou o H ou o O.

Água totalmente sem O! Só H_2! O O não está com nada! E vão injetar umas coisas na pobre da água que, se você não sabe, não vem da torneira, não. Vem de um negócio chamado rio que em dicionários antigos é descrito como curso de água natural.

O meu medo é que quando clonarem a vaca, já a clonem desnatada, esquentada, com pouca lactose. Acho que o boi vai **estrilar**, já que o ser humano não está nem aí. Nem que a vaca tussa.

Filipe Rocha/Acervo da editora

(Disponível em: https://marioprata.net/cronicas/o-leite-unica-coisa-transparente-do-pais/. Acesso em: 12/4/2023.)

estrilar: zangar-se, esbravejar.

1. Na crônica, o narrador faz uma reclamação sobre o leite.

a) Em que consiste essa reclamação?

b) Deduza: Por que, no final do texto, o narrador diz que "o ser humano não está nem aí"?

c) Troque ideias com os colegas e o professor e explique de que forma a ambiguidade da palavra **transparente** constrói efeito de humor no título da crônica.

2. Observe o emprego do travessão na frase a seguir:

> "Um desses leites diz — orgulhosamente — na embalagem que foram retiradas 70 por cento da gordura."

a) Qual é a função desse sinal de pontuação no contexto?

b) Levando em conta toda a crônica, é possível considerar que o narrador concorda com esse sentimento de orgulho dos produtores do leite ou discorda dele? Justifique sua resposta.

c) Considerando suas respostas aos itens anteriores, conclua: Quais sentidos o travessão constrói no contexto?

3. Releia este trecho:

> "Mas os fabricantes estão atentos com o mundo moderno. Todos eles afirmam que a embalagem é reciclável. E escrevem em todas elas: proteja a natureza!"

a) Identifique a função do sinal de dois-pontos e do ponto de exclamação nesse trecho.

b) Escolha outras duas frases do texto em que o ponto de exclamação foi empregado. Analise as diferenças de sentido produzidas por esse sinal de pontuação em cada uma delas.

4. As vírgulas cumprem diferentes funções no texto em estudo. Relacione os itens a seguir, identificando o motivo pelo qual as vírgulas foram usadas em cada trecho.

I. "Moça, o leite vem da vaca."

II. "Hoje em dia, depois de tomar um copo de leite, não precisa nem lavar o copo."

III. "[...] já a clonem desnatada, esquentada, com pouca lactose."

a) Separar termos que exercem a mesma função sintática — núcleo do sujeito composto, complementos, adjuntos, predicativos.

b) Isolar o adjunto adverbial quando ele é extenso ou quando se quer destacá-lo.

c) Isolar o vocativo, isto é, palavra ou expressão que usamos para chamar ou interpelar alguém.

5. Leia os cartuns a seguir e copie os textos deles no caderno empregando os sinais de pontuação adequados em cada lacuna. Em seguida, compartilhe suas respostas com os colegas e, juntos, verifiquem se há alguma diferença entre elas.

Arionauro/Acervo do cartunista

(Disponível em: http://www.arionaurocartuns.com.br/2019/02/. Acesso em: 12/4/2023.)

Arionauro/Acervo do cartunista

(Disponível em: http://www.arionaurocartuns.com.br/2016/. Acesso em: 12/4/2023.)

Leia a tira a seguir e responda às questões 6 a 8.

PESQUISA: VOCÊ ACHA QUE AS PLANTAS ANDAM DESINTERESSADAS E DESCRENTES NO FUTURO DO PLANETA?
www.bichinhosdejardim.blogspot.com
...
CERTO... VAMOS TENTAR UMA MAIS FÁCIL: QUEM É O GALÃ DA NOVELA "VEGETAIS TAMBÉM AMAM"?

Clara Gomes/Bichinhos de Jardim

(Disponível em: https://bichinhosdejardim.com/pesquisinha/. Acesso em: 3/5/2023.)

6. A flor está entrevistando a planta para uma pesquisa.

a) Observe a expressão facial da flor na tira e explique como ela se altera ao longo dos quadrinhos.

b) Qual é a reação da planta na interação com a flor ao longo dos quadrinhos?

c) Troque ideias com os colegas e o professor e conclua: Que relação se pode estabelecer entre o conteúdo da pergunta feita pela flor e o comportamento da planta?

d) Explique por que o fato de a personagem entrevistada ser uma planta e ter esse comportamento ao longo da tira contribui para a construção de humor do texto.

7. Observe as duas ocorrências de reticências nos quadrinhos 3 e 4. Tendo em vista o contexto, explique a função de cada uma delas na tira.

8. Releia a fala da flor no último quadrinho.

a) Qual é a função das aspas nessa fala?

b) Levante hipóteses: Por que essa pergunta seria "mais fácil" do ponto de vista da flor?

Leia o texto a seguir e responda às questões 9 e 10.

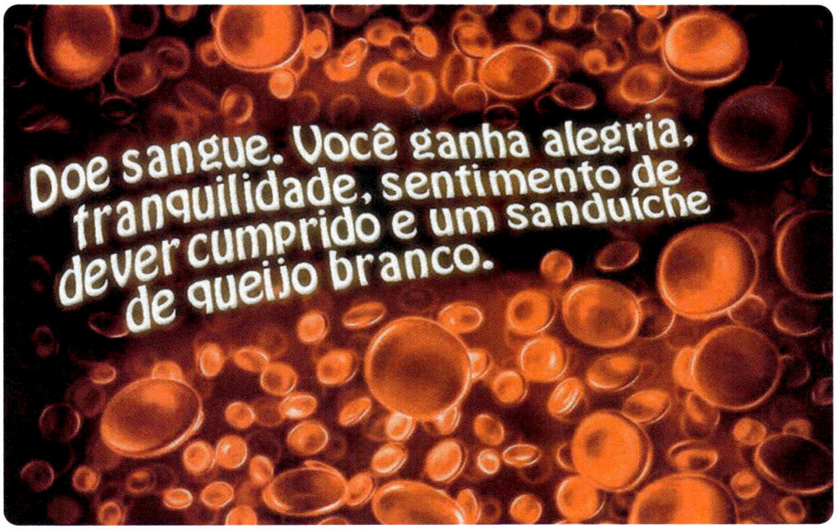

Carolina Markowicz/Arquivo da artista

(Disponível em: http://www.sotitulos.com.br/wp-content/uploads/2012/11/28562.jpg. Acesso em: 8/5/2023.)

9. Deduza:

a) Qual é a finalidade principal desse texto?

b) Quem o produziu e a quem ele se destina?

c) A que gênero ele pertence?

10. Você aprendeu que uma das funções da vírgula é separar termos que exercem a mesma função sintática.

a) Que termos estão separados por vírgula no enunciado principal desse texto?

b) Qual é a função sintática desses termos?

c) O último termo dessa frase também exerce a mesma função sintática, mas não está separado do penúltimo por vírgula. Explique por quê.

d) Troque ideias com os colegas e o professor e conclua: Por que é possível considerar que esse último termo confere efeito de humor ao texto em estudo?

Leia a tira a seguir para responder às questões 11 e 12.

Will Leite/Acervo do cartunista

(Disponível em: http://www.willtirando.com.br/anesia-700/. Acesso em: 12/7/2023.)

11. A tira ilustra um diálogo entre o cartunista e a personagem Anésia, conhecida por ser bastante mal-humorada.

a) Qual é a premissa adotada pelo cartunista no primeiro quadrinho?

b) Deduza: A quem se refere a forma verbal **querem** do segundo quadrinho?

c) O humor da tira está no último quadrinho e é construído principalmente pela ambiguidade da forma verbal **fazer**, omitida na oração: "Em vez de [fazer] tiras você deveria fazer cócegas.". Explique os dois sentidos em oposição nessa fala e a forma como o humor é construído.

d) Qual é a avaliação de Anésia a respeito dos hábitos de leitura dos leitores?

e) Considerando suas respostas anteriores, conclua: Anésia concorda com a premissa do cartunista?

12. Justifique o emprego da vírgula nos dois primeiros quadrinhos, com base nas regras estudadas neste capítulo.

13. Algumas vírgulas foram propositalmente eliminadas no texto a seguir. Copie-o no caderno, empregando a vírgula para separar orações onde houver necessidade.

Pisada paulista: você sabe como surgiu o famoso símbolo das calçadas da cidade?

Antonio Salaverry/Shutterstock

O mosaico que ainda hoje decora as ruas da capital [...] é de autoria da paulista **Mirthes dos Santos Pinto**. Nascida em Barretos a artista trabalhava na Secretaria de Obras da Prefeitura de São Paulo em 1966 quando soube do concurso promovido durante a gestão do prefeito Faria Lima (1965-69) com o objetivo de escolher um **padrão de piso para a cidade** a exemplo das ondas de Copacabana. Mirthes ficou surpresa ao descobrir que seu trabalho estava entre os finalistas já que havia um forte concorrente ao título: o desenho de grãos de café que em sua visão era o grande favorito pois se tratava tradicionalmente do maior símbolo local.

A escolha do vencedor foi feita democraticamente via votação popular após a exibição dos desenhos dos quatro finalistas em ladrilhos da Av. Consolação. [...] O padrão de ladrilhos passou a ser produzido por diversos fabricantes e começou a conquistar as calçadas de outras lojas e casas. [...]

(Disponível em: https://spcity.com.br/pisada-paulista-voce-sabe-como-surgiu-o-famoso-simbolo-das-calcadas-da-cidade/. Acesso em: 12/7/2023.)

14. Leia, a seguir, um trecho de uma crônica de Ruth Manus. Nele, foram suprimidos todos os sinais de pontuação, exceto o ponto. Buscando o sentido global do texto, troque ideias com os colegas, copie o texto no caderno, empregando onde for conveniente estes sinais de pontuação: vírgula, ponto de interrogação, dois-pontos e travessão.

A incrível arte de cozinhar muito mal

Mesmo quando você tenta acertar

Falam muito sobre cozinhar bem. Há milhares livros programas de televisão canais de youtube sites aplicativos. Ao redor do mundo cozinheiros e chefs são observados imitados e idolatrados por sua capacidade ou dom de cozinhar bem. Acho ótimo   e minha barriga também agradece aos seus talentos. Mas ninguém fala sobre a incrível arte de cozinhar mal.

(Disponível em: https://www.estadao.com.br/emais/ruth-manus/a-incrivel-arte-de-cozinhar-muito-mal/. Acesso em: 12/7/2023.)

A pontuação NA CONSTRUÇÃO DO TEXTO

Leia o texto a seguir.

HOJE ELAS SÃO DONAS DE CASA,
DONAS DE DIREITOS, DONAS DE IDEIAS E, PRINCIPALMENTE, DONAS DO SEU PRÓPRIO NARIZ.
Acrescentando vírgulas aos seus direitos, as mulheres conquistam o seu espaço e ganham os nossos parabéns.
Uma homenagem ao Dia Internacional da Mulher.
CMC
AGÊNCIA POR UM MUNDO MELHOR

(Disponível em: https://www.pinterest.pt/pin/5488830774690925/. Acesso em: 9/5/2023.)

1. O texto faz uma homenagem.

a) Que homenagem é essa e a quem ela se destina?

b) Deduza: Quem é o responsável pela homenagem?

2. Releia o texto verbal escrito em letras maiores: "Hoje elas são donas de casa"

a) Qual é o sentido da expressão "donas de casa" nesse trecho quando lido isoladamente?

b) Agora, leia a frase inteira do centro do anúncio e deduza: Que novo sentido essa expressão ganha no texto? Justifique sua resposta.

3. Observe a fonte e os sinais de pontuação utilizados na frase central do texto:

Reprodução/CMC

a) Deduza: Por que a primeira parte tem uma fonte em tamanho muito maior do que o restante da frase?

b) Levante hipóteses: Por que as vírgulas dessa frase foram escritas em cor diferente?

c) Considerando as regras que você aprendeu neste capítulo, justifique o emprego da vírgula em cada uma das ocorrências.

d) Identifique, nessa frase, uma expressão que foi usada em sentido figurado, isto é, com um sentido que vai além do significado mais comum das palavras que a compõem. Em seguida, explique o sentido dela no contexto.

4. Agora, releia este trecho da parte inferior do anúncio:

> "Acrescentando vírgulas aos seus direitos, as mulheres conquistam o seu espaço e ganham os nossos parabéns."

a) Qual é o sentido da oração "acrescentando vírgulas aos seus direitos" no contexto?

b) Explique a relação entre o papel da vírgula como sinal de pontuação e o sentido da oração que você identificou no item **a**.

c) Com base nas funções da vírgula que você aprendeu, troque ideias com os colegas e o professor e conclua: Por que há vírgula nessa frase?

SEMÂNTICA E DISCURSO

Você costuma prestar atenção na pontuação dos textos que escreve em meio digital, em redes sociais ou em mensagens trocadas no celular? Leia o texto a seguir e responda às questões 1 a 4.

A nova língua da Internet

[...]

Na língua escrita tradicional, os sinais de pontuação ajudam a estruturar o texto de modo a torná-lo mais compreensível. [...] Porém, a pontuação tem um papel totalmente distinto na linguagem online: serve para expressar emoções. [...]

Imagine que seu amigo escreva "legal...". Mas o que esse "legal..." significa? É sarcasmo? Uma tentativa de terminar logo a conversa? Ou "legal" no sentido direto da palavra?

Este desafio é minimizado pelo uso dos emoticons. Mas não é tão simples quanto parece. [...]

Claro que algumas pessoas também não gostam dos emoticons (para alguns eles são esquisitos ou simplesmente indignos de respeito) e é aqui que a boa e velha pontuação é colocada em destaque novamente. [...]

Pesquisadores acreditam que o uso das reticências nas comunicações intermediadas por tecnologia hoje é necessário para dois fins.

Primeiro, as reticências são utilizadas para imitar o ritmo de uma conversa ao vivo. Ao conversar pessoalmente, inserimos vários "és" e "hmms" no discurso. Por mais que possam ser consideradas inúteis, sem elas as conversas soariam artificiais [...]. Então, em comunicações intermediadas por tecnologia, as reticências permitem a inserção dessas pausas no discurso escrito, suavizando a conversa, tornando-a mais real — especialmente se você está discutindo um tópico sensível.

"Eu pensei que... você sabe... talvez... nós podíamos pegar um cinema qualquer dia desses?"

Outro papel das reticências é bem mais mundano. Experimente inserir reticências em qualquer pensamento caótico que possa ter passado pela sua cabeça, enquanto você escreve aqui e ali. Sem elas, sua frase é apenas uma mistura sem sentido de palavras, enquanto, com elas, se torna magicamente em pensamentos profundos cheios de sabedoria silenciosa.

As reticências são muito confortáveis. Você não precisa pensar no que você está dizendo, ou onde uma frase termina e a outra começa, ou em como estruturar a frase... É como um enxerto que você pode usar para juntar palavras que não funcionariam juntas. Essa abordagem, na verdade, é o que há mais de novo na tendência da linguística atual.

[...]

(Disponível em: https://www.kaspersky.com.br/blog/a-nova-lingua-da-internet/5737/. Acesso em: 3/5/2023.)

1. O autor do texto faz uma distinção entre a função da pontuação dos textos em geral e a pontuação nos textos que circulam *on-line*. Qual é essa distinção?

2. Coloque-se na situação sugerida pelo autor no segundo parágrafo.

a) Como você interpretaria a mensagem "Legal..."? Justifique sua resposta.

b) Levante hipóteses: Por que o autor sugere que a mensagem escrita dessa forma poderia indicar sarcasmo ou tentativa de terminar a conversa? Justifique sua resposta considerando a pontuação.

3. Segundo o autor, há pesquisas que indicam duas finalidades de uso das reticências na comunicação digital.

a) Quais são elas?

b) No trecho "Eu pensei que... você sabe... talvez... nós podíamos pegar um cinema qualquer dia desses?", qual é a finalidade das reticências?

c) Por que, no texto, o trecho analisado no item **b** está entre aspas?

d) Você usa reticências em suas conversas digitais? Com qual finalidade? Troque ideias com os colegas.

4. O autor do texto faz uso de reticências no último parágrafo. Discuta com os colegas e o professor: Esse uso equivale a algum dos dois usos mencionados por ele anteriormente?

5. Leia o parágrafo que segue.

> É fácil criar uma frase em que a ausência de pontuação subverte o sentido pretendido pelo escriba, com efeito cômico ou desastroso ou ambos. Brincando com as vírgulas numa mensagem como "Não te amo não vá embora", vemos que esses sinais, longe de serem supérfluos, podem fazer a diferença entre um coração feliz e um coração despedaçado — a diferença mais relevante do universo.
>
> (Disponível em: https://www1.folha.uol.com.br/colunas/sergio-rodrigues/2017/11/1933964-pontuacao-uma-virgula.shtml. Acesso em: 3/5/2023.)

Seguindo a teoria do autor e supondo que a pessoa que recebe a mensagem seja apaixonada por seu interlocutor, brinque com as vírgulas na mensagem citada, de acordo com os dois sentidos que ele sugere:

a) Para deixar feliz o coração de quem recebe a mensagem.

b) Para deixar despedaçado o coração de quem recebe a mensagem.

DIVIRTA-SE

Carlos Ruas/Acervo do cartunista

(Disponível em: https://www.umsabadoqualquer.com/941-einstein-8/. Acesso em: 12/4/2023.)

CAPÍTULO 35

Figuras de sintaxe

Construindo o conceito

Leia o anúncio a seguir.

VWB-1234
Nós já desrespeitamos as leis da física, da engenharia e da economia. Por favor, respeite as de trânsito.
Novo UP! MOTOR TSI. Potente e econômico.
Fazauto
Você nasceu pra isso.

(Disponível em: http://www.putasacada.com.br/wp-content/uploads/2017/12/novoup-fazauto-anuncio.png. Acesso em: 5/1/2020.)

1. Relacione as partes verbal e não verbal do anúncio.

a) Identifique a empresa anunciante e levante hipóteses: Qual é a área de atuação dela? Justifique sua resposta com elementos do texto.

b) Qual é a cena retratada pela imagem central do anúncio? Identifique o trecho do texto verbal inferior com o qual ela dialoga diretamente, justificando sua resposta.

2. Releia o trecho escrito em azul:

> **"Nós já desrespeitamos as leis da física, da engenharia e da economia. Por favor, respeite as de trânsito."**

a) Há algumas palavras que foram retomadas de forma implícita três vezes ao longo do trecho. Identifique-as e reescreva no caderno o trecho repetindo essas palavras em todas as ocorrências.

b) Compare a frase original do anúncio à reescrita que você fez no item anterior e troque ideias com os colegas e o professor: Que efeitos a supressão constrói no texto?

c) A quem a segunda frase se dirige diretamente? Que palavra omitida nessa frase faz referência ao interlocutor?

d) Deduza: Por que, segundo o texto, os anunciantes desrespeitaram as leis da economia?

Conceituando

Ao responder às questões, você observou que o anúncio estudado, na busca de maior expressividade e de maior interatividade com o leitor, fez uso de algumas construções sintáticas específicas, nas quais suprimiu intencionalmente algumas palavras a fim de obter um efeito de sentido no texto. Recursos como esses são chamados de **figuras de sintaxe**.

> **Figuras de sintaxe** são recursos estilísticos de expressão criados com base na construção sintática dos enunciados.

Estudaremos a seguir algumas das figuras de sintaxe mais utilizadas nas linguagens publicitária e literária.

Elipse

Ocorre quando há omissão, espontânea ou voluntária, de termos que se podem subentender facilmente pelo contexto.

No anúncio lido na seção anterior, a omissão da palavra **você** em "respeite as (leis) de trânsito" é facilmente percebida pelo leitor no contexto por meio da forma verbal imperativa **respeite**.

Zeugma

É a omissão de um termo expresso anteriormente em outra oração. Ainda no anúncio, em toda a frase escrita em letra azul, você viu que os termos **as** e **leis** foram omitidos a fim de deixar o texto mais direto e objetivo, evitando repetições desnecessárias:

> Nós já desrespeitamos as leis da física, (as leis) da engenharia e (as leis) da economia.
> Por favor, respeite as (leis) de trânsito.

Polissíndeto

É o uso repetido da mesma conjunção (síndeto = conjunção). Veja, a seguir, o modo como Machado de Assis descreve os movimentos e os sons feitos por uma mosca em seu poema "Mosca azul":

> "**E** zumbia, **e** voava, **e** voava **e** zumbia"

Esse recurso geralmente confere ritmo ao texto e, no caso do exemplo, confere maior ênfase às ações da mosca.

Assíndeto

Ocorre quando há omissão da conjunção entre termos ou orações. Observe:

> "Entraram em casa, as armas na mão, os olhos atentos, procurando."
>
> (Jorge Amado)

Nessa frase, se não houvesse a omissão intencional da conjunção **e**, teríamos: "Entraram em casa, (com) as armas na mão e os olhos atentos, procurando". A frase se tornaria comum e perderia sua beleza, bem como o impacto gerado pelo ritmo e pela sequência de imagens.

Pleonasmo

É a repetição, por meio do uso de palavras diferentes, de uma ideia já apresentada.

> "O conde atirava à mísera cantora alguns soldos que ainda **lhe** reforçavam **a ela** as cordas vocais"
>
> (Júlio Ribeiro)

Na frase, o pronome **lhe** e a expressão "a ela", referindo-se às cordas vocais da cantora, constituem pleonasmo. Nesse caso, considera-se um uso estilístico do pleonasmo, admitido pela gramática normativa, assim como expressões do tipo "ver com os próprios olhos" e "pegar com as próprias mãos", nas quais há claramente a intenção de enfatizar a veracidade da ação.

Embora qualquer expressão que explore o pleonasmo contenha em si a ideia de ênfase, de reforço do que é dito, a gramática normativa considera que haja um conjunto de expressões pleonásticas indevidas, por entender que nesses casos a redundância seria desnecessária. Veja algumas delas: "entrar pra dentro", "sair pra fora", "descer pra baixo", "repetir de novo", "elo de ligação", "ganhar grátis", "infarto do coração", etc.

Silepse

É a concordância que se faz não com a forma gramatical das palavras, mas com seu sentido, ou seja, com a ideia que elas expressam. Leia este texto:

"Os brasileiros somos assim". Esta é, segundo João Candido Portinari, a mensagem da obra de seu pai, o pintor Candido Portinari, ao povo brasileiro. Segundo ele, o recado nunca chegou de fato ao destinatário planejado, já que 95% das obras do paulista estão em coleções privadas.

(Disponível em: https://www1.folha.uol.com.br/ilustrada/1233942-portinari-ganha-portal-reformulado-na-internet.shtml. Acesso em: 3/5/2023.)

Bruno Poletti/Folhapress

Professor João Candido Portinari, filho do pintor Candido Portinari, em São Paulo (2014).

Observe que, na frase dita por Portinari — "Os brasileiros somos assim" —, o sujeito da oração é "Os brasileiros". Logo, espera-se que o verbo seja conjugado na 3ª pessoa do plural (**são**), concordando com o sujeito.

No entanto, ao dizer a frase, o pintor se incluiu entre os brasileiros (eles + eu = nós), levando assim o verbo para a 1ª pessoa do plural (**somos**).

A essa concordância ideológica chamamos **silepse**.

Há três tipos de silepse:

- **silepse de pessoa**: ocorre quando o locutor se inclui em um sujeito expresso na 3ª pessoa, conforme você viu no exemplo da fala de João Candido Portinari:

"**Os brasileiros somos** assim."

- **silepse de número**: ocorre principalmente com termos coletivos:

A **multidão** ouviu o discurso do político e **aplaudiram** no final.

Observe que o substantivo **multidão** é coletivo e, portanto, o verbo **aplaudir** deveria estar na 3ª pessoa do singular (a multidão **aplaudiu**). Entretanto, nesse caso, por estar distanciado do sujeito, o verbo **aplaudir** pode ficar também na 3ª pessoa do plural, concordando com a ideia expressa por **multidão** (muitas pessoas).

- **silepse de gênero**: ocorre principalmente com as expressões de tratamento, como **Sua/Vossa Majestade**, **Sua/Vossa Excelência**, **Sua/Vossa Senhoria**, que têm forma gramatical feminina mesmo quando aplicadas a pessoas do sexo masculino:

Sua Majestade, o bebê, é sempre **tratado** com muito carinho.

Observe que o adjetivo **tratado** está no masculino, concordando com a ideia de masculino referente a **bebê**, embora **Sua Majestade** seja uma forma feminina.

Exercícios

1. Observe a oração que constitui a fala do 2º quadrinho da tira:

"A gente pode ser muito próximo de alguém..."

a) Qual é o sujeito dessa oração?

b) Na oração, em que gênero está o predicativo do sujeito: no masculino ou no feminino?

c) Qual é a figura de sintaxe que ocorre na oração? Explique em que ela consiste.

2. Na fala do 3º quadrinho da tira, há silepse de pessoa, considerando-se a fala do quadrinho anterior. Reescreva no caderno a fala do personagem, eliminando a silepse.

3. Leia estes versos de Luís de Camões:

> [...]
>
> Vendo o triste pastor que com enganos
> Lhe fora assim negada a sua pastora,
> Como se a não tivera merecida,
>
> Começa de servir outros sete anos,
> Dizendo: — Mais servira, se não fora
> Para tão longo amor tão curta a vida!
>
> (*Lírica*, cit., p. 108.)

a) Que figura de linguagem se verifica no último verso? Justifique sua resposta.

b) Nesses versos, é bastante evidente a **inversão**. Qual seria a ordem natural desses versos, ou seja, sujeito + verbo + objetos + adjuntos?

4. Identifique as figuras de linguagem das frases a seguir. Atenção: Há frases em que ocorrem duas figuras.

a) "És bela — eu moço; tens amor — eu medo!" (Casimiro de Abreu)

b) "Trabalha, e teima, e lima, e sofre, e sua." (Olavo Bilac)

c) Aquela garota, eu a conheci ontem na festa de um amigo.

d) Senhor prefeito, os abaixo assinados pedimos a Vossa Senhoria que seja justo na cobrança dos impostos prediais da Vila dos Operários.

As figuras de sintaxe NA CONSTRUÇÃO DO TEXTO

Leia o poema a seguir, de Lucão:

eu amo
tu amas
ela ama
nós, amo.

(Disponível em: https://www.facebook.com/photo/?fbid=608300807326286&set=pb.100044391160759.-2207520000.&locale=pt_BR. Acesso em: 22/8/2023.)

1. Os três primeiros versos têm a mesma estrutura: sujeito + forma verbal.

a) O conjunto desses três versos, lidos em sequência, simula que atividade escolar?

b) Troque ideias com os colegas e o professor, depois levante hipóteses: Que sentidos os três primeiros versos constroem no poema?

2. O último verso quebra a estrutura identificada na questão 1.

a) Que elementos gráficos evidenciam essa quebra?

b) Identifique as figuras de sintaxe empregadas nesse verso e justifique sua resposta.

c) Considerando a relação amorosa implícita no poema, qual é o efeito de sentido provocado pelo emprego dos recursos analisados nos itens anteriores?

3. Levando em conta suas respostas às questões anteriores, identifique a análise correta entre as opções a seguir.

a) A estrutura sintática do poema em estudo não está relacionada à construção dos sentidos dos versos, pois a quebra se dá não no nível da construção linguística, mas na mudança de tamanho da letra.

b) O último verso é o responsável pela mudança de sentido do poema ao fazer uso de uma silepse de pessoa, tendo como sujeito um pronome de 1ª pessoa do plural, **nós**, e a forma verbal conjugada no singular, **amo**.

c) A quebra sintática do último verso chama a atenção para a admiração do eu lírico em relação a seu/sua interlocutor(a), uma vez que o simples pensar nos dois juntos muda a orientação do que vinha sendo feito antes.

d) Os três primeiros versos, em letras maiores, indicam que eles são mais importantes no contexto, ao passo que o último verso, em letras menores, tem pouca contribuição para a construção do sentido.

SEMÂNTICA E DISCURSO

Leia o anúncio a seguir.

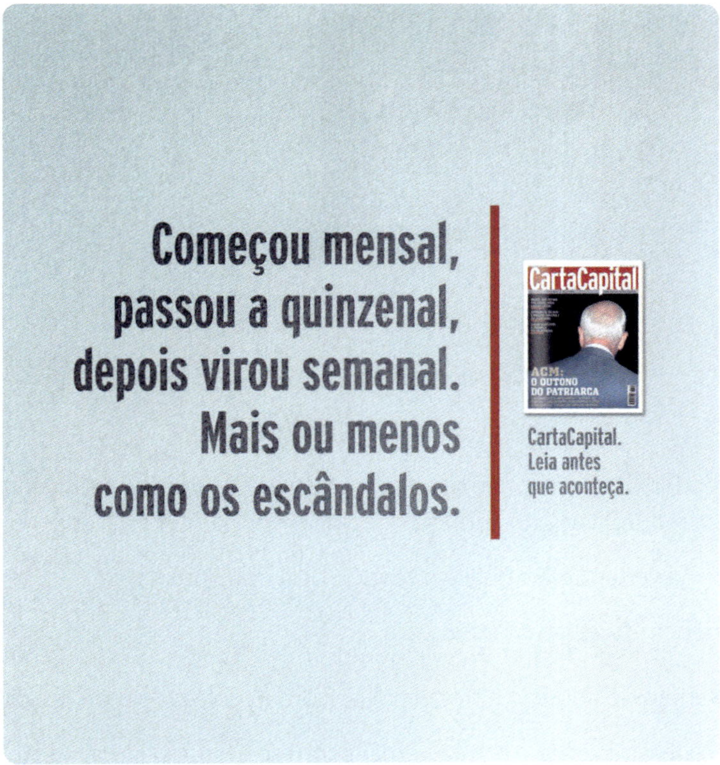

Reprodução/www.eugeniomohallem.com.br

(Disponível em: https://www.eugeniomohallem.com.br/#213/carta-capital-comecou-mensal. Acesso em: 6/9/2023.)

1. Sobre a situação de produção do texto, responda:

a) Quem é o anunciante?

b) O que ele anuncia?

c) A quem se dirige o anúncio?

2. No enunciado central do anúncio se lê:

> **"Começou mensal, passou a quinzenal, depois virou semanal."**

Observe que o sujeito das formas verbais não está expresso, mas, pelo contexto, é possível identificar seu referente.

a) A quem se referem as formas verbais dessa frase?

b) Como se classifica o sujeito dessas formas verbais?

c) Que figura de linguagem constitui a omissão do sujeito?

3. Na frase "Mais ou menos como os escândalos", também é possível identificar outras figuras de linguagem. Quais são?

4. Agora, observe a parte do anúncio à direita do traço vermelho:

Reprodução/www.eugeniomohallem.com.br

a) Há uma relação de redundância entre a imagem e o texto verbal. Explique essa afirmação e explique o efeito de sentido dessa redundância no anúncio.

b) A quem se dirige a forma verbal **Leia** e qual é o sentido dela no contexto?

c) Identifique uma ocorrência de zeugma nesse texto.

5. Relacione os dois textos verbais do anúncio e troque ideias com os colegas e o professor:

a) Levante hipóteses: A quem se refere a forma verbal **aconteça**? Quais figuras de linguagem podem ser identificadas nessa construção?

b) Qual imagem da revista o anúncio como um todo constrói para o leitor? Justifique sua resposta com elementos do texto.

DIVIRTA-SE

Pleonasmos bilíngues

Já ouviu alguma destas expressões?

Short curto

Rosa *pink*

Mamão *papaya*

Fita *tape*

Caixa *box*

Plus a mais

Jean Galvão/Acervo da editora

CAPÍTULO 36

Concordância nominal e concordância verbal

Construindo o conceito

Leia os títulos e subtítulos de notícias a seguir:

I.

WhatsApp, Instagram e TikTok são as redes sociais preferidas de crianças e adolescentes

Edição mais recente da pesquisa TIC Kids Online Brasil revela que 93% da população entre 9 e 17 anos estava conectada à internet em 2021

(Disponível em: https://porvir.org/whatsapp-instagram-e-tiktok-sao-as-redes-sociais-preferidas-de-criancas-e-adolescentes/. Acesso em: 17/7/2023.)

II.

TikTok é a rede social mais usada por crianças e adolescentes de 9 a 17 anos

Instagram vem logo em seguida; a pesquisa também revelou que 78% dos usuários nessa faixa etária utilizaram qualquer tipo de plataforma em 2021

(Disponível em: https://www.cnnbrasil.com.br/tecnologia/tiktok-e-a-rede-social-mais-usada-por-criancas-e-adolescentes-de-9-a-17-anos/. Acesso em: 17/7/2023.)

III.

Sites e aplicativos educacionais brasileiros coletaram e compartilharam dados de crianças, diz relatório da Humans Rights Watch

Relatório analisou cada produto e o tratamento prestado a dados coletados com as políticas de privacidade de cada um para determinar se o uso das informações era devidamente informado

Monkey Business Images/Shutterstock

(Disponível em: https://g1.globo.com/educacao/noticia/2022/05/25/sites-e-aplicativos-educacionais-brasileiros-coletaram-e-compartilharam-dados-de-criancas-diz-relatorio-da-humans-rights-watch.ghtml. Acesso em: 17/7/2023.)

1. Esses títulos abordam a relação de crianças e adolescentes com a tecnologia e as redes sociais citando estudos e pesquisas.

a) Considerando o gênero dos textos que receberam esses títulos e subtítulos — a notícia —, responda: Qual é a importância de usar citações nos títulos das notícias?

b) Quais desses títulos e subtítulos apresentam dados estatísticos?

c) Você se enquadra nas estatísticas apresentadas pelos títulos? Comente com os colegas e o professor.

2. Observe e compare estes trechos:

- "WhatsApp, Instagram e TikTok são as redes sociais preferidas [...]"
- "TikTok é a rede social mais usada [...]"

Considerando seu conhecimento como falante de português e o que você já aprendeu em anos anteriores, deduza:

a) Por que no primeiro trecho os adjetivos **sociais** e **preferidas** foram empregados no feminino e no plural?

b) Por que, nesse trecho, o verbo **ser** está na 3ª pessoa do plural?

c) Identifique o sujeito e o verbo da oração do segundo trecho. Depois, explique por que o verbo está no singular.

d) Por que, nesse trecho, os adjetivos **social** e **usada** foram empregados no feminino e no singular?

3. Agora, considerando seu conhecimento como falante do português, reescreva o terceiro título no caderno fazendo as substituições solicitadas a seguir e as adaptações necessárias.

Substituir a palavra ou expressão	por
Sites e aplicativos	Plataformas digitais
relatório	pesquisas
dados	informações
políticas	contrato
uso	utilização
informações	dados

Em seguida, compare sua reescrita com a versão original e discuta com os colegas e o professor: Que adaptações no texto foram necessárias por causa dessas substituições? Por que isso ocorre?

Conceituando

Ao responder às questões anteriores, você pôde observar que, no primeiro título, o fato de o substantivo **redes** estar no plural determina o emprego dos adjetivos **sociais** e **preferidas** no plural, assim como o sujeito composto "WhatsApp, Instagram e TikTok" determina a flexão da forma verbal, também no plural, **são**. E pôde observar, no segundo e no terceiro títulos, que o substantivo **rede**, no singular, leva ao emprego dos adjetivos **social** e **usada** no singular, assim como o sujeito simples e no singular, **TikTok**, no segundo título, implica o emprego da forma verbal **é**, também no singular.

Nesses casos, a concordância foi feita segundo as regras da norma-padrão. Veja estas relações de concordância:

sujeito				predicado				
WhatsApp,	Instagram	e	TikTok	são	as	redes	sociais	preferidas.
substantivo	substantivo		substantivo	verbo	artigo	substantivo	adjetivo	adjetivo

Na língua portuguesa, há dois tipos de concordância: **nominal** e **verbal**.

Segundo a norma-padrão, as concordâncias seguem os seguintes princípios:

Concordância nominal: ocorre em gênero e número entre o substantivo e seus determinantes — o adjetivo, o pronome adjetivo, o artigo, o numeral e o particípio.

Concordância verbal: ocorre entre o verbo e seu sujeito, em número e pessoa.

A concordância nominal

Regra geral

Observe a concordância dos artigos e dos adjetivos com os substantivos nestas expressões dos títulos estudados na seção anterior:

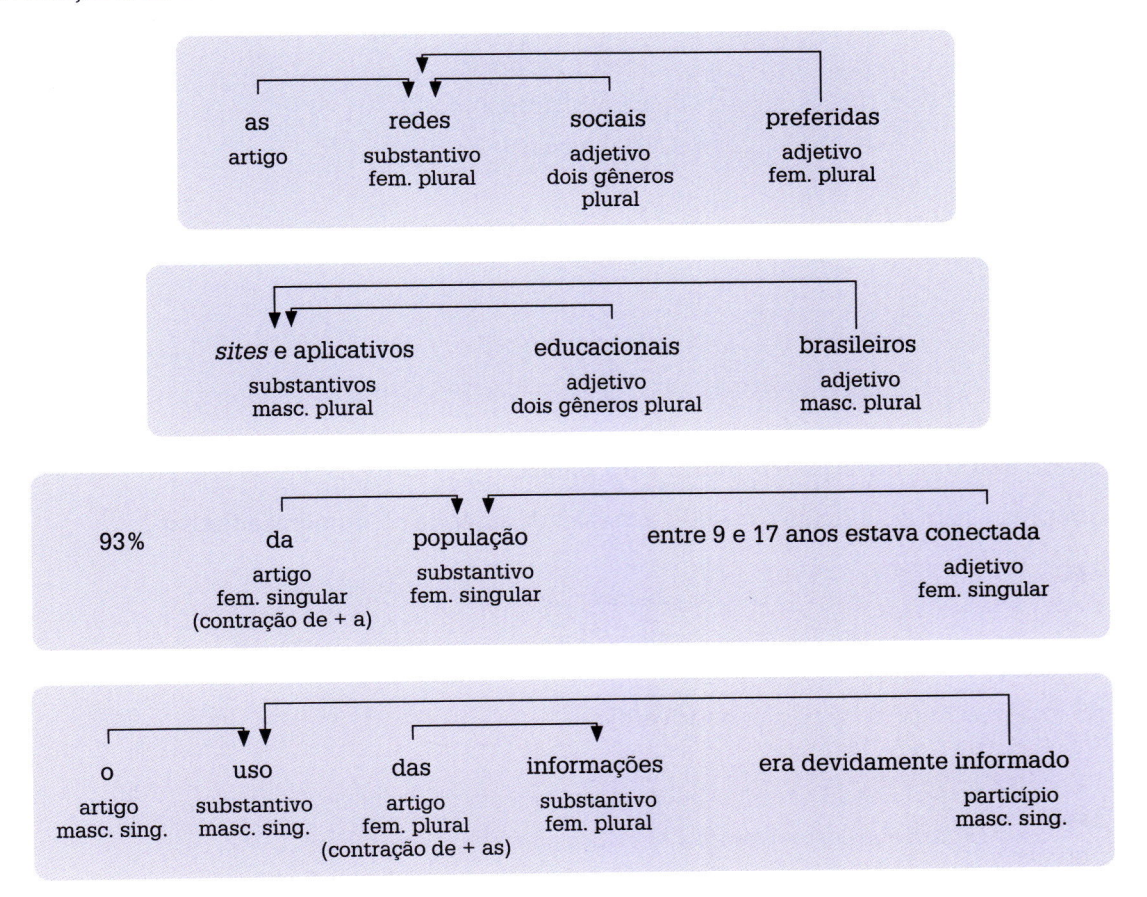

as	redes	sociais	preferidas
artigo	substantivo fem. plural	adjetivo dois gêneros plural	adjetivo fem. plural

sites e aplicativos	educacionais	brasileiros
substantivos masc. plural	adjetivo dois gêneros plural	adjetivo masc. plural

93%	da	população	entre 9 e 17 anos estava conectada
	artigo fem. singular (contração de + a)	substantivo fem. singular	adjetivo fem. singular

o	uso	das	informações	era devidamente informado
artigo masc. sing.	substantivo masc. sing.	artigo fem. plural (contração de + as)	substantivo fem. plural	particípio masc. sing.

Em resumo, artigos, adjetivos, pronomes, numerais e particípios concordam em gênero e número com os substantivos a que se referem. Veja:

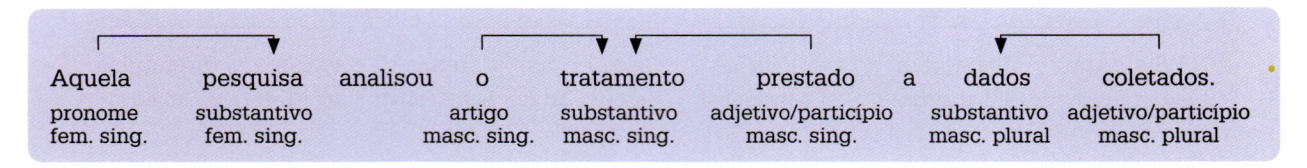

Aquela	pesquisa	analisou	o	tratamento	prestado	a	dados	coletados.
pronome fem. sing.	substantivo fem. sing.		artigo masc. sing.	substantivo masc. sing.	adjetivo/particípio masc. sing.		substantivo masc. plural	adjetivo/particípio masc. plural

Leia agora esta frase:

Os aplicativos responderão por dados e informações coletados.

Nessa frase, o adjetivo **coletados** refere-se a dois substantivos de gêneros diferentes: **dados**, que é masculino, e **informações**, que é feminino. Por se referir a dois substantivos de gêneros diferentes, ele está no masculino e no plural. Mas também é possível a concordância com o substantivo mais próximo.

Regras especiais

Nos anos anteriores, estudamos alguns casos especiais de concordância nominal. A seguir, você vai rever alguns deles e ver alguns casos novos.

1. As expressões **é proibido**, **é necessário**, **é preciso**, **é bom** não variam quando o adjetivo se refere a substantivos de sentido genérico:

- Tristeza **é proibido**.
- Alegria **é necessário**.
- Música **é bom**.

Entretanto, se o substantivo a que o adjetivo se refere é determinado por artigos ou pronomes, a concordância é feita normalmente:

- Naquela casa, a tristeza era **proibida**.
- Serão **precisos** outros dois homens para carregar o piano.

2. As palavras **bastante**, **meio**, **pouco**, **muito**, **caro**, **barato**:

- concordam com o substantivo quando têm valor de **adjetivo** ou **numeral adjetivo**:
  - Ali, a comida é **barata**, mas é boa.
  - Chegamos exatamente ao meio-dia e **meia** (hora).
- são invariáveis quando têm valor de **advérbio**:
  - As crianças estavam **meio** assustadas com o barulho da tempestade.
  - Até que custou **barato** a troca dos pneus!

3. Os adjetivos **anexo**, **obrigado**, **mesmo**, **próprio**, **incluso** concordam com o substantivo a que se referem:

- Ela costura as **próprias** roupas.
- As receitas seguiram **anexas** ao pacote de doces.

A expressão adverbial **em anexo**, entretanto, é invariável:

As receitas seguiram **em anexo** ao pacote de doces.

Exercícios

Leia a tira a seguir.

(Disponível em: https://www1.folha.uol.com.br/ilustrada/cartum/cartunsdiarios/#8/6/2023. Acesso em: 18/7/2023.)

1. A tira caracteriza o personagem retratado por meio de algumas atividades que ele realiza. Observe os três primeiros quadrinhos.

   a) Que traços do personagem podem ser apreendidos desses quadrinhos? Justifique sua resposta com termos e expressões da tira.

   b) De que forma as imagens contribuem para a caracterização do personagem?

   c) Segundo o dicionário, **inimaginável** corresponde a "aquilo que não se pode imaginar". Qual é o sentido da palavra **inimagináveis** no segundo quadrinho? Cite palavras que poderiam substituí-la no contexto sem acarretar mudança profunda de sentido.

   d) Reescreva no caderno a parte verbal dos quadrinhos, imaginando que a personagem fosse feminina. Em seguida, identifique os adjetivos que seriam modificados e explique por que os demais não seriam.

2. Como é comum nas tiras, a construção de humor se dá pela quebra de expectativa no último quadrinho.

   a) Observando a sequência dos quadrinhos, é possível perceber que entre eles há uma relação de:

      I. oposição, pois eles se intercalam na exposição de uma ideia seguida da exposição do contrário dessa ideia.

      II. gradação, pois a cada quadrinho há uma sugestão de aumento progressivo das dificuldades enfrentadas pelo personagem.

      III. limitação, pois o conjunto da tira sugere que o personagem se restringe a realizar apenas essas atividades em sua vida.

b) Qual é a expectativa quebrada no último quadrinho? Explique a forma pela qual se dá a construção do humor nesse contexto.

MORRE DE MEDO DE LER COMENTÁRIOS POPULARES NA INTERNET
Á
Galvão Bertazzi/Folhapress

3. Relacione as partes verbal e não verbal do último quadrinho.

a) O que a ilustração sugere sobre os comentários populares na internet?

b) Você concorda com a visão da tira sobre esses comentários? Justifique sua resposta.

4. Complete as frases a seguir, fazendo a concordância dos adjetivos indicados entre parênteses de acordo com as regras da norma-padrão:

a) O sinal para a saída da escola é dado pontualmente ao meio-dia e ______ (meio).

b) Após o início do espetáculo, não é mais ______ (permitido) a entrada.

c) A diretora da escola colocou um aviso na quadra: "É ______ (proibido) pessoas não autorizadas neste local".

d) Mamãe está ______ (meio) nervosa à espera dos resultados de seus exames de sangue.

e) As roupas estão muito ______ (barato) naquela loja.

Leia e compare as frases abaixo para responder às questões 5 e 6.

- Somos **bastante** competentes para fazer receitas com **bastantes** e sofisticados ingredientes.
- Há alunos **bastante** inteligentes nesta turma.
- Há **bastante** aluno inteligente nesta turma.

5. Na primeira frase, a palavra **bastante(s)** aparece duas vezes. Em uma das situações, ela é adjetivo e significa "vários, diferentes". Na outra, é advérbio e significa "muito". Identifique cada uma das situações.

6. Observe a palavra **bastante** na segunda e na terceira frases.

a) Que sentido ela apresenta em cada frase? A que classe de palavras ela pertence em cada frase?

b) Em qual das duas situações a palavra **bastante** é invariável?

7. Leia estas frases:

- Há bastantes razões para você viajar.
- Há razões bastantes para você viajar.

Embora o adjetivo **bastante** não sofra alteração quanto à concordância nessas frases, sua colocação antes ou depois do substantivo **razões** modifica-lhe o sentido.

a) Qual é o sentido do adjetivo **bastante** na primeira frase?

b) E na segunda?

A concordância verbal

Observe estes trechos dos títulos e subtítulos que você analisou no início deste capítulo:

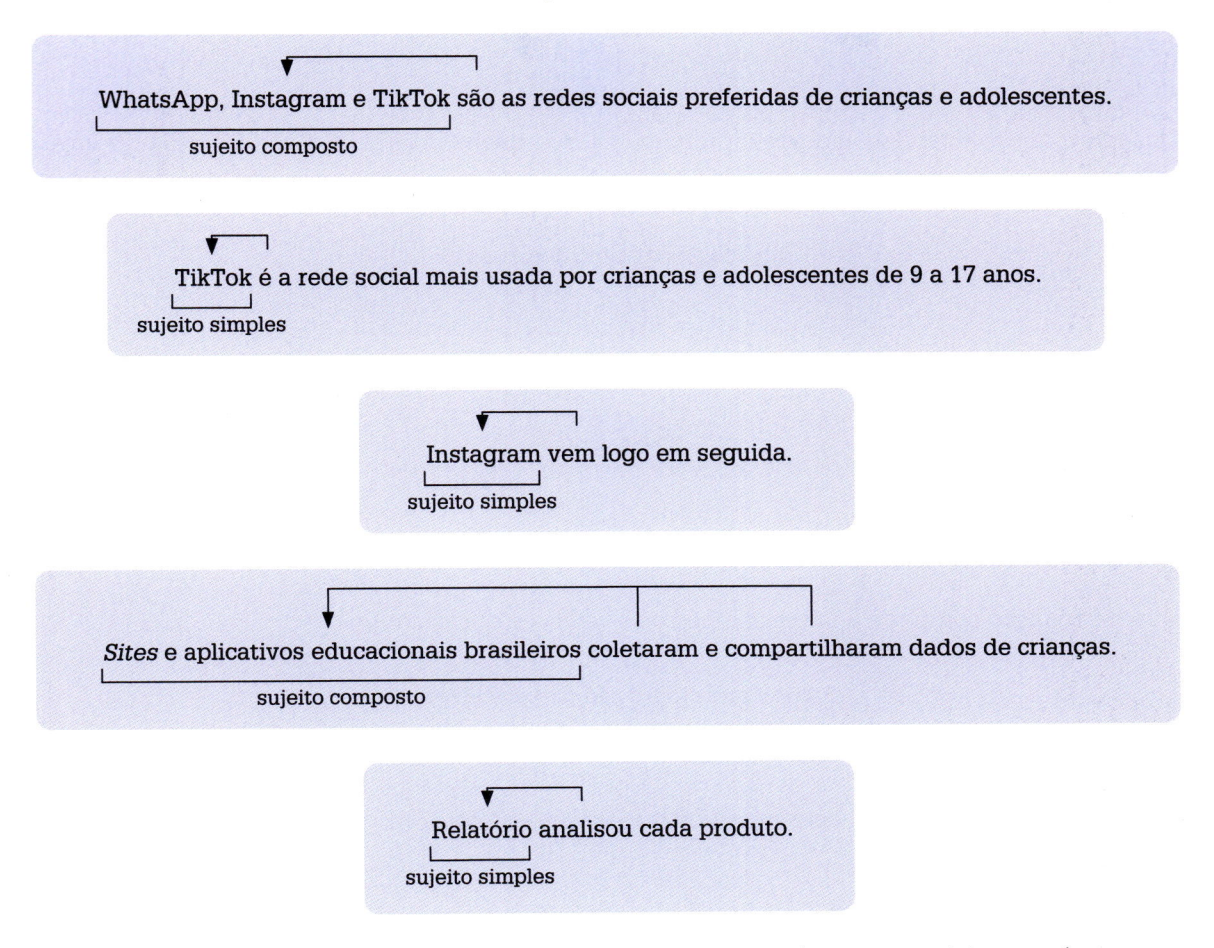

WhatsApp, Instagram e TikTok são as redes sociais preferidas de crianças e adolescentes.
sujeito composto

TikTok é a rede social mais usada por crianças e adolescentes de 9 a 17 anos.
sujeito simples

Instagram vem logo em seguida.
sujeito simples

Sites e aplicativos educacionais brasileiros coletaram e compartilharam dados de crianças.
sujeito composto

Relatório analisou cada produto.
sujeito simples

Perceba que, nas orações compostas de cada trecho, os verbos concordam com o sujeito em número e pessoa.

Esse é o princípio básico da concordância verbal na norma-padrão da língua. Há, entretanto, outros casos que devem ser comentados.

Concordância do verbo com o sujeito simples

- Quando o sujeito é representado por um **substantivo coletivo**, o verbo fica no singular:

A multidão **ouvia** atenta o discurso do presidente.
sujeito

- Quando o sujeito é um **pronome de tratamento**, o verbo fica na 3ª pessoa:

Sua Excelência, a presidente, **dará** uma entrevista logo mais.
sujeito

jamesonwu1972/Shutterstock

Tsai Ing-wen, presidente de Taiwan (2023).

- Quando o sujeito é representado pelo pronome relativo **que**, o verbo concorda com o antecedente do pronome:

> Sempre sou eu que **faço** tudo no meu grupo de estudos.
> (sujeito: eu)

- Quando o sujeito é representado pelo pronome relativo **quem**, o verbo fica na 3ª pessoa do singular ou concorda com a pessoa do antecedente do pronome:

> Fomos nós quem **trouxe** os CDs.
> (sujeito: quem)

> Fomos nós quem **trouxemos** os CDs.
> (sujeito: quem)

Concordância do verbo com o sujeito composto

- Quando o sujeito composto aparece anteposto ao verbo, este fica no plural:

> Filipe e Alexandre **são** gêmeos idênticos.
> (sujeito: Filipe e Alexandre)

- Quando o sujeito composto aparece posposto ao verbo, este concorda com o elemento mais próximo ou fica no plural:

> - **Corria**, no quintal, o cachorro, o gato e as galinhas.
>   (sujeito: o cachorro, o gato e as galinhas)
> - **Corriam**, no quintal, o cachorro, o gato e as galinhas.
>   (sujeito: o cachorro, o gato e as galinhas)

- Quando o sujeito composto é constituído por pessoas gramaticais diferentes, o verbo fica no plural. Se houver 1ª pessoa (eu, nós), ela prevalece sobre todas as outras; se houver 2ª pessoa (tu, vós), o verbo pode ficar na 2ª ou na 3ª pessoa do plural. Veja:

> - **Seremos** três no jantar: eu, tu e mamãe.
>   (sujeito: eu, tu e mamãe)
> - **Sereis** apenas dois no jantar: tu e mamãe.
>   (sujeito: tu e mamãe)
> - **Serão** apenas dois no jantar: tu e mamãe.
>   (sujeito: tu e mamãe)

Concordância, variação linguística e preconceito

Fala e escrita são modalidades diferentes da língua, e cada uma tem regras próprias, podendo variar conforme a finalidade e as situações de comunicação em que os textos, orais ou escritos, estão inseridos.

As regras de concordância verbal e nominal, conforme vimos, dizem respeito a uma convenção criada com base na variedade linguística usada pelas classes de maior prestígio socioeconômico, ou, ainda, encontrada em registros antigos e livros pertencentes ao cânone literário, cujas regras não contemplam nem mesmo a atual fala urbana de setores socioeconomicamente privilegiados. Portanto, é importante considerar que, geralmente na fala, existem outras formas de fazer concordância, que seguem regras diferentes das tradicionalmente impostas pela norma-padrão.

Há variedades que fazem a concordância, por exemplo, com base em uma regra de economia, flexionando apenas o primeiro termo da expressão nominal, enquanto a norma-padrão preza pela redundância, uma vez que valoriza a flexão de todos os termos. Veja:

- As mãe tudo buscou as criança pequena cedo hoje. (Apenas o termo **as** é pluralizado nas duas ocorrências, indicando que se trata de mais de uma mãe e mais de uma criança.)
- As mães todas buscaram as crianças pequenas cedo hoje. (Todos os termos que se referem aos nomes **mães** e **crianças** são pluralizados.)

O princípio da concordância está entre os aspectos mais frequentemente vistos de forma preconceituosa quando o falante não segue a norma-padrão. Muitas pessoas, sem base científica, associam as formas de concordar mais econômicas à deficiência intelectual, considerando-as erradas ou inaceitáveis. Uma observação mais atenta, porém, leva a constatar que esse tipo de construção ocorre na fala de um grande número de pessoas, menos ou mais escolarizadas, e de forma nenhuma está relacionado com inteligência ou capacidade de raciocínio.

Exercícios

Leia a tira a seguir.

(Disponível em: http://bichinhosdejardim.com/wp-content/uploads/2021/06/bdj-210528-web.jpg. Acesso em: 14/3/2023.)

1. No 1º quadrinho, o personagem Tuta se mostra preocupado.

a) Por que ele está preocupado?

b) Que elementos não verbais contribuem para marcar essa preocupação?

c) A minhoca Mauro tem uma explicação para a pergunta de Tuta. Qual é a explicação?

2. Após a resposta de Mauro, Tuta dá uma sugestão.

a) Quem pode resolver o problema, segundo ele?

b) O que a expressão de Mauro no último quadrinho revela sobre a ideia de Tuta?

c) Cite elementos verbais e não verbais da tirinha que indicam que Tuta é uma criança.

3. Nas orações "Tá tudo branco", "O mundo descoloriu", "Tenho certeza" e "Minha professora resolve":

a) Em que pessoa estão as formas verbais?

b) Qual é o sujeito de cada uma delas?

© Clara Gomes/Bichinhos de Jardim

4. Releia a fala de Mauro no 2º quadrinho.

a) Em qual pessoa está a forma verbal empregada?

b) Identifique o sujeito dessa oração.

5. No caderno, escreva os verbos que completam os textos, empregando as formas verbais em concordância com seus respectivos sujeitos.

a) **Descubra onde ______ (ficar) as Ilhas Maldivas no mapa do mundo**

O país de 385 mil habitantes com cerca de 38% dos maldívios concentrados na capital, Malé, ______ (ser) formado por 1.600 ilhas e apenas 200 ______ (ser) habitadas. [...]

Com paisagens paradisíacas, resorts de luxo e bangalôs sobre o mar, as Maldivas ______ (começar) a entrar no vocabulário dos brasileiros a partir de 2019 com postagens de artistas e influenciadores digitais em suas redes sociais.

(Disponível em: https://www.campograndenews.com.br/turismo/descubra-onde-ficam-as-ilhas-maldivas-no-mapa-do-mundo. Acesso em: 14/3/2023.)

b) Seu Osvaldo ______ (estar) pronto para mais um baile. Com o case vermelho de vinis ao lado, ele ______ (falar) sobre a expectativa para aquela noite: "A gente ______ (ficar) numa tensão, fica nervoso." Apesar da aparente tranquilidade, é assim desde quando tocava seus bailes nos anos 1950 e 1960 — quando deu origem, sem saber, à arte da discotecagem no Brasil. [...]

Seu Osvaldo é considerado o primeiro DJ do Brasil [...]. Ao fim do set, a plateia, já totalmente capturada por Seu Osvaldo, ______ (aplaudir) e ______ (estalar) os dedos no ar. O festival terminaria a noite com 12 mil pessoas — uma plateia que Seu Osvaldo nunca tinha encarado.

(Disponível em: https://tab.uol.com.br/noticias/redacao/2022/12/15/aos-88-o-primeiro-dj-do-brasil-toca-na-maior-pista-da-sua-vida.htm. Acesso em: 14/3/2023.)

c) Em 1990, com a promulgação do **Estatuto da Criança e do Adolescente**, crianças e adolescentes ______ (passar) a ser considerados pessoas. Foi preciso esse pequeno livro, com regras, direitos e deveres, para dispor a respeito de princípios básicos às crianças e adolescentes brasileiros. [...]

O estatuto ______ (inovar) ao trazer num conjunto de leis próprias do país os princípios aprovados na **Convenção sobre os Direitos da Criança**, aprovado e assinado pelo Brasil na ONU em 1989. [...]

Portanto, crianças e adolescentes ______ (passar) a ter direitos e usufruir propriamente deles, com as ressalvas necessárias ao considerá-las sujeitos em desenvolvimento.

(Disponível em: https://guiadoestudante.abril.com.br/coluna/atualidades-vestibular/entenda-como-funciona-o-estatuto-da-crianca-e-do-adolescente/. Acesso em: 14/3/2023.)

Leia o texto a seguir para responder às questões 6 a 9.

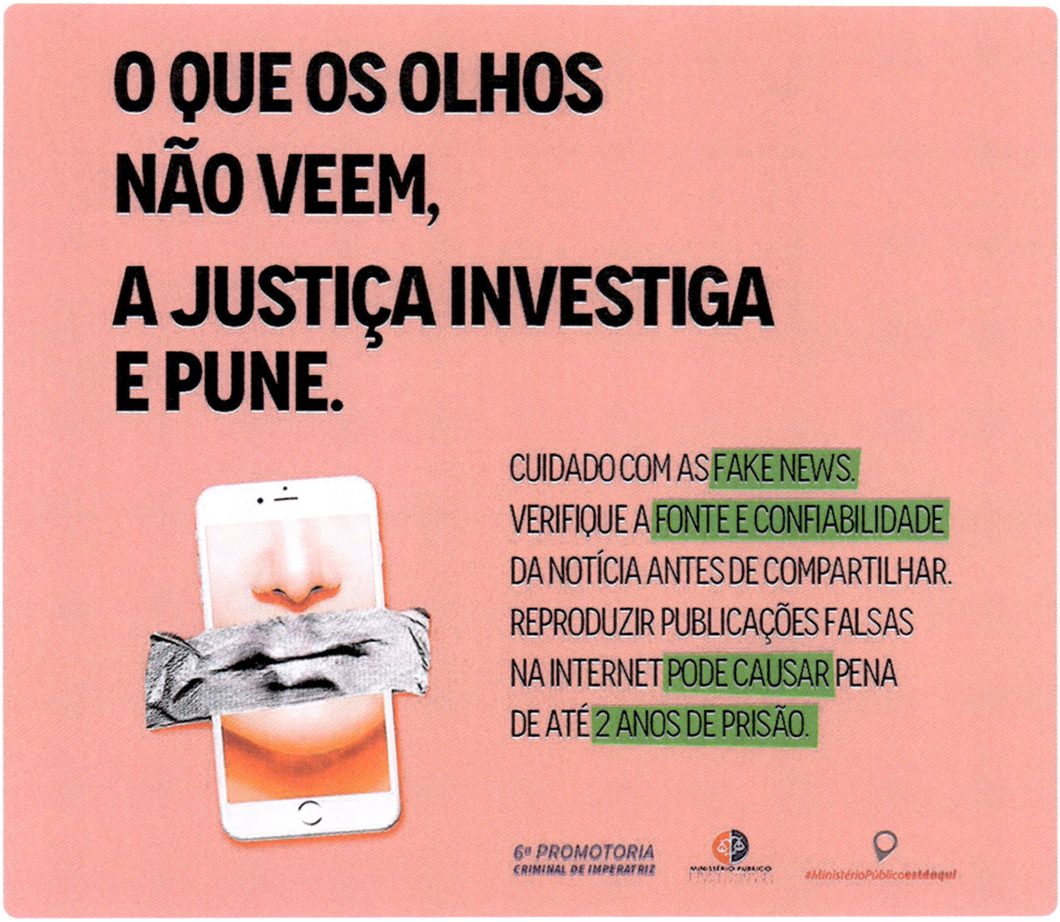

O QUE OS OLHOS
NÃO VEEM,
A JUSTIÇA INVESTIGA
E PUNE.
CUIDADO COM AS FAKE NEWS.
VERIFIQUE A FONTE E CONFIABILIDADE
DA NOTÍCIA ANTES DE COMPARTILHAR.
REPRODUZIR PUBLICAÇÕES FALSAS
NA INTERNET PODE CAUSAR PENA
DE ATÉ 2 ANOS DE PRISÃO.
6ª PROMOTORIA
CRIMINAL DE IMPERATRIZ

(Disponível em: https://www.mpma.mp.br/mpma-cria-campanha-para-alertar-sociedade-sobre-ofensas-em-redes-sociais/. Acesso em: 14/3/2023.)

6. O texto faz parte de uma campanha. Deduza:

a) Contra qual prática é essa campanha?

b) A quem ela se dirige?

c) Qual é o argumento central utilizado para persuadir o interlocutor a aderir à ideia divulgada?

7. Releia o enunciado inicial do texto, escrito em letras maiores.

a) Com qual ditado popular ele dialoga? Explique o sentido original do ditado, depois conclua: Que relação há entre esse ditado e o novo sentido construído pelo texto da campanha?

b) Identifique as formas verbais presentes na frase do enunciado inicial, bem como o sujeito de cada uma delas.

c) Complete as frases reescritas a seguir com os mesmos verbos do texto original, empregando a forma verbal em conformidade com a concordância da norma-padrão.

- O que o olho não ______.
- O que a sociedade e o estado não ______.
- Os órgãos competentes ______ e ______.

8. Observe estas frases do texto à direita da imagem:

- "Cuidado com as *fake news*."
- "Verifique a fonte e confiabilidade da notícia antes de compartilhar."

a) Deduza: Qual forma verbal está subentendida na primeira frase?

b) Identifique o sujeito da forma verbal **verifique**.

c) As formas verbais analisadas nos itens **a** e **b** têm no contexto o sentido de:

I. impor, exigir.

II. aconselhar, orientar.

III. reclamar, criticar.

9. Relacione as partes verbal e não verbal que compõem o texto.

a) O que a imagem retrata e qual é a relação dela com o sentido do texto?

b) Que efeito o fundo verde de algumas palavras e expressões cria no texto?

10. Reescreva no caderno as frases a seguir, dando duas versões a elas: em uma, empregando o pronome relativo **que** como sujeito e o verbo indicado entre parênteses; em outra, empregando o pronome relativo **quem**. Quando houver mais de uma concordância possível, indique-as.

a) Podem deixar. Hoje sou eu que _____. (pagar)

Podem deixar. Hoje sou em quem _____. (pagar)

b) Pelo que sei, foram os noivos que os _____. (convidar)

Pelo que sei, foram os noivos quem os _____. (convidar)

11. Complete as frases a seguir, empregando o verbo entre parênteses no modo e no tempo adequados ao contexto. Veja o exemplo:

Amanhã, eu e você **acordaremos** cedo. (acordar)

a) Ontem, nós e eles _____ os assuntos de formatura. (resolver)

b) Eu e tu _____ de modo diferente. (pensar)

c) _____ a discussão o professor e o representante do 9º ano. (coordenar)

d) Se Vossa Excelência _____ desse modo, eu _____. (preferir — concordar)

e) Quem vai dar a boa notícia _____ eu. (ser)

Concordância do verbo de ligação ser

O verbo de ligação **ser** pode concordar com o sujeito ou com o predicativo:

As lágrimas **foram** apenas um desabafo.
(As lágrimas = sujeito; foram = VL)

As lágrimas **foi** apenas um desabafo.
(foi = VL; apenas um desabafo = predicativo)

Quando o sujeito ou o predicativo se referem a ser humano ou são constituídos por pronome pessoal, a concordância do verbo **ser** se faz com a pessoa gramatical:

- Meu pai **é** muitas pessoas: o papai, para os filhos; o doutor Carlos, para os clientes; o Carlito, para os amigos.
  (Meu pai: sujeito; é: VL)
- A alegria dele **são** as crianças.
  (são: VL; as crianças: predicativo)
- A alegria dele **somos** nós.
  (somos: VL; nós: predicativo)

Quando indica tempo e distância, o verbo **ser** concorda com o predicativo. Nesse caso, ele é impessoal, isto é, não apresenta sujeito:

- Agora **é** meio-dia.
- **São** dezoito horas e quarenta minutos.
- Do chão ao teto, **são** cinco metros.
- De Araraquara a São Paulo, **são** 279 quilômetros.

Quality Stock Arts/Shutterstock

Casos especiais

Se como pronome apassivador

Os verbos **transitivos diretos**, quando apassivados pelo pronome **se**, concordam com o sujeito:

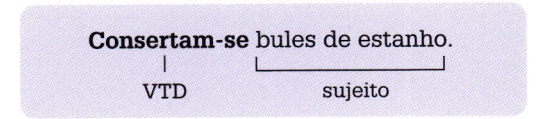

Consertam-se bules de estanho.
(Consertam-se: VTD; bules de estanho: sujeito)

Nesse caso, o sujeito do verbo transitivo direto **consertar** é **bules de estanho**.

Se passarmos essa frase para a voz passiva analítica, a concordância do verbo com o sujeito ficará bem clara:

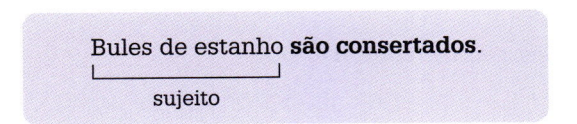

Bules de estanho **são consertados**.
(Bules de estanho: sujeito)

Se como índice de indeterminação do sujeito

Os verbos **de ligação**, **intransitivos** e **transitivos indiretos**, quando seguidos do pronome **se** (índice de indeterminação do sujeito), ficam na 3ª pessoa do singular, porque seu sujeito é indeterminado:

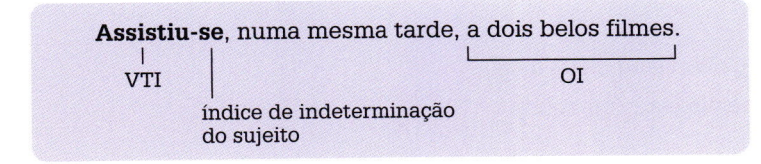

Assistiu-se, numa mesma tarde, a dois belos filmes.
(Assistiu: VTI; se: índice de indeterminação do sujeito; a dois belos filmes: OI)

Se apassivador?

Em frases como a da faixa, a gramática normativa explica que a partícula **se** confere passividade ao verbo transitivo direto **doar**. De acordo com essa perspectiva, a frase equivaleria a "Gatinhos castrados são doados" e, sendo **gatinhos castrados** o sujeito, o verbo deveria concordar com essa expressão. Se o anunciante tivesse optado por empregar o verbo transitivo indireto **cuidar**, teria que usar a construção "Cuida-se de gatinhos castrados". Isso porque, quando o verbo é transitivo indireto, a partícula **se** indica indeterminação do sujeito.

dies-irae/Shutterstock

Há pesquisadores renomados da área da Linguística, entre eles Ataliba de Castilho, Sírio Possenti e Marcos Bagno, que questionam essa visão. Para eles, a oração "Doa-se gatinhos castrados", na verdade, pode ser entendida como um caso de voz ativa, em que o pronome **se** indica que não se sabe quem é o sujeito. Por isso, segundo eles, não haveria por que seguir a regra de concordância imposta pela gramática normativa. Deveríamos usar a construção "Doa-se gatinhos", em vez de "Doam-se gatinhos".

É importante lembrar, entretanto, que essa discussão por ora se restringe ao meio acadêmico, em estudos que analisam a língua tal como ela ocorre no dia a dia, e por isso ainda não está incorporada às regras da gramática normativa. Portanto, em provas, concursos e em situações formais, principalmente quando o texto é escrito, a recomendação é de que sejam seguidas as regras da norma-padrão.

Verbos impessoais

Os verbos impessoais, por não apresentarem sujeito, ficam na 3ª pessoa do singular. São impessoais:

- os verbos que indicam fenômenos da natureza:

> **Trovejou** duas noites seguidas, mas não **choveu**.

- o verbo **haver** com o sentido de "existir":

> **Houve** muitas brigas e reconciliações na família naquele período. (houve = existiram)

- os verbos **haver** e **fazer** quando indicam tempo:

> - **Há** três anos que não visito meus avós.
> - **Faz** dois dias que ela está com febre.

Atenção

Nas locuções verbais, o verbo **haver**, quando impessoal, transmite sua impessoalidade ao verbo auxiliar. Veja:

> - **Há** pessoas esperando-o na varanda.
> - **Deve haver** pessoas esperando-o na varanda.
> - **Pode haver** pessoas esperando-o na varanda.

Exercícios

1. Considerando a concordância da norma-padrão, complete os textos a seguir com as formas **é** ou **são**.

a)

(Disponível em: https://www.facebook.com/tirinhasinteligentess/photos/a.3088213044581393/3398941150175246/?type=3&theater. Acesso em: 18/7/2023.)

b)

(Disponível em: https://www.tjdft.jus.br/institucional/imprensa/campanhas-e-produtos/direito-facil/edicao-semanal/brincar-e-se-divertir-sao-direitos-fundamentais-de-criancas-e-adolescentes. Acesso em: 18/7/2023.)

(Disponível em: https://www.tjdft.jus.br/institucional/imprensa/campanhas-e-produtos/direito-facil/edicao-semanal/venda-casada. Acesso em: 18/7/2023.)

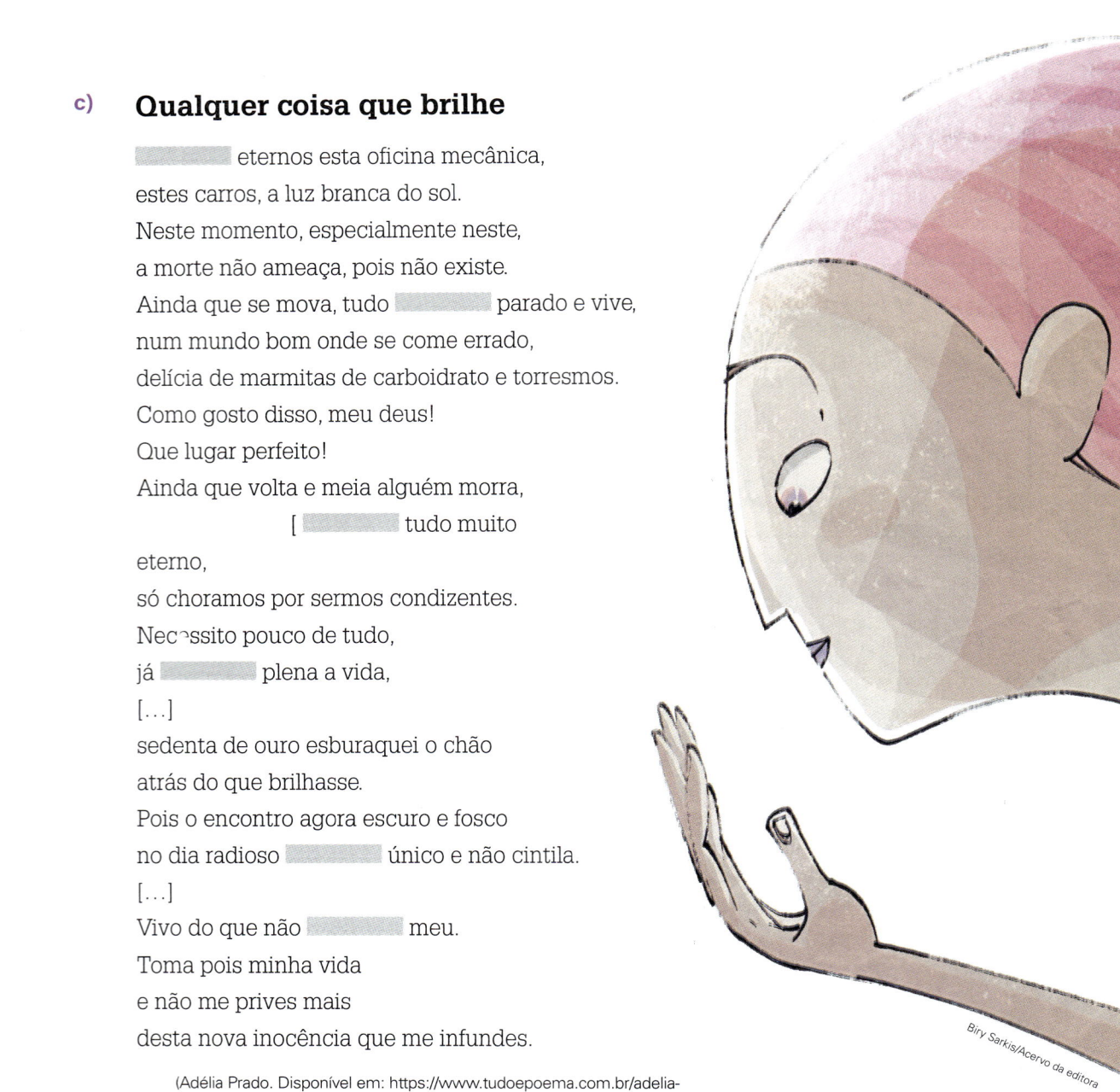

c) **Qualquer coisa que brilhe**

______ eternos esta oficina mecânica,
estes carros, a luz branca do sol.
Neste momento, especialmente neste,
a morte não ameaça, pois não existe.
Ainda que se mova, tudo ______ parado e vive,
num mundo bom onde se come errado,
delícia de marmitas de carboidrato e torresmos.
Como gosto disso, meu deus!
Que lugar perfeito!
Ainda que volta e meia alguém morra,
[______ tudo muito
eterno,
só choramos por sermos condizentes.
Necessito pouco de tudo,
já ______ plena a vida,
[...]
sedenta de ouro esburaquei o chão
atrás do que brilhasse.
Pois o encontro agora escuro e fosco
no dia radioso ______ único e não cintila.
[...]
Vivo do que não ______ meu.
Toma pois minha vida
e não me prives mais
desta nova inocência que me infundes.

(Adélia Prado. Disponível em: https://www.tudoepoema.com.br/adelia-prado-qualquer-coisa-que-brilhe/?print=pdf. Acesso em: 5/7/2023.)

Biry Sarkis/Acervo da editora

2. Leia a seguir o trecho inicial da canção "Telefone", de Julio Barroso.

______ três horas da manhã, você me liga
Pra falar coisas que só a gente entende
______ três horas da manhã, você me chama
Com seu papo poesia me transcende

Oh, meu amor,
Isso ______ amor
[...]

(Disponível em: https://www.letras.mus.br/gang-90/46135/. Acesso em: 4/12/2019.)

Jean Galvão/Acervo da editora

a) Que formas verbais do verbo **ser**, no presente do indicativo, completam corretamente cada uma das lacunas dos versos?

b) Quais regras justificam a concordância do verbo **ser** nessas ocorrências?

c) Considerando o conteúdo dos versos, levante hipóteses: Por que o eu lírico chama de "amor" a relação que mantém com seu interlocutor?

3. Nas frases a seguir, substitua o verbo **haver** pelo verbo **fazer**, estabelecendo a concordância adequada. Veja o exemplo:

- **Há** um século que estou esperando você.
- **Faz** um século que estou esperando você.

a) Havia um mês que ele não dava notícias.

b) Ela saiu há apenas dez minutos.

c) Deve haver cinco anos que ele partiu para o exterior.

4. Leia o texto a seguir.

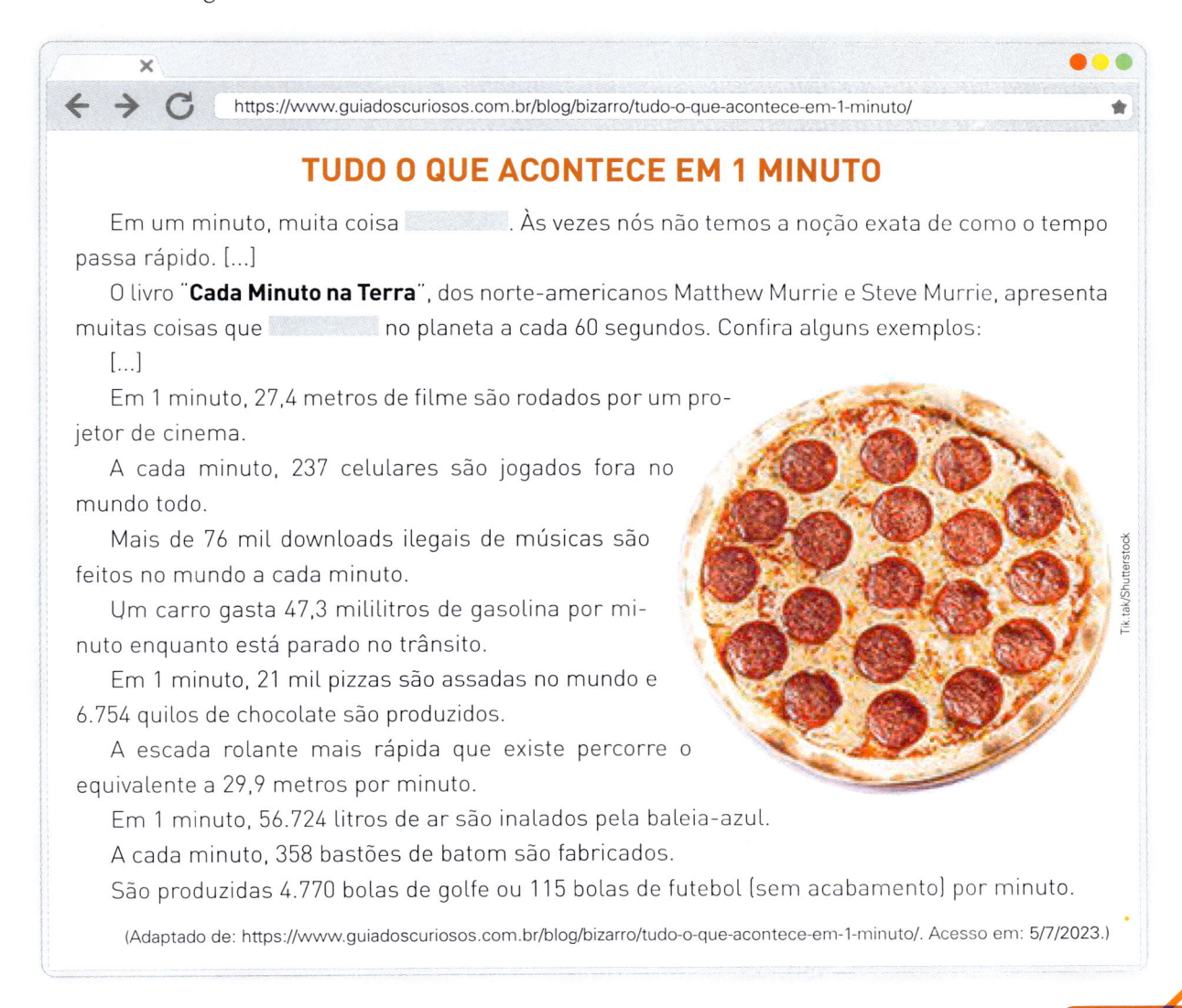

https://www.guiadoscuriosos.com.br/blog/bizarro/tudo-o-que-acontece-em-1-minuto/

TUDO O QUE ACONTECE EM 1 MINUTO

Em um minuto, muita coisa ______. Às vezes nós não temos a noção exata de como o tempo passa rápido. [...]

O livro "**Cada Minuto na Terra**", dos norte-americanos Matthew Murrie e Steve Murrie, apresenta muitas coisas que ______ no planeta a cada 60 segundos. Confira alguns exemplos:

[...]

Em 1 minuto, 27,4 metros de filme são rodados por um projetor de cinema.

A cada minuto, 237 celulares são jogados fora no mundo todo.

Mais de 76 mil downloads ilegais de músicas são feitos no mundo a cada minuto.

Um carro gasta 47,3 mililitros de gasolina por minuto enquanto está parado no trânsito.

Em 1 minuto, 21 mil pizzas são assadas no mundo e 6.754 quilos de chocolate são produzidos.

A escada rolante mais rápida que existe percorre o equivalente a 29,9 metros por minuto.

Tik.tak/Shutterstock

Em 1 minuto, 56.724 litros de ar são inalados pela baleia-azul.

A cada minuto, 358 bastões de batom são fabricados.

São produzidas 4.770 bolas de golfe ou 115 bolas de futebol (sem acabamento) por minuto.

(Adaptado de: https://www.guiadoscuriosos.com.br/blog/bizarro/tudo-o-que-acontece-em-1-minuto/. Acesso em: 5/7/2023.)

a) No caderno, escreva as formas verbais do verbo **acontecer** que completam o texto adequadamente, de acordo com as regras da norma-padrão. Justifique sua escolha.

b) Proponha uma reescrita para a primeira frase do segundo parágrafo, sem omitir nenhuma informação, seguindo as regras de concordância da norma-padrão e trocando o sujeito "O livro 'Cada Minuto na Terra'" por "os norte-americanos Matthew Murrie e Steve Murrie". Que alteração foi feita na forma verbal **apresenta**? Justifique sua resposta.

c) Compare a versão escrita por você no item **b** à versão original e troque ideias com os colegas e o professor: Que efeitos de sentido a alteração causa no texto?

d) Observe os exemplos de coisas que podem acontecer em um minuto dados pelo texto. Indique quais estão na voz ativa e quais estão na voz passiva.

e) Escolha duas frases entre os exemplos citados no texto, uma na voz ativa e outra na voz passiva, e troque a voz verbal. Fique atento para os casos nos quais o agente da ação verbal é explicitado e faça a concordância de acordo com as regras da norma-padrão.

5. Leia o anúncio a seguir.

6B Estúdio/DM9DDB

(Disponível em: https://exame.abril.com.br/marketing/kitchenaid-junta-movimentos-artisticos-e-culinaria-em-anuncios/. Acesso em: 5/7/2023.)

a) Copie o enunciado a seguir no caderno e preencha a lacuna com o verbo **haver**, no presente.

> ______ 92 ANOS, CULINÁRIA É ARTE PARA NÓS.

b) Como ficaria a concordância, caso fosse empregado o verbo **fazer** em lugar de **haver**?

Leia esta tira, de Fernando Gonsales, e responda às questões 6 a 8.

(*Folha de S.Paulo*, 31/3/2019.)

6. As falas do anjinho no primeiro quadrinho são respostas a algo que o outro personagem teria dito.

a) Pela leitura do segundo quadrinho, levante hipóteses: Qual pode ter sido a fala do outro personagem?

b) Quem seria o outro personagem, levando em consideração onde se passa a situação?

7. Observe o segundo quadrinho da tira.

a) Que efeito de sentido é construído a respeito do estado emocional do anjinho, levando em conta sua fala e suas expressões corporal e facial?

b) É muito comum em nossa sociedade ouvirmos frases como "é preciso ir atrás de seus direitos". Como o efeito de humor é construído na tira, tendo essa fala como pano de fundo?

8. Releia a seguinte fala do anjinho:

"Tem essa opção?"

a) O verbo **ter** pode ser substituído por **haver** sem modificação essencial de sentido? Nesse caso, como ficaria a oração?

b) Reescreva a frase no caderno, passando a palavra **opção** para o plural. Depois, reescreva-a, empregando o verbo **haver** e mantendo **opção** no plural.

c) Qual é o sujeito e o objeto da oração? Justifique sua resposta.

d) Levante hipóteses: Por que, na situação da tira, o autor teria preferido empregar o verbo **ter** e não o verbo **haver**?

Leia os memes a seguir para responder às questões 9 e 10.

Houve boatos que eu não conseguiria ser fitness esse ano
PODEM CONFIRMAR OS BOATOS

(Disponível em: https://br.ifunny.co/picture/houve-boatos-que-eu-nao-conseguiria-ser-fitness-esse-ano-mh216nxk9. Acesso em: 25/4/2023.)

(Disponível em: https://br.ifunny.co/meme/por-tras-de-todos-os-memes-ruins-existe-uma-pessoa-HsavsNyk6. Acesso em: 25/4/2023.)

Fotos: Reprodução/www.br.ifunny.co

9. Nos memes, foram empregados os verbos **haver** e **existir**.

a) O emprego desses verbos está de acordo com a norma-padrão? Justifique sua resposta.

b) Como ficariam essas frases se um verbo fosse trocado pelo outro?

c) E como elas ficariam se no primeiro meme a palavra **boatos** estivesse no singular e no segundo meme a palavra **pessoa** estivesse no plural?

10. O primeiro meme constrói humor a partir da quebra de expectativa. Que palavra é responsável pela construção de expectativa? Como ocorre a quebra dessa expectativa?

Leia esta tira de Fernando Gonsales:

Fernando Gonsales/Acervo do cartunista

(*Folha de S.Paulo*, 2/5/2017.)

11. O narrador da tira faz um comentário a respeito da canção "Parabéns a você", cantada em comemorações de aniversário. Interprete: Por que ele gostaria que existisse o vírus do "Parabéns a você"?

12. No primeiro quadrinho, foi empregado o verbo **existir** na forma simples (existem) e na forma de locução verbal (deveriam existir).

a) Explique: Por que ambas as formas estão flexionadas no plural?

b) Como ficaria a frase desse quadrinho, caso fosse empregado o verbo **haver** em lugar de **existir**? Faça as adaptações que forem necessárias.

c) Na frase que você redigiu, que função sintática passa a desempenhar o termo "certos vírus"?

13. No português brasileiro, o verbo **ter** é frequentemente empregado com o sentido de **haver**. Neste caso, ele também é um verbo impessoal. Observe o texto ao lado:

Explique o efeito de humor provocado pelo gráfico e pela legenda.

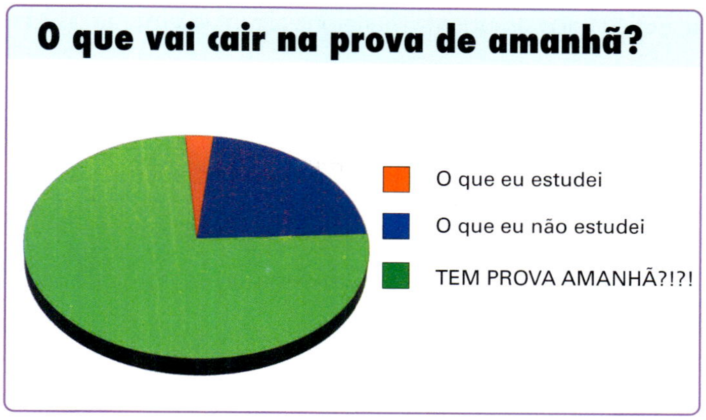

Acervo da editora

(Disponível em: https://imgs.app/p/imagens-memes-prova-amanha-M7Xk9H2xN7. Acesso em: 25/4/2023.)

14. Na frase "Tem prova amanhã?!?!":

a) Qual é a função sintática da palavra **prova**?

b) Como ficaria a frase caso a palavra **prova** estivesse no plural?

A concordância NA CONSTRUÇÃO DO TEXTO

Leia o poema a seguir.

O baú

Como estranhas lembranças de outras vidas,
que outros viveram, num estranho mundo,
quantas coisas perdidas e esquecidas
no teu baú de espantos... Bem no fundo,

uma boneca toda estraçalhada!
(isto não são brinquedos de menino...
alguma coisa deve estar errada)
mas o teu coração em desatino

te traz de súbito uma ideia louca:
é ela, sim! Só pode ser aquela,
a jamais esquecida Bem-Amada.

E em vão tentas lembrar o nome dela...
e em vão ela te fita... e a sua boca
tenta sorrir-te mas está quebrada!

(Mário Quintana. *Nova antologia poética*. São Paulo: Globo, 2007. p. 109.)

Biry Sarkis/Acervo da editora

1. O eu lírico do poema menciona algumas lembranças. Levante hipóteses.

a) Ele fala de si próprio ou de outra pessoa?

b) Quais ações implícitas no texto fazem emergir tais lembranças?

c) O agente das ações mencionadas no poema é adulto ou criança? Justifique sua resposta.

d) Qual é a relação do título do poema com o conteúdo dos versos?

e) Por que a expressão **Bem-Amada** foi escrita dessa forma, com hífen e iniciais maiúsculas?

2. Observe a métrica do poema.

a) O poema é formado por quatro estrofes. Conte os versos de cada uma delas e indique como elas são tradicionalmente denominadas.

b) Quantas sílabas poéticas há em cada verso? Qual é o nome dado aos versos com esse número de sílabas?

c) Como estão organizadas as rimas do poema?

d) Conclua: Que nome é dado aos poemas com essa forma, muito conhecida na poesia?

3. Releia a primeira frase do poema.

a) Reescreva-a no caderno, explicitando a forma verbal que há nela implícita e fazendo a conjugação segundo a norma-padrão:

- usando o verbo **haver**
- usando o verbo **estar**

b) Há sujeito nas frases escritas por você no item **a**? Em caso afirmativo, identifique-o.

c) Tendo em vista as regras de concordância da norma-padrão, justifique as conjugações feitas por você na reescrita no item **a**.

4. Releia o trecho que está entre parênteses na segunda estrofe.

"(isto não são brinquedos de menino... / alguma coisa deve estar errada.)"

a) Deduza: A quem se refere o termo **isto**?

b) Que efeito de sentido é construído no poema pelo uso do pronome demonstrativo em sua forma neutra?

c) Explique como foi feita a concordância da forma verbal **são** no contexto.

d) Levante hipóteses: Por que o eu lírico considera que não são "de menino" os brinquedos a que se refere?

e) Na sua opinião, existem brinquedos específicos de menino e de menina? Justifique sua resposta.

5. Observe os seguintes termos empregados no poema:

- no **teu** baú
- o **teu** coração
- o nome **dela**
- a **sua** boca

a) As formas em destaque estabelecem uma relação entre dois referentes. Quais são esses referentes, no contexto do poema, em cada uma das ocorrências?

b) Reescreva no caderno o 3º termo (**o nome dela**), empregando o pronome possessivo adequado, de acordo com o sentido do texto.

c) Troque ideias com os colegas e o professor e conclua: Como é feita a concordância do pronome possessivo?

6. Releia a última estrofe do poema.

a) Reescreva no caderno, supondo que o eu lírico se dirija a mais de uma pessoa utilizando a 2ª pessoa do plural e fale sobre duas bonecas. Faça sua reescrita considerando as regras da norma-padrão.

b) Compare a versão escrita por você no item **a** à versão original e comente as mudanças feitas, justificando-as.

7. Veja no quadro a seguir os adjetivos e particípios com função adjetiva empregados no poema.

estranhas estranho perdidas esquecidas estraçalhada
errada louca esquecida quebrada

a) Indique a quais palavras do poema cada um dos termos do quadro se refere.

b) Troque ideias com os colegas e o professor: No contexto do poema, os termos listados no quadro remetem a traços positivos ou negativos dos nomes aos quais se referem? Justifique sua resposta com base no efeito de sentido que essas formas adjetivas constroem no texto.

c) Explique como o sentido construído por essas formas adjetivas contribui para o leitor compreender a visão que o eu lírico tem sobre o passado.

SEMÂNTICA E DISCURSO

Leia o anúncio a seguir.

Fórum da Indústria da Comunicação Catarinense/9mm

(Disponível em: https://www.sinaprosc.com.br/noticias/campanha-do-forum-da-industria-da-comunicacao-catarinense-vai-a-midia-enfrentar-a-crise.html. Acesso em: 5/7/2023.)

1. Imagine a situação de comunicação na qual esse texto circulou e deduza justificando suas respostas com elementos do texto:

a) Quem é o responsável pelo anúncio?

b) A quem ele se dirige?

c) Qual é a sua finalidade principal?

2. Observe o texto central do anúncio.

a) Quantas frases o compõem? Quais são elas?

b) Que recursos não verbais diferenciam essas frases entre si?

3. Releia a frase logo abaixo do texto central, escrita em letras maiúsculas.

a) Deduza: A quais "lados" ele se refere?

b) Explique a relação existente entre as cores das letras, o traço cinza e o texto central do anúncio.

c) Conclua: Qual é a relação desses elementos com a finalidade do texto?

Rafael Tomazi/Shutterstock

› Cidade de Blumenau, Santa Catarina (2015).

4. Agora, releia o trecho inferior, escrito em letras menores.

a) Una as duas primeiras frases desse trecho em uma única frase, fazendo o mínimo possível de alterações.

b) Explique como se deu a concordância da forma verbal **é** na frase escrita por você no item **a**.

c) Explique como foi feita a concordância nominal da forma **suas** no trecho.

5. Releia a última oração do texto:

"comunicar faz toda a diferença."

a) Explique como foi feita a concordância verbal nessa oração.

b) Reescreva-a no caderno, substituindo o artigo **a** por outra palavra e procurando manter o sentido da oração original.

c) Compare a sua redação com a redação original e conclua: Que efeito de sentido o emprego do artigo **a** depois do pronome **toda** constrói no anúncio?

d) Entre as frases a seguir, indique aquela em que o artigo **a** ou o artigo **o** tem significado equivalente ao indicado por você no item **c**.

I. Não posso ficar todo o dia.

II. Sua resposta faz todo o sentido.

III. Ela fez toda a festa sozinha.

IV. Convidei toda a turma para meu aniversário.

6. Leia a seguir um trecho da letra da canção "A cada vento", de Emicida.

[...]
Vários trocou sorriso por dim, hoje tão vagando nas [multidão
Sem rosto, na boca o gosto da frustração
Tô disposto a trazer a cor dessa ilustração
No meu posto, dedico o tempo por fração
Pra no fim não levar comigo interrogação
Ação sem câmera, só luz pra conduzir
Sinceridade pra sentir a alma reluzir
Os inimigo não vai me alcançar, não vai me pegar, não [vai me tocar
Nem me ofender, eles não pode me enxergar quem [dirá me entender
Eu sei que cada orixá vai me proteger
Porque minhas rima são oração de coração
Homenagem a quem volta cansado dentro dos busão
Então, sucesso na missão parceiro
[...]

(Disponível em: https://www.letras.mus.br/emicida/1276535/. Acesso em: 5/7/2023.)

ZUMA Press/Alamy/Fotoarena

Emicida cantando durante um *show* em São Paulo (2022).

a) Descreva e explique como foram feitas as concordâncias verbal e nominal dos termos em destaque no verso "vários **trocou** sorriso por dim, hoje **tão** vagando nas **multidão**".

b) Identifique outros versos nos quais a concordância segue o mesmo padrão dos trechos "vários trocou sorriso por dim" e "nas multidão".

c) Troque ideias com os colegas e o professor e, levando em conta a construção da letra, deduza: Por que a concordância foi feita dessa forma na canção?

DIVIRTA-SE

— Certos povos mais antigos têm línguas complicadas, como os alemões e os coreanenses. Aqui no Brasil, onde somos mais novos, a coisa é simple. Letra S no final de uma palavra significa que ela não está no singular. Como é o nosso caso. Nós chamamos Régis, somos um cara plural.

Não aguentei. Levantei e fui embora. Um Régi, dois Régis!?! Nessas ocasiãos, o melhor a fazer é ficar quieto e nos recolhermos às nossas insignificâncias.

Depois dessa, decidi voltar a estudar o portuguê.

(Kledir Ramil. *Crônicas para ler na escola*. Rio de Janeiro: Editora Objetiva, 2014.)

CAPÍTULO 37

Regência verbal e regência nominal — A crase

Construindo o conceito

Leia o texto a seguir.

Reprodução/Prefeitura de Caxias do Sul

(Disponível em: https://caxias.rs.gov.br/noticias/2021/12/coordenaria-promove-campanha-mochila-solidaria. Acesso em: 18/7/2023.)

1. O texto lido foi veiculado em uma campanha.

a) Qual é a principal finalidade do texto?

b) A quem o texto se dirige?

c) Explique a relação entre as partes verbal e não verbal do texto.

2. Releia este trecho:

> "O ano letivo vai começar! Adote um estudante."

a) Deduza: Qual é a função do ponto de exclamação nesse contexto?

b) Os tempos nos quais foram conjugadas as formas verbais **vai começar** e **adote** contêm em si, respectivamente, os sentidos de:

I. acontecimento passado e ordem direta, autoritária.

II. acontecimento presente e pedido, súplica.

III. acontecimento futuro e proposta, sugestão.

c) A quem se dirige a forma verbal **adote**? Identifique o termo que a completa e conclua: Esse termo se liga a ela de forma direta ou por meio de outra palavra?

d) Troque ideias com os colegas e o professor e levante hipóteses: Qual é o sentido da forma verbal **adote** no contexto?

3. Compare os textos verbais das duas laterais:

> - "Doação de materiais escolares"
> - "O que doar? Lápis e canetas, cadernos, mochilas, tesouras, estojos."

a) Há duas palavras nesses textos que são da mesma família, isto é, têm o mesmo radical. Identifique-as e dê sua classificação morfológica.

b) Quais são os termos que completam, no texto em estudo, os sentidos das palavras identificadas por você no item **a**?

c) Qual das palavras indicadas por você no item **a** se conecta diretamente a seus complementos, e qual precisa de outra palavra para estabelecer essa conexão?

Conceituando

Na expressão "Doação de materiais escolares", o nome **doação** é complementado por outro termo: "materiais escolares". A palavra **de** é uma preposição que faz a conexão entre esses dois termos. Já na oração "Adote um estudante.", a forma verbal **adote** é completada pelo termo "um estudante", sem a necessidade de outra palavra para fazer essa conexão.

O termo — verbo ou nome — que é complementado por outro chama-se **regente** ou **subordinante**, e os termos que completam sua significação chamam-se **regidos** ou **subordinados**.

Veja:

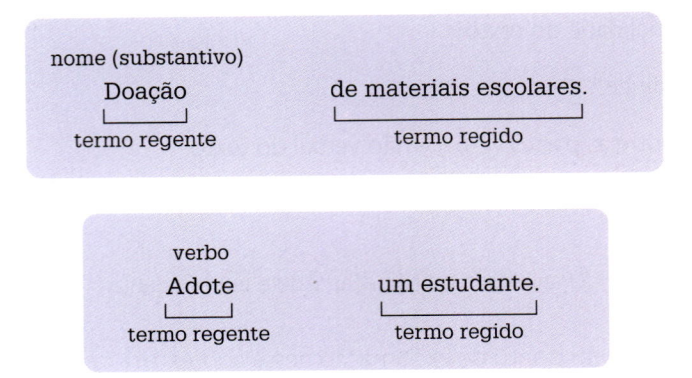

nome (substantivo)
Doação — termo regente
de materiais escolares. — termo regido

verbo
Adote — termo regente
um estudante. — termo regido

Quando o termo regente é um verbo, ocorre a **regência verbal**.

Quando o termo regente é um nome — substantivo, adjetivo ou advérbio —, ocorre a **regência nominal**.

A regência verbal

Há verbos que admitem mais de uma regência. Leia os textos a seguir.

Texto 1

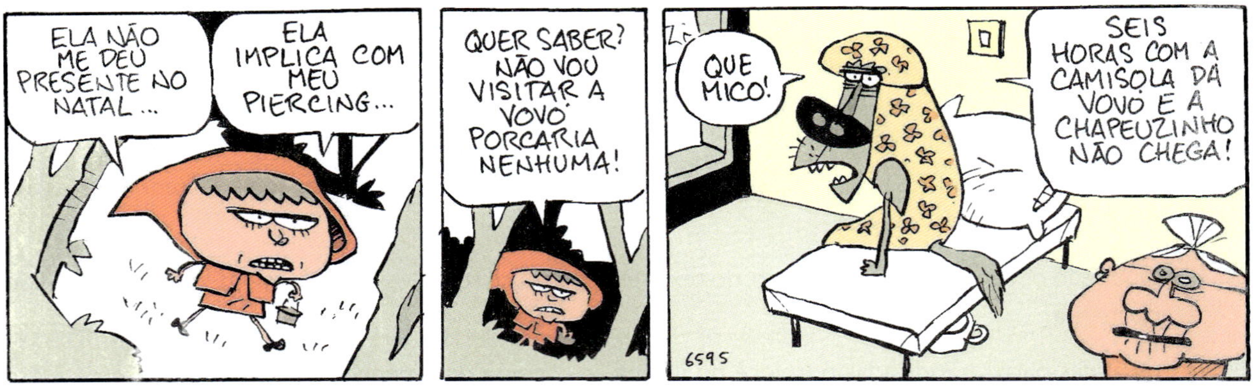

Fernando Gonsales/Acervo do cartunista

(Fernando Gonsales. *Folha de S.Paulo*, 22/7/2011.)

Texto 2

[...]

Para nós, a terra é o chão, onde se pisa, ou ainda uma propriedade que nos pertence. Já na visão indígena, os humanos é que pertencem à terra. Ela é uma extensão dos seus corpos.

O significado amplo implica um limite físico: a terra indígena é aquela que contorna um povo. [...]

(Ana Carolina Amaral. Disponível em: https://www1.folha.uol.com.br/ambiente/2023/06/para-o-indigena-a-terra-e-uma-extensao-do-corpo.shtml. Acesso em: 14/7/2023.)

1. O texto 1 constrói humor ao modificar a história original da Chapeuzinho Vermelho.

a) Que modificação é essa e por que ela ocorreu?

b) Qual é a consequência dessa modificação?

2. O texto 2 compara duas formas diferentes de ver a terra.

a) Deduza: De quem são essas duas perspectivas?

b) Qual é a perspectiva da autora? Justifique sua resposta com termos do texto.

3. O verbo **implicar** foi usado nos dois textos. Observe alguns dos possíveis sentidos desse verbo:

> **1** envolver (alguém ou a si mesmo) em complicação, embaraço; comprometer(-se), envolver(-se)
>
> **2** causar ou sentir confusão; confundir, embaraçar, enredar
>
> **3** ter como consequência, acarretar; originar
>
> **4** demonstrar antipatia ou prevenção contra; hostilizar

a) Considerando o conteúdo dos textos em estudo, conclua: Com qual desses sentidos a forma verbal **implica** foi usada em cada um deles?

b) Escolha um dos outros sentidos e escreva no caderno uma frase em que essa mesma forma verbal possa ser utilizada.

Ao responder às questões anteriores, você viu que no texto 1 o verbo **implicar** foi empregado com o sentido de "ter implicância, mostrar antipatia" e, nesse caso, é transitivo indireto. Já no texto 2, significa "ter como consequência, acarretar" e, com esse sentido, é transitivo direto. Em uma frase como "Os professores implicaram-se no sucesso dos alunos.", esse mesmo verbo significa "comprometer-se, envolver-se", e é transitivo direto e indireto.

Essas diferenças de sentido e de regência constam dos dicionários e estão de acordo com as prescrições da gramática normativa. Apesar disso, não é raro lermos ou ouvirmos construções como a da seguinte manchete de jornal:

> **Divulgação de notícia falsa implica em multa de até R$ 10 mil no Amazonas**
>
> (Disponível em: https://amazonasatual.com.br/divulgacao-de-noticia-falsa-implica-em-multa-de-ate-r-10-mil-no-amazonas/. Acesso em: 18/7/2023.)

Nessa manchete, e em muitas outras ocasiões, o verbo **implicar** é empregado como transitivo indireto com o sentido de "acarretar, envolver", o que mostra que a língua está em constante evolução e que as regências da mesma palavra podem mudar com o tempo. Essas mudanças podem causar, muitas vezes, um distanciamento entre o uso corrente do português brasileiro e as regras fixas e prescritivas da norma-padrão.

Reprodução/www.petlove.com.br

> No anúncio, o verbo **passear** foi empregado como transitivo direto na frase "Quem passeia quem?", o que está de acordo com a norma-padrão. No entanto, é comum, na linguagem corrente, esse verbo ser empregado acompanhado da preposição **com**: "Quem passeia com quem?", ou seja, a tutora passeia com o cachorro ou o cachorro passeia com a tutora.

A regência é um dos aspectos da língua em que se evidenciam claramente as diferenças entre a norma-padrão e as variedades linguísticas. Mesmo entre os falantes que regularmente usam as variedades urbanas de prestígio, é comum haver diferenças no emprego da regência em situações de uso da língua escrita e da língua oral ou em situações de maior ou menor formalidade.

Quando há necessidade de produzir textos que sigam a norma-padrão formal, recomenda-se, para esclarecer dúvidas quanto à regência, a consulta a dicionários comuns ou especializados em regência.

Apresentamos, a seguir, a regência de alguns verbos segundo a norma-padrão, comparada ao uso corrente, quando há variação.

Verbo	Regência/ Preposição	Sentido(s) — Usos — Exemplos
assistir	VTD	• acompanhar, prestar assistência: Os médicos assistiram o acidentado.
	VTI (a)	• ver, presenciar: Ontem assistimos **a** um clássico do cinema. Entretanto, o uso corrente é este: Ontem assistimos um clássico do cinema.
	VTI (em)	• residir, morar: Meu tio atualmente assiste **em** Fortaleza.
chegar e ir	VI	• lugar: Chegou **à** casa da infância. Chegou **a** Brasília ontem. Vou **ao** centro da cidade. Entretanto, o uso corrente varia: Chegou **na** casa da infância. Chegou **em** Brasília ontem. Vou **no** centro da cidade. Vou **para** o centro da cidade.

Verbo	Regência/ Preposição	Sentido(s) — Usos — Exemplos
esquecer/ esquecer-se e lembrar/ lembrar-se	VTD e VTI (de)	• não reter/reter na memória (são transitivos diretos quando não pronominais e transitivos indiretos quando pronominais): Esqueci o compromisso. Lembrou que havia reunião. Esqueci-me **do** compromisso. Lembrou-se **de** que havia reunião. Entretanto, o uso corrente varia: Esqueci(-me)/Lembrei(-me) **do** compromisso. Esqueci/Lembrei o compromisso. Esqueceu(-se)/Lembrou(-se) **de** ligar para a mãe. Esqueceu-se/Lembrou-se (**de**) que havia reunião.
obedecer e desobedecer	VTI (a)	• fazer/não fazer o que é ordenado: Sempre obedece **ao** pai. Entretanto, o uso corrente é este: Sempre desobedece o pai.
preferir	VTDI (a)	Prefiro felicidade **a** dinheiro. Prefiro ter felicidade **a** ter dinheiro. Entretanto, o uso corrente é este: Prefiro felicidade **do** que dinheiro. Prefiro ter felicidade **do** que (ter) dinheiro.
simpatizar e antipatizar	VTI (com)	• ter simpatia ou antipatia: Eu simpatizo **com** o seu projeto. Ela antipatizou **com** ele desde a primeira vez em que o viu.
visar	VTD	• mirar: O atirador visou o alvo, mas não acertou. • pôr visto: Não posso viajar, pois não visei o passaporte.
	VTI (a)	• ter como objetivo, pretender: Está se aperfeiçoando, porque visa **a** uma promoção. Entretanto, o uso corrente é este: Está se aperfeiçoando, porque visa (**a**) uma promoção.

CONTRAPONTO

A rigor, a gramática normativa recusa a preposição **em** na regência dos verbos **ir** e **chegar** quando indicam direção. No entanto, a forma mais típica da linguagem dos brasileiros, mesmo entre os que dominam a norma-padrão, é dizer "Cheguei **em** casa tarde ontem", ou "Hoje vou **no** cinema", em vez de "Cheguei **a** casa tarde ontem" e "Hoje vou **ao** cinema", construções que são habituais entre os portugueses.

Alguns linguistas entendem que essa regra da gramática normativa contraria uma tendência natural da língua, uma vez que no latim a preposição **in** (hoje, **em**) é utilizada para dar ideia de movimento, direção.

Atenção: Em situações formais em que o uso da norma-padrão está sendo avaliado, deve-se atender ao que recomenda a gramática normativa.

Exercícios

Leia estas manchetes de jornal:

Experiência com primeiro jogador daltônico no futsal brasileiro inspira liga a assistir condição

(Disponível em: https://www.estadao.com.br/esportes/experiencia-com-primeiro-jogador-daltonico-no-futsal-inspira-ligas-a-assistir-esta-condicao/. Acesso em: 18/7/2023.)

Um entre quatro brasileiros assiste a vídeos ou ouve áudios em velocidade avançada

(Disponível em: https://oglobo.globo.com/blogs/ancelmo-gois/post/2023/06/um-entre-quatro-brasileiros-assiste-a-videos-ou-ouve-audios-em-velocidade-avancada.ghtml. Acesso em: 18/7/2023.)

Em Abaetetuba, Programa 'Recomeçar' assiste famílias com auxílio econômico

(Disponível em: https://agenciapara.com.br/noticia/41832/em-abaetetuba-programa-recomecar-assiste-familias-com-auxilio-economico. Acesso em: 18/7/2023.)

Geração Z assiste mais animes que qualquer outra geração

(Disponível em: https://www.legiaodosherois.com.br/2023/geracao-z-assiste-mais-animes-qualquer-geracao.html. Acesso em: 18/7/2023.)

1. Nas quatro manchetes, foi utilizado o verbo **assistir.** Observe o sentido e a regência desse verbo em cada uma das situações e responda:

a) O sentido do verbo é o mesmo nas quatro situações? Justifique sua resposta.

b) Quanto à regência do verbo, ela foi empregada de forma semelhante nos quatro casos?

2. Agora, leia as tiras a seguir.

(Bill Watterson. *O progresso científico deu "tilt"*. São Paulo: Best, 1991. v. 1, p. 13.)

(Fernando Gonsales. *Folha de S.Paulo*, 27/3/2018.)

Observe o emprego do verbo **assistir** nas tiras.

a) Ele apresenta o mesmo sentido nas duas situações?

b) Com qual regência ele foi empregado nesses textos?

c) A regência está de acordo com a norma-padrão? Justifique sua resposta.

3. Compare os usos do verbo **assistir** nas manchetes de jornal e nas tiras analisadas nas questões 1 e 2. Depois, troque ideias com os colegas e o professor e responda:

a) O que se pode concluir dos contextos de uso e do emprego do verbo **assistir** com sentido de "ver" no português brasileiro?

b) É possível dizer que as regras da gramática normativa, quanto à regência verbal, baseiam-se nas formas verbais usadas pelos falantes do português brasileiro? Justifique sua resposta.

CONTRAPONTO

Há uma máxima que os linguistas vivem dizendo: "Aquilo que hoje é considerado desvio da norma-padrão poderá ser a regra amanhã". Em outras palavras, por força do uso, muitas formas rejeitadas em uma época tornam-se a forma mais recomendada pelos gramáticos em outro momento histórico. No Brasil, isso já está visivelmente ocorrendo com a regência de três verbos: **assistir**, **visar** e **aspirar**.

Tanto na linguagem oral do dia a dia quanto na linguagem escrita de alguns jornais e revistas, não é raro encontrarmos construções como "assistiu o filme", "visava o cargo de presidente" e "a vida que aspiramos". Por força do uso, alguns dicionários e gramáticas começam a aceitar construções como essas. É o caso, por exemplo, do *Dicionário Houaiss da língua portuguesa*, em que consta:

visar: *t.d. e t.i.* [...] fig. ter (algo) como desígnio, ter por fim ou objetivo; mirar (a), propor-se < **estas providências visam solucionar o problema** > < **os pais visam o bem dos filhos** > [...]

aspirar: *t.d. e t.i.* desejar profundamente; almejar, pretender, querer < **nunca aspirou um emprego público** > < **todos aspiravam à liberdade** >

Atenção: Em situações formais em que o uso da norma-padrão está sendo avaliado, deve-se atender ao que recomenda a gramática normativa.

4. Escreva no caderno as preposições exigidas pela regência dos verbos nas frases a seguir, de acordo com a norma-padrão:

a) Assisti ______ um fantástico espetáculo de mágicas.

b) São estes os alunos que desobedeceram ______ o regulamento da escola.

c) Maria prefere contos _____ crônicas.

d) Este é um direito que assiste _____ o professor e também _____ o aluno.

5. Complete as frases a seguir com as preposições abaixo, de acordo com a regência do verbo recomendada pela norma-padrão.

a com de por

a) A peça _____ que assistimos estreou no mês passado.

b) A pessoa _____ quem mais gostei na vida não me amou.

c) A estudante _____ quem me correspondo virá ao Brasil no próximo mês.

d) Você esperou _____ isso a vida toda.

Leia este meme para responder às questões 6 a 8:

Steve_King_Artistry/Shutterstock

CALMA, TUDO PASSA
NEM QUE SEJA POR CIMA DE VOCÊ, MAS PASSA
WWW.GERARMEMES.COM.BR

6. O meme constrói humor com base no fato de o verbo **passar** apresentar mais de um sentido.

a) Qual é o sentido desse verbo no texto da parte superior do meme?

b) E qual é o sentido no texto da parte inferior do meme?

c) Explique como se dá a construção do humor na relação dos dois sentidos identificados por você nos itens **a** e **b**.

7. Observe a regência do verbo **passar** nas duas ocorrências.

a) Qual é a transitividade desse verbo no texto da parte superior do meme? Nessa ocorrência, ele rege uma preposição?

b) Que preposição esse verbo rege no texto da parte inferior do meme? Qual é, portanto, sua transitividade?

c) Qual é a função sintática do termo "por cima de você"?

8. Observe alguns usos diferentes do verbo **passar**:

- O vencedor **passou** os adversários na última volta.
- A assessoria de imprensa **passou** vinte fãs pela segurança.
- Os funcionários **passaram** o idoso para a frente da fila.
- **Passei** da maior alegria para a mais profunda tristeza.
- Os pintores rapidamente **passaram** a tinta na parede.
- **Passe** a bandeja, por favor!

Qual é o sentido do verbo **passar** em cada uma dessas ocorrências?

A regência nominal

Leia os textos a seguir.

Texto 1

(Disponível em: https://www.facebook.com/photo/?fbid=387039366780830&set=a.342111111273656. Acesso em: 18/7/2023.)

Texto 2

(Will Leite. Disponível em: http://www.willtirando.com.br/preguica-nao-e-crime/. Acesso em: 18/7/2023.)

1. Troque ideias com os colegas e o professor e deduza: Qual é a finalidade do texto 1? Justifique sua resposta com elementos do texto.

2. Como é comum nas tirinhas, o humor do texto 2 é construído no último quadrinho por uma quebra de expectativa. Explique como isso ocorre.

3. O substantivo **direito** foi empregado nos dois textos em estudo.

a) Identifique os termos que complementam esse substantivo em cada uma das ocorrências e dê sua classificação morfológica.

b) Quais são as preposições regidas pelo substantivo **direito** em cada ocorrência?

c) Reescreva no caderno as duas expressões invertendo as classes morfológicas dos complementos identificados por você no item **a** e conclua: Houve mudança no emprego das preposições?

Alguns nomes — substantivos, adjetivos e advérbios —, pelo fato de admitirem mais de uma preposição que ligue o termo regente ao termo regido, também oferecem, como determinados verbos, dificuldade quanto à identificação da sua regência. Apresentamos a seguir uma relação de nomes com suas regências mais comuns.

Nomes	Preposição
acessível, adequado, apto, atento, contíguo, contrário, desfavorável, equivalente, fiel, hostil, insensível, obediente, prejudicial, visível	a
capaz, incapaz, digno, ansioso, indigno, passível, contemporâneo, ávido, fácil, inseparável, suspeito, temeroso	de
amoroso, compatível, cruel, cuidadoso, descontente, afável, generoso, solícito, aparentado, furioso	com
entendido, indeciso, lento, morador, hábil, doutor, prático, pródigo, rico, sábio, fecundo	em
apto, inútil, incapaz, bom, ansioso, impotente, mau, essencial, próprio	para
ansioso, responsável, querido, respeito, interesse	por

4. Escreva no caderno as preposições adequadas à regência de verbos e nomes do texto a seguir, de acordo com a norma-padrão da língua. Quando necessário, faça a contração da preposição com o artigo, com o pronome ou com o advérbio.

O lugar do Medo

Biry Sarkis/Acervo da editora

A Natureza colocou ______ nós dois mecanismos ______ defesa: Dor e Medo. Sem esses dois deixaríamos ______ ter alertas e ______ ficar ______ estado ______ atenção; afinal, a maior vulnerabilidade é supor-se invulnerável. O Medo, portanto, não nos ameaça, a não ser quando se torna exagerado (e vira Pânico), ou irracional ou obsessivo, saindo ______ território ______ prontidão e entrando ______ território da doença.

Muita gente quer evitar que uma criança tenha medo, mas, ______ ela, o significado é o mesmo: mecanismo ______ defesa. Porém, o desenvolvimento ainda incipiente ______ movimentos mais elaborados ______ racionalidade levam a criança ______ maximizar seus medos e focá-los em lugares onde não deveriam e nem precisariam estar, e esta criança deve ser formada ______ ver o medo onde ______ fato está.

O medo, ______ ser enfrentado, dá vigor ______ identidade e ______ personalidade; afinal, uma criança sempre precisa ser lembrada que Coragem não é ausência ______ medo, mas, isso sim, a capacidade ______ enfrentá-lo. Ter coragem é não acatar uma visão fatalista ou aterrorizante daquilo que nos cerca e saber que o enfrentamento do que nos amedronta exige reflexão, preparo e ação.

Adultos equivocados desprezam os medos infantis, supondo serem banais ou secundários, apenas ______ virem de seres imaturos; porém, o medo ______ infância deve ter um tratamento inteligente ______ parte ______ cuidadores: ajudar a criança ______ identificá-lo, examiná-lo e enfrentá-lo, ______ fingir que é pequeno algo que, ______ o paciente, tem dimensão maior.

[...]

(Mario Sergio Cortella. *Não se desespere! — Provocações filosóficas.* 7. ed. Petrópolis: Vozes, 2014. p. 67-68.)

5. Segundo o autor, qual é o papel do adulto em relação ao medo infantil? O adulto deve proteger a criança e evitar que ela sinta medo?

6. Complete as frases a seguir com as preposições adequadas, de acordo com a norma-padrão.

a) Os torcedores ficaram furiosos _____ o time.

b) Os sócios têm residência _____ Garanhuns, Pernambuco.

c) Os alunos do 9º B são responsáveis _____ atividades de recreação.

d) Marcos é incapaz _____ maltratar alguém.

e) Fiquei indecisa _____ teste e me achei inapta _____ o cargo.

Lembre-se

de + o(s), a(s) = do(s), da(s)

em + o(s), a(s) = no(s), na(s)

per + a(s), o(s) = pela(s), pelo(s)

de + ele(a) = dele(a)

7. Indique a relação correta entre a primeira e a segunda coluna, de modo que as regências nominais fiquem de acordo com a norma-padrão.

a) A água é essencial	**I.** pelos amigos.
b) O programa não é compatível	**II.** aos usuários.
c) Estávamos ansiosos	**III.** em humor.
d) Júlia é muito querida	**IV.** de fazer.
e) O *site* não estava acessível	**V.** com a máquina.
f) O exercício era muito fácil	**VI.** para a continuidade da vida.
g) O gato era inseparável	**VII.** pelos resultados das provas.
h) Ele é rico	**VIII.** do seu dono.

Leia os textos a seguir.

10 filmes de ficção científica que todo mundo deve assistir pelo menos uma vez na vida

Seleção de títulos inclui clássicos e também os contemporâneos.

Os filmes de ficção científica, ou *sci fi*, como são carinhosamente chamados pelos fãs do gênero, são de extrema importância para o cinema. Entre tantas opções, clássicos como "*O Dia em Que a Terra Parou*", "*Planeta dos Macacos*" e "*2001: Uma Odisseia no Espaço*" fizeram história e contribuíram muito para a evolução dos títulos que vieram depois.

Pensando nisso, o *Guia da Semana* lista *10 filmes de ficção científica que todo mundo deve assistir pelo menos uma vez na vida*. [...]

[...]

(Disponível em: www.guiadasemana.com.br/cinema/galeria/filmes-de-ficcao-cientifica-que-todo-mundo-deve-assistir-pelo-menos-uma-vez-na-vida. Acesso em: 20/4/2023.)

Maximum Film/Alamy/Fotoarena

Cena do filme *O dia em que a Terra parou*, de Scott Derrickson (2008).

25 filmes da sua infância que você se esqueceu de ter visto

Quem nunca parou pra assistir os filmes da Sessão da Tarde e achava aquilo incrível? São tantos filmes bons na nossa memória, tantos personagens, tantas histórias. A gente cresceu vendo aqueles filmes, e provavelmente vamos nos lembrar deles durante a vida toda.

Mas, será que você realmente se lembra de ter assistido esses filmes? Sabe a história de todos? Lembra o nome dos personagens? A Fatos Nerd te ajuda.

Confira 25 filmes da sua infância que você se esqueceu completamente de ter visto.

[...]

(Disponível em: www.fatosdesconhecidos.com.br/25-filmes-da-sua-infancia-que-voce-se-esqueceu-de-ter-visto/. Acesso em: 17/9/2019.)

8. Os dois textos têm essencialmente o mesmo objetivo.

a) Qual é ele?

b) Quem é o público leitor de textos como esses?

9. Em ambos os textos, os autores empregam o verbo **assistir**.

a) Com qual regência o verbo **assistir** foi empregado?

b) Esse emprego está de acordo com a norma-padrão da língua? Se não, reescreva no caderno os trechos, empregando a regência de acordo com a norma-padrão.

c) Discuta com os colegas: Com qual regência você costuma empregar o verbo **assistir**?

10. No segundo texto, o autor utiliza os verbos **esquecer** e **lembrar**. Consulte os sentidos e as regências desses verbos em um dicionário e responda com base em sua pesquisa:

a) Qual é a regência do verbo **esquecer** utilizada pelo autor do texto?

b) Essa regência segue a norma-padrão da língua?

c) O verbo **lembrar** está empregado com duas regências. Qual (Quais) delas está (estão) de acordo com a norma-padrão?

11. Os verbos **esquecer** e **lembrar** apresentam duas regências possíveis de acordo com a norma-padrão. Reescreva no caderno o título do segundo texto, utilizando a outra opção de emprego do verbo **esquecer** de acordo com a norma-padrão.

A crase

Leia esta tira de Fernando Gonsales:

© Fernando Gonsales/Acervo do cartunista

(*Folha de S.Paulo*, 8/11/2019.)

1. O humor da tira é construído com base em um mal-entendido.

a) Como o rato compreendeu a fala do cachorro?

b) Quem seria o referente de **senhor** na compreensão do rato?

c) Quem é o referente de **senhor** para o cachorro?

2. Observe o enunciado:

"Estou **agradecendo** àquele senhor pela refeição!"

a) O verbo em destaque rege alguns termos. Que termos são esses?

b) Quais são as preposições empregadas na regência do verbo **agradecer**?

c) Reescreva no caderno o enunciado, substituindo "aquele senhor" por **ele**. Depois responda: O que ocorreu com a crase?

d) Reescreva no caderno o enunciado, substituindo "aquele senhor" por "a senhora".

Ao responder às questões anteriores, você pôde observar que o verbo **agradecer** rege a preposição **a**. O encontro dessa preposição com o artigo feminino **a** ou com o **a** que introduz os pronomes demonstrativos **aquele(a)(s)** resulta no fenômeno chamado **crase**, indicado, na escrita, com o acento grave:

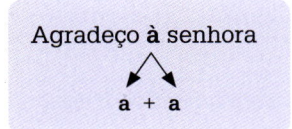

Agradeço **à** senhora
a + **a**

"Agradeço **à**quele senhor"
a + **aquele**

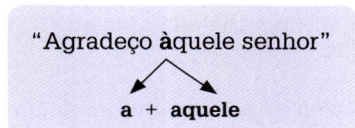

Em resumo, ocorre crase quando a preposição **a** exigida pela regência de um verbo ou de um nome (substantivo, adjetivo ou advérbio) se funde com:

- o artigo feminino **a(s)**:

Ele voltou **à** fazenda logo depois do almoço.

- os pronomes demonstrativos **aquele(s)**, **aquela(s)**, **aquilo**:

Ela pediu **à**quele menino que a ajudasse a levar as compras.

Casos especiais de ocorrência de crase

Ocorre crase:

- em locuções adverbiais e prepositivas formadas por substantivos femininos, como: **às vezes**, **às pressas**, **às claras**, **à toa**, **à custa de**, **à esquerda**, **à direita**, **à tarde**, **às duas horas**:

Conseguiu ser aprovado no vestibular **à custa de** muito esforço.

- nas expressões proporcionais **à medida que**, **à proporção que**:

As ruas ficavam cada vez mais desertas, **à proporção que** nos afastávamos do centro da cidade.

- quando estão subentendidas as expressões **à moda de**, **à maneira de** ou palavras como **faculdade**, **universidade**, **empresa**, **companhia**, mesmo que diante de palavras masculinas:

  - Usa salto **à Luís XV**. (à moda de Luís XV)
  - Os vestibulandos de economia devem dirigir-se **à FGV**. (à Fundação Getulio Vargas)

- antes de nomes de lugares (topônimos) determinados pelo artigo **a**:

Seu maior desejo era ir **à** Inglaterra.

Na dúvida...

Para saber se ocorre ou não crase diante de determinada palavra, proceda assim:

- Verifique se a palavra admite o artigo **a**, colocando-a depois de um verbo que exige uma preposição diferente de **a**. Veja:

  - Voltei **da** feira mais cedo. → Vou **à** feira mais cedo.
  - Voltei **de** Manaus antes da data prevista. → Vou **a** Manaus antes da data prevista.

- Substitua a palavra feminina por uma masculina e observe se ocorre a combinação **ao** antes do nome masculino:

O governo dará incentivo **ao** comércio. → O governo dará incentivo **à** agricultura.

Exercícios

Leia o texto a seguir para responder às questões 1 e 2.

Reprodução/Prefeitura Belo Horizonte, MG.

(Disponível em: https://issuu.com/apcbh/docs/book_por_g_alta_17-12-19. Acesso em: 18/7/2023.)

1. Em relação à situação de produção do texto, troque ideias com os colegas e o professor e responda:

a) Qual é a finalidade desse texto?

b) Quem é o responsável pelo texto e a quem ele se dirige?

2. Observe o emprego da palavra **a** em "a Belo Horizonte".

a) A ausência do acento indicador de crase na expressão "Bem-vindo a Belo Horizonte" está de acordo com a norma-padrão? Explique por quê.

b) No caderno, escreva a preposição, o artigo e o indicativo de crase das frases a seguir, conforme a norma-padrão.

- Bem-vindo ▒▒▒ cidade de Belo Horizonte.
- Bem-vindo ▒▒▒ município de Belo Horizonte.
- Bem-vindo ▒▒▒ capital de Minas Gerais.
- Bem-vindo ▒▒▒ Minas Gerais.
- Bem-vindo ▒▒▒ Bahia.

3. Leia o meme ao lado.

Darya Sarakouskaya/Shutterstock

a) A expressão "às vezes" está escrita de acordo com as regras de emprego da crase? Justifique sua resposta.

b) Construa uma frase utilizando essa expressão.

c) Qual é a função do termo "a conclusão alguma" no contexto? Ele foi escrito corretamente sem crase? Justifique sua resposta.

4. Empregue o acento indicador de crase onde convier, de acordo com a norma-padrão:

a) A modelo se veste a Saint Laurent.

b) Iremos a Fortaleza, a João Pessoa e a Natal.

c) De segunda a sexta-feira, as 14 h, temos treino na escola.

d) O acesso aqueles *sites* já está liberado.

e) Vamos a academia todas as quintas, a noite.

f) A meu ver, ela está certa.

5. Nos textos a seguir, a capa de um livro e uma postagem de *blog*, houve o emprego do acento indicador de crase. Verifique se esse emprego está ou não de acordo com a norma-padrão e explique por quê.

a)

Reprodução/Editora Salamandra

b)

Reprodução/https://naosejaessapessoa.tumblr.com

(Disponível em: https://naosejaessapessoa.tumblr.com/post/149367629942/n%C3%A3o-d%C3%A1-valor-%C3%A0-paralimp%C3%ADada. Acesso em: 10/12/2019.)

Leia esta tira de Alexandre Beck:

© Armandinho, de Alexandre Beck/Acervo do cartunista

(*Armandinho cinco*. Florianópolis: A. C. Beck, 2015. p. 45 e 89.)

6. A tira apresenta uma crítica.

a) A quem a crítica é dirigida?

b) Qual é a crítica?

7. Na tira, receberam acento indicador da crase as expressões "às duas horas", "às quatro", "às seis" e "às oito".

a) O emprego do acento está de acordo com a norma-padrão? Justifique sua resposta.

b) O trecho "você vai ao francês" apresenta a combinação da preposição **a** e do artigo **o**. Como ficaria o trecho se fosse uma aula de natação?

A regência NA CONSTRUÇÃO DO TEXTO

Leia este texto do jornalista e escritor Ruy Castro:

Gramática está perdendo de goleada no atual momento político

RIO DE JANEIRO — "O deputado que faltar sessões da Câmara durante a Olimpíada será descontado", diz o locutor matinal do rádio. Quem errou? O redator do programa, que não sabe ou se esqueceu de que o correto é "o deputado que faltar às sessões" ou o locutor que, mal saído da cama, leu distraído o texto? Tanto faz. O desprestígio ou mau uso da preposição "a" já é tal que temo pelo seu futuro na língua.

Os fatos novos com que estamos lidando no país têm levado a gramática a perder de goleada para as construções mais estapafúrdias. Jornalistas, políticos e economistas se revezam na arte de cometer batatadas. Uma das mais frequentes é escrever ou dizer que fulano "faz **apologia** a" alguma coisa. Até há pouco, e conforme os melhores autores, fazia-se a apologia "de" alguma coisa.

E as pessoas que se concentram na Cinelândia ou na avenida Paulista "em protesto a" isso ou aquilo? Sempre pensei que se protestava "contra", não "a" o que quer que fosse. São as mesmas que se acham no "direito a protestar", e não "de protestar" — não admira que os protestos atraiam cada vez menos gente. O mesmo quanto às que se mobilizam "em celebração a" alguém, e não "de alguém". De onde saem esses estrupícios?

Repórteres se referem ao político xis como "aliado ao" deputado fulano. Como se pode ser aliado "a alguém", e não "de alguém"? [...]

Jean Galvão/Acervo da editora

apologia: elogio, defesa, enaltecimento.
filigrana: detalhe, minúcia.

Sim, eu sei, não passam de **filigranas**. Como estamos em plena temporada de "questionar a" qualquer coisa — e não apenas "questionar" essa mesma coisa —, talvez o alvo da vez seja a pobre e abandonada língua portuguesa.

(Disponível em: https://www1.folha.uol.com.br/colunas/ruycastro/2016/07/1795021-gramatica-esta-perdendo-de-goleada-no-atual-momento-politico.shtml. Acesso em: 5/7/2023.)

1. O autor do texto faz uma crítica ao modo como a língua portuguesa vem sendo utilizada.

a) A quem ele critica?

b) Que aspecto(s) da gramática o autor destaca para fundamentar sua crítica?

c) Em que canal o texto foi veiculado? Logo, quem é o público desse texto?

2. Sem voltar ao texto, indique a preposição (ou a falta dela) recomendada por Ruy Castro e pela gramática normativa:

a) Todos aqui têm o direito _____ protestar.

b) Os estudantes saíram em protesto _____ o aumento da mensalidade.

c) Por que está questionando somente agora _____ o novo valor do aluguel?

d) Não faça apologia _____ autor, ele não merece.

e) Nunca faltei _____ minhas sessões de terapia.

f) Sempre fui um aliado _____ nosso diretor.

3. Das frases que você completou:

a) Em qual (quais) delas a preposição é regida por verbos?

b) E em quais é regida por nomes?

4. Observe estes trechos do texto:

- "construções mais estapafúrdias"
- "arte de cometer batatadas"
- "De onde saem esses estrupícios?"
- "pobre e abandonada língua portuguesa"

Como o autor se posiciona em relação à norma-padrão e às variações de uso da língua que ele mesmo demonstra: de forma mais rígida e conservadora ou de modo mais aberto, sem preconceitos? Justifique sua resposta com base nos trechos citados.

Para que serve a regência verbal?

A regência verbal contribui para tornar os textos mais precisos quanto ao **sentido**.

Se uma mãe diz, por exemplo, "Sempre quis **o meu filho**!", entendemos que, por alguma razão, ela não tem o filho ao seu lado e deseja tê-lo. Se, entretanto, ela diz: "Sempre quis **ao meu filho**!", entendemos que ela sempre amou o filho, sempre lhe quis bem.

5. Leia, agora, este trecho de um artigo do linguista brasileiro Sírio Possenti, professor da Unicamp-SP:

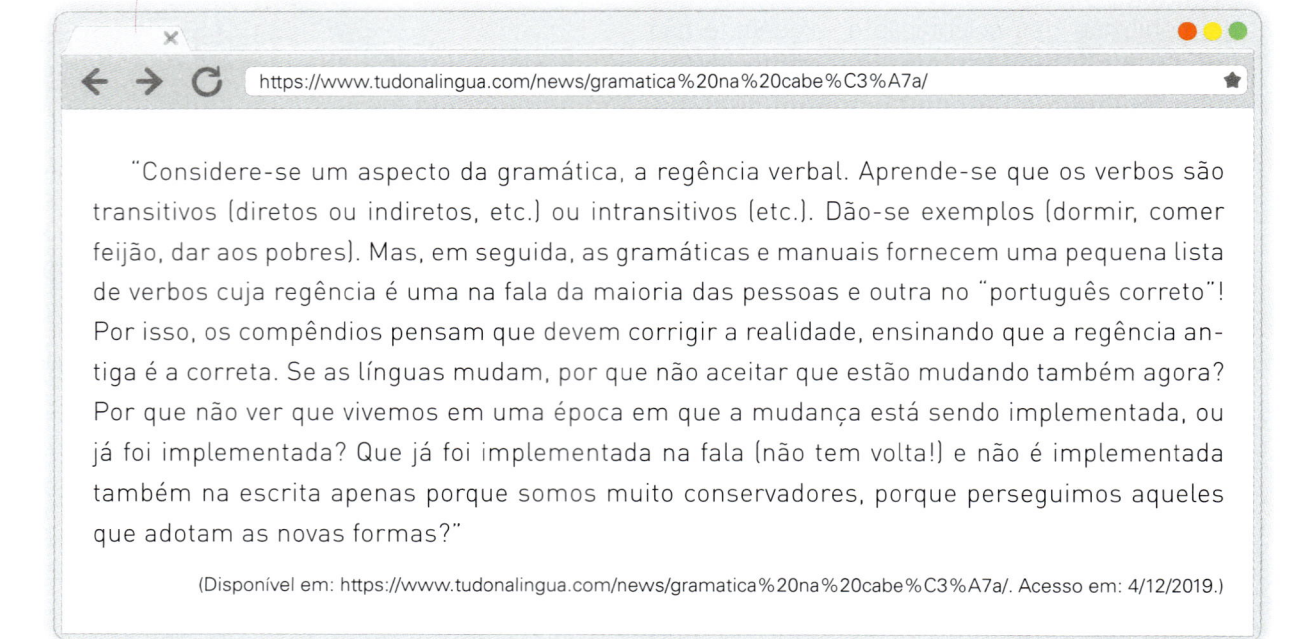

https://www.tudonalingua.com/news/gramatica%20na%20cabe%C3%A7a/

"Considere-se um aspecto da gramática, a regência verbal. Aprende-se que os verbos são transitivos (diretos ou indiretos, etc.) ou intransitivos (etc.). Dão-se exemplos (dormir, comer feijão, dar aos pobres). Mas, em seguida, as gramáticas e manuais fornecem uma pequena lista de verbos cuja regência é uma na fala da maioria das pessoas e outra no "português correto"! Por isso, os compêndios pensam que devem corrigir a realidade, ensinando que a regência antiga é a correta. Se as línguas mudam, por que não aceitar que estão mudando também agora? Por que não ver que vivemos em uma época em que a mudança está sendo implementada, ou já foi implementada? Que já foi implementada na fala (não tem volta!) e não é implementada também na escrita apenas porque somos muito conservadores, porque perseguimos aqueles que adotam as novas formas?"

(Disponível em: https://www.tudonalingua.com/news/gramatica%20na%20cabe%C3%A7a/. Acesso em: 4/12/2019.)

a) A visão do linguista é a mesma da do jornalista em relação ao uso da regência verbal no português brasileiro e às regras da norma-padrão? Que trecho do texto justifica sua resposta?

b) Que proposta o linguista faz a respeito da desconexão entre a norma-padrão e o uso concreto da língua?

c) O alvo do questionamento que o linguista faz é a língua portuguesa, a gramática normativa ou o ensino de gramática nas escolas?

6. No final do texto de Ruy Castro se lê:

> **"Sim, eu sei, não passam de filigranas. Como estamos em plena temporada de 'questionar a' qualquer coisa — e não apenas 'questionar' essa mesma coisa —, talvez o alvo da vez seja a pobre e abandonada língua portuguesa."**

Tomando como base o texto de Ruy Castro e suas posições a respeito de regência, o que podemos inferir do que ele considera ser a língua portuguesa?

7. O texto de Ruy Castro emprega uma linguagem de acordo com a norma-padrão, mas em um registro não tão formal.

a) Releia o texto e identifique trechos nos quais foram empregadas palavras ou expressões que fogem ao registro formal.

b) Troque ideias com os colegas e o professor e responda: Que efeito de sentido o uso desse registro constrói no texto de Ruy Castro?

c) Que relação se pode estabelecer entre o efeito de sentido criado pelo uso desse registro e o posicionamento do autor sobre a língua portuguesa?

SEMÂNTICA E DISCURSO

Um leitor enviou ao *blog* do escritor e crítico literário Sérgio Rodrigues este texto:

> "Antigamente (não muito antigamente) eu ia ao cinema para assistir 'o' filme. Ia ao campo de futebol para assistir 'o' jogo. Ligava a TV para assistir 'o' jornal. Agora eu vou ao cinema para assistir 'ao' filme. Vou ao campo de futebol para assistir 'ao' jogo. Ligo a TV para assistir 'ao' jornal. E quando eu for ao campo para ver 'o' jogo, eu tenho que ver 'ao' jogo também? Por quê? Alguém pode me explicar isso? Com toda admiração e respeito pelos professores." (Sebastião Albano)
>
> (Disponível em: https://veja.abril.com.br/coluna/sobre-palavras/eu-ja-assisti-o-jogo-hoje-assisto-ao-jogo-o-que-mudou. Acesso em: 5/7/2023.)

Jean Galvão/Acervo da editora

1. Se você fosse o autor do *blog*, como responderia gramaticalmente à carta do leitor:

a) a respeito do verbo **assistir**?

b) a respeito do verbo **ver**?

c) a respeito das prescrições da norma-padrão e do uso da língua pela maioria da população?

2. Observe que, nos exemplos dados pelo autor da carta, ele emprega:

> "Agora eu vou ao cinema para assistir 'ao' filme.
>
> Vou ao campo de futebol para assistir 'ao' jogo."

a) A regência do verbo **ir** empregada pelo leitor está de acordo com a norma-padrão?

b) E está de acordo com o modo como a maioria dos brasileiros fala? Por quê?

3. O autor da carta dá a entender que percebeu uma mudança recente em relação à regência do verbo **assistir**. Levante hipóteses: De que modo ele pode ter tomado conhecimento a respeito da regência recomendada pela gramática normativa?

4. Comparando suas respostas às questões 2 e 3, o que elas demonstram sobre a influência do ensino de gramática na escola e dos meios de comunicação sobre a língua falada pela população? Justifique sua resposta com elementos da carta do leitor.

5. Ao final da carta, o leitor diz: "Com toda admiração e respeito pelos professores.". Como você entende essa observação, no contexto?

Leia o meme e o *twitt* a seguir para responder às questões 6 a 8.

Diferentona
@diferentonabr
cheguei num ponto da minha vida que até quem eu gosto, eu deixo no vácuo no whatsapp

6. Para construir humor, o meme explora a ambiguidade, isto é, o duplo sentido de uma palavra. Identifique-a e explique qual é essa ambiguidade.

7. Troque ideias com os colegas e o professor e, entre as opções a seguir, identifique aquela que melhor descreve o sentido geral do *twitt*.

a) O enunciador está tão infeliz que não gosta de mais ninguém, nem mesmo dos amigos do WhatsApp.

b) O enunciador é provavelmente uma pessoa desmemoriada, porque se esquece de atualizar suas redes sociais.

c) O enunciador está tão atrapalhado que não consegue nem mesmo dar atenção às pessoas por quem tem consideração.

8. Observe o emprego do verbo **chegar** nos dois textos.

a) Em qual deles a regência foi empregada de acordo com a norma-padrão?

b) Identifique, no outro caso, a divergência em relação à norma-padrão.

DIVIRTA-SE

EM CARTAZ...

Cazo/Acervo do cartunista

CAPÍTULO 38

Colocação — Colocação pronominal

Construindo o conceito

Leia o anúncio a seguir.

Ford/JWT

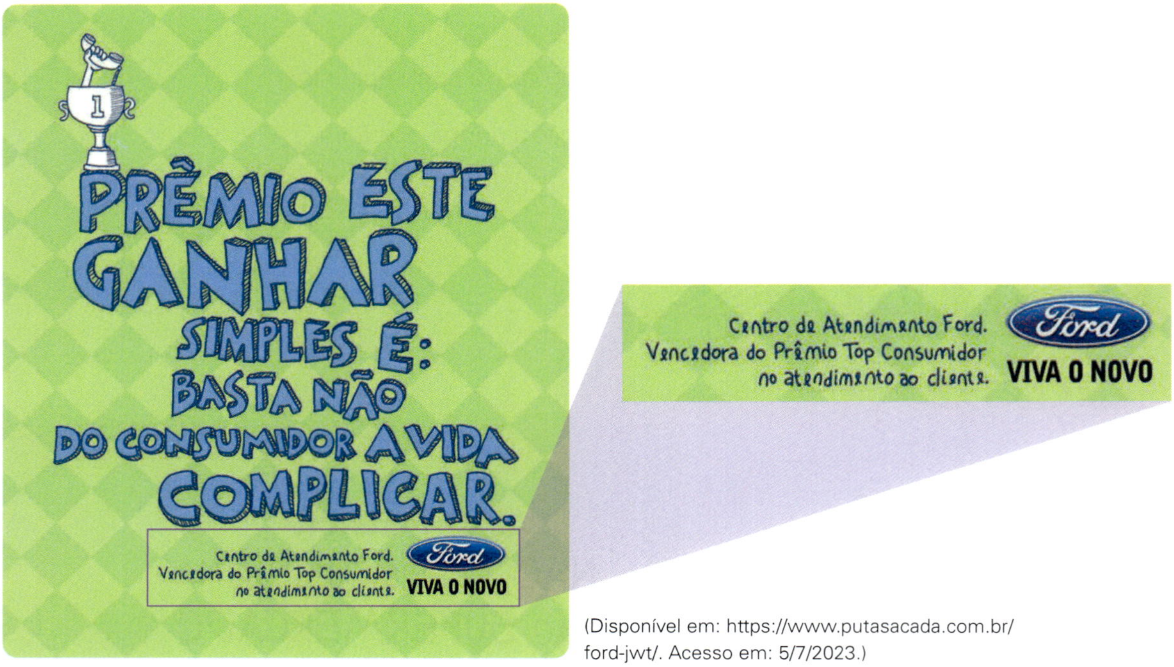

(Disponível em: https://www.putasacada.com.br/ford-jwt/. Acesso em: 5/7/2023.)

1. Observe o texto da parte inferior do anúncio.

a) Quem é o anunciante?

b) Qual é a finalidade do anúncio?

c) Explique a relação entre esse texto e a imagem da parte superior.

2. O anúncio utiliza uma estratégia na construção de sua frase central.

a) Qual é essa estratégia?

b) Levante hipóteses: Com qual objetivo essa estratégia foi utilizada?

c) Reescreva a frase no caderno tal como deve ser compreendida no contexto do anúncio.

d) Compare a sua reescrita com a dos colegas: Há alguma diferença entre elas?

3. Explique por que é possível considerar que a frase central do anúncio contém uma ironia, tendo em vista a análise feita por você nas questões anteriores.

Conceituando

Ao realizar o estudo da abertura deste capítulo, você observou que a frase central do anúncio estava propositalmente "embaralhada", isto é, as palavras e expressões foram escritas em uma ordem que precisou ser reorganizada para que o conteúdo do texto fosse compreendido.

Ao comparar as propostas de reescrita entre os colegas e discuti-las com o professor, você também viu que há termos que podem ser utilizados em diferentes posições na frase e outros que são empregados sempre na mesma posição.

Observe as frases a seguir, compostas das mesmas palavras:

- Prêmio este ganhar simples é.
- É ganhar este simples prêmio.
- Ganhar este prêmio é simples.
- É simples ganhar este prêmio.
- Este prêmio é simples ganhar.

Como se nota, das cinco frases, apenas as três últimas têm sentido coerente em nossa língua. Pode acontecer, ainda, que um termo tenha seu sentido modificado ao mudar de posição na oração. Veja:

- Ganhamos um prêmio simples.
- Ganhamos um simples prêmio.

Posposto ao substantivo **prêmio**, tal como na primeira frase, o adjetivo **simples** tem o sentido de um prêmio singelo, modesto. Já anteposto, como na segunda, o mesmo adjetivo tem o sentido de um prêmio qualquer, sem valor.

As questões relativas à ordem das palavras na oração constituem assuntos que dizem respeito à **colocação**.

Colocação é o modo como se dispõem os termos que formam uma oração.

Na língua portuguesa há certa liberdade de colocação dos termos na oração. A organização padronizada como **ordem direta** apresenta esta sequência:

sujeito + verbo + objeto direto + objeto indireto + adjuntos

ou

sujeito + verbo + predicativo

Observe:

- Ganhar este prêmio | é | simples.

Ganhar este prêmio	é	simples.
or. sub. subst. subj.	VL	predicativo

- Muitas empresas | complicam | a vida do consumidor.

Muitas empresas	complicam	a vida do consumidor.
sujeito	VTD	OD

Podemos optar pela **ordem indireta** quando há intenção de enfatizar algum termo, como um adjunto adverbial, que pode vir no começo, no meio ou ao final de uma frase. Essa liberdade, como vimos, pressupõe o respeito a alguns princípios, pois há algumas ordens que podem impedir ou dificultar a compreensão dos textos ou, ainda, mudar o sentido de uma frase.

Um tipo de colocação específico, que também segue determinados princípios, é a **colocação pronominal**.

A colocação pronominal

Leia este poema, de Mário Quintana:

Bilhete

Se tu me amas, ama-me baixinho
Não o grites de cima dos telhados
Deixa em paz os passarinhos
Deixa em paz a mim!
Se me queres,
enfim,
tem de ser bem devagarinho, Amada,
que a vida é breve, e o amor mais breve ainda...

(*Nova antologia poética*. 11. ed. São Paulo: Globo, 2005. p. 115.)

knstartstudio/Shutterstock

Observe que, no poema, há quatro ocorrências de pronomes oblíquos átonos:

- "Se tu **me** amas,"
- "ama-**me** baixinho"
- "Não **o** grites de cima dos telhados"
- "Se **me** queres,"

Na segunda ocorrência, o pronome **me** foi empregado depois do verbo. Nas demais situações, os pronomes **me** e **o** foram empregados antes do verbo, a posição mais comum no português brasileiro.

Além dessas duas posições, os pronomes pessoais oblíquos átonos — **me**, **te**, **se**, **o(s)**, **a(s)**, **lhe(s)**, **nos** e **vos** — podem aparecer também no meio do verbo. Veja:

Eu amar-**te**-ia se me deixasses em paz.

Colocação pronominal é a maneira como se dispõem os pronomes pessoais oblíquos átonos em relação ao verbo.

As posições do pronome pessoal oblíquo átono em relação ao verbo ao qual ele se liga denominam-se:

- **ênclise:** quando é colocado **depois** do verbo;
- **próclise:** quando é colocado **antes** do verbo;
- **mesóclise:** quando é colocado **no meio** do verbo.

Atualmente, no português do Brasil, principalmente na língua falada, mas também em alguns textos escritos, sobretudo quando se pretende reproduzir a fala, ou quando se deseja uma linguagem mais descontraída, a próclise é a forma mais utilizada na grande maioria das situações de colocação dos pronomes oblíquos átonos, mesmo quando estes são utilizados após a vírgula ou em início de frase.

Maria Helena de Moura Neves, uma importante linguista brasileira, explica em seu livro *A gramática do português revelada em textos* que, diferentemente do que ocorre em Portugal, a questão da colocação dos pronomes átonos é polêmica no português do Brasil porque na fala dos brasileiros esses pronomes não são pronunciados de forma átona, como no português europeu. Eis a razão de iniciarmos frases com pronomes classificados como átonos: em nossa pronúncia brasileira, eles têm peso fonético, isto é, são pronunciados de forma tônica.

No quadro a seguir estão resumidas as regras de colocação pronominal segundo a gramática normativa.

> Capa do livro *A gramática do português revelada em textos*, de Maria Helena de Moura Neves (Editora Unesp).

Usa-se ênclise	Usa-se próclise	Usa-se mesóclise
Quando se inicia uma frase e após vírgula: Sente-**se** aqui perto de mim. Ao tentar chegar mais cedo, atrasei-**me**.	Quando antes do verbo há palavras que exercem atração sobre o pronome, desde que não venham antes de vírgula. Exercem atração sobre o pronome: • palavras de sentido negativo (**não**, **nunca**, **jamais**, **ninguém**, **nada**, etc.): Ninguém **me** falou antes. • advérbios ou locuções adverbiais não seguidos de vírgula: Meio-dia em ponto **me** telefonou. • pronomes indefinidos e interrogativos: Quem **te** contou essa história? • pronomes relativos: A pessoa que **me** ajudou era muito educada e simpática. • conjunção subordinativa: Quando **nos** viu, veio correndo feliz em nossa direção.	Quando o verbo se encontra no futuro do presente ou no futuro do pretérito, desde que não haja condição de próclise: Emprestar-**lhe**-ei o carro amanhã. Emprestar-**lhe**-ia o carro se você fosse mais responsável.
Observações: 1. Havendo a vírgula depois da palavra atrativa, há condição de ênclise: Não, disseram-**me** todos quando precisei. 2. Emprega-se próclise também nas orações optativas (que exprimem desejo): Deus **te** ajude!		**Observação:** Havendo condição de próclise, teríamos: Não **lhe** emprestarei o carro. Jamais **lhe** emprestaria o carro.

Exercícios

Leia este meme e responda às questões 1 e 2.

SE ACHA, NÉ?
PERCA-SE MENOS!
WWW.GERARMEMES.COM.BR
Jucadima/Shutterstock

(Disponível em: https://www.criarmeme.com.br/meme/72297. Acesso em: 24/7/2023.)

1. O meme estabelece diretamente um diálogo com seu leitor.

a) Que termos explicitam esse diálogo? Justifique sua resposta.

b) O meme contrapõe duas palavras que podem ser antônimas entre si. Quais são elas?

c) Na construção de humor do meme, é explorada a ambiguidade, isto é, o duplo sentido de uma das palavras indicadas por você no item **b**. Identifique a palavra e explique a ambiguidade.

2. No meme, há uma ocorrência de próclise e uma de ênclise em construções similares.

a) Identifique-as e indique qual está em acordo e qual está em desacordo com a norma-padrão, justificando sua resposta com base nas regras que aprendeu.

b) Faça uma inversão nas construções proclítica e enclítica empregadas no meme. Depois, troque ideias com os colegas e o professor e conclua: A alteração nessas estruturas modifica o sentido do texto? Explique.

c) Além de produzir humor, o meme contém uma crítica. O que ou quem ele critica?

Leia a seguir um trecho do texto "Zaptiqueta", de Antonio Prata, e responda às questões 3 a 5.

Já que estamos viciados nos celulares e autocondenados a arrastá-**los** por aí como as bolas de chumbo dos prisioneiros nas histórias em quadrinhos, é mister entrarmos num acordo sobre algumas mínimas normas de etiqueta. Não **me** refiro aos trolls do Twitter, aos ogros da dark web [...] Falo aqui das pessoas de bom coração que, por falta de um protocolo, atrapalham-**se** com os talheres do WhatsApp.

Mensagem de voz, por exemplo. Há quem queira proibi-**la**. Minha irmã fica revoltada com quem manda [...]. Meu amigo Sérgio tem como legenda do WhatsApp: "Não ouço áudio". [...]

Sou menos radical quanto às mensagens de voz. Acho que têm seu lugar. Num grupo de trabalho, para fazer comentários urgentes. Se estou na feira e a minha mulher escreve perguntando cadê a chave reserva do carro e eu tenho que dar umas doze possibilidades de onde posso tê-**la** deixado. Quando se está dirigindo. (Embora eu desconfie que 67% dos brasileiros que começam o áudio dizendo "Desculpa o áudio, é que eu tô dirigindo" estão na verdade deitados no sofá.) Fora dessas situações excepcionais, áudio é um abuso. É quase como condenar alguém a assistir a um filme que dura o tempo que levou para ser produzido. [...]

Mãe: quando você começar a responder uma mensagem e desistir no meio, apague-**a**. Senão eu fico olhando praquele "digitando..." na tela por sete horas, até perceber que você foi fazer outra coisa da vida e já são quatro da manhã e eu não jantei e nem tomei banho e nem fui pra cama e vou precisar de um quiroprata pra curar meu torcicolo. [...]

(Disponível em: https://www1.folha.uol.com.br/colunas/antonioprata/2019/11/zaptiqueta.shtml. Acesso em: 27/7/2023.)

Filipe Rocha/Acervo da editora

3. Observe o título do texto, "Zaptiqueta".

a) Qual é a relação dele com o conteúdo do texto?

b) No trecho lido, quais regras o autor do texto sugere que sejam criadas?

4. Para construir o texto, o autor utiliza vários pronomes oblíquos, destacados no trecho em estudo.

a) Como você já sabe, os pronomes contribuem para a coesão de um texto. Identifique os referentes de cada pronome destacado no trecho.

b) Veja a seguir duas possibilidades de emprego da colocação dos pronomes oblíquos e encontre no texto um exemplo de cada.

- Quando o verbo principal de uma locução verbal está conjugado no particípio, o pronome oblíquo conecta-se em ênclise ao verbo auxiliar:
- Quando há uma forma infinitiva precedida de preposição é comum haver ênclise.

c) Reescreva no caderno a frase "Há quem queira proibi-la", empregando outras possibilidades de colocação pronominal. Em seguida, troque ideias com os colegas e o professor e deduza: Por que o autor optou por essa forma no texto em estudo?

d) Classifique as demais ocorrências em destaque. Elas estão de acordo com as regras da norma-padrão? Justifique sua resposta.

5. Troque ideias com os colegas e o professor: Por que o texto em estudo faz a colocação pronominal tal como você analisou nas questões anteriores?

6. Veja a seguir a capa de um livro do jornalista Maurício Kubrusly e o logotipo de um *podcast* do jornal *O Estado de S. Paulo*.

Reprodução/Editora Globo

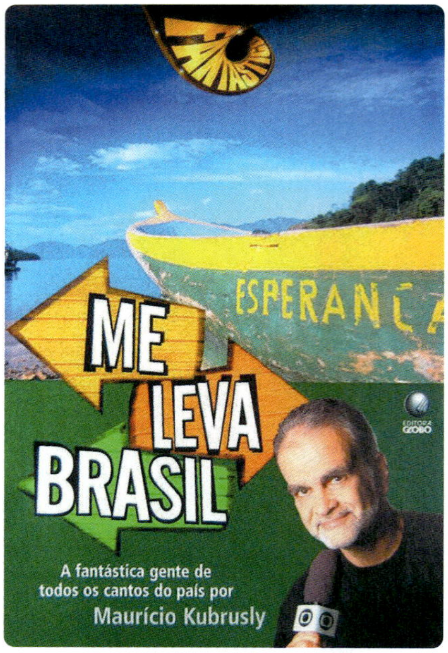

(Disponível em: https://www.amazon.com.br/Me-Leva-Brasil-Maur%C3%ADcio-Kubrusly/dp/8525040541. Acesso em: 8/8/2023.)

Se Liga no Vestibular/Estadão

(Disponível em: https://brasil.estadao.com.br/blogs/estadao-podcasts/se-liga-no-vestibular-episodio-de-estreia-do-podcast-da-dicas-sobre-o-1o-dia-do-enem/. Acesso em: 8/8/2023.)

a) Como foi feita a colocação pronominal nesses dois textos?

b) Troque ideias com os colegas e o professor e levante hipóteses: Por que a colocação foi feita dessa forma nesses contextos?

A colocação pronominal NA CONSTRUÇÃO DO TEXTO

Leia este poema, de Lucão:

Fome

Amo-te
Com a mesma
Necessidade
De quem come.
Te amar
É minha
Fome

(*In*: *Telegramas*. São Paulo: Saraiva, 2016. p. 45.)

Filipe Rocha/Acervo da editora

1. O eu lírico se dirige diretamente a um interlocutor.

a) Que palavra do texto é utilizada para fazer essa referência direta ao interlocutor?

b) Quem é esse interlocutor no contexto do poema?

2. O título do poema é também a sua última palavra, “Fome”.

a) Que tipo de relação o eu lírico estabelece entre a fome e o seu amor?

b) O que essa relação sugere sobre o amor que ele sente?

3. O poema contém duas construções com pronome oblíquo átono.

a) Identifique-as e classifique-as quanto à posição do pronome em relação à forma verbal.

b) Essas formas de colocar o pronome oblíquo seguem as regras da norma-padrão? Justifique sua resposta.

c) Como falante do português brasileiro, você acha alguma dessas construções estranha? Você faz a colocação pronominal dessa forma em seus textos, orais e/ou escritos?

SEMÂNTICA E DISCURSO

Leia os memes a seguir e responda às questões 1 a 3.

Javier Brosch/Shutterstock

SikorskiFotografie/Shutterstock

1. Você já sabe que memes são textos informais com efeito humorístico que circulam pelas redes sociais. Relacione as partes verbal e não verbal dos memes lidos e responda:

a) O conteúdo verbal dos dois memes é similar ou antagônico? Justifique sua resposta.

b) As imagens que compõem os dois memes são similares ou antagônicas? Justifique sua resposta.

c) Explique a relação de sentido entre imagem e texto verbal em cada um dos memes.

2. Observe a colocação pronominal feita nos memes.

a) Identifique as ocorrências de pronome oblíquo átono e classifique-as quanto à posição do pronome em relação à forma verbal.

b) Essas formas de colocar o pronome oblíquo seguem as regras da norma-padrão? Justifique sua resposta.

c) Uma dessas formas de colocação pronominal é considerada pouco comum no português do Brasil. Qual é ela? Como falante do português brasileiro, essa construção soa estranha para você?

3. Troque ideias com os colegas e o professor e responda:

a) Por que os memes analisados utilizam uma construção típica da norma-padrão, com uma forma de colocação pronominal considerada pouco comum no português do Brasil?

b) Que outras expressões do português brasileiro utilizam essa mesma forma de colocação pronominal e são comuns na fala dos brasileiros?

Leia a seguir trechos de notas veiculadas em grandes portais da internet e responda às questões 4 a 7.

I. Tati Quebra-Barraco esperou por mais de três horas para se apresentar no bloco "Cerveja & Cia" de Ivete Sangalo, como não a chamaram, "se irritou-se" e "se mandou-se"...

(Disponível em: https://www.bonde.com.br/colunistas/perdido-na-overdose-carnavalesa-61319.html. Acesso em: 10/7/2023.)

II. Um dia antes da partida contra a Venezuela, marcada para esta terça (5), às 20h30, em Buenos Aires, o técnico Jorge Sampaoli se irritou-se com a imprensa.

(Disponível em: https://www1.folha.uol.com.br/esporte/2017/09/1915797-sampaoli-nega-atrito-com-messi-apos-empate-com-uruguai-em-montevideu.shtml. Acesso em: 10/7/2023.)

III. O deputado Sandes Júnior disse estar "surpreso e indignado" com a inclusão de seu nome na lista.

"Não conheço nem mesmo nunca tive qualquer contato com o doleiro Alberto Youssef muito menos com o ex-diretor de abastecimento da Petrobrás, Paulo Roberto Costa. Com a consciência tranquila, me coloco-me à disposição para a investigação, que será esclarecedora para a verdade dos fatos", afirmou.

(Disponível em: https://www.gazetadopovo.com.br/vida-publica/dois-deputados-investigados-integram-cpi-da-petrobras-na-camara-0pjwajsw809dmzjgu7hmeqz75/. Acesso em: 10/7/2023.)

4. Há nos três trechos um emprego bastante particular da colocação pronominal.

a) Identifique-o e explique como ele ocorre.

b) Esse emprego é previsto pela norma-padrão?

5. Os três trechos fazem um uso diferenciado dessa estrutura entre si. Observe o emprego das aspas nos trechos I e III.

a) Em qual deles as aspas põem essa construção em destaque?

b) O que o uso das aspas indica no outro trecho?

c) Troque ideias com os colegas e o professor e conclua: Que sentido o uso desse sinal de pontuação associado a essas estruturas constrói em cada um dos trechos?

6. Levante hipóteses: Por que a colocação pronominal foi feita dessa forma no trecho II?

7. Troque ideias com os colegas e o professor: Que efeito de sentido esse emprego do pronome oblíquo constrói nas expressões analisadas?

DIVIRTA-SE

© Laerte/Acervo da cartunista

UNIDADE 5

Estudos de linguagem e estilística

Procura da poesia

[...]
Penetra surdamente no reino das palavras.
Lá estão os poemas que esperam ser escritos.
Estão paralisados, mas não há desespero,
há calma e frescura na superfície intata.
Ei-los sós e mudos, em estado de dicionário.
Convive com teus poemas, antes de escrevê-los.
Tem paciência, se obscuros. Calma, se te provocam.
Espera que cada um se realize e consume
com seu poder de palavra
e seu poder de silêncio.
Não forces o poema a desprender-se do limbo.
Não colhas no chão o poema que se perdeu.
Não adules o poema. Aceita-o
como ele aceitará sua forma definitiva e concentrada
no espaço.

Chega mais perto e contempla as palavras.
Cada uma
tem mil faces secretas sob a face neutra
e te pergunta, sem interesse pela resposta,
pobre ou terrível, que lhe deres:
Trouxeste a chave?
[...]

(Carlos Drummond de Andrade. *Reunião*. 10 ed. Rio de Janeiro: José Olympio, 1980. p. 77.)

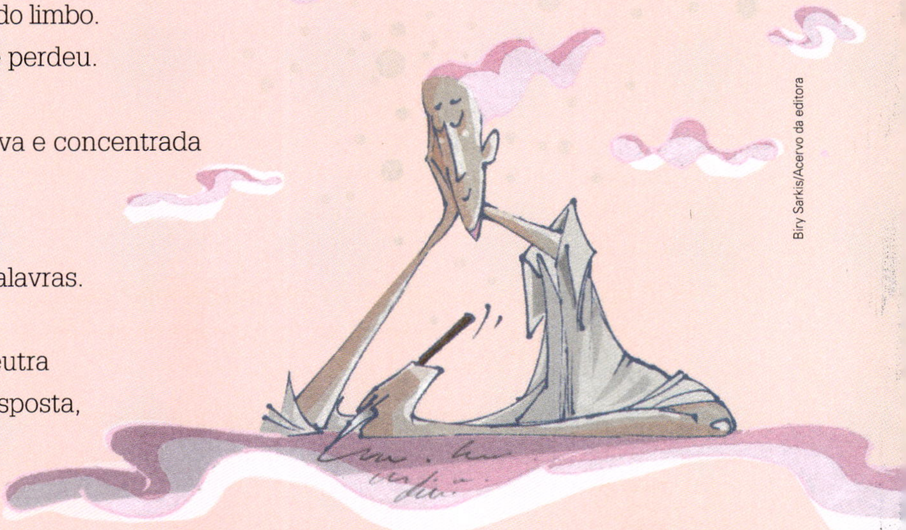
Biry Sarkis/Acervo da editora

· CAPÍTULO ·

39 A palavra e seus significados

Sinônimos e antônimos

Construindo o conceito

Leia o texto a seguir.

Brasil inventou a fuzarca e precisa exportar a tecnologia do furdunço

País da algazarra, alvoroço, arruaça, baderna, bagunça e bafafá tem uma desordem que há de nos levar ao progresso

Duvido que tenha alguma língua no mundo com tanta palavra pra bagunça quanto a nossa. E o léxico não vem do grego ou do latim: nossos termos pra desordem nasceram por aqui, às vezes sem pai nem mãe.

Bagunça, por exemplo: tem pais desconhecidos, assim como furdunço e fuzuê. O Brasil inventou a fuzarca — ou talvez o contrário. Auê, fuzuê, frege, bafafá, rebuliço. [...]

Jean Galvão/Acervo da editora

Minha vó chamava de murundum um baú cheio de cartas e fotos — corruptela de murundu, sinônimo de barafunda, aquele amontoado de qualquer coisa. Tenho pena das bagunças obsoletas, que morreram com o tempo. Ninguém nunca me chamou pra uma patuscada, um salsifré, um bailarico. Gandaia ainda se usa, mas só pra cair nela. Já ninguém se levanta pra uma gandaia.

Baderna veio da Marietta — a bailarina italiana que fez um sucesso estrondoso no Rio ao misturar danças africanas e balé clássico — isso em 1850. [...]

Gosto das palavras que servem pra designar ao mesmo tempo uma forma de confusão e uma forma de comida — sururu, sarapatel, angu de caroço. [...] Galhofa já significou banquete, até virar sinônimo de bagunça, e hoje virou humor fácil — no teatro, quando o comediante perde a mão, alerta-se, na coxia: "Cuidado com a galhofa". [...]

Dominamos, como ninguém, a tecnologia do furdunço. [...]. O progresso só alcançamos na fuzarca — sem cair na galhofa jamais. Não existe contradição entre o balé e a bagunça.

(Gregório Duvivier. Disponível em https://www1.folha.uol.com.br/colunas/gregorioduvivier/2022/02/brasil-inventou-a-fuzarca-e-precisa-exportar-a-tecnologia-do-furdunco.shtml. Acesso em 14/7/2023.)

1. O texto explora os sentidos de diversas palavras com sentido semelhante.

a) Quais são essas palavras? Identifique-as e escreva-as no caderno.

b) Embora apresentem algumas diferenças semânticas, todas as palavras identificadas no item **a** têm um ponto em comum. Qual é esse ponto?

c) Você costuma usar alguma dessas palavras no dia a dia ou conhece alguém que usa? Compartilhe com os colegas.

2. Observe o título e o subtítulo do texto:

> **Brasil inventou a fuzarca e precisa exportar a tecnologia do furdunço**
>
> **País da algazarra, alvoroço, arruaça, baderna, bagunça e bafafá tem uma desordem que há de nos levar ao progresso**

a) Levante hipóteses: Por que a construção "precisa exportar a tecnologia do furdunço" constrói efeito de humor?

b) Troque ideias com os colegas e o professor: O trecho "tem uma desordem que há de nos levar ao progresso" dialoga diretamente com que outro texto?

3. Releia o primeiro parágrafo:

> "Duvido que tenha alguma língua no mundo com tanta **palavra** pra bagunça quanto a nossa. E o léxico não vem do grego ou do latim: nossos termos pra desordem nasceram por aqui, às vezes sem pai nem mãe."

a) Identifique, nesse trecho, quais foram as outras palavras empregadas para retomar o vocábulo **palavra** em destaque.

b) Que sentido tem a expressão "sem pai nem mãe" no contexto? Indique a expressão do segundo parágrafo que a retoma.

c) Troque ideias com os colegas e o professor e explique a importância desse tipo de retomada para a construção de um texto.

4. Releia este trecho:

> "Ninguém nunca me chamou pra uma patuscada, um salsifré, um bailarico. Gandaia ainda se usa, mas só pra cair nela. Já ninguém se levanta pra uma gandaia."

a) Deduza: Por que o autor nunca foi chamado para "uma patuscada, um salsifré, um bailarico"? Justifique sua resposta com base no texto.

b) Identifique, na segunda frase desse trecho, duas palavras que podem indicar o contrário uma da outra. Em seguida, explique o efeito de humor criado por essa construção.

c) Entre as opções a seguir, extraídas do texto, identifique aquelas que formam um par de palavras contrárias.

nasceram	desconhecido	cheio	amontoado
obsoletas	morreram	fácil	sem

d) Sugira termos que formam um par contrário com as palavras que sobraram no item **c.**

5. Agora, releia as duas últimas frases do texto:

> "O progresso só alcançamos na fuzarca — sem cair na galhofa jamais. Não existe contradição entre o balé e a bagunça."

a) Considerando o conteúdo do texto, explique o sentido da primeira frase desse trecho.

b) Com qual outro trecho do texto a última frase dialoga? Explique o sentido dela de acordo com o contexto.

Conceituando

Em alguns contextos, como no caso do artigo que você leu e analisou, é possível substituir um substantivo por outros, como **palavra**, **léxico**, **termo**, sem que, com isso, ocorram profundas alterações semânticas. O mesmo pode acontecer com **algazarra**, **alvoroço**, **baderna**, **bagunça**, **bafafá** e outros citados no texto. Essas palavras são consideradas **sinônimas**.

Sinônimos são palavras de sentido aproximado que podem ser substituídas umas pelas outras em diferentes contextos.

Também no texto estudado, a oposição de sentido entre as palavras **cai** e **levanta** foi explorada para construir um efeito de humor. Nesse caso, dizemos que elas são **antônimas**.

Antônimos são palavras de sentidos opostos.

Veja outros exemplos de antônimos:

- Tentamos encontrar **ordem** em meio à **desordem**.
- **Nunca** fui chamado pra uma patuscada, mas **sempre** sou chamado pra reuniões.
- Os termos nasceram por **aqui**, não por **lá**.

Hipônimos e hiperônimos

Construindo o conceito

Leia estas tiras:

O CAMINHO DO PEABIRU ERA USADO PELOS INCAS, JÊS, TUPIS, GUARANIS...
ERA UMA ROTA SAGRADA E DE TROCA DE PRODUTOS, COM MAIS DE 3.000 KM!
AO MENOS A TURMA DOS ANDES APROVEITAVA PRA PEGAR UMA PRAIA...
Alexandre Beck 3262/19
© Armandinho, de Alexandre Beck/Acervo do cartunista

Os substantivos **incas**, **jês**, **tupis** e **guaranis**, usados na segunda tira, estão relacionados a um substantivo usado na primeira tira.

a) Qual é esse substantivo?

b) Os substantivos **incas**, **jês**, **tupis** e **guaranis** têm que tipo de relação com esse substantivo?

c) Após as palavras **incas**, **jês**, **tupis** e **guaranis**, o cartunista emprega reticências. Por quê?

d) Caso o cartunista repetisse o substantivo, em vez de usar os substantivos **incas**, **jês**, **tupis** e **guaranis**, qual seria a alteração de sentido para o leitor?

Conceituando

Note que, entre **incas**, **jês**, **tupis** e **guaranis**, há alguma familiaridade, pois pertencem a um mesmo grupo semântico: o grupo dos **povos** originários da América do Sul. As palavras **incas**, **jês**, **tupis** e **guaranis** são **hipônimos** de **povos**. A palavra **povos**, por sua vez, por ter um sentido mais amplo que as outras, nesse contexto, é **hiperônimo** delas.

Hipônimo e **hiperônimo** são palavras que pertencem ao mesmo campo semântico, sendo o hipônimo uma palavra de sentido mais específico e o hiperônimo uma palavra de sentido mais genérico.

Exercícios

1. A substituição de uma palavra por outra, sinônima, depende de vários fatores: qual é a situação de comunicação, quem fala, com quem fala, com que finalidade, etc. Às vezes, em uma situação, uma palavra tem o sentido semelhante ao de outra; contudo, em outra situação, essa correspondência de sentidos pode deixar de existir. Observe a lista com duplas de possíveis sinônimos:

velho	—	antigo
casa	—	lar
pelada	—	nua

Imagine dois tipos de situação para cada par de palavras: uma em que elas possam ser empregadas como sinônimas e outra em que não possam. Depois, crie e escreva no caderno frases para cada uma das situações.

2. Leia esta notícia:

Araras, papagaios e periquitos voltam ao céu do Rio

Ornitólogos observam o retorno de aves que desapareceram ao longo do século XX e a chegada de novas espécies

Ana Lucia Azevedo

RIO — Impossível ignorar os bandos de papagaios e periquitos que cruzam a cidade de Norte a Sul. Estardalhaço e cor não lhes faltam. Menos ainda quantidade. Especialistas em aves afirmam que não se trata de mera impressão. Os psitacídeos — denominação que inclui araras, papagaios e periquitos — estão mesmo mais comuns no município do Rio de Janeiro e podem ser encontrados em quase todos os bairros. O que muita gente não percebe é que não se trata de uma, mas de mais de uma dezena de espécies. [...]

ESB Professional/Shutterstock

(Disponível em: https://oglobo.globo.com/rio/araras-papagaios-periquitos-voltam-ao-ceu-do-rio-21702545. Acesso em: 5/7/2023.)

a) Que palavras do subtítulo são usadas para retomar as palavras **araras**, **papagaios** e **periquitos** empregadas no título? Qual é a relação de sentido entre essas palavras e as empregadas no título?

b) Ao longo do texto, o autor emprega outro hiperônimo e explica o sentido dele por meio de hipônimos. Identifique esse trecho.

c) Que outra palavra do texto equivale à palavra que você identificou no item **b** e também pode ser especificada por hipônimos?

3. As palavras **cascalho**, **dindim**, **tutu**, **bufunfa** e **cacau** são sinônimas de **dinheiro**.

a) Elas podem substituir a palavra **dinheiro** em qualquer situação?

b) Em que contextos, em sua opinião, o uso delas seria adequado?

c) Troque ideias com os colegas e o professor e, se necessário, faça uma pesquisa: Você conhece outras palavras sinônimas de **dinheiro**? Qual delas você mais utiliza?

4. Existem na língua muitas palavras e expressões que designam "falta de dinheiro". Entre elas, estão: **pindaíba**, **durango**, **quebrado**, **ruço**, **não ter onde cair morto**, **com a corda no pescoço**. Que outras palavras e expressões com esse mesmo sentido você conhece?

5. Leia o seguinte anúncio publicitário.

Reprodução/Associação Nacional de Jornais - ANJ

(Disponível em: https://www.folhape.com.br/edicao-impressa/740/31-03-2018/#edicao_impressa-14. Acesso em: 5/7/2023.)

a) O sentido do anúncio é construído com base em uma relação de antonímia. Que palavras compõem essa antonímia?

b) Qual é a instituição responsável pelo anúncio?

c) Em que dia o anúncio foi publicado? Por que esse dia foi escolhido?

d) Observe o texto da parte de baixo do anúncio:

> **MAIS UM 1º DE ABRIL. MAIS UM "DIA DA MENTIRA".**
> Mas dizer que "é o dia dela" não passa de um engano. Nestes tempos de tantas falsas notícias com trânsito livre pela internet, mentira deixou de ser coisa de um dia e virou companheira de todas as horas. Mas, para azar dela, continuamos aqui. Dedicados, diariamente, a estragar essa festa. No Brasil, somos mais de uma centena de jornais e milhares de profissionais cujo propósito é garantir que a mentira tenha vida curtíssima. E a verdade, sim, prevaleça. Precisamos, em vez de um "Dia da Mentira", de mais "Dias da Verdade", todo dia, o tempo todo. O 1º de abril deve servir para uma reflexão. Pensar no mal que o simples ato de criar ou compartilhar uma notícia falsa pode provocar. Como cidadãos, podemos fazer mais contra a mentira. Devemos conferir antes de compartilhar uma notícia se ela saiu em um veículo respeitado, como os jornais.
> **A MENTIRA NÃO MERECE NEM MAIS UM DIA.**
> **MERECE UM BASTA.**

De acordo com o anúncio, quem seriam os responsáveis pela verdade e pela mentira?

Denotação e conotação

Construindo o conceito

Leia estes textos:

Texto I

Desespero

pzAxe/Shutterstock

Não há nada mais triste do que o grito de um trem no silêncio noturno. É a queixa de um estranho animal perdido, único sobrevivente de alguma espécie extinta, e que corre, corre, desesperado, noite em fora, como para escapar à sua orfandade e solidão de monstro.

(*In*: Mário Quintana. *Sapo amarelo*. São Paulo: Global. © by Elena Quintana.)

Texto II

Se eu fosse fazer um filme

[...]

VINICIUS VIEIRA DE SOUZA/Shutterstock

O Expresso Turístico vai a Jundiaí em hora e meia. Parte de manhã, volta no final da tarde. Naquela cidade, na minha infância, trocava-se a locomotiva da Paulista pela da Estrada de Ferro Santos a Jundiaí e meu pai descia para comprar coxinhas. Na estação, os passageiros se dividiram. Uns preferiram o Circuito das Frutas, das uvas, figos, goiabas, caquis, maçãs, ameixas, pêssegos. Outros partiram para restaurantes localizados em velhas fazendas de café, foram para pousadas, cantinas, adegas (há vinhos artesanais), ranchos, produtores de cogumelos, ervas e especiarias, cachaça, mel, suco de uva. Passagem obrigatória é o Museu da Companhia Paulista, organizadíssimo, reconstituindo o que foram e como foram as ferrovias, a Paulista era perfeição. Pois não está ali a imponente V-8, que era tão poderosa?

[...]

(Disponível em: https://cultura.estadao.com.br/noticias/artes,se-eu-fosse-fazer-um-filme,433078. Acesso em: 31/7/2023.)

1. Apesar de terem linguagem e finalidades diferentes, os dois textos falam de trem. Compare os dois trechos abaixo.

> "o grito de um trem no silêncio noturno. É a queixa de um estranho animal perdido [...] que corre, corre, desesperado, noite em fora, como para escapar à sua orfandade e solidão de monstro."
>
> "O Expresso Turístico vai a Jundiaí em hora e meia. Parte de manhã, volta no final da tarde."

a) Em qual trecho o locutor se refere a trem de uma forma subjetiva e emprega palavras em um sentido incomum, resultante de associações de ideias? Justifique a resposta.

b) Em qual dos trechos o locutor fala de trem de uma forma objetiva, empregando as palavras em seu sentido comum? Justifique a resposta.

2. A respeito dos dois textos:

a) Qual deles revela predominantemente emoções do autor?

b) Qual deles utiliza uma linguagem mais impessoal?

Conceituando

Ao responder às questões anteriores, você observou que, no texto II, para dar informações sobre o Expresso Turístico, o locutor emprega as palavras em seu sentido próprio, comum, que consta nos dicionários. No texto I, o locutor usa palavras em um sentido diferente daquele em que normalmente são empregadas. Por exemplo, atribui ao trem ações próprias de um animal monstruoso, associando-as a sentimentos humanos, como o desespero, a tristeza e a solidão.

Assim, a linguagem empregada no texto II é **denotativa**, enquanto a linguagem do texto I é **conotativa**.

Denotação é o efeito de sentido objetivo, habitual e impessoal que as palavras apresentam em seu uso corrente.

Conotação é o efeito de sentido figurado das palavras, mais diretamente relacionado com a subjetividade do locutor, com suas vivências pessoais e com sua visão de mundo.

Exercícios

1. Três dos textos seguintes apresentam linguagem conotativa. Identifique-os.

a)

Assim como a voz ele tinha macio o gesto, que parecia obedecer a um estudo, a que por certo não se aplicara nunca... As mãos, pequenas, mostravam os anéis de preço sem se desviarem muito do peito, sempre resguardado por linhos claros e **fatos** corretíssimos. Em frente dele, Adolfo Caldas, gordo e calvo, com um eterno charuto entalado entre os beiços carnudos, que o bigode castanho cobria, movia-se à vontade no seu **veston** de pano preto, com um bom ar de despretensiosa superioridade.

(Julia Lopes de Almeida, *A Intrusa*)

b)

Caiu a noite, do azulado manto,
Como gotas de orvalho, sacudindo
Estrelas cintilantes. — Veio a lua
Banhando de tristeza o céu noturno:
Derrama aos corações melancolia,
Derrama no ar cheiroso molemente
Cerúlea chama, dia incerto e pálido
Que ao lado da floresta ajunta as sombras
E lança pelas águas da campina
Alvacentos clarões que as flores bebem.
[...]

(Álvares de Azevedo, *Poemas Irônicos, Venenosos e Sarcásticos*)

alvacento: quase branco; esbranquiçado.
cerúleo: da cor do céu; azulado, azul-celeste.
fato: (português de Portugal) roupa exterior; traje; vestuário.
veston: (do francês) casaco ou jaqueta.

c)

> Em ti o meu olhar fez-se alvorada
> E a minha voz fez-se **gorgeio** de ninho...
> E a minha **rubra** boca apaixonada
> Teve a frescura pálida do linho...
>
> (Florbela Espanca, *Poemas Selecionados*)

gorjeio: canto melodioso de algumas aves.
rubro: vermelho.

d)

> Amyr Klink, navegador brasileiro, foi o primeiro a realizar uma viagem a remo, sozinho, desde a África até o Brasil.
>
> (*Almanaque Recreio*)

Adriano Vizoni/Folhapress

e)

> Alimentos integrais são, basicamente, grãos e cereais — como arroz, trigo, aveia e centeio (e seus derivados farelo, farinha e pão) — que não passaram por nenhum processo de refinação. Por isso, eles conservam todos seus componentes originais, incluindo cascas e películas protetoras.
>
> (*Superinteressante*)

2. Nas frases a seguir há expressões empregadas usualmente na linguagem popular com sentido conotativo. Identifique o sentido denotativo de cada frase.

a) Ele vive de papo pro ar.

b) Com a crise, a vaca foi pro brejo.

c) Foi grosseiro com a namorada e ficou a ver navios.

d) Aquela insistência do garoto era chover no molhado: a mãe não mudava de ideia.

e) O jogador adversário começou a fazer cera.

3. As expressões destacadas nas frases a seguir estão empregadas em sentido denotativo. Reescreva no caderno as frases, substituindo as expressões denotativas por expressões conotativas. Se possível, empregue a expressão conotativa usual da linguagem popular adequada a cada contexto.

a) Criou coragem e começou a **mostrar valentia**.

b) Não se preparou e ficou com medo de **passar vergonha**.

c) Como não conhecia as pessoas, ficou **desconfiado**.

d) Estava arrependido; chegou com olhos **baixos**.

e) Disse que não estava ali para **ouvir desaforo**.

f) Pediu dinheiro emprestado, pois estava **precisando muito**.

g) Ele não tinha ninguém, estava sempre **sozinho**.

4. Dê os sentidos denotativo e conotativo do seguinte provérbio:

> De gota em gota, transborda o vaso.

Ambiguidade

Construindo o conceito

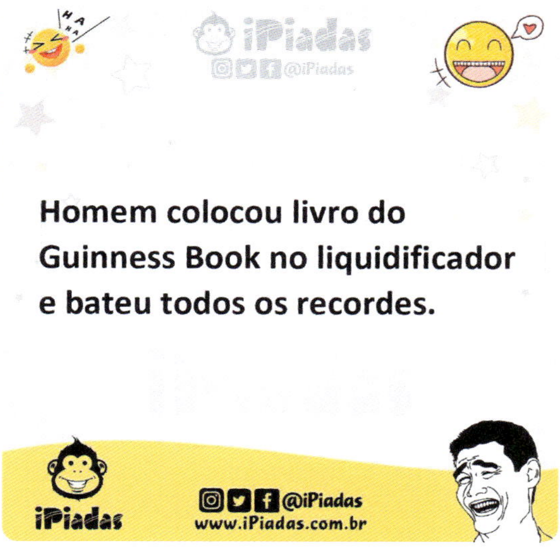

(Disponível em: https://www.ipiadas.com.br/frases/engracadas/homem-colocou-livro-do-guinness-book-no-liquidificador-e-bateu-todos-os-recordes. Acesso em: 3/5/2023.)

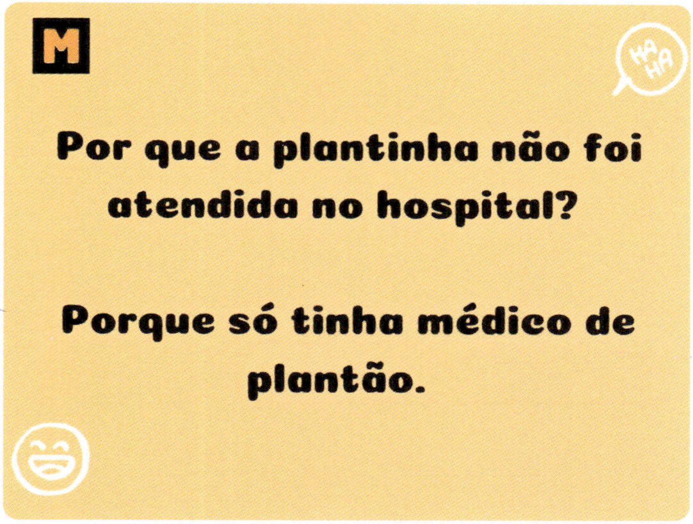
M
HA HA
Por que a plantinha não foi atendida no hospital?
Porque só tinha médico de plantão.

(Disponível em: https://www.maioresemelhores.com/melhores-piadas-curtas-para-morrer-de-rir/. Acesso em: 3/5/2023.)

O humor das duas piadas é construído com base tanto na ausência de racionalidade das situações narradas quanto na dupla possibilidade de leitura de algumas palavras e expressões. Troque ideias com os colegas e o professor e deduza:

a) Em cada uma das piadas, quais situações narradas são inusitadas?

b) Identifique, em cada piada, as expressões que podem ser compreendidas de formas diferentes.

c) Explique quais são as duas possibilidades de interpretação das expressões identificadas por você no item **b**.

Conceituando

Você pôde notar que o humor das piadas foi construído com base em possibilidades variadas de compreensão de algumas palavras e expressões. Quando uma palavra, frase ou texto apresentam duplicidade de sentidos, dizemos que eles são ambíguos.

> **Ambiguidade** é a duplicidade de sentidos que pode haver em uma palavra, em uma frase ou em um texto inteiro.

A ambiguidade como recurso de construção

Nas piadas lidas, a ambiguidade tem um importante papel na construção do humor, elemento principal desse tipo de texto. Esse é, de fato, um recurso muito utilizado em textos variados, como quadrinhos, textos publicitários, literários e humorísticos.

A ambiguidade como problema na construção do texto

Em alguns casos, a ambiguidade pode gerar dúvida e mal-entendidos em relação ao sentido pretendido de um texto, tornando-se um problema para a clareza e a precisão de ideias. Observe esta frase:

> Trouxe o remédio para sua mãe que estava no carro.

Não conseguimos saber, apenas pela leitura da frase e sem um contexto específico, se era o remédio que estava no carro ou se era a mãe do interlocutor que estava no carro.

Diferentemente da linguagem oral, que, além das palavras, conta com recursos como os gestos, a expressão corporal e a facial, a repetição, a entonação, etc. para ajudar a tornar preciso o sentido de um enunciado, a linguagem escrita dispõe para isso apenas das palavras. Portanto, se queremos clareza e precisão nos textos que produzimos, precisamos estar atentos para empregar as palavras adequadamente, evitando ambiguidades que não sejam intencionais.

Exercícios

Leia o anúncio a seguir e responda às questões 1 a 3.

Reprodução/Publicarte

(Disponível em: https://www.estudokids.com.br/anuncio-publicitario/. Acesso em: 19/7/2023.)

1. Observe o enunciado central do anúncio e responda:

a) Em princípio, qual parece ser o serviço anunciado e quem parece ser o anunciante?

b) Explique a ambiguidade da expressão "um gato" no contexto.

c) Do ponto de vista do enunciador, por que o enunciado central seria digno de vergonha?

2. O enunciado da parte de baixo do anúncio confere um sentido diferente ao texto.

a) Quem, na verdade, é o anunciante?

b) Com que objetivo o anúncio foi publicado?

3. Analise as frases: "Sem você, a propaganda não daria resultado. Daria vergonha".

a) A quem o termo **você** se refere? Explique.

b) Relacione os dois enunciados do texto e explique: Qual é o papel do enunciado sobre banho e tosa de cães?

c) Observe o emprego da forma verbal **daria** nessa frase. Que sentidos ela apresenta? Por que esses sentidos reforçam a finalidade principal do anúncio?

A ambiguidade NA CONSTRUÇÃO DO TEXTO

Leia a seguir dois cartazes de documentários brasileiros para responder às questões 4 a 6.

Direção: Evaldo Mocarzel/Niterói Filmes

(Disponível em: https://tvbrasil.ebc.com.br/programadecinema/episodio/do-luto-a-luta-1. Acesso em: 9/5/2023.)

Reprodução/Movimento Viva Vitão/Like Filmes

(Disponível em: https://www.adorocinema.com/filmes/filme-211936/. Acesso em: 9/5/2023.)

4. Considerando as informações presentes nos cartazes, levante hipóteses:

a) Qual é o assunto tratado em cada documentário?

b) Qual é o sentido da palavra **luta** em cada um deles?

5. Um dos títulos contém uma ambiguidade.

a) Identifique-o e explique a ambiguidade.

b) Troque ideias com os colegas e o professor e comente de que forma essa ambiguidade contribui para a construção do título do filme.

6. A palavra identificada por você na questão 5 também está no título do outro filme? Em caso afirmativo, indique qual o sentido dela nesse outro contexto.

SEMÂNTICA E DISCURSO

1. Leia a tira a seguir:

© Armandinho, de Alexandre Beck/ Acervo do cartunista

(Disponível em: https://tirasarmandinho.tumblr.com/post/109389328889/do-armandinho-tr%C3%AAs-livros. Acesso em 29/7/2023.)

a) O humor da tira é construído com base em uma ambiguidade. Qual é ela?

b) Por que a interpretação do homem que questiona Armandinho é possível no contexto da tirinha?

2. A seguir, há três manchetes que apresentam ambiguidades. Leia-as.

Anac e ministérios vão debater prevenção ao racismo em empresas aéreas

(Disponível em: https://www1.folha.uol.com.br/mercado/2023/05/anac-e-ministerios-vao-debater-prevencao-ao-racismo-em-empresas-aereas.shtml. Acesso em: 9/5/2023.)

Viúvo de mulher com síndrome rara usa Twitter para escrever cartas a ela

(Disponível em: https://www1.folha.uol.com.br/blogs/hashtag/2023/03/viuvo-de-mulher-com-sindrome-rara-usa-twitter-para-escrever-cartas-a-ela.shtml. Acesso em: 9/5/2023.)

Fifa quer "ofertas justas" e ameaça vetar transmissão da Copa do Mundo Feminina na Europa

(Disponível em: https://www.estadao.com.br/esportes/futebol/fifa-quer-ofertas-justas-e-ameaca-vetar-transmissao-da-copa-do-mundo-feminina-na-europa/. Acesso em: 9/5/2023.)

a) Explique o duplo sentido de cada caso.

b) Troque ideias com os colegas e o professor e responda oralmente: É possível, lendo apenas as manchetes, deduzir os sentidos que devem prevalecer na leitura?

c) Dê uma nova redação a cada manchete de modo a evitar a ambiguidade.

DIVIRTA-SE

Quantos animais você consegue encontrar na imagem a seguir?

Reprodução/Daily Mail

(Disponível em: https://www.amomeupet.org/noticias/3484/ha-15-animais-escondidos-neste-elefante-quantos-voce-consegue-achar. Acesso em: 9/5/2023.)

Coerência e coesão textual

CAPÍTULO 40

Na primeira unidade desta gramática, no capítulo 2, você aprendeu que coerência e coesão são princípios norteadores para a construção de textos, sendo a primeira correspondente à conexão entre as ideias que dão sentido a um texto e a segunda, às conexões gramaticais que ligam as partes de um texto.

Vamos agora aprofundar o assunto observando alguns tipos específicos de coesão textual.

Construindo o conceito

Leia a resenha a seguir.

Emília, de Monteiro Lobato, viaja no tempo para contar a história do Brasil

Personagem do Sítio do Picapau Amarelo retorna em trilogia infantojuvenil da escritora Sônia Rodrigues

Everton Lopes Batista

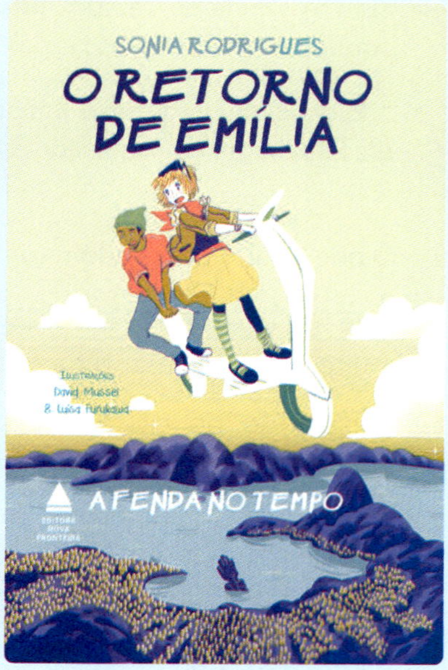

Reprodução/Editora Nova Fronteira

As aventuras da boneca Emília não acabaram quando Monteiro Lobato parou de escrever sobre o Sítio do Picapau Amarelo. Em uma nova série de livros, a escritora Sônia Rodrigues retoma a personagem para viver uma história sobre o passado e o futuro do Brasil.

Em "A Fenda no Tempo", primeira parte da trilogia "O Retorno de Emília", vemos o país em 2050, quando algo deu muito errado e, por causa de mudanças climáticas, a Amazônia virou um deserto.

É uma garotinha chamada Akemi, moradora desse deserto, quem liberta Emília ao abrir um livro empoeirado de Lobato.

Inquieta, a boneca resolve investigar o que aconteceu com o país.

Sua missão mais importante é encontrar três cientistas desaparecidos — foi depois do sumiço inexplicável deles que tudo começou a desandar.

Com a magia do pó de pirlimpimpim e um empurrão da tecnologia, Emília embarca numa viagem por diferentes períodos e lugares do Brasil. Conhece a crueldade da escravidão e os conflitos entre índios e europeus.

"Escrevi um livro com a Emília porque queria dar espaço para a criatividade e a irreverência dela", diz Sônia, que é pesquisadora da obra de Lobato.

[...]

(Disponível em: https://www1.folha.uol.com.br/folhinha/2019/10/emilia-de-monteiro-lobato-viaja-no-tempo-para-contar-a-historia-do-brasil.shtml. Acesso em: 5/5/2023.)

1. O texto trata do lançamento de um livro.

a) Qual é o título lançado e quem é seu autor ou autora?

b) Quem é a personagem principal da história? E quem criou essa personagem?

c) Relacione o título do livro ao resumo do enredo apresentado no texto e explique o que seria uma fenda no tempo.

2. No subtítulo do texto, o autor utiliza a expressão "personagem do Sítio do Picapau Amarelo".

a) Que palavra do título essa expressão retoma?

b) Mentalmente, substitua a expressão pela palavra retomada. Depois, levante hipóteses e responda: Por que o autor do texto lido teria utilizado essa expressão?

3. Releia o 4º e o 5º parágrafo do texto.

a) Que palavras ou expressões retomam **Emília**?

b) Que palavra ou expressão o termo **deles** retoma?

4. Observe o emprego das palavras destacadas nos seguintes trechos:

- "Em 'A Fenda no Tempo', primeira parte da trilogia 'O Retorno de Emília', vemos o país em 2050, **quando** algo deu muito errado e, **por causa de** mudanças climáticas, a Amazônia virou um deserto."
- "'Escrevi um livro com a Emília **porque** queria dar espaço para a criatividade e a irreverência dela', diz Sônia, que é pesquisadora da obra de Lobato."

a) O que a palavra **quando** retoma?

b) Que tipo de relação essa palavra estabelece entre a oração "vemos o país em 2050" e a oração "algo deu muito errado": causal, temporal ou condicional?

c) A expressão "por causa de" estabelece uma relação de causa e consequência entre "algo deu muito errado" e "mudanças climáticas". Indique qual das palavras e expressões a seguir poderia substituí-la.

I. porque II. devido a III. além de IV. enquanto

d) Indique o tipo de relação estabelecido pela palavra **porque** no segundo trecho.

I. tempo II. causa III. condição IV. finalidade

e) Por qual ou quais dos termos abaixo a palavra **porque** poderia ser substituída?

I. uma vez que II. desde que III. já que

Conceituando

Como você já estudou, a coesão de um texto é feita pelas conexões gramaticais existentes entre palavras, frases, parágrafos e partes maiores. Isso porque, como você também já viu, o texto é como um tecido e a coesão textual é uma espécie de "linha" que o costura, retomando e relacionando suas partes. A coesão textual pode ser **sequencial** ou **referencial**.

No texto lido, os termos **quando**, **por causa de**, **porque**, entre outros, fazem com que o conteúdo vá progredindo, pois constroem relações de sentido entre as partes. Essas palavras, que chamamos de **articuladores** ou **conectores**, são responsáveis pela coesão sequencial do texto. Geralmente, essa coesão estabelece a conexão lógica entre orações e períodos por meio do uso de conjunções, preposições, locuções conjuntivas e preposicionais e alguns advérbios e locuções adverbiais.

Já as palavras e expressões que retomam ou anunciam outras palavras — **Emília**, por exemplo — são responsáveis pela coesão referencial: aquela em que um termo do texto, chamado de **referente**, é retomado ou anunciado por meio de **substituição** (por outros termos, por pronomes ou por palavras com valor de sinônimo ou hiperônimo), **repetição** ou **elipse**, para que o texto tenha fluência e continuidade.

Chamamos de **referente** o elemento retomado ou anunciado. Os elementos do texto vão sendo retomados ou anunciados para que o texto tenha fluência e continuidade. A retomada pode se dar por repetição, substituição (por pronomes ou por palavras com valor de sinônimo ou hiperônimo) ou elipse.

Substituição	Sinônimo — palavra com sentido próximo: cão, cachorro.
	Hiperônimo — palavra com sentido mais amplo ou genérico, que engloba outras: felino — gato, tigre, onça, leão.
Elipse	Ausência do termo, que fica pressuposto e pode ser inferido pelo interlocutor: Onde está meu gato? Sumiu!

Assim, concluímos que:

Coesão sequencial corresponde aos mecanismos linguísticos utilizados para estabelecer sentido entre as partes de um texto.

Coesão referencial é aquela em que os termos textuais são retomados ou anunciados, dando fluência e continuidade ao texto.

Exercícios

Leia a tira de Fernando Gonsales:

© Fernando Gonsales/Acervo do cartunista

(*Folha de S.Paulo*, 20/10/2019.)

1. Observe a fala do personagem no 2º quadrinho:

a) A palavra **urina** é retomada? Se sim, de que forma?

b) Como a palavra poderia ser retomada por meio da substituição?

c) A palavra **também** estabelece uma relação entre as falas do 2º e do 1º quadrinho. Indique o sentido construído por ela:

I. negação II. inclusão III. oposição

2. A palavra **porque** estabelece uma relação entre duas orações.

a) Quais são as duas orações?

b) Explique a relação estabelecida entre as orações.

3. Observe o 3º quadrinho: Que elementos não verbais retomam o que foi dito nos quadrinhos anteriores e contribuem para a construção do humor na tira?

Leia o texto a seguir.

https://www.guiadoscuriosos.com.br/esportes/pergunta-curiosa/por-que-o-pato-nao-se-molha-quando-nada/

PERGUNTA CURIOSA

Por que o pato não se molha quando nada?

Porque ele produz uma secreção oleosa embaixo da cauda e com o bico retira o óleo e o espalha pelo corpo. Recobertas por essa secreção, as penas tornam-se impermeáveis. Além disso, a camada de ar que fica entre as penas e o corpo ajuda a manter o pato flutuando.

(*Guia dos curiosos*. Disponível em: https://www.guiadoscuriosos.com.br/esportes/pergunta-curiosa/por-que-o-pato-nao-se-molha-quando-nada/. Acesso em: 11/5/2023.)

Clarke Colin/Shutterstock

4. O texto é composto de uma pergunta e de uma resposta.

a) A palavra **porque**, que inicia a resposta, estabelece que tipo de relação com a pergunta?

b) Há duas orações na pergunta. Que palavra faz a conexão gramatical entre elas? Que sentido essa palavra apresenta?

5. A palavra **pato** é retomada algumas vezes na resposta. Identifique:

a) uma substituição por pronome.

b) uma elipse.

c) uma repetição.

6. A expressão "secreção oleosa" também é retomada algumas vezes na resposta. Identifique:

a) uma substituição lexical.

b) uma substituição pronominal.

c) uma repetição.

7. Releia o último período do texto.

a) Qual é a relação estabelecida por "Além disso" entre o período final e os anteriores?

b) Que outra palavra ou expressão poderia ser usada com a mesma função? Se necessário, consulte um dicionário.

A coerência e a coesão NA CONSTRUÇÃO DO TEXTO

Leia esta tira, de Caco Galhardo:

(Disponível em: https://www1.folha.uol.com.br/ilustrada/cartum/cartunsdiarios/#9/8/2018. Acesso em: 19/7/2023.)

1. No diálogo entre os dois personagens é instaurado um impasse.

a) A fala de Chico Bacon no 1º quadrinho não tem apenas a intenção de perguntar a opinião de Bernardão. Que outra finalidade ela tem?

b) Bernardão inicia sua resposta com um questionamento. Explique qual é o sentido desse questionamento e por que o termo **coisica** contribui para enfatizá-lo.

c) Explique de que forma a última fala de Chico Bacon constrói o efeito de humor da tira.

2. Ao longo da fala dos personagens, a palavra **muque** é retomada de diferentes maneiras.

a) Que palavra é usada para essa retomada no 2º quadrinho?

b) Que palavra ou expressão é usada para retomar **muque** no 3º quadrinho?

c) Há uma elipse no 3º quadrinho, ou seja, a supressão de uma palavra que pode ser facilmente inferida pelo leitor. Qual é ela?

d) Uma dessas palavras que retomam **muque**, além da função de fazer referência a um termo do texto, contribui para caracterizá-lo. Qual é ela?

3. O emprego adequado de elementos coesivos contribui para que o texto construa sua coerência interna.

a) O diálogo entre os personagens apresenta coerência? Justifique sua resposta.

b) É coerente a atitude de Chico Bacon exibir seu muque a Bernardão? Por quê?

c) Considerando a finalidade principal da tira, que é criar humor, pode-se dizer que o encontro entre os personagens e sua disputa são coerentes com essa finalidade? Por quê?

SEMÂNTICA E DISCURSO

Leia o texto a seguir:

Você sabia...
... que cachorros e gatos não pegam dengue, chikungunya ou zika?...

daily_photo/Shutterstock

Ufa! Pelo menos nossos bichos de estimação estão livres de contrair essas três doenças transmitidas pelo mosquito *Aedes aegypti*. Por quê? Bem, ao que tudo indica, os vírus da dengue, *chikungunya* e *zika* infectam exclusivamente os primatas, grupo ao qual pertencem, por exemplo, os gorilas, os micos, os chimpanzés e os humanos, como eu e você.

É bem verdade que o mosquito — ou melhor, a fêmea do *Aedes aegypti*, que necessita de sangue para nutrir seus ovos — pode picar cachorros, gatos, aves e outros bichos. Mas os vírus da dengue, *chikungunya* e *zika* que ela pode transmitir nessa picada só encontram organismos propícios para se desenvolver nos primatas.

Por outro lado, há outros mosquitos que podem, sim, transmitir parasitas que causam doenças ao seu cão ou gato de estimação. O mosquito-palha, por exemplo, pode transmitir com sua picada um micro-organismo chamado *Leishmania*, causador da leishmaniose, doença grave que provoca lesões na pele e nos órgãos.

Há ainda outros mosquitos que podem ser vetores da *Dirofilaria*, um verme que causa a dirofilariose — também conhecida como "doença do coração".

A leishmaniose e a dirofilariose são mais comuns em cães, mas podem também afetar gatos. Aliás, em ambientes com muitos mosquitos e pernilongos, os gatos podem desenvolver uma espécie de alergia às picadas desses insetos, que precisa ser tratada.

Para prevenir essas e outras doenças e manter seu cachorro ou gato saudável, é importante levá-lo a um médico veterinário periodicamente e estar com a vacinação sempre em dia. Junte isso a uma boa alimentação, passeios e brincadeiras, e seu bichinho terá uma vida tranquila e saudável!

[...]

(Disponível em: http://chc.org.br/voce-sabia-4/. Acesso em: 15/6/2019.)

1. No 1º parágrafo, há a retomada de palavras do título e do subtítulo do texto.

a) Que expressão retoma "cachorros e gatos"?

b) Que expressão retoma "dengue, chikungunya ou zika"?

c) Reescreva o 1º parágrafo no caderno, repetindo as mesmas palavras utilizadas no título e no subtítulo. Discuta com a turma: Como o texto ficaria sem as substituições?

2. No 1º parágrafo, há um trecho que explica a palavra **primatas**.

a) Qual é esse trecho?

b) Qual termo desse trecho é um hiperônimo da palavra **primatas**?

c) Quais termos desse trecho especificam a palavra **primatas**?

3. No 2º parágrafo, que palavra ou expressão o pronome **ela** retoma?

4. No último parágrafo, há algumas estratégias de coesão referencial.

a) O que o pronome **essas** na expressão "essas e outras doenças" retoma?

b) O pronome **o** em "levá-lo" pode ter mais de um referente. Quais são eles?

c) Que outro termo do parágrafo retoma o mesmo referente apontado por você no item **b**? Tendo em vista as diferentes estratégias de retomada que você estudou nesta seção, conclua: Qual delas foi utilizada nesse caso? Justifique sua resposta.

d) O que o pronome **isso** retoma em "Junte isso a uma boa alimentação"?

DIVIRTA-SE

(Disponível em: https://www.facebook.com/suricateseboso/photos/a.255109681285034/2725954784200499/?type=3. Acesso em: 2/8/2023.)

CAPÍTULO 41

Estratégias de modalização e impessoalização do discurso

Modalização

Construindo o conceito

Leia esta tira:

Peanuts, Charles Schulz © 1970 Peanuts Worldwide LLC/ Dist. by Andrews McMeel Syndication

1. Schroeder, personagem das tiras "Peanuts", passa horas tocando um piano de brinquedo, admira o compositor Beethoven e ignora as investidas de Lucy, que sonha em se casar com ele.

a) Levante hipóteses: Por que Lucy fala em Beethoven no 1º quadrinho?

b) Pela expressão facial de Lucy no 2º e no 3º quadrinho, a fala dela teve o efeito pretendido?

2. Observe a fala de Schroeder no 2º quadrinho.

a) Como o personagem caracteriza o ano de 1770?

b) Em que tempo e modo verbais estão os verbos empregados por ele?

c) O personagem demonstra ter certeza do que diz ou ter alguma dúvida?

3. Observe a fala de Lucy no 3º quadrinho.

a) Ela constrói um sentido de verdade e certeza ou de dúvida e possibilidade?

b) Que palavras comprovam sua resposta ao item anterior?

4. Analise a fala de Schroeder no último quadrinho.

a) Que trecho constrói a ideia de incerteza, possibilidade?

b) Que trecho constrói a ideia de certeza e verdade?

c) Por essa fala, qual é a opinião de Schroeder sobre as pessoas e suas realizações após o ano de 1770?

Conceituando

Como você já estudou, sempre que fazemos uso da língua, em textos orais e escritos, manifestamos nosso ponto de vista. Até a seleção de palavras e sua combinação refletem nossa avaliação sobre os temas tratados e quanto os entendemos como certos e verdadeiros, mesmo que isso não seja consciente ou proposital.

O uso de recursos linguísticos para construir o grau de comprometimento do falante com aquilo que diz e sua avaliação sobre o conteúdo do que diz é chamado de **modalização**.

Modalização são as marcas que evidenciam o ponto de vista assumido pelo falante sobre o conteúdo de seu enunciado, seu grau de comprometimento com o que diz e sua relação com os interlocutores.

O grau de comprometimento está ligado ao valor de verdade e ao grau de certeza que o locutor mostra que tem em relação ao conteúdo do texto que produz.

Na tira, a fala "Estamos precisando.", de Schroeder, mostra a avaliação que ele faz da humanidade e de seus feitos mais recentes e que ele tem certeza sobre o conteúdo de seu enunciado. Seria diferente se dissesse: "Eu acho que estamos precisando." ou "Talvez estejamos precisando.".

Nessa fala, há dois tipos de modalização. A **modalização apreciativa**, que se refere ao uso, principalmente, de adjetivos, locuções adjetivas, advérbios, locuções adverbiais, orações adjetivas e adverbiais, que caracterizam e especificam objetos do discurso e mostram a avaliação do falante a respeito deles: como a forma no gerúndio **precisando**, usada na fala do personagem. Já a **modalização epistêmica** se refere à construção do valor de verdade e às condições de verdade de uma proposição. O uso do presente do indicativo na 1ª pessoa do plural na fala de Schroeder constrói um valor de verdade e de certeza para o enunciado. Geralmente, o uso do modo subjuntivo ou do futuro do pretérito do indicativo constrói a ideia de possibilidade, de dúvida. Observe outro exemplo:

- Iremos de manhã ao parque porque o clima é mais ameno. (certeza)
- Talvez seja melhor irmos de manhã ao parque porque o clima geralmente é mais ameno. (possibilidade)
- Será que é melhor irmos de manhã ao parque? Pode ser que o clima esteja mais ameno. (dúvida)

Leia este texto da neurocientista Suzana Herculano-Houzel:

ChatGPT deveria dar humildade e motivação, não preguiça

Afinal, ainda tem muito que só você é capaz de fazer se quiser

Claro que meus colegas estão em polvorosa com as habilidades do ChatGPT.

Para quem esteve dormindo em matéria de tecnologia nas últimas semanas, esse é o nome do algoritmo que gera textos a pedido do freguês. O ChatGPT foi criado pela OpenAI, a mesma empresa que trouxe até você o Dalle-2, que gera imagens sob demanda.

CHUAN CHUAN/Shutterstock

O motivo do alvoroço é que o ChatGPT escreve textos passavelmente convincentes à primeira vista, que serviriam como dever de casa ou até respostas de questões discursivas de prova, e boa parte da discussão tem se focado em como detectar esses casos indiscutíveis de trapaça.

Eu acho que essa pergunta é errada. Não é de ontem que a gente apela para algoritmos que resolvem problemas muito mais rapidamente do que a gente — minha definição operacional, aliás, de tecnologia.

Calculadoras fazem isso, poupando a gente do tempo que usar papel e lápis para montar multiplicações e divisões com resto exige [...]. Livros também armazenam um mundo de informação, disponível para consulta sob demanda.

O ChatGPT é perfeitamente capaz de juntar palavras seguindo a gramática e informações seguindo associações encontradas no banco de dados. Palmas para ele: a gente leva ao menos uns dez anos aprendendo a fazer isso, e os engenheiros da OpenAI entenderam o suficiente do processo para repeti-lo sob encomenda.

O que o ChatGPT não faz é gerar CONHECIMENTO — digo isso assim mesmo, em letras garrafais. Informação existe em associações de ideias e eventos: interruptor pra cima, luz acesa; interruptor pra baixo, luz apagada. Isso é o que o algoritmo é programado para fazer, e, seguindo as regras do jogo, produz frases gramática e sintaticamente corretas que firmam essas associações.

Agora, conhecimento... este dá trabalho e só se constrói às custas de USAR informações — assim, de novo, em letras maiúsculas. [...]

Quem delega seu dever de casa ao ChatGPT abre mão dessa oportunidade de gerar conhecimento em seu próprio cérebro. Esse cérebro cede à preguiça, uma pena.

Mas não há que ser assim. Professores, os piores inimigos da preguiça mental, podem incorporar a preguiça ao processo: basta por exemplo pedir aos alunos para fazer, sim, seu dever de casa apelando para o ChatGPT — mas então EDITAR (de novo, maiúsculas) o resultado, usando seu conhecimento e seus valores (outra coisa que o algoritmo não tem, mas aí já é outra coluna). Aluno, mostre que você é mais do que um simples algoritmo.

A única razão de banirem livros até hoje foi por nos fazerem pensar, não por nos impedirem. Se um dia o ChatGPT de fato incomodar, vai ser porque insuflou mentes a pensar coisas novas, não a se acomodar.

(*Folha de S.Paulo*. Disponível em: https://www1.folha.uol.com.br/colunas/suzanaherculanohouzel/2023/01/chatgpt-deveria-dar-humildade-e-motivacao-nao-preguica.shtml. Acesso em: 16/2/2023.)

1. O texto comenta a repercussão do lançamento de um algoritmo de inteligência artificial, o ChatGPT.

a) O que faz o ChatGPT?

b) Por que ele provocou alvoroço?

c) A quem ele preocupa principalmente?

2. Na opinião da cientista:

a) É preciso temer o ChatGPT? Por quê?

b) O que o programa faz exatamente em relação à produção de texto?

3. Releia a frase inicial do texto:

"Claro que meus colegas estão em polvorosa com as habilidades do ChatGPT."

Indique o sentido que a palavra **claro** atribui ao que vai ser falado em seguida:

a) dúvida

b) possibilidade

c) certeza

d) negação

4. Releia o terceiro parágrafo do texto:

> "O motivo do alvoroço é que o ChatGPT escreve textos passavelmente convincentes à primeira vista, que serviriam como dever de casa ou até respostas de questões discursivas de prova, e boa parte da discussão tem se focado em como detectar esses casos indiscutíveis de trapaça."

FAMILY STOCK/Shutterstock

Nesse trecho, a autora revela sua avaliação ou seu julgamento a respeito de algumas questões que envolvem o algoritmo.

a) Qual palavra ou expressão do texto demonstra que ela vê com reservas a capacidade do ChatGPT?

b) Qual palavra ou expressão do texto demonstra que ela reconhece que o algoritmo pode ser utilizado de forma fraudulenta?

5. Os tempos verbais empregados em um texto também podem expressar a avaliação do autor a respeito de um assunto. Note que, no terceiro parágrafo do texto lido, inicialmente a autora emprega duas formas verbais no presente do indicativo: **é** e **escreve**. Em seguida, ela emprega uma forma verbal no futuro do pretérito: **serviriam**.

a) Qual(Quais) dessas formas expressa(m) certeza em relação às ações do ChatGPT?

b) E qual(quais) expressa(m) dúvida ou incerteza?

6. No sexto parágrafo, a autora faz uma avaliação positiva sobre a capacidade do ChatGPT. Identifique os trechos em que isso ocorre e explique qual é a capacidade do algoritmo que ela reconhece como positiva.

7. No sétimo e no oitavo parágrafos, a cientista usa as palavras **conhecimento** e **usar** com letras maiúsculas e explicita que essa grafia foi empregada propositalmente.

a) Por que ela destaca essas duas palavras no contexto da discussão?

b) O emprego de letras maiúsculas também pode ser considerado uma forma de avaliação sobre a capacidade do ChatGPT? Por quê?

8. No final do texto, a autora deixa uma recomendação aos professores e faz uma projeção para o uso do algoritmo no futuro.

a) Que recomendação é essa?

b) Ela acredita que é justificável a preocupação de um dia o algoritmo substituir os produtores de conteúdo, como têm sido os autores de livros? Justifique sua resposta.

Leia a tira a seguir:

© Armandinho, de Alexandre Beck/Acervo do cartunista

(Disponível em: https://www.facebook.com/tirasarmandinho/photos/a.488361671209144.113963.488356901209621/899667043411936/. Acesso em: 12/9/2023.)

9. Deduza: Ao fazer a pergunta, o pai de Armandinho realmente espera uma resposta do filho sobre o horário adequado para comer doces? Qual é o sentido construído pela pergunta dele?

10. Observe a fala do pai no 2º quadrinho.

a) Qual é a avaliação dele sobre os biscoitos? E sobre o comportamento do filho? Justifique suas respostas com trechos da fala do personagem.

b) O conteúdo da fala é construído como uma certeza, uma verdade ou como uma dúvida, uma possibilidade? Justifique sua resposta.

11. Observe a fala de Armandinho no 3º quadrinho.

a) Qual é o grau de certeza de Armandinho sobre o que diz?

I. total certeza

II. possibilidade remota

III. impossibilidade total

b) Que termos confirmam sua resposta ao item **a**?

Estratégias de impessoalização da linguagem

Construindo o conceito

Leia o texto a seguir — a introdução de um informativo sobre usos e cuidados relacionados à internet:

Em média, 93% das crianças e adolescentes do Brasil com idades entre 9 e 17 anos têm acesso à internet. No entanto, a qualidade desse acesso varia muito entre as classes sociais de maior e menor renda. Estes e outros dados estão presentes na pesquisa TIC Kids, realizada pelo Centro Regional de Estudos para o Desenvolvimento da Sociedade da Informação (Cetic.br) e apresentada, no dia 16 de agosto, em evento realizado pelo Comitê Gestor da Internet no Brasil (CGI.br). O trabalho tem como objetivo compreender de que forma essa população utiliza a Internet e como lida com os riscos e as oportunidades decorrentes desse uso. [...]

Lopolo/Shutterstock

Esse estudo tem grande importância para a educação por ter como público-alvo a faixa etária dos estudantes dos ensinos fundamental e médio. O levantamento ouviu 2.651 pessoas de 9 a 17 anos, de todo o território nacional, entre outubro de 2021 e março de 2022.

[...]

Drica Guzzi, líder da Zeitgeist — Pesquisa, Tecnologias e Educação, foi uma das convidadas a falar no evento de lançamento dos resultados da TIC Kids. Segundo ela, a pesquisa traz muitos insights e possibilidades de compreensão da realidade. "Se por um lado ela nos diz que 93% das crianças e adolescentes têm acesso à internet, por outro lado ela nos informa que esse acesso não é igual em várias dimensões. Não é igual em termos de qualidade de conexão, tipo de dispositivo, tipo, qualidade e quantidade de dados acessados. Então, ela mostra a importância de incorporarmos em nosso discurso a ideia de um acesso significativo [um acesso com qualidade], porque apenas o dado de quantos têm acesso [93%] não dá conta da realidade".

Para Ciro Biderman, pesquisador da FGV, outro convidado a falar no evento, "a pandemia exigiu que a educação buscasse soluções para enfrentar a necessidade de aulas não presenciais. Essas soluções passaram por uma melhora na conectividade e na qualidade dos dispositivos presentes na escola, mas também passaram por uma formação dos professores para trabalhar em ambiente virtual. Ou seja, hoje temos uma estrutura já montada e que pode ser uma oportunidade para reduzir as desigualdades no que diz respeito ao acesso a tecnologias digitais."

[...].

(Disponível em: https://www.fundacaotelefonicavivo.org.br/noticias/pesquisa-tic-kids-mostra-que-93-das-criancas-e-adolescentes-no-brasil-tem-acesso-a-internet/. Acesso em: 4/7/2023.)

Prostock-studio/Shutterstock

1. Ao abordar o uso da internet por crianças e adolescentes, o texto apresenta um dado de pesquisa que chama a atenção do leitor.

a) Deduza: Por que esse dado chama a atenção?

b) Logo em seguida, é feita uma ressalva. Identifique a expressão que introduz essa ressalva e explique qual é ela.

c) Quais vozes de autoridade são citadas no primeiro parágrafo e que efeito de sentido elas conferem ao texto?

2. Releia a primeira frase do texto e observe o emprego dos substantivos **crianças**, **adolescentes** e **idades**.

a) Qual(is) deles é (são) precedido(s) de artigo e qual(is) não é (são)?

b) Explique os efeitos de sentido criados pela presença e pela ausência de artigos junto aos substantivos.

3. No segundo parágrafo, há uma avaliação do enunciador sobre o estudo.

a) Identifique as palavras do texto que expressam essa avaliação.

b) Que argumento é utilizado para justificar essa avaliação?

c) Troque ideias com os colegas e o professor: Trata-se de uma avaliação subjetiva, que parte de uma opinião do autor, ou ela é objetiva, pois parte de fatos? Justifique sua resposta.

d) Identifique os sujeitos das orações principais nas duas frases que compõem esse parágrafo, depois levante hipóteses: Que efeito de sentido o emprego desses termos constrói no texto?

4. Releia as falas das pessoas convidadas para o evento, citadas no terceiro e no quarto parágrafos.

a) Nessas falas foram empregadas palavras flexionadas na 1ª pessoa do plural. Identifique-as.

b) A quem essas palavras se referem?

c) Considerando suas respostas anteriores, conclua: Que efeito de sentido a utilização do pronome de 1ª pessoa do plural como uma referência genérica constrói em um texto?

Releia a fala do pesquisador da Fundação Getulio Vargas (FGV) para responder às questões 5 e 6:

> "'[...] a pandemia exigiu que a educação buscasse soluções para enfrentar a necessidade de aulas não presenciais. Essas soluções passaram por uma melhora na conectividade e na qualidade dos dispositivos presentes na escola, mas também passaram por uma formação dos professores para trabalhar em ambiente virtual. [...]'"

5. Observe os termos que cumprem a função de sujeito nas orações que constituem essa fala. Esses sujeitos representam diretamente as pessoas e as instituições responsáveis pelas ações verbais no mundo? Justifique sua resposta.

6. A fala do pesquisador é composta de duas frases.

a) Em qual das frases predomina o uso de nominalizações (utilização de nomes em vez de verbos) e em qual das frases predomina a utilização de formas verbais? Justifique sua resposta com palavras da fala.

b) Compare a fala do pesquisador a esta proposta de reescrita:

> A pandemia trouxe a exigência da busca de soluções para o enfrentamento da necessidade de aulas não presenciais. Essas soluções passaram por melhorar a conectividade e a qualidade dos dispositivos que existem na escola, mas também passaram por formar os professores para trabalhar em ambiente virtual.

Troque ideias com os colegas e o professor: Qual é a diferença de sentido entre as construções nominalizadas e as construções que privilegiam o uso de formas verbais?

c) Identifique, na fala da outra convidada, um trecho em que foi empregada uma construção nominalizada.

7. As formas verbais empregadas no texto estão predominantemente no presente do indicativo e, pontualmente, no pretérito perfeito do indicativo.

a) A seguir, as opções detalham circunstâncias nas quais o presente do indicativo costuma ser utilizado. Indique a opção que justifica o seu uso no texto em estudo.

I. Simultaneidade entre o momento da fala e o que se expressa.

II. Processos e ações habituais, regulares.

III. Futuro próximo, tido como realização certa.

IV. Presente atemporal, com ideia de universalidade ou verdade.

b) Agora, indique a opção que descreve de forma mais adequada a função do pretérito perfeito na construção da argumentação do texto lido.

I. Contar episódios vividos pelos convidados citados.

II. Fazer referências pontuais a fatos já ocorridos.

III. Contabilizar os dados da pesquisa mencionada.

IV. Descrever o que se passou no evento noticiado.

Conceituando

Ao longo do estudo anterior, você observou que há determinadas construções linguísticas e escolhas lexicais que contribuem para a impessoalização da linguagem de um texto. Quando um texto não contém marcas da 1ª pessoa do singular e aparentemente descreve fatos e situações de forma mais objetiva, sem imprimir de forma explícita o envolvimento pessoal do autor do texto e sem estabelecer um diálogo direto com o leitor, consideramos que se trata de uma linguagem que tende à impessoalidade.

Estratégias de impessoalização da linguagem são recursos linguísticos que contribuem para minimizar, no texto, o envolvimento do enunciador em relação ao conteúdo enunciado.

Entre esses recursos, estão:

- o emprego da voz passiva, de verbos no infinitivo e da indeterminação do sujeito, que possibilitam que o responsável pela ação verbal seja omitido;
- nominalizações e ausência de artigos definidos, que permitem maior generalização;
- o uso do presente do indicativo, que constrói a ideia de verdade atemporal, sem que o autor precise explicitamente se comprometer com as informações do texto;
- a referência a vozes de autoridade, que dão credibilidade ao que é dito.

Essas estratégias, ao construir a ideia de impessoalização e generalização, contribuem para que o texto se destine a um público leitor mais amplo e que seu conteúdo seja interpretado como uma verdade permanente ou como um conhecimento compartilhado por todos.

Exercícios

Leia o texto de divulgação científica a seguir:

Se o latim é uma língua morta, quando morreu?

Por **Bruno Vaiano**

Inga Ivanova/Shutterstock

A queda do Império Romano do Ocidente, em 476, marca o início do fim do latim. "Não deixou de ser falado da noite para o dia", diz Neiva Ferreira Pinto, professora da Universidade Federal de Juiz de Fora.

O latim falado pela plebe — que nessa altura já era bem diferente do latim escrito da Igreja, da poesia épica e de documentos oficiais — se misturou cada vez mais às línguas das populações nativas (os ditos "bárbaros") de cada território que costumava pertencer ao Império fragmentado.

Formaram-se vários dialetos, que depois seriam "promovidos". Assim, nasceram línguas como francês, espanhol e o nosso português (que teve até influência árabe, graças à prolongada presença moura na Península Ibérica durante a Idade Média).

Por muito tempo, porém, o latim formal continuou sendo a língua oficial da Igreja Católica. A Bíblia não tinha tradução, e as missas eram rezadas como se ainda estivéssemos em Roma.

Hoje, o latim sobrevive no jargão jurídico e científico, mas não tem falantes nativos: muitas das culturas que derivam de Roma de alguma forma falam línguas que descendem do latim, mas não são latim.

(Disponível em: https://super.abril.com.br/blog/oraculo/se-o-latim-e-uma-lingua-morta-quando-morreu/. Acesso em: 30/6/2023.)

1. Identifique as estratégias de impessoalização utilizadas no texto para:
   a) conferir maior credibilidade ao que é dito;
   b) criar um efeito de verdade atemporal.
2. Uma das estratégias de impessoalização da linguagem é o uso da voz passiva.
   a) Identifique no texto enunciados na voz passiva.
   b) É possível identificar o responsável pelas ações verbais dessas orações?
3. O texto é um artigo de divulgação científica.
   a) Qual é o objetivo do texto?
   b) De que área do conhecimento científico é o assunto abordado?
   c) Observe as seguintes expressões empregadas no texto: "o latim [...] se misturou", "depois", "por muito tempo", "muitas das culturas", "de alguma forma". As expressões são especificadoras ou generalizantes? Justifique sua resposta.
   d) Relacione o emprego dessas expressões ao objetivo do texto e levante hipóteses: Por que elas foram empregadas?

abdelsalam/Shutterstock

4. Há dois termos marcados pelo uso de aspas. Identifique-os e depois responda: Qual é o efeito do uso desse recurso nas palavras em que foi empregado no texto em estudo?
5. Releia o seguinte trecho:

> "Assim, nasceram línguas como francês, espanhol e o nosso português"

   a) Identifique os nomes empregados no trecho.
   b) Em relação aos três primeiros nomes identificados, eles estão acompanhados de artigos? Qual é o efeito desse emprego?
   c) Por que apenas **português** está antecedido por um pronome? Qual é o efeito de sentido construído por seu uso?

As estratégias de modalização NA CONSTRUÇÃO DO TEXTO

Leia o artigo de divulgação científica a seguir:

Turista indesejado nos recifes brasileiros

Viagem ao litoral nordestino tem um programa certo: mergulhar para conhecer recifes de coral! Cá entre nós, é uma delícia mesmo! Você mergulha naquela água cristalina, quentinha e começa a admirar os peixinhos coloridos quando, de repente, um lhe chama a atenção. Ele é bem bonito, tem tamanho aproximado ao da palma da mão de um adulto, listras brancas e vermelhas, além de longas nadadeiras, que mais parecem uma coroa de espinhos. O bicho nada com elegância, cercando os peixinhos do recife e, num piscar de olhos, com um bote veloz, ele come um deles: nhac! E come outro: nhac, nhac! E mais outro! O predador desta cena é o peixe-leão. Mas que peixe é esse, minha gente?

Gilmanshin/Shutterstock

› Peixe-leão.

Peixe-leão é o nome popular usado para 12 espécies chamadas Pterois, todas bem bonitas e encontradas nos recifes de coral dos oceanos Índico e Pacífico, mas que andam "turistando" no oceano Atlântico. Como são territorialistas, ou seja, tomam posse do território que ocupam, mesmo que esse local esteja longe do seu habitat natural, eles estão se espalhando pelos mares do Nordeste brasileiro.

Esses peixes são mais ativos de manhã e no fim do dia, sendo um eficiente predador de peixes e crustáceos. Assim, pode frequentar o mesmo recife por muito tempo. Seu nome popular deve ser pela semelhança das suas longas nadadeiras peitorais e dorsal com a juba de um leão, além, claro, do seu apetite voraz!

Jean Carlos Miranda
Departamento de Ciências Exatas, Biológicas e da Terra, Universidade Federal Fluminense

Cláudio Luís Santos Sampaio
Unidade Educacional de Penedo, Universidade Federal de Alagoas

Marcelo Fulgêncio Guedes Brito
Departamento de Biologia, Universidade Federal de Sergipe

Maína Bertagna
Departamento de Educação, Universidade Federal Fluminense

(*Ciência Hoje das Crianças*. Disponível em: https://chc.org.br/artigo/turista-indesejado-nos-recifes-brasileiros/. Acesso em: 29/5/2023.)

1. Considere a situação de produção do texto e responda:

a) Quem são os autores do texto?

b) Qual é o público-alvo do texto? Considere o veículo em que ele foi publicado.

c) Qual é o objetivo do texto?

2. O primeiro parágrafo do texto cumpre uma função específica.

a) Que função é essa?

b) A linguagem utilizada nesse parágrafo tende à formalidade ou à informalidade? Ela é adequada à finalidade do texto e ao perfil de seu público? Justifique suas respostas.

3. Observe o título e o primeiro parágrafo do texto, levando em conta a modalização da linguagem.

a) Qual é o assunto central desse parágrafo?

b) Que palavras ou expressões do título e do primeiro parágrafo revelam modalização apreciativa, isto é, uma avaliação do autor a respeito do assunto de que está tratando?

4. A linguagem do segundo e do terceiro parágrafos do texto apresenta diferenças em relação à do primeiro parágrafo.

a) Explique em que consiste essa diferença, com base na linguagem e no conteúdo dos parágrafos.

b) Por que isso acontece?

c) Mesmo assim, é possível identificar algumas marcas de informalidade e marcas de modalização nesses parágrafos. Identifique:

Dennis attard/Shutterstock

› Peixe-leão.

- Marcas de informalidade:
- Marcas de modalização por meio das quais é possível perceber o ponto de vista do enunciador:
- Marcas de modalização por meio das quais o enunciador relativiza o grau de certeza do conteúdo:

SEMÂNTICA E DISCURSO

Leia a tira a seguir, de Fernando Gonsales:

(*Folha de S.Paulo*, 5/2/2019.)

1. O humor da tirinha decorre da discussão entre moscas sobre um ditado popular lido em seu sentido literal.

a) A versão original do ditado "Em boca fechada não entra mosca" constrói uma ideia de:

I. verdade absoluta   **II.** dúvida   **III.** possibilidade

b) No segundo e no terceiro quadrinhos, que palavras na pergunta e na resposta constroem o sentido de obrigatoriedade para o ditado popular?

c) Qual palavra da pergunta das moscas no quarto quadrinho indica possibilidade? E qual expressão reforça essa possibilidade?

d) A resposta à pergunta do quarto quadrinho indica certeza ou dúvida? Justifique sua resposta.

2. No segundo quadrinho, na resposta ao questionamento sobre o sentido do ditado popular, a mosca utiliza o advérbio **necessariamente**. Qual sentido é construído pelo advérbio na expressão "não necessariamente"? Seria diferente se a resposta fosse apenas "não"?

Leia a reportagem a seguir:

Como serão as viagens daqui a meio século

Passeios espaciais, fim do passaporte e foco na sustentabilidade estão no horizonte do turismo

Carolina Muniz

SÃO PAULO

O passaporte vai acabar, viagens espaciais serão realidade e turistas chineses tomarão o mundo até 2068. Ao menos são essas as visões de especialistas, convidados a imaginar as grandes transformações do turismo nos próximos 50 anos.

InnaFelker/Shutterstock

> Turistas em um safári no Parque Nacional de Chobe, em Botsuana, 2008.

Já o Brasil seguirá como "destino exótico" e coadjuvante no turismo global, projeta Mariana Aldrigui, pesquisadora e professora da USP (Universidade de São Paulo).

Nenhuma obra de infraestrutura que esteja sendo feita agora será finalizada a tempo de transformar o país em uma potência nesse intervalo, "por mais otimista que eu seja em relação ao setor", diz ela.

[...]

Em pouco tempo também a tecnologia vai transformar profundamente o setor, como fez nos últimos 50 anos. É difícil projetar meio século para frente, mas algumas mudanças já entram no radar.

Para começar, o viajante pode ir se desapegando da coleção de carimbos no passaporte. O documento em papel deve ser substituído por versões digitais e biométricas — acessadas nos aeroportos por impressão digital, por exemplo.

Os vistos de entrada nos países serão concedidos de forma mais rápida, já que, com uso de inteligência artificial, ficará mais simples investigar o histórico do turista. Mas deve continuar existindo alguma formalização, sobretudo para o pagamento de taxas. [...]

Outra tendência inevitável é a preocupação com a sustentabilidade, que deve frear a superexploração de destinos. Nessa mesma lógica, parques de diversões e atrações que usam animais também devem ser extintos.

"Os próximos anos serão pautados pela observação da vida selvagem como observação mesmo, sem envolvimento", afirma Aldrigui, da USP.

(Disponível em: https://www1.folha.uol.com.br/turismo/2018/09/como-serao-as-viagens-daqui-a-meio-seculo.shtml. Acesso em: 17/2/2023.)

3. Compare os seguintes trechos do texto:

"O passaporte vai acabar, viagens espaciais serão realidade e turistas chineses tomarão o mundo até 2068."

"Para começar, o viajante pode ir se desapegando da coleção de carimbos no passaporte. O documento em papel deve ser substituído por versões digitais e biométricas — acessadas nos aeroportos por impressão digital, por exemplo."

a) Pelo trecho inicial do texto, o fim do passaporte impresso é uma possibilidade ou uma certeza? Justifique sua resposta com base na construção do trecho.

b) No segundo trecho, a informação sobre o fim do passaporte é explicada. O que deve acontecer com ele?

c) Pela leitura do segundo trecho, o novo formato que substituirá o passaporte é uma certeza ou uma possibilidade? Que expressões confirmam sua resposta?

4. A especialista em turismo Mariana Aldrigui faz uma projeção sobre o Brasil como destino turístico nos próximos 50 anos.

a) Como ela caracteriza o Brasil no cenário futuro de turismo global?

b) Essa caracterização é vista como algo novo ou como uma situação existente anteriormente? Que palavra constrói esse sentido?

c) A caracterização do Brasil é uma avaliação mais positiva ou mais negativa do país como destino turístico? O que confirma sua resposta?

5. O texto trata também das futuras mudanças no turismo decorrentes da tecnologia. Duas expressões mostram a avaliação da autora do texto sobre essas mudanças.

a) Qual delas mostra uma avaliação sobre o tempo que levarão essas transformações?

b) Qual expressão mostra a avaliação sobre como serão essas transformações?

c) Qual é a classe gramatical das expressões identificadas nos itens **a** e **b**?

d) Qual adjetivo é utilizado para avaliar a projeção de mudanças ocasionadas pela tecnologia daqui a meio século?

6. Releia o seguinte trecho do texto:

> "Os vistos de entrada nos países serão concedidos de forma mais rápida, já que, com uso de inteligência artificial, ficará mais simples investigar o histórico do turista. Mas deve continuar existindo alguma formalização, sobretudo para o pagamento de taxas."

a) Que fato é apresentado como certo pelo texto?

b) Qual fato é apresentado como uma possibilidade?

c) Quais expressões são usadas para avaliar a maneira como os vistos serão concedidos no futuro? O que elas permitem inferir sobre a avaliação da autora a respeito de como são concedidos atualmente?

7. No penúltimo parágrafo, qual adjetivo é usado para mostrar a avaliação da autora do texto sobre as mudanças relacionadas à preocupação com a sustentabilidade?

DIVIRTA-SE

Custodio/Acervo do cartunista

(Disponível em: https://tirasdidaticas.wordpress.com/2019/12/09/adverbios/. Acesso em: 3/8/2023.)

·CAPÍTULO·

Figuras de linguagem

42

Construindo o conceito

Leia este poema de Elza Beatriz:

Descobertas

O relâmpago é um chicote
que faz gritar o trovão.
Montanhas enrolam ondas
no lençol da paisagem.
O horizonte é a marca
do beijo que nunca acaba
nas bocas da terra e céu.
Serão as águas dos rios
bocados d'água adoçados
do tanque aflito do mar?

(*Caderno de segredos*. São Paulo: FTD, 1999. p. 9.)

Filipe Rocha/Acervo da editora

1. O título do poema é "Descobertas". A que elementos estão relacionadas as descobertas que faz o eu lírico (a voz que fala no poema)? Como ele retrata essas descobertas?

2. O poema é rico em imagens e sons, construídos a partir de alguns recursos de linguagem. Observe estes versos:

"O relâmpago é um chicote
que faz gritar o trovão."

a) Quais são os dois elementos que se aproximam, estabelecendo entre eles uma espécie de comparação implícita?

b) Como ficariam esses versos, caso se quisesse tornar explícita a comparação?

c) Identifique no poema outros versos em que o mesmo recurso foi empregado.

3. No verso "que faz gritar o trovão", houve uma **inversão** da ordem dos termos da oração.

a) Como ficaria esse trecho na ordem direta?

b) Identifique no poema outro trecho também marcado pela inversão e coloque-o na ordem direta.

4. Ainda no verso "que faz gritar o trovão", a palavra **gritar** foi empregada de modo figurado, uma vez que a ação que ela indica geralmente é atribuída a seres que têm voz, como o ser humano e alguns animais.

a) Como você compreende esse verso?

b) Identifique no poema outro trecho em que características próprias de seres humanos ou de seres animados são atribuídas a seres inanimados.

5. A sonoridade do poema advém da repetição de alguns sons consonantais e vocálicos.

a) Identifique no texto as palavras em que é empregado o fonema consonantal /k/.

b) Em que palavras se vê a repetição de fonemas vocálicos nasais /ã/, /ẽ/, /õ/?

Conceituando

Na leitura do poema, você conheceu e analisou algumas estratégias utilizadas para construir sentidos e efeitos variados. Esses recursos são chamados de **figuras de linguagem**.

> **Figuras de linguagem são recursos linguísticos utilizados na construção de textos com a finalidade de torná-los mais expressivos, isto é, de trabalhar seu estilo por meio do uso de alguns termos e estruturas, em geral com sentidos e formas diferentes do que se vê habitualmente.**

As figuras de linguagem são utilizadas principalmente em textos artísticos e literários, mas podem ser encontradas também em diversos outros textos, como anúncios publicitários, tirinhas, anedotas ou mesmo na linguagem cotidiana. A seguir, são conceituadas as figuras de linguagem abordadas no estudo. Além delas, você conhecerá outras figuras importantes.

Metáfora e comparação

Como você viu, o verso "O relâmpago é um chicote" aproxima os elementos **relâmpago** e **chicote** a partir de uma relação de semelhança, isto é, dá a entender que o barulho da descarga elétrica do relâmpago lembra o estalar de um chicote. Assim, entre os dois elementos, há uma espécie de comparação implícita: "O relâmpago é (*como*) um chicote". Esse recurso é chamado de **metáfora**.

A **comparação** também é a aproximação de dois seres ou itens pela semelhança, atribuindo-se, a um, características do outro. Na comparação, entretanto, diferentemente da metáfora, sempre aparecem, no texto, termos comparativos, entre eles **como**, **tal qual**, **semelhante a**, **que nem**. Por exemplo, a metáfora "O relâmpago é um chicote" se tornaria uma comparação se fosse construída, por exemplo, da seguinte forma: "O relâmpago é como um chicote" ou "O relâmpago é que nem um chicote".

Veja outros exemplos de metáforas:

> Sou um guardador de rebanhos.
> O rebanho é os meus pensamentos
> e os meus pensamentos são todos sensações.
>
> (Fernando Pessoa/Alberto Caeiro. O guardador de rebanhos. *In*: *Poemas completos de Alberto Caeiro*. São Paulo: Companhia Editora Nacional; Lazuli Editora, 2007. p. 38.)

Jean Galvão/Acervo da editora

Inversão ou hipérbato

Considera-se que há **inversão** ou **hipérbato** quando os termos da frase são colocados em uma sequência diferente da que se vê habitualmente no português do Brasil. É o caso, por exemplo, dos fragmentos "[chicote] que faz gritar o trovão" e "Serão as águas dos rios bocados d´água [...]". Também há inversão nestes versos:

cocal dos alves_pi

nos campos onde pastam
bois e cabras persiste
o caminhar do tempo
ruminando o desdobrar
da existência
[...]

(Adriano Lobão Aragão. *Destinerário*. Teresina: Desenredos, 2019. p. 101.)

Aliteração e assonância

Aliteração é a figura de linguagem formada a partir da repetição do mesmo som consonantal.

Como você viu no estudo do poema "Descobertas", de Elza Beatriz, há aliteração do fonema /k/ em palavras como **chicote**, **que**, **marca**, **nunca**, **acaba**, **boca** e **bocados**.

Agora, veja as aliterações dos fonemas /s/, /p/ e /k/ neste poema de Paulo Leminski:

sintonia para pressa e presságio

Escrevia no espaço.
Hoje, grafo no tempo,
na pele, na palma, na pétala,
luz do momento.
Soo na dúvida que separa
o silêncio de quem grita
do escândalo que cala,
no tempo, distância, praça,
que a pausa, asa, leva
para ir do percalço ao espasmo.

Eis a voz, eis o deus, eis a fala,
eis que a luz se acendeu na casa
e não cabe mais na sala.

(*Toda poesia*. São Paulo: Companhia das Letras, 2012. p. 251.)

Biry Sarkis/Acervo da editora

Assonância é a repetição de fonemas vocálicos, orais ou nasais. Como você viu, no poema "Descobertas" há a assonância de fonemas vocálicos nasais em palavras como **relâmpago**, **montanhas**, **enrolam**, **ondas**, **lençol**, **horizonte**, etc.

Também há assonância neste poema de José Paulo Paes, que repete o fonema vocálico /a/:

Raridade

A arara
é uma ave rara
pois o homem não para
de ir ao mato caçá-la
para a pôr na sala
em cima de um poleiro
onde ela fica o dia inteiro
fazendo escarcéu
porque já não pode voar pelo céu.
E se o homem não para
de caçar arara,
hoje uma ave rara,
ou a arara some
ou então muda seu nome
para arrara.

(*Olha o bicho*. São Paulo: Ática, 1989.)

Erika Kirkpatrick/Shutterstock

› Arara-azul.

Personificação ou prosopopeia

Considera-se que haja **personificação** ou **prosopopeia** quando se atribui linguagem, sentimentos e/ou ações próprios de seres humanos a seres inanimados ou irracionais. Como você viu, no poema "Descobertas", de Elza Beatriz, há personificação em "chicote / que faz gritar o trovão" e "Montanhas enrolam ondas".

Também há personificação nos versos de Paulo Leminski ao lado:

A lua foi ao cinema,
passava um filme engraçado,
a história de uma estrela
que não tinha namorado.

(A lua no cinema. *In*: *Toda poesia*. São Paulo: Companhia das Letras, 2013. p. 199.)

Metonímia

É a figura de linguagem que consiste na substituição de uma palavra por outra em razão de haver entre elas uma relação de interdependência, de contiguidade, de proximidade ou familiaridade.

A **metonímia** ocorre quando empregamos:

- a parte no lugar do todo:

Os sem-**teto** estão negociando com a Prefeitura o uso de um imóvel abandonado.
(O teto é uma parte da casa. A expressão **sem-teto** quer dizer "sem casa".)

- o efeito no lugar da causa:

Estão destruindo o **verde** de nosso país.
(Verde é o efeito da ação da natureza; o locutor se refere à destruição do meio ambiente.)

- o continente no lugar do conteúdo:

João quer ser chefe de cozinha; por isso se esmera na preparação de **pratos** nacionais e internacionais.
(Prato é o continente, o que contém a comida; João prepara a comida, que é servida em pratos.)

- a marca no lugar do produto:

Nunca lave vidros com **bombril**.
(Bombril é uma marca de palha de aço; o locutor se refere a palha de aço em geral.)

- o nome do autor no lugar do nome da obra:

Ouvir **Djavan** é conhecer um pouco de MPB.
(Djavan é o cantor; o que ouvimos são canções cantadas por ele.)

- o singular no lugar do plural:

A **mulher** historicamente tem ganhado menos do que o **homem**.
(Não se trata de uma mulher ou de um homem especificamente, mas de todas as mulheres e de todos os homens.)

- o abstrato no lugar do concreto:

O **ódio** mata mais sete pessoas em conflitos raciais na África.
(O ódio, que é algo abstrato, está empregado no lugar de pessoas que odeiam.)

- o local no lugar do produto característico dele:

Eu quero ir a um **italiano**!
(Restaurante de culinária italiana.)

A metonímia nas ruas

Zoart Studio/Shutterstock

Imagine que um motorista esteja a 120 km/h e tenha de ler uma placa com os dizeres: "Reduza a velocidade. Travessia de pedestres na estrada". Nessa velocidade, o motorista certamente não consegue ler toda a placa.

Em situações como essa e muitas outras — sinalização em aeroportos, restaurantes, guias de cidades ou turísticos, etc. —, costuma-se empregar sinais que permitem uma comunicação rápida. Essa é a finalidade de alguns desenhos figurativos estilizados, que funcionam como uma espécie de escrita sintética, como talheres para indicar restaurante, telefone para indicar telefone público, uma xícara para indicar lanchonete, etc. A base desses desenhos, chamados **pictogramas**, é a **metonímia**.

XArtProduction/Shutterstock

› Caminhões presos no trânsito e placa indicando reparos na via.

Hipérbole

Leia estes versos de um poema de Carlos Queiroz Telles:

Truques e táticas

Meu último amor eterno
acabou antes de ontem.

Que sofrimento do cão!
Depois de tanta paquera,
beijo e abraço,
carinho e amasso,
carta e até presente…
ele me joga na cara
que não há mais nada
entre a gente,
que está tudo acabado
Mas isso não fica assim!

Eu vou partir para a luta,
eu vou virar uma fera,
eu vou deixar ele louco,
arrependido, arrasado,
doido, babando, pirado,
implorando o meu perdão!
[...]

(*Sonhos, grilos e paixões*. 6. ed. São Paulo: Moderna, 1990. p. 44-45.)

Filipe Rocha/Acervo da editora

Nesses versos, o eu lírico fala de seu sofrimento por causa da separação amorosa. Demonstrando sentir raiva da pessoa amada, ele enfatiza e até exagera em algumas expressões, como "sofrimento do cão", "vou virar uma fera", "vou deixar ele [...] doido, babando, pirado".

O exagero na linguagem, quando tem a finalidade de destacar ou enfatizar uma ideia, denomina-se **hipérbole**.

Hipérbole é a figura de linguagem que consiste em expressar uma ideia com exagero, a fim de enfatizá-la ou destacá-la.

Antítese

A presença de ideias opostas lado a lado em um texto constrói a figura de linguagem denominada **antítese**. Leia estes versos do poema "O navio negreiro", de Castro Alves, nos quais se descreve como eram os negros antes, livres na África, e como estão naquele momento, no porão de um navio negreiro, escravizados, sendo trazidos para o Brasil.

São os filhos do deserto,
Onde a terra esposa a luz.
Onde vive em campo aberto
A tribo dos homens nus...
São os guerreiros ousados
Que com os tigres mosqueados
Combatem na solidão.
Ontem simples, fortes, bravos.
Hoje míseros escravos,
Sem luz, sem ar, sem razão...

(Disponível em: http://www.dominiopublico.gov.br/download/texto/bv000068.pdf. Acesso em: 28/3/2023.)

Eufemismo

Algumas palavras, quando empregadas em determinados contextos, são consideradas desagradáveis. Isso por expressarem uma ideia muito negativa ou por chocarem o ouvinte. Fazer referência à morte, por exemplo, apresenta sempre alguma dificuldade. Por isso, muitas pessoas substituem a palavra **morte** por outras mais suaves, mais delicadas, que, embora deem a mesma informação, causam menos impacto.

Veja como Álvares de Azevedo, poeta do século XIX, em um trecho do poema "Lembrança de morrer", se refere à própria morte:

> Quando em meu peito rebentar-se a fibra,
> Que o espírito enlaça à dor vivente,
> Não derramem por mim nem uma lágrima
> Em pálpebra demente.
>
> (*Lira dos vinte anos*. Disponível em: http://www.dominiopublico.gov.br/download/texto/ua00025a.pdf. Acesso em: 28/3/2023.)

As formas mais suaves e delicadas empregadas para transmitir ideias consideradas desagradáveis ou chocantes são chamadas de **eufemismos**.

> **Eufemismo** é o emprego de palavra ou expressão mais suave no lugar de outra considerada desagradável ou chocante.

Ironia

Leia esta tira:

(Alexandre Beck. *Armandinho nove*. Florianópolis: A. C. Beck, 2016. p. 90.)

Na tira, a palavra **avanços** da expressão "os 'avanços' da medicina" foi empregada entre aspas, relativizando o sentido da palavra e, no contexto, ganhando um sentido diferente, ou seja, o sentido de fracasso da medicina ou de um caminho alternativo à medicina tradicional. Por isso, dizemos que o procedimento adotado pelo cartunista foi irônico.

> **Ironia** é a figura de linguagem que consiste em afirmar o contrário do que se quer dizer.

Também existe ironia, por exemplo, quando a mãe diz ao filho preguiçoso, que nunca ajuda em casa: "Filho, hoje você vai, como sempre, ajudar a lavar a louça do almoço, não vai?".

Exercícios

Leia esta tira de Bill Watterson:

(Disponível: https://cultura.estadao.com.br/galerias/geral,20-tiras-de-calvin-e-haroldo-para-refletir-sobre-a-vida-e-sobre-o-mundo,28507. Acesso em: 27/10/2022.)

1. Na tira, Calvin faz uso do conceito de metáfora.

a) Para ele, por que fazer malabarismo com ovos é “uma metáfora para vida”?

b) Por que ele escolhe justamente ovos para fazer malabarismo?

c) A que “aspectos da vida” ele está fazendo referência? Dê exemplos.

d) Você concorda com o ponto de vista de Calvin? Por quê?

2. Observe o último quadrinho.

a) Explique o comentário de Haroldo, o tigre.

b) Com o fracasso do malabarismo, Calvin desistiu de seu propósito?

c) Explique a relação entre a postura de Calvin nesse quadrinho e a construção de humor da tira.

3. Com relação às linguagens verbal e não verbal da tira:

a) Interprete a fala de Haroldo no sentido literal e no sentido metafórico, relacionando esses dois sentidos às partes verbal e não verbal.

b) Responda: Com base no conceito de metáfora explicado por Calvin no 2º quadrinho, é possível afirmar que o último quadrinho é uma metáfora visual? Por quê?

4. Crie comparações a partir dos pares de palavras abaixo. Utilize um elemento comparativo expresso, como no exemplo:

> livro — joia
>
> Este livro é valioso como uma joia.

a) pessoa maldosa — cobra

b) trânsito — funil

c) férias — válvula de escape

d) bebê — anjo

e) olhos — jabuticabas

5. Construa metáforas a partir das comparações que você criou no exercício anterior.

6. Reconheça as figuras de linguagem presentes nestes versos:

a)

Negro cárcere da morte
Branco cárcere da dor
Luz e sombra da alvorada...
A voz amada chamou!

(Vinícius de Morais, "Balada de Pedro Nava".)

b)

"Amigo" é uma grande tarefa,
um trabalho sem fim,
um espaço útil, um tempo fértil,
"amigo" vai ser, é já uma grande festa!

(Alexandre O'Neill, "Amigo".)

A metáfora e a metonímia na linguagem publicitária

A linguagem publicitária frequentemente emprega a metáfora e a metonímia. No folheto ao lado, da entidade Todos pela Educação, que luta pela melhoria da qualidade da educação brasileira, o caderno (metonímia dos estudos), com as cores da bandeira brasileira, sugere que toda a nação (metonímia) deve se comprometer com essa causa. Os lápis, metonimicamente, também sugerem a tarefa de educar com qualidade todas as crianças e os jovens brasileiros. Quando lançado, em 2006, Todos pela Educação propôs que cinco metas básicas para a educação fossem alcançadas até o ano de 2022.

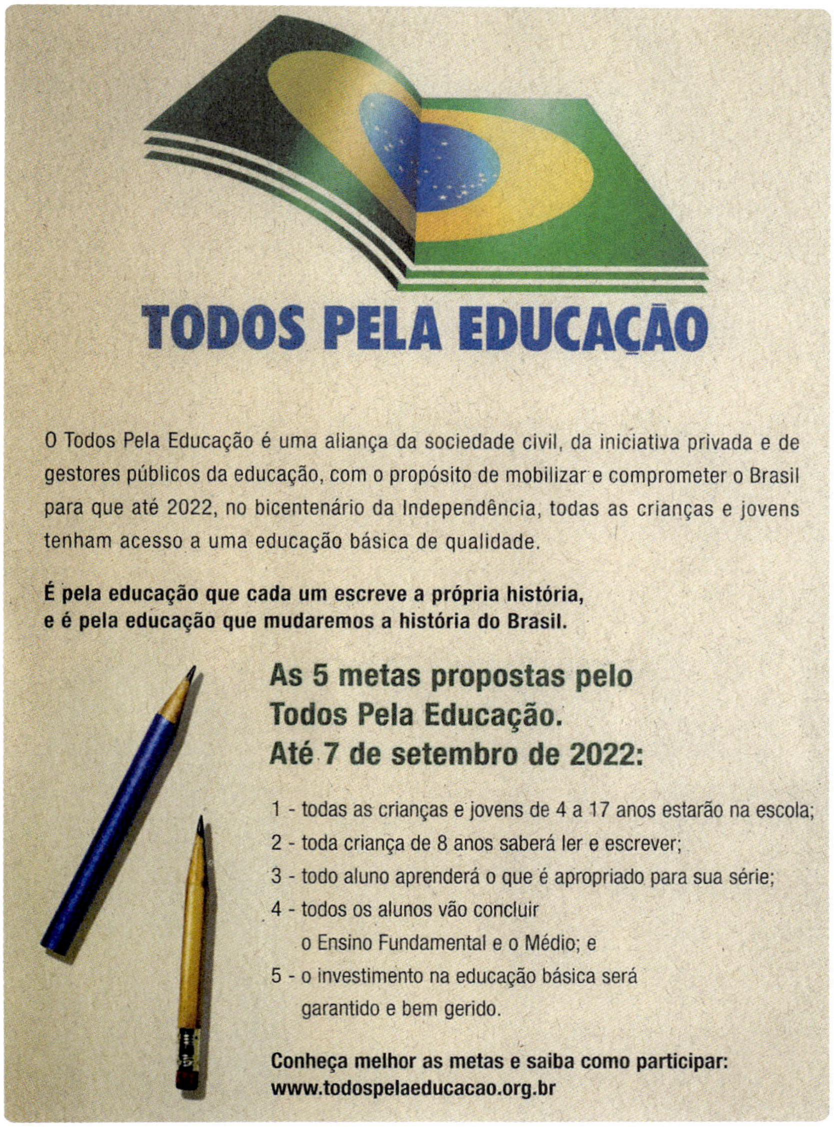

TODOS PELA EDUCAÇÃO
O Todos Pela Educação é uma aliança da sociedade civil, da iniciativa privada e de gestores públicos da educação, com o propósito de mobilizar e comprometer o Brasil para que até 2022, no bicentenário da Independência, todas as crianças e jovens tenham acesso a uma educação básica de qualidade.
É pela educação que cada um escreve a própria história, e é pela educação que mudaremos a história do Brasil.
As 5 metas propostas pelo Todos Pela Educação. Até 7 de setembro de 2022:
1 - todas as crianças e jovens de 4 a 17 anos estarão na escola;
2 - toda criança de 8 anos saberá ler e escrever;
3 - todo aluno aprenderá o que é apropriado para sua série;
4 - todos os alunos vão concluir o Ensino Fundamental e o Médio; e
5 - o investimento na educação básica será garantido e bem gerido.
Conheça melhor as metas e saiba como participar:
www.todospelaeducacao.org.br

Reprodução/https://www.todospelaeducacao.org.br/

(Disponível em: https://todospelaeducacao.org.br/. Acesso em: 28/3/2023.)

7. Leia este anúncio:

Reprodução/Unicamp,2010

A parte verbal do anúncio é propositalmente ambígua.

a) Qual é a expressão que muitos brasileiros usam para denominar, de forma brincalhona, o dicionário?

b) Quais são os sentidos do enunciado no contexto?

8. Algumas palavras e expressões, como a palavra **burro**, podem soar grosseiras e até agressivas em alguns contextos. Reescreva no caderno as frases a seguir empregando eufemismos, a fim de transmitir de forma mais polida a mesma ideia.

a) Você fez uma péssima prova!

b) Seu vizinho é um selvagem, um animal.

c) Todos sabiam que o prefeito eleito era um ladrão.

d) Aquela loja rouba os clientes.

9. Leia esta tira de Laerte:

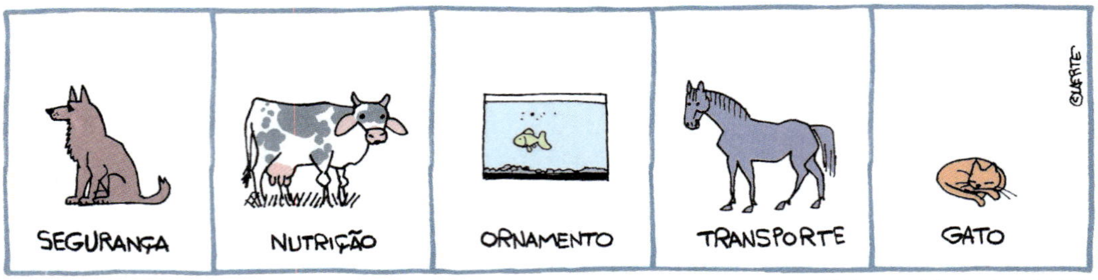

© Laerte/Acervo da cartunista

(*Folha de S.Paulo*, 25/6/2017.)

A tira está organizada em cinco quadrinhos. Observe os quatro primeiros.

a) Que relação existe entre a imagem e a palavra de cada quadrinho?

b) Essa relação é o que caracteriza uma figura de linguagem. Qual é ela?

10. Como é comum nas tiras, o humor se concentra no último quadrinho.

a) De que resulta o humor desse quadrinho e da tira como um todo?

b) Que apreciação sobre o gato está subentendida na tira?

As figuras de linguagem NA CONSTRUÇÃO DO TEXTO

Leia o texto a seguir.

Reprodução/Ministério Público MA

QUEM SEMEIA VENTO COLHE TEMPESTADE.
INCLUSIVE NAS REDES SOCIAIS.
CUIDADO COM AS FAKE NEWS.
VERIFIQUE A FONTE E CONFIABILIDADE DA NOTÍCIA ANTES DE COMPARTILHAR.
REPRODUZIR PUBLICAÇÕES FALSAS NA INTERNET PODE CAUSAR PENA DE ATÉ 2 ANOS DE PRISÃO.
6ª PROMOTORIA CRIMINAL DE IMPERATRIZ
MINISTÉRIO PÚBLICO
#MinistérioPúblicoestáaqui

(Disponível em: https://www.mpma.mp.br/mpma-cria-campanha-para-alertar-sociedade-sobre--ofensas-em-redes-sociais/. Acesso em: 22/5/2023.)

1. O texto contém um ditado popular.

a) Identifique-o.

b) Considerando o sentido usual desse ditado, explique por que é possível considerar que ele é constituído de metáforas.

2. Observe as imagens que compõem o texto, troque ideias com os colegas e o professor e responda:

a) Que relação há entre as imagens e a frase central em destaque, analisada por você na questão 1? Essas imagens podem ser consideradas, no contexto, uma metáfora visual? Justifique sua resposta.

b) Explique em que sentido essas imagens também podem ser consideradas metonímias visuais.

3. Agora, releia o texto verbal à direita das imagens.

a) Deduza: Nesse trecho, que forma verbal está em elipse?

b) Esse texto é formado por três frases sem nenhuma conjunção que as interligue. Qual figura de linguagem corresponde a esse recurso linguístico?

c) Reescreva no caderno esse texto inserindo a forma verbal em elipse e as conjunções adequadas, considerando as relações de sentido entre as frases.

d) Compare o texto original à reescrita feita por você no item **c** e conclua: Que efeito de sentido essas escolhas constroem na versão original?

SEMÂNTICA E DISCURSO

Leia este anúncio:

Reprodução/Taterka

(*Azul Magazine*, jun. 2015.)

1. O anúncio integra uma campanha.

a) Qual é o objetivo da campanha?

b) A quem ela se destina?

c) Observe a parte inferior do anúncio e responda: Quem são os responsáveis pela campanha?

2. Observe a imagem que está no centro do anúncio e a relacione ao texto verbal que a acompanha.

a) Como a imagem é formada?

b) Que relação existe entre essa imagem e as frases que estão ao lado dela?

c) Que figura de linguagem existe na relação entre cada parte dessa figura e o que ela significa? Justifique sua resposta.

3. Todo o texto é construído com base em uma figura de linguagem.

a) Qual é essa figura?

b) De que modo ela ocorre na parte visual do anúncio?

c) E de que modo ela ocorre na parte verbal?

4. Os provérbios são geralmente frases curtas, quase sempre de origem popular, que expressam ensinamentos. Por terem forma sucinta, há neles, muitas vezes, termos subentendidos, isto é, elipses ou zeugmas.
Fazendo as adaptações necessárias, reescreva no caderno os provérbios a seguir, explicitando os termos subentendidos. Veja o exemplo:

- A bom entendedor, poucas palavras.
- Para um bom entendedor, bastam poucas palavras.

mentalmind/Shutterstock

a) Língua afiada, ferida na boca.

b) Depois da tempestade, a bonança.

c) Dia de muito, véspera de pouco.

d) Rebanho unido, leão com fome.

e) Barriga cheia, coração contente.

5. As frases a seguir apresentam **pleonasmo**. Reescreva-as no caderno a fim de eliminar a redundância e tornar as frases mais enxutas.

a) Ela previa de antemão muitos acontecimentos.

b) Mateus tem uma bela caligrafia.

c) Esta noite sonhei um sonho muito esquisito.

d) Desculpe-me, foi um esquecimento involuntário.

e) Decapitaram-lhe a cabeça.

f) No dia da festa, não apareceu ninguém.

6. Discuta com os colegas e o professor e conclua: Qual é a diferença entre os efeitos de sentido produzidos pelas frases com pleonasmo e pelas frases construídas por você na questão anterior?

7. Leia esta história em quadrinhos.

Will Leite/Acervo do cartunista

(Disponível em: http://www.willtirando.com.br/o-amor-nos-primordios-da-internet/. Acesso em: 22/5/2023.)

Troque ideias com os colegas e o professor. Depois, responda:

a) Que elementos verbais e não verbais da história em quadrinhos justificam o emprego da palavra **primórdios** no título?

b) Identifique qual dos quadrinhos contém uma ironia por parte de um dos personagens e explique essa ironia no contexto.

c) É possível considerar que a história em quadrinhos como um todo também é irônica? Justifique sua resposta.

DIVIRTA-SE

Reprodução/@operacoesrio

CAPÍTULO 43

Versificação

Construindo o conceito

Leia este poema de Gilberto Mendonça Teles:

Arte de amar

(Fragmentos)

§ 2. Amor dá e amordaça,
denso e doce, **soturno**.
Mas só tu, amor, danças
no abril do **plenilúnio**.

Amor dói como um doido,
como um **dardo**, uma doença,
dói tudo como todo
mal sem pé nem cabeça.

Amor doído, doendo,
doando e até doindo
pelas pontas dos dedos
como um dado perdido.
[...]

(*Falavra*. Lisboa: Dinalivro, 1989. p. 67.)

Biry Sarkis/Acervo da editora

dardo: arma constituída por uma haste de madeira munida de uma ponta de ferro.

plenilúnio: lua cheia.

soturno: melancólico, tristonho, sombrio.

1. O poema tematiza o amor. De modo geral, como o eu lírico sente o amor?

2. Observe, na primeira estrofe, como o eu lírico descreve o amor.

a) Que efeitos de sentido são criados a partir da aproximação de palavras como “dá e amordaça” e “denso e doce, soturno”?

b) A imagem criada pelos dois últimos versos dessa estrofe expressa uma visão positiva ou negativa acerca do amor? Justifique sua resposta.

c) Qual palavra estabelece oposição entre as ideias dos dois primeiros versos e as ideias dos dois últimos versos?

3. Para caracterizar o amor, o eu lírico faz uso de comparações.

a) A que o amor é comparado na segunda estrofe?

b) E a que é comparada a dor do amor na terceira estrofe?

4. Na poesia, os poetas têm liberdade para criar e recriar palavras e produzir novos efeitos de sentido.

a) Qual palavra do poema é um **neologismo**, ou seja, uma palavra inventada pelo poeta?

b) Que sentido esse neologismo auxilia a construir no poema para expressar os sentimentos do eu lírico a respeito do amor?

Poesia e poema

[...] As duas palavras vêm do grego e, nessa língua, a terminação "sis" (de poeSIA) serve para dar nome a uma ação ou atividade, enquanto "ma" (de poeMA) indica o produto dessa atividade. Trocando em miúdos, poema é produto, algo concreto, que podemos ler, enquanto poesia se refere à arte em geral, de maneira abstrata. Levando isso em conta, um livro de poesia (assim mesmo, no singular) pode conter trinta poemas (e nunca trinta poesias). [...]

(Ricardo da Cunha Lima. *De cabeça para baixo*. São Paulo: Companhia das Letrinhas, 2000. p. 54.)

5. O poema é organizado em estrofes, ou seja, em grupos de versos (linhas poéticas) separados por um espaço em branco.

a) Quantas estrofes há no poema?

b) Quantos versos há em cada estrofe?

6. O poema é bastante melódico, sonoro. Observe que existe semelhança sonora (rima) entre as palavras **amordaça** e **dança**. Quais outras palavras do poema apresentam o mesmo tipo de semelhança?

7. Os poemas, como as canções e as danças, apresentam ritmo, recurso que reforça a musicalidade geral do texto. Releia em voz alta a seguinte estrofe do poema, percebendo como as sílabas destacadas são mais fortes do que as outras, criando ritmo.

Amor **dá** e amor**da**ça
denso e **do**ce, so**tur**no.
Mas só **tu**, amor, **dan**ças
no a**bril** do pleni**lú**nio.

Faça o mesmo em relação à segunda estrofe do poema. Releia esse trecho em voz alta e, em seguida, identifique e escreva no caderno as duas sílabas mais fortes de cada verso.

Biry Sarkis/Acervo da editora

8. Além da rima e do ritmo, é comum na linguagem poética a repetição de sons, sílabas, palavras e até versos inteiros.

a) Qual é o fonema consonantal que se repete com frequência no poema "Arte de amar"?

b) Quais palavras desse poema apresentam semelhanças quanto ao som e à grafia?

Conceituando

Além das figuras de linguagem, muitos outros elementos participam da construção de um poema. Entre eles estão, por exemplo, ritmo, métrica, repetição de sons, palavras e versos, que são chamados de **recursos musicais**. O elemento básico das composições em verso é o ritmo, e o procedimento de compor um texto em versos é chamado de **versificação**.

Verso e estrofe

O poema "Arte de amar" tem doze versos.

Verso é uma sucessão de palavras, sílabas ou fonemas que formam uma unidade rítmica e melódica; geralmente corresponde a uma linha do poema.

Os versos organizam-se em **estrofes**. No poema em estudo, por exemplo, os versos agrupam-se em três estrofes.

De acordo com o número de versos que apresentam, as estrofes recebem as seguintes denominações: dístico (dois versos); terceto (três versos); quadra ou quarteto (quatro); quintilha (cinco); sexteto ou sextilha (seis); sétima ou septilha (sete); oitava (oito); nona (nove); décima (dez).

Métrica

A **métrica** é a medida dos versos, isto é, o número de sílabas poéticas que os versos apresentam. Essas sílabas nem sempre coincidem com as sílabas gramaticais, pois se baseiam na forma como o poema é falado ou declamado. O procedimento de contar o número de sílabas poéticas de um verso chama-se **escansão**.

Compare a divisão silábica gramatical, isto é, a divisão silábica comum, à escansão de um verso:

- Divisão silábica gramatical

co	mo	um	dar	do,	u	ma	do	en	ça,
1	2	3	4	5	6	7	8	9	10

- Divisão silábica poética

co	mo um	dar	do, u	ma	do	en	ça,
1	2	3	4	5	6	7	

Note que, na divisão silábica poética, a segunda sílaba é formada pela união das sílabas gramaticais **co** e **um**; e a quarta sílaba é formada pela união das sílabas **do** e **u**. Isso ocorre sempre que há o encontro de uma vogal átona do final de uma palavra com a vogal da palavra seguinte. Além disso, na divisão silábica poética, a contagem para na última sílaba tônica, que, no caso desse verso, é a sílaba **en**.

De acordo com o número de sílabas poéticas que apresentam, os versos recebem as seguintes denominações: **monossílabo** (uma sílaba), **dissílabo** (duas), **redondilha menor** ou **pentassílabo** (cinco), **redondilha maior** ou **heptassílabo** (sete), **octossílabo** (oito), **decassílabo** (dez), **alexandrino** (doze), etc.

No século XX, os poetas modernos criaram o verso livre, isto é, um verso sem nenhuma medida predeterminada.

Observe a seguir os versos livres de um poema de Chico Araújo:

Dois lados

escrita a escrita
finda o ato escritor
espera-se o ato leitor

dois lados do objeto texto
formação e compreensão dos nexos
gumes digestos ou indigestos

a palavra, centelha impressa,
que interpretação encerra?
— janela que abre ou que fecha?

(*Entre versos, sombras e assombros*. Fortaleza: Radiadora, 2022. p. 55.)

Filipe Rocha/Acervo da editora

Soneto & cia.

Existem poemas que sempre apresentam a mesma estrutura de construção. São os chamados poemas de formas fixas. Entre outros, é o caso do **soneto**, formado por quatorze versos, organizados em duas quadras e dois tercetos; do **rondó**, formado por uma quintilha seguida de um terceto e outra quintilha; do **haicai**, um poema de origem japonesa formado por três versos, o primeiro e o terceiro com cinco sílabas e o segundo com sete sílabas poéticas. Veja este exemplo de haicai, do poeta Cyro A. Catta Preta.

Escamas

Na ponta do anzol
a isca. Um peixe belisca...
Rebrilhos ao sol...

(*Moenda dos olhos*. São Paulo: Atual, 1986. p. 41.)

Filipe Rocha/Acervo da editora

Exercícios

Leia este poema de Marcelo Gama:

Filipe Rocha/Acervo da editora

Como estudar?

Toda a gente me diz: Marcelo estuda!
mas como hei de estudar, pensando em ti?
Há duas horas que este livro abri,
e espero em vão que o raciocínio acuda.

Página 36... nada entendi.
Volto a reler aquilo que já li:
de ti meu pensamento não se muda.

"Marcelo estuda!" E leio, e leio...
Mas para quê? Se a tudo fico alheio,
como se lesse alguma língua estranha...

Deixo o livro, sem ter nada entendido.
E que sei eu, de tudo que foi lido?!
— que és a mulher mais linda que o sol banha!

(*In*: Vera Aguiar, Simone Assumpção, Sissa Jacoby (org.). *Poesia fora da estante 2*. Porto Alegre: Projeto, 2002. p. 41.)

1. O eu lírico tenta fazer uma atividade, mas tem dificuldades.

a) O que ele tenta fazer?

b) Por que ele não consegue?

c) Levante hipóteses: Que idade deve ter o eu lírico? Por quê?

2. Observe a estrutura formal do poema.

a) Quantas estrofes ele apresenta?

b) Quantos versos tem cada estrofe?

c) A forma do poema se assemelha à de algum tipo de poesia tradicional? Justifique sua resposta.

3. Faça a escansão de alguns versos do poema.

a) Conclua: Qual é a métrica adotada pelo poeta?

b) Essa métrica se mantém no verso "Página 36... Nada entendi."?

4. Agora, observe a sonoridade do poema.

a) Ele apresenta palavras com sons finais semelhantes? Se sim, dê alguns exemplos.

b) Foram empregadas palavras ou partes de versos repetidos? Se sim, exemplifique.

Agora, leia a primeira estrofe de dois diferentes poemas de cordel.

A greve dos bichos

Muito antes do Dilúvio
era o mundo diferente,
os bichos todos falavam
melhor do que muita gente
e passavam boa vida,
trabalhando honestamente.
[...]

(Severino Milanês da Silva. Disponível em: https://www.culturagenial.com/cordel-nordestino-poemas/. Acesso em: 12/5/2023.)

Jean Galvão/Acervo da editora

O romance do pavão misterioso

Eu vou contar uma história
De um pavão misterioso
Que levantou voo na Grécia
Com um rapaz corajoso
Raptando uma condessa
Filha de um conde orgulhoso.
[...]

(José Camelo de Melo Resende. Idem, ibidem.)

Jean Galvão/Acervo da editora

5. A estrutura formal adotada pelos dois poetas é uma das mais utilizadas na literatura de cordel. Compare os dois textos quanto à forma.

a) Quantos versos tem cada estrofe?

b) Qual é a métrica utilizada nesses versos?

c) Como se organizam as rimas desses versos?

d) A estrutura de rimas é a mesma utilizada nos dois textos?

6. Segundo especialistas, um bom haicai deve apresentar as seguintes características:

- Ter 17 sílabas poéticas, distribuídas em três versos, de 5, 7 e 5 sílabas.
- Fazer referência à natureza.
- Referir-se a um evento particular (ou seja, não fazer uma generalização).
- Apresentar o evento como se estivesse acontecendo no presente, e não no passado.

Leia estes dois haicais:

Bucolismo

Canção matinal.
Campinas. Vacas turinas.
Cheiro de curral.

(Abel Pereira. Disponível em: http://www.antoniomiranda.com.br/poesia_brasis/bahia/abel_pereira.html. Acesso em: 12/5/2023.)

Filipe Rocha/Acervo da editora

viver é superdifícil
o mais fundo
está sempre na superfície

(Paulo Leminski. *Toda poesia.* São Paulo: Companhia das Letras, 2013. p. 347.)

a) Os poemas contêm as características do haicai indicadas na página 606? Justifique sua resposta.

b) Dê uma interpretação ao haicai de Paulo Leminski. Em seguida, compartilhe-a com os colegas.

c) Crie você também um haicai e leia-o para os colegas.

Outros recursos poéticos

Além da métrica, os poemas contam com outros recursos: a rima, o ritmo, a aliteração e a assonância.

Rima

A **rima** é um recurso musical baseado na semelhança sonora entre as palavras no final dos versos e, às vezes, no interior deles (rima interna). Observe as rimas nestes versos de Marcelo Gama que você leu anteriormente:

Toda a gente me diz: Marcelo estuda!	A
mas como hei de estudar, pensando em ti?	B
Há duas horas que este livro abri,	B
e espero em vão que o raciocínio acuda.	A

Indicando com a letra A os sons terminados em **-uda** e com a letra B os sons terminados em **-i**, obtemos o esquema ABBA.

Observe que o primeiro verso rima com o quarto, e o segundo, com o terceiro. Quando isso ocorre, temos **rimas interpoladas**. Quando o esquema de rimas é ABAB, temos **rimas cruzadas** ou **alternadas**; quando AABB, **rimas emparelhadas**.

Os versos que não apresentam rima entre si são chamados **versos brancos**.

Veja um exemplo:

ciclo
vicioso

minha namorada sempre sonha que namora
seu namorado antigo minha ex-namorada
sempre sonha que me namora e eu, desconfiado,
tenho feito tudo para não sonhar...

(Cacaso. *In*: Eucanaã Ferraz (org.). *A lua no cinema e outros poemas*. São Paulo: Companhia das Letras, 2011. p. 63.)

Filipe Rocha/Acervo da editora

Ritmo

O **ritmo**, no poema, é a marcação melódica que nasce da alternância entre sílabas acentuadas e não acentuadas, isto é, sílabas pronunciadas com maior ou menor intensidade.

Observe o ritmo nos versos abaixo, de Jarid Arraes. As sílabas acentuadas (fortes) estão destacadas.

Patas vazias

Não nas**ci** do meu cor**del**
Das pa**la**vras não sur**gi**
Dessas **ri**mas retor**ci**das
Que con**si**go suge**rir**
Sou um **bi**cho limi**ta**do
De sen**ti**do putre**fa**to
Que pre**ten**de resis**tir**.
[...]

(Heloísa Buarque de Hollanda (org.). *As 29 poetas hoje*. São Paulo: Companhia das Letras, 2021. p. 136.)

O ritmo e outras linguagens

O ritmo não é exclusividade da poesia. Ele também existe na música e nas artes visuais, desde que haja alternância ou repetição regular de algum elemento. Na imagem abaixo, por exemplo, o ritmo é criado pela regularidade dos quadrados que formam as janelas.

Sergey Bezgodov/Shutterstock

› Fachada de um prédio em Moscou, Rússia.

Aliteração

Aliteração é a repetição constante de um mesmo fonema consonantal. Observe, ao lado, nos versos de Lélia Coelho Frota, a aliteração dos fonemas /p/ e /s/.

Ensaio

A equilibrista
despe a pele
por braços e pernas
dorso
em avesso
na travessia arriscada
de ser.

[...]

(*Boa companhia: poesia*. São Paulo: Companhia das Letras, 2003. p. 55.)

Biry Sarkis/Acervo da editora

Assonância

Assonância é a repetição constante de um fonema vocálico. Observe, no mesmo poema de Lélia Coelho Frota, o emprego da assonância com a repetição do fonema vocálico /a/.

[...]

Bicho que arrasta
patas, cara de gente,
boca
de gata.

[...]

(Idem, ibidem.)

Filipe Rocha/Acervo da editora

Exercícios

Leia este poema de Chacal:

Malhas do mundo

vertigem da imagem
volúpia da carne
voragem da grana

as malhas do mundo são

(Vários autores. *Boa companhia*. São Paulo: Companhia das Letras, 2003. p. 124.)

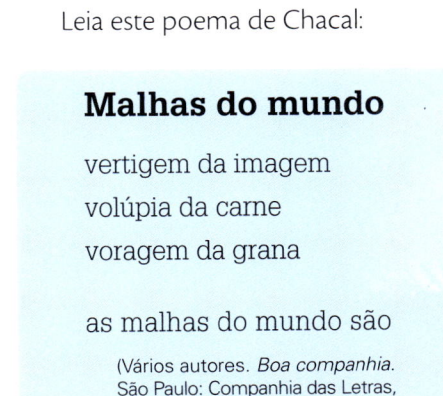

Biry Sarkis/Acervo da editora

1. A palavra **malha** pode apresentar vários sentidos. Consulte um dicionário e verifique, entre as acepções do verbete, qual delas é mais adequada ao contexto.

2. O poema se caracteriza pela síntese.
   a) Quantas estrofes contém?
   b) Quantos versos há em cada estrofe?

3. O poema não apresenta rimas. Mesmo assim, os versos têm uma forte musicalidade.
   a) Qual é a métrica utilizada nesses versos?
   b) Como se dá o ritmo neles?

4. Além do ritmo, o poema apresenta musicalidade em razão da presença da aliteração e da assonância. Explique como elas ocorrem no texto.

5. O último verso tem uma estrutura diferente da apresentada nos versos anteriores.
   a) Analise sintaticamente a relação entre os versos. Qual é o sujeito da forma verbal **são**?
   b) Que figura de linguagem se verifica na estrutura sintática da oração que forma o poema?

6. Com o título de "Malhas do mundo", o poema faz uma síntese dos valores do mundo contemporâneo. Explique quais são.

Recursos poéticos NA CONSTRUÇÃO DO TEXTO

Leia, a seguir, um poema de Fernando Pessoa, um dos principais poetas em língua portuguesa:

Tenho tanto sentimento
Que é frequente persuadir-me
De que sou sentimental,
Mas reconheço, ao medir-me,
Que tudo isso é pensamento,
Que não senti afinal.

Temos, todos que vivemos,
Uma vida que é vivida
E outra vida que é pensada,
E a única vida que temos
É essa que é dividida
Entre a verdadeira e a errada.

Qual porém é verdadeira
E qual errada, ninguém
Nos saberá explicar;
E vivemos de maneira
Que a vida que a gente tem
É a que tem que pensar.

(*Obra poética*. Rio de Janeiro: Aguilar, 1965. p. 172-173.)

Filipe Rocha/Acervo da editora

1. Na primeira estrofe, o eu lírico faz uma reflexão a respeito de seus sentimentos. Ele se reconhece uma pessoa sentimental? Se não, de que forma ele experiencia suas emoções?

2. Releia a segunda e a terceira estrofes do poema.
   a) Para o eu lírico, quantas e quais são as vidas que vivemos?
   b) Levante hipóteses: O que pode ser a vida pensada?
   c) E o que é a vida vivida?

3. A respeito da terceira estrofe, responda:
   a) Segundo o eu lírico, a vida que vivemos "é dividida/ Entre a verdadeira e a errada". Explique os sentidos possíveis das palavras **verdadeira** e **errada** nesse contexto.
   b) Os três versos finais dessa estrofe confirmam ou negam o predomínio do pensamento citado na primeira estrofe?

4. Observe a estrutura do poema: estrofes, número de versos e métrica.
   a) Quantas estrofes o poema tem?
   b) Quantos versos há em cada estrofe?
   c) Faça a escansão de alguns versos e conclua: Eles são metrificados ou livres? Justifique sua resposta.

5. Em relação aos recursos musicais do poema, responda:
   a) Há rimas no poema? Se sim, qual é seu esquema rítmico?
   b) Há aliterações e assonâncias no poema? Justifique sua resposta com elementos do texto.
   c) Há, no poema, palavras repetidas ou palavras semelhantes no som e na escrita? Justifique sua resposta com elementos do texto.

SEMÂNTICA E DISCURSO

Leia este poema de Paulo Leminski, que já foi musicado por Itamar Assumpção e Moraes Moreira:

para que leda me leia
precisa papel de seda
precisa pedra e areia
para que leia me leda
precisa lenda e certeza
precisa ser e sereia
para que apenas me veja
pena que seja leda
quem quer você que me leia

(*Distraídos venceremos*. 5. ed. São Paulo: Brasiliense, 2002. p. 62.)

Marie Bertrand/Getty Images

1. Na construção do poema, o poeta explora vários recursos poéticos.

   a) Que tipo de verso foi empregado?

   b) Como se estrutura o esquema de rimas?

   c) Como se dá o ritmo desses versos?

2. Observe os efeitos sonoros do poema e identifique:

   a) um exemplo de aliteração;

   b) um exemplo de assonância.

3. Há, no poema, um jogo semântico criado a partir de inversões e de aproximação de palavras com grafia e sonoridade semelhantes.

   a) Que efeito semântico provoca a inversão em: “para que leia me leda”?

   b) A que sentidos se associa a palavra **leda**?

   c) Por que, na sua opinião, o autor empregou a palavra **leda** com letra inicial minúscula?

4. Diante de um texto como esse, o leitor precisa ter uma participação especial. O que esse poema exige do leitor?

5. O poema, além de trabalhar com a sonoridade das palavras — criada pela métrica, pelo ritmo e pelas rimas —, faz uso de outros recursos, como os visuais e os gráficos. Na poesia do século XX, alguns poemas são não apenas **lidos** mas também **vistos**, como se fossem um cartaz, uma fotografia ou uma pintura. Por isso ganham forma, cor e até textura. Observe o poema ao lado, de Ferreira Gullar.

   a) Reproduza o poema em seu caderno e contorne a palavra **casulo** com uma forma oval.

   b) Contorne as palavras do lado esquerdo do poema e ligue-as ao canto esquerdo da forma oval do centro. Em seguida, faça o mesmo com as palavras do lado direito.

   c) Relacione a imagem obtida ao conteúdo do poema.

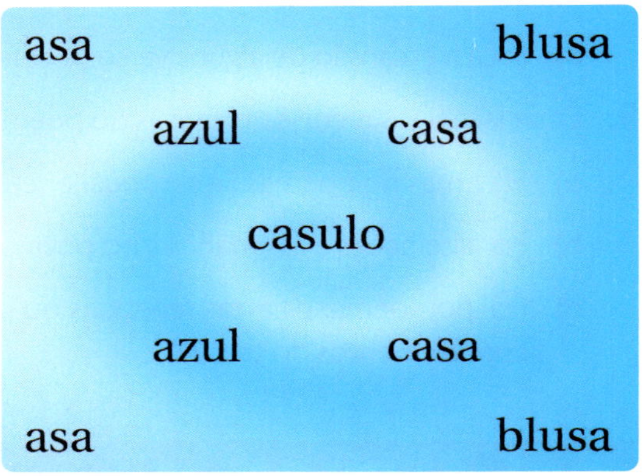

Alda Beraldo/Ática

› (Atividade sugerida por Alda Beraldo. *Trabalhando com poesia*. São Paulo: Ática, 1990. v. 1, p. 76.)

DIVIRTA-SE

© Armandinho, de Alexandre Beck/Acervo do cartunista

(Disponível em: https://www.facebook.com/tirasarmandinho/photos/a.488361671209144.113963.488356901209621/1158793027499335/. Acesso em: 7/8/2023.)

APÊNDICE

Língua

Esta língua é como um elástico
que espicharam pelo mundo.

No início era tensa,
de tão clássica.

Com o tempo, se foi amaciando,
foi-se tornando romântica,
incorporando os termos nativos
e amolecendo nas folhas de bananeira
as expressões mais sisudas.

Um elástico que já não se pode
mais trocar, de tão gasto;
nem se arrebenta mais, de tão forte.

Um elástico assim como é a vida
que nunca volta ao ponto de partida.

(Gilberto Mendonça Teles. *Falavra*. Lisboa: Dinalivro, 1989. p. 95-96.)

CurvaBezier/Getty Images

·CAPÍTULO· 44

Tabelas

Radicais

RADICAIS GREGOS		
Radical	**Significado**	**Exemplos**
acro	alto, elevado	acrofobia (medo de lugares elevados)
aero	ar	aeronauta, aeronave
agon	luta	agonia (luta contra a morte)
agro	campo	agronomia, agrônomo
algia	dor	analgésico (medicamento que suprime a dor)
antropo	homem	filantropo (amigo do homem)
arcai, arqueo	antigo	arqueologia (estudo de antiguidades, de coisas antigas)
arquia	governo	monarquia, anarquia
biblio	livro	biblioteca, bibliófilo
bio	vida	biografia, biologia
caco	mau, desagradável	cacofonia (som desagradável)
calo	belo	caligrafia (bela escrita)
cardio	coração	cardiologia, cardíaco
cefalo	cabeça	cefalalgia, cefaleia (dor de cabeça)
ciclo	círculo, roda	bicicleta, triciclo
clepto	furto	cleptomania (mania de furtar)
cosmo	mundo	cósmico, cosmogonia
cracia	governo	democracia (governo do povo)
crono	tempo	cronograma (previsão do tempo necessário para a execução das diversas fases de um trabalho)
datilo	dedo	datilografia
demo	povo	epidemia (doença que ataca o povo)
doto	veneno	antídoto
eco	casa, *habitat*	ecologia (estudo das relações entre os seres vivos e seu *habitat*)
etio, etimo	causa, origem	etimologia (parte da gramática que trata da origem das palavras)
etno	raça, nação, povo	étnico (relativo a povo ou raça)
filo	amigo, amante	filósofo (amante da sabedoria)

O CÃO FILÓSOFO
A VIDA SÃO OS INTERVALOS ENTRE AS REFEIÇÕES.
Fernando Gonsales/Acervo do cartunista

> A palavra **filósofo** é formada pelos radicais gregos ***filo*** e ***sofo*** e tem o sentido de "aquele que ama a sabedoria".

fobo	que tem horror, medo ou aversão	claustrofobia (que tem horror a pequenos espaços)
fone	som, voz	telefone (som a distância)
fos, foto	luz	fósforo (que produz luz)
geo	Terra, terra	geografia (descrição da Terra)
gino, gineco	mulher, fêmea	ginecologia (parte da medicina que estuda as doenças femininas)
glico	doce, açúcar	glicemia (açúcar no sangue)
gnose	conhecimento	diagnóstico (conhecimento de uma doença pelos seus sintomas)
grafo	escrita, descrição	caligrafia (bela escrita)
grama, gramato	escrita, letra	telegrama (mensagem escrita a distância)
helio	Sol, sol	heliografia (estudo do Sol)
hemo, hemato	sangue	hematofobia (aversão a sangue)
hetero	outro, diferente	heterônimo (outro nome)
hidro	água	hidravião
hipno	sono	hipnotismo (sono provocado)
homo	semelhante, igual	homônimo (de nome igual)
icono	imagem	iconoclasta (que quebra imagens)
lexico	palavra	lexical (relativo às palavras)
logia	estudo, que trata de	odontologia
macro	grande, longo	macróbio (que tem vida longa)
mega, megalo	grande, grandeza	megalomania (mania de grandeza)
metro	que mede, medição	termômetro (instrumento que mede a temperatura do ambiente)
micro	pequeno, frágil	micróbio (ser pequeno)
miso	ódio, aversão	misantropo (o que tem ódio ao ser humano)
mono	único, um só	monólogo (fala de uma só pessoa)
morfo	forma	morfologia (tratado das formas que a matéria pode tomar)
necro	morto, cadáver	necrópole (cidade dos mortos)
neuro	nervos	neurite (inflamação nos nervos)
nomo	conhecedor	agrônomo (o que conhece a cultura de campos)
oligo	pouco	oligarquia (governo de poucas pessoas)
onimo	nome	anônimo (sem nome), pseudônimo (nome falso)

orto	direito, certo	ortografia (escrita correta)
pan	tudo, todos	panorama (visão total)
pato	doença, sentimento	patologia (estudo das doenças), apatia (ausência de sentimento)
pedi	criança, educação	pedagogo (educador de crianças)
pluto	riqueza	plutocracia (governo dos homens ricos)
poli	muito	politeísmo (muitos deuses)
polis, pole	cidade	metrópole (cidade principal ou capital de um Estado)

Michele Ricucci/Shutterstock

Vista aérea da cidade de Manaus, uma das quinze metrópoles brasileiras, segundo o IBGE (2020). A palavra **metrópole** é formada pelos radicais gregos ***metro*** e ***polis/ pole*** e tem o sentido de "cidade principal, importante". As demais metrópoles brasileiras são: Brasília, São Paulo, Rio de Janeiro, Belém, Belo Horizonte, Curitiba, Fortaleza, Goiânia, Porto Alegre, Recife, Salvador, Vitória, Florianópolis e Campinas.

pseudo	falso	pseudônimo (nome falso)
psico	alma	psicologia (estudo da alma)
rino	nariz	rinite (inflamação da mucosa do nariz)
seleno	Lua	selenita (suposto habitante da Lua)
semi	sinal	semáforo (aparelho que leva sinal)
sofo	sábio, sabedoria	filósofo
tanas, tanato	morte	eutanásia (morte serena, sem sofrimento)
teca	coleção	discoteca, biblioteca
tecno	arte, ofício	tecnologia
tele	ao longe, distância	telepatia (transmissão de sentimento a distância)
teo	Deus, divindade	ateu, teologia
xeno	estranho, estrangeiro	xenófobo (que tem aversão a coisas estrangeiras)
zoo	animal	zoologia

RADICAIS LATINOS

Radical	Significado	Exemplos
agri	campo	agricultura
beli	guerra	bélico (relativo à guerra)
cida	que mata	homicida (que mata outro homem)
frater	irmão	fraterno, fraternal (relativo a irmão)
gena	gerado, nascido	congênito (nascido com a pessoa)
joco	riso, graça	jocoso (que provoca riso)

latro	ladrão	latrocínio (roubo à mão armada)
ludo	jogo, divertimento	lúdico (relativo a jogos, brinquedos e divertimentos)
mater	mãe	materno, maternal (relativo à mãe)
opera	obra, trabalho	operário, cooperar (trabalhar junto)

Operários, painel da Avenida Rubem Berta, de Clóvis Graciano (1960).

pater	pai	paterno
pes, pedis	pé	pedicuro
plena	cheio, pleno	plenilúnio (a lua cheia)
pluvi	chuva	pluvial (relativo à chuva)
puer	menino	pueril (relativo a menino, infantil)
res, rei	coisa	reivindicar (procurar reaver algo de que outrem está de posse)
senis	velho	senil (relativo a velhos)
similis	parecido	similar (que é parecido, semelhante)
umbra	sombra	penumbra (quase sombra)
uxor	esposa	uxoricida (o que mata a esposa)
vagus	errante	vagabundo, noctívago (que vaga à noite)
voro	que come	carnívoro

Prefixos

PREFIXOS GREGOS		
Prefixo	**Significado**	**Exemplos**
a-, an-	privação, negação	analfabeto, anônimo
anti-	oposição, contrariedade	antítese, antiaérea (sentido oposto)
auto-	próprio, de si mesmo	autobiografia (biografia do próprio autor)
cata-	movimento de cima para baixo	catarata
di-	duplicidade	ditongo (dois tons), dissílabo

Reprodução/TV Globo

> Eclipse solar observado na cidade de Brasília em 2019. A palavra **eclipse** contém o prefixo grego **ec-** que, na astronomia, tem o sentido de "obscurecimento total ou parcial de um astro por outro".

ec-, ex-	movimento para fora	eclipse (ato de deixar fora, ausência), êxodo (marcha para fora)
en-	dentro	encéfalo (o que está dentro da cabeça)
endo-	dentro	endovenoso (dentro da veia)
eu-	bom, bem, belo	eufonia (bom som), euforia (sensação de bem-estar geral), eufemismo (emprego de palavras ou expressões agradáveis)
hemi-	metade, meio	hemisfério
hiper-	excesso	hipertensão, hiper-resistente
pro-	anterioridade	prognóstico
sin-	simultaneidade	sintonizar, sincrônico

PREFIXOS LATINOS		
Prefixo	**Significado**	**Exemplos**
ab-, abs-	afastamento, separação	abstrair, abjurar (afastar-se do juramento)
ad-	aproximação, direção	adjunto, advérbio, aderir
ante-	anterioridade	antepor, antebraço, antessala
bis-	repetição, duas vezes	bisavô, bisneto, biênio
circum-, circun-	em volta de	circunferência, circundar
contra-	oposição, ação contrária	contradizer, contraordem
de-	movimento de cima para baixo	declive, decadência, demolição
des-	negação, ação contrária	desleal, desfazer, desmentir
ex-	movimento para fora	extrair, exilar, expulsar
extra-	de fora, excesso	extraordinário (fora do comum), extrafino, extravagante
in-, im-, i-, ir-	negação	incapaz, impróprio, ilegal, irreal
inter-	posição intermediária	internacional, intervalo
intra-, intro-	para dentro	intramuscular, introdução
pre-	anterioridade	preconceito, pressupor, predizer
re-	repetição	recomeçar, reler, reescrever
super-	aumento, intensidade	super-homem, superlotação
ultra-	excesso	ultrassensível, ultrarromântico, ultraoceânico

Reprodução/Lionsgate/Paris Filmes

O filme *Extraordinário* conta a história de Auggie Pullman, um garoto que vive com uma deformidade facial e que aos 10 anos passa a frequentar a escola, precisando, com a família, lidar com os efeitos dessa escolha. A palavra **extraordinário** contém o prefixo latino ***extra*** e tem o sentido de "aquele que não é ordinário, que é fora do comum".

Sufixos

A maioria dos sufixos da língua portuguesa é de origem latina.

Os sufixos podem ser nominais e verbais: os **nominais** formam substantivos e adjetivos; os **verbais** formam verbos. O sufixo **-mente** é o único **adverbial**.

Na relação a seguir, há alguns sufixos e seus significados:

- sufixos que indicam aumentativo:

-aça: barcaça	**-anzil:** corpanzil	**-arra:** naviarra
-aço: balaço	**-ão:** pobretão	**-ázio:** copázio
-alhão: brincalhão	**-aréu:** povaréu	**-orra:** cabeçorra

- sufixos que indicam diminuição:

-acho: riacho	**-eto, -eta:** poemeto, saleta	**-isco:** chuvisco
-ebre: casebre	**-ico:** burrico	**-ote:** filhote
-ejo: vilarejo	**-inha, -inho:** casinha, carrinho	**-zinho, -zinha:** chapeuzinho, florzinha

- sufixos que indicam profissão:

-ão: escrivão	**-dor:** vendedor	**-ista:** dentista
-ário: bibliotecário	**-eiro:** jornaleiro	**-tor:** tradutor

- sufixos que indicam lugar:

-aria: padaria
-ato: orfanato
-ia: academia
-mento: acampamento
-tério: batistério
-tório: dormitório

- sufixos que indicam origem, nacionalidade:

-ano: baiano
-ão: alemão
-eiro: brasileiro
-ense: paranaense
-ês: francês
-eu: europeu

Fachada da Confeitaria Colombo, fundada em 1894 na região central da cidade do Rio de Janeiro. A palavra **confeitaria** contém o sufixo **-aria** e tem o sentido de "local onde se instalam os **confeiteiros**", sendo esta última, por sua vez, formada pelo sufixo **-eiro**, "aquele que fabrica confeitos".

- sufixos que indicam coleção:

-ada: boiada	**-ama:** dinheirama	**-edo:** arvoredo
-al: milharal	**-ame:** enxame	**-eiro:** formigueiro

- sufixos utilizados na formação de verbos:

-ear: espernear	**-entar:** amamentar	**-iscar:** rabiscar
-ejar: festejar	**-icar:** bebericar	**-itar:** saltitar

Coletivos

acervo: de obras artísticas (livros, discos, quadros, etc.)
álbum: de fotografias, de figurinhas
alcateia: de lobos
arquipélago: de ilhas
assembleia: de pessoas, de parlamentares
banca: de examinadores
banda: de músicos
cáfila: de camelos
caravana: de viajantes
cardume: de peixes
clero: de religiosos
concílio: de bispos
congregação: de religiosos, de professores
congresso: de deputados e senadores, ou de profissionais
coro: de cantores
discoteca: de discos
elenco: de atores
enxame: de abelhas
esquadrilha: de aviões
feixe: de lenha
frota: de navios, de ônibus
junta: de médicos ou especialistas, de bois

júri: de jurados
manada: de animais de grande porte
matilha: de cães
molho: de chaves
multidão: de pessoas
plateia: de espectadores
ramalhete: de flores
rebanho: de ovelhas
repertório: de músicas, de peças teatrais
réstia: de alho ou cebola
tripulação: de marinheiros
vara: de porcos

061 Filmes/Shutterstock

› Congresso Nacional Brasileiro, na cidade de Brasília. A palavra **congresso** é coletivo de deputados, senadores, ou profissionais em geral.

Locuções adjetivas

LOCUÇÕES ADJETIVAS E ADJETIVOS CORRESPONDENTES

de abutre: vulturino
de açúcar: sacarino
de aluno: discente
de anjo: angelical
de asas: alado
sem barba: imberbe
do cabelo: capilar
do campo: rural
de cavalo: equestre, equino
sem cheiro: inodoro
de chumbo: plúmbeo
da chuva: pluvial
da cidade: urbano
do coração: cardíaco, cordial
de criança: infantil, pueril
de dedo: digital
de espelho: especular
das estrelas: estelar
de fábrica: fabril
de filho: filial
de fogo: ígneo
da garganta: gutural
de gato: felino
de guerra: bélico
da Igreja: eclesiástico
de irmão: fraternal
de lago: lacustre
de leão: leonino
de lebre: leporino
de leite: lácteo
de limão: cítrico
da lua: lunar
de macaco: simiesco
de madeira: lígneo
de mãe: materno, maternal
da manhã: matinal, matutino
do nariz: nasal
de ouro: áureo
de prata: argentino
de professor: docente
de rio: fluvial
de rocha: rupestre
sem sal: insípido, insosso
de sentido: semântico

Reconhecendo expressões felinas

Reprodução/Brasil de Longe

› O adjetivo **felinas**, nos quadrinhos, corresponde à locução de/dos gatos.

Modelo dos verbos regulares

Há, a seguir, quadros com os termos verbais dos modos indicativo e subjuntivo com um verbo regular de cada uma das conjugações: **amar** (1ª conjugação), **beber** (2ª conjugação) e **partir** (3ª conjugação). Consulte esses quadros sempre que tiver dúvidas.

Verbos: como saber sem decorar?

Para falar e escrever adequadamente nossa língua, não é necessário decorar centenas de verbos, pois a maior parte deles segue certos modelos. Assim, conhecendo os modelos, saberemos conjugar quase todos os verbos do português. Se você precisar saber, por exemplo, como se conjugam os verbos **falar**, **cantar**, **chegar**, etc., basta olhar o quadro do verbo **amar**, pois eles apresentam as mesmas terminações. O mesmo vale para os verbos terminados em **-er** e **-ir**: basta olhar o quadro dos verbos **beber** e **partir**.

Modo indicativo

Presente		
amo	bebo	parto
amas	bebes	partes
ama	bebe	parte
amamos	bebemos	partimos
amais	bebeis	partis
amam	bebem	partem

Pretérito perfeito		
amei	bebi	parti
amaste	bebeste	partiste
amou	bebeu	partiu
amamos	bebemos	partimos
amastes	bebestes	partistes
amaram	beberam	partiram

Pretérito imperfeito		
amava	bebia	partia
amavas	bebias	partias
amava	bebia	partia
amávamos	bebíamos	partíamos
amáveis	bebíeis	partíeis
amavam	bebiam	partiam

Pretérito mais-que-perfeito		
amara	bebera	partira
amaras	beberas	partiras
amara	bebera	partira
amáramos	bebêramos	partíramos
amáreis	bebêreis	partíreis
amaram	beberam	partiram

Futuro do presente		
amarei	beberei	partirei
amarás	beberás	partirás
amará	beberá	partirá
amaremos	beberemos	partiremos
amareis	bebereis	partireis
amarão	beberão	partirão

Futuro do pretérito		
amaria	beberia	partiria
amarias	beberias	partirias
amaria	beberia	partiria
amaríamos	beberíamos	partiríamos
amaríeis	beberíeis	partiríeis
amariam	beberiam	partiriam

Modo subjuntivo

Presente		
ame	beba	parta
ames	bebas	partas
ame	beba	parta
amemos	bebamos	partamos
ameis	bebais	partais
amem	bebam	partam

Pretérito imperfeito		
amasse	bebesse	partisse
amasses	bebesses	partisses
amasse	bebesse	partisse
amássemos	bebêssemos	partíssemos
amásseis	bebêsseis	partísseis
amassem	bebessem	partissem

Futuro		
amar	beber	partir
amares	beberes	partires
amar	beber	partir
amarmos	bebermos	partirmos
amardes	beberdes	partirdes
amarem	beberem	partirem

Modo imperativo

Imperativo afirmativo		
ama tu	bebe tu	parte tu
ame você	beba você	parta você
amemos nós	bebamos nós	partamos nós
amai vós	bebei vós	parti vós
amem vocês	bebam vocês	partam vocês

Imperativo negativo		
não ames tu	não bebas tu	não partas tu
não ame você	não beba você	não parta você
não amemos nós	não bebamos nós	não partamos nós
não ameis vós	não bebais vós	não partais vós
não amem vocês	não bebam vocês	não partam vocês

Laerte/Acervo da cartunista

› A tira constrói humor e faz uma crítica por meio do uso das formas verbais no **modo imperativo**, sugerindo que, atualmente, as atividades humanas são controladas pela tecnologia.

Formas nominais

Infinitivo impessoal		
amar	beber	partir

Gerúndio		
amando	bebendo	partindo

Infinitivo pessoal		
amar	beber	partir
amares	beberes	partires
amar	beber	partir
amarmos	bebermos	partirmos
amardes	beberdes	partirdes
amarem	beberem	partirem

Particípio		
amado	bebido	partido

Principais verbos irregulares

Veja, a seguir, os principais verbos irregulares em algumas pessoas e tempos.

Caber
presente do indicativo: caibo, cabes, cabe, cabemos, cabeis, cabem pretérito perfeito do indicativo: coube, coubeste, coube, coubemos, coubestes, couberam futuro do presente do indicativo: caberei, caberás, caberá, caberemos, cabereis, caberão
Dizer
presente do indicativo: digo, dizes, diz, dizemos, dizeis, dizem pretérito perfeito do indicativo: disse, disseste, disse, etc. futuro do presente do indicativo: direi, dirás, dirá, etc.
Fazer
presente do indicativo: faço, fazes, faz, fazemos, fazeis, fazem pretérito perfeito do indicativo: fiz, fizeste, fez, fizemos, fizestes, fizeram futuro do presente do indicativo: farei, farás, fará, etc.
Ir
presente do indicativo: vou, vais, vai, vamos, ides, vão pretérito perfeito do indicativo: fui, foste, foi, fomos, fostes, foram futuro do presente do indicativo: irei, irás, irá, iremos, ireis, irão futuro do subjuntivo: for, fores, for, formos, fordes, forem
Poder
presente do indicativo: posso, podes, pode, podemos, podeis, podem pretérito perfeito do indicativo: pude, pudeste, pôde, pudemos, pudestes, puderam presente do subjuntivo: possa, possas, possa, possamos, possais, possam
Pôr
presente do indicativo: ponho, pões, põe, pomos, pondes, põem pretérito perfeito do indicativo: pus, puseste, pôs, pusemos, pusestes, puseram futuro do presente do indicativo: porei, porás, porá, etc. imperfeito do subjuntivo: pusesse, pusesses, pusesse, puséssemos, etc.

Querer
presente do indicativo: quero, queres, quer, queremos, quereis, querem
pretérito perfeito do indicativo: quis, quiseste, quis, quisemos, etc.
presente do subjuntivo: queira, queiras, queira, queiramos, queirais, queiram

Saber
presente do indicativo: sei, sabes, sabe, sabemos, sabeis, sabem
pretérito perfeito do indicativo: soube, soubeste, soube, soubemos, etc.
presente do subjuntivo: saiba, saibas, saiba, saibamos, saibais, saibam

Trazer
presente do indicativo: trago, trazes, traz, trazemos, trazeis, trazem
pretérito perfeito do indicativo: trouxe, trouxeste, trouxe, trouxemos, trouxestes, trouxeram
presente do subjuntivo: traga, tragas, traga, tragamos, tragais, tragam

Naldo Junior/Acervo do cartunista

(Disponível em: https://br.pinterest.com/pin/856106210390243248/. Acesso em: 26/7/2023.)

Valer
presente do indicativo: valho, vales, vale, valemos, valeis, valem
presente do subjuntivo: valha, valhas, valha, etc.

Ver
presente do indicativo: vejo, vês, vê, vemos, vedes, veem
pretérito perfeito do indicativo: vi, viste, viu, vimos, vistes, viram
futuro do presente do indicativo: verei, verás, verá, etc.
futuro do subjuntivo: vir, vires, vir, virmos, virdes, virem

Vir
presente do indicativo: venho, vens, vem, vimos, vindes, vêm
pretérito perfeito do indicativo: vim, vieste, veio, viemos, viestes, vieram
futuro do presente do indicativo: virei, virás, virá, etc.
futuro do subjuntivo: vier, vieres, vier, viermos, vierdes, vierem

Conjugação dos verbos auxiliares

Há, a seguir, a conjugação completa dos principais verbos auxiliares: **ser**, **estar**, **ter** e **haver**.

MODO INDICATIVO

Presente			
sou	estou	tenho	hei
és	estás	tens	hás
é	está	tem	há
somos	estamos	temos	havemos
sois	estais	tendes	haveis
são	estão	têm	hão

Pretérito perfeito			
fui	estive	tive	houve
foste	estiveste	tiveste	houveste
foi	esteve	teve	houve
fomos	estivemos	tivemos	houvemos
fostes	estivestes	tivestes	houvestes
foram	estiveram	tiveram	houveram

Pretérito imperfeito			
era	estava	tinha	havia
eras	estavas	tinhas	havias
era	estava	tinha	havia
éramos	estávamos	tínhamos	havíamos
éreis	estáveis	tínheis	havíeis
eram	estavam	tinham	haviam

Pretérito mais-que-perfeito			
fora	estivera	tivera	houvera
foras	estiveras	tiveras	houveras
fora	estivera	tivera	houvera
fôramos	estivéramos	tivéramos	houvéramos
fôreis	estivéreis	tivéreis	houvéreis
foram	estiveram	tiveram	houveram

Futuro do presente			
serei	estarei	terei	haverei
serás	estarás	terás	haverás
será	estará	terá	haverá
seremos	estaremos	teremos	haveremos
sereis	estareis	tereis	havereis
serão	estarão	terão	haverão

Futuro do pretérito			
seria	estaria	teria	haveria
serias	estarias	terias	haverias
seria	estaria	teria	haveria
seríamos	estaríamos	teríamos	haveríamos
seríeis	estaríeis	teríeis	haveríeis
seriam	estariam	teriam	haveriam

Galvão Bertazzi/Folhapress

› As formas **tá** e **tô**, empregadas na tira, são usadas como **verbos auxiliares** na construção das locuções verbais.

MODO SUBJUNTIVO

Presente

seja	esteja	tenha	haja
sejas	estejas	tenhas	hajas
seja	esteja	tenha	haja
sejamos	estejamos	tenhamos	hajamos
sejais	estejais	tenhais	hajais
sejam	estejam	tenham	hajam

Pretérito imperfeito

fosse	estivesse	tivesse	houvesse
fosses	estivesses	tivesses	houvesses
fosse	estivesse	tivesse	houvesse
fôssemos	estivéssemos	tivéssemos	houvéssemos
fôsseis	estivésseis	tivésseis	houvésseis
fossem	estivessem	tivessem	houvessem

Futuro

for	estiver	tiver	houver
fores	estiveres	tiveres	houveres
for	estiver	tiver	houver
formos	estivermos	tivermos	houvermos
fordes	estiverdes	tiverdes	houverdes
forem	estiverem	tiverem	houverem

MODO IMPERATIVO

Afirmativo

sê tu	está tu	tem tu	há tu
seja você	esteja você	tenha você	haja você
sejamos nós	estejamos nós	tenhamos nós	hajamos nós
sede vós	estai vós	tende vós	havei vós
sejam vocês	estejam vocês	tenham vocês	hajam vocês

Negativo

não sejas tu	não estejas tu	não tenhas tu	não hajas tu
não seja você	não esteja você	não tenha você	não haja você
não sejamos nós	não estejamos nós	não tenhamos nós	não hajamos nós
não sejais vós	não estejais vós	não tenhais vós	não hajais vós
não sejam vocês	não estejam vocês	não tenham vocês	não hajam vocês

gguy/Shutterstock

FORMAS NOMINAIS				
Infinitivo:	ser	estar	ter	haver
Gerúndio:	sendo	estando	tendo	havendo
Particípio:	sido	estado	tido	havido

Numerais

ALGARISMOS		NUMERAIS	
Arábicos	Romanos	Cardinais	Ordinais
1	I	um	primeiro
2	II	dois	segundo
3	III	três	terceiro
4	IV	quatro	quarto
5	V	cinco	quinto
6	VI	seis	sexto
7	VII	sete	sétimo
8	VIII	oito	oitavo
9	IX	nove	nono
10	X	dez	décimo
11	XI	onze	décimo primeiro
12	XII	doze	décimo segundo
13	XIII	treze	décimo terceiro
14	XIV	quatorze/catorze	décimo quarto
15	XV	quinze	décimo quinto

16	XVI	dezesseis	décimo sexto
17	XVII	dezessete	décimo sétimo
18	XVIII	dezoito	décimo oitavo
19	XIX	dezenove	décimo nono
20	XX	vinte	vigésimo
21	XXI	vinte e um	vigésimo primeiro
30	XXX	trinta	trigésimo
40	XL	quarenta	quadragésimo
50	L	cinquenta	quinquagésimo
60	LX	sessenta	sexagésimo
70	LXX	setenta	setuagésimo
80	LXXX	oitenta	octogésimo
90	XC	noventa	nonagésimo
100	C	cem	centésimo
200	CC	duzentos	ducentésimo
300	CCC	trezentos	tricentésimo
400	CD	quatrocentos	quadringentésimo
500	D	quinhentos	quingentésimo
600	DC	seiscentos	seiscentésimo ou sexcentésimo
700	DCC	setecentos	setingentésimo
800	DCCC	oitocentos	octingentésimo
900	CM	novecentos	noningentésimo ou nongentésimo
1000	M	mil	milésimo

Alf Ribeiro/Shutterstock

Algarismos romanos no relógio da fachada da Sala São Paulo, antigo edifício da Estrada de Ferro Sorocabana. São Paulo, capital (2007).

Abreviaturas

A/C – ao cuidado
a.C. – antes de Cristo
ago. – agosto
ap. ou **apart.** – apartamento
av. – avenida
bibl. – bibliografia, bibliográfico ou biblioteca
cap., **caps.** – capítulo, capítulos
c/c – conta-corrente
cent. – centavo
cf. ou **cfr.** – confira, confronte
cit. – citação, citado(s), citada(s)
cód. – código
créd. – crédito
D. – Dom, Dona
d.C. – depois de Cristo
DD. – Digníssimo
Dr., **Drª** – Doutor, Doutora
dz. – dúzia
E.D. – espera deferimento
e.g. – *exempli gratia* (por exemplo)
etc. – *et coetera* (e outros)
ex. – exemplo(s)
Exª – Excelência
fev. – fevereiro
gen. – general
h – hora(s)
hab. – habitante
ib. ou **ibid.** – *ibidem* (no mesmo lugar)
id. – *idem* (a mesma coisa)
i.e. – isto é
jan. – janeiro
jul. – julho
jun. – junho
ltda. – limitada
min – minuto(s)
MM. – Meritíssimo
nº – número
nac. – nacional
N. da E. – Nota da Editora
N. do T. – Nota do Tradutor
nov. – novembro
obs. – observação, observações
op. cit. – *opus citatum* (obra citada)
p. ou **pág.**, **pp.** ou **págs.** – página, páginas
pal. – palavra(s)
P.D. – pede deferimento
p. ex. – por exemplo
P.F. – Por favor
pg. – pago
pl. – plural
p.p. – por procuração; próximo passado
P.S. – *post scriptum* (pós-escrito)
remte – remetente
s.d. – sem data
séc. – século
Sr., **Srª** – Senhor, Senhora
TV – televisão
V. – você
V.Sª – Vossa Senhoria
W.C. – *water-closet* (banheiro)

Siglas

CBF – Confederação Brasileira de Futebol
CGT – Central Geral dos Trabalhadores
CLT – Consolidação das Leis do Trabalho
CUT – Central Única dos Trabalhadores
FAB – Força Aérea Brasileira
FGTS – Fundo de Garantia do Tempo de Serviço
FMI – Fundo Monetário Internacional
Funai – Fundação Nacional dos Povos Indígenas

Lais Monteiro/Shutterstock

> **Sigla** da CBF no escudo da camisa da seleção brasileira de futebol.

IBGE – Instituto Brasileiro de Geografia e Estatística

ICMS – Imposto sobre Circulação de Mercadorias e Serviços

MEC – Ministério da Educação e Cultura

OAB – Ordem dos Advogados do Brasil

ONU – Organização das Nações Unidas

PIB – Produto Interno Bruto

PIS – Programa de Integração Social

UTI – Unidade de Terapia Intensiva

Siglas dos Estados brasileiros

AC – Acre
AL – Alagoas
AM – Amazônia
AP – Amapá
BA – Bahia
CE – Ceará
ES – Espírito Santo
GO – Goiás
MA – Maranhão
MG – Minas Gerais
MS – Mato Grosso do Sul
MT – Mato Grosso
PA – Pará
PB – Paraíba
PE – Pernambuco
PI – Piauí
PR – Paraná
RJ – Rio de Janeiro
RN – Rio Grande do Norte
RO – Rondônia
RR – Roraima
RS – Rio Grande do Sul
SC – Santa Catarina
SE – Sergipe
SP – São Paulo
TO – Tocantins

SGSpann/Shutterstock

Mapa do Brasil desenhado com as letras das **siglas** dos Estados.

BIBLIOGRAFIA

ANTUNES, Irandé. *Aula de português*: encontro & interação. São Paulo: Parábola, 2003.

AZEREDO, José Carlos. *Iniciação à sintaxe do português*. 9. ed. Rio de Janeiro: Zahar, 2007.

BAGNO, Marcos. *Preconceito linguístico*: o que é, como se faz. 2. ed. São Paulo: Loyola, 1999.

BAGNO, Marcos. *Português brasileiro*: um convite à pesquisa. São Paulo: Parábola, 2001.

BAGNO, Marcos. *Gramática de bolso do português brasileiro*. São Paulo: Parábola, 2013.

BAKHTIN, Mikhail. *Marxismo e filosofia da linguagem*. São Paulo: Hucitec, 1979.

BECHARA, Evanildo. *Moderna gramática portuguesa*. 37. ed. Rio de Janeiro: Lucerna, 2000.

BRASIL. Ministério da Educação. *Base Nacional Comum Curricular*. Brasília: MEC, 2018.

CUNHA, Celso. *Gramática da língua portuguesa*. Rio de Janeiro: MEC/Fename, 1972.

FÁVERO, Leonor; KOCH, Ingedore G. V. *Linguística textual*. 2. ed. São Paulo: Cortez, 1988.

FIORIN, José Luiz. *Elementos da análise do discurso*. 5. ed. São Paulo: Contexto/Edusp, 1996.

FRANCHI, Carlos; NEGRÃO, Esmeralda V.; MÜLLER, Ana L. *Mas o que é mesmo "gramática"?*. São Paulo: Parábola, 2006.

HOUAISS, Antonio. *Dicionário eletrônico da língua portuguesa 1.0*. São Paulo: Objetiva, 2013.

ILARI, Rodolfo. *A linguística e o ensino da língua portuguesa*. 4. ed. São Paulo: Martins Fontes, 1992.

ILARI, Rodolfo. *Introdução à semântica*: brincando com a gramática. São Paulo: Contexto, 2001.

ILARI, Rodolfo. *Introdução ao estudo do léxico*: brincando com as palavras. São Paulo: Contexto, 2002.

ILARI, Rodolfo; BASSO, Renato. *O português da gente: a língua que estudamos, a língua que falamos*. São Paulo: Contexto, 2006.

ILARI, Rodolfo; GERALDI, J. W. *Semântica*. 3. ed. São Paulo: Ática, 1987.

KOCH, Ingedore G. V.; TRAVAGLIA, Luiz C. *A coerência textual*. São Paulo: Contexto, 1991.

KOCH, Ingedore G. V.; TRAVAGLIA, Luiz C. *Texto e coerência*. 4. ed. São Paulo: Cortez, 1995.

MENDONÇA, Márcia. Análise linguística no ensino médio: um novo olhar, um outro objeto. *In*: BUNZEN, Clecio; MENDONÇA, Márcia. *Português no ensino médio e formação do professor*. São Paulo: Parábola, 2006. p. 199-226.

NEVES, Maria Helena de Moura. *A gramática*: história, teoria e análise, ensino. São Paulo: Editora Unesp, 2002.

NEVES, Maria Helena de Moura. *Gramática de usos do português*. São Paulo: Editora Unesp, 2011.

NEVES, Maria Helena de Moura. *Guia de uso do português*: confrontando regras e usos. São Paulo: Editora Unesp, 2003.

NEVES, Maria Helena de Moura. *Texto e gramática*. São Paulo: Contexto, 2006.

NEVES, Maria Helena de Moura. *A gramática do português revelada em textos*. São Paulo: Editora Unesp, 2018.

PERINI, Mário A. *Para uma nova gramática do português*. 3. ed. São Paulo: Ática, 1986.

PERINI, Mário A. *Gramática descritiva do português*. 2. ed. São Paulo: Ática, 1996.

SOUZA e SILVA, M. C.; KOCH, Ingedore G. V. *Linguística aplicada ao português*: sintaxe. 7. ed. São Paulo: Cortez, 1996.

TRAVAGLIA, Luiz Carlos. *Gramática*: ensino plural. São Paulo: Cortez, 2003.

TRAVAGLIA, Luiz Carlos. *Gramática e interação*: uma proposta para o ensino de gramática. São Paulo: Cortez, 2005.

TRAVAGLIA, Luiz Carlos *et al*. *Metodologia e prática do ensino da língua portuguesa*. 2. ed. Porto Alegre: Mercado Aberto, 1986.

VIEIRA, Sílvia R.; BRANDÃO, Silvia F. *Ensino de gramática*: descrição e uso. São Paulo: Contexto, 2007.

VYGOTSKY, L. S. *Pensamento e linguagem*. São Paulo: Martins Fontes, 1993.